KB152504

은밀한 설계자들

은밀한 설계자들

초판 1쇄 발행 2020년 4월 6일

지은이 클라이브 톰슨 / **옮긴이** 김의석
펴낸이 조기흠
편집이사 이홍 / **책임편집** 박단비 / **기획편집** 유소영, 송병규, 정선영, 임지선
독자기획단 윤나리, 이석곤, 이종우
마케팅 정재훈, 박태규, 김선영, 홍태형, 배태욱 / **디자인** 문성미 / **제작** 박성우, 김정우

펴낸곳 한빛비즈(주) / **주소** 서울시 서대문구 연희로2길 62 4층
전화 02-325-5506 / **팩스** 02-326-1566
등록 2008년 1월 14일 제 25100-2017-000062호

ISBN 979-11-5784-398-5 03320

이 책에 대한 의견이나 오탈자 및 잘못된 내용에 대한 수정 정보는 한빛비즈(주)의 홈페이지나
이메일(hanbitbiz@hanbit.co.kr)로 알려주십시오. 잘못된 책은 구입하신 서점에서 교환해드립니다.
책값은 뒤표지에 표시되어 있습니다.

홈페이지 www.hanbitbiz.com / **페이스북** hanbitbiz.n.book / **블로그** blog.hanbitbiz.com

지금 하지 않으면 할 수 없는 일이 있습니다.
책으로 펴내고 싶은 아이디어나 원고를 메일(hanbitbiz@hanbit.co.kr)로 보내주세요.
한빛비즈는 여러분의 소중한 경험과 지식을 기다리고 있습니다.

은밀한
설계자들

세상을 변화시키는 새로운 종족

클라이브 톰슨 지음

김의석 옮김

HB 한빛비즈
Hanbit Biz, Inc.

일러두기

국내 사정에 맞춰 코딩, 코더 등의 용어는 프로그래밍, 프로그래머 등으로 수정하였습니다.

에밀리, 가브리엘, 제브 그리고 어머니께

1장

일상을 뒤집는
**새로운
종족의
등장**

2006년 9월 5일 이른 새벽, 루치 생비Ruchi Sanghvi는 소프트웨어를 고쳐 세상을 바꿨다.

둥그런 얼굴의 생비는 자신의 생각을 솔직하고 똑 부러지게 이야기하는 여성 프로그래머로, 23세에 페이스북에 입사했다. 그녀의 아버지는 항만, 정유소, 풍력 발전소 등을 지을 때 필요한 건설용 중장비 대여 회사를 운영했으며, 인도에서 자란 그녀는 아버지를 도와 일하는 것 외에는 별다른 인생 계획이 없었다. 그러나 카네기 멜런 대학교Carnegie Mellon University에서 컴퓨터 과학을 전공하면서 그녀는 프로그래밍의 매력에 흠뻑 빠져들었다. 알고리즘이 1초라도 더 빨리 실행되도록 만들거나, 버그로 오작동하는 이상한 프로그램을 고치는 등의 일은 그녀에게 마치 퍼즐 같았다. 그녀는 하루 종일 각종 프로그래밍 문제와 씨름하며 시간을 보낼 만큼 완전히 빠져들었다. "밥 먹는 것도 잊은 채 프로그래밍을 하며 뜬눈으로 밤을 새우기 일쑤라고 상상해보세요. 한 번 시작하면 멈출 수가 없는 거죠." 그녀는 내게 말했다.

프로그래밍 세계의 기준으로 보면 생비는 나이 많은 우등생이었다. 그녀가 함께 공부하며 경쟁한 친구들은 대부분 남학생들로, 어려서부터 비디오 게임을 하며 프로그래밍을 해온 덕분에 별다른 노력 없이도 이미 프로그래밍에 익숙했다. 다른 친구들에 비해 시작은 늦었지만 그녀는 열심히 공부해 좋은 성적을 받았다. 졸업 후 맨해튼에서 첫 직장을 얻었으며, 그녀가 직장에서 할 일은 파생 상품 거래소를 위한 수학 모델링이었다.

그러나 출근 첫날, 사무실을 가득 채운 회색 파티션을 보는 순간 샌비는 무언가 잘못되었음을 깨달았다. 이 회사에 다니는 한, 일을 통해 세상에 영향을 끼치는 기쁨은 느낄 수 없을 것 같았다. 회사에서 사용할 금융 업무용 프로그램이나 개발하며 커다란 기계의 부속품 같은 존재가 되고 싶지는 않았다. 그녀는 컴퓨팅 기술 자체가 제품인 회사, 즉 자신과 같은 컴퓨터 엔지니어가 중심인 회사에 들어가 일반인들이 실제로 유용하게 사용하는 프로그램을 개발하고 싶었다. 특히 대학 졸업을 앞두고 사용했던 페이스북과 같은 프로그램을 만들고 싶었다. 당시 그녀는 중독이라 해도 과언이 아닐 만큼 페이스북에 빠져 있었다. 졸업한 친구들과 연락하기 위해 친구들의 페이스북 담벼락을 계속 확인하며 거의 온종일 페이스북에 로그인해 있었다.

그녀는 입사 첫날 회사를 그만두고 도망치듯 맨해튼을 떠나 샌프란시스코로 갔으며, 그곳에서 데이터베이스 회사인 오라클Oracle에 들어갔다. 그런데 하루는 그녀의 대학 친구가 페이스북 사무실로 그녀를 초대했다.

은밀한 설계자들

당시 페이스북은 일반인이 아닌 대학생만을 대상으로 서비스를 제공하던 작은 회사였다. 생비는 중국 음식점 바로 위 2층에 있는 사무실로 올라가던 도중 젊은 백인 청년들과 마주쳤다. 하버드 대학교를 중퇴하고 페이스북을 설립했지만 너무 낡아 곧 찢어질 듯한 샌들을 신고 어슬렁거리듯 걷고 있던 21세의 마크 저커버그Mark Zuckerberg, 자신보다 어린 저커버그에게 프로그래밍을 가르쳤던 애덤 댄겔로Adam D'Angelo, 저커버그의 하버드 대학교 룸메이트였던 더스틴 모스코비츠Dustin Moskovitz 등이었다. 그들은 가끔씩 기숙사 같은 근처 임시 숙소에서 비디오 게임을 하거나 사무실 옥상에서 햇빛을 쬐며 휴식을 취하기도 했지만, 주로 지저분한 책상 위에 노트북을 편 채 열심히 일했다. 당시 낙서 예술가인 데이비드 최David Choe는 사무실 벽에 벽화를 그려달라고 의뢰받았다. 페이스북 초창기 직원 에즈라 캘러헌Ezra Callahan에 따르면 데이비드 최가 그린 벽화 중에는 '영화 〈매드맥스〉 스타일의 옷을 입고서 사나운 불도그를 타고 앉아 있는 풍만한 가슴의 여자'를 그린 벽화도 있었다.[1]

그들은 페이스북 서비스를 개선하기 위해서라면 변화를 두려워하지 않았다. 예를 들어 '콕 찔러보기'나 좀 더 긴 게시물을 작성하게 해주는 '노트' 등과 같은 새로운 기능을 주기적으로 만들어 사용자에게 제공했다. 때론 너무 무모하기도 했다. 새로운 기능을 구현한 프로그램에는 마음만 앞서 급히 제작하다 생긴 예상 못한 버그가 숨어 있는 경우가 있었고, 사전 검사에서는 아무런 문제도 없다가 실제로 사용하는 도중에 문제가 생기는 일도 있었다. 그러면 한밤중이라도 문제가 된 프로그램을 제거하고 그로 인해 페이스북 서비스가 망가지는 일은 없는지 숨죽이고 살펴봤다. 다행히 아무 일도 생기지 않는다면 안심하고 퇴근할 수 있었다. 그러나 불행히도 큰 문제가 생긴다면 밤을 꼴딱 새우며 미친 듯이 문제를 해결하거나, 그러지 못할 경우 새로운 기능을 빼버리고 이전 상태로 돌아갔다.[2] 종종 언급되는 저커버그의 페이스북 슬로건 "망설이지 말고, 신속히 문제와 부딪혀라"는 페이스북의 이런 업무 스타일을 잘 보여준다.[3]

생비는 페이스북의 이런 모습이 너무 마음에 들었다. "페이스북은 분명 달랐어요. 생명력이 가득해 마치 펄떡이는 물고기 같았죠." 그녀는 자신의 첫 느낌을 계속 이야기했다. "사람들은 활력이 넘쳤고, 자신의 업무에 몰입해 정말 바쁘게 일했어요. (…중략…) 그들의 에너지를 몸으로 직접 느낄 수 있었죠." 당시 페이스북은 능력 있는 프로그래머를 구하기 위해 필사적이었다. 전 세계로 뻗어나가는 거대 기업인 오늘날의 페이스북을 생각하면 상상하기 힘든 일이지만, 2005년의 페이스북은 사람들을 끌어들일만큼 그리 매력적이지 않았다. 실리콘밸리의 경험 많은 소프트웨어 엔지니어 대부분은 페이스북을 잠깐 유행하다 곧 사라질 여러 웹 회사 가운데 하나로 생각해 관심을 가지지 않았다. 덕분에 생비 앞에 기회의 문이 열렸다. 사실 그녀는 거의 중독이라 할 만큼 페이스북을 사용했으며, 페이스북이 얼마나 재미있는 서비스인지 잘 알고 있을 만큼 어리면서도, 대학을 졸업해 프로그래머 직업을 찾고 있을 만큼 나이를 먹었다. 그녀는 페이스북에 딱 맞는 사람이었다. 페이스북을 방문한 지 1주일 후, 그녀는 페이스북의 첫 번째 여성 소프트웨어 엔지니어가 되었다.

페이스북에 입사한 지 얼마 되지 않아 그녀는 중요한 일을 맡았다. 저커버그를 포함한 페이스북 창립 멤버들은 페이스북이 다른 사람들의 변화를 재빨리 알아차리기 어렵다고 판단했다. 오늘날과 달리 당시 페이스북 사용자가 자신의 페이스북 친구에게 무슨 일이 있는지 알려면, 친구의 페이스북 담벼락을 직접 방문하는 것 외에는 달리 방법이 없었다. 이는 나름 추측과 노력이 필요했다. 즉, 페이스북 친구가 새로운 관계, 주변 이야기, 프로필 등을 게시했어도 페이스북 담벼락을 직접 확인하지 않는 한, 알 수 있는 방법이 없었다. 한마디로 페이스북은 주의 깊게 살펴야만 이웃집 사정을 알 수 있는 아파트 같았다.

저커버그는 모든 과정을 자동화하고 싶었다. 그는 새로운 기능을 '뉴스피드News Feed'라 불렀으며, 노트를 들고 다니며 뉴스피드 기능에 대해 정리했다. 이 기능은 사용자가 페이스북에 로그인하는 순간, 마지막 로그아웃 이후 사용자 페이스북 친구들의 게시물이 한 페이지로 정리돼 나타나는 것이다. 뉴스피드는 한마디로 페이스북만의 특화된 기능이었다. 페이스북 친구 중 누군가 새로운 게시물을 올리면, 사용자는 자동으로 변화를 알 수 있다. '뉴스피드'는 단순히 글 자체를 바꾸거나 새로운 색상을 사용해 페이스북을 좀 더 멋지게 만드는 일과는 차원이 달랐다. 사람들이 다른 사람들을 살펴보는 방식을 완전히 새롭게 바꾸는 기능이었다.

뉴스피드 기능을 만드는 일은 생비의 몫이었다. 그녀는 곧 크리스 콕스Chris Cox, 맷 카일Matt Cahill, 케이엑스KX, Kang-Xing Jin, 하버드 대학교에서 저커버그의 조교였던 앤드루 보스워스Andrew Bosworth 등과 함께 개발을 시작했다. 이들은 아홉 달 동안 다양한 아이디어를 생각해내고, 키보드를 두드려 그 아이디어를 열심히 프로그래밍했다. 수많은 프로그래머가 그러하듯 생비 또한 24시간 프로그래밍에 매달렸으며, 새벽까지 사무실에 머물다 샌프란시스코에 있는 집까지 졸린 눈을 비비며 운전해 돌아가기 일쑤였다. 졸음운전을 하다 큰 사고를 낼 뻔한 후, 그녀는 아예 사무실 근처로 이사 왔다. 그녀는 종종 파자마 바람으로 사무실에 출근해 일하기도 했으나, 어느 누구도 신경 쓰지 않았다. 프로그래머들은 일과 사생활이 뒤죽박죽 뒤섞인 채 생활하는 일이 흔해, 사무실에서 포커를 치거나 비디오 게임을 하기도 했다. 예를 들어 2005년 저커버그가 맥주를 마시며 영상 인터뷰를 했는데, 그 옆에서 어떤 직원이 케그 스탠드 Keg stand(미국 학생들 사이 인기있던 음주 문화로, 물구나무를 서서 맥주통 펌프에 입을 댄 채 쉬지 않고 맥주를 마시는 행동—옮긴이)를 했다.[4]

영락없는 보이클럽이었지만 여성인 생비에게도 그리 낯설지 않았다. 그녀가 익히 알고 있던 컴퓨터 프로그래머의 세계는 언제나 보이클럽이었다. 그녀의 대학 동기 150명 중 여자는 몇 명 되지 않았다. 누군가 그녀에게 소리를 지르기 시작하면 그녀 또한 맞받아 소리 지르기 시작했으며, 이런 모습은 우쭐대는 어린 남학생들이 가득 찬 방안에서 흔히 볼 수 있는 광경이었다. "덕분에 모든 사람이 내가 매우 공격적이라고 이야기했어요. 솔직히 억울하기도 했고 마음에 상처도 받았죠. 제 성격이 공격적이라고 생각해본 적은 한 번도 없었거든요."

생비는 다른 남자 동료들의 행동에 신경 쓰지 않고 오직 열심히 프로그래밍에만 전념했다. 가장 큰 관심사였을 뿐만 아니라, 이상하고 어렵기는 해도 온몸에 전율이 일만큼 정말 재미있었기 때문이었다. 그녀와 동료들은 뉴스피드를 개발하면서 친구 관계에 대해 다소 철학적인 문제, 예를 들어 '*친구끼리 서로 어떤 소식을 궁금해할까?*' 등을 고민해야 했다. 뉴스피드가 친구들의 모든 일상사를 빠짐없이 보여줄 수는 없었기 때문이었다. 만약 페이스북 친구가 200명이고 그들이 각각 10개씩 새로운 게시물을 페이스북에 올렸다고 가정하면, 살펴보는 데 많은 시간이 필요할 것이다. 이에 생비와 동료 프로그래머들은 중요도에 따라 가중치를 다르게 두는 방식으로 중요한 소식들을 골라내는 규칙을 개발해야 했다. 이들은 밤늦게까지 사무실에 둘러앉아 '*페이스북 친구 사이의 관계를 어떻게 평가할 수 있을까?*' 혹은 '*사람과 사진 사이의 관계를 어떻게 평가할 수 있을까?*' 등의 문제를 머리를 맞대고 논의했다.

2006년 중반, 개발팀은 뉴스피드 프로토타입 소프트웨어를 개발하는 데 성공했다. 늦은 밤 크리스 콕스는 자신의 집에 앉아 세계 최초의 뉴스피드 메시지가 깜빡이는 것을 봤다. '마크가 사진을 올렸어요'라는 내용이었다. 훗날 콕스는 "자신이 만든 괴물의 손가락이 움직이는 것을 본 프랑켄슈타인이 나와 비슷한 기분을 느꼈을 거예요"라고 농담처럼 말했다. 그해 여름이 끝날 무렵, 뉴스피드 소프트웨어는 대중에게 공개해도 될 만큼 별 문제없이 잘 작동했다. 샌비는 세상에 뉴스피드 소프트웨어를 알리기 위해 '페이스북이 달라졌어요'라는 공식 메시지를 발표했다. "하루 동안 있었던 새로운 소식들을 여러분을 기준으로 정리한 개인별 맞춤 뉴스입니다. 예를 들어 페이스북 친구가 브리트니 스피어스를 즐겨찾기에 추가했는지 혹은 페이스북 친구이자 여러분이 짝사랑하는 그녀가 남자친구와 헤어졌는지 등을 알 수 있어요. 페이스북에 로그인할 때마다 친구와 소셜 그룹의 최신 소식을 알 수 있죠." 샌비는 설명을 덧붙였다. 그녀가 설명한 이런 변화는 당시 어떤 웹서비스에서도 찾아볼 수 없는 것이었다.[5]

자정이 지나 샌비와 동료 개발자들은 페이스북에서 뉴스피드 서비스를 시작했고, 뉴스피드는 현실이 되었다. 이들은 샴페인을 터뜨리고 서로 부둥켜안으며 기뻐했다. 샌비가 컴퓨터 프로그래밍을 공부하며 줄곧 꿈꿔온 순간으로, 프로그램을 통해 사람들의 일상생활을 변화시킨 순간이었다.

하지만 한 가지 문제가 있었다. 사용자가 좋아하지 않았다. 아니, 매우 싫어했다!

샌비를 포함한 개발팀은 한밤중에 뉴스피드 서비스를 시작하고 사용자 반응을 확인하기 위해 샌비 책상 위에 놓인 랩톱 주변에 모여 있었다. 저커버그는 랩톱 화면을 응시하고 있었고, 붉은색 CBGB 티셔츠를 입은 샌비는 사무실 바닥에 쪼그리고 앉아 초조하게 결과를 기다리고 있었다. 저커버그 뒤에는 어느새 케이엑스가 다가와 서 있었다. 모두가 흥분돼 있었다. "분명 좋은 반응일 거라고 생각했죠." 저커버그는 그 순간을 떠올리며 이야기했다.

그러나 좋은 뉴스가 아니었다. 화면을 가득 채운 반응은 한마디로 '이런 거지 같은 프로그램'이었다. 기대와 달리 사용자들은 크게 반발했다. 수많은 사용자들이 페이스북을 탈퇴하거나 사용하지 않겠다고 위협했다. '루치는 악마야' 같은 이름의 모임들도 등장했다. 벤 파Ben Parr라는 학생은 '페이스북 뉴스피드 서비스에 반대하는 학생 모임'을 만들었고, 하루 만에 가입자 수가 25만 명을 넘어섰다.

도대체 무슨 문제가 있었던 걸까? "대부분은 자신이 업데이트한 내용을 다른 사람들이 자동으로 알기를 원하지 않았어요." 벤 파는 이야기를 이어갔다. "뉴스피드 서비스를 보고 있으면 오싹한 기분이 들어요. 마치 스토커 같거든요."[6] 저커버그의 기대에 비해 페이스북의 변화 속도와 업무 효율성은 그리 높지 않았지만, 페이스북 사용자들은 오히려 그런 현재의 서비스에 길들여져 있었다. 뉴스피드 서비스가 나오기 전에는 완전하지는 않아도 제법 만족스러운 비밀 유지가 가능했었다. 예를 들어 프로필 사진을 바꾸고 마음에 들지 않으면 몇 분 만에 다시 옛날 사진으로 바꿀 수 있었다. 페이스북 친구 대부분은 프로필 사진이 잠깐 동안 바뀌었다는 사실을 알지 못한다. 그러나 뉴스피드는 사용자의 모든 변화를 강제로 세상에 소리쳐 떠벌리는 로봇 같았다.

이봐, 리타는 더 이상 제프와 만나지 않아. 그녀는 이제 돌싱이라고! 한 번 확인해봐!

페이스북 개발자들의 생각은 틀리지 않았다. 뉴스피드는 분명 사람들이 주변 사람들의 소식을 확인하는 방식을 바꾸었다. 그러나 사람들은 아직 이처럼 빠르고 드라마틱한 방식이 필요하다고 생각하지 않았다.

항의와 소동은 하루 종일 이어졌다. 급기야 다음 날에는 학생 시위대가 페이스북 사무실 앞에 진을 쳤고, 샌비와 다른 프로그래머들은 뒷문으로 드나들어야 했다. 온라인에서는 상황이 더 심각했다. 페이스북 전체 사용자 1/10에 달하는 약 100만 명의 사용자가 뉴스피드 서비스 중단을 요구하는 그룹에 가입했다.

페이스북 내부에서도 대응 방안을 논의하기 시작했으나, 뉴스피드 서비스를 중단하자는 의견과 현재의 소동은 단지 적응 기간에 보이는 반응이라는 의견으로 나뉘었다. 저커버그는 후자였다. 시간이 흘러 소동이 진정되면, 사용자들이 뉴스피드 서비스를 좋아하게 될 거라고 믿었다. 샌비 또한 뉴스피드 서비스를 유지해야 한다는 자신의 생각이 엔지니어로서의 자존심 탓도 있었지만, 어쨌든 저커버그의 의견에 적극 찬성했다. "내 인생에서 9개월을 이 일에 쏟아 부었어요. 결코 뉴스피드 서비스를 없앨 수는 없었죠." 그녀는 말했다.

저커버그가 맞았다. 그러나 그는 자신들이 다소 성급했고, 성난 고객의 불만을 어느 정도 해결해줘야 한다고도 생각했다. 페이스북 개발자들은 사용자의 민감한 정보가 뉴스피드를 통해 새어 나가지 않도록 사용자 설정 기능을 만들기로 했다. 이들은 꼬박 이틀 밤낮을 작업해 개인정보보호 설정 기능을 추가했다. 저커버그는 페이스북에서 공개적인 사과문도 발표했다. "새로운 서비스를 개

은밀한 설계자들

발해 제공하는 과정에 문제가 있었습니다. 뉴스피드 기능을 제대로 설명드리지 못했고, 사용자에게 설정 권한을 주는 일은 거의 생각조차 못했습니다."[7] 문제해결에 여념이 없으면서도 저커버그는 여전히 뉴스피드 서비스가 성공할 것이라고 확신했다.

그의 확신은 틀리지 않았다. 뉴스피드는 불안정하고 때론 충격적이었지만, 수많은 사용자를 끌어들일 만한 매력을 갖추고 있었다. 페이스북 친구의 소소한 일상을 보여주는 서비스였을 뿐이지만 그 영향은 결코 작지 않았다. 피드를 확인해 여러 새로운 소식을 보면서, 페이스북 친구의 삶에서 일어나는 일들을 어렴풋이 그려볼 수 있게 되었다. 뉴스피드 서비스가 발표된 다음 날, 샌비와 개발팀은 페이스북 사용자들이 이전보다 거의 2배나 많은 시간을 페이스북에서 보낸다는 것을 발견했다. 또한 이전보다 훨씬 빨리 그룹을 만들었다. 충분히 가능한 일이었다. 예를 들어 페이스북 친구가 정치 조직 혹은 유명 밴드 팬클럽에 가입한 사실을 본다면, 여러분도 마음속으로 '어라, 나도 가입해야 하나?'라는 생각을 할 수 있다. 우습게도 '뉴스피드를 싫어하는 사람들의 모임'이 매우 빠르게 성장할 수 있었던 이유는 뉴스피드 서비스의 효과를 잘 활용한 덕분이다(새로 생긴 그룹은 장난 삼아 만들어진 그룹이 아니었다. 서비스가 시작되고 얼마 지나지 않았을 때, 두 번째로 큰 그룹은 다르푸르Darfur 학살에 관심을 가질 것을 호소하는 그룹이었고, 네 번째로 큰 그룹은 유방암 연구를 지지하는 그룹이었다).

뉴스피드 기능을 구현한 프로그램은 지난 20년간 작성된 수많은 프로그램 가운데 가장 영향력 있는 프로그램이라고 말할 수도 있으며, 그 효과는 우리 삶의 전반에서 찾아볼 수 있다. 페이스북 사용자는 페이스북 친구의 자녀 출산 소식을 알 수 있고, 사무실 또는 휴가지의 모습을 사진으로 볼 수 있다. 또한 실없는 농담을 보고 자신도 모르게 잇따라 클릭한다. 수많은 사람의 관심을 끌 수 있다는 특징 때문에 뉴스피드는 눈물을 자아내는 선행부터 비온세의 숨겨진 영상에 이르기까지, 혹은 '아랍의 봄'부터 적의에 찬 IS 대원 모집 영상에 이르기까지 다양한 일을 입소문 내기에 가장 적합한 매체가 되었다. 뉴스피드는 사람들을 하나로 연결했지만, TMIToo Much Information(과도한 정보—옮긴이)에서 FOMOFear Of Missing Out(모든 일에 끼지 않으면 외톨이가 될 것 같은 상태를 이르는 말—옮긴이)에 이르는 다양한 심리학적 질병을 유발했다.

뉴스피드 때문에 미국인의 하루 평균 페이스북 사용시간이 35분 늘어났다.[8] 이유는 간단했다. 피드 구현에 사용된 순위 알고리즘 덕분에 사용자가 흥미를 가질 만한 정보가 좀 더 많이 제공되었기 때문이다. 뉴스피드 프로그램은 사용자에게 보여줄 새로운 정보를 좀 더 잘 찾기 위해 사용자의 '좋아요' 누르기, 다른 SNS에 '공유하기', '댓글' 달기 등 사용자가 페이스북에서 했던 모든 일을 주의 깊게 관찰한다.[9] 이는 물론 사업을 성공적으로 이끌기 위한 것으로, 페이스북은 2017년에 광고로만 약 400억 달러를 벌었다.[10] 그러나 모든 사람의 관심을 한 방향으로 모은 탓에 사회적인 토론을 막는 부작용도 야기했다. 누군가 잘못된 정보를 만들어 소문을 내고자

했을 때, 뉴스피드는 정말 효과적인 도구였다. 2016년 말 미국 대선이 끝나고 트럼프가 권력을 잡았을 때, 기자들은 독버섯 같은 사람들, 예를 들어 백인 우월주의자나 자극적인 허위 정치기사로 사람을 끌어모으는 사람들이 피드를 사용해 정치적인 소동을 일으킬 만한 이야기들을 퍼트린다는 사실을 알게 되었다. 또한 사용자가 '좋아요'를 선택한 일들과 잘 어울리지 않는 정보 대부분이 제거되도록 피드가 설계된 탓에 미국 내부의 편 가름이 매우 심해질 수 있다는 심각한 문제도 있었다.[11]

2017년 2월, 저커버그 조차도 자신이 만들어 세상에 내놓은 뉴스피드의 본질에 대해 의아해하는 것처럼 보였다. 그는 당시의 정치적 분열에 대한 페이스북의 책임을 사과하는 것처럼 보이는, 5,700단어로 된 간접적이고 방어적인 글을 썼다.

'페이스북은 기술과 소셜미디어로 인해 분열과 고립이 발생할 수 있는 영역은 줄여나가면서 사람들이 세상에 최대한 긍정적인 영향을 끼치도록 돕고자 노력하고 있습니다.'[12]

의아할 정도로 조심스러운 사명선언이었다. '기술과 소셜미디어로 인해 분열과 고립이 발생할 수 있는 영역은 줄여나가면서'라는 표현은 "망설이지 말고, 신속히 문제와 부딪혀라"는 페이스북의 슬로건보다 분명 조심스러워 보인다. 아마 직접적으로 말하지는 않았지만, 기존의 틀을 잘 유지해야 하는 일들도 있다는 사실을 인정하는 듯 보인다.

벤처투자가인 마크 안드레센Marc Andreessen이 주장했듯이 '소프트

웨어'가 이 세상을 서서히 먹어치우고 있다.[13]

사실이다. 여러분은 깨어 있는 거의 모든 순간 소프트웨어를 사용하고 있다. 직접적인 예로 스마트폰, 랩톱, 이메일, 소셜네트워크서비스, 비디오 게임, 넷플릭스 등이 있다. 택시를 부르거나 음식을 주문할 때도 직접 소프트웨어를 사용한다. 이것뿐만 아니라 여러분 주변에 있지만 눈에 잘 띄지 않는 소프트웨어도 많이 있다. 흔히 읽는 종이책이나 소책자도 소프트웨어를 사용해 만들었으며, 자동차 브레이크 시스템에도 소프트웨어가 사용된다. 은행에서는 범죄자가 고객의 카드를 불법적으로 사용하는 순간을 알아차리기 위해, 고객의 구매패턴을 조사해 학습하는 기계학습Machine Learning(머신러닝이라고도 부른다—옮긴이) 소프트웨어가 사용된다.

너무 뻔한 이야기라 이상하게 들릴 수도 있겠지만, 세상의 모든 소프트웨어는 루치 생비나 마크 저커버그 같은 프로그래머가 만들었다. 제품을 처음으로 생각해낸 사람들 중에는 프로그래머가 많다. 프로그래머는 컴퓨터가 새로운 일을 할 수 있도록 만든다. 덕분에 이들은 미친 짓처럼 보이기는 해도 컴퓨터를 사용해 할 수 있는 일을 머릿속에 그리고 이해하는 일에 매우 능숙하다. (여러분이 자판을 두드려 입력한 모든 단어를 컴퓨터가 끊임없이 자동으로 영어사전과 비교한다면 어떤 소프트웨어가 실행되고 있는 것일까? 프로그래머가 만든 맞춤법 검사 소프트웨어가 사용자도 모르는 사이에 실행되고 있는 것이다!) 우리가 흔히 사용하는 소프트웨어가 때론 어느덧 자라 있는 잔디처럼 세상에 불쑥 나타나기도 한다. 그러나 이는 완벽한 착각이다! 소프트웨어는 프로그래머가 주어진 작업을 처리하기 위해 컴퓨터가 할 일을 긴 시간 동안 머리카락을 쥐어뜯으며 수많은 명령어들을 순서대로 정확히 써서 만든 것이다. '알고리즘'이라는 말로 특별한 듯이 포장되기도 하지만, '지금은 이것을 하고, 다음에는 저것을 하고, 그다음에는 이것을 하고, …'와 같이 결국 명령어들의 나열이다. 뉴스피드가 계속 발전해 오늘날에는 기계학습 기술까지 적용된 매우 복잡한 알고리즘도 사용하지만, 엄밀히 말하면 여전히 규칙의 집합일 뿐이다.[14] 그러므로 규칙을 정하는 사람들이 결정권을 가진다. 최근 들어 하이테크 기업의 창업자들, 즉 어떤 제품을 만들지, 무슨 문제를 해결할지, 무엇이 문제인지를 결정하는 사람들 중에서 기술자, 특히 스스로 엄청난 양의 프로그램을 작성하며 경험을 쌓아 프로토타입 제품을 스스로 만들어내는 프로그래머의 비중이 높아지고 있다.

프로그래머는 오늘날 지구상에 잘 드러나지 않으면서도 가장 영향력 있는 사람들이다. 우리 인류가 소프트웨어로 이루어진 세상에 살고 있는 만큼, 프로그래머는 세상을 만든 건축가라 할 수 있다. 그래서 그들의 결정에 따라 우리의 삶도 달라진다. 프로그래머 덕분에 어떤 일이 쉬워지면, 사람들은 그 일을 많이 하게 된다. 반대로 어려워지면, 그 일을 잘 하지 않게 된다. 예를 들어 1990년대 후반에서 2000년대 초반에 블로그 프로그램이 등장하자, 글로 자기 생각을 표현하거나 인터넷을 통해 자신의 글을 세상에 발표하는 사람들이 크게 늘어났다. 다른 예로 비슷한 시기에 파일 공유 프로그램이 등장하자, 음반 및 영화 산업 종사자는 자신들이 장악한 음반 및 영화 시장이 빠르게 사라지는 것을 보며 큰 충격에 빠졌다.

그들은 프로그래머를 고용해 디지털 저작권 권리 소프트웨어를 직접 개발하고, 이를 음악·영화 파일에 넣어 일반인이 손쉽게 복사하거나 서로 주고받기 어렵게 만들어 음악·영화 파일의 확산을 인위적으로 막았다. 이처럼 자본을 가진 이해관계자가 자신들의 이익에 해를 끼치는 마음에 들지 않는 소프트웨어 때문에 돈을 주고 대응 소프트웨어를 개발할 것이다. 한마디로 소프트웨어 때문에 가능한 일이, 소프트웨어 때문에 불가능해진다.

세계 역사를 살펴보면 특정 시점에 특정 직업이 갑자기 중요해지며, 해당 직업 종사자의 영향력이 빠르게 커지는 일을 종종 볼 수 있다. 즉, 특정 기술의 필요성이 커지면서 그 기술에 대한 보상도 커지는 것이다.

미국 독립전쟁이 있었던 18세기 후반 무렵에는 법률 관련 직업이 가장 중요했다. 예나 지금이나 미국 정부의 근간은 법률이다. 머릿속으로 법률 시스템을 생각해내고, 이를 실현하기 위해 설득력 있는 주장을 열정적으로 말할 수 있는 변호사, 법률가 혹은 입법가 등의 영향력이 막강했다. 이들은 국가 요직에 두루 자리 잡았다. 미국 헌법 제정자들의 이력을 살펴보면 대다수는 존 애덤스John Adams, 알렉산더 해밀턴Alexander Hamilton, 존 제이John Jay, 토머스 제퍼슨Thomas Jefferson 등과 같은 뛰어난 법률가였으며, 법률가가 아니더라도 제임스 매디슨James Madison처럼 법에 정통한 사람들이었다. 이들은 미국을 미국답게 만든 헌법을 만들었으며, 미국 민주주의의 운영 시스템을 만들었다.[15] 그들의 매우 사소한 결정조차도 미국의 발전과 진보에 광범위하면서도 지속적인 영향을 끼쳤다. 예를 들어 의도했던 것은 아니겠지만, 당시 만든 선거인단 제도는 200년이 지난 지금도 대통령 후보들이 소수의 경합 주State에만 관심을 가지고 집중하게 만들었다. 또한 민주당이든 공화당이든 언제나 같은 정당을 지지하는 주는 대통령 후보가 방문하거나 유권자를 설득하려는 노력도 거의 하지 않아 사실상 정치 지도에서 사라졌다. 만약 선거인단 제도가 아닌 국가 전체를 기준으로 국민 투표를 해 대통령을 뽑는 제도를 만들었다면, 오늘날 미국 대통령 선거는 완전히 다른 형태일 것이다. 그러나 미국 헌법 제정자들은 선거인단 제도를 만들었고, 미국 헌법을 고쳐 쓰지 않는 한 이 제도를 지켜야 한다.

미국 독립전쟁 이후 100여년이 지나자, 새로운 직업 계층이 중요해졌다. 산업혁명의 물결과 더불어 미국에서 도시화가 시작되었으며, 뉴욕, 보스턴, 시카고 등 이곳저곳에서 고층빌딩을 짓기 시작했다. 수백만 명의 사람들이 매우 좁은 지역에서 배설물에 파묻히는 일없이 어느 정도 깨끗한 물과 공기를 마시며 돌아다닐 수 있는 환경을 만드는 일이 갑자기 매우 중요해졌다. 이를 위해 뛰어난 기술이 필요했고, 도시 공학자, 건축가, 도시 설계자 모두 영향력 있는 자리를 차지했다. 철도 건설업자, 교량 건설업자, 공원 설계자 등은 미국 도시 거주자의 삶을 좌우하는 중요한 역할을 맡았다. 중요한 직업에 종사하는 사람들이 내린 결정이 다시 사람들의 삶에 큰 영향을 끼쳤다. 20세기 중반, 뉴욕의 유명한 도시계획 전문가 로버트 모지스Robert Moses는 공권력을 적절히 이용해 오늘날 뉴욕의 기반이 되는 수십 개의 고속도로와 공원을 만들었다. 그의 결정으로 삶이 망가지는 일도 있었다. 그는 1948년 롱아일랜드에서 뉴저지 사이의 교통 정체를 줄이는 데 도움이 된다고 주장하며, 크로스 브롱크스 고속도로Cross Bronx Expressway 건설을 시작했다. 분명 효과는 있었으나 고속도로가 관통하는 흑인 거주 지역에는 큰 고통을 안겨주었다. 커다란 소음을 내며 매연을 내뿜는 트럭이 이 고속도로에 몰려든 탓에, 근처 집값이 폭락해 해당 지역에 살던 수백 가구의 흑인 가정이 갑자기 가난해지고 훨씬 열악한 환경에 살게 되었다. (모지스는 무언가 부수고 새로 만들기를 좋아했으며, 늘 빠르게 결정하고 행동하려는 듯 보였다.[16])

그렇다면 오늘날 세상을 이해하기 위해 어떤 직업의 사람들을 봐야 할까? 바로 프로그래머를 보고 그들을 이해해야 한다. 오늘날의 세상을 만드는 사람들은 누구인가? 프로그래머는 무엇 때문에 그런 결정과 행동을 하는가? 어떤 성격의 사람이 프로그래머가 되는가? 그들의 일은 우리 삶에 어떤 영향을 끼치는가? 그리고 아마도 가장 흥미진진한 질문으로, 프로그래머에게 소프트웨어는 무엇일까?

프로그래머들로부터 프로그래밍에 매료된 순간에 관한 이야기를 들으면, 그들이 거의 비슷한 경험을 했다는 사실을 알 수 있다.

바로 처음으로 'Hello, World!'라는 인사말을 모니터에 출력하는 간단한 프로그램을 만든 순간으로, 요즈음 많이 사용하는 파이썬Python이라는 프로그래밍 언어로 코드를 쓰면 다음과 같다.

```
print("Hello, World!")
```

엔터키를 눌러 코드를 실행하면, 여러분이 생각한대로 컴퓨터 모니터에 다음과 같은 메시지가 나타난다.

```
Hello, World!
```

끔찍할 만큼 복잡하지 않다. 오히려 너무 간단하다. 그러나 초보 프로그래머는 이 간단한 코드를 쓰고 실행하며 마치 신이라도 된 듯 우쭐대며 기뻐한다. "마치 지배자가 된 느낌이었어요." 해커들의 아지트로 유명한 샌프란시스코 노이즈브릿지Noisebridge에서 어떤 프로그래머가 내게 말했다. "열세 살 때 컴퓨터를 처음 사용했어요. 무엇이든 내 말대로 일하게 시킬 수 있었죠. 당신이 아이라면, 그 느낌은 정말 끝내줄 겁니다. 내가 만들어서 마음대로 할 수 있는 작은 우주를 가진 것 같은 느낌이에요."

'Hello, World!'라는 문구는 1972년 젊은 컴퓨터 과학자 브라이언 커니핸Brian Kernighan이 쓴 프로그래밍 언어 B의 매뉴얼에서 맨 처음 등장했다. 그는 프로그래밍 언어 B로 쓸 수 있는 가장 간단한 프로그램을 보여주고 싶었고, 인사말 메시지를 화면에 출력하는 'Hello, World!'가 딱 맞다고 생각했다. 커니핸의 이야기에 따르면, 그는 병아리 한 마리가 껍질을 깨고 나오며 'Hello, World!'라고 말하는 만화를 재미있게 봤다고 한다. 그래서 그는 짧은 메시지를 화면에 보여주는 아주 간단한 B 코드를 썼다. 커니핸의 재치 만점 아이디어는 프로그래머들 사이에서 큰 인기를 끌었으며, 이후 250여 개가 넘는 모든 프로그래밍 언어의 매뉴얼은 'Hello, World!'라는 주문으로 시작한다.[17]

프로그래밍은 묘하고 마법 같은 특징이 있다. 분명 프로그래밍은 공학의 한 형태다. 그러나 기계공학, 산업공학, 도시공학 등과 달리 프로그램이라는 프로그래밍의 결과물은 단어로 짜여져 있다. 프로그램은 사람이 반도체와 대화할 때 사용하는 말이며, 이 말은 반도체에게 생명을 불어넣어 사람의 명령을 수행하게 한다. 이처럼 '말'이라는 특징 때문에 프로그램은 문학처럼 느껴지기도 한다. 이런 특징은 법에서도 엿볼 수 있다. 자동차 엔진 혹은 깡통따개 같은 물리적인 기계 장치들은 특허법을 따르는데 반해, 프로그램은 시, 소설처럼 문학작품의 사돈의 팔촌이라도 되는 양 저작권법을 따른다. 물론 프로그램은 시나 소설과는 완전히 다르며, 일부 프로그래머들은 저작권을 가지고 프로그램을 규제한 탓에 프로그래밍의 발전이 심각하게 더디다고 생각한다. 결론적으로 프로그램은 물질적인 측면과 정신적인 측면 양쪽 모두에 걸쳐 있다.

1975년 소프트웨어 엔지니어인 프레더릭 브룩스Frederick P. Brooks는 "프로그래머는 시인처럼 꽤 순수한 생각과 마음을 가지고 일한다"라고 말했다. "프로그래머는 상상력을 발휘해 허공에 자신만의 성을 쌓는다. (…중략…) 그러나 프로그램은 움직이고 작동하며 눈에 보이는 결과물을 만들어낸다는 측면에서 시인이 쓴 시와는 다르게 실제로 존재한다. 결과를 출력하고, 그림을 그리며, 소리를 내고, 로봇 팔을 움직인다. 신화 또는 전설 속 마법이 오늘날에 이르러 사실이 되었다. 프로그래머가 키보드로 주문을 입력하는 순간, 이제껏 존재하지 않았던 것들이 화면을 통해 눈앞에 생생하게 나타난다."18

소프트웨어의 이런 특징 때문에 프로그래머들은 'Hello, World!'라는 단순한 문구에 수많은 의미를 부여한다. 특히 이 문구는 "태초에 말씀이 계시니라"라는 종교적인 믿음을 떠올리게 한다. (특히 교회에 다니는 프로그래머들이 이런 생각을 매우 좋아한다. 독실한 신자로 게임 〈미스트MYST〉의 공동 개발자인 로빈 밀러Robyn Miller는 멋진 게임 캐릭터 등을 만들면, 종종 프로그래밍을 잠시 멈추고는 혼잣말로 "보기 좋군"이라고 말한다.19) 하지만 'Hello, World!'에 이런 멋진 면만 있는 것은 아니다. 통제할 수 없는 괴물을 만든 탓에 괴물에게 사랑하는 연인을 잃었던 프랑켄슈타인 박사나 말을 듣지 않는 빗자루 때문에 고생한 영화 속 마법사의 제자The Sorcerer's Apprentice처럼 통제를 벗어난 프로그램을 만들어 예상 못한 부작용을 일으킬 수도 있다. 이처럼 프로그래밍에는 좋은 면과 나쁜 면이 있다. 예를 들어 뉴스 피드는 암에 걸린 친구의 소식을 전해 친구의 건강에 관심을 갖게 할 수 있는 반면, 터무니없는 음모론을 퍼뜨리는 데 사용될 수도 있다. 마법과 프로그램 사이의 이런 관계 때문인지 1980년대 초반 컴퓨터에 푹 빠진 10대 청소년들은 판타지와 주사위 확률을 결합한 〈던전 앤 드래곤Dungeons & Dragons〉 게임이나 톨킨의 작품에 등장하는 마법사를 익숙하게 받아들였다. 1960년대 프로그래머들은 컴퓨터 사용자 눈에 띄지 않고 일정 속도로 실행되고 있는 코드와 백 그라운드 안에서 계속 실행시킬 수 있는 형태의 코드를 만들고는 악령이나 초자연적인 존재를 뜻하는 '데몬daemon'이라고 불렀다. 컴 퓨터 과학자인 레리 월Larry Wall은 '펄Perl'이라는 컴퓨터 프로그래밍 언어를 만들고 '축복Bless'이라는 함수를 포함시켰다. 프로그래머 데니 힐리스Danny Hillis는 "수백 년 전 뉴잉글랜드New England에서 내 직업에 대해 사람들에게 정확히 설명했다면, 나는 화형에 처해졌 을 것이다"라고 말하기도 했다.[20]

프로그래밍에서 느껴지는 마법 같은 느낌은 매우 매력적이고 흥 미진진해서 많은 경우 이상적인 생각과 잘 어울린다. 그래서일까? 마치에이 세글로프스키Maciej Cegłowski가 말했듯, 특히 뛰어난 실력 을 가진 젊은 프로그래머들은 프로그래밍을 하며 급격히 거만해지 곤 한다. 이들은 자신들이 뛰어난 분석능력을 가지고 있기 때문에 특별한 훈련을 받지 않았음에도 어떤 시스템이든 완벽하게 이해할 수 있다고 자신한다. 또한 인위적으로 만들어진 소프트웨어 세상 에서 거둔 성공을 통해 자칫 무모할 수 있는 자신감을 갖게 된다.[21] 혹은 1976년에 컴퓨터 과학자 요제프 바이첸바움Joseph Weizenbaum 이 말했듯이 "권력은 부패한다는 영국의 정치가 액톤John Dalberg-Acton 경의 통찰이 누구나 손쉽게 전지전능한 힘을 가지는 환경에서 는 통하지 않는다는 사실에 놀라게 됩니다."[22]

프로그래밍은 쉽지 않다. 몇 시간씩 홀로 자리에 앉아 복잡하게 얽힌 채, 소프트웨어를 이루고 있는 여러 코드를 꿰뚫어보려고 노

은밀한 설계자들

력해야 한다. 예를 들어 프로그래머는 눈앞의 반복구문이 사용자 입력에 따라 어떻게 실행되는지, 이 함수가 실행되지 않으면 대신 다른 함수가 실행되어야 한다는 것 등을 이해해야 한다. 나는 프로그램의 이러한 특징을 '런던에 있는 모든 거리의 구조를 만들고 외우는 것'에 비유하곤 한다. 이런 특징 때문일까? 내성적인 사람들이나 퍼즐 풀기를 좋아하는 논리적인 사상가들이 프로그램에 끌리곤 한다. 이들은 토요일 저녁 11시에 집에서 머물며 이미 시장에서 단종된 1997년식 웹캠의 드라이버 소프트웨어를 만들고 있다. 왜일까? 우연히 서랍 속에서 발견한 1997년식 웹캠을 작동시키고 싶을 뿐이며, 그저 재미있어 보이기 때문이다. 게다가 사람보다 훨씬 예측 가능하다(그러나 많은 일이 그러하듯 이런 내향성이 전부는 아니다. 사실 오늘날에는 소프트웨어를 만드는 일이 점점 사회성을 요구한다. 즉, 팀워크가 중요하며, 직접 프로그래밍하는 시간보다 어떻게 프로그래밍할지 동료들과 회의하는 시간이 더 길 수도 있다).

프로그래머에게 혼자서 차분히 프로그래밍하거나 논리적으로 생각할 수 있는 능력보다 더 중요한 능력은, 끊임없는 실패를 견딜 수 있는 능력이다. 컴퓨터는 프로그래머가 시키는 모든 일을 수행하긴 하지만, 사람에게 일을 지시할 때보다 훨씬 더 정확하게 지시를 내려야 한다. 앞에서 보여 주었던 'Hello, World!'를 기억하는가? 정신없이 서둘러 프로그램을 작성하다 다음과 같이 실수로 큰따옴표를 빠트렸다고 상상해보자.

```
print (Hello, World!)
```

시험 삼아 위의 코드를 실행시켜보자. 헉! 이 간단한 프로그램이 제대로 실행되지 않는다. 컴퓨터는 문제가 있다는 사실을 기분 나쁘게 알려준다. '정말 미안해요. 무언가 잘못된 것 같군요'와 같이 예의바르게 말하는 경우는 없다. 게다가 자세히 말해주지도 않는다. 'SyntaxError: invalid syntax(구문오류: 지원하지 않는 구문)' 같은 메시지를 그냥 툭 내뱉는다. 메시지의 의미를 이해하는 것은 전적으로 프로그래머 몫이다. 프로그래밍 언어 또한 일종의 언어로 기계와 이야기하기 위한 수단이다. 그런데 컴퓨터와 이야기하는 일은 융통성이라고는 눈곱만큼도 찾을 수 없는, 즉 지구상에서 가장 까다로운 문법학자와 이야기하는 것과 비슷하다. 여러분이 다른 사람과 이야기한다면, 상대방은 당신이 말한 것을 이해하기 위해 최대한 노력할 것이다. 그러나 컴퓨터는 전혀 그렇지 않다. 컴퓨터는 프로그래머의 아주 작은 실수 하나도 놓치지 않고, 그 실수가 고쳐질 때까지 면전에서 끊임없이 지적한다. 이런 일은 프로그래머의 정신과 성격에도 영향을 끼친다. 그러므로 만약 여러분이 프로그래머를 만난다면, 하루 일과 중 가장 중요한 일이 끊임없이 실패하고 좌절하는 일인 사람을 만나는 것이다.

혹시 이유가 궁금한가? 프로그램에는 늘 문법적인 오류가 있고, 엉망진창이며, 다양한 버그가 득실거리고 있기 때문이다. 프로그래머가 방금 작성한 프로그램조차 처음에는 제대로 작동하지 않는

은밀한 설계자들

경우가 비일비재하다. 이런 현상에 대해 1980년 컴퓨터 과학 분야의 선구자이자 교육자인 시모어 페퍼트Seymour Paper는 "컴퓨터 프로그래밍을 처음 배운 사람이 처음부터 올바르게 작동하는 프로그램을 완성하기란 사실상 불가능하다"라고 말했다.[23] 페퍼트는 이러한 경험으로 프로그래머의 마음이 급격히 바뀔 수 있다고 생각했다. 프로그래머가 코드를 쓰고 실행한다. 실패한다. 문제를 찾는다. 다시 반복한다. 결국 문제가 생길 때마다 프로그래머는 자신이 무슨 잘못을 저질렀는지 찾아야 한다. 하루의 일과처럼 된 고통 혹은 성가심을 견딜 수 있는 사람은 프로그래머로 성공한다. 반대로 견디지 못하는 사람은 포기한다. 1949년 6월, 컴퓨터 과학자 모리스 윌크스Maurice Wilkes는 계단을 걸어 올라가려는 순간 '나는 앞으로 내가 만든 모든 프로그램의 에러를 찾아 해결하는 데 최선을 다할 거야'라고 마음먹었다.[24] 70년이 지난 지금, 프로그래머라면 누구나 그렇다. 게다가 오늘날에는 재미있게도 자신의 프로그램이 아닌 다른 사람의 프로그램에 있는 버그를 해결해야 하는 일이 흔하다. 이런 프로그램들은 현재 자신이 다니는 회사에서 몇 년 전에 누군가 작성한 것으로,《피네간의 경야Finnegans Wake》라는 소설처럼 복잡하고, 구조는 엉망진창이며, 변수 이름 역시 매우 당황스러워 소위 '스파게티 코드Spaghetti code'라고 한다. 이런 일을 맡은 프로그래머는 하나씩 하나씩 문제를 고쳐나가지만, 일이 끝날 것 같지 않다. 언덕 위로 힘들게 올려놓은 돌이 다시 굴러 내려오듯 며칠 동안 힘들게 작업한 일이 헛수고가 되곤 한다. 그러다 또 어느 순간 갑자기 문제를 해결하고 언덕을 넘어선다. 그다음은? 또 다른 언덕이 나타난다.

지난 수십 년 동안, TV와 영화 속에서 프로그래밍은 프로그래머가 미친 듯이 소란스럽게 키보드를 눌러가며 자신의 머릿속에 있는 코드를 쏟아내는 일로 묘사되었다. 그러나 현실은 매우 많이 다르다. 여러분이 작업 중인 프로그래머를 본다면(나는 실제로 몇 시간 동안 그들을 지켜봤다) 그들은 대개 앉아서 모니터를 보며 얼굴을 찡그리고, 답답한 듯 머리를 쓸어 올리며, 다소 안절부절못하고 있다. 그러다 무언가 조금이라도 진전이 있으면 갑자기 미소를 짓는다. "이봐, 도대체 이 책을 어떻게 쓸 생각인거야? 내가 보기에 프로그래밍은 세상에서 가장 지루한 일인 것 같은데 말이지." 알고 지내던 프로그래머가 내게 말했다. 마이크로소프트의 프로그래머인 스콧 핸슬만Scott Hanselman은 "이 일에는 매력이 없어. 정말 요만큼도 없다고. 다들 앉아서 키보드만 두드리는데 무슨 재미있는 일이 있겠어?"라고 말했다.

첨단 기술 기업의 마케팅 부서를 방문해보면, 서로 반갑게 인사하며 쉬지 않고 이야기하는 사교적인 사람들로 가득 차 있다. 반면에 소프트웨어 개발 부서를 방문해 살펴보면, 헤드폰을 낀 채 프로그래밍에 빠져 있는 사람들로 가득 차 있어 마치 수도원처럼 조용하다. 프로그래머들은 현재 작업 중인 수십, 수백 혹은 수천 줄의 코드를 머릿속에 담아 놓고는 자신만의 작업 리듬 속에 흠뻑 빠져 있으려 한다. 일단 그런 상태에 도달하면, 프로그래머들은 어렵게 도달한 만큼 필사적으로 그 상태를 유지하려 한다. 프로그래밍 삼매경에 빠져 있는 프로그래머 어깨에 살며시 손을 얹으며, "이봐,

요즈음 어떻게 지내?"라고 말해보라. 다시 그 상태에 도달하려면 1시간 정도 걸릴 마법 같은 상태를 깨뜨린 탓에 여러분은 폭발할 듯 화가 나 식식거리는 프로그래머를 보게 될지도 모를 뿐만 아니라, 세상에게 "이제, 안녕"이라고 작별 인사를 해야 할지도 모른다.

이번에는 프로그래밍을 통해 자동화를 해보자. 앞서 보았던 'Hello, World!' 프로그램을 수정해 여러 다른 사람들에게 메시지를 보내려면 어떻게 해야 할까? 다음과 같이 할 수 있다.

```
names = ["Cynthia", "Arjun", "Derek", "Alondra"]
for x in names:
    print("Hello there, " + x + "!")
```

메시지를 전달할 4명의 이름을 쓰고 이를 'names'라는 변수에 저장했다. 다음으로 변수에 저장된 이름이 'Hello there, ____!'의 빈 곳에 순서대로 나오도록 했다. 앞의 코드를 실행하면 다음과 같은 메시지가 출력된다.

```
Hello there, Cynthia!
Hello there, Arjun!
Hello there, Derek!
Hello there, Alondra!
```

간단한 'Hello, World!' 프로그램이 좀 더 재밌어졌다. 여러분이 본 것처럼 프로그램이 실행된 컴퓨터는 사용자를 위해 반복적이고 지루한 일을 대신한다. 사용자가 변수에 10명의 이름을 저장하면, 컴퓨터는 같은 일을 10번 수행한다. 10,000명의 이름을 저장하면, 아무런 불평도 없이 10,000번에 걸쳐 인사말을 출력한다. 10,000,000번 혹은 1,000,000,000,000번도 출력할 수 있다.

이처럼 컴퓨터 프로그램은 규모를 확장하는 데 적합하다. 컴퓨터를 사용하려면 매우 정확한 지시를 프로그램으로 만들어야 하지만, 일단 올바른 프로그램을 작성하면 컴퓨터는 프로그래머가 지시한 일을 한시도 쉬지 않고 반복해 실행한다. 여러분이 충직한 로봇을 만들었는데, 어느 순간 갑자기 수백만 명의 사람이 똑같은 로봇을 사용하게 된다면 흥분으로 가슴이 벅차오르지 않겠는가? 나방이 불빛에 이끌려오듯 수많은 프로그래머가 규모라는 불빛에 이끌린다. 오늘날 프로그래머들은 단순히 자신들만 혹은 몇몇 친구들만 사용할 프로그램이 아니라, 지구상에 있는 모든 사람들이 사용할 프로그램을 만들고 싶어 한다. 즉, 프로그래머가 한 가지 문제를 해결했다면, 프로그래머 자신만이 아니라 모두를 위해 그 문제를 해결한 셈이다.

생비를 포함한 페이스북 엔지니어들은 한동안 뉴스피드를 어떻게 만들지 고민했으며, 뉴스피드를 일종의 개인용 뉴스 서비스로 생각하고 프로그래밍하기 시작했다. 18세기 유럽에는 젠트리 Gentry(신사 혹은 지주층―옮긴이) 계층을 대상으로 나왔던 신문이 있었는데, 뉴스피드는 이런 신문의 현대판 서비스라고 생각할 수 있다. 옛날이었다면 세상 돌아가는 일이나 여러 소문을 잘 알고 있던 하인이 주인에게 주변 사람들에 관한 여러 소문을 이야기해줬을 것이다. 생비가 말했듯이 뉴스피드는 오늘날 이런 하인을 대신할 개인용 신문이었다. "대학을 갓 졸업한 3명의 프로그래머가 천만 명의 사용자를 대상으로 개인용 신문을 만들 수 있다고 생각하다니 터무니없게 보일 수도 있었을 것 같습니다"라고 그녀는 말했다. 규모가 줄 수 있는 아찔한 기쁨이다.

프로그래머는 규모와 밀접한 관계에 있는 효율 또한 치열하게 추구했다. 프로그래머에게는 로봇처럼 완벽하게 자신의 여러 지시를 반복해 수행할 수 있는 컴퓨터라는 수단이 있기 때문에, 반복적인 일을 직접 하려 하지 않는다. 그들은 비효율만 보면 역겨운 냄새라도 나는 듯 뒷걸음질 칠 뿐만 아니라, 효율을 높이기 위해 자동화를 해야 한다면 기꺼이 앞장서 수고를 감수한다. (생비는 결혼에서조차 효율성을 고려했다. 그녀의 어머니는 그녀가 인도에서 결혼하기를 희망했고, 생비는 어머니의 생각이 효율적이라고 생각해 동의했다. 오로지 컴퓨터 과학의 관점에서만 본다면, 미국에서 데이트를 하며 직접 남편을 고르는 일은 매우 많은 자원을 써야 하는 비효율적인 남편 선택 알고리즘이기 때문이었다. 그녀는 "저는 개인적으로 중매결혼을 매우 좋게 생각합니다"라고 말한 적이 있다. "중매결혼은 저의 엔지니어 성향에 잘 맞아요. 실용적이고 성공 가능성도 높죠."[25])

'효율'과 '규모'에 대한 프로그래머의 본능적인 욕구 때문에 소프트웨어 회사와 일반 시민의 생활 사이에는 다양한 충돌이 발생한다. 페이스북은 사람들의 생활에서 비효율적인 정보 전달 문제가 발생한다고 여겼다. 나는 페이스북이 나오기 전에도, 하루 종일 내 친구들이 흥미 있어 할 만한 일들을 했다. 그러나 내게는 내 소식을 친구들에게 알려주거나 친구들의 소식을 들을 수 있는 손쉬운 방법이 없었다. 고작해야 불규칙적으로 전화를 하거나, 바에서 술을 마시며, 혹은 길거리에 서서 이야기하는 것이 전부였다. 뉴스피드는 본질적으로 우리의 시야를 지구라는 행성 규모 안에서 최적화한 것이다. 택시 호출을 최적화한 우버Uber나 쇼핑을 최적화한 아마존Amazon을 비롯해, 임시 직원들을 고용해 저스트인타임서비스Just-in-Time Service(필요할 때 즉시 공급되는 서비스—옮긴이)를 하는 많은 회사 역시 최적화된 서비스를 제공하기 위해 노력한다. 그러나 최적화에 대한 광적인 집착 때문에 연속성을 중요하게 생각하는 사람이나 정부 혹은 공동체가 피해를 볼 수 있다. 불안정한 임시직이 아니라 안정적인 정규직을 원하는 운전사와 직원들, 온라인 상거래와 경쟁할 수 없어 가게 문을 닫거나 직업을 잃은 이웃들이 피해를 봤다. 또한 뉴스피드가 여러 측면에서 매우 가치 있다고 판단한 사회문화 때문에, 우리 모두 서로에게 너무 많이 노출될 수도 있다.

　프로그래밍을 통해 '효율'과 '규모'를 좀 더 손쉽게 달성할 수 있는 만큼, 프로그래밍에서 '효율'과 '규모'는 매력적일 뿐만 아니라 필수불가결하다. 프로그래밍의 이런 특징은 프로그래머가 손쉽게 사업을 만들어내거나, 일부이기는 해도 빈번히 자유의지론 사상에 빠져드는 이유다. '효율'과 '규모'를 추구하는 프로그래머의 재능은 '어떤 일이든 이전에 비해 좀 더 효율적으로 실행해, 이익을 얻자'라는 자본주의의 핵심 기술과도 잘 맞는다. 그러나 다른 한편으로 프로그래밍에서는 자본주의의 많은 가정들이 영향을 받는다. 예를 들어 소프트웨어는 특정 기능을 가진 일종의 사물이기 때문에 사용자는 그 소프트웨어를 소유할 수 있다. 동시에 소프트웨어는 일종의 언어로 작성되었기 때문에 손쉽게, 거의 끊임없이 공유될 수 있다. 프로그래머들은 대체로 자기가 하고 있는 일에 대해서는 숨김없이 이야기를 잘한다. 주기적으로 자신들의 프로그래밍 이슈들을 온라인 모임 등에서 나누고, 몇 시간씩 다른 사람의 문제를 함께 해결하기 위해 노력한다(1980년대 연구결과에 따르면, 프로그래머들은 회사보다 프로그래머라는 자신의 직업에 더 충성한다[26]). 탐욕스러운 자본주의의 결정체라고 할 수 있는 실리콘밸리 회사들에서조차, 프로그래머들은 자신의 책상에서 혹은 근무 중에도 다른 사람들의 버그를 해결하기 위해 노력하며 많은 시간을 보내곤 한다. 또한 무료 오픈소스 소프트웨어 분야는 공동체주의적인 정신을 바탕으로 하기 때문에, 여기에 동의하는 프로그래머들은 누구나 무료로 사용할 수 있는 소프트웨어를 만들기 위해 돈도 받지 않고 일한다.

실리콘밸리의 돈 많은 자유의지론자들은 언론에게 많은 관심을 받곤 한다. 충분히 이해할 만하다. 이들은 돈의 흐름을 제어할 수 있고, 어디에 투자할지 결정할 수 있기 때문에, 기존 기술이나 산업을 크게 바꿔야 한다는 강박관념이 있다. 그리고 이것은 투자할 기술의 선택에 큰 영향을 끼친다. 반면에 일반 프로그래머들의 정치 성향은 예상과 달리 훨씬 다양하다. 예를 들어 오직 돈을 벌고 출세하기 위해 프로그래머가 된 브로그래머Brogrammer도 있다. 이들은 공동주택에 살며 개인재산 소유는 일종의 절도라고 말하는 무정부주의자 옆에서 일하면서, 조금만 취해도 자기는 트럼프에게 투표했다고 말한다. 또 낮에는 자바스크립트 학회에 참석하며 열심히 일하면서도, 밤이 되면 소셜 뉴스 웹사이트인 레딧Reddit에서 페미니즘에 관한 자신의 개똥철학을 열심히 온라인 게시판에 올리며 시간을 보내는 전통적인 캘리포니아 자유주의 좌파들도 있다.

프로그래밍 분야에서 페미니즘과 다양성은 실제로도 아픈 부분이다. 여성 참여 비율만 놓고 따진다면, 소프트웨어 분야는 미국에서 고소득을 올릴 수 있는 수준 높은 산업 분야 가운데 여성의 비율이 퇴보한 보기 드문 경우다. 1950년대 세계 최초의 프로그래머 가운데 몇몇은 여성들이었다. 또한 최초의 컴파일러Compiler(소스코드를 컴퓨터가 이해하도록 번역해주는 프로그램—옮긴이)를 개발한 그레이스 호퍼Grace Hopper나 프로그래밍 분야에 지대한 영향을 끼친 프로그래밍 언어 스몰토크Smalltalk를 공동 개발한 아델 골드버그Adel Goldberg 등 뛰어난 업적을 이룬 여성 프로그래머들도 있었다. 1983년에는 컴퓨터 과학 전공자 가운데 약 37.1%가 여성이었으나, 2010년에는 절반도 채 되지 않는 17%까지 떨어졌다.[27] (대학뿐만 아니라 실제 기업에서도 그 비율은 비슷했다. 2015년의 조사결과에 따르면 구글, 마이크로소프트 같은 고연봉 직장의 여성 엔지니어 비율은 전체의 20%가 채 되지 않았다.[28]) 인종구성도 별반 다르지 않았다. 스타트업만 살펴봐도 금방 알 수 있듯이, 엔지니어들은 주로 백인과 아시아인이다. 흑인과 라틴계 프로그래머들 비율은 미국 전체를 통

틀어 한 자릿수에 불과하며, 실리콘밸리 최고 수준의 회사들로 한
정하면 불과 1~2% 정도로 매우 낮다.[29][30]

프로그래머의 개인 능력이 가장 중요하다고 여겨지는 소프트웨
어 산업에서 이런 결과가 나온 것은 상당히 모순적이다. 이론적으
로 생각해봐도 프로그래머에게 가장 중요한 것은 오직 능력이다.
이런 순진한 생각은 프로그래밍 분야의 겉모습만 보고 판단한 것
이기 때문에 어느 정도 이해할 수 있다. 컴퓨터의 관점에서 보면 쓰
레기 같은 프로그램은 컴퓨터가 엉망으로 작동하게 만드는 반면,
잘 작성된 프로그램은 그렇지 않으므로 프로그래머의 능력이 가장
중요하다. 좋거나 나쁘거나 둘밖에 없는 이런 이진법적 명확함은
프로그래머들이 프로그래밍을 사랑하는 이유기도 하다. 마치 장거
리 달리기처럼, 골치 아픈 문제를 성공적으로 해결한 프로그래머
는 자기 자신이 진정으로 평가 받았다고 느낀다. 게다가 소프트웨
어 분야는 독학으로 공부한 프로그래머가 박사학위를 받은 사람들
과 함께 일할 수 있을 만큼 접근성 측면에서 다른 분야보다 훨씬 민
주적이다(의학, 법률학, 우주공학 등에서는 꿈도 꿀 수 없는 일이다).[31]
수많은 프로그래머들은 자신보다 기술이 숙련되어 보이진 않지만,
영화 〈매트릭스〉에서 동료들보다 훨씬 빠르게 프로그래밍을 하고
문제를 해결하는 네오Neos 같은 소위 엘리트 프로그래머 동료들에
게 감탄한다. 프로그래밍 세계에서 가장 중요한 것은 능력이라는
이런 착각은 생각보다 더 깊게 뿌리박혀 있다. 죽기 살기로 달성해
야 하는 각종 조건들로 가득한 분야에서, 여성 혹은 소수인종이 겪
었을 일상의 미묘한 차별조차 경험하지 못한 수많은 젊은 백인 남

성들이 잘못된 생각을 하는 것은 그리 놀라운 일이 아니다. 심지어 프로그래밍을 좋아하지 않는 젊은 백인들조차도 특별한 악의 없이 진심으로 프로그래밍 분야는 능력주의라고 믿는다. 여성과 소수인종의 비율이 얼마 되지 않는다면, 그것은 단지 열심히 하지 않았거나 혹은 유전학적으로 재능이 없어서라고 생각한다.

이런 생각은 완전히 틀렸다. 수많은 증거가 있으며, 그중에는 실리콘밸리에서 많이 선호하는 A/B 테스팅 방식을 사용해 얻은 연구 결과들도 있다. 어떤 기술 인력 소개 회사에서 이름이 적혀 있는 것과 이름이 적혀 있지 않은 것 2종류의 이력서 5,000장을 만들어 채용 담당자들에게 보냈다. 이름이 없어 성별을 알 수 없는 이력서의 경우, 여성 지원자 54%가 면접제안을 받았다. 반대로 이름이 있어 성별을 알 수 있는 이력서의 경우, 면접제안을 받은 여성 지원자 비율은 5%로 뚝 떨어졌다.[32] 나는 기술 회사에서 여성과 소수인종을 대상으로 면접을 진행한 적이 있었다. 이들 가운데 상당수는 미묘한 비난부터 노골적인 괴롭힘에 이르기까지 자신들이 받은 다양한 차별을 이야기했다. 이러한 차별 때문에 소프트웨어 산업의 다양성이 제한된다는 것은, 사업 기회를 놓칠 수 있다는 경고이자 동시에 앞으로 개선해야 하는 방향에 대한 이야기이기도 하다.

다양성 부족으로 인해 치르는 대가는 생각보다 크다. 제품설계 관점에서 보면 문화는 매우 중요하다. 특정 소프트웨어가 본질적으로 같은 문화를 공유한 팀에 의해 제작된다면, MBA 1학년 학생들이 배우듯 제품에 심각한 맹점이 생길 가능성이 높다. 우리 삶에 영향을 끼치는 소프트웨어 또한 마찬가지다. 최근 들어 가장 영향

은밀한 설계자들

력 있는 몇몇 소프트웨어들은 젊은 백인 남성들이 주로 만들었다. 이들은 자신들과 다른 사람들에게 소프트웨어가 어떤 영향을 끼칠지 예상하지 못했다. 이런 미숙함은 트위터가 오늘날 욕설과 괴롭힘이 난무하는 SNS 서비스가 된 원인 중 하나이기도 했다. 트위터를 개발했던 젊은 프로그래머들은 인구학적으로 온라인에서 욕설을 경험할 기회가 거의 없었다. 그들은 개발 초기에 이런 문제를 반드시 해결해야 하는 중요한 문제로 생각하지 않았다. 오히려 장점이라 생각했는지, 어떤 직원은 회사에 '자유이야기당의 자유이야기파'라는 별명을 붙여 주었다. 결국 그들은 괴롭힘 방지 장치를 거의 만들지 않았고, 몇 년 후 트롤Troll(남들을 화나게 만들려는 메시지 혹은 그런 메시지를 보내는 사람—옮긴이)과 백인 우월주의자들은 트위터가 남을 괴롭히기에 더할 나위 없이 편리한 서비스라는 사실을 알게 되었다.

루치 생비는 현재 좀 더 다양한 프로그래머들이 프로그래밍 분야에 들어올 수 있도록 노력하고 있다. 처음 만났을 때 그녀는 겨우 35세였지만, 소프트웨어 분야의 숨은 실력자였다. 페이스북에서 5년 동안 일한 후 자신의 회사를 설립했다. 그 회사는 드롭박스Dropbox에 인수되었으며, 그녀는 드롭박스에서 부사장으로 일했다. 드롭박스를 그만 둔 그녀는 차세대 프로그래머를 키워낼 목표로 '사우스 파크 커먼즈South Park Commons'라는 벤처회사를 세웠다. 이 회사는 샌프란시스코 소마SoMa; South of Market 인근의 깔끔하게 수리된 사무실 건물에 자리 잡고 있으며, 미래를 고민하는 젊은 기술자들이 모여든다.

뜨거운 여름 어느 날, 내가 생비와 점심식사를 하기 위해 회사를 방문했을 때 그녀는 "우리 회사는 '사교 모임장' 같아요"라고 말했다. 사무실 벽에는 그림이 여기저기 걸려 있고 들쭉날쭉하게 얽힌 나무로 된 아치가 있었다. 그 아래에서 엔지니어, 연구자, 사업가들은 긴 테이블에 삼삼오오 모여 앉아 이메일이나 기술 문서 등을 읽고 있었다. 생비는 입소문을 통해 한 번에 30~40명의 사람들을 모은 후, 그들이 함께 이야기하고 강의를 만들며 서로의 아이디어를 논의하게 했다. 생비의 회사는 젊은이들이 필사적으로 벤처투자가의 이목을 끌어 회사를 만들 벤처자금 유치를 위해 3개월가량 미친 듯이 일만 하는 액셀러레이터Accelerator는 아니었다. 좀 더 미래지향적으로, 정말 새롭고 기이한 분야를 선택하도록 사람들을 설득하는 일을 한다. 최근에는 인공지능AI; Artificial Intelligence과 스스로 학습할 수 있는 알고리즘 작성에 관해 집중적으로 이야기하고 있다. 이 회사를 거친 사람들 가운데 최소 6명은 현재 구글 브레인Google Brain과 비영리 오픈에이아이 이니셔티브OpenAI initiative에서 일하고 있다.

사우스 파크 커먼즈를 통해 세워진 스타트업 중 6개 회사는 여성들이 세웠다. 분명 중요한 성과다. 많은 여성들이 회사 설립자가 되면, 그들은 회사의 방향과 성공을 통한 수익에 큰 영향을 끼칠 수 있다. 생비는 페이스북에서 자신의 몫을 공정하게 받는 문제로 저커버그와 논쟁한 적이 있었다. "이익분배를 동등하게 해주거나 혹은 현금보상을 늘려주세요." 그녀는 자신이 요구했던 사항을 내게 말해주었다. "저는 프로그래밍 외에는 별로 신경 쓰고 싶지 않아

은밀한 설계자들

요. 다시 말해 이런 문제를 마음속에 담은 채 일하고 싶지 않습니다. 오직, 일에만 집중하고 싶어요. 당신 역시 제가 일에만 집중하길 바라잖아요"라고 좀 더 엔지니어처럼 이야기했다고 한다(그녀의 이야기에 따르면, 그녀는 특별히 남자들보다 돈을 덜 받는 문제에 대해 불평한 것이 아니었다. 당시에는 다른 사람들이 무엇을 얼마나 받는지 몰랐다고 한다). 연봉협상이기는 하지만, 정신을 CPU에 빗대어 효율성 향상을 위해 연봉인상이 필요하다는 전통적인 프로그래머다운 주장이었다. 바꿔 말해 생비는 "가뜩이나 부족한 두뇌를 불필요한 고민으로 낭비하면 안 되잖아요? 안 그래요?"라고 말한 셈이었다. 생비의 설명은 충분히 설득력이 있었고, 저커버그가 쉽게 이해할 수 있는 용어들이었다. 결국 저커버그는 납득했다.

사우스 파크 커먼즈를 방문했을 때, 차세대 프로그래머들은 함께 모여 몇 년 전 생비가 페이스북에서 찾았던 미지의 영역을 찾고 있는 듯 보였다. 생비는 소프트웨어를 통해 세상을 변화시킬 수 있다고 생각한다. 더글러스 러쉬코프Douglas Rushkoff의 표현을 빌려 이야기하면, 많은 문제에도 불구하고 소프트웨어는 세상을 움직일 수 있는 지렛대 역할을 할 수 있다.[33] 그렇다면 이제 여러분에게는 그 분야에 뛰어들 수 있는 '문'과 '방법'이 필요하다.

소프트웨어 산업의 시작까지 거슬러 올라가 살펴보면 더 분명해진다. 소프트웨어의 역사와 누가 프로그래머가 되었는지 보면, 이 분야에 새로운 사람들이 들어올 수 있게 열렸던 문들의 역사라고 봐도 무방하다. 순간마다 새로운 사람들이 나타나 소프트웨어 세계를 바꾸고 자신들의 흔적을 남겼다. 1990년대 초기부터 2000년대 사이에는 인터넷과 함께 그런 일이 일어났다. 그 이전인 1980년대에는 개인용 컴퓨터와 함께, 1960년대부터 1970년대에는 거대한 크기의 신기한 기계와 함께 그런 일이 나타났다. 이 세상에는 논리와 기술을 결합한 방법으로 컴퓨터 다루는 일을 좋아하는 사람들이 있었다. 그리고 소프트웨어의 역사는 바로 그런 사람들의 이야기다.

다음 장에 등장할 매리 앨런 윌크스Mary Allen Wilkes 같은 사람들의 이야기 말이다.

2장

진화를
거듭하는
프로그래머

매리 앨런 윌크스는 자신이 커서 소프트웨어 엔지니어가 되리라고는 상상조차 하지 못했다. 1950년대까지 거슬러 올라가 살펴보면, 법정 변호사를 꿈꾸는 메릴랜드주의 10대 소녀 윌크스는 생각과 행동이 체계적이며 꼼꼼한 것으로 유명했다. 그런데 1951년 어느 날, 지리 선생님이 그녀를 놀라게 했다. "매리 앨런, 네가 자라서 컴퓨터 프로그래머가 되면 정말 잘할 거야!"

응? 윌크스는 선생님의 말씀을 전혀 이해하지 못했다. 그녀는 당시 프로그래머라는 말도 처음 들었다. 아니, 좀 더 정확히 말하면 컴퓨터라는 말 자체도 처음 들었다. 당시 미국인 대부분이 윌크스와 비슷했다. 초창기 컴퓨터들이 대학과 정부 연구소에서 만들어진 지 겨우 10년 남짓 지났을 때였으니 모르는 게 당연했다. 당시의 컴퓨터는 대부분 단순한 고성능 계산기로, 군대 및 과학자들이 적의 암호를 해독하거나 혹은 미사일 궤적을 계산하기 위해 사용했다. 그녀는 선생님의 말씀을 머릿속 한구석에 넣어둔 채, 학사학위를 받기 위해 웰즐리 대학교Wellesley College에 입학했다.

4년 후 대학 졸업을 눈앞에 두었을 때, 그녀는 법조인이 되는 길이 힘들다는 사실을 깨달았다. 1959년 성차별이 극심했던 법률 분야는 여자가 법정 변호사가 되는 것을 허락하지 않았다. 학교 선배들의 충고는 늘 한결 같았다. "헛수고일 뿐이니 로스쿨에 지원하지 마. 지원해도 합격하지 못할 거야. 운 좋게 들어간다 하더라도 졸업하지 못해. 만에 하나 졸업을 하더라도 변호사로 취직하지는 못하고." 선배들 말이 맞았다. 정말 운이 좋고 능력이 뛰어나 변호사로 취직하더라도 재판을 맡지는 못할 것 같았다. 고작 로스쿨 도서관 사서로 일하거나 신탁이나 부동산 거래를 처리하는 법률비서가 되는 것이 전부일 듯했다. "저는 정말 법정에서 활약하는 법정 변호사가 되고 싶었어요. 그러나 1960년대 당시로는 절대 이룰 수 없는 꿈이었죠."

그러다 문득 윌크스는 학창시절 선생님이 자신에게 했던 이야기를 떠올렸다. 대학 시절 그녀는 약간이나마 컴퓨터를 배우며 미래 사회에서 컴퓨터가 어떻게 중요한 역할을 할지에 대해 들을 기회가 있었다. MIT에 컴퓨터가 있다는 사실을 알고 있었던 그녀는 졸업식 당일 부모님의 차를 타고 MIT에 갔으며, 대학 내 직업소개소를 찾아가 "제가 일할 수 있는 컴퓨터 프로그래머 자리가 있나요?"라고 물었다.

다행히 자리가 있었고, 그들은 컴퓨터 프로그래밍에 전혀 경험이 없었던 윌크스를 기꺼이 채용했다.

프로그래머는 고사하고 컴퓨터라는 용어조차 아는 사람이 거의 없었던 1959년이었기 때문에 가능한 일이었다. 당시 상황을 좀 더 설명하면, 대학에조차 관련 학과가 없었으며 개설된 강의도 거의 없었다(스탠퍼드 대학교에도 1965년까지 컴퓨터 과학과가 없었다[1]). 프

　　　　　　　　　　　　　　　　　　　　　은밀한 설계자들

로그래밍이 시작된 것도 얼마 되지 않아서 오늘날 프로그래밍 스타일과는 상당히 차이가 있었다. 컴퓨터는 복잡한 듯 보이지만 사실 '0'과 '1', 즉 '끔off'과 '켬on'을 나타내는 이진 스위치의 집합이다. '0'과 '1'을 나타내는 하나의 스위치를 비트bit라 부르며, 비트를 사용해 여러 흥미로운 일을 할 수 있다. 비트를 가로줄로 모아놓으면 이진수를 표현할 수 있다. 예를 들어 이진수 '1101'은 십진수 '13'을 나타낸다. 논리 구문을 쓸 수도 있다. 예를 들어 스위치 3개를 사용해 스위치 1번과 2번이 모두 켜질 때만, 스위치 3번이 켜지는 '앤드AND' 게이트를 만들 수 있다. 비슷한 방식으로 스위치 1번과 2번 가운데 하나만 켜져도 스위치 3번이 켜지는 '오어OR' 게이트도 만들 수 있다. 이런 스위치를 적절히 연결해 만든 부품들이 컴퓨터 안에 들어 있으며, 덕분에 컴퓨터는 덧셈, 뺄셈 같은 산술연산과 복잡한 논리연산을 빠르게 처리할 수 있다. 프로그래머들이 이진수를 기반으로 작동하는 컴퓨터를 좀 더 쉽게 다룰 수 있도록, 1950년대 후반에 컴퓨터 과학자들은 포트란Fortran이나 코볼COBOL처럼 조금이나마 영어와 비슷한 명령어를 사용하는 프로그래밍 언어를 개발하기 시작했다. 이런 혁명적인 변화의 시기에 윌크스는 프로그래머 세계에 첫발을 내딛었다.

그런데 초보 프로그래머인 윌크스에게 한 가지 강점이 있었다. 철학을 전공하며 기호논리학을 공부했다는 것으로, 기호논리학에서는 컴퓨터에서와 비슷하게 '앤드'와 '오어'를 적절히 연결해 논리나 추론을 만들 수 있었다. 기호논리학은 기원을 찾아보면 아리스토텔레스까지 거슬러 올라가며, 조지 불George Boole이나 고트프리트

라이프니츠Gottfried leibniz 같은 논리학자들의 연구를 통해 빛을 봤다.[2]

월크스는 금세 실력 있는 프로그래머가 되었다. 맨 처음 그녀는 덩치 큰 컴퓨터인 IBM 704용 프로그램을 개발했다. 그녀가 사용한 프로그래밍 언어는 어셈블리 언어Assembler Language로 상당히 사용하기 어려운 프로그래밍 언어였다. 예를 들어 흔히 사용되었던 명령어 'LXA A, K'는 메모리 주소 A에 저장된 값을 읽어 레지스터 K에 저장하라는 뜻이다. IBM 704는 프로그래밍만 어려운 것이 아니었다. 작성된 프로그램을 컴퓨터에 입력하는 것 또한 큰일이었다. 오늘날의 컴퓨터와 달리 당시에는 컴퓨터에 키보드도 모니터도 달려 있지 않았다. 종이에 프로그램을 써서 타자수에게 건네주면, 타자수는 프로그램 명령어들을 천공카드에 천공했다. 타자수가 천공된 카드를 컴퓨터 운영자에게 건네주면, 운영자는 전달받은 천공카드를 리더기에 넣어주었다. 컴퓨터는 프로그램을 실행한 뒤 결괏값을 프린터로 출력했다.

게다가 사용자가 많아 늘 줄을 서서 자신의 순서를 기다려야 했다. 그녀가 일했던 MIT 링컨 연구소MIT Lincoln Laboratory에는 IBM 704가 1대밖에 없었다. 또한 당시 컴퓨터는 한 번에 1개의 프로그램만 실행시킬 수 있었다. 프로그래머들은 다른 프로그램이 실행되는 동안 자신의 순서를 기다리며 대기해야 했다. 월크스는 프로그래머에게 수도승의 인내가 필요하다는 사실을 깨달았다. 자신의 코드를 건넨 후, 결과가 나오기까지 몇 시간이고 마냥 기다려야 했기 때문이었다. IBM 704는 별도의 격리된 방에 있었으며, 프로그래머는 안에 들어가 기계를 만져보는 것조차 좀처럼 허락되지 않았다. 방안

은밀한 설계자들

에는 몇몇 기술자들만이 머물며 부지런히 망가진 부품을 교체했다. 게다가 한술 더 떠서, 컴퓨터가 뿜어내는 화산처럼 뜨거운 열기를 식히기 위해 방문까지 닫아야만 했다. 컴퓨터가 지나치게 뜨거워져 망가지는 일이 없도록 컴퓨터실에는 당시 MIT 전체를 통틀어서도 몇 대 되지 않았던 에어컨이 설치돼 있었기 때문이다.

윌크스는 늘 기다렸다. 마침내 그녀의 프로그램이 실행되고 실행이 끝나면, 프린터는 덜커덕거리며 프로그램 실행결과를 출력했다. 그녀는 실행결과를 꼼꼼히 살펴봤다. 전체 계산을 엉망으로 만드는 버그 때문에 그녀가 기대했던 결과가 나오는 일은 거의 없었다. 윌크스는 자신의 잘못을 찾아 고치기 위해 프로그램을 꼼꼼히 살폈다. 이럴 때면 그녀는 마치 자신이 IBM 704가 된 듯, IBM 704의 프로그램 명령어 처리 과정을 하나하나 상상하며 버그를 찾았다. 버그를 찾으면 프로그램을 고친 후 다시 천공카드를 만들어 컴퓨터에 입력하고 결과가 나올 때까지 몇 시간씩 기다렸다. 결과는 어땠을까? 대부분 또 다른 버그가 있었으며 지금까지의 과정을 다시 반복해야만 했다. 그녀는 정확한 프로그래밍뿐만 아니라 간결한 프로그래밍도 배웠다. 당시의 컴퓨터 사양은 매우 제한적이었다. 윌크스가 작업했던 IBM 704의 경우, 주 메모리에 저장해 실행할 수 있는 프로그램 크기는 약 4,000단어 수준이었다. 그렇기 때문에 프로그래밍은 마치 단편시를 쓰는 일 같았으며, 좋은 프로그래머라면 명령어 하나 헛되이 쓰지 않고 간결하게 프로그래밍할 수 있어야 했다. 한마디로 프로그램은 0과 1로 이루어진 시였다.

"마치 논리퍼즐 같았어요. 크고, 복잡한 논리퍼즐 말이에요." 윌크스는 당시를 회상하며 이야기했다. 그녀는 프로그래밍에 꼭 필요한 정확성과 꼼꼼함이 정말 마음에 들었다. "사실 저는 지금도 지나칠 만큼 매사에 빈틈없고 까다로운 편이에요. 벽에 걸린 그림이 조금만 기울어도 바로 알아차리죠. (…중략…) 아마 타고난 것 같아요."

누가 이런 성격을 가졌을까? 1960년대를 생각해보면 주로 여성들의 성격이 빈틈없고 꼼꼼했다. 오늘날 사람들이 들으면 깜짝 놀랄 일이겠지만, 1960년대 윌크스가 일했던 MIT 링컨 연구소에서는 전문 프로그래머 대부분이 여성이었다. 당시에는 많은 사람들이 남성보다는 여성이 프로그래밍 업무에 적합하다고 생각했다. 그 이전에도 그랬다. 제2차 세계대전 동안, 영국 블레츨리 파크에서 암호해독을 위해 사용한 몇몇 실험적인 계산기계들은 여성들이 다뤘다.[3] 미국에서 탄도미사일의 궤적 계산에 사용된 애니악ENIAC 컴퓨터의 첫 번째 프로그래머들 역시 여성들이었다.[4]

윌크스는 남녀의 성에 따라 업무 구분이 있다는 사실을 알아차렸다. 남성 프로그래머가 없던 것은 여러 가지 이유가 있었겠지만, 그중 하나는 1960년대 컴퓨터 관련해서 가장 매력적이고 인정받는 일이 하드웨어 제작이었기 때문이었다. 하드웨어 설계·구현 분야는 국방 관련 계약의 증가로 돈이 몰리기도 했지만 사람을 끌어들이는 매력도 있었다. 메모리에서 좀 더 빠르게 데이터를 읽을 수 있는 컴퓨터를 어떻게 만들 수 있을까? 어떻게 만들면 컴퓨터가 좀 더 작은 공간에 쏙 들어가고 소비전력도 줄일 수 있을까? 이런 문제를 해결하는 사람은 MIT에서 좀 더 많은 연봉을 받고 좀 더 긴 휴가를 즐길 수 있는 연구원이 될 수 있었다. 이에 반해 컴퓨터로 수행할 일을 프로그래밍하는 것은 부가적인 일까지는 아니더라도 하드웨어 설계·구현 업무에 종속되는 일로 여겨졌다. 덕분에 MIT 링컨 연구소의 남성 대부분은 새로운 컴퓨터용 회로설계를 하려 했다. 남성들 또한 프로그래밍을 할 수 있었고 할 필요도 있었지만, 평생 할 일로 생각하지는 않았다. 게다가 당시 전문 프로그래머는 연구원이 아니라 연구원을 도와주는 사람이었다.

이런 차별에도 불구하고 윌크스는 MIT 링컨 연구소에서 지적 자부심을 느낄 수 있었다. "우리는 정말 한마디로 컴퓨터만 아는 괴짜들이었죠. 옷도 괴짜처럼 입었죠"라고 윌크스가 말했다(1960년대 당시 기준으로 여성은 치마를 입고 하이힐을 신어야 했지만, 그녀는 재킷도 없이 간단히 블라우스만 입었도 되었다는 뜻이다). "연구실 남성 연구원들은 저를 전적으로 인정해줬어요. 덕분에 비서처럼 일하지 않고 훨씬 재미있게 일할 수 있었답니다."

1961년, MIT 링컨 연구소 책임자들은 세계 최초의 개인용 컴퓨터 가운데 하나인 LINC~Laboratory INstrument Computer~를 개발하는 야심 찬 과제에 그녀를 참여시켰다. 자신만의 비전과 반항심으로 잘 알려진 젊은 컴퓨터 설계자 웨슬리 클락~Wesley Clark~의 생각이었다. 사실 그는 지시를 따르지 않는다는 이유로 이미 2번이나 해고당했었다. 그러나 시간이 조금 지난 후, 다시 새로운 직책으로 채용되었다.[5] 그는 진공관과 똑같이 작동해 컴퓨터의 논리회로와 부품으로 사용될 수 있으면서도, 크기도 작고 소비전력이 낮은 트랜지스터에 관심이 많았다. 트랜지스터는 진공관처럼 뜨거워지지 않았으며, 부팅 속도도 훨씬 빨랐다. 그는 트랜지스터를 사용해 연구실이나 개인 사무실에도 설치할 수 있는 세계 최초의 개인용 컴퓨터를 만들 생각이었다.[6] 개인용 컴퓨터만 있으며, 프로그램을 실행하기 위해 더 이상 자신의 순서를 기다릴 필요도 없었다. 컴퓨터를 사용할 남성(아주 가끔은 여성) 과학자는 오직 혼자서 컴퓨터를 사용할 수 있을 것이다. 클락은 생물학자를 주 사용자로 생각했는데, 생물학자는 실험 중간중간에 대량의 데이터를 고속으로 처리할 필요가 있었기 때문이었다. 당시 대형 IBM 컴퓨터를 사용하는 생물학자들은 컴퓨터로 데이터를 처리하기 위해 실험을 멈추고 순서를 기다려야 했다. 그러나 그들에게 실험실에서 혼자 쓸 수 있는 개인용 컴퓨터가 생긴다면 어떤 일이 생길까? 실험을 멈추지 않고 끊임없이 데이터를 처리하면서 처리결과에 따라 실험을 조절할 수 있었다. 개인용 컴퓨터에 키보드와 스크린까지 장착하면 천공카드를 사용해 프로그램을 입력하거나 결과를 출력할 필요조차 없어, 훨씬 빠른 속도로 프로그래밍을 할 수 있었다. 한마디로 사람과 기계의 협력이었다. 사람들은 마치 대화하듯 LINC를 사용할 수 있었으며, 프로그램을 넣어주면 빠르게 결과를 확인할 수 있었다.[7]

클락은 자신의 팀이 하드웨어를 설계·구현할 수 있다고 생각했다. 그러나 사용자가 실시간으로 하드웨어를 제어하는 데 필요한 컴퓨터 운영체제를 만들기 위해서는 윌크스가 필요했다. 운영체제 프로그램은 생물학자가 하루 정도 교육을 받으면 사용할 수 있을 만큼 간단해야 했다.

그녀와 LINC 개발팀은 흐름도에서 시작해 컴퓨터 회로설계와 일반인의 컴퓨터 사용법 등을 고민하며 2년 동안 정말 열심히 일했다. "우리는 형편없는 음식으로 배를 채우면서도 정말 미친 듯이 열심히 일했어요." 그녀가 당시를 떠올리며 말했다.[8] 드디어 다소 엉성해 보이기는 해도 나름 작동하는 첫 번째 시제품을 완성했다. 클락은 생물학 연구에서 사용되는 실제 문제로 시제품 컴퓨터를 테스트하려 했다. 클락과 그의 동료 찰스 몰나르Charles Molnar는 LINC 시제품 1대를 생물학자인 아놀드 스타Arnold Starr의 연구실로 가져갔다. 당시 스타는 고양이가 소리를 들었을 때 고양이 머릿속에서 발생하는 신경 전자 신호를 기록하려고 여러 차례 시도하였으나 번번이 실패하고 있었다. 그는 전극을 고양이 대뇌피질에 꽂아 신호를 기록하려 했지만, 원하는 신경 전자 신호를 정확히 구분해 기록할 수 없었다. 몰나르는 몇 시간 동안 프로그램을 작성했다. 스피커에서 딸깍거리는 소리를 내고, 전극에 신호가 잡힌 시각을 정확히 기록하며, 스피커 소리에 반응하는 고양이의 신경 전자 신호를 LINC 화면에 나타내주는 프로그램이었다. 컴퓨터와 프로그램 모두 완벽했다. 화면에 데이터가 나타나는 순간, 모두 장비 주위에서 춤을 추며 기뻐했다.[9]

1964년 초 윌크스는 약 1년간 유럽을 여행하며 휴식을 취했다. 그녀가 여행에서 돌아오자, 클락은 그녀에게 LINC용 운영체제 프로그램 개발을 부탁했다. 그러나 LINC 개발 연구실이 세인트루이스로 옮겨졌고, 세인트루이스에 살고픈 마음이 없었던 윌크스는 연구실 합류를 망설였다. LINC 개발팀은 그녀에게 원격근무를 제안했고, 그녀가 부모님과 함께 살던 볼티모어로 LINC 1대를 보내주었다. LINC 1대가 2층으로 올라가는 계단 옆 거실에 설치되었다. 컴퓨터는 이상하게 생긴 가구 같았다. 마치 영화 〈2001 스페이스 오디세이〉에 등장하는 컴퓨터 할HAL이 미국 교외 지역에 도착한 듯 했다. 컴퓨터는 계단 아래 놓여 있던 커다란 캐비닛을 포함해 윙윙 소리를 내며 돌아가는 자기 테이프(컴퓨터 정보 기록에 사용되는 테이프), 식빵 한쪽보다 약간 크고 각종 데이터가 나타나는 스크린, 트랜지스터를 사용해 만든 회로가 가득 찬 냉장고 크기의 상자 등으로 구성돼 있었다. 대다수 프로그래머가 그러하듯 윌크스 또한 올빼미형 인간이었으며, 그녀는 LINC 옆 책상에 앉아 꼭두새벽까지 프로그래밍에 몰두했다. 윌크스는 지구상에서 거의 최초로 집에 개인용 컴퓨터를 두었던 사람이었다.

얼마 지나지 않아 윌크스는 LINC용 운영체제 프로그램 개발을 마쳤으며, 초보자도 손쉽게 LINC를 사용할 수 있도록 사용 매뉴얼을 작성하였다. 초보자를 위한 컴퓨터 사용 매뉴얼을 쓴 사람은 윌크스가 거의 처음이었는데, 이전의 컴퓨터는 전문가를 위한 기계로 초보자용은 아직 없었기 때문이었다.

이제 윌크스는 프로그래밍 분야에서 매우 중요한 사람이 되었다. 사람들은 그녀를 컴퓨터 프로그래밍이라는 새로운 분야에서 능력과 경험을 갖춘 엔지니어로 인정했으며, 여러 컴퓨터 제조사들에서 앞다투어 그녀를 채용하려 했다.

그러나 윌크스의 마음 한구석에는 여전히 법조인이 되고 싶다는 생각이 남아 있었다. "제 인생의 중요한 순간이었어요. 그리고 저는 평생 이 일을 하고 싶지는 않았죠." 그녀가 말했다. 컴퓨터는 지적인 기계 장치임에는 틀림없었으나, 사회적으로는 사람을 외톨이로 만든다. "저는 사람들과 좀 더 활발히 함께 일할 수 있는 직업을 찾고 싶었어요. 흐름도만 쳐다보며 제 인생을 보내고 싶지는 않았죠."

월크스는 하버드 로스쿨에 지원했다. 그녀의 이력은 단연 눈에 띄었고, 사람들의 호기심을 불러일으켰다. 신기하지만 막상 사용하려면 꽤 복잡할 것 같은 컴퓨터를 자유자재로 다룰 수 있는 30대 중반의 여성이라니! 그녀는 로스쿨에 합격했으며 졸업도 했다. 그리고 이후 40년 동안 법정에서 재판을 하고, 하버드 대학교 강단에서 학생을 가르치며, 미들섹스Middlesex 카운티에서 지방검사로 활발히 일하며 어려서부터 꿈꾸었던 법조인으로 살았다. 수많은 프로그램 코드를 꼼꼼히 살피고 분석했던 자세 그대로, 그녀는 수많은 의문점을 파헤쳐 진실을 밝히기 위해 법정에 나갈 때마다 정말 열심히 준비했다. "저는 프로그래밍을 좋아했죠. 아니, 사랑했어요." 그녀가 말했다. 당연한 일일 수도 있지만, 그녀의 전문 분야 가운데 하나는 과학기술법이었다.

오늘날 프로그래머들은 미국 드라마 〈실리콘밸리〉나 〈미스터 로봇〉에서 보듯 비슷비슷하다. 미국의 경우 인도인과 아시아 사람이 일부 있기는 하지만 대부분 백인이며, 컴퓨터에 빠져 사는 괴짜인 경우가 많다. 반정부주의자가 있는가 하면, 백만장자가 되고 싶어 안달인 사람도 있다.

내가 이야기하고자 하는 것은, "누가 프로그래머가 되는가?"라는 질문이 세월에 따라 변한다는 것이다. 산업의 발전과 함께 사람들이 사용할 수 있는 컴퓨터의 형태도 발전하고 변화했으며, 그 결과 나름 구분해 살펴볼 수 있는 여러 세대의 프로그래머가 생겨났다. 매리 앨런 윌크스는 1세대 프로그래머로 프로그래밍을 직업으로 생각하지 않았으며, 혼자 혹은 소규모로 작업했다. 컴퓨터는 조직이나 기관의 영역이었으며, 컴퓨터를 다루는 사람들 또한 조직이나 기관에 속한 사람들이었다.

2세대 프로그래머는 1960년대와 1970년대 초에 등장한 '해커'들이었다. 그들은 스스로를 반역자라 부르며 엄격하고 제약이 심한 기관들로부터 컴퓨팅 능력을 빼앗으려 했다.

이런 움직임은 인공지능 연구실에 윌크스의 컴퓨터와 비슷한 컴퓨터를 들여놓았던 MIT에서 시작되었다. 키보드와 출력용 스크린이 달려 있었던 PDP-1과 같은 컴퓨터들은 연구실 대학원생들이 열심히 AI 프로그래밍 작업을 하며 사용한 탓에, 낮 시간에는 쉴 없이 사용되었다. 그러나 저녁이 되면 사용자가 거의 없어서, 이런 '대화형' 컴퓨터(키보드와 스크린이 있어 대화하는 느낌을 주는 컴퓨터—옮긴이)를 찾아 흥미 있는 일을 하려는 사람들이 컴퓨터를 사용할 수 있었다.

컴퓨터에 푹 빠진 사람들이 연구실로 모여들었다.[10] 그 가운데는 바싹 마른 외모의 빌 고스퍼Bill Gosper도 있었다. 그는 수학 천재로 연산 혹은 기하학 문제를 풀기 위해 여러 알고리즘을 만들어 컴퓨터에서 몇 시간씩 돌리곤 했다. 그는 일찍이 퍼즐게임을 풀 수 있는 알고리즘을 만들기도 했다. 그 외에도 단정한 모습과는 거리가 멀었지만 수많은 코드를 빠르게 프로그래밍했던 릭키 그린블래트Ricky Greenblatt나 컴퓨터 스크린을 통해 사람과 대결할 수 있는 대화형 컴퓨터 개발에 빠져 있던 소년 슬러그 러셀Slug Russell 등도 있었다. 젊은 프로그래머들이 점점 더 많이 모여들면서(참고로 모두 남자였다) 학생들이 연구실에서 밤을 지새우는 일도 많아졌다. 이럴때면 종종 전등 불 대신 음극선관Cathode rays을 켜서 으스스한 분위기를 만들어놓고 일하곤 했다.

그들은 컴퓨터를 직접 사용하며 지적인 작업을 한다는 생각에 완전히 매료돼 있었다. 고스퍼는 스티븐 레비Steven Levy의 저서 《해커, 광기의 랩소디Hackers》에 실린 인터뷰에서 "키보드 위에서 빠르게 손을 움직여 프로그램을 만들고 실행하면, 컴퓨터는 수백분의 1초 만에 반응하기 시작했어요"라고 말했다.[11] 이들은 아이디어가 떠오르면 바로 프로그래밍을 하고 화면에서 결과를 확인했다. 또 이러한 과정을 반복하며 프로그램을 고쳤다. 일단 새로운 프로그램 개발을 시작하면, 시간이 멈춘 듯 했다. "시간이 가는 줄 모르고 작업할 수 있어서 정말 뿌듯하고 좋았어요. 해가 졌는지 달이 떴는지 전혀 신경 쓰지 않았죠." 고스퍼는 말했다.[12] 그린블래트는 30시간 동안 꼼짝 않고 앉아서 프로그래밍 작업을 하기도 했다. 결국 제대로 수업을 듣지 못한 탓에 학점을 제대로 받지 못하고 MIT에서 쫓겨났다. 이후에도 그는 학교 근처 도시에서 프로그래밍 직업을 얻어 일했으며, 밤에 인공지능 연구실에 나와 작업하는 생활도 계속했다.

그러나 그들에게 무슨 프로그램을 만들어야 하는지, 혹은 무슨 프로그램은 만들면 안 되는지 말해주는 사람은 없었다. 그들은 단순하게 컴퓨터를 사용해 기이하거나 새로운 일을 했던 첫 번째 프로그래머 그룹이었다. 예를 들어 진동 스피커를 다른 주파수로 작동시키는 프로그램을 만들어 음악을 연주하는 프로그램을 만들었다. 체스게임을 만들어 실제 사람과 시합해 이긴 일도 있었다. 러셀은 세계 최초의 그래픽 게임 중 하나로 두 사람이 상대방의 전함을 서로 공격하는 〈스페이스 워Spacewar〉라는 게임을 만들었다. 당시 컴퓨터 제조사 입장에서 보면, 12만 달러짜리 고가 컴퓨터를 비디오 게임에 사용하는 것은 한마디로 바보짓이었다.[13] 그러나 MIT 해커들은 자신들이 해야 하는 일이 콩을 세거나 과학문제를 해결하는 것 같은 세상일로부터 프로그래밍을 분리하는 일이라고 생각했다. 그들에게 프로그래밍은 일이 아닌 즐거운 놀이 또는 예술작업이었다.

MIT 해커그룹은 스티븐 레비가 책에서 썼듯이 자신들만의 '해커 윤리'를 세워 놓았다.[14] 이들은 세상 모든 사람들이 컴퓨터를 직접 사용할 수 있어야 한다고 믿었다. 또한 한발 더 나아가 프로그램도 공유해야 한다고 믿었다. 즉, 유용한 프로그램을 만들면 아무런 대가도 받지 않고 다른 사람에게 공개해야 한다고 믿었다(개방과 공유에 대한 그들의 신념은 실제 행동으로도 이어졌다. 대학 당국에서 컴퓨터를 수리하는 데 필요한 장비가 들어 있는 캐비닛을 자물쇠로 잠그자, MIT 해커그룹은 자물쇠 여는 법을 공부해 장비를 사용했다). 이들은 권위, 서열, 관료조직, 행정 당국 등을 전혀 신뢰하지 않았다. 예를 들어 흰색 와이셔츠를 깔끔히 차려입고 머리를 짧고 단정하게 자른 모습으로 컴퓨터를 일반인과 분리된 공간에 넣어두려고 하는 IBM 직원들을 몹시 싫어했다.

기존 권위를 인정하고 존중하지는 않았지만, 훌륭한 프로그램에 대한 존경심은 대단했다. 누가 프로그램을 만들었는지는 전혀 중요하지 않았다. 때론 어린 소년들이 AI 연구실로 와서 충격을 주기도 했다. 예를 들어 MIT 해커그룹에는 14세에 학교를 중퇴하고 그룹에 들어온 데이빗 실버David Silver라는 소년이 있었다. 그는 곧 AI 연구실에서 로봇을 프로그래밍하는 전문가가 되었는데, 이는 나름의 철학을 토대로 인공지능을 연구하던 대학원생들의 심기를 크게 건드렸다. 대학원생들은 인공지능의 작동 원리를 이론으로 잘 정립하는 일이 가장 중요하며, 프로그래밍은 그다음이라 생각했다. 하지만 실버는 완전히 반대였다. 실버는 다른 해커와 마찬가지로 실제 프로그램을 만들어 실행시키는 것이 중요하다고 생각했다. 즉, 이론이 아니라 무언가 할 수 있는 프로그램을 만드는 일이 무엇보다 중요하다고 생각했다. 한 번은 실버가 로봇이 방을 가로질러 목표한 지점에 지갑을 가져다 놓도록 만들었다. "그 일 때문에 대학원생들은 정말 화가 났어요." 실버가 레비에게 이야기했다. "제가 몇 주 동안 빈둥거리며 논데다, 제가 만든 프로그램에 따라 컴퓨터가 작동을 시작했기 때문이었죠. 매우 어려운 일이었고, 대학원생들도 그 일에 집중했거든요. 그들은 모든 일을 이론화하려고만 했어요. 그런데 제가 이론 따위는 생각하지 않고 직접 뛰어들어 프로그래밍을 시작한 거죠. 저희 세계에서는 흔한 일이잖아요."[15]

MIT 해커그룹은 지독하리만치 반 상업적이었다. 그들은 프로그램을 일종의 예술작품처럼 생각하면서, 사용권을 팔아 돈을 벌려고 하지 않았다. 오히려 반대였다. 그들은 알고자 하는 누구에게라도 프로그램을 보여주고 사용할 수 있도록 허락해야 한다고 믿었다. 그래야 사람들이 배울 수 있고, 자신들이 만든 훌륭한 프로그램이 세상에 널리 퍼질 수 있다고 생각했다. (이런 생각은 훗날 프로그램을 공개하고 누구라도 수정해 사용할 수 있도록 하는 오픈소스 프로그램으로 발전한다.) MIT 해커그룹의 대표적 인물인 리처드 스톨먼 Richard Stallman은 프로그램을 개발해 공개하지 않는 기업의 태도에 분노했다. 한 번은 MIT 해커그룹의 몇몇이 그룹을 떠나 회사를 세운 뒤, 제품을 MIT에 팔고 프로그램을 공개하려 하지 않자 불같이 화를 냈다. 스톨먼은 MIT 해커그룹 상업화에 대응하기 위해 자유 소프트웨어 운동과 운영체제 개발을 시작했으며, 프로그램에 손댈 수 있는 권한을 누구에게나 허락해주는 법적인 조직을 구성했다.[16] 해커들은 정치색이 그리 강하지는 않았다. 대부분은 베트남 전쟁에 관한 토론에 약간 참여하는 정도였다. 그러나 소프트웨어라는 새로운 정치 분야에서는 달랐다. 적어도 스톨먼 같은 사람들이 나타났다.

개방과 공유를 실천했던 MIT 해커그룹이었지만, 이들은 소프트웨어 분야에서 여성을 몰아내기 시작한 첫 번째 세대기도 했다. 윌크스가 활동하던 때와 달리 MIT 해커그룹은 철저히 남성 중심이었다. 해커들의 말투는 허풍스럽기 그지없었고, 생활은 독신남 같았다. 그들 스스로도 이야기했듯이, 해커가 아닌 사람들과 지내는 일에는 전혀 관심이 없었다. 무엇보다도 자신들을 소중한 프로그램에 모든 것을 바친 일종의 성직자라고 생각했다. "심지어 프로그램이 그들의 성생활까지 대신했어요." 레비가 말했다. 그린블래트는 너무 지저분한데다 씻지 않기로 유명했다. 얼마나 더러웠는지 YMCA에서 쫓겨난 일도 있었다. 남자 해커들이 연구실에서 밤을 지새우거나 잠을 자면서 연구실은 점점 남자 기숙사처럼 변했다.

MIT 해커들은 임시로 이것저것 손대곤 했는데, 이런 행동은 컴퓨터를 사용해 중요한 연구를 해야 하는 MIT 컴퓨터 과학자들과 충돌을 일으켰다. MIT 해커 때문에 고생했던 대표적인 인물로 훗날 미국 항공우주국 나사NASA에서 핵심 시스템을 설계해 아폴로 우주선의 안전한 달 착륙에 기여한 마거릿 해밀턴Margaret Hamilton이 있다. 그녀는 당시 MIT의 젊은 프로그래머였다. 하루는 날씨 시뮬레이션 모델을 실행하려고 했으나 자꾸 문제가 생겼다. 고생 끝에 몇몇 해커들이 자신들의 목적에 맞게 어셈블러 프로그램을 수정한 뒤 다시 원래대로 고쳐놓지 않았기 때문이라는 것을 알아냈다. 해커들은 단순히 예쁘게 생긴 셀룰러 오토마타Cellular Automata(미국 수학자 스타니스와프 울람과 존 폰 노이만이 고안한 이산적 동적 시스템으로, 동역학계를 해석하는 방법 ―옮긴이)를 이리저리 손대며 시간을 보낼 생각이었던데 반해, 그녀는 날씨 연구를 수행하고 있었다. 해밀턴 입장에서는 매우 화나는 일이었지만, 해커들은 자신들의 행동이 다른 사람에게 미치는 영향 따위에는 별 관심이 없었다.

해커들은 서로에게 친절했지만 자신에 대해 이야기하거나 다른 사람의 속사정 등을 듣는 일은 별로 없었다. "저는 로봇 같은 사람들과 진심이라고는 전혀 없는 대화를 나누며 시간을 보냈어요.[17]

물론 저 또한 그들에게 로봇 같았을 거예요." MIT 해커그룹에서 활동했던 해커 한 명이 후회하는 듯 한숨을 쉬며 말했다.

1980년대에 이르러 컴퓨터의 성격이 다시 한번 크게 변했다. 컴퓨터 부품의 가격이 점점 내려간 덕분에 컴퓨터를 대량생산하는 시대가 된 것이다. 1976년 실리콘밸리에서 스티브 워즈니악Steve Wozniak은 기존 컴퓨터와는 모양이 완전히 다른 애플 I 컴퓨터를 만들었다. 애플 I 컴퓨터는 일반 TV에 연결해 사용할 수 있었으며, 전원을 켜면 누구라도 즉시 MIT 해커들처럼 프로그래밍을 시작할 수 있었다.[18] 곧 수많은 컴퓨터 회사들이 애플의 뒤를 따랐으며, 덕분에 컴퓨터 가격은 중산층 가정이 충분히 살만한 수준으로 떨어졌다. 1981년 코모도어Commodore는 플러그-앤-플레이plug and play 방식의 컴퓨터 VIC-20을 300달러에 출시했다.[19] 윌크스에 의해 시작된 혁명이 나무 케이스에 넣어 만든 애플 I을 거쳐 미국 전역으로 확산되었다.

컴퓨터 가격이 떨어지자, 용돈으로 약간의 목돈을 모은 10대 청소년들이 프로그래밍 세계에 첫발을 내딛는 일도 생겼다. 제임스 에버링험James Everingham도 그런 경우였다.

에버링험은 영화 〈사랑의 블랙홀〉로 유명해진 펜실베이니아주 펑서토니Punxsutawney 근처 두보이스Dubois에서 자랐다. 15세 소년이었던 1981년, 한 친구가 그의 손을 잡고 몽고메리 워드Montgomery Ward 백화점에 데리고 갔다. 친구는 시장에 출시된 지 얼마 되지 않은 VIC-20을 구경할 생각이었다. 에버링험은 이해할 수 없었다.

"어떤 기계인지 전혀 알 수 없었어요." 에버링험은 베이지색 두툼한 덩어리 모양의 컴퓨터를 보고 흥분한 친구에게 불평을 늘어놓았다. "이 기계가 왜 인기인거야? 도대체 무슨 일을 할 수 있는데 이렇게 난리야?"

"에구, 멍청한 녀석. 시범을 보여줄 테니 눈 크게 뜨고 잘 보라고." 친구는 에버링험을 놀려대며 다음과 같은 프로그램을 입력해 넣었다.

```
10 PRINT "JIM"
20 GOTO 10
```

입력한 프로그램을 실행하자, 화면에는 'JIM'이라는 글자가 끝없이 나타났다. 에버링험은 궁금해 견딜 수가 없었다. "마치 마술 같았어요." 그는 내게 말했다. "어떤 영문인지 알고 싶었죠. 결국 저는 '꼭 알아내고 말거야!'라고 말했답니다."

친구가 사용한 프로그래밍 언어는 베이직BASIC; Beginner's All-purpose Symbolic Instruction Code이었다. 내 생각에 베이직은 역사상 가장 중요한 컴퓨터 언어다. 베이직 덕분에 일반인들도 컴퓨터 프로그래밍 세계에 발을 내딛을 수 있었기 때문이다. 윌크스가 프로그래밍을 하던 때는 읽고 쓰기 매우 어려운 어셈블리어를 프로그래밍 언어로 사용했다. 어셈블리어는 낮은 수준의 프로그래밍 언어로 배우려면 많은 노력이 필요했다. MIT 해커그룹이 활동하던 때는, 한결 영어와 비슷한 상위 수준의 프로그래밍 언어를 사용했다. 예를 들어 과학자나 수학자들은 컴퓨터로 원하는 계산을 하기 위해 포트란을 사용했으며, 회사에서는 코볼을 사용했다. 상위 수준의 프로그래밍 언어가 개발돼 사용되었지만, 베이직은 여전히 가장 쉬운 프로그래밍 언어 가운데 하나였다. 1964년 다트머스Dartmouth 대학교에서 개발된 베이직은 컴퓨터 초보자라도 쉽게 이해하고 사용할 수 있는 간단한 명령어들로 이루어져 있었다.[20]

에버링험의 친구가 쓴 짧은 프로그램은 무슨 뜻일까? 이건 베이직을 배운 대부분의 꼬마 혹은 소년, 소녀들이 컴퓨터에 맨 처음 입력했던 프로그램으로, VIC-20 컴퓨터 세대의 'Hello, World!'라 할 수 있는 프로그램이다. 이 프로그램은 컴퓨터 프로그래밍 경험이 없는 사람도 쉽게 읽고 이해할 수 있다. '10'이라는 번호가 붙은 첫 번째 줄은 컴퓨터 화면에 'JIM'이라는 이름을 쓰라는 뜻이다. '20'이라는 번호가 붙은 두 번째 줄은 '10'이라는 번호가 붙은 첫 번째 줄로 돌아가라는 뜻이다. 2줄짜리 프로그램은 컴퓨터를 끄지 않는 한 'JIM'이라는 이름을 무한히 반복해서 화면에 출력한다. 또한 이 짧고 간단한 프로그램은 사용자의 명령을 로봇 지니(〈알라딘〉에 등장하는 램프의 요정―옮긴이)라도 된 듯 정확하면서도 쉼 없이 수행하는 컴퓨터의 놀라운 능력을 잘 보여준다.

10대 청소년들이 무한대의 본질을 직관적이고 생생하게 체험할 수 있는 기회는 그리 많지 않다. 그러나 단 2줄의 베이직 프로그램을 실행시키면 무한대를 눈앞에서 경험할 수 있다. 자신의 이름이 화면에서 끝없이 출력되는 걸 본 순간, 에버링험은 존 키츠John Keats

은밀한 설계자들

의 시 〈채프먼의 호메로스를 처음 읽고서On First Looking into Chapman's Homer〉에 등장하는 코르테스Cortez(스페인의 정복자—옮긴이)가 한없이 펼쳐진 대양을 처음 보고 느꼈던 감정을 비슷하게 느꼈다.

게다가 쉬워 보였다. 컴퓨터 제조업체들은 이러한 점을 강조했다. 실제로 1980년대 컴퓨터를 구매하면 베이직 프로그램 작성법이 담긴 매뉴얼이 들어 있었다(에버링험과 나이가 비슷한 나도 컴퓨터와 함께 온 매뉴얼을 보고 베이직 프로그래밍 방법을 배웠다). 컴퓨터를 사용하면 멋진 그림을 보여주거나 음악을 연주할 수도 있었고, 특히 이런 기능은 간단한 컴퓨터 게임을 만드는 일에 적합했다. 1980년대 수많은 10대 청소년이 이런 컴퓨터의 매력에 빠져들었고, 이들은 〈스페이스 인베이더Space Invaders〉, 〈팩맨Pac-Man〉, 〈조크Zork〉 같은 인기 컴퓨터 게임을 자신만의 버전으로 고쳐서 즐기곤 했다. 일종의 팬픽션(좋아하는 작품을 바탕으로 새롭게 만든 작품—옮긴이)이었다. 지금껏 말한 여러 특징을 갖춘 컴퓨터 덕분에 전 세계 해커 수는 캄브리아기 대폭발 때만큼이나 급속히 늘어났다. 예를 들어 저렴하면서도 웬만한 기능은 모두 갖춘 컴퓨터를 구매해 10대 청소년에게 건네주면, 무한 원숭이 정리(원숭이들이 아무렇게나 타자기 자판을 눌러대다 보면 충분히 오랜 시간이 지났을 때 〈햄릿〉을 쓸 수도 있다는 개념—옮긴이)를 소프트웨어 버전으로 실험할 수 있다. 10대들은 금방 이것저것 마구 고치고 합쳐서 욕하는 챗봇Chatbot, 카지노 게임, 소규모 데이터베이스, 회계 프로그램, 컴퓨터 음악, 수없이 다양한 컴퓨터 게임 등의 무언가 만들어낼 것이다.[21]

컴퓨터에 푹 빠진 에버링험도 컴퓨터 사용자가 되기 위해 필사적이었지만, 그의 집은 컴퓨터를 살 형편이 되지 못했다. 비록 어머니의 도움을 약간 받기는 했지만, 그는 잔디깎기, 눈 치우기 등 돈이 되는 일이라면 뭐든 하면서 VIC-20을 살 돈을 모았다.

에버링험은 드디어 VIC-20을 샀다. 하지만 "돈이 없어 게임 소프트웨어를 살 수가 없었어요"라고 그가 말했다. 공짜 소프트웨어가 필요했던 그는 간단한 게임의 전체 코드가 들어 있던 컴퓨터 잡지를 구매하기 시작했다. 잡지 속 프로그램을 직접 입력하면서, 자신도 모르는 사이에 프로그램의 작동 원리를 이해하기 시작했다. 그는 곧 프로그램 속 몇몇 변수를 바꿀 수 있었고, 덕분에 〈스페이스 인베이더〉 같은 게임에서 생명, 이른바 목숨의 개수를 수백 개로 늘리는 일도 있었다. 시행착오를 겪느라 속도는 느렸지만, 베이직 프로그램의 작동 원리 및 프로그램 작성 방법을 배우고 이해한 것이다.

에버링험은 컴퓨터 잡지를 통해 프로그램 못지않게 재미있는 것을 알게 되었다. 바로 전자게시판이었다. 전자게시판 서비스에서는 모뎀을 이용해 위치에 상관없이 다른 사람의 컴퓨터에 접속해 수다를 떨 수 있었으며, 운이 좋으면 공짜 소프트웨어나 게임을 다운로드할 수도 있었다. 가난한 10대 소년에게 '공짜'라는 말처럼 달콤한 유혹이 있을까? 결국 그는 모뎀을 사기 위해 다시 한번 돈이 되는 일이라면 어떤 아르바이트라도 했다. 모뎀을 구입하자 에버링험은 전국 곳곳의 전자게시판에 들어가 몇 시간씩 머무르며 소프트웨어를 다운로드 받거나, 다운로드 받은 소프트웨어를 사용해 베이직 프로그램을 배웠다. 정말 재미있었지만 한 달 후 끔찍한 일이 일어났다. 어머니가 전화요금 고지서를 들고 2층에서 울면서 내려왔다. 전화요금이 무려 500달러나 나온 것이다. 에버링험은 크게 당황했다. "500달러라는 돈은 엄마의 은행 대출금보다도 큰 금액이었어요."

이 일로 에버링험은 공짜로 장거리전화 거는 법을 찾고자 했으며, 여러 가지 방법을 조사했다. 선불전화카드를 사용해 장거리전화 거는 법도 알게 되었다. 간단했다. 먼저 1-800번으로 전화를 걸고, 고객번호 6자리만 입력하면 장거리전화를 걸 수 있었다. 이제 그가 할 일은 1-800번으로 전화를 반복해 걸면서, 유효한 고객번호를 우연히 찾을 때까지 모든 6자리 숫자를 하나씩 확인하는 것이었다. 사람에게는 힘들고 지루한 일이지만, 컴퓨터에게는 딱 맞는 일이었다(영화 〈위험한 게임WarGames〉에서 매튜 브로데릭Matthew Broderick도 컴퓨터로 이러한 일을 했다. 이후 해커들은 이러한 기술을 '워 다이얼링war dialing'이라 부른다[22]). 그는 1-800번으로 반복해 전화를 걸면서 유효한 고객번호를 찾는 프로그램을 만들어 실행시키고는 잠자리에 들었고, 다음 날 아침이면 깔끔하게 정리된 사용가능한 고객번호 목록을 얻을 수 있었다. 이 일은 분명 불법이었고, 그 또한 잘 알고 있었다. 그러나 돈이나 물건처럼 당장 손에 잡히는 것을 훔친 것이 아니라 손에 잡히지 않는 것을 훔쳐서인지 별다른 죄책감은 느끼지 못했다.

심지어 그는 장거리전화 서비스 회사 직원에게 도움도 받았다. 하루는 텍사스 해커 친구와 통화를 하고 얼마 지나지 않아, 자신을 '미스터 클린Mr. Clean'이라고 소개하는 사람의 전화를 받았다. 전화 회사 직원인 미스터 클린은 불법으로 의심되는 전화사용 흔적을 발견했고, 에버링험의 전화번호를 찾아 전화한 것이다. 그러나 미스터 클린은 화를 내지 않았다. 오히려 회사 직원만 알 수 있는 전화 시스템의 내부 작동 원리를 알려주는 등 그들을 도우려 했다. 미스터 클린은 특정한 소리를 전화에 들려주면 전화 시스템을 조정할 권한을 가진다고 말해주었다. 에버링험은 그 특정한 소리를 만드는 프로그램을 작성했다. 그는 곧 장거리전화를 공짜로 이용할 뿐만 아니라 다른 사람의 마스터카드나 비자카드 같은 신용카드도 사용할 수 있는 프로그램까지 만들었다. 이 프로그램을 사용해 장난삼아 성인 서비스용 전화에 접속하기도 했다.

"저희는 10대 청소년이었어요. 훔친 신용카드를 사용해 성인 서비스에 전화를 걸었죠." 그는 그때를 회상하며 이야기를 이어갔다. "훔친 신용카드를 사용해 8명의 소년이 차례로 나쁜 일을 한 셈이죠. 우리는 그들이 음란한 이야기를 하도록 만들고는 깔깔대고 웃으며 전화를 끊었어요." 그가 웃으며 이야기했다. "물론 분명히 나쁜 일이었어요. 미성년자 범죄였죠. 그러나 새로운 기술을 사용하려다 생긴 일이었고, 그런 경험들은 성공에 도움이 되곤 하죠."

그런데 에버링험의 이야기를 들으면, 당시 10대였던 그들에게는 프로그래머가 돈을 잘 벌 수 있는 직업이 될 거라는 생각이 별로 없었던 것처럼 보였다. 아니, 정확하게는 프로그래머를 직업이라고 생각하지도 않은 듯 보였다. 베이직 프로그래밍 언어를 이용해 장난처럼 프로그래밍을 했던 수많은 청소년들은 프로그래머 혹은 소프트웨어 엔지니어라는 직업이 존재한다는 사실조차 이해하지 못했다. 에버링험과 비슷한 나이로 우버에서 근무하던 40대 엔지니어는 다음과 같이 말했다. "왜인지는 모르겠지만, 컴퓨터는 제게 너무 매력적이었어요. 그래서 컴퓨터에 대해 궁금한 것도, 알고 싶은 것도 많았죠. 한마디로 컴퓨터는 멋지면서도 이해하기 어렵고, 그래서 더욱 궁금한 예술의 역사 같아 보였어요."

누가 프로그래머가 되느냐에 큰 변화가 일어났다. 이런 변화는 비디오 게임 프로그램을 만들고, 구하고, 공유하는 문화 속에서 나타났다. 비디오 게임이 주로 남자 아이들의 전유물이었다는 것을 고려하면 프로그래밍 문화는 처음부터 남성적이었다.[23] 전자게시판도 마찬가지였다. 부모들은 남자 아이들이 전자게시판을 통해 멀리 떨어진 혹은 누군지도 모르는 사람들과 접촉하는 일에 대해 마지못해 허락하거나 아예 신경 쓰지 않았다. 그러나 여자 아이들에 대해서는 금지하는 일이 많았다. 에버링험이 그러했듯이 전자게시판을 이용한 아이들은 반권위주의자, MIT 해커세대의 프로그램 공유 윤리 등에 크게 영향을 받는다. 전자게시판은 10대들에게 서로 연결된다는 것의 가치를 알려준 하나의 문화였다. 인터넷이 나오기 오래전이었지만, 그들은 지구 반대편 낯선 사람들과의 채팅 속에서 무언가 많이 배울 수 있다는 것을 알았다. 수많은 10대 소년 프로그래머들이 그러했듯, 에버링험은 프로그래밍에 빠져 여러 과목에서 낙제점을 받았다.

"한마디로 중독이었죠. 컴퓨터 중독!" 그가 말했다. "컴퓨터야말로 나를 표현할 수 있는 최고의 도구였어요. 내가 생각한 모든 것을

컴퓨터로 만들 수 있었죠. 무엇이든 그리는 대로 이루어지는 요술
붓 같았답니다."

세월이 흘러 18세가 되었을 때, 에버링험은 감옥에 갈 위험이 있
는 전화와 신용카드 해킹을 그만둬야 한다고 생각했다. 해킹을 그
만둔 에버링험은 대신 프로그래밍 공부에 더욱 전념했으며, 다른
사람들이 텍스트 상자나 버튼 같은 인터페이스를 좀 더 쉽게 만들
수 있도록 오픈소스 소프트웨어를 개발해 배포했다. 또한 그는 컴
퓨터를 공부하기 위해 펜실베이니아 주립 대학교에 들어갔다. 그
러나 "세 살 버릇 여든 간다"는 옛 속담처럼, 강의실에 앉아 열심
히 공부하기보다 고등학교 때처럼 해킹에 매달렸다. 결국 그는 대
학에서 퇴학당했다. 그런데 이때 재미있는 일이 일어났다. 대학 기
술 담당 직원 몇 명이 에버링험의 오픈소스 소프트웨어를 사용해
보고 좋아하게 된 것이다. 그들은 퇴학당한 학생이 제작자라는 사
실을 알게 되었고, 기술 지원 분야 컴퓨터 과학자로 그를 채용했다.
대학을 나와야만 가능한 자리였지만, 컴퓨터 실력 덕분에 예외적
으로 채용될 수 있었다. "당시만 해도 저와 비슷한 기술을 가진 사
람이 드물었어요. 게다가 때마침 운 좋게도 학교에서는 제 기술이
필요했죠. 저는 똑똑해서가 아니라 제 기술이 흔치 않아 뽑힌 거예
요"라고 그가 말했다. 당시 그의 연봉은 2만 3,000달러였다. "세상
을 다 가진 느낌이었어요."

에버링험은 1990년대 초까지 프로그램 분야에서 꾸준히 경력을
쌓을 수 있었으며, 특히 인터페이스 분야에서 널리 알려졌다. 그는
1995년 30대 초반의 나이로 넷스케이프Netscape에 들어갔으며, 세

상을 인터넷 열풍에 휩싸이게 만든 인기 웹브라우저 '넷스케이프'의 윈도우 인터페이스 작업을 맡았다. 그가 속한 팀은 모교에서 사용할 실험적인 성격의 웹브라우저를 만든 신출내기 엔지니어들과 그들을 도와 함께 일할 에버링험처럼 경험 많은 엔지니어들이 섞여 있었는데, 팀장은 당시 24세의 젊은 프로그래머였던 마크 안드레센이었다. 업무량은 상상을 초월했다. 안드레센은 몇몇 다른 경쟁자들도 웹브라우저를 제작 중이라는 사실을 잘 알고 있었으며, 넷스케이프가 시장에 가장 먼저 출시되어야 한다고 굳게 믿었다. 팀은 거의 24시간 일했고, 팀원들은 사무실 바닥에 아무렇게나 누워 잠을 자기 일쑤였다. 때로는 다른 사람이 작성한 프로그램을 보고 욕설을 퍼붓기도 했다. 과로로 극심한 스트레스를 느낀 나머지 컴퓨터가 갑자기 다운되며 작업이 사라져버리자, 의자를 집어던진 프로그래머도 있었다.

넷스케이프 소프트웨어는 기존과는 상당히 다른 프로그래밍 방식을 사용해 제작되었다. 이전까지는 '폭포수' 방식을 사용해 큰 규모의 소프트웨어를 제작했다. '폭포수' 방식은 먼저 최종 결과물의 목표 사양을 정하고, 이를 달성하는 데 필요한 기능을 상세히 설명하는 문서를 작성한다. 이 과정이 끝나면 프로그래머들은 몇 달 혹은 몇 년에 걸쳐 모든 기능을 빠짐없이 구현해나가는 것이다.[24] 이를 톱-다운 방식이라고도 부른다. 당시에는 버그를 찾아 없애는 일이 매우 중요했다. 플로피 디스크 등에 프로그램을 저장해 고객에게 파는 순간, 프로그램 업데이트 혹은 수정이 거의 불가능하기 때문이었다. 판매한 소프트웨어에 버그가 있다면, 그것을 고치기 위해 오랜 시간이 걸릴 수도 있고 혹은 영원히 못 고칠 수 있었다. 그러나 넷스케이프 소프트웨어는 대개 온라인으로 배포되었다. 즉, 많은 아니 거의 대다수 사용자가 다운로드 받아 사용했다. 이런 변화는 소프트웨어 제작 방식에 큰 영향을 끼쳤다. 온라인 배포 방식을 사용하면 배포비용이 거의 들지 않기 때문이었다. 넷스케이프 소프트웨어 제작팀은 일단 작동만 하면 새로이 추가할 기능이 있더라도 나중에 또 배포할 수 있다고 생각하며, 일단 고객에게 배포했다. 그렇다면 버그는? 당연히 많았다. 그러나 버그를 찾은 사용자들이 개발자들에게 어떤 버그가 있는지 알려주었다. 그렇게 수많은 사용자가 자발적으로 버그 검사원 역할을 했으며, 사용자 수가 많은 만큼 심각한 버그를 찾을 확률도 높았다.

이런 방식은 10년 후 마크 저커버그가 페이스북 사무실 벽에 써 붙인 "망설이지 말고, 신속히 문제와 부딪혀라"는 슬로건이나, 팀장인 안드레센이 주문처럼 말했던 "조금 부족한 것이 늦는 것보다 낫다"[25]라는 프로그램 개발 철학과 일맥상통하는 방식이기도 했다. 불완전하고 버그가 많더라도 빨리 개발해 사람들에게 새로운 기능을 제공하는 편이, 버그 없는 완벽한 소프트웨어를 만들기 위해 많은 시간을 소비하느라 몇 년씩 제품출시를 늦추거나 심한 경우 제품출시를 못하는 것보다 낫다는 뜻이다. "솔직히 저희 프로그램은 엉망이었어요." 에버링험은 말했다. 그러나 넷스케이프에서는 엉망진창인 프로그램도 자랑일 수 있었다.

프로그래머가 미처 발견하지 못한 버그가 있는 프로그램을 배포해 고객이 사용하는 웹브라우저를 먹통으로 만들었을 때, 다른 프

은밀한 설계자들

로그래머들은 커다란 레몬을 개발자의 의자 위에 올려놓았다고 한다. 의자 위 레몬은 웹브라우저를 먹통으로 만들었다는 점에서 부끄러움의 표시기도 했지만, 웹브라우저를 먹통으로 만들 만큼 과감하고 새로운 시도를 했다는 표시기도 했다. "늘 레몬을 받는다면, 분명 나쁜 일이죠. 그러나 한 번도 레몬을 받지 않았다면, 그 또한 나쁜 일이었어요. 적당한 수준의 잘못에 대해 질책하기보다 감사하고 격려했던 팀 분위기의 재미있는 단면을 잘 보여주죠"라고 에버링험은 말한다.

이런 분위기 덕분에, 넷스케이프는 1년 동안 4번에 걸쳐 웹브라우저를 출시했다.[26] 넷스케이프의 프로그래머들은 소프트웨어 개발을 연이어 노래를 부르며 관객의 반응을 보고 즐기는 음악밴드의 라이브 공연 같은 일로 바꾸었다. 그들은 사람들이 자신들이 만든 웹브라우저를 사용해 인터넷에서 정보를 찾거나 웹사이트 만드는 것을 보며 흥분했다. 또한 웹브라우저에 이메일 기능을 넣고, 그 기능이 널리 사용되는 것을 경험했다.

"프로그램의 '개발 – 출시 – 고객 사용 – 업그레이드 – 출시 – 고객 사용'이라는 황홀한 과정을 난생 처음 경험했어요." 에버링험은 말했다. "새로운 기능을 프로그래밍하고, 그 기능이 들어간 소프트웨어가 출시돼 세상에 영향을 주는 것을 볼 수 있었죠. 한 번도 경험해보지 못했던 짜릿한 느낌이었어요. 저는 완전히 중독되었답니다."

그러나 이런 즐거움은 오래가지 못했다. 4년 후 마이크로소프트와의 경쟁에서 밀리고, 다른 회사에 합병돼 기존 브라우저를 완전히 뜯어고치는 잘못된 선택을 한 넷스케이프는 시장에서 서서히 밀려났다. 에버링험은 지난 4년 동안의 성공과 기쁨을 다시 누릴 수 없을 거라 생각하며 회사를 떠났다. 그는 실의에 빠졌다. 넷스케이프에서 일하며 부자가 되었지만, 어려서 스타가 된 사람 혹은 로또 당첨자들과 비슷하게 갑자기 생긴 큰돈은 그의 인간관계를 망쳐놓았다. 정상적인 삶을 흐트러뜨릴 만큼 큰돈이 생겼을 때, 능력 있는 프로그래머라고 해도 보통 사람과 별반 다르지 않았다.

"저희 가족들은 마치 다른 사람이라도 된 듯 행동했어요. 친구들도 저를 대하는 태도가 달라졌죠. 물론 새로운 친구들이 생겼지만, 오랜 세월 사귀었던 친구들은 저를 떠났어요. 빌어먹을. 제 주변에는 무언가 바라는 사람들만 남았죠." 그는 당시를 떠올리며 이야기했다. 주변에는 많은 여자들이 있어 즐거웠지만 다른 한편으로는 마음이 편하지 않았다. 그는 분명 미남이었지만, 이런 경험은 처음이었다. 그의 표현에 따르면 돈이 생기자 갑자기 브래드 피트 같은 대접을 받았다고 한다. 약 5년 동안 돈에 얽힌 여러 문제로 마음고생을 한 후, 그는 자신의 재산 가운데 상당 부분을 가족과 자선단체에 주었다. 주변 상황이 복잡한 와중에도 그는 소프트웨어 분야를 떠나지 않았으며, 온라인 전화 소프트웨어 회사를 세웠다. 주로 집에 머물며 전화 도우미 일을 하는 사람들이 이 소프트웨어를 많이 사용했다. 사용자 중에 에버링험의 누이도 있었다는 사실이 나중에 알려졌다. 누이는 귓병을 앓았던 탓에 몸의 균형을 잡기가 어려웠고, 그래서 늘 집안에만 머물렀다. 몇 년간 아무런 일도 하지 못하고 집에 머물러 있던 누이는 전화 도우미가 되기 위해 소프트웨어를 사용하기 시작했다. 결국 그녀는 회사가 수만 달러의 연봉을 주고 원격 관리 매니저로 고용할 만큼 소프트웨어에 익숙해졌다.

그는 프로그래밍을 통해 삶을 변화시키는 새로운 길을 보게 되었다. 넷스케이프에서 경험했듯 웹브라우저 소프트웨어를 통해 갈채를 받으며 다른 사람들의 삶에 영향을 끼칠 수 있었다. 혹은 사람들의 주목을 받지 않고 조용히 만든 프로그램을 통해서도 사람들의 삶을 바꿀 수 있었다. "한 사람 혹은 여러 사람의 삶에 영향을 끼치는 일이 제가 경험했던 기쁨의 많은 부분이었던 것 같아요." 그는 자신이 깨달은 것을 이야기해주었다.

"이제 저는 제 자신을 새롭게 프로그래밍하고 있지요."

모든 사람들이 한 번쯤 들어봤을 만큼 유명한 소프트웨어를 개발했던 에버링험이 다른 직업을 찾기까지 여러 해가 걸렸다. 그러나 그는 결국 오늘날까지 소프트웨어 세계를 이끌고 있는 4세대 프로그래머들과 함께 일하게 되었다. 4세대에 속한 프로그래머들은 웹과 이동전화가 생겨 발전하던 시절에 자랐으며, 웹과 이동전화를 통해 프로그래밍 세계에 발을 디뎠다.

1990년대 중반 웹이 본격적으로 발전하던 때, 웹은 프로그래밍 관점에서 매우 민주적인 환경을 제공했다. 어린 초보 프로그래머들이 다른 사람의 코드를 보고 어떻게 작동하는지 볼 수 있게 된 것이다. 인터넷에서 웹사이트를 방문하면 해당 웹사이트는 HTML, CSS, 자바스크립트JavaScript 등으로 작성된 코드를 웹브라우저에게 보낸다. 웹브라우저는 그 코드를 실행해 웹페이지상의 목록, 그림,

비디오, 클릭 가능한 버튼 등을 보여준다. 1990년대 에버링험을 포함한 넷스케이프의 프로그래머들은 웹서핑을 하는 사람들이 원하면 코드도 직접 볼 수 있으면 좋겠다고 생각하고, 웹페이지 소스코드를 볼 수 있는 기능을 추가했다. 넷스케이프 웹브라우저에서 이 기능을 사용하면 현재 보고 있는 웹페이지의 소스코드를 볼 수 있는 새로운 창이 나타난다.

얼마 지나지 않아 사람들은 '페이지 소스 보기' 기능을 선택해 눈앞에 보이는 새로운 세상이 어떻게 만들어졌는지 살펴보기 시작했다. 이 기능은 좀 더 빠르고 훨씬 넓게 알려졌다는 점만 빼면 베이직 프로그래밍 언어 덕택에 가능했던 프로그래밍 혁명과 꽤 비슷했다. 1980년대 에버링험을 비롯해 프로그래밍에 관심 있는 초보 프로그래머들은 공부하거나 배울 때 사용할 수 있는 베이직 코드를 구하는 데 상당히 많은 시간을 소비했다. 전자게시판에서 베이직 코드를 다운로드 받거나 혹은 소스코드가 인쇄된 컴퓨터 잡지나 책을 사야 했다. 무언가 새로운 것을 배우려면 넘어야 할 어려움이 많았다.

그러나 웹에서는 이러한 시간이 '0'으로 줄었다. 웹 사용자는 누구나 자신이 방문한 모든 웹페이지의 모습과 동작을 기술한 소스코드를 볼 수 있었다. 인터넷은 프로그래밍 가이드북을 잔뜩 모아놓은 도서관이 되었다. 게다가 소스코드 일부를 잘라 새로운 파일로 저장한 뒤, 코드를 바꿔가며 실행해 어떤 일이 일어나는지 볼 수도 있었다. 새롭게 작성한 코드와 코드 실행결과물인 웹페이지가 만족스러우면, 지오시티GeoCities 같은 웹호스팅 서비스를 사용해 인터넷에 올릴 수도 있다. 베이직 덕분에 프로그래밍은 세상과 동떨어져 있던 상아탑에서 나와 10대 청소년들의 방으로 퍼져나갈 수 있었다. 웹은 여기서 한발 더 나아가 프로그래밍을 누구나 접근할 수 있는 열린 공간으로 이끌었다. 곧, 세상 곳곳의 10대 청소년들은 좋아하는 밴드나 비디오 게임을 괴상한 모양의 글자와 그림으로 소개하는 웹사이트를 만들어냈다.[27]

마이크 크리거Mike Krieger 또한 그런 10대 청소년 가운데 한 명이었다. 브라질 상파울로에 살던 중학생 크리거는 비디오 게임을 좋아하고 베이직도 약간 배워 사용할 줄 알았다. "저는 여름방학 내내 컴퓨터 앞에 앉아 시간을 보냈어요." 그가 말했다. 11세 무렵 크리거와 그의 친구는 웹의 매력에 푹 빠진 나머지 하루 종일 웹 프로그래밍 언어인 HTML만 만지작거리며 시간을 보냈다. 독서기록장 작성과 같은 학교 숙제도 웹사이트로 만들어 제출하곤 했다. "저희는 완전 괴짜였어요. 아마도 선생님이나 다른 친구들은 '왜 숙제를 이런 식으로 하는 거야?'라고 생각했을 거예요."

크리거는 자신을 프로그래머라고 생각하지 않았다. 그는 상파울로 이곳저곳을 돌아다니며 부패한 정치를 세상에 알리는 신문기자 혹은 다큐멘터리 영화 제작자가 될 생각이었다. 그는 영화 〈시티 오브 갓City of God〉의 공동 제작자 카티아 런드Kátia Lund를 만난 적이 있었다. 그녀는 그에게 "기자가 되기 위한 공부를 하지 말고, 당신이 영화로 만들고 싶은 주제에 대해 공부하세요"라고 조언했다.

크리거가 대학 진학을 앞두고 있던 2004년 여름, 그는 오픈소스 소프트웨어에 점점 빠져들고 있었다. 오픈소스 소프트웨어 분야에서는 수백 아니 수천 명의 프로그래머들이 누구나 자유롭게 사용하고 고칠 수 있는 응용 프로그램을 만드는 일에 동참하고 있었다. 오픈소스 소프트웨어 중에는 '선더버드Thunderbird'라는 이메일 소프트웨어도 있었다. 어느 날 저녁 크리거는 가장 좋아하는 밴드인 위저Weezer의 노래를 들으며 선더버드 게시판을 살펴보다가 어느 미국 회사의 임원이 써놓은 글을 봤다. 그 임원은 업무용 메일 계정과 개인용 메일 계정 등 여러 다른 계정의 이메일을 선더버드를 사용해 관리했는데, 종종 이메일이 계정 구별 없이 뒤섞이는 문제를 겪었다. 그는 계정에 따라 이메일의 색깔을 다르게 나타내는 컬러 코딩 기법이 선더버드에서 사용되면 좋겠다는 의견을 제시했다.

크리거는 갑자기 호기심이 동했다. "암과 같은 병을 고치는 일은 아니었지만 그 사람에게는 분명 문제가 있었고, 누군가의 도움을 원하고 있었어요." 크리거가 내게 이야기했다.

과연 크리거는 문제를 정확히 이해하고 컬러 코딩을 지원하는 선더버드 업그레이드 코드를 만들 수 있었을까? 크리거는 그의 말마따나 인터넷 곳곳을 돌아다니며 수많은 선더버드 플러그인 코드를 찾아봤다. 그러면서 자신이 HTML을 배울 때 사용했던 방법인 '다른 사람들의 코드를 보고 배우기'를 그대로 사용할 수 있다는 사실을 깨달았다. 그는 조금씩 자신의 코드를 완성했다. 몇 주가 지났을 때, 그는 선더버드 사용자의 이메일 계정 개수를 보여주는 작은 규모의 코드를 만들어 작동시켰다. 작은 프로그램이었지만 아드레날린이 솟구치며 흥분되는 것을 느꼈고, 기꺼이 30시간을 추가로 견뎌내며 작업할 수 있었다. 그는 적의 '대장'과 싸우려면 여러 작은 규모의 싸움에서 '작은 대장'들을 잇달아 무찔러 작은 성과를 계속 거두어야 한다는 점에서 프로그래밍과 비디오 게임이 매우 비슷하다고 생각했다. "우리의 목표가 영화 〈인디아나 존스〉에서처럼 사원의 문을 여는 것이라고 가정해보죠. 이를 위해 4개의 심벌Symbol을 얻어야 해요. 심지어 하나의 심벌을 얻는 것조차도 사실 비슷해요. 저는 분명 맞는 방법으로 일하고 있었어요!"

크리거는 3주에 걸친 힘든 작업 끝에 전체 업그레이드 코드를 완성했다. 그는 그 코드를 게시판에 올려 다른 사람들과 공유하고, 그 문제를 처음 말한 미국 회사 임원에게는 메일로 알려주었다. 나중에 알게 된 일이지만 미국 회사 임원은 픽사Pixar의 상무인 그렉 브랜듀Greg Brandeau였다. 브랜듀는 크리거의 업그레이드 코드에 매우 만족했고, 그를 영화 개봉행사에 초정했다. "물론 제가 '미국에 간다면'이라는 가정이 붙었지만 말이죠." 크리거가 이야기했다. 10대 브라질 소년이 미국 대기업 임원의 문제를 해결해주다니 정말 가슴이 두근거릴만한 일이었다(실제로 그는 영화 〈월-E〉의 개봉행사에서 브랜듀와 만났다).

크리거는 2004년에 스탠퍼드 대학교에 입학했다. 그는 그곳에서 컴퓨터 과학, 심리학, 인공지능, 인지과학, 철학, 언어학이 융합된 '기호시스템Symbolic Systems'이라는 다소 독특한 학문을 전공했다(사실 그는 기호시스템이라는 학문을 엉뚱한 곳에서 알게 되었다. 구글에서 운영했던 소셜네트워크 서비스 중 미국에서는 완전히 실패했지만 브라질에서는 크게 성공한 '오르컷Orkut'이라는 소셜네트워킹 웹사이트가 있다. 무슨 이유였는지는 모르지만 이곳에 기호시스템에 관한 소개가 올라왔으며, 이를 보고 흥미를 느낀 크리거는 스탠퍼드 대학교에 입학해 기호심리학을 전공하였다. 기가 막힌 우연이었다). 그는 스탠퍼드 대학교에서 포그B. J. Fogg 교수의 '설득 컴퓨팅Persuasive Computing'이라는 과목을 수강했다. 설득 컴퓨팅은 '소프트웨어가 어떻게 사람들을 새롭고 유익한 행동으로 이끌 수 있는가?'에 관한 과목이었다. 크리거는 설득 컴퓨팅에 담긴 생각이 너무 좋았다. 그는 단순히 기계를 프로그래밍하는 일에는 별 관심이 없었다. 사람들의 감성적인 삶을 생각하고, 그것을 프로그래밍하는 일을 좋아했다. 크리거는 함께 수업을 들었던 트리스탄 해리스Tristan Harris라는 친구와 같이 '샌드 더 선샤인Send the Sunshine'이라는 앱을 개발했다. 이 앱은 앱 사용자가 현재 화창한 곳에 있는 것을 감지하면, 현재 흐리거나 비오는 곳에 있는 친구에게 햇살 가득한 사진을 찍어 보내 친구를 기분 좋게 해주도록 권유한다.[28] 앱 자체는 그리 세련되지 못했지만, 앱에 담긴 그의 생각과 열정은 충분히 주목할 만하다. 훗날 포그 교수는 크리거에 대해 다음과 같이 썼다. "누구나 프로그램을 개발할 수 있겠지만, 크리거처럼 프로그램에 담아야 할 심리를 정확히 이해하고 있는 사람은 그리 많지 않습니다."[29]

대학을 졸업한 크리거는 수백 개의 웹사이트에서 사용 가능한 채팅 앱을 개발한 미보Meebo라는 회사에 들어갔다. 그는 그곳에서 '경험 많은 프로그래머들이 갑자기 수백만 명의 사용자가 몰려 전체 서비스를 망가뜨릴 수 있는 상황'을 능숙하게 해결하는 모습을 봤다. 하지만 그의 흥미를 끌었던 것은 웹사이트보다 수많은 아이폰을 대상으로 아이폰용 앱을 개발하는 일로, 거의 새로운 분야였다. 크리거는 선더버드 소프트웨어의 업데이트 프로그램을 개발할 때처럼 다른 사람의 코드를 살펴보거나 작동을 이해하려 노력했고, 작은 규모의 실험도 하면서 많은 프로그램을 개발해 아이폰에서 실험했다. 그중 하나는 카메라를 통해 주변을 보면, 그곳에 대한 정보를 제공해주는 증강현실 앱이었다. 크리거는 "이 앱을 사용하면 사용자 주변에서 일어났던 범죄정보가 주변 모습과 함께 보입니다. 사실 사용자를 상당히 겁먹게 하는 앱이죠. 예를 들어 '3미터 떨어진 곳에서 방화 사건이 있었어요'라는 식으로 나오는 거죠"라고 말했다.

어느 날 저녁 샌프란시스코 카페에서 크리거는 우연히 스탠퍼드 대학교 동창인 케빈 시스트롬Kevin Systrom을 만났다. 시스트롬은 평소에 어떻게 노는지 자신의 경험을 친구들과 나눌 수 있는 '버븐Burbn'이라는 웹사이트를 만들고 있었다. 그는 개발비용으로 50만 달러의 투자금을 받았지만, 자신을 도와 함께 일할 사람이 필요했다. 크리거는 새로운 가능성과 미보를 떠날 수 있다는 사실에 크게 흥분했다. 둘은 곧 카페에 자리를 잡고 버븐이 어떻게 작동해야 하고, 어떤 모습이어야 하는지 종이에 서로의 생각을 써가며 논의했다. 그들은 밤새 이것저것 프로그래밍을 해가며 '버븐'에 사용자 위치 확인, 미래 데이트 계획 수립, 게임처럼 점수를 계산하는 것 등의 많은 기능을 마구 집어넣었다. 결과적으로 버븐의 기능이 너무 많아졌고, 사용자들은 혼란스러워했다. 한마디로 버븐은 평범한 기능들이 잔뜩 들어 있었지만, 자신 있게 잘한다고 내세울만한 기능은 하나도 없는 앱이었다. "너무 잡다한 기능이 많아!" 크리거는 버튼의 문제점을 깨달았지만, 사실 이런 일은 프로그래머라면 늘 겪는 유혹이었다. '애니메이션을 넣어 연결 상황을 보여줄까?' 혹은 '이메일 경고 기능을 넣을까?' 같은 새로운 아이디어를 한밤중에 떠올린 뒤, 밤을 꼴딱 새우며 미친 듯이 새로운 코드를 만들어 추가하는 일은 프로그래머에게 정말 즐거운 일이다. 반대로 이미 있는 프로그램을 최적화하는 일에는 그다지 흥미를 느끼지 못한다. 프로그래머는 자신의 프로그램이 맥가이버 칼처럼 여러 기능을 가지도록 만들고 싶어 한다. 결국 사용자 층이 두껍지 못했던 버튼은 점점 경쟁에서 밀려났다.

그러나 버튼에는 사람들이 좋아하는 기능이 한 가지 있었다. 바로 사진 업로드 기능이었다. 버튼에서 사진을 업로드 하기가 꽤나 불편했다는 점을 생각하면, 이는 상당히 의외의 반응이었다(버튼에서 사진을 업로드 하려면, 사진을 이메일로 버튼 계정 주소에 보내야 했다). 버튼 사용자들은 친구들에게 보여줄 자신의 멋진 스냅사진들을 찾아서 계속 업로드 했다. 시스트롬과 크리거는 이런 현상이 신기하면서도 흥미로웠다. 도대체 왜 사람들은 이 기능을 좋아했을까? 아마도 사진 공유 기능에 특화된 앱이 많지 않기 때문인 듯했다. 페이스북에도 사진 업로드 기능이 있었지만, 수많은 뉴스피드에 묻히기 일쑤였다. 필터로 옛날 폴라로이드 사진 같은 느낌이 나게 만드는 아이폰 전용 앱 '힙스타매틱Hipstamatic' 등도 있었지만 친구들에게 알려주는 피드 기능이 없었다. 두 사람은 사용자가 진

은밀한 설계자들

짜로 원하는 것을 알아차렸고, 사진 공유 기능을 제외하고는 거의 모든 기능을 없애 버렸다. 물론 사진을 멋지게 만들어주는 인기 좋은 필터들과 사진에 글을 다는 기능은 남겨 두었다.

두 사람은 8주간 쉬지 않고 작업을 해 새로운 앱을 완성했다. 새로운 앱의 이름은 '인스타그램Instagram'으로, '즉석instant' 사진술과 '텔레그램telegram'의 합성어였다. 인스타그램은 오직 한 가지, '다른 사람의 눈을 통해 세상을 보세요'라는 정말 간단한 기능만 제공했다.

내가 크리거와 시스트롬을 처음 만났을 때, 그들은 사우스 바이 사우스웨스트South by Southwest 기술 행사장 복도에서 핸드폰을 충전하며 쪼그리고 앉아 있었다. 키가 크고 성격이 내성적인 시스트롬과 종종 모자란 듯 웃음 짓는 크리거 둘 다 피곤해 보였다. "나사가 풀린 것처럼 보이지 않나요?" 둘은 농담처럼 이야기했다. 약 1년 반 전에 출시한 인스타그램은 갑작스럽게 큰 인기를 끌었다. 그러나 크리거가 내게 알려 주었듯 벼락 성공한 듯 보였던 인스타그램은 사실 오래전부터 만들어져 왔다. 크리거는 수년간 아이폰 앱 개발 능력을 키웠다. 또한 옛날 아날로그 카메라를 무척 좋아했던 시스트롬은 구글에서 인턴 생활을 한 후, 페이스북에서 함께 일하자는 마크 저커버그의 제안도 거절한 채 사진 앱에 몰두하며 일했다. 인스타그램이 큰 성공을 거둘 수 있었던 이유 중 하나는 사진이 세계 공통 언어라는 점이었다. 즉, 상대방의 언어를 읽거나 쓰지 못하더라도 서로 팔로우 할 수 있는 최초의 소셜네트워크 서비스였다.

내가 처음 시스트롬과 크리거를 만났을 당시 인스타그램의 직원은 약 10명 남짓이었지만, 인스타그램 사용자 수는 거의 3,000만 명이나 되었고, 초당 60장 이상의 사진이 업로드 되었다.[30]

이제 그들은 성공적인 소프트웨어에 반드시 따라오는 '규모'라는 문제와 맞닥뜨렸다. 몇몇 사람들만이 사용하는 웹 소프트웨어를 만드는 일은 쉽다. 그러나 그런 소프트웨어도 수천 명이 사용할 수 있게 만들려면 여러 가지 문제가 발생한다. 예를 들어 수많은 사람들이 사진 데이터베이스에 접속해 동시에 사진을 읽거나 쓰려고 한다면, 동시다발적으로 주어지는 명령어들이 서로 뒤죽박죽 뒤섞일 수 있다. 더 나아가 수천 명이 아니라 수백만 명이라면 어떻겠는가? 크리거가 깨달았듯이 사용자 관리와 서비스 제공은 맨해튼 시내 교통을 관리하고 조정하는 것만큼 복잡한 일일 것이다.

"끔찍했어요." 몇 년 후 내가 캘리포니아 멘로파크Menlo Park에 있는 인스타그램 사무실을 방문했을 때, 크리거는 내 입맛에 맞는 커피 한 잔을 따라주며 말했다. "한동안 정말 바빴습니다. 저쪽에서 문제가 생기면 달려가 해결해야 했어요. 그리고 그것 때문에 다른 문제가 일어났죠! 제가 공부해 알 수 있는 시스템이라기보다는 무슨 생명체 같았어요. 한마디로 예측 불가, 어디로 튈지 모르는 럭비공 같았죠. 누가 인스타그램에 접속할지 전혀 알 수 없기 때문이에요." 인스타그램은 전 세계 곳곳의 수많은 사람들이 이용하는 소셜네트워크 서비스였기 때문에 언제라도 네트워크 트래픽 문제가 일어날 수 있었다. 예를 들어 미국 서부에서 오전에 사진을 업로드

한다면, 한국이나 일본 시간으로는 새벽 2시다. 2년 후 페이스북은 즉석 사진 공유 트렌드가 쉽사리 사라지지 않을 것이라 판단하고 10억 달러에 인스타그램을 인수했다.

크리거와 함께 햇살이 잘 드는 인스타그램 여러 사무실을 구경하던 중, 새로이 인스타그램에 합류한 엔지니어를 만났다. 다름 아닌 제임스 에버링험이었다. 인스타그램은 회사 규모의 급속한 증가로 여러 가지 문제를 겪고 있었으며, 에버링험은 일종의 구원투수로 영입되었다. 인스타그램의 프로그래머 숫자는 어느덧 150명을 넘었으며, 그들은 아이폰용 앱 개발팀, 안드로이드폰용 앱 개발팀, 웹사이트 관리팀 등 여러 팀으로 나뉘었다. 그러나 팀들은 제대로 관리되지 않았으며, 팀의 규모 또한 제멋대로였다. 크리거는 더 이상 인스타그램의 모든 직원들을 제대로 관리할 자신이 없었다. 그에게는 폭발적으로 성장하는 회사에서 성공적으로 조직구성과 관리를 해냈던 경험 있는 인재가 필요했다. "제임스는 처음 3주 동안 회의에 참석하고, 여러 의견들을 들었으며, 이곳의 일들을 배웠어요. 그리고 제게 와서 '미안하지만 인스타그램의 조직구성은 엉망이에요'라고 말했죠." 크리거가 웃으며 말했다.

"이제 전 쉰 한 살이에요. 인스타그램에서 제일 나이가 많죠." 에버링험은 말했다. "여기 직원들은 '#Instagram'이라고 쓰인 티셔츠를 가지고 있어요. 음… 저는 '#instagrandpa(인스타그램의 할아버지라는 뜻—옮긴이)'라고 쓰인 티셔츠를 하나 구해볼까 합니다."

1980년대 초, 에버링험이 VIC-20을 처음 본 이후 프로그래밍 세계는 여러모로 크게 변했다. 매리 앨런 윌크스, MIT의 해커들, 10대 소년 에버링험 등 1~3세대 프로그래머들에게 프로그래밍은 재미있어서 한 일이었다. 이들 관점에서 프로그래밍에는 자신이 생각한 어떤 일이든 기계가 하도록 만든다는 원초적인 지적 도전정신이 깔려 있었다. 그러나 크리거 세대는 달랐다. 이들은 넷스케이프, 야후, 구글과 같은 회사를 세워 엄청난 부자가 된 사람들과 그들의 막대한 사회적 영향력을 경험한 첫 번째 세대였다.

누구나 인정하듯 정치, 법률, 기업의 힘은 막강하다. 그러나 정말로 여러분이 속해 있는 사회를 바꾸고 싶다면 프로그래밍을 해라. 〈해커스Hackers〉, 〈네트The Net〉 혹은 〈매트릭스〉 같은 영화를 본 것은 문제가 되지 않는다. 해커는 더 이상 사회에서 따돌림 당하는 괴짜 컴퓨터 전문가가 아니다. 오히려 일반 사람은 꿈도 꾸지 못할 강력한 힘을 휘두를 수 있는 슈퍼히어로들이다.

최근 세대 또한 자신들이 만든 새로운 창조물 때문에 사회에 예상치 못했던 부작용이 발생하는 경우를 점점, 그리고 자주 경험한다. 예를 들어 인스타그램은 사진 창작의 수준을 크게 높였다는 긍정적인 평가를 받기도 하지만, 인스타그램 때문에 맹목적으로 자기 사진을 완벽하게 고치는 문화가 생기는 것을 우려하는 비평가들도 많다. 정신 건강 전문가들은 인스타그램 때문에 젊은이들, 특히 젊은 여성들의 자존감이 크게 상처받을까 걱정한다.[31] 관련 연구에 따르면 인스타그램 속 섹시한 여성 사진에 노출된 젊은 여성들은 '부정적인 기분에 휩싸이거나 자신의 신체에 불만을 가지게 될 가능성이 높아진다'고 한다.[32] 거식증에 걸린 여성들은 자신의 부적절한 상태를 매력적으로 보이게 만드는 사진을 게시하고, 다른 사람들도 살을 빼도록 부추기기 위해 습관적으로 인스타그램을 방문하곤 한다. 인스타그램은 지난 2012년부터 '#thinspo(날씬한 사람들의 사진을 찾는 검색어—옮긴이)', '#thighgap(날씬해 허벅지 사이에 틈이 있는 사진을 찾는 검색어—옮긴이)' 같은 해시태그 검색어를 사용금지하거나, 이런 사진을 찾는 사람들에게 섭식장애 치료 서비스를 보여주며 문제를 해결하고자 노력해왔다. 그러나 이런 노력은 대부분의 소셜미디어 관련 문제에서 보듯 근본적인 해결책이 되지 못했으며, 사람들은 곧 '#thygap', '#thynspo' 같은 새로운 해시태그 검색어를 사용하기 시작했다(크리거와 시스트롬은 새로운 아이디어를 발굴해 사업화하겠다며 2018년 9월 인스타그램을 떠났다. 에버링험도 2018년 봄에 페이스북으로 옮겨 블록체인 기술을 개발하는 팀에 합류했다).[33]

당연한 이야기겠지만, 크리거나 시스트롬 어느 누구도 처음부터 다른 사람의 자존감에 상처를 줄 생각은 전혀 없었다. 둘은 사진과 프로그래밍을 좋아했고, 이미 모든 사람들이 24시간 7일 내내 카메라를 가지고 있는 상황에서 세상의 잠재된 에너지를 분출시킬 도구를 만들고자 했다. 그러나 소셜미디어 혹은 소셜네트워크 서비스용 소프트웨어들은 개발자들이 단기적인 결과물에 집중한 탓에 미리 예상하지 못했던 문제를 일으키곤 한다.

프로그래머들은 솔직히 돈 때문에 무슨 프로그램을 왜 만들어야 하는가에 대해 잘못된 결정을 내리곤 한다. 인스타그램이 폭발적으로 성장하던 때, 규모가 큰 스타트업 업체들의 자본조달 방식은 어느 정도 공식화돼 매우 잘 알려져 있었다. 먼저 개발한 프로그램을 사람들에게 공짜로 제공해 수백만 명의 사용자를 모으고, 광고 수익도 올리려 한다. 인스타그램 같은 앱이 대표적인 예로 이런 공식을 너무 잘 실행한 나머지, 다소 비판적인 프로그래머들은 너무 지나치다고 생각했다.

크리거의 대학 친구로 '샌드 더 선샤인' 앱을 함께 개발했던 트리스탄 해리스 또한 실리콘밸리에서 성공한 사람들 중 한 명이었으나, 자신 때문에 생긴 사회문제로 크게 충격을 받았다. 그는 대학 졸업 후 회사를 구글에 팔고 구글에 합류했다. 그러나 그는 소셜 앱 설계자들이 사용자들의 지나친 사용과 이로 인한 중독 문제를 너무 낙관적으로 보며 자신들을 합리화하는 모습에 환멸을 느꼈다. "이런 회사들의 일이란 사람들의 정신적인 약점을 이용해 자신들의 앱을 쉬지 않고 사용하도록 꾀는 거예요."[34] 그는 잡지 〈1843〉과의 인터뷰에서 이야기했다. "지금처럼 우리와 100킬로미터도 채 떨어지지 않은 곳에 있는 회사들에서 수십 명 규모의 백인 엔지니어가 10억 명의 사람들이 아침에 일어나 생각하고 행동하는 것을 조종했던 일은 역사상 단 한 번도 없었습니다. 그렇다면 이런 세상에서 '제인 제이콥스Jane Jacobs(저술가이자 사회운동가, 언론인, 도시계획가로 대표적인 저서는 《미국 대도시의 죽음과 삶》. 1950년대 지역 공동체를 파괴할 수 있는 미국 도시재생 정책을 저지하는 시민운동을 했고, 도시의 다양성과 생명력을 살리는 일에 평생을 헌신―옮긴이)'의 역할을 해줄 사람은 누구일까요?"[35] 아무도 없다며, 해리스가 우려하는 목소리로 이야기했다. 그는 동료들이 똑똑하고 머리도 좋지만, 자신들의 일이 사회에 끼칠 영향에 대해서는 생각할 준비가 되어 있지 않다고 주장했다. 크리거는 인스타그램과 페이스북이 2018년 8월 사용자의 앱 사용시간을 관찰할 수 있고, 하루 사용시간을 설정하며, 설정된 사용시간을 넘겨 계속 사용하면 경고를 보내는 기능을 만들어 발표했다고 말했다.[36] 덧붙여 시간을 관리하는 일은 "우리가 진지하게 신경 써야 할 이슈입니다"라고 이야기했다.

실리콘밸리에 엄청난 규모의 돈이 몰리면서 새로운 부류의 프로그래머가 나타나고 있다. 2000년대 후반, 구글이나 페이스북이 인수할 만한 것을 만들어 단번에 큰돈을 번 인스타그램 같은 회사가, 성공을 원하는 사람들의 주목을 끌었다. 이들은 한때 빨리 부자가 되기 위해 월스트리트에 취직했다. 그러나 2008년 금융위기 후에는 다른 곳으로 눈을 돌렸는데, 바로 실리콘밸리였다. 이들이 '브로그래머brogrammer'다. 브로그래머는 자신들이 작성한 코드의 영향력에는 신경을 썼으나, 정작 프로그래밍이 주는 지적인 흥분감에는 별 관심이 없는 경우가 많았다. 이들에게 프로그래머라는 직업은 권력을 향한 하나의 길일 뿐이었다. 결과적으로 실리콘밸리 문화에 대한 브로그래머의 기여도에 비해 프로그래밍에 대한 기여도는 높지 않았다.

여러분이 프로그래머가 생각하는 방식을 잘 이해하고 싶다면, 그들이 하루 종일 하는 일을 꼼꼼히 살펴보는 것이 도움이 된다. 프로그래밍에 흥미 있는 사람들은 주로 무언가 만들며, 만지작거리고, 논리 문제를 다루며 시간 보내기를 좋아한다. 그러나 이 분야에서 성공하는 사람들은 매우 힘든 상대와 지루한 싸움을 벌이고 버티며 끝내 이길 수 있는 사람들이다. 그 상대는 바로 '버그'다.

은밀한 설계자들

3장

영원한
숙적,
버그

휴식이 필요했던 데이브 그리너Dave Guarino는 피지 섬으로 떠났다. 버그로 인해 막대한 피해가 일어나던 바로 그 시점이었다.

코드포아메리카Code for America에서 디렉터 겸 개발자로 일하고 있는 그리너는 유머가 넘치며 말주변도 좋은 프로그래머다. 비영리 단체인 코드포아메리카는 컴퓨터밖에 모르지만 사회와 세상을 걱정하는 사람들을 채용해 정부의 낡아 빠진 첨단 시스템을 고치는 작업을 하고 있다. 이 단체는 미국의 대표적인 저소득층 식비 지원 제도인 푸드스탬프Food Stamp를 맡고 있었다. 2013년 초 샌프란시스코 시에서는 3명으로 구성된 코드포아메리카 소속의 그리너 팀을 고용했다. 저소득층 주민들이 푸드스탬프를 비롯한 각종 공공 혜택을 좀 더 쉽게 온라인으로 신청할 수 있도록 만드는 작업을 의뢰하기 위해서였다.

당시 샌프란시스코 시의 공공혜택 온라인 신청 시스템은 만든 사람조차 헤맬 만큼 너무 복잡했고, 시 정부는 도움이 필요했다. 특히 푸드스탬프 웹사이트는 완전히 엉망진창이어서 사용하기가 너무 힘들었다. 지원신청을 하려면 30페이지가 넘는 웹페이지에 정보를 채워 넣어야만 했다. 게다가 핸드폰 사용자에 대한 고려도 전혀 없었다. 저소득층 주민들은 값싼 핸드폰 요금제를 사용하기 때문에 사용 가능한 데이터 용량이 적었고, 핸드폰으로 푸드스탬프 웹사이트에 접속해 지원신청을 하기가 매우 어려웠다. 결국 푸드스탬프 신청 대상자 중 제대로 신청하지 못하는 사람이 50%에 이를 만큼 문제가 심각해졌다. 그리너의 팀은 이 문제를 해결하기 위해 밤낮으로 쉬지 않고 일했다.

그런데 문제는 웹사이트 자체가 아니었다. 진짜 문제는 시 정부 웹사이트를 철저히 분석해가며 다시 처음부터 제대로 프로그래밍을 할 수가 없다는 사실이었다. 그리너의 팀은 그런 요청을 받지도 않았고, 시 정부로서도 그렇게 하려면 오래된 HTML 프로그램과 데이터베이스를 고쳐야 하기 때문에 많은 예산이 필요했다.

이에 그들은 기발한 방법을 생각해냈다. 사이트를 직접 고치는 대신, 그 위에 깔끔한 웹사이트를 만들어 올려 이전 웹사이트를 감춘 것이다.

새로 만든 웹사이트는 매우 단순했다. 딱 1페이지여서 핸드폰에서도 무리 없이 사용할 수 있었다. 푸드스탬프 지원자는 웹사이트에 기본정보만 입력하면 됐다. 대신 예전의 반복적인 정보입력은 그리너와 팀원들이 마법을 부려 해결했다. 스크립트 프로그램을 이용한 것이었다. 지원자가 입력한 기본정보가 스크립트 프로그램에 전달되면, 스크립트 프로그램은 옛날 웹사이트를 탐색해 자동으로 빈칸을 채웠다. 간단히 말해 그리너 팀은 사용자 몰래 작동하는 데몬 스크립트 프로그램을 만들어 사용자의 힘든 일을 대신 해췄다. 이제 지원자는 복잡한 웹사이트를 이리저리 다니며 고생할 필요가 없다. 모바일 웹사이트에 간단한 정보만 입력하면, 나머지 빈칸에 들어갈 정보는 자동으로 채워졌다.

아주 깔끔한 방법이라고 할 수는 없었지만, 아무튼 문제는 해결되었다! "저희 머리로 생각해낼 수 있는 가장 간단한 해결책이었지만, 분명 가장 빨리 문제를 해결할 수 있는 방법이기도 했죠." 팀원이었던 앨런 윌리엄스가 말했다. 프로그래밍 세계에서는 이런 식의 문제해결 방법을 '상자에 넣어 감추기 전략'이라 부른다. 임시방편으로 보이기는 해도 유일한 해결책인 경우도 종종 있다. 그리너 팀의 경우에는 대성공을 거두었다. 몇 주 지나지 않아 새로운 지원자들이 몰려들기 시작했으며, 2년이 채 지나기 전에 그들이 개발한 앱인 겟캘프레시GetCalFresh(그리너 팀이 개발한 앱)는 샌프란시스코를 넘어 캘리포니아주 정부에서 가장 유용한 새 소프트웨어로 선정되었다. 그리너와 그의 팀원들은 이를 자랑스러워했다. 분명 그들은 이모티콘 공유 앱처럼 간단한 앱만 개발해 팔아도 더 많은 돈을 벌 수 있었다. 그러나 형편이 어려운 사람들을 돕는 일에서 훨씬 큰 만족감을 느꼈다.

그들에게는 푸드스탬프 온라인 신청 시스템을 개선할 아이디어가 하나 더 있었다. 그러나 안타깝게도 프로그래밍 작업 중에 심각한 버그를 만들었다.

그들의 아이디어는 푸드스탬프 사용자가 자신의 카드잔고를 좀 더 쉽게 확인하도록 하기 위한 것이었다. 기존의 캘리포니아주 정부의 낡은 시스템에서 잔고를 확인하려면 기나긴 음성안내를 들어야만 했다. "'우라질!' 아마 사용자는 이렇게 말하고 싶은 기분이었을 거예요." 그리너는 말했다. 끊임없이 이어지는 음성안내의 여러 질문은 한마디로 '곤욕'이었다. 그래서 그리너는 핸드폰용 폰봇을 만들었다. 사용자가 카드번호를 문자로 전송하면, 폰봇은 잔고를 확인해 사용자에게 문자로 알려준다. 사용자 입장에서는 훨씬 편하고 기분 좋은 일임에 틀림없었다. 좀 더 많은 사람들이 사용하도록 구글 광고도 했다.

중요한 업무를 무사히 끝마쳤다는 생각에 그리너는 한동안 푹 쉬고 싶었다. 수개월간 쉼 없이 일한 탓에 그는 턱수염을 신경질적으로 만지작거리거나 지나치게 빨리 이야기하는 등 정서적으로 불안한 상태였다. 완전히 지쳐서 재충전이 필요했다. "오케이. 이제 나 없어도 되지? 나 피지로 휴가 간다. 랩톱, 핸드폰 아무것도 가져가지 않을 거야. 놀기만 할 거라고. 남은 일은 잘 부탁해. 믿어도 되지?", "그럼요. 걱정 마세요. 휴가 잘 보내세요!" 그리너와 팀원은 서로 웃으며 이야기했다.

그러나 그리너가 휴가를 떠나고 며칠 후, 윌리엄스와 다른 팀원은 큰 문제에 부딪쳤다. 카드잔고 확인 시스템 사용자가 갑자기 크게 늘어난 것이다. 평소에는 하루 100명 정도가 카드잔고 확인 시스템을 사용했다. 그러나 이용자가 갑자기 늘어 불과 몇 시간 만에 5,000명이 사용했다. "젠장, 도대체 무슨 일이야?" 그들은 어리둥절했다. 이대로라면 통신사업자가 전화를 끊어 버릴 수도 있었다. 도대체 왜 사람들이 갑자기 자기 카드잔고를 자주 확인하게 되었을까?

팀원들이 생각한 첫 번째 이유는 누군가 부정한 목적으로 사용하고 있다는 것이다. 근거는 없었지만 러시아 범죄조직이 푸드스탬프 시스템을 이용해 정부 재정을 훔치려 한다는 정부 측 정보가 있었다. "우리가 개발한 카드잔고 확인 시스템을 알게 된 러시아 범죄조직이 모든 카드의 잔고를 확인하기 위해 대규모로 이용하고 있음이 틀림없어! 게다가 지금 이 순간에도 러시아 범죄조직이 사용하고 있는 거라고!" 그들은 지레짐작했다. 설상가상으로 해킹 프로그램의 전문가인 그리너에게 연락할 방법조차 없었다. "두 사람은 거의 제정신이 아니었죠. 게다가 저는 자리에 없었고요." 그리너는 웃으며 말했다. "사실 두 사람은 시스템이 어떻게 작동하는지도 잘 몰랐어요. 시스템 작동 부분은 저 혼자 개발했거든요. 두 사람은 머리를 쥐어뜯으며, '맙소사! 도대체 무슨 일이 벌어지고 있는 거야!'만 중얼거리고 있었어요."

　며칠 후 그리너가 피지에서 돌아왔다. 그는 미친 듯이 서버 로그 기록을 살펴보며 재빨리 버그를 잡기 시작했다. 몇 시간 뒤, 마침내 문제점을 찾아냈다.

　문제는 한 사용자의 사소한 실수에서 비롯되었다. 그 사용자는 평소처럼 잔고를 확인하려고 했다. 그러나 자신의 카드번호를 입력하는 대신 실수로 폰봇 서비스 번호, 즉 카드잔고 확인 시스템 자체의 번호를 넣었다. 폰봇 서비스는 '무한 순환'에 빠져 버렸다. "서비스가 자기 자신에게 문자를 보내고, 그 문자 때문에 서비스가 다시 자기 자신에게 문자를 보내고, 그걸 반복하고, 반복하고⋯."

　그리너도 인정했듯이 굳이 잘잘못을 따진다면 폰봇용 프로그램을 완벽하게 작성하지 못한 그의 잘못이었다. 좀 더 꼼꼼하게 작업했더라면 사용자가 폰봇에게 잘못된 번호를 보내지는 않았는지 확인하는 프로그램을 작성해 넣을 수도 있었다. 그러나 그런 일이 실제로 일어나리라고는 미처 생각하지 못했다.

"사용자는 분명 또 다른 버그를 찾아낼 겁니다." 그리너가 다소 우울한 표정을 지으며 말했다. 모든 버그를 찾아 고쳤다고 생각할 수도 있겠지만, 여러 사람이 무수한 상황에서 사용하다 보면 분명 새로운 버그가 나타난다.

어떤 성격과 마음을 가져야 프로그래밍을 잘할 수 있을까? 몇 가지 분명한 특징이 있다. 프로그래머는 논리적이고 체계적으로 생각하는 데 익숙하다. 프로그래머는 'if-then' 구문, 복잡한 명세서 혹은 데이터세트Data set(컴퓨터가 처리하거나 분석할 수 있는 형태로 존재하는 관련 정보의 집합체―옮긴이) 사이의 포함 관계 등에 대해 하루 종일 고민할 수 있어야 한다(이런 이유 때문인지 철학과 학생들이 뛰어난 프로그래머가 되는 경우가 있다. 나는 킥스타터, 스타트업, 기업 등에 프로그래머로 채용된 철학 전공 학생들을 여럿 만났다). 프로그래머는 사물이 어떻게 작동하는지 늘 궁금해한다. 초창기 여성 프로그래머인 그레이스 호퍼는 어린 시절 시계 속이 궁금한 나머지 많은 시계를 분해해 망가뜨렸다. 이에 그녀의 부모님은 오직 1개의 시계만 분해, 재조립하도록 제동을 걸기도 했다.[1]

여러 가지 특징이 있겠지만, 프로그래머의 가장 핵심적인 특징 한 가지만 고른다면, 잔인할 만큼 가차 없고 견디기 힘든 실패를 오히려 한없이 재미있어 하는 능력이라고 할 수 있다. 이건 프로그래머들이 키보드 앞에 앉아 실제로 프로그래밍하는 시간이 매우 적은 이유기도 하다.

그럼 프로그래머들은 무슨 일을 주로 할까? 그들은 작업 시간 대부분을 버그를 찾아 해결하는 데 사용한다.

버그란 정확히 무엇일까? 버그는 프로그램 속에 들어 있는 에러로 철자가 틀린 경우도 있고 문법이 틀린 경우도 있다. 버그는 프로그램의 올바른 작동을 방해한다. 이런 버그는 믿을 수 없을 만큼 아주 작고 사소하다.

햇살 따스한 어느 날, 나는 브루클린의 한 카페에서 머리가 희끗희끗한 프로그래머 롭 스펙터Rob Spectre와 만났다. 그는 자신의 랩톱을 펼쳐 파이썬으로 작성한 짧은 프로그램을 내게 보여줬다. 이 프로그램에는 치명적인 버그가 하나 있었다. 다음은 스펙터가 보여준 프로그램이다.

```
stringo=[rsa,rsal,lorem,text]
_output_="backdoor.py"
_byte_=(_output_)+"c"
if (sys.platform.startswith("linux"))
    if (commands.getoutput("whoami"))!="root":
        print("run it as root")
        sys.exit() #exit
```

어떤 버그가 있었을까? 4번째 줄 'if' 구문에 버그가 있다. 앞의 코드를 실행시켰을 때 '(sys.platform.startswith("linux"))'가 틀리지 않았다면, 5번째 줄 이하의 코드들이 실행될 것이다. 그러나 파이썬 언어의 규칙에 따르면 'if' 구문은 ':'으로 끝나야 한다. 그러므로 4번째 줄 'if' 구문은 다음과 같이 프로그래밍되어야 한다.

```
if (sys.platform.startswith("linux")):
```

실수로 콜론(:)이라는 글자 하나를 빠트렸을 뿐이지만, 전체 프로그램은 이 실수 때문에 완전히 망가진다.

"보셨죠? 이게 제가 말하려는 거예요." 스펙터는 약간 찡그린 표정으로 자신의 랩톱을 덮으며 말했다. "제가 수수께끼 하나를 내볼까요? 프로그래밍에서 천재와 바보의 거리 차이는 얼마일까요?" 스펙터가 물었다. 내가 가만히 있자 바로 답을 알려줬다. "방금 보셨듯이 바로 한 글자 차이예요."

이런 작은 프로그래밍 실수는 곧바로 커다란 문제로 이어질 수 있다. 2017년 초 어느 날 아침, 쿼라Quora나 트렐로Trello 같은 거대한 앱을 포함해 수천 개의 웹 응용들이 실행되고 있던 클라우드 컴퓨팅 시스템인 아마존 웹서비스에 큰 문제가 발생해 상당수 서비스가 3시간 이상 멈추었다. 아마존은 팀을 구성해 문제의 원인을 찾았는데, 시스템 엔지니어 한 명이 실수로 입력한 명령어 하나 때문이었다.[2]

'벌레'라는 뜻의 단어인 '버그Bug'는 컴퓨터나 프로그래밍을 잘 모르는 사람들에게는 혼돈을 줄 수 있다. 사람들이 '버그'라는 말을 듣는다면 진짜 벌레 때문에 생긴 문제처럼 생각할 수 있다. 일찍이 기계에 '버그'라는 단어가 사용된 적이 있다. 1876년 토마스 에디슨Thomas Edison은 자신이 개발 중인 전신 장치의 오작동 원인으로 '버그(실제 벌레)'를 언급했다("여전히 버그가 너무 많아." 에디슨은 백열전구를 개발할 때도 비슷한 일을 연구노트에 적어 놓았다[3]). 버그라는 단어는 1947년 이후 본격적으로 컴퓨터 영역에 들어온다. 하버드 대학에서 마크 IIMark II라는 컴퓨터를 운영하던 연구원들은 컴퓨터 안으로 날아들어간 나방 한 마리 때문에 거대한 마크 II 컴퓨터가 고장났다는 사실을 발견했다. 컴퓨터 내부에서 발생한 열에 이끌려 날아든 나방이 부품에 들러붙어 오작동한 것이다. 연구원들은 죽은 나방을 연구노트에 붙이고 '정말로 버그(벌레)가 발견된 경우'라고 옆에 적어 놓았다.[4]

사실 실제로 생물학적인 '벌레'가 문제를 일으키는 경우는 그리 많지 않다. 그러므로 컴퓨터 혹은 프로그래밍에서 문제가 되는 버그는 대부분 프로그래머가 저지른 프로그래밍 에러인 '버그'다. 기계를 사용하며 느끼는 마법 같은 즐거움은 기계가 정확히 사용자의 지시대로 작동한다는 것이다. 그러나 모든 마법이 그러하듯 '원숭이 손의 공포Monkey's paw horror(윌리엄 위마크 제이콥스의 소설 〈원숭이 손〉에서 비롯된 개념으로, 세상에 공짜는 없다는 의미를 담고 있다—옮긴이)' 같은 문제를 일으킬 수 있다. 프로그래머가 작성한 프로그램에 버그가 있다면, 컴퓨터는 버그가 있는 프로그램을 정확히 있는 그대로 실행한다. 이런 버그가 프로그램에 섞여 들어가는 경우는 수없이 많다. 앞에서 예로 보여주었듯이 철자를 잘못 써서 버그가 생길 수도 있다. 혹은 알고리즘을 프로그래밍할 때, 명령어들을 명확히 생각하고 사용하지 않아 버그가 생길 수도 있다. 변수인 'numberOfCars'를 'NumberOfCars'로 잘못 쓸 수도 있다. 다른 사람의 프로그램을 '라이브러리(함수 형태의 프로그램들을 모아 놓은 것—옮긴이)' 형태로 가져와 자신의 프로그램 속에 넣어 프로그래밍했는데, 가져온 프로그램에 미처 알지 못했던 버그가 있는 경우도 있다. 경합 조건Race condition이라 불리는 문제 때문에 버그가 생길 수도 있다. 예를 들어 프로그래머는 이벤트 A가 이벤트 B보다 먼저 일어날 것이라 생각하고 프로그램을 작성했다. 그러나 예상하지 못한 이유 때문에 이벤트 B가 이벤트 A보다 먼저 일어나고 프로그램 실행결과는 엉망이 된다.

점점 많은 사람이 프로그램 작성에 참여하고, 프로그램은 점점 길어진다. 또한 소프트웨어를 구성하는 여러 작은 프로그램들은 불완전한 방법으로 정보를 주고받으며 작동한다. 그렇기 때문에 버그가 발생할 수 있는 경우의 수는 문자 그대로 셀 수 없이 많다. 이런 상황에서 버그는 이집트 전역을 뒤덮었던 모세의 메뚜기 떼처럼 지구를 뒤덮을 때까지 급격히 늘어난다. 게다가 진짜 복잡한 버그는 한동안 눈에 띄지 않아 프로그래머는 버그가 있는지도 모른다. 상당한 시간이 흐른 뒤에야 숨어 있던 버그가 프로그래머가 작성한 새 프로그램과 문제를 일으키고, 프로그래머는 그제야 버그가 있다는 사실을 깨닫는다.

업무용 메신저 및 협업 툴을 제공하는 기업 슬랙Slack의 엔지니어

부서 임원인 마이클 로프Michael Lopp는 다음과 같이 말했다. "버그가 뚜렷하면, 프로그래머에게 신속히 책임을 물을 수 있어요. 그러나 버그가 뚜렷하지 않으면, 프로그래머에게 책임을 묻기가 쉽지 않답니다."[5]

약간 과장해서 혹은 나름 의미를 담아 프로그래밍에 대해 이야기하면, 프로그래밍은 프로그램을 작성하는 일이라기보다 오히려 프로그램을 고치는 일이다. 컴퓨터 과학의 선구자 가운데 한 명인 시모어 페퍼트 교수는 "처음부터 올바르게 작동하는 프로그램은 없습니다"라고 말하기도 했다. 스펙터는 처음 일했던 몇몇 회사에서 이런 사실을 고생고생하며 몸소 깨달았다. 스펙터는 인구가 800여 명인 캔자스의 작은 마을, 노동자 가정에서 자랐다. 1990년대 초, 그는 도서관에서 프로그래밍에 관한 책을 빌려 읽으며 혼자서 프로그래밍을 공부했다. 프로그래밍 공부에 필요한 컴퓨터는 고등학교 밖에 있던 대형 폐기물 처리장을 뒤져서 얻은 부품으로 직접 만들었다. 대학에서 역사학, 영문학, 철학 등을 공부하고 졸업한 뒤, 그는 한동안 자동차 딜러용 플래쉬 웹페이지를 제작하는 일을 했다. 덕분에 샌프란시스코의 한 게임회사에서 임시직으로 일할 수 있게 되었다. 그는 메이저리그 선수라도 된 듯 기뻤고, 마치 아이처럼 할머니에게 자신이 실리콘밸리에서 일하는 것을 어떻게 꿈꿔왔는지 이야기했다.

기쁨도 잠시 현실은 상상과 달랐다. 이 게임회사는 이상적으로는 수백만 명의 게임 사용자가 아무런 문제없이 서로 즐겁게 온라인 게임을 할 수 있는 서버 소프트웨어를 만들었다. 그러나 첫 번째 온라인 게임 서비스를 시작했을 때, 수많은 버그가 드러나는 끔찍한 상황이 일어났다. "서버는 잔뜩 있었지만, 그 속에 있는 프로그램은 한마디로 최악이었어요." 스펙터는 기억을 더듬어가며 이야기를 이어갔다. "수백만 명은 고사하고 동시 사용자 100여 명 정도에게 간신히 서비스할 수 있었어요." 사실 서버 소프트웨어 개발 초기, 큰 문제를 일으킬 수 있을 만큼 잘못된 결정들이 내려졌었다. 스펙터도 이런 일들을 보았고 이미 알고 있었다. 회사는 23대의 서버에서 운영할 160개의 소프트웨어를 개발했는데, 각 소프트웨어는 다른 소프트웨어가 사용하는 메모리에 자신의 데이터를 저장할 수 있었다. 이런 상황을 쉽게 비유하면 다음과 같다. 팀원끼리 사이가 나빠 늘 다투는 팀이 하나 있다고 가정해보자. 서로 미워하고 다른 팀원에게 자신의 생각을 강요하는 상황에서, 팀원들이 서로 협력하게 만들어야 하는 일과 비슷하다. "디버깅Debugging(컴퓨터 프로그램의 오류를 찾아내고 고치는 작업―옮긴이) 작업은 악몽과도 같았어요." 그는 말했다.

스펙터와 그의 팀은 최대한 열심히 버그를 찾아 해결하기 시작했다. 상당히 많은 버그를 고쳤지만, 서로 얽히고설켜 원인과 해결 방법이 모호하거나 그들이 수정할 수 없는 구조체 깊숙한 곳에 숨겨져 있는 버그들이 여전히 많았다(구조체를 수정하는 작업은 날아가는 비행기를 하늘에서 다시 만드는 일과 같다고 할 수 있다).

특히 '마법의 숫자 5'라는 버그는 모두를 절망에 빠트렸다. 이는 게임 속 전투 과정과 연관된 프로그램에서 발생하는 버그로, 마치 도미노처럼 여러 문제를 일으키며 전체 게임을 망가뜨렸다. 스펙터와 그의 팀은 도대체 왜 이런 문제가 일어나는지 이해하기 위해 프로그램을 꼼꼼히 분석했다. 버그를 찾아 해결하는 디버깅 작업에서 프로그래머들은 종종 여러 디버깅 도구들을 사용한다. 디버깅 도구들을 사용하면 문제가 발생한 순간 여러 부분의 프로그램이 무슨 일을 하고 있는지, 혹은 메모리 속에 어떤 데이터가 저장돼 있는지 알 수 있다. 또 그들은 디버깅 도구를 사용하는 것뿐만 아니라, 프로그램 이곳저곳에 'print'라는 명령어를 넣어 프로그램 실행 중에 현재 상태와 관련한 다양한 메시지를 출력하게 만들기도 했다. 명탐정 셜록 홈즈가 방에 흩어진 단서를 이리저리 살펴보며 추측하듯, 프로그래머는 출력된 여러 메시지를 살펴보며 버그의 원인을 추측하는 것이다.

마침내 그들은 버그의 원인을 찾았다. 매우 사소한 메모리 관련 버그로, 16진수로 쓰인 숫자 5가 이미 다른 데이터를 저장한 메모리에 덮어써져 생긴 문제였다. 문제는 알았으나 도대체 프로그램의 어느 부분에서 나쁜 숫자 '5'를 덮어쓰는지 알 수 없었다. "어느 누구도 알아내지 못했어요. 그 누구도 말이죠." 스펙터는 말했다.

이런 예를 보면 프로그래밍 분야에서 오랫동안 일하는 사람들의 기본적인 마인드를 꽤 많이 엿볼 수 있다. "제기랄! 프로그램에는 언제나 문제가 있다고 생각하죠. 하나도 빠짐없이 모든 프로그램에 문제가 있다고 생각한답니다." 스펙터가 웃으며 이야기했다. 프로그래머라는 직업의 한 가지 특징은 문제해결 과정의 고통을 견딜 수 있는 사람들이 스스로 선택한 직업이라는 점이다. 미친 것처럼 보일 수도 있고, 약간 미쳐야 하는 일일 수도 있다.

복잡하고 규모가 큰 소프트웨어 개발 업무에 참여했던 프로그래머라면 거의 모두 스펙터처럼 생각할 것이다. 조그만 실수도 인정하지 않는 매우 정밀한 기계를 가지고 일한 탓에 프로그래머는 점점 그렇게 변한다.

제프 앳우드Jeff Atwood는 이런 일을 가까이서 관찰해왔다. 그는 지난 2008년 스택오버플로Stack Overflow라는 인기 웹사이트를 만들었는데, 도움이 필요한 프로그래머들이 불과 몇 초 만에 신속하게 자신이 겪는 문제를 올릴 수 있는 웹사이트였다. 이 웹사이트는 프로그래머의 친절한 면과 까칠한 면을 동시에 보여준다. 먼저 친절한 예로, 마치 자신의 문제라 생각하고 열심히 해결하기 위해 노력했다는 느낌이 들 만큼 게시판에 올라온 정답이 친절하고 자세한 경우가 있다. 반대로 까칠하게 질문에 대한 답은 없고 무시하는 듯한 댓글들만 올라오는 경우가 있다. 주로 질문이 너무 수준 낮거나, 반대로 너무 어렵거나, 혹은 상세하지 않을 때 이런 답변이 달린다 ("무슨 질문이지 모르겠군요. 답을 알고 싶으면 질문을 좀 더 자세히 쓰세요"는 프로그래밍 초보자의 질문에 흔히 달리는 답변이다[6]).

"프로그래머는 왜 이리 까칠하게 행동할까?" 앳우드는 내 호기심을 자극하려는 듯 질문하더니 바로 자신의 생각을 말해주었다. 하루 종일 컴퓨터를 다루며 작업하는 것은 꼴도 보기 싫을 만큼 까칠한 동료와 같은 사무실에서 하루 종일 일하는 것과 비슷하기 때문이다. "사무실의 동료가 모두 까칠한 사람들뿐이라면, 당신 역시 금방 그렇게 될 거예요." 앳우드는 말했다. "사실 컴퓨터야말로 까칠 대마왕이죠. 당신이 아주 작은 실수라도 저지르면 기다렸다는 듯 틀렸다고 지적합니다. '세미콜론을 하나 빠트렸을 뿐인데 말이죠.' 하지만 어쩌겠어요? 빌어먹을 세미콜론 하나 빠트린 실수로 우주선이 불덩이가 된 일도 있으니 말이에요(미국 항공우주국 나사에서는 화성탐사선 매리너 1호를 발사하였으나, 버그로 인해 탐사선이 궤도를 이탈해 인구 밀집 지역으로 추락할 가능성이 커지자 강제로 폭발시켰다.[7] 이 버그는 한 글자를 잘못 써서 생긴 것으로, 역사상 가장 유명한 버그 중 하나로 손꼽힌다)."

"만약 컴퓨터 같은 사람이 있다면 정말 밥맛일 거예요. 남에 대한 배려는 전혀 없죠." 앳우드가 말했다. 확실히 프로그래밍 언어 컴파일러는 프로그램에 무언가 문제가 있다면 여지없이 에러 메시지를 출력한다. 에러 메시지는 명확할 때도 있지만, 수수께끼 같을 때도 있다. 버그를 해결해야 할 때, 프로그래머는 철저히 혼자다. 컴퓨터는 자신과 전혀 상관없다는 듯 아무런 도움도 주지 않은 채 프로그래머가 좀 더 명확히 프로그래밍하기를 기다릴 뿐이다. "프로그래머가 습관적으로 규칙을 들먹이는 이유는 규칙에 죽고 사는 까칠 대마왕 컴퓨터를 다루며 일하기 때문이죠. 프로그래머들의 자유방임주의적인 혹은 능력주의적인 태도는 컴퓨터에서 비롯되었습니다. 그러한 마음가짐은 그리 바람직스럽지는 않지만, 많은 사람들이 프로그래머를 컴퓨터만큼이나 규칙에 매이는 사람으로 생각할 정도니, 거의 직업병과 같다고 봐야죠. 물론 모든 프로그래머가 그런 것은 아니지만, 평균적으로 볼 때 절반 이상의 프로그래머가 그러합니다."

앳우드는 4년 동안 스택오버플로를 운영하면서, 회원들이 서로 예의 바르게 건설적인 의견을 나눌 수 있도록 힘썼다. 그의 노력은 상당히 성공적이었고, 스택오버플로에는 프로그래머에게 도움이 될 만한 귀중한 정보가 많이 쌓였다. 그러나 끊임없이 프로그래머들을 다독이며 관리하는 일은 앳우드를 지치게 만들었고, 결국 그는 2012년 스택오버플로를 떠났다. "저는 지친 몸과 마음을 추스르기 위해 물러나야만 했어요. 수많은 프로그래머들을 상대하며 그 마음속까지 속속들이 봤죠. 저는 정말 완전히 지쳤고, 짜증만 늘어 사람들과 싸우는 일이 잦아졌어요." 그는 말을 이어갔다. "프로그래머라면 꼴도 보기 싫었고, 그런 제 자신이 하나도 이상하지 않았어요." 그 또한 다른 프로그래머들과 똑같았다. 내성적인 성격의 그는 어린 시절 부모님이 아래층에서 파티를 여는 동안 자신의 방에 틀어박혀 C 프로그래밍 언어 매뉴얼을 읽었다. 요즈음 그는 여러 사람들과 일하면서 프로그래밍 업무보다는 주로 관리 업무를 많이 한다. "더 이상 프로그래밍할 일이 많지 않아서 좋아요." 그는 시원섭섭한 듯이 말했다.

고통스러울 만큼 정확성과 씨름해야 하는 프로그래밍에는 양면성이 있다. 머리를 쥐어 뜯어가며 버그를 잡을 때는 프로그래밍이 너무 고통스럽지만, 노력 끝에 버그를 고치는 순간 더할 나위 없이 짜릿하고 기쁘다. 오직 신념과 지적인 능력만으로 범죄 현장을 낱낱이 분석하고 끈기 있게 증거를 추적해 살인자를 밝혀내고는 지적인 승리의 순간을 만끽하는 셜록 홈즈와 같다.

내 친구 맥스 휘트니Max Whitney는 20년 이상 프로그래머로 일해왔다. 그러나 그녀는 여전히 난생 처음 정말 골치 아픈 버그를 깔끔히 해결했던 순간을 잊지 못하고 있다. 그녀는 뉴욕 대학교New York University에서 프로그래머로 일한 적이 있었는데, 학생들은 대학 포털 서비스에 로그인을 하려다 문제가 생기면 그녀에게 연락했다. 어느 날, 학생들이 자신의 계정에 로그인했는데 다른 사람의 계정으로 로그인되는 경우가 일어났다. 도대체 무슨 일이 일어난 것일까?

우선 킨코스 복사 센터 컴퓨터로 뉴욕 대학교 포털 서비스에 로그인할 때 이런 문제가 매우 자주 발생한다는 것이 발견되었다. 킨코스 복사 센터 컴퓨터에 문제가 있는 것일까? 그러나 휘트니는 교내 컴퓨터에서도 같은 버그가 일어났다는 보고서를 보았고, 계정 로그인 오류는 특정 컴퓨터의 문제가 아니라 대학 로그인 시스템 자체의 문제라고 결론 내렸다. 그러나 불행하게도 로그인 시스템 프로그램은 이미 학교를 퇴사한 프로그래머가 몇 년 전 작성한 것이었다. 해당 프로그램을 작성한 프로그래머에게 디버깅을 도와달라고 부탁할 수 없었던 휘트니는 자리에 앉아 다른 전문 프로그래머의 도움을 받아가며 프로그램을 한줄 한줄 꼼꼼히 확인해야 했다.

다른 사람의 프로그램을 읽고 이해하는 일은 매우 힘든 일일 수 있다. 간단히 프로그램 몇 줄 쓰는 정도의 쉬운 부분은 별로 없기 때문이다. 게다가 해당 프로그램을 만든 프로그래머의 별난 프로그래밍 습관도 잔뜩 들어 있다. 프로그래머마다 프로그래밍 스타일은 제각각이다. 예를 들어 4명의 프로그래머에게 1부터 오름차

순으로 1만 개의 소수를 계산해 출력하는 프로그램 작성을 요청하면, 프로그램의 계산 방식, 프로그램 구조 등이 만든 사람에 따라 제각각일 가능성이 크다. 심지어 변수 이름을 선택하는 것조차 프로그래머마다 크게 다를 수 있다. 어떤 프로그래머는 프로그램도 간결하고 한눈에 쏙 들어온다는 이유로 매우 짧은 이름, 예를 들어 (x="Hello, World!")처럼 한 글자 변수(x) 이름을 좋아한다. 반대로 (greetingToUser = "Hello, World!")처럼, 오래전 프로그래밍한 프로그램에 문제가 생겨 다시 프로그램을 보더라도 잘 이해할 수 있도록 변수의 뜻이 담긴 긴 변수(greetingToUser) 이름을 좋아하는 프로그래머도 있다. 특별히 프로그램이 길거나 복잡하면, 프로그래머는 그 부분에 대해 간단하게라도 주석을 적어 넣곤 한다. 덕분에 몇 년 후 해당 프로그램을 살펴봐야 하는 불쌍한 프로그래머들은 프로그램을 분석할 수 있는 힌트를 얻을 수 있다. 그러나 프로그래머의 작업 속도가 매우 빠르거나 일정에 쫓기며 일할 때, 프로그래머는 프로그램 대부분에 어떤 주석도 달지 않는다. 주석이 달려 있다 하더라도, 프로그램의 흐름과 논리를 이해하는 일은 여전히 얼굴을 찡그리게 할 만큼 어려운 일이다(일하는 방식이 제대로 정립된 회사라면, 프로그래머들이 참석하는 코드리뷰를 거친 프로그램만 제품에 사용한다. 코드리뷰에서는 정상 작동 여부뿐만 아니라, 다른 사람이 읽고 이해할 수 있는지도 판단한다). 새로운 프로그램을 읽고 이해하는 데 필요한 시간이 프로그램을 작성할 때 걸리는 시간보다 10배 정도 많다는 분석 결과가 있으며,[8] 이런 특징은 프로그래머가 다른 동료들의 프로그래밍 스타일에 대해 늘 부정적인 이유일 수도 있

은밀한 설계자들

다. 당장은 아니더라도 언젠가는 다른 사람의 프로그램을 읽고 파악할 필요가 있다는 것을 알기 때문이다.

휘트니가 처한 상황이 딱 이랬다. 그녀와 동료들은 아파트에 누군가 얼기설기 설치한 전선을 인내심을 가지고 따라가는 전기기사처럼, 로그인 프로그램의 작동 방식을 조금씩 이해해가면서 몇 시간 동안 꼼꼼히 살펴봤다. "흠, 이 부분의 코드 때문에 저 코드가 실행되는군. 그리고 저 코드가 실행되면 다른 함수가 시작되고…." 휘트니와 동료는 중얼거리며 작업에 열중했다.

그들은 몇 시간 동안 힘들게 프로그램을 살펴본 덕분에 전체 프로그램을 이해할 수 있었고, 버그도 찾을 수 있었다. 문제는 누군가 뉴욕 대학교 네트워크망에 접속한 시점에 시작되었다. 학생들이 대학 포털 서비스에 접속하면 시스템은 임의의 ID 번호를 생성해 접속자에게 부여했다. 로그인 시스템 프로그램은 임의의 ID 번호를 생성하기 위한 시드번호seed number(임의의 숫자를 생성할 때 필요한 기본 숫자로, 이 값이 같으면 같은 숫자가 생성된다 — 옮긴이)로 학생들이 포털 서비스에 입력한 시간 정보를 사용했다. 그런데 만약 두 학생이 정확히 같은 시간에 포털 서비스에 접속하면 어떤 일이 벌어질까?

시드번호가 같기 때문에 두 학생에게 같은 ID 번호가 부여된다. 당연히 이런 일은 생기면 안 된다! 원래 프로그램을 만든 프로그래머는 이런 상황을 피하기 위해 접속 시간과 함께 접속자가 사용하고 있는 컴퓨터의 IP 주소를 시드번호로 사용했다. 뉴욕 대학교에서 사용하는 IP 개수는 매우 많기 때문에 2명의 접속자가 동시에 같은 IP 주소를 사용해 대학 포털 서비스에 접속하는 일 따위는 생기지 않을 것이라 생각한 것이다.

이건 맞는 생각이었지만, 틀린 생각이기도 했다. 로그인 시스템 프로그램을 처음 작성할 때는 분명 맞는 생각이었지만, 시간이 지난 후에는 틀린 생각이 되었다. 프로그램을 처음 작성하고 몇 년이 지난 후, 뉴욕 대학교와 킨코스 복사 센터는 수많은 컴퓨터가 한두 개의 IP 주소를 공동으로 사용해 인터넷에 접속할 수 있게 해주는 새로운 기술을 도입했다. 교내 인터넷 사용자 숫자가 폭발적으로 늘어날 것에 대비해 도입한 기술이었지만, 어느 누구도 그 기술이 몇 년 전에 작성된 옛 로그인 시스템 프로그램과 문제를 일으킬지는 몰랐다. 그리고 실제로 문제가 일어났다. 이전에는 불가능했지만 두 사람이 같은 시간에 같은 IP 주소로 포털 서비스에 접속하는 일이 충분히 가능해졌고, 결과적으로 두 접속자가 같은 ID 번호를 할당 받는 경우도 가능해졌다. 두 접속자 중 한 명은 다른 접속자 계정에 들어가 메일 등의 개인정보를 볼 수 있게 된 것이다!

휘트니는 서둘러 자신의 생각이 맞았는지 확인하는 프로그램을 작성했다. 휘트니가 맞았다. 실제로 버그를 수정하기까지는 몇 주 더 걸렸지만, 아무도 이유를 몰랐던 미스테리한 문제는 확실하게 해결되었다.

버그의 원인을 찾아 해결한 순간 기쁨이 온 몸 구석구석으로 퍼져나가는 듯했고, 휘트니는 정복감과 성취감에 도취되었다. "너무 멋진 순간이었죠." 그녀는 그 순간을 회상했다. "저는 '난 천재야! 똑똑하다고는 생각했지만 내가 이 정도로 똑똑한지는 몰랐어!'라고 중얼거리며 H자 모양의 워런위버홀_{Warren Weaver Hall} 복도를 이리 저리 걸어 다녔어요."

그녀는 기쁨이 오래가지 않으리라는 사실을 알고 있었기 때문에 그 순간을 즐기고 싶었다. "다시 의자에 앉아 일을 시작하는 순간, 저를 기다리고 있는 다른 버그를 해결해야만 했어요." 그녀가 한숨을 내쉬며 말했다. 뉴욕 대학교에서 사용되는 많은 프로그램은 잘 작동한다. 그러나 사실 작동하는 프로그램이 정말 잘 작동하는지 찬찬히 살펴본 일이 없을 것이다. 프로그래머는 일단 작동하는 프로그램에 대해서는 크게 신경 쓰지 않는다. "프로그래머가 주로 시간을 쓰며 하는 일은 버그가 드러난 프로그램을 고치는 일이죠. 한마디로 프로그래밍 업무는 끊임없이 실패를 경험하고 다루는 일이에요." 그녀는 이야기를 이어갔다. "제 생각에는 아주 작은 성공에서도 큰 기쁨을 느낄 수 있는 사람이 프로그래머로 적합한 것 같아요."

프로그래밍에서 흥분을 느끼는 이유 중 하나는 버그가 언제 해결돼 프로그램이 올바르게 작동할지 알 수 없기 때문이다. 슬랙의 공동 창업자이자 최고기술경영자_{CTO}인 칼 헨더슨_{Cal Henderson}은 내게 "프로그램은 변신의 귀재예요. 버그 때문에 이상하게 작동하다가도 어느 순간 갑자기 제대로 작동하기 시작하죠"라고 말하기도 했다.

이 느낌은 마치 마약처럼 강렬하고 중독성 있어서, 프로그래머들은 그 짧은 흥분감을 다시 맛보기 위해 어떠한 괴로움과 좌절이라도 묵묵히 견뎌낸다. 프로그래머는 작성 중인 프로그램이 어느 순간 올바르게 작동할지 전혀 예측할 수 없다. 예를 들어 버그를 고치다 보면 하루종일 걸릴 때도 있고 불과 수십 초밖에 걸리지 않을 때도 있다. 전혀 예측이 불가능하다! 성공적인 프로그래밍의 이런 불규칙성은 카지노 뒤에 숨겨진 심리학과 깜짝 놀랄 만큼 비슷하다. 라스베이거스에서 슬롯머신을 할 때, 언제 잭팟이 터질지는 아무도 모른다. 잭팟이 터지는 것은 불규칙하다. 하지만 나타샤 도우셜Natasha Dow Schüll이 카지노에 관한 연구를 토대로 《Addiction by Design》에서 썼듯이, 이런 불규칙성이야말로 사람들이 슬롯머신에 중독되는 가장 큰 원인이다. 언제 돈을 딸지 알 수 없다 보니 사람들은 슬롯머신을 그만두지 못한다. 결국 카지노 고객들은 무작정 돈 따기만을 기다리는 멍청한 상태로 많은 시간을 보내게 된다.[9] 내게 자신이 프로그래밍에 '중독'되었다고 이야기하는 프로그래머들이 많은데, 중독 원인을 보면 카지노 중독과 비슷해 보인다.[10]

직업으로 혹은 오랫동안 프로그래밍을 해온 모든 사람들은 주어진 문제를 해결하며 만족감을 느끼지만, 내가 보기에 그 만족감은 부자연스럽고 건강에도 그리 좋지 못하다. "만약 여러분이 줄곧 실패만 하다가 어느 순간 성공한다면, 그간의 괴로움을 보상받기 위해서라도 정말 큰 기쁨을 느끼려 할 거예요. 제 말이 맞죠? 분명 놀랄 만큼 큰 기쁨을 느껴야 해요." 스펙터가 말했다. "제 경우에도 마찬가지였어요. 건강에 무리가 갈 만큼 크게 흥분하고 좋아했어요."

프로그래머는 괴로운 상실감과 갑작스러운 행복감 사이를 빠르게 넘나들며 자존감에 상처를 받는다. 예를 들어 작성 중인 프로그램이 제대로 작동하지 않아 좌절하고 있는 프로그래머를 만나면, 이 세상에 그 프로그래머보다 더 낙담에 빠진 사람은 없을 만큼 우울해하며 자학하는 모습을 보게 될 것이다. 그러다 1시간 후 다시 만났는데 때마침 3주 동안 그 프로그래머를 괴롭히던 버그가 해결돼 있는 순간이었다면, 우쭐해서 자기 자랑을 마구 늘어놓는 프로그래머를 보며 이보다 더 건방지고 거들먹거리는 사람이 있을까 싶을 것이다. 2년 전, 제이콥 손튼Jacob Thornton은 자신이 만든 팟캐스트 제작 앱인 범퍼스Bumpers를 자바스크립트 프레임워크를 사용해 다시 프로그래밍하기로 결정했다. 이후 프로그래밍에 매달려 지낸 6주 동안, 그는 1과 −1을 반복해 오가는 사인 그래프sine curve처럼 심하게 오르내리는 감정 기복을 경험했다.

손튼은 "최근 제가 프로그래밍하는 모습을 보면, 자기회의에 빠져 아무것도 못하고 있는 상태와 마치 신이라도 된 듯 건방지게 행동하는 상태를 미친놈처럼 왔다 갔다 하는 걸 볼 수 있었을 거예요. 하루 종일 크게 울면서 아파트 이곳저곳을 혼자 돌아다닐 때도 있고, 어머니에게 전화해 그녀의 서른 살 먹은 아들이 얼마나 잘하고 있는지 말하기도 하죠"라고 블로그에 썼다.[11]

프로그래밍을 하다 보면 버그는 늘 생기기 마련이다. 그리고 프로그램 사용자들은 프로그램의 다양한 기능을 프로그래머가 예상 못한 방식으로 사용하며, 여러 문제점을 찾아낸다. 프로그래머는 이런 일들을 경험하면서 종종 사람들을 싫어하고 미워하는 마음을 가질 수 있다. 멍청한 사용자가 멍청한 일만 하지 않는다면 자신의 프로그램에는 아무런 문제가 없다고 생각하기 때문이다.

웹브라우저 파이어폭스Firefox의 공동 제작자인 블레이크 로스 Blake Ross가 썼듯, 프로그래머는 사용자의 예상 밖 행동을 자주 접하며 자신도 모르는 사이 점차 매사에 부정적이고 피해망상에 빠진 사람이 된다. 이런 변화는 소프트웨어를 개발해 공개할 때마다 사용자들이 전혀 생각하지도 못한 방식으로 행동하는 것을 보면서 일어난다. 블레이크 로스의 다음 이야기는 꽤 재미있어서 가능한 들은 그대로 전달하려 한다.[12]

8세 먹은 아이가 처음으로 프로그래밍을 배우기 시작한다.

자신이 만든 프로그램을 실행하고 컴퓨터가 "가장 좋아하는 색깔은 무엇입니까?"라고 물으면, 아이는 자신이 좋아하는 색을 입력한다. 그러면 입력한 색에 따라 화면의 색이 바뀐다. 이제 가족들 앞에서 실력을 발휘할 때다. 그런데 조디 아줌마가 부른다.

"무언가 이상해. 'Color.exe'가 망가졌다고 나오는데, 무슨 뜻인지 모르겠어."

아이가 화면을 확인해보니 그녀는 2를 입력했다. 아줌마는 "'나는 가장 좋아하는 색이 몇 가지입니까?'라는 질문이라고 생각했어"라고 말한다.

'도대체 어떻게 그런 생각을 할 수 있지? 게다가 가장 좋아하는 색깔이 1개보다 많다고? 어쨌든 좋아. 그럴 수도 있지.' 아줌마의 행동을 이해하기는 힘들었지만 아이는 사람들이 숫자를 넣지 못하도록 프로그램을 수정한다.

아이는 자신의 프로그램을 인터넷에 올렸다. 30초 후, 누군가 올린 버그 리포트를 받았다. 그는 '파리'를 입력했다.

이 문제 또한 프로그램을 수정해 해결할 수 있겠지만, 먼저 문제를 정확히 이해하고 싶었다. 아이는 사용자에게 다음과 같이 이메일을 보낸다. "당신은 왜 '파리'라고 입력했나요?"

그는 곧 답장을 보낸다. "파랑이라고 쓰려 했어요." 답장을 보는 순간 아이는 '세상에 이상한 사람이 참 많구나'라고 생각한다. 그리고 더 이상 세상을 옛날처럼 바라보지 않는다.

세상을 바라보는 눈은 바뀌었지만 아이는 다행히 고등학교를 졸업해 회사에 들어가 좀 더 중요한 일을 하게 된다. 회사에서는 가상거래 시스템 개발 업무를 맡았고, 그 일은 점점 더 중요해진다. 그러나 일이 더 중요해질수록, 주변의 적들은 더 교활하고 강력해진다. 적의 공격이 거듭될수록 공격 방법도 날로 새로워진다.

시간이 흘러 최첨단 회사의 뛰어난 엔지니어가 되었을 무렵, 아이는 모든 일에 초조해하며 편집망상에 빠진 어른이 된다.

물론 개발자와 사용자 사이의 갈등에는 양면성이 있다. '사용자'의 의도를 이해하는 일은 소프트웨어 개발자의 몫이라고 간단히 말할 수도 있다. 사실 이 말도 맞다. 게다가 사용자들은 상상력이 부족한 것은 둘째치고 상상하려고도 하지 않는 개발자들이 무척 많다는 문제와 부딪힌다. 그러나 사용자의 생각을 좀 더 잘 이해하고 공감하기 위해 열심히 노력하는 개발자조차도 모든 것을 예측할 수는 없다. 기계는 예측이 되지만, 사람은 예측이 되지 않기 때문이다.

이에 대해 개발 프로세스가 잘 갖추어진 소프트웨어 개발 회사는 여러 대응 전략을 마련해왔다. 예를 들어 1,000명쯤 되는 사용자들에게 개발 중인 앱의 '알파' 버전을 미리 사용할 기회를 주어 사용하게 하면서 무슨 문제가 있는지 미리 확인하는 것이다. 넷스케이프에서 사용했던 방법처럼 버그를 완전히 해결하지 않은 채 공짜로 배포하고, 사용자들이 버그를 찾아 알려주면 그제야 버그를 수정하는 방법도 있다. 혹은 은행 같은 커다란 회사로부터 수십억 원의 돈을 받고 데이터베이스 개발을 의뢰받았다면, 회사의 일부 직원들을 은행에 파견해 은행 직원들과 함께 일하게도 한다. 파견 직원들은 은행 고객이 자신들의 소프트웨어를 어떻게 사용하는지 더 잘 이해하고, 고객의 요청사항을 소프트웨어에 담아내기 위해 노력한다. 이런 소프트웨어 개발 방식을 애자일Agile 개발 방식이라 부른다('애자일'에는 소프트웨어 개발팀이 재빨리 개발 방향을 바꿀 수 있으며, 예상 못했던 고객의 요구사항을 반영하기 위해서라면 마치 닌자가 그들의 몸을 곡예사처럼 구부리듯 소프트웨어를 수정할 수 있다는 마음을 가져야 한다는 뜻이 담겨져 있다).[13]

오늘날 대기업에서 소프트웨어를 개발할 때 많은 경우 프로그래머가 모든 것을 결정하도록 하지 않는다. 소프트웨어의 주요 기능을 결정하는 사람들은 프로젝트 매니저로 이들은 디자이너, 사용자 인터페이스 설계 전문가 등과 함께 일한다. 프로젝트 매니저는 소프트웨어 설계를 프로그래머에게만 맡겨둘 경우, 자칫 현실과 동떨어져 프로그래머만 사용할 수 있는 이상한 소프트웨어가 개발될 수 있다는 사실을 잘 알고 있다.

　　　　　　　　　　　　은밀한 설계자들

이런 문제는 프로그래머가 제멋에 겨워 일하는 것을 좋아하기 때문이기도 하다. 예를 들어 프로그래머는 컴퓨터를 다루거나 간단한 일을 처리하는 짧은 스크립트나 프로그램을 작성할 때, 대화 상자보다는 깜빡이는 커서가 있는 텍스트 기반의 화면에 명령어를 직접 쓰는 방식을 좋아한다. 즉, 프로그래머는 컴퓨터에게 좀 더 직접적으로 명령을 내리고 결과를 얻고 싶어 한다. 왜일까? 여러 이유가 있겠지만, 다음과 같은 기능적인 이유 때문이다. 먼저 컴퓨터에게 정확히 당신이 원하는 일을 가장 효과적이면서도 유연성 있게 지시하는 방식이기 때문이다. 그다음은 컴퓨터 기술에 익숙하지 않은 일반인들을 상대로 자신의 우월함을 보여줄 수 있기 때문이다. 마지막으로 일단 명령어 방식에 익숙해지면 마우스, 커서, 아이콘 등 소위 '사용자 친화적'인 사용방식은 느리고 유치해 보이기 때문이다. 그런데 '사용자 친화적'이라는 말은 역설적이게도, 실제 사용자를 이해하는 누군가가 프로그래머로부터 소프트웨어를 디자인할 수 있는 권한을 가져오기 전에는 대부분의 소프트웨어가 '사용자 적대적인', 즉 사용자에게 불편했음을 의미한다. '사용자 친화적'인 소프트웨어 디자인은 프로젝트 매니저, 디자이너, 사용자 인터페이스 전문가의 역할이다. 이들은 프로그래머 관점에서 소프트웨어의 작동 방식을 이해하고, 사용자를 모아 이야기를 들으며 사용자의 관점에서 프로그래머가 만들 소프트웨어의 모습을 정의한다.

능력 있는 프로젝트 매니저라면 일반 사용자가 편하게 사용할 수 있는 사용자 친화적인 소프트웨어가 만들어지도록 소프트웨어의 겉과 속 모두를 잘 이해해야 한다.

수많은 프로그래머들은 프로그래밍 기술에만 파묻혀 사용자의 요구사항을 제대로 이해하지 못한다. 그러므로 프로젝트 매니저들에게 소프트웨어는, 프로그래머와 사용자 사이에 있는 일종의 심리적 전쟁터다.

사실 수많은 프로그래머들은 프로그래밍이 예측 불가능한 사람들과 그들의 모호한 감정 및 요구를 피할 수 있는 장소라고 생각해 매력을 느낀다.

얼마 전 나는 마이클이라는 32세의 젊은 프로그래머를 만났다. 그는 최근 직업을 바꿔 프로그래머가 되었으며, 자신의 새로운 직업에 크게 만족하고 있었다. 그는 조용하고 꼼꼼한 성격으로 원자력 산업 분야에서 일하기 위해 기계 공학을 전공했었지만, 취업률이 높지 않은 데다 오랜 기간 공부해야 하기 때문에 흥미를 잃었다. 그래서 그는 컨설팅 회사에 들어가 건물의 성능과 특성을 분석하는 업무를 맡았다. 그의 주요 업무 가운데 하나는 조사·분석한 결과를 보고서로 작성하는 것이었다.

그러나 그 일은 마이클에게 현실과는 동떨어진 무의미한 일처럼 느껴졌다. 그가 분석에 사용한 모델은 너무 복잡한데다 수많은 가정이 있어 사람들이 그 결과를 믿을 것 같지 않았다. 솔직히 그 자신도 결과와 영향력을 믿지 못했다. 과장된 내용의 두꺼운 보고서를 작성하고 있는 자신을 보면서, 스스로를 만화 〈딜버트Dilbert〉의 주인공(만화 속 주인공은 IQ 170의 천재지만, 회사에서는 바보 취급을 받는다—옮긴이)이 된 것 같다고 느꼈다.

"기업이라면 진절머리가 납니다. 그 속에는 거짓말과 헛소리만 가득하죠." 시원한 봄날 아침 맨해튼 하이라인 공원High Line Park을 함께 걸으며 그가 내게 노골적으로 이야기했다. "한 번 보고서를 쓰면 대략 2주 정도 걸렸어요. 하지만 그 누구도 보고서를 읽지 않으리라는 사실을 저는 이미 알고 있었죠."

마이클은 대학에서 기초적인 프로그래밍 교육을 받았으며, 컨설팅 회사에서도 약간의 프로그래밍 업무를 했다. 좀 더 깊이 있게 프로그래밍을 공부하기로 결심한 그는 여가 시간 등을 활용해 열심히 공부했다. 그는 자신이 소프트웨어 개발 업무를 좋아한다는 사실을 깨달았다. 마이클은 2016년 회사를 그만두고 친구와 함께 첫 번째 앱을 개발했다. 두 사람이 개발한 앱은 실패했고, 마이클은 '하루에 앱 하나씩'을 개발하겠다고 결심했다. 예를 들어 하루 중 가장 중요했던 일이나 휴일을 주제로 앱을 만드는 것이다.

마이클은 발렌타인 데이를 테마로 연인의 사진을 이용해 연애편지를 작성해주는 봇bot을 만들었다. 크리스마스를 테마로는, 연인의 사진을 보내면 인공지능 기술을 이용해 연인 주변의 물건들을 분석하고, 아마존에서 연인을 위해 구입할 선물을 추천해주는 봇을 만들었다(예를 들어 누군가 기타를 연주하는 음악가 사진을 봇에게 보내면, 봇은 복고풍의 레코드 플레이어를 선물로 추천해주었다). 마이클은 정치 사회 문제에 대해서도 목소리를 냈다. 마약이 사회 이슈가 되자, 사람들에게 가장 가까운 중독 치료 서비스 기관을 안내하는 메시지 앱을 만들기 시작했다. 마틴 루터 킹 목사 탄생일 아침, 그는 사람들이 자신에게 보낸 악의적인 트위터 메시지를 보고 당황했다. "저는 악의적인 댓글을 단 사람들에게 소리 지르는 프로그램을 만들까도 생각했어요. 그러나 쓸데없는 짓이라는 생각이 들어 실행에 옮기지는 않았죠."

"프로그래밍은 은근 중독성 있는 일인 것 같아요." 마이클은 웨스트 빌리지에 있는 그의 아파트 소파에 입고 있던 짙은 색 코트를 던져 놓으며 이야기했다. 그는 커다란 2개의 작품 아래 놓인 맥북 앞에 앉았다. 두 작품에는 《모비 딕》과 《전쟁과 평화》에서 발췌한 글들이 파랑색으로 작게 쓰여 있었다. "분명 저는 다른 사람들의 고민이나 문제를 해결해주는 일이 재미있어요. 제 앱의 영향력 덕분에 사람들은 아이디어를 얻고, 물건을 팔아 돈을 벌죠. 실제로 영향을 끼치며, 사람들에게 도움을 주고 있습니다."

이후 몇 시간 동안 그는 커피를 마셔가며 그날의 앱을 열심히 프로그래밍했다. 그날 프로그래밍한 앱은 누군가 하이라인 공원에 있는 조각작품 사진을 트윗하면, 그것을 만든 작가의 관련 정보를 트윗하는 트위터봇이었다. 그는 먼저 조각상 사진들을 사용해 인공지능 사진 분류 앱을 훈련시켰다. 또한 '#highline'처럼 하이라인이 태그된 사진이 있는지 트위터를 확인하는 프로그램을 작성했다. 그는 앱을 완성할 때까지 키보드 앞에 꼬박 12시간을 웅크리고 앉아 작업했으며, 작업을 마친 후에야 아픈 듯 허리를 주물렀다. 옛 직장의 근무 시간보다 훨씬 오래 작업할 때도 있었다.

그러나 프로그래밍은 옛 직장에서는 맛볼 수 없었던 즐거움이 있었다. 바로 자신이 하는 것이 의미 있는 일이라는 것을 확실히 알 수 있다는 것이었다. 컨설턴트로 일했던 옛 직장에서 하던 일이라고는 파워포인트 파일을 준비하고, 사람들에게 파일을 보여주며 설득하고, 논쟁에서 이기려 아등바등거리는 것이 전부였다. 그러나 프로그래밍을 할 때는 컴퓨터를 설득할 필요가 전혀 없었다. "프로그램은 올바르게 돌아가거나 돌아가지 않거나 둘 중 하나예요." 그가 말했다. 작성한 프로그램에 버그가 있다면, 버그를 고치는 것 외에는 다른 방법이 없다. 프로그램을 실행하기 위해 컴퓨터를 설득할 필요는 없다. 오로지 해야 할 일은 올바른 프로그램을 작성하는 것이다. 마이클은 자신이 만든 소프트웨어가 점점 많아질수록 이상하리만치 새로운 자신감이 솟아오르는 것을 느꼈다. 그는 자신의 프로그래밍 기술이 가치가 있는지 혹은 그가 세상에 기여하고 있는지에 대해 더 이상 걱정하지 않았다. 자신이 만든 앱이 다른 사람들의 문제를 해결해주는 것을 보면서, 세상에 기여하고 있다는 것을 알 수 있었기 때문이다.

"물론 프로그래밍을 배우는 일은 쉽지 않아요. 그러나 프로그래밍 작업을 통해 '내가 이것을 만들었거든. 얼마나 잘 작동하는지 한번 써 보라고' 하면서 자랑할 수 있죠." 마이클이 말했다. "어느 누구도 제게 제가 개발한 앱이 좋다 나쁘다 할 수 없어요. 제가 개발한 앱은 잘 돌아가고 있으니까요. 프로그램은 작동하거나 작동하지 않거나 둘 중 하나일 뿐이죠."

이처럼 실질적이고 손에 잡히는 결과물에 대한 선호는 프로그래밍뿐만 아니라 다른 엔지니어링 일에도 비슷하게 적용된다. 《손으로, 생각하기Shop Class as Soulcraft》의 저자 매슈 크로퍼드Matthew B.

Crawford도 마이클과 비슷한 생각과 인생 경험을 가지고 있다. 크로퍼드는 보수 성향의 싱크탱크Think tank(무형의 두뇌를 자본으로 하여 운영되는 기업이나 연구소—옮긴이)에서 일했으나 공허함을 느끼고 그만두었다. 전문가가 넘쳐나는 요즘 같은 시절, 당신의 가치는 당신의 능력을 얼마나 많은 사람이 알게 하느냐에 달려 있다. 싱크탱크를 그만둔 크로포드는 모터사이클 수리를 시작했으며, 그 일을 통해 물리학과 씨름하며 심적인 성취감을 크게 느꼈다. 예를 들어 프로그래머가 소프트웨어를 개발해 자신의 실력을 증명하듯, 그는 고장 난 모터사이클을 고쳐서 보여주며 자신의 기술을 직접적으로 증명했다. 그가 책에서 썼듯, 성공한 기술자라면 자신의 일을 일부러 떠벌리며 자랑할 필요가 없다. 대신 손가락으로 가리키며 "저 빌딩 멋있네" "저기 신형 자동차가 지나가네" 혹은 "저기 전구에 불이 들어오네"라고 말한다.[14]

이런 자부심은 프로그래머가 나름 괜찮은 소프트웨어를 개발하고 이를 다른 사람들이 인정해주는 데서 얻는 자부심과 같다. 이는 사람을 거만하고 오만하게 만들기도 한다. 물론 이런 일들을 하다 보면 자신은 '진짜 일'을 하고 있으며 다른 사람, 예를 들어 마케팅, 영업 혹은 관리 업무를 하는 사람들은 펜으로 서류나 끄적일 뿐 의미 있는 진짜 일을 하지는 않는다고 생각할 수도 있다(마케팅 담당 직원은 자신이 '회사 인지도'를 높여 왔다고 주장한다. 이에 프로그래머는 팔짱을 끼고 무심한 표정을 지으며 이렇게 질문할 것이다. "증명할 수 있어?"). 직선적인 성격의 프로그래머들이 보기에 협상, 소통, 리더십 관련 업무를 하는 사람들은 의미 있는 일을 해냈다는 사실을 증명할 수 없기 때문에 늘 파워포인트 발표 뒤에 숨는다. 또한 그들이 하는 이야기는 알맹이 없는 이야기에 불과하다고 무시한다. 이런 태도와 생각은, 특히 학교를 갓 졸업한 젊은 프로그래머들에게 위험할 수 있다. 이들은 영업, 마케팅, 조직운영에 종사하며 회사가 망하는 것을 막는 비 기술직 직원들의 가치를 이해하지 못한다. (오랜 세월 프로그래머로 일했던 채드 파울러Chad Fowler는 자신의 저서《프로그래머, 열정을 말하다The Passionate Programmer》에서 "나는 스텝 회의에 참석해 나와 전혀 관계없어 보이는 숫자들이 가득한 그래프를 잇달아 봤다. 나와 내 팀 동료는 함께 일렬로 앉아 있었는데, 마치 오랫동안 차를 타 좀이 쑤셔 어쩔 줄 모르는 아이들 같았다. 우리 중 어느 누구도 발표 내용을 이해하지 못했다. 아니 애당초 이해할 생각도 없었다. 회의가 끝났을 때 우리는 회의를 소집한 무능력한 관리자 때문에 시간을 낭비했다고 투덜거렸다. 그때를 다시 생각해보면, 내가 얼마나 바보 같았는지 알겠다"라고 후회하듯 썼다.[15])

내가 아는 어느 프로그래머는 한때 수많은 그림을 그렸으나, 지금은 돈을 벌기 위해 프로그래밍을 하며 작품 활동이 뜸해졌다. 그녀는 도대체 무슨 이유로 프로그래밍에 더 열중하는 걸까? 그녀는 자신이 작성한 프로그램이 어느 순간 작동하기 시작할 때 느껴지는 즐거움이 정말 좋았다. 그녀는 "제 작품 활동이 뜸해진 데는 그림을 그리며 이런 즐거움을 느끼지 못한 까닭도 있어요"라고 말했다. "그림을 그릴 때는 '아하!' 하는, 즉 잘 실행되지 않던 프로그램이 어느 순간 실행되기 시작하는 것 같은 찰나가 전혀 없었어요."

사실 나도 그런 순간을 직접 경험했다. 나는 40대 후반이며 어렸을 때 이후 프로그래밍을 거의 하지 않았다. 그러나 이 책을 쓰기 시작하며 약간이나마 프로그래밍을 공부하기 시작했다. 그런데 세상에, 어느 순간부터 글을 쓰는 일보다 프로그래밍이 훨씬 재미있고 만족스러웠다.

예를 들어 프로그래밍을 공부하다가 트위터에 내가 올렸던 링크들을 정리해 보관하는 파이썬 프로그램을 작성하기로 결심했다. 나는 종종 과학 또는 하이테크 뉴스를 트윗하곤 했는데, 몇 달쯤 지나면 그 뉴스를 찾기 쉬운 위치에 저장하지 않았다고 후회하곤 했다. 그래서 매일 아침 8시 30분이 되면 내 트위터 계정에서 지난 24시간 동안의 내 모든 트윗을 빠짐없이 모아 분석하는 스크립트 프로그램을 만들기로 했다. 생각대로 작동한다면 이 프로그램은 수집한 트윗 중 링크가 들어 있는 트윗을 따로 모은 후, 모든 링크를 트윗과 함께 깔끔한 형태로 정리해 내게 메일로 보내줄 것이다.

다행히 어려운 프로그램 가운데 일부는 다른 프로그래머가 작성한 프로그램을 가져다가 사용할 수 있었다. 참고로 링크가 들어 있는 트윗을 골라내는 스크립트 프로그램을 프로그래밍하는 데 사용한 툴은 파이썬 오픈소스 프로그램인 '트위피Tweepy'였다. 그러나 트위피조차 나 같은 초보자에게는 약간 벅찼다. 내 트윗들을 확인하는 프로그램을 작성해 실행시키자, 다음과 같은 형태의 기다란 데이터 목록처럼 보이는 대용량 파일이 생성되었다.

```
_ json={u'follow _ request _ sent': False,u'has _extended _ profile':
True, u'profile _ use _background _ image': True, u'default _ profile
_ image': False, u'id': 661403, u'profile _ background _ image _ url
_ https': u'https://pbs.twimg.com/profile _ background _ images/
3908828/pong.jpg' ...
```

무슨 뜻인지 알겠는가? 오픈소스 프로그램을 가져다 사용하기
는 했지만, 모든 항목 하나하나에 URL이 있는지 확인하는 알고리
즘을 파이썬으로 프로그래밍하는 일은 여전히 내 몫이었다. 나는
프로그래밍하는 동안 초보자 티를 팍팍 내며 기본적인 파이썬 문
법을 수도 없이 틀렸다.

밤이 깊어갈 무렵 프로그래밍의 끝이 보이기 시작했다. 내가 작
성한 프로그램이 원하는 정보를 수집하기 시작했다. 나는 작성한
프로그램을 내 지메일 계정에 연결하고 하루에 한 번씩 작동하도
록 설정했다. 다음 날 이 프로그램은 URL이 정리된 첫 번째 보고서
를 메일로 보내왔다.

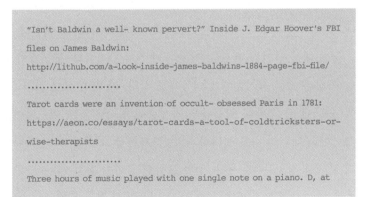

나는 너무 기쁜 나머지 소리를 질렀다. 이후 나는 며칠 동안 트위터를 다루는 몇 가지 프로그램을 파이썬으로 직접 프로그래밍했다. 예를 들어 나와 내 친구들이 주고받은 트윗들을 모으는 데일리 봇을 프로그래밍해 만들었다. 재미있게 읽은 다른 사람의 폭풍 트윗을 다운로드하는 프로그램도 작성했다. 며칠 후, 나는 프로그래밍의 즐거움에 푹 빠져 책 쓰는 일을 완전히 내팽개쳐버리고 있다는 사실을 깨달았다.

나는 글쓰기를 좋아한다! 지난 25년간 기자가 아니었던가? 따지고 보면 책을 내는 즐거움의 일부는 프로그래밍의 즐거움과 같다. 양쪽 모두 무에서 무언가 새로이 만들어내는 창조의 즐거움이 있다. 나는 프로그래밍을 하며 마이클이 깨달았던 것을 똑같이 깨달았다. 내가 프로그래밍한 프로그램들은 분명 보잘 것 없었지만, 내가 쓴 어떤 글보다 객관적으로 실체가 있는 것처럼 느껴졌다.

글에 대한 평가는 잘 알고 있듯이 매우 주관적이다. 글쓰기의 이런 특징은 모든 작가들에게 악몽과도 같다. 한 가지 예로 잡지 〈와이어드〉에 실렸던 내 칼럼을 평가해보겠다. 좋은 글인가? 아마도 사람마다 대답이 다를 것이다. 나는 작가로서 그 글이 '다른 사람에게 보여줄 정도는 돼' 혹은 '정말 훌륭한 글이야'처럼 얼마나 내 마음에 드는지 말할 수 있다. 아니면 독자들에게 직접 묻거나 혹은 반

은밀한 설계자들

응을 조사해 글을 평가할 수도 있다. 예를 들어 트위터나 페이스북에서 '좋아요'의 숫자는 얼마인가? 〈와이어드〉 홈페이지의 트래픽은 많은가? 그러나 이런 정보는 인기도의 대략적인 측정으로, 추상적이고 주관적이어서 칼럼의 질을 정확하게 반영한다고 할 수 없다. 이처럼 글은 질이나 효율을 객관적으로 평가할 방법이 없다. 작가의 명성은 사람들의 평가로부터 만들어지며, 이것은 글쓰기가 부정직한 사업처럼 느껴지게 한다. 작가는 글을 발표한 후에도 계속 다른 사람들이 그 글을 어떻게 평가할지 궁금해하며 이러저러한 생각을 한다.

그럼 프로그램은 어떨까? 생각한대로 작동한다면, 프로그램에 대한 평가는 명확하다. 며칠이 지나도, 아니 몇 달이 지난 후에도 내가 만든 파이썬 스크립트 프로그램은 훌륭히 실행되었으며, 하루도 거르지 않고 매일같이 트윗에서 뽑아낸 보고서를 내게 이메일로 보내주었다. 내가 작성한 프로그램이 깔끔하고 간결하며 최고냐고 묻는다면 물론 아니다. 하지만 어쨌든 작동한다. 그 프로그램이 내 문제를 해결해줬냐고 묻는다면, 그렇다! 완벽하게 해결해줬다. 그러나 내 프로그램과 달리 내 글은 간단한 물음에조차 답이 명확하지 않다. 글에는 합격, 불합격 같은 기준이 없기 때문에 내가쓴 칼럼이 기대한 효과가 있는지 묻는 것조차도 의미가 없다.

한 술 더 떠서 프로그래머는 크고 어려운 문제를 작은 문제들로 나누어 프로그래밍할 수 있다. 그래서 규모가 큰 프로그램을 한 번에 프로그래밍하지 않는다. 즉, 프로그래머는 작은 문제들에 대해 서브루틴Subroutines 혹은 함수Functions 같은 작은 크기의 프로그램들로 프로그래밍하고, 이들을 합쳐 큰 문제를 해결하는 커다란 프로그램을 만든다. 아침식사로 예를 들면 계란을 깨는 일, 빵에 버터를 바르는 일 등을 각각 계란깨기(crackeggs()) 함수와 버터바르기(buttertoast()) 함수 등으로 생각할 수 있다. 먼저 이런 작은 크기의 함수들을 하나씩 만들고, 이들을 논리적인 순서로 연결해 큰 프로그램을 완성하는 것이다.

일반적으로 프로그래머는 함수를 하나씩 만드는 데 집중한다. 그리고 함수 하나를 만들 때마다 그것이 올바르게 프로그래밍되었는지 확인한다. 만약 이런 과정 없이 커다란 프로그램을 며칠에 걸쳐 만든다면, 프로그램을 실행시켰을 때 거의 100% 확률로 제대로 작동하지 않는다. 또한 프로그램 어디에 어떤 버그가 있는지 찾기도 매우 어렵다. 그래서 프로그래머는 함수를 하나씩 만들고 확인하는 방식으로 작업한다. 함수가 아무런 문제없이 잘 프로그래밍되었다는 것을 확인할 때마다, 프로그래머는 작지만 승리를 경험하는 것이다.

프로그래머는 작은 승리를 잇달아 거두며 자기가 맡은 일이 잘 진행되고 있다는 것을 확실히 느낄 수 있다. 하버드 대학교 교수 테레사 M. 아마빌레Teresa M. Amabile와 연구자 스티븐 크레이머Steven Kramer는 직원들이 지속적으로 작은 승리를 거두며 꾸준히 가시적인 성과를 경험할 때 가장 행복해한다는 사실을 발견했다.[16] 즉, 직원들이 자신의 성과에 대해 애매모호한 느낌만 가진다면 매우 힘들어하며 담당 업무를 싫어하게 되는 반면, 작게나마 끊임없이 구체적인 성공을 경험하면 담당 업무를 매우 좋아하게 되었다. 나는 프로그래밍에서 앞서 말한 지속적인 성취감을 분명하게 느꼈다. 글쓰기에서는 거의 경험해보지 못한 일이었다. 나는 글을 쓸 때 늘 배를 타고 노를 저으며 안개 낀 호수를 건너는 느낌이었다. 시간이 지나면 결국 목적지에 다다를 것이라 생각하지만, 배를 타고 가는 동안 방향이 맞는지 몰라서 조마조마하다.

내 친구 새론 잇바렉Saron Yitbarek은 초보 프로그래머들의 온라인 커뮤니티이자 팟캐스트인 '코드뉴비CodeNewbie'를 만들고 코드랜드 학회를 운영하고 있다. 그녀는 영업에서 기자에 이르기까지 수년간 다양한 일을 하다가 프로그래머가 되었다. 눈에 보이는 성과를 거둘 수 있는 일을 하고 싶어 했던 그녀는 일상의 문제를 프로그래밍으로 해결하거나 문제 있던 프로그램이 어느 순간 갑자기 제대로 작동하는 것을 보면서 중독성 있는 프로그래밍의 매력에 푹 빠져버렸다. "작은 승리를 잇달아 거두는 일은 의미가 있습니다. 사람들은 이런 연속적인 성취감을 통해 다른 일에서는 느껴보지 못한 깊은 만족감을 느끼죠. 만약 내가 버그 찾기 같은 간단한 일을 하나씩 한다면, 나는 '오, 다했는데! 좋았어. 이제 아까보다 좀 더 나을 거야'라고 말할 거예요. 마치 조각작품을 만들 듯 커다란 프로그램이 조금씩 완성돼 가는 것을 볼 수 있답니다."

글쓰기의 어려움뿐만 아니라 프로그래밍의 즐거움을 알게 된 후, 나는 글쓰기 대신 프로그래밍에 시간을 보내는 일이 잦아졌다. 글쓰기가 힘들고 고통스러울 때마다, 글 대신 프로그램을 작성했다. 무슨 프로그램이냐는 중요하지 않았다. 쓸모없거나 목적 없는 혹은 단순 입문용 프로그램이라도 상관없었다. 프로그래밍 이면 충분했다. 내가 시킨 일을 컴퓨터가 정확히 실행하게 만드는 것이 단지 재미있을 뿐이었다. 나는 '프로젝트 오일러Project Euler' 라는 웹사이트에서 몇 시간씩 시간을 보내곤 했다. 프로젝트 오일러에는 프로그래머가 풀 수 있는 여러 가지 프로그래밍 퀴즈가 있었다. 예를 들어 가장 작은 소수 6개를 오름차순으로 제시한 후, '10,001번째 소수는 무엇인가?' 같은 퀴즈도 있다. 웹사이트를 방문하는 일 외에도 프로그래밍 관련 블로그를 살펴보면서, 프로그래밍에 도움이 될 만한 새로운 라이브러리가 없는지 찾아보기도 한다. 나는 실패와 성공을 확실히 알 수 있는 순간, 예를 들어 프로그램이 작동하기 시작해 내가 시킨 일을 정확히 하는지 확인하는 순간이 정말 좋았다.

내 친구 가브리엘라 콜먼Gabriella Coleman은 지난 몇 년간 해커 문화를 상세히 연구해온 인류학자다. 그녀는 프로그래밍과 글쓰기에 관한 흥미로운 사실에 주목하고 있다.

"네게 글쓰기 두려움은 있지만, 프로그래밍에 대한 두려움은 없는 것 같네." 그녀가 내게 말했다. "물론 몇몇 작가들은 글쓰기를 정말로 좋아해. 그러나 글쓰기의 괴로움과 괴로움으로 인한 머뭇거림에 관해서는 흔하게 들을 수 있지. 반면에 프로그래머의 경우 그런 괴로움을 가진 사람을 찾을 수가 없더군. 오히려 '나 다시 프로그래밍할래!'라고 하더라고."

물론 이 매력적인 컴퓨터의 세계에도 분명 어려움이 있다. 컴퓨터 세계는 인간 세계와 달리 '설득'이 아무런 쓸모도 없고 효과도 없다. 그러므로 논리와 구조가 다스리는 세상에서 충분한 시간을 보내보라. 여러분도 결국 기계처럼 생각하는 습관을 가질 수 있다.

4장

이들을 이해해야
세상을 이해한다

"별로 좋은 수가 아니군요." 브램 코헨Bram Cohen이 내게 말했다.[1] 2004년 어느 날, 나는 시애틀 외곽에 있던 코헨의 집에서 보드게임을 하며 앉아 있었다. 당시 29세였던 코헨은 1년 전 비트토렌트BitTorrent라는 프로그램을 개발해 유명해졌다. 비트토렌트는 사람들이 대용량 파일을 온라인으로 빠르게 공유할 수 있도록 해주는 프로그램이었다. TV와 영화 산업 관계자들은 코헨이 개발한 비트토렌트에 깊은 우려를 나타냈다. 몇 년 전부터 온라인에서 MP3 파일을 공유하는 사람들이 늘어나면서 음악 산업이 곤경에 빠지는 것을 지켜본 경험이 있었기 때문이다. MP3 파일과 달리 TV 프로그램이나 영화는 디지털 파일 크기가 훨씬 커서 사람들이 공유하는데 많은 시간이 필요했기 때문에, 파일 공유 문제를 크게 신경 쓰지 않았다. 그러나 비트토렌트가 등장하자 상황이 달라졌다. 코헨은 일종의 TV 프로그램 파일용 냅스터Napster(음악 공유 프로그램―옮긴이) 소프트웨어를 개발해 유명해졌고, 〈와이어드〉는 내게 그에 관한 기사를 써달라고 요청했다.

코헨은 내가 이제껏 만난 프로그래머 가운데 가장 프로그래머 같은 친구였다. 그는 머리를 어깨까지 길게 늘어뜨리고 있었으며,

얼굴에는 수염이 덥수룩했고, 용 그림이 그려진 회색 셔츠를 입은 채 집안 여기저기를 뛰어다녔다. 그의 작업실은 1층에 있었으며, 책상 뒤에는 다양한 모양의 루빅스 큐브(보드게임 중 하나—옮긴이)들이 가득 찬 커다란 플라스틱 통이 있었다. 그는 비트토렌트의 성능을 향상시킬 방법을 고민할 때면 루빅스 큐브를 맞추고 헝클기를 반복했다. 그래서 나는 코헨이 퍼즐과 게임에 집착하는 성격이라고 생각했다. 그는 직접 3차원 퍼즐들을 만들기도 했으며, 그중 하나는 곧 판매용으로 만들어질 예정이었다(그에 따르면 좋은 퍼즐은 언제나 곧 풀릴 것 같은 느낌을 줄 수 있어야 한다). 그는 다양한 루빅스 큐브 외에도 며칠 전 새로 산 보드게임인 '아마존'을 포함해 수많은 보드게임을 가지고 있었다. 아마존 보드게임은 격자에 토큰을 떨어트려 상대방이 움직이지 못하도록 만드는 게임이다. 그는 나와의 게임에서 잇달아 승리했다. 코헨은 보드게임에 열중한 채로 훌륭한 전술게임에 대한 자신의 생각을 이야기했다.

"전술이라는 관점에서 가장 훌륭한 게임은, 한 번 결정하면 게임 내내 그 결정을 바꾸지 못하는 게임입니다. 당신이 '좋아, 이 지역을 차지하겠어'라고 말하며 결정을 내립니다. 그러나 이 결정이 당신에게 도움이 될지 해가 될지 언제나 정확히 알 수는 없습니다. 결정을 내리고 행동한 후 지켜볼 뿐이죠. 올바른 결정이었을 수도, 아니었을 수도 있습니다." 그는 운이 아닌 논리의 대결로 승부가 결정되는 게임을 좋아했다.

나는 2002년 해커들이 주축이 된 작은 행사인 코드콘CodeCon에서 그를 처음 만났다. 코드콘은 코헨이 처음 만든 것으로 '참가자는

은밀한 설계자들

작동하는 프로그램만을 발표할 수 있다'는 한 가지 규칙으로 운영되었다. "미완성 소프트웨어를 보여 주면서 번지르르하게 말만 늘어놓는 발표나 앞으로 무엇을 할 것이라고 말하는 발표가 정말 싫었죠. 나는 말이 아닌 행동을 원하거든요." 검은 가죽 재킷을 입은 코헨은 어두컴컴한 무대 뒤에서 내게 자신의 생각을 힘 있게 이야기했다. 당시는 그가 경멸하던 수백 개의 실리콘밸리 회사가 줄줄이 도산해 문을 닫은 '닷컴 붕괴'가 막 끝나던 때였다. 반려견 사료를 온라인으로 보내준다고요? 인터넷 옷 쇼핑이요? 도대체 그 속에 무슨 기술혁신이 있나요? 코헨은 6세 이후로 줄곧 프로그래밍을 해오고 있다. "저는 열두 살 때 프로그래밍 경진대회에 나가기도 했죠. 상을 탔었나? 잠깐만요…. 음. 상은 못 탔군요. 어쨌든 저는 그때도 프로그래밍을 정말 잘했어요." 그는 제품이라고는 만들어본 적 없는 장난 같은 닷컴 기업에서 다시는 일하지 않겠다고 결심했다. 사실 그는 몇몇 닷컴 기업에서 일한 적이 있다. 그러나 모두 제품을 만들기 전에 혹은 아무도 사용하지 않는 제품을 만든 후에 망했다. "나는 사람들이 실제로 사용하는 소프트웨어를 만들고 싶었어요"라고 코헨이 말했다. 그는 정말로 규모도 크고 풀기도 어려운 그런 문제를 해결하고 싶었다.

코헨은 정말 뛰어난 프로그래머다. 2002년 처음 만난 이후 15년 동안 간간히 그를 만날 수 있었다. 내가 이 책을 쓸 때, 그의 친구들에게 인터뷰를 요청하면 처음에는 거절하다가도 코헨의 이름을 말하면 곧 인터뷰에 응해주었다. 코헨에 대한 친구들의 평가는 "코헨은 최고예요!"로 한결 같았다. 코헨 또한 자신의 능력에 대해 비슷하게 평가했다. 굳이 '누구나 인정하는 사실에 대해 힘들게 거짓말 할 필요가 있을까?'라는 생각이었다. 어느 날 내가 불쑥 예전에 구글에서 면접 봤던 일을 물었을 때, 그는 "제가 걷어차버렸어요"라고 답했다. 그는 큰 문제가 아니라는 듯이 이야기했지만, 구글은 그를 채용하지 않았다. 그는 다시 회사에서 다른 사람을 위해 일하거나, 다른 사람의 지시를 받으며 일하기가 싫었다. 이전 직장에서 전체 프로젝트의 근본적인 문제를 끈질기게 지적하다 상사들의 미움을 산 일도 있었다. "나는 문제를 미루거나 피하지 않아요." 그가 어깨를 으쓱하며 말했다. 코헨은 다른 프로그래머들을 대상으로 무언가 좀 더 낫게 만들기 위해서라면 미친 듯이 꾸준히 일해야 한다고 강조한다.

"나는 프로그래머들에게 자신의 프로그램에 언제나 자부심을 가져야 한다고 말하죠. 훌륭한 프로그래머라면 다른 사람들이 여러분의 프로그램을 볼 때마다 프로그래머가 일하고 있다는 사실을 알도록 끊임없이 프로그램을 최적화해야 합니다." 그가 힘주어 말했다. 사소한 부분이라 생각해 대충 작성한 프로그램 때문에 전체 프로그램에 문제가 생기곤 한다. "저는 깨진 유리창의 법칙이 정말 맞는다고 생각해요. 그러므로 버그를 찾았다면 원인을 분석해 반드시 고쳐야 하죠." 실제로 코헨은 열심히 일하고 있을 때면 흐름을 깨고 집중을 방해하는 어떤 일, 심지어 식사조차도 싫어한다. 실제로 〈와이어드〉 기사 작성을 위해 방문했을 때, 그는 부엌에서 샌드위치를 만들면서 식사 준비에 너무 많은 시간이 든다고 불평했다. "식사 준비가 성가실 때면, 가슴에 배터리를 넣을 수 있는 터미

네이터처럼 우리 몸에도 에너지를 간편히 공급할 수 있는 방법이
있으면 좋겠다는 생각을 하곤 해요."

코헨의 프로그래머 친구인 앤드루 로웬스턴Andrew Loewenstern은
저작권에 신경 쓰지 않는 몇몇 밴드들의 공연 방송을 녹화해 공유
하기를 좋아했다. 코헨은 그와 이야기를 나누다가 비트토렌트 개
발 아이디어를 얻었다.[2] 2002년만 해도 일반 사람이 1시간 분량의
비디오 동영상을 다른 사람과 공유하는 일은 정말 힘들었다. 당시
인터넷 사용자 대부분이 다운로드 속도는 상당히 빠르지만 업로드
속도는 매우 느린 비대칭 연결방식 DSL 기술을 사용했다. 그러므
로 사이즈가 큰 파일의 업로드는 정말 짜증 나는 일로 어느 누구도
하려 하지 않았다. 덕분에 데이터 업로드용 용량은 거의 사용되지
않고 비어 있었다. 대용량 파일 공유를 고민하던 코헨은 엔지니어
다운 통찰력을 발휘해 바로 이 사실에 주목했다. 아무도 쓰지 않는
모든 업로드용 용량을 모은다면 어떨까? '분명 충분한 용량을 얻을
수 있을 것이다.' 실제로 업로드용 용량을 모아 사용할 방법을 생각
해내기만 한다면, 비어 있는 거대한 업로드용 용량을 손에 넣을 수
있었다.

코헨이 생각한 방법은 사람들이 각각 가지고 있는 업로드용 용
량을 많은 사람들이 함께 사용하는 방식이었으며, 이것이 비트토
렌트의 핵심 아이디어였다. 아이디어를 실제로 구현하기 위해 큰
파일, 예를 들어 어젯밤 방영된 TV 쇼인 SNLSaturday Night Live 에피소
드 동영상 파일을 작은 파일들로 나누고, 그 파일들을 온라인상의

여러 사람들과 공유했다. 누군가 그 에피소드를 다운로드 받고자 하면, 온라인에 연결된 사람들에게서 작은 조각을 모은다. 분명 각각의 사람은 매우 느린 속도로 작은 조각 파일을 업로드 할 것이다. 하지만 수십 명의 사람들이 가진 작은 조각 파일을 동시에 업로드 하면, 전체 파일은 다운로드 받는 사람의 컴퓨터에 빠르게 전달될 것이다.

말로는 쉽지만, 실제로 그런 프로토콜을 프로그램으로 구현하는 일은 매우 어려운 일일뿐만 아니라 아무도 해본 적이 없는 완전히 새로운 일이었다. 웹사이트를 활성화해 작동시키는 일은 매우 쉽다. 이미 존재하는 HTTP 프로토콜을 사용하면 되기 때문이다 (HTTP는 Hypertext Transfer Protocol의 약자로, 컴퓨터 간에 정보를 교환할 때 지켜야 하는 통신규칙이다. HTTP는 1990년대 초 공개되어 잘 알려져 있으며 매우 안정적으로 작동한다―옮긴이). 그러나 비트토렌트는 이미 존재하는 프로토콜을 사용해 만들 수 없었기 때문에, 코헨은 인터넷에서 사용할 수 있는 새로운 프로토콜을 만들어야 했다.

코헨에게도 큰 도전이었다. 그는 다니던 직장을 그만두었고, 비트토렌트를 개발하던 2년간 신용카드에 의지해 살았다. 첫 번째 버전의 비트토렌트 인터페이스가 텍스트 기반이었던 탓에 컴퓨터 전문가들을 제외한 어느 누구도 비트토렌트를 사용할 수 없었다. 코헨은 곧 일반 사용자도 사용하기 쉬운 비주얼 인터페이스를 만들었다. 1년이 채 지나기 전에 입소문이 퍼졌고, 이후 4,000만 명의 사람들이 사용했다. 그리고 코헨은 다섯 살배기 딸 릴리를 키우며 혼자 살고 있던 전직 시스템 관리자 제나와 결혼했다. 그는 다른 사

은밀한 설계자들

람들의 기부금으로 살면서 오로지 비트토렌트 기능 향상에 집중할 수 있도록 워싱턴 벨뷰Bellevue로 이사를 갔다.

프로그래머들은 일반적으로 '한 줄'씩 혹은 '한 함수'씩 확인하며 전체 프로그램을 서서히 완성한다. 그러나 2004년의 코헨은 달랐다. 그는 먼저 서로 멀리 떨어진 비트토렌트 사용자 사이의 여러 타이밍 문제들을 머릿속으로 따져보며 고민했다. 이런 몇 시간의 고민이 끝나면, 앉아서 프로그램을 쏟아내기 시작했다. 그리고 이 프로그램은 옆에서 누가 코드를 불러주기라도 한 듯 완벽했다(사실 코헨은 자신을 모차르트와 비교했다). 3개월 된 아이에게 모유 수유를 하며 부엌에 들어온 그의 아내 제나는 이런 사실을 확인해줬다. "그는 하루 종일 집 안팎 이곳저곳을 어슬렁거리며 돌아다녀요. 그러다 갑자기 컴퓨터로 달려가 프로그램을 쏟아내죠. 그리고 그 프로그램은 한줄 한줄이 깔끔해요. 버그 하나 없는 완벽한 프로그램이죠!"

"컴퓨터밖에 모르는 나의 사랑스러운 큰 아기." 그녀는 코헨이 사랑스러운 듯 그의 머리를 가볍게 두드리며 말했다.

실제로 코헨은 아스퍼거 증후군Asperger's syndrome을 앓았다. 나는 처음 그 사실을 들었을 때 상당히 놀랐다. 그가 다소 과장되게 행동하고 무슨 주제든 장황하게 이야기를 늘어놓기는 했지만, 오히려 나는 그의 행동이 정말 좋았을 뿐만 아니라 유머도 있고 매력적이라고 생각했기 때문이다. 게다가 그는 주변 사람들의 기분을 매우 잘 알아차렸다. 그러나 이런 모습은 일반인처럼 행동하기 위한 그의 꾸준한 노력 덕분이었다. "저는 어떻게 행동해야 하는지 배웠죠." 어느 날 함께 동네 술집에 갔을 때 그가 내게 말했다. 코헨은 뉴욕 지식인 집안에서 자랐다. 어머니는 초등학교 읽기 선생님이었고, 아버지는 사회주의 계열의 신문사를 운영했다(코헨의 기억에 따르면 이 신문은 미국에서 제일 처음 완전 디지털 방식으로 제작된 인쇄물 가운데 하나였다. 덕분에 그는 집안 곳곳에 있는 컴퓨터를 접하며 자랄 수 있었다). 성인이 되고 얼마 지나지 않아 그는 다른 친구들과 어울릴 때면 어리둥절하고 불편한 느낌이 드는 등 자신에게 좀 이상한 면이 있다는 것을 알았다. 몸의 움직임마저 뻣뻣해 이상하게 보였다. 1990년대 초만 해도 아스퍼거 증후군을 아는 사람이 거의 없었기 때문에, 그의 부모님 또한 코헨의 건강을 의심한다거나 진료를 받을 생각조차 하지 않았다. 그는 단지 남보다 컴퓨터를 무척 좋아하는 소년일 뿐이었다. 자신을 이상하게 느꼈을 뿐 병명을 알지 못했던 코헨은 20대 초에 아스퍼거 증후군에 걸린 사람들의 행동에 관해 쓴 문서를 하나 읽었으며, 자신 또한 아스퍼거 증후군에 걸렸다는 사실을 깨닫고는 충격을 받았다. 이에 그는 컴퓨터를 공부하며 이리저리 다루었던 것과 마찬가지로 자신의 행동을 조정해보기로 했다. 아스퍼거 증후군에 관한 책을 읽고, 시내를 돌아다닐 때 일반인들이 서로를 어떻게 대하는지 많은 정보를 모으며 면밀히 살펴봤다.

"저는 특히 일부러 사람과 사람 사이의 의사소통이나 시선을 마주치는 것 등을 공부했어요." 그가 내게 말했다. "저는 시선을 마주치는 행위에서 시간이 정말 중요하다고 생각해요." 코헨은 아스퍼거 증후군 추천 치료법이 실제로 효과가 있는지 하나하나 확인하고 있다. 예를 들어 모든 책에서 사람과 사람 사이의 시선을 마주치는 것의 중요성을 강조하고 있지만, 그 시간은 언급하지 않는다. "시간에 따른 미묘한 차이가 정말로 중요하기 때문에, 시간을 빼고 시선을 마주치는 것만 훈련받은 사람들은 훈련을 받고도 제대로 하지 못하죠."

코헨의 행동은 때때로 이해하기 힘들다. 코헨의 행동을 이해하려면 자신의 기술에 대한 굳은 믿음, 신랄한 유머감각, 평범한 생각을 싫어하는 자세 등과 같은 그의 성격을 먼저 이해해야 한다. "그는 종종 내게 와서 '릴리와 게임을 해서 10판 가까이 계속 이겼어'라고 말하죠." 2004년에 내가 코헨의 집을 방문했을 때 그의 아내 제나가 웃으며 말했다. "저는 다소 어이가 없어서 그에게 '와우! 대단한데. 메달이라도 줄까?'라고 말했죠. 저는 놀리듯 이야기했지만 실은 코헨이 릴리에게 게임에서 이길 때와 질 때 어떤 태도여야 하는지 훌륭하게 가르쳐준 거였어요."

그녀의 이야기를 들으며 코헨은 웃었다. 코헨의 설명에 따르면 릴리가 학교에서 게임을 하고 집에 돌아와서는 선생님이 "아무도 진 사람이 없어요"라고 말했다고 했다. 이에 그는 릴리에게 "아냐, 분명이 이긴 사람과 진 사람이 있어. 단지 누가 이겼는지 너무 떠벌리지 말라는 것뿐이야."라고 말했다.

1960년대 초, 기업들이 방만한 크기의 컴퓨터를 도입해 수치 계산, 급여 계산, 사업 예측 등에 활용하면서 점점 더 많은 프로그래머들을 채용했다. 곧 수천 명의 프로그래머가 일반 회사에서 근무하기 시작했다. 그리고 이들의 상사들은 일반 직원들과는 다른 프로그래머들만의 기묘한 특징을 발견했다.

당시 일반 사무직원들은 회색 양복을 입고 조직에서 맡은 업무를 수행하며 지시에 따라 일했다. 이들은 윌리엄 화이트William H. Whyte가 자신의 저서《조직인The Organization Man》[3]에서 썼듯이, 육체적으로나 정신적으로나 조직을 위해 일하려는 중간 계층의 사람들이었고, 자신들이 전체 조직의 일부라고 믿었기 때문에 상사의 명령을 충실히 따랐다. 이들은 본질적으로 집단주의자였다. 그러나 프로그래머들은 달랐다. 좀 더 이상하고 특이했으며 상사들을 당황하게 만들었다.

심리학자인 달리스 페리Dallis Perry와 윌리엄 캐넌William Cannon은 1966년도에 발표한 논문에서 "대부분 사람들이 회계사, 의사, 엔지니어가 무슨 일을 하는지 잘 알고 있는 반면에, 컴퓨터 프로그래머에 관해서는 들어본 적도 없거나 어렴풋이 짐작만 하고 있다"고 썼다.[4] 페리와 캐넌은 프로그래머를 좀 더 많이 알아보기 위해 그들의 흥미와 열정을 파악할 수 있는 작업 평가서를 만들었다. 두 사람은 직업평가서를 1,378명의 남성 프로그래머에게 나누어주고 작성해줄 것을 요청했다.

작성된 직업평가서를 분석하자 3가지 사실이 드러났다. 첫째, 프로그래머들은 문제 푸는 일을 매우 좋아했다. "수학적인 문제든 기계적인 문제든 상관없이 문제만 주어지면 답을 찾는 일에 미친 듯이 매달렸다." 이런 특징은 크게 놀라운 일도 아니었다. 당시만 해도 프로그래밍을 공식적으로 가르치는 대학이 아직 많지 않았기

은밀한 설계자들

때문에, 기업은 논리와 패턴 인식을 사용해 지원자가 프로그래머가 될 수 있을지 파악하려 했다.[5] 나단 엔스망거Nathan Ensmenger는 저서《The Computer Boys Take Over》에서 당시 기업들이 이미 퍼즐 풀이를 좋아하는 사람들을 뽑고 있었으며, 채용대상도 여성에서 남성으로 변하기 시작했다고 말했다. 당시 IBM 광고 중에는 "당신은 최고의 전자 회사를 책임질 남성입니까?" 혹은 "당신은 체스, 브릿지Bridge, 애너그램Anagram 등과 같은 게임을 좋아하는 사람입니까?" 등도 있었다.[6]

둘째, 프로그래머들은 새로운 지식이나 기술을 좋아하는 반면, 반복적인 일은 무척 싫어했다. "그들은 연구활동에 대한 높은 선호도를 보여주었어요." 두 심리학자는 설명을 이어갔다. "또한 변화성이 높거나 심지어 위험성이 높은 일들을 좋아하는 경향을 보였죠. 반면에 일상적이고 틀에 얽매인 작업은 상당히 싫어했답니다."

셋째, 프로그래머들은 차가운 성격의 외톨이들로 조직에 순응하지 않았다. 이는 미국 관리자들이 느끼는 걱정과 직결된다. "프로그래머들은 사람들을 좋아하지 않아요." 페리와 캐넌은 다소 직설적으로 결론을 내렸다. "이들은 다른 사람들과의 긴밀한 협력이 포함된 일을 좋아하지 않죠. 사람보다는 사물에 관심이 많아요." 이런 특징은 여성 프로그래머들이라고 예외는 아니었다. 페리와 캐넌은 여성 프로그래머 293명도 조사했는데, 그 결과 이들은 프로그래머가 아닌 일반 여성 직원들과 2가지 점에서 달랐다. "여성 프로그래머들은 어떤 형태로든 수학을 매우 좋아한 반면에 사람에 대한 흥미는 높지 않았어요. 특히, 사람을 도와야 하는 일에 관심이 낮았죠."[7]

　프로그래머들이 주변 사람들과 잘 지내지 못한다는 생각은 1960년
대 후반 미국 경영층의 머릿속에 굳게 자리 잡았다. 산업 분석가인
리처드 브랜든Richard Brandon은 미국 기업들이 말로 설득하기 힘든
사람들을 적극적으로 채용하는 일이 위험하다고 생각했다. 게다가
당시 많은 프로그래머들은 젊었으며 이미 권위주의에서 벗어나고
있었다. 만약 이런 프로그래머에게 상사가 알지 못하는 중요한 기
계를 맡긴다면, 브랜든이 말했듯 그들은 건방져지거나 혹은 지나
치게 독립적이 될 것이다.

　"일반적으로 프로그래머는 많은 경우 자기중심적이며, 약간 신
경질적인데다, 다소 정신분열증에 가까운 모습을 보입니다. 그래
서인지 다른 집단에 비해 덥수룩하게 수염을 기른 사람, 슬리퍼를
질질 끌고 다니는 사람, 개인주의적인 사람, 관행을 무시하는 사람
등의 비율이 프로그래머 집단에서 훨씬 더 높게 나타납니다"라고
브랜든은 주장했다.[8]

　프로그래머들이 사회에서 다른 사람들과 잘 어울리지 못한다거
나 건방지다는 보고서가 연이어 나왔다. "소위 프로그래머라는 사
람들은 자기 기술이 뛰어나다며 대놓고 자랑하지만, 기술을 뺀 나
머지 일들에서는 뭐 하나 제대로 할 줄 아는 경우가 별로 없다"고
말하는 보고서도 있었다.[9] 1970년대 중반에는 다소 다른 평가도 있
었다. 심리학자 반즈P.H. Barnes는 연구보고서에서 "프로그래머들은
조용하고 내성적이지만, 독립심도 강하고 자신에 대한 믿음도 강
하다. 또한 논리적이며 분석적이다.[10] 그러나 여전히 다른 사람들

　　　　　　　　　　　　　　　은밀한 설계자들

과 협력해 일하는 것을 좋아하지 않는 것으로 보아, 그들은 사람보다 기계를 좀 더 편안한 동료로 느끼는 것 같다"라고 말했다.[11]

1976년 컴퓨터 과학자 요제프 바이첸바움은 프로그래머들이 기계와 너무 많은 시간을 보낸 나머지 공감 능력이 점점 약해지고 있다고 주장했다. 그는 1960년대 MIT 인공지능 연구실에서 지저분한 모습의 해커 1세대를 봤다. 그는 저서 《Computer Power and Human Reason》에서 자신이 본 인공지능 연구실을 세상과 단절된 희망 없는 중독자들의 세상으로 표현했다.[12]

(…중략…) 컴퓨터 앞에는 머리가 헝클어지고 옷차림은 지저분한 젊고 똑똑한 학생들이 앉아 있다. 움푹 패인 듯 보이지만 눈빛은 살아 있고, 두 팔은 손가락을 움직여 키보드를 치려는 듯 잔뜩 힘이 들어가 있다. 그들의 시선은 마치 도박사가 주사위를 노려보듯 키보드에 고정돼 있다. 그들은 쉴 때조차 프로그램 인쇄물이 흩어져 놓여 있는 탁자에 앉아 신비한 글이라도 되는 양 프로그램을 꼼꼼히 살펴보는 일이 많았다. 한 번 일하기 시작하면 온 몸의 에너지가 완전히 방전될 때까지 20시간이든 30시간이든 쉬지 않고 계속 일했다. 그들이 먹는 음식을 나열하면 커피, 콜라, 샌드위치였다. 간이침대에서 잠깐씩 잘 때도 프로그램 인쇄물을 가까이 두었다. 구겨진 옷, 제대로 세수도 하지 않은 채 수염이 덥수룩한 얼굴, 헝클어진 머리, 이것은 그들이 자신과 자신이 살고 있는 세상에 별 관심이 없다는 것을 잘 보여주었다. 이들은 좋게 말하면 몰입해 열심히 일하는 프로그래머였으며, 나쁘게 말하면 컴퓨터 중독자였다. (…중략…)

프로그래머들은 내성적이며, 사람들과 잘 어울리지 못하고, 지시를 잘 따르지 않으며, 늘 비판적인 모습이었다. 1970년대 널리 퍼졌던 '프로그래머들은 매우 별나다'라는 인식은 오늘날까지도 크게 바뀌지 않았다. 오늘날 내가 아는 많은 프로그래머들은 자신들이 까다롭다고 하는 세상의 평가에 그다지 신경 쓰지 않는다. 오히려 그런 평가를 자랑스럽게 생각한다. 물론 대부분은 그런 고정관념에 크게 짜증을 낸다.

"의사소통에 문제가 있다거나 함께 있으면 불편하다는 선입견 때문에 사람들은 색안경을 끼고 프로그래머를 바라보죠. 불공평한 일이에요." 내 친구인 힐러리 메이슨Hilary Mason이 뉴욕에 위치한 그녀의 회사 패스트포워드랩스Fast Forward Labs(기계학습 관련 회사)를 방문했을 때 내게 말했다. 그녀는 이러한 편견이 자신들은 잘 다루지 못해 겁나기도 하고 때론 신기하기도 한 컴퓨터를 프로그래머들이 잘 다루다 보니 생긴 것일 수 있다고 생각한다. "내가 알고 있는 프로그래머들을 평가한다면, 그들은 자신들이 가진 기술에 자신감이 넘칩니다. 그리고 그 자신감은 우리 손에 쥐어진 이 컴퓨터가 어떤 일을 하는 기계인지 잘 알고 있다는 사실에 대한 확신이기도 합니다." 메이슨은 데이터 과학 분야를 이끌고 있는 프로그래머로, 한마디로 컴퓨터에 미친 사람이다. 몇 년 전 처음 만났을 때, 그녀는 내게 작은 셸 스크립트Shell Script 프로그램을 사용해 어떻게 자신의 일을 대신 처리해왔는지 열심히 설명해줬다. 예를 들어 그녀는 "이것이 시험에 나오나요?"와 같이 따분하고 반복적인 이메일에 자동으로 답장을 보내는 짧은 스크립트 프로그램을 작성했다.

은밀한 설계자들

덕분에 시간을 절약해 좀 더 중요한 일을 할 수 있었다. 그녀는 초보 기술자의 교육을 돕는 다양한 종류의 조직, 예를 들어 학생들을 대상으로 한 해커톤Hackathon 행사(해킹Hacking과 마라톤Marathon의 합성어로 한정된 기간 동안 기획자, 개발자 등의 참여자가 팀을 구성해 휴식 없이 아이디어를 도출하고 이를 토대로 앱, 웹서비스, 비즈니스 모델을 완성하는 행사이다—옮긴이)를 주관한 해커스페이스hackerspace나 해크앤와이hackNY를 직접 설립하거나 도와주었다. 그녀는 데이터 과학자답게 전 세계 모든 프로그래머를 동일한 부류로 간주할 수 있다는 생각에 찬성하지 않았다. 전 세계 인구는 끊임없이 증가해, 사람의 특징에 관해서는 더 이상 한 가지 종류로 일반화할 수 없을 만큼 거대해졌기 때문이다.

그녀의 말처럼 프로그래머의 숫자는 폭발적으로 증가했다. 페리와 캐넌이 이 별난 계층에 대해 처음 연구를 시작했을 무렵, 미국 전체 프로그래머 숫자는 겨우 10만 명 남짓이었다.[13] 초기 여성 프로그래머들이 서서히 자취를 감추면서, 1970~1980년대 프로그래밍 분야는 남성들이 빠르게 장악했다. 초기 가정용 컴퓨터로 베이직 프로그래밍 언어를 익힌 10대 청소년들은 특별한 제약 없이 그들의 실력을 키워나갔다. 프로그래밍으로 백만장자가 될 수 있을지는 불확실했기 때문에 큰돈을 벌기 위해 프로그래머가 되는 경우는 거의 없었다. "나는 이 일로 얼마나 많은 돈을 벌 수 있을지 전혀 알지 못했어요." 46세의 베테랑 프로그래머 데이비드 빌David Bill이 샌프란시스코 한 식당에서 함께 저녁식사를 하며 내게 말했다. "과거로 돌아가 학생이 되었다고 가정해보세요. 컴퓨터를 좋아하고 잘하려면 매우 논리적이어야 해요. 하지만 지나치게 논리적인 탓에 비논리적인 주변 사람들에게 불만을 느끼게 되고, 학교 친구들과 잘 어울리지 못할 거예요. 그렇지 않나요?”

1990년대 활기 넘치는 스타트업들의 폭발적인 증가는 프로그래머가 무뚝뚝한 성격을 가지게 된 원인 중 하나였다. 무식하리만치 열심히 일해야 했기 때문이다. 1994년 넷스케이프가 시장에 뛰어들기 위해 웹브라우저 제품을 준비할 때, 소속 프로그래머들은 높은 업무 강도를 요구받고, 지나치게 빠른 개발 속도로 일했다. 그리고 이런 분위기는 기업 문화로 자리 잡았다.

“업무 강도가 너무 세다 보니 처음에는 프로그래머들이 서로를 지나치게 공격적으로 대했어요.” 넷스케이프 웹브라우저 개발 당시 25세였던 제이미 자윈스키Jamie Zawinski가 말했다. “끔찍했어요. 제 자리에 온 다른 프로그래머가 파티션 벽에 기대선 채, ‘이런 제길, 네가 짠 프로그램은 정말 엉망이야. 무슨 일을 이따위로 하고 있는 거야?’라고 말했죠. 그리고는 자리로 돌아가 계속 투덜거리며 저를 씹었어요. 저는 너무 괴로워서 바로 프로그램을 수정해야 했죠!” 팀에는 대학을 갓 졸업한 젊은 프로그래머들이 대부분이었고, 바보 같은 실수를 하지 않고 자존심을 지키려는 분위기가 자리 잡았다. 다른 사람의 감정에 신경 쓰다 보면 자신의 일에 지장이 생길 수 있었다. 자윈스키는 너무 많은 업무와 스트레스로 인해 손과 손목 인대가 늘어나거나 찢어지는 손목염좌를 반복해 앓았으며, 통증을 줄이기 위해 몇 년 동안 손목 보호대부터 침술에 이르기까지 다양한 치료를 받아야만 했다. 썩 내키지 않았지만, 그는 그런 회사 문화에 대해 긍정적이었다. "너무 지나치지만 않다면, 서로 솔직하게 직접적으로 이야기할 수 있는 동료가 함께 일하기에 좀 더 편합니다." 그는 말을 이어갔다. "그래도 서로를 좀 더 존중하며 일하는 것이 좋을 것 같기는 합니다."

롭 스펙터는 전문적으로 프로그래밍을 시작하던 1990년대에서 2000년대 초반, "네 감정 따위는 상관없어. 단지 네 프로그램이 좋은지 나쁜지 솔직히 말하는 것뿐이야"라고 거리낌 없이 말하는 프로그래머를 보며, 이들이 남의 감정 따위는 신경 쓰지 않고 자기 잘난 맛에 산다는 사실을 깨달았다. "프로그래머들 사이에서 널리 사용된 채팅 프로그램 IRCInternet Relay Chat에서 PHP 문제 관련 도움을 요청했던 일이 생각나네요. 제가 받은 첫 번째 답장이 어땠는지 상상할 수 있으세요? '이런 바보 같은 질문을 하다니. 문제를 해결하려고 시도는 해봤나요?'라는 내용이었습니다. 프로그래밍을 배우던 입장으로서는 정말 기분 나쁜 일이었어요. 프로그래머들의 정말 못된 문화였죠. 프로그래머는 하나같이 성격이 나빴어요. 어느 누구도 내게 무엇 하나 제대로 가르쳐주려 하지 않았죠."

그때 이후 변한 것은 프로그래머 숫자다. 프로그래밍 산업은 미국에서만도 1990년대 후반에서 2000년대 초반까지 규모 측면에서 크게 증가해, 오늘날에는 400만 명이 넘는 규모로 성장했다.[14] 결과적으로 옛날보다 훨씬 다양한 유형의 사람들이 프로그래머가 되었다.

프로그래머 숫자의 증가는 특히 '프론트엔드Front-end' 소프트웨어 분야에서 두드러진다. 프론트엔드 소프트웨어는 주로 HTML, 자바스크립트, CSS 등과 같은 프로그래밍 언어를 사용해 만들며, 웹브라우저에서 웹페이지를 사용자에게 보여주는 방식을 조정한다. 프론트엔드 소프트웨어의 주요 역할 중에는 잡지 제작 편집과 상당히 비슷한 '웹페이지의 화면구성 및 편집' 기능이 있었는데, 덕분에 이전과는 다른 종류의 프로그래머가 생겨났다. 프론트엔드 소프트웨어와 달리 '백엔드Back-end' 소프트웨어는 웹 사용자가 직접 볼 수 없는 소프트웨어로, 블로그의 데이터를 실제로 저장하는 데이터베이스 소프트웨어나 웹페이지를 실제로 저장해 두었다가 사용자 웹브라우저에 전달하는 서버 소프트웨어 등이 있다. 간단히 비유하면 백엔드 소프트웨어는 웹에서 수도배관 같은 역할을 한다. 백엔드 소프트웨어는 데이터 구조나 가장 빠른 처리 속도를 가진, 적합한 프로그래밍 언어 선택을 놓고 흥분해 이야기하는 부류의 프로그래머들이 주로 담당한다. 그래서 백엔드 소프트웨어 프로그래머들은 세상과 좀 더 동떨어져 사는 컴퓨터 전문가다. 이들은 정렬 알고리즘, 이진트리 탐색 속도를 밀리초milliseconds(1/1000초—옮긴이) 단위로 줄이는 방법, 버블 정렬 알고리즘의 문제 등 지적인 프로그래밍 문제를 놓고 논쟁하기를 좋아한다.

프론트엔드 소프트웨어 프로그래머도 분명 컴퓨터 전문가들이다. 웹브라우저 혹은 스마트폰 화면용 앱 개발 프로그래밍 또한 모든 신경을 쏟아 넣어야 할 만큼 복잡한 때가 많다. 그래서 이 분야

은밀한 설계자들

에서 일하는 프로그래머 가운데 상당수는 정식으로 컴퓨터 과학을 배운 사람들이다. 하지만 프로그래머를 인터뷰하다 보니 프론트엔드 소프트웨어 분야에는 혼자 독학해 프로그래머가 되었거나, 컴퓨터가 아닌 문화라는 문을 통해 프로그래머가 된 사람들도 깜짝 놀랄 만큼 많았다. 이들은 어렸을 때 인터넷에서 무언가 재미있고 신기한 것, 예를 들어 친구들이 만든 음악밴드를 소개하거나 일본 애니메이션을 소개하는 웹사이트 등을 만들고 싶어 했다. 또한 웹페이지를 멋지고 도발적으로 혹은 새롭게 보이도록 만드는 일에 관심이 많았다. 이를 위해 그들은 웹페이지 작성에 필요한 HTML이나 웹페이지 스타일을 정의하거나 바꿀 때 필요한 CSSCascading Style Sheets(웹 문서의 전반적인 스타일을 미리 저장해둔 스타일시트—옮긴이) 사용법을 배웠다. 또한 자바스크립트를 공부하며 이를 사용해 프로그래밍하면 친구들이 좋아할 만한 욕 생성기를 만들 수 있다는 사실도 배웠다. 프론트엔드 소프트웨어 프로그래머들은 컴퓨터를 자기 마음대로 다룰 수 있다는 사실이 좋아 프로그래밍을 시작한 것이 아니라, 다른 사람들이 보기도 좋고 사용하기도 쉬운 무언가를 만들고 싶어서 프로그래밍을 시작했다.

사라 드래스너Sarah Drasner도 비슷하다. 그녀는 2000년대 초 예술학교를 졸업하고 시카고 자연사 박물관에서 삽화가로 일하기 시작했다. "저는 백과사전에 넣을 뱀이나 도마뱀 등의 그림을 그렸어요." 그녀는 말했다. 당시의 카메라는 곤충 표본 사진을 찍는 일에 부적합했다. 예를 들어 확대 사진을 찍으려면 곤충 위 혹은 아래에 초점을 맞춰야 했기 때문에 곤충의 나머지 부분들은 흐릿할 수밖에 없었다. 이런 문제를 해결하기 위해 박물관에서는 손으로 직접 그림을 그리는 사람이 필요했다. 그러나 입사 후 몇 년이 지났을 무렵, 박물관에서는 곤충 표본의 모든 부분을 한 번에 찍을 수 있는 신형 카메라를 도입했다. 그녀의 그림 기술이 더 이상 필요하지 않게 된 박물관에서는 "웹사이트 프로그래밍을 아세요?"라고 물었다. 그러자 그녀는 일단 할 줄 안다고 거짓말을 하고는 집에 돌아와 부랴부랴 HTML 벼락공부를 시작했다. 그녀는 미술을 공부할 때의 미적 감각과 함께 기술을 사용하면 웹페이지를 멋지게 만들 수 있다는 사실을 곧 깨달았다.

몇 년 후, 그녀는 그리스 한 대학에서 미술을 강의하게 되었다. 여유가 있을 때는 웹사이트 만들기 작업도 계속했다. 적은 수입에 지친 그녀는 미국으로 돌아왔고, 웹 프로그래밍 실력 덕분에 곧바로 온라인 디자인 회사에서 직업을 얻었다. 이 회사는 작업 관리가 매우 철저했다. "지난주에 12분 걸렸던 작업이 이번 주에 14분 걸렸을 경우 그 이유를 물었죠." 그녀가 말했다. "좀 미친 것 같았어요. 화장실을 갈 때면 시계를 꺼야 했죠. 그래도 금방 익숙해졌어요." 프론트엔드 소프트웨어 분야는 급격한 변화가 언제라도 일어날 수 있기 때문에 작업 속도와 더불어 새로운 기술을 끊임없이 배우는 일도 중요했다. 반면 백엔드 소프트웨어는 좀 더 천천히 변한다. 예를 들어 회사 급여 시스템과 같은 데이터베이스 소프트웨어는 한 번 만들면 바꾸는 게 정말 어렵다. 바꾸려다가 자칫 엄청난 문제를 일으킬 수 있기 때문에 일반적으로 쉽게 바꾸지 않는다. 그

　　　　　　　　　　　은밀한 설계자들

러나 프론트엔드 소프트웨어는 고객이 웹페이지에 새로운 정보 검색 방법을 넣어달라고 요청하거나, 웹페이지가 좀 더 빠르게 작동하도록 프로그램 최적화를 요청하는 등의 일로 갑작스러운 프로그램 수정이 있을 수 있다. 혹은 구글에서 크롬 웹브라우저를 업데이트했을 때, 업데이트된 크롬 웹브라우저에서도 웹페이지가 계속 정상 작동하도록 프론트엔드 소프트웨어를 수정해야 할 수도 있다. 어느 쪽이든 프론트엔드 소프트웨어 프로그래머는 웹사이트 수정을 간신히 마치자마자 전체를 새로 설계하도록 요청받는 일이 흔하다. "방금 페인트칠을 마친 금문교Golden gate bridge를 새 페인트로 다시 칠해야 하는 일과 비슷하죠." 그녀는 프론트엔드 소프트웨어 분야의 '속도'와 '변화' 특성을 비유를 들어 설명했다.

프론트엔드 소프트웨어 프로그래머의 가장 중요한 특징은 웹페이지 사용자가 직접 보는 것, 이해할 수 있는 것, 혹은 이해하기 힘든 것 등을 깊이 생각해야 한다는 점이다. 이들은 심리학적인 '관심Attention'을 고려해야 한다. 예를 들어 웹페이지를 어떻게 만들어야 사용자의 시선이 원하는 곳으로 향하도록 만들 수 있을까? 백엔드 소프트웨어 프로그래머는 안정성, 데이터 이동 속도 등을 신경 쓰는 반면, 프론트엔드 소프트웨어 프로그래머는 여기에 웹 사용자의 시선과 마우스 움직임까지 고민해야 한다.

예술과 논리를 모두 좋아했던 드래스너는 웹페이지를 프로그래밍할 때면 웹 사용자의 시선을 '즐겁게 하는 일'과 '끄는 일' 모두를 고민했다. 그녀는 이런 자신을 보며 시각 예술가와 프로그래머는 심리학적으로 비슷한 부분이 많다고 생각했다. 양쪽 모두 정확성이 중요했고, 지나칠 만큼 세부적인 것까지 신경 써야 했다. 심지어 작업 리듬도 비슷했다. 그녀는 퇴근해 집에 돌아와서는 오후 9시부터 새벽 1시까지 두 번째 일을 했다. 이 시간대면 어두운 방 자신의 의자에 홀로 앉아 온전히 일에 몰두할 수 있었으며, 손끝에서는 프로그램이 샘솟듯 흘러나왔다. 그녀는 세상 모든 일은 잊어버리고 온전히 프로그래밍에 집중했다. "사실 처음에는 여러 생각을 내려 놓고 집중하기가 쉽지 않았어요. 집중하기에 4시간은 너무 짧았거든요. 예전 상사가 30시간쯤 걸릴 일이 있다면 제게 맡기라고 했을 만큼, 저는 역 주의력 결핍증reverse ADD이 있었어요. 정말로 오랜 시간이 걸리는 일이 아니면 쉽게 집중하지 못했죠."

드래스너는 세계적인 SVGScalable Vector Graphics 전문가로 유명해졌다. SVG는 웹브라우저에서 각 개체의 모양을 프로그램으로 기술할 수 있는 그림 그리기 방식이다. 예를 들어 '왼쪽 상단 구석에 이 정도 크기의 원을 그리고, 그 아래에 저 정도 크기의 사각형을 그려라' 같은 방식으로 그림을 그린다. "한마디로 수학으로 그림을 그리는 방식이죠." 그녀는 SVG에 관한 베스트셀러 서적을 썼으며, 낮에 하던 일을 그만두고 세계 곳곳을 돌아다니며 SVG 관련 강의를 하고 있다. 처음 만났을 때 그녀는 학회장에서 몇몇 프로그래머를 대상으로 시연을 하고 있었다. 붉은 색으로 머리를 염색한 그녀는 오버헤드 프로젝터OHP를 사용해 수많은 프로그램을 보여주며 자신감 있는 말투로 열심히 설명하고 있었다.

드래스너는 여러 가지 면에서 심술궂고 성질 급한 컴퓨터 전문가와는 달라 보였다. 그녀는 다른 프로그래머들을 가르치는 일에도 시간을 쏟았으며, 트윗을 보내 격려했다('와우! 끝내주는 코드인데요' '놀라워요!' '다른 사람의 프로그램을 보며 배우다니 정말 겸손하시네요'). 한때 일했던 부동산 웹사이트 트룰리아Trulia의 옛 동료들에게 그녀에 대해 물었을 때 그들은 한 목소리로, "우리는 정말로 정말로 정말로 그녀를 사랑해요!"라고 외쳤다.

여전히 그녀는 자신이 내성적이라고 생각하며, 일에 집중하기 위해 노력한다. 에너지를 충전하기 위해 다른 사람과 떨어져 홀로 있는 시간을 필요로 했으며, 혼자 일할 수 있는 작업 환경을 선호했다. 한 번은 우버에서 드래스너에게 채용면접을 제안했다. 그러나 면접을 보기 위해 우버 본사를 방문한 그녀는 열린 공간에 놓인 긴 의자에 여러 엔지니어들이 앉아 있는 모습에 기겁했다. "죄송해요. 저는 이곳에서 일할 수 없어요! 이곳에서는 단 한 줄의 프로그램도 쓸 수 없을 것 같아요. 솔직히 이곳에는 사람이 너무 많아요."

드래스너는 일단 프로그래밍을 시작하면 세상 모든 것을 잊는 것 같았다. 역시 프로그래머인 남편은 밤이 깊으면 강제로 랩톱을 빼앗아 그녀가 프로그램 최적화 작업을 그만두고 잠자리에 들도록 했다. 2015년 여름 어느 날이었다. 두 사람은 데이트 중이었고, 남편이 아침식사 후 금문교 공원에 산책을 가자고 제안했다. 그녀 역시 찬성했으나 곧 복잡한 SVG 프로그램의 버그를 수정하는 일에 매달렸다. 드디어 산책할 시간이 되었고, 당시 남자친구였던 그녀의 남편은 이제 산책을 가자며 다가갔다. "5분만 있다가 가자." 그녀가 그에게 말했다. 5분 후에 그가 다시 왔다. "아직 갈 수 없어. 산책을 가기 전에 버그를 잡아야 한다고." 인내심을 갖고 기다렸지만, 그녀의 대답은 매번 똑같았다.

결국 참다못한 남자친구가 그녀를 잡아끌어 공원으로 갔다. 사실 그는 공원에서 드래스너에게 청혼할 생각이었다. 계속해서 청혼할 기회를 엿보고 있었지만, 그녀가 너무 일에만 매달려 좀처럼 틈을 찾지 못하고 있었다.

이제 1985년으로 거슬러 올라가보자. 진 홀랜즈Jean Hollands는 컴퓨터 기술자와 일반인이 연인 혹은 부부일 때 어떤 일이 생기는지 조사했고, 그 결과를 토대로 둘 사이의 관계를 다룬《실리콘 증후군The Silicon Syndrome》이라는 책을 썼다. 심리학자였던 그녀는 당시 기업에서 코칭 일을 하고 있었다. 그 책은 실리콘밸리의 수많은 부부를 인터뷰한 결과를 기반으로 씌어졌다. 참고로 그녀가 인터뷰한 대부분의 부부는 남자가 기술자, 여자는 일반인이었다. "제 남편은 컴퓨터 앞에만 앉아 있어요" 혹은 "저보다 인쇄회로기판 PCB; printed circuit boards을 더 좋아해요"라고 말하는 부인을 만날 때마다, 홀랜즈는 부부 사이에 실리콘 증후군 문제가 있음을 알아차렸다. 그녀의 주장에 따르면 이 문제는 높은 기술을 가진 화성과 그렇지 못한 금성의 차이에서 비롯되었다. "두 사람은 생각과 감정이 너무 달라서 회복하기 어려울 만큼 대화가 없어졌어요. 남자는 중국어를 하고, 여자는 프랑스어를 하죠. 그런데 서로는 상대방 말을 전혀 몰라요. 심지어 자신의 생각을 상대방에게 알릴 방법조차 모르죠."《실리콘 증후군》에는 '양철 로봇 남자에게도 심장은 있다'라는 소제목의 장이 있다.[15]

은밀한 설계자들

처음에는 그 책의 모든 내용이 말만 번지르르할 뿐 매우 진부한 이야기처럼 들렸다. 부인과 행복하게 지내는 수많은 프로그래머를 내가 알고 있었기 때문이었다. 그러나 프로그래머의 부인들과 인터뷰를 하면 할수록 상당수의 부인들은 자신이 양철 로봇과 산다고 할 수는 없지만, 프로그래머의 사고방식에 적응하기 위해 언제나 노력하며 산다고 말했다.

투자 전문가인 42세의 제니퍼 리Jennifer 8. Lee는 샌프란시스코 유니코드 이모티콘 소위원회 부위원장으로 활동하고 있다. 그녀는 자신이 사귀었던 사람 절반가량이 프로그래머였다고 말했다. 그녀는 자신이 프로그래머에게 끌렸던 이유가 가정환경 때문이라고 생각한다. "저희 아빠는 너무 내성적인 성격의 엔지니어여서 사람들과 잘 어울리지 못했어요." 그녀는 저녁을 먹으며 내게 말했다. "그런데 제게는 아무래도 엘렉트라 콤플렉스Electra complex(딸이 아버지에게 애정을 품고 어머니를 경쟁자로 인식한다는 정신분석학 용어―옮긴이)가 있나 봐요. 저희 아빠처럼 사람들과는 잘 어울리지 못하지만 숫자에는 밝은 엔지니어가 좋더라고요. 어쩌겠어요? 제 마음이 그런 걸."

그녀도 한때 프로그래밍을 공부한 적이 있었다. 그러나 전문적인 프로그래머가 될 만큼 흥미를 느끼지는 못했다. 그녀는 사람들과 함께 일하기를 좋아했기 때문에, 모니터 앞에 몇 시간씩 혼자 앉아 프로그래밍하는 일은 상상조차 할 수 없었다. 그녀는 〈뉴욕타임스〉의 기술 전문 기자가 되었다. 나는 실리콘밸리에 관한 날카로운 관찰력이 담긴 그녀의 기사를 감탄하며 읽어왔다.

"제가 프로그래머를 좋아하는 이유는 그들이 상당히 믿음직스 럽기 때문이죠." 그녀가 말했다. 이런 특징은 규칙에 따라 작동하 는 시스템을 만드는 사람들의 장점이기도 하다. "그들은 좋은 남 편, 좋은 아빠이곤 해요. 저는 그들을 내 사람으로 만들 수만 있다 면 말을 좀 다정하게 못해도 크게 신경 쓰지 않을 거예요." 프로그 래머들은 살면서 부딪히는 여러 체계적이고 조직적인 일들을 잘 관리한다. 예를 들어 그녀는 프로그래머 남자친구와 여행을 가곤 했는데, 그는 1센티미터조차 허투루 사용하지 않으며 마치 테트리 스를 하듯 트렁크에 짐을 정리했다. 더욱 놀라운 것은 가장 자주 사 용할 물건은 좀 더 쉽게 꺼낼 수 있도록 맨 위에 신경 써서 놓아둔 다는 점이다. 이를 기술적으로 비유하면 주기적으로 사용하는 데 이터를 좀 더 빨리 사용할 수 있도록 캐시에 저장하는 것과 같다. "트렁크에 짐을 넣은 후, 무슨 큰일이라도 한 듯 정말 뿌듯해하죠." 그녀가 웃으며 말했다.

프로그래머에게도 감정이 있다. 제니퍼 리는 구글의 세 번째 엔 지니어인 크레이그 실버스타인Craig Silverstein(구글의 두 창업자 래리 페이지와 세르게이 브린이 처음으로 고용한 엔지니어 —옮긴이)과 사귄 적이 있는데, 당시 그는 그녀의 여자친구들이 가진 애정 문제를 그 녀보다 진지한 자세로 공감하며 몇 시간씩 들어주곤 했다. 둘은 나 중에 헤어졌는데, 그가 바란 행복한 가정에 그녀가 적당한 사람이 아니었기 때문이었다. 그녀가 왜 헤어지려는지 물었을 때, 그는 여 러 가지 이유를 차례로 나열하며 말했다. "게다가 그 이유에는 순 위까지 매겨져 있었어요." 그녀는 웃으며 말했다. "아마도 네 번째 이유가 제가 자기 전화나 컴퓨터를 너무 많이 사용한다는 거였던 것 같네요. 사실 틀린 말은 아니었죠."

내가 제니퍼 리를 인터뷰했던 때는 프로그래머 남자친구와 헤어진 지 얼마 지나지 않았던 때였다. 그녀의 말에 따르면 남자친구는 긴 머리의 매우 멋진 남자였다. "안타깝게도 아스퍼거 증후군이 있었어요. 외모만 보면 상상이 안 되는 일이었죠! 〈스타트렉〉에 나오는 벌칸족 사람 같았는데, 그는 그 사실을 매우 자랑스러워했어요. 다른 사람 같으면 벌칸족 같다는 말에 짜증을 낼 법도 한데, 오히려 매우 좋아했죠. 특히 〈스타트렉〉에 등장하는 스팍과 비슷하다는 말을 좋아했어요." 두 사람은 사귄 지 1년도 채 지나지 않아 헤어졌다. 당시 30대 중반으로 결혼해 가정을 이루고 싶었던 그녀는 자신보다 8살 아래인 그가 결혼할 생각이 있는지 궁금했다. 그러나 그는 결혼에 대한 확신이 부족했고, 그녀는 그를 이해했다. 여자를 사귀어본 경험이 많지 않은 20대 후반의 남성 프로그래머가 자신이 만난 여자가 결혼할 만한 여자인지 아닌지는 알기 매우 어렵다. 서로 비교하며 판단할 수 있는 데이터 자체가 많지 않기 때문이다.

일반인들에게는 평범한 문제지만, 프로그래머였던 그녀의 남자친구에게는 게임이론의 고전 문제 중 하나인 '비서 채용 문제 Secretary Problem'의 현실판이었다. '비서 채용 문제'를 간단히 설명하면 다음과 같다. 여러분은 비서 1명을 채용하기 위해 면접을 시작한다. 마음에 드는 사람을 만나면 그 사람을 채용할 수 있다. 그러나 일단 한 사람을 채용하면 바로 면접을 멈춰야 하고, 남은 면접자 중에 더 좋은 사람이 있는지 없는지는 절대 알 수가 없다. 이 문제는 잘 알려진 답이 있는데, 그 답이 정답일 가능성은 37%에 불과하다.[16] 37%는 단순히 비서를 뽑는 사람에게는 한 번 모험해볼 만한 값이겠지만, 배우자를 결정해야 하는 수학적 사고체계를 가진 프로그래머에게는 받아들이기 힘든 값이다. 반면에 비서(혹은 배우자)로 선택하지 않았을 때는 오랫동안 머뭇거리다 상대적으로 덜 마음에 드는 비서(혹은 배우자)를 선택하거나, 아니면 괜찮은 사람이 아예 없어 아무도 선택하지 못할 수도 있다. 결국 사랑에 빠진 대부분의 사람들은 직감에 따라 결정하는데, 이는 논리에만 의존해 문제를 푸는 것보다 직감에 의한 결정이 덜 힘들기 때문이다. 그러나 프로그래머 관점에서 이런 애정과 관계된 결정은 정말로 어렵다. 결국 여러 가지 득과 실을 따져본 후, 제니퍼 리의 남자친구는 그녀와 헤어지기로 결심하고 다음과 같이 말했다. "미안, 내겐 당신과 결혼을 결심할 만큼 충분한 데이터가 없어."

프로그래머들은 그들만의 사고방식 때문에 사람들과의 관계에서 자주 문제에 부딪히곤 한다. 나와 이야기했던 몇몇 프로그래머들은 정답을 말하기 어려운 감정적인 문제에 대해 체계적이고 논리적인 접근을 취하려다, 오히려 문제를 일으킨 적이 있다고 조심스럽게 이야기하기도 했다. 마이크로소프트의 프로그래머로 소프트웨어를 포함한 여러 주제를 다루는 인기 블로거이자 팟캐스터인 스콧 핸슬만은 기술 문제에 대해서는 관심이 전혀 없는 간호사 부인 모Mo와 20년 동안 결혼 생활을 해왔다. 그는 자신의 결혼을 '혼종 결혼', 즉 종교가 다른 두 사람의 결혼이라고 말했다.

"솔직히 저는 세계적으로 상당히 유명한 프로그래머예요." 그가 말했다. "그런 만큼 제 아내가 제 일에 관심을 가질 수도 있었죠."
두 사람이 처음 사귀기 시작했을 무렵, 그는 그녀의 기분이 좋지 않
을 때면 그것을 자신이 해결해야 하는 기술 문제처럼 생각했다. "그
녀는 퇴근해 집에 와서는 제게 그날 있었던 일을 말하고 싶어 했어
요." 예전 일을 떠올리며 그가 말을 이어갔다. "그런데 저는 그녀에
게 관심이 있었을 뿐 그녀에게 무슨 일이 있었는지는 전혀 관심이
없었죠. 그래서 그녀의 문제를 해결해주고 싶은 나머지, '자기가 다
른 간호사들과 문제가 생기는 이유는 첫 번째 이런 것, 두 번째 저런
것, 세 번째 그런 것 때문이야!'라고 말했어요. 제 말에 그녀는 기분
이 상한 듯, '그만해! 당신까지 내게 무언가 가르치려 하는 거야? 그
냥 조용히 듣기만 할 수는 없는 거야?'라고 말했죠. 저는 '알았어. 하
루에 20분씩 아무 말도 하지 않고 듣기만 하지'라고 속으로 생각했
죠."(이런 커플들이 정해놓은 듣기 시간은 늘 20분인 듯하다.)

사실 핸슬만은 감성지수인 EQ가 매우 높았다. 수년간 스탠드업
코미디 공연을 하기도 했고 풍자가 담긴 농담을 빠른 랩처럼 쏟아
내기도 했다. 기술 동아리에서 활동할 때는 잘 알려지지 않은 프로
그래머들을 프로그래밍에 참여시키는 일에도 적극적으로 나섰다.
그러나 그는 자신의 아내가 기본적인 논리를 무시하고 비이성적으
로 행동하는 순간, 여전히 자신의 기분을 숨기지 못하고 드러낸다.
한 번은 처형의 집에 가다가 가장 빠른 길이 어디인가를 두고 몇 달
동안 한 치의 양보도 없이 다툰 적도 있었다. 그는 내비게이션으로
그녀가 늘 다니는 길이 30킬로 가까이 돌아가는 길이라고 확실히
보여주었지만, 그녀는 자신이 늘 다니는 길이 정지 신호등이 없어

가장 빠르다고 주장했다. 그녀의 주장에 핸슬만은 이성을 잃어버렸다. 몇 달이 지나서도 "도무지 논리가 통하지 않아요"라고 말하며 그녀의 행동에 황당해했다.[17]

사회생활에서도 핸슬만은 자신의 이런 엔지니어적 사고방식 때문에 어려움을 겪곤 했다. 그는 종종 자신의 말이 어떤 문제를 일으킬 수 있는지 깊이 생각하지 않은 채, 생각한 것을 무심코 말했다. 한 번은 남아프리카에 살고 있는 처남의 집을 함께 방문한 일이 있었다. 처남은 부엌을 노란색 페인트로 예쁘게 칠해놓았다. "부엌이 노란색이네요. 나는 노란색이 별로 마음에 들지 않는데…." 부인인 모의 기억에 따르면 핸슬만은 대놓고 퉁명스럽게 말했다. 그의 말은 매우 무례하게 들렸다. 나중에 두 사람은 팟캐스트에서 이런 문제를 주제로 이야기하기도 했다.

모는 한숨을 내쉬며 "당신은 '이봐, 나는 솔직한 의견을 주는 거야!'라는 식으로 행동하지. 하지만 사실은 '와우, 미국에서부터 날아온 무례한 녀석이 하나 있네'라는 생각을 하게 한 거야"라고 말했다. 핸슬만의 태도는 그가 일하는 환경에 의해 심화된 일종의 부작용이었다. 그녀는 남편이 하루 종일 시간을 보내는 장소가 모든 것을 완전히 있는 그대로 말해야만 하는 곳이라는 것을 깨달았다. "생각해보면 제 남편은 하루에 8~9시간, 때로는 하루의 절반을 자신과 비슷한 사고방식을 가진 엔지니어들과 일하죠." 그녀는 남편에게 "여보, 일을 끝내면 이 세상 다른 사람들과도 잘 지낼 수 있도록 자신을 보통 사람처럼 조금 느슨하게 바꿔봐요"라고 말했다.

핸슬만 역시 그녀의 말에 동의했다. 그는 집에 사무실을 꾸며놓고 일했는데, 그의 자리는 와이드 모니터로 둘러싸여 있었고, 영상통화를 하며 보니 각종 물건들이 뒤죽박죽 뒤섞인 채 놓여 있었다. 그는 일을 마치면 부인이 하는 일들에 참견하며 잔소리를 늘어놓기 시작했다. 그녀가 저녁을 차리고 있으면, "이게 오늘 먹을 거야?"라고 물었다. "어떻게 요리한거야? 기름은 충분히 넣었어?" 마치 업무 문제로 자신의 동료들과 여전히 논쟁을 벌이고 있는 듯이 보였다. "약간 과장해 말하면 나는 집사람이 차린 음식들을 마치 프로그램을 살펴보듯 점검했어요." 그는 자신의 문제를 순순히 시인했다.

부인인 모는 프로그래밍에 정신적 전이 시간이 있다는 것을 알아차렸다. 프로그래밍을 하려면 모든 정신을 온전히 집중해야 하고, 정확성이 생명인 작업의 속성상 잠시도 딴 생각을 하기가 어렵다. 프로그램이라는 것 자체도 머릿속에 콕 박힌 채 좀처럼 뇌리에서 떠나려고 하지 않는다.

핸슬만의 생각도 같다. 오랫동안 깊은 물속에 잠수했다가 수면 위로 나올 때는 잠함병을 피하기 위해 천천히 나와야 하는데, 프로그래밍도 이와 비슷하다. "프로그래밍의 정신적 전이 시간은 프로그래머가 프로그래밍의 잠함병을 피하기 위해 필요한 최소한의 시간이에요."

내가 만났던 프로그래머들도 비슷한 이야기를 했던 만큼 다이빙은 프로그래밍의 속성을 잘 보여주는 예다. "세상 대부분의 일은 그렇게 집중하기가 어렵죠"라고 프로그래머들은 말한다. 그러나 일단 프로그래밍을 시작하면 프로그래머들은 마치 프로그래밍 기계라도 된 듯 무서우리만치 일에 집중한다.

이는 정신 집중을 요구하는 프로그래밍의 속성 때문이다. 예를 들어 정상 작동하지 않는 프로그램에서 문제를 찾는 디버깅 작업을 생각해보면, 단순히 프로그램 한두 줄을 보고 문제를 찾는 것 이상인 경우가 많다. 프로그램 전체를 보면서 버그가 있다고 생각되는 몇 줄의 프로그램이 수십 혹은 수백 개의 다른 프로그램과 어떻게 얽혀 이리저리 정보를 주고받으며 작동하는지 생각하고 분석하며 다뤄야 하는 경우도 자주 있다. 처음에는 프로그램을 구성하고 있는 수많은 함수 중 문제가 있어 보이는 함수 1개에서 디버깅을 시작한다. 디버깅이 진행되면서 그 함수와 연결된 다른 함수들을 살펴보게 되고, 그 함수들과 연결된 또 다른 함수들을 연이어 살펴보고 이해한다. 프로그래머는 이런 과정을 거치면서 복잡하게 얽힌 함수 사이의 관계를 서서히 머릿속에 그려 나갈 수 있으며, 시간을 들여 전체 관계 구조를 파악한다. 이 상태가 되면 골드버그 장치(간단한 일을 복잡한 여러 과정을 거쳐 수행하는 장치 — 옮긴이)의 부품 같은 함수들이 서로 어떻게 맞물려 돌아가는지 알 수 있다. 이제 프로그래머는 밤하늘 높은 곳에서 반짝이는 도시 전체를 내려다보듯 프로그램 전체를 볼 수 있다. 프로그램 전체를 머릿속에 넣고 프로그램 일부를 수정했을 때 어떤 일이 생기는지 이해할 수 있게 된 만큼 문제를 해결할 수 있다. 프로그래머들의 이야기에 따르면 이 상태에 이르기까지 흔히 수십 분씩 걸리고, 문제가 복잡할 경우에는 몇 시간씩 걸릴 수도 있다고 한다.

은밀한 설계자들

일단 시간이 걸려도 머릿속에 전체 프로그램이 들어 있는 상태에 다다르면, 프로그래밍은 매우 즐거운 일이 된다. 이는 미하이 칙센트미하이Mihály Csíkszentmihályi가 정의한 '몰입'으로, 일 자체가 좋아 완전히 몰두한 상태다. '몰입' 상태에서는 자기를 잊어버린다. 시간은 혼자 흘러가며, 모든 행동, 움직임, 생각은 마치 재즈를 연주하듯 끊이지 않고 자연스럽게 이어진다. 프로그래머는 온전히 일에 빠져 자신의 능력을 최고 수준까지 끌어올린다.[18]

그러나 '몰입' 상태는 놀랄 만큼 쉽게 깨질 수 있다. 약간만 방해해도 힘들게 이해하며 머릿속에 넣었던 전체 프로그램이 순식간에 사라질 수 있다. 그러므로 '몰입' 상태의 프로그래머를 건드리면 그는 매우 크게 화를 낼 것이다. 프로그래머들은 몰입 상태를 높이기 위해 필사적으로 노력한다. 그러다가 누군가 그들에게 "내가 보낸 메일 받았어?"라고 묻는다면 모든 노력은 한순간에 사라진다.

"내 아내와 아이들은 내가 방에서 프로그래밍하고 있을 때 절대 방해하지 않아요. 자칫 아빠 혹은 남편을 헐크로 만들까 두렵기 때문이죠." 소셜네트워크 서비스용 프로그램 개발자가 내게 말했다. 몰입이 깨지는 순간 프로그래머는 차갑고 날카로워지며 극심한 고통을 느낀다. 재택근무로 일하는 많은 프로그래머들도 같은 문제를 지적했다. "프로그래밍 작업을 할 때면, 저는 굉장히 논리적으로 변합니다. 모든 것을 흑과 백, 참과 거짓으로 판단하죠." 기계 비전 분야에서 일하는 한 프로그래머가 말했다. 만약 한창 프로그래밍 작업 중인 이 프로그래머에게 말을 건다면, 그는 "'예, 아니오'로 답할 수 있게 질문해주세요"라고 말할 것이다. 그는 평상시에는 완벽할 만큼 친절하고 멋진 사람이지만, 일단 프로그래밍을 시작하면 달라진다. 말 한마디를 걸려면 상처받을 각오를 해야 한다.

프로그래밍 작업 중인 프로그래머에게 자신 이외의 사람은 단지 주의를 산만하게 만드는 방해물일 뿐이다. 그래서 프로그래밍 작업 중인 프로그래머들은 사람들로부터 스스로를 차단하기 위해 온갖 방법을 동원한다. 예를 들어 소음 차단형 헤드폰을 끼고 작업을 하거나, 집중이 필요한 어려운 일은 미루었다가 모든 것이 잠들어 완전히 고요한 한밤중에 작업하기도 한다.

물론 프로그래머들만 '몰입'을 위해 이런 노력을 하는 것은 아니다. 많은 것을 생각하며 집중해 작업해야 하는 분야의 사람이라면 사람들과 떨어져 일하거나 작업 이외의 사소한 일에는 쉽게 짜증을 낼 수 있다. 소송 사건을 맡은 변호사, 수술 계획을 세우는 의사, 작품을 만들고 있는 예술가 등도 프로그래머와 비슷하다. 예를 들어 소설 속 세상을 머릿속에 넣어두고 그 속에서 작업하는 소설가의 경우, 광기에 사로잡혀 사막에서 홀로 수행하는 선지자 못지 않게 고립된 환경에서 일하기로 유명하다. 유명 작가인 조너선 프랜즌Jonathan Franzen은 인터넷 사용 유혹을 피하기 위해 자신의 컴퓨터에서 무선 인터넷 카드를 빼버리고 유선 인터넷 포트는 접착제를 발라 막아 버렸다.[19] 세계적인 베스트셀러 작가 스티븐 킹Stephen King은 집 바깥 일로 집중이 방해받거나 깨지는 일이 없도록 창에 커튼을 쳤다.[20]

프로그래머들은 예술가 기질을 가지고 있기도 한데, 이것은 1960~70년대에 이들의 직장 상사를 불안하게 만들었다. 직장 상사들은 프로그래머들이 논리적으로 일할 것이라 생각했고 실제로도 그랬다. 그러나 이들은 누군가 방에 들어와 무아지경에 빠져 있는 자기를 방해할까봐 미친 듯이 원고지에 〈쿠블라 칸Kubla Khan〉[21]을 써 내려갔던 새뮤얼 테일러 콜리지Samuel Taylor Coleridge처럼 행동하기도 한다. 만약 프로그래머들을 데리고 19세기까지 거슬러 올라가《프랑켄슈타인》을 쓴 메리 셸리Mary Shelley를 만나게 한다면, 이들은 해안가 절벽 위의 집 다락방이야말로 가장 좋은 작업 장소라는 데 서로 동의하며 좋아할 것이다. 내 친구 엘리자베스 처칠Elizabeth Churchill 은 사회과학자이자 엔지니어로 현재 구글에서 사용자 인터페이스 부분 담당자로 일하고 있다. 그녀는 회의에 참석한 프로그래머의 영혼 없는 눈빛에 익숙하다. 이들은 몸만 회의실에 와 앉아 있을 뿐, 마음은 컴퓨터 앞에 있다. "한창 프로그래밍에 빠져 있는 엔지니어들에게 말을 걸면, 그들은 그리 달갑지 않은 표정을 짓죠." 그녀는 설명을 이어갔다. "그러면 일단 그들에게 심호흡을 하며 마음을 가다듬을 수 있도록 해줘야 해요. 하루나 이틀 정도 지나면 현실로 돌아오고, 자신이 작업하고 있는 프로그램의 구조에 대해 이야기할 수 있게 됩니다."

이런 이야기들이 과장된 이야기라고 생각할 수도 있겠지만 사실이다. 실제로 수많은 프로그래머들은 사소한 움직임에서조차 몰입을 유지할 수 있게 해주는 도구를 선호한다. 예를 들어 프로그래머 가운데 상당수가 마우스 사용을 좋아하지 않는데, 이는 키보드에서 손가락을 떼야 하기 때문이다. 이들은 마우스 사용과 같은 움직임은 프로그래머에게 적합하지 않다고 생각한다. '콘서트홀에서 연주하고 있는 피아니스트가 손을 뻗어 피아노 덮개를 건드려야 한다면 말이 되겠는가?'와 비슷한 생각이다. 이런 이유로 일부 프로그래머는 프로그래밍을 할 때면 프로그램 편집기로 빔Vim; ViIMproved(리눅스, 유닉스 계열에서 사용하는 편집기—옮긴이)을 사용한다. 빔을 사용하면 자르기, 붙이기 등 편집에 필요한 거의 모든 기능을 키보드에서 손을 떼지 않고 사용할 수 있다. 문서 이곳저곳을 가기 위해 손을 아래로 내려 화살표 키를 누를 필요조차 없다. 빔 편집기에서는 사용자가 화살표 키보드를 누르는 동작을 불필요할 뿐만 아니라 사용자 시선을 키보드 아래로 이끌어 집중을 방해하는 일로 여긴다. 프로그래머로 일하는 내 친구 새론 잇바렉은 처음 프로그램을 배울 때 빔 편집기도 함께 배워야 했다. 선배들이 모두 빔 편집기를 사용했기 때문이다. "진정한 프로그래머라면 빔을 써야지." 거의 모든 선배가 그렇게 말했고, 그녀 역시 어쩔 수 없이 빔을 사용해야 했다. 처음 한동안은 편집기 자체도 볼품없는 데다 사용하기도 너무 불편해 마우스와 화살표 키를 쓰고 싶은 생각이 간절했다. 기존 습관을 고치기 위해 대략 3주 정도의 고통스러운 시간을 보낸 뒤, 그녀는 컴퓨터와 한 몸이 되는 듯한 순간을 경험했다. 마치 영화 〈매트릭스〉에서 주인공이 "나도 쿵푸를 알아"라고 말하는 장면과 비슷했다. 그리고 마침내 그녀는 "마우스 때문에 생각이 흐트러질 일은 없어졌죠"라고 말하게 되었다.

프로그래머는 몰입과 집중 때문에 사무직 직원 가운데서도 가장 사무직 직원 같다는 특징을 갖는다. 폴 그레이엄Paul Graham은 이런 특징을 '제작자 일정'과 '매니저 일정' 사이의 충돌로 설명한다. 그의 설명에 따르면 매니저의 일은 거의 회의로 이루어진다. 매니저는 여러 일들이 잘 진행될 수 있게 관리해야 하므로, 1시간 단위로 하루를 계획해 매시간 필요한 사람들과 회의를 한다. 매니저의 관점에서 프로그래머에게 오후 1시에 회의를 하자고 요청하는 일은 전혀 특별하지 않고 매우 당연한 것이다. 그러나 프로그래머의 관점에서 이 회의는 장시간 프로그래밍 작업에 몰입할 수 있는 기회 자체를 없애는 일이다.

"단 한 번의 미팅 때문에 하루를 망칠 수도 있어요." 그레이엄은 주장했다. "오후 1시의 미팅은 하루를 오전과 오후로 나눠버립니다. 결과적으로 최소 하루의 절반이 날아가 버리죠. 때로는 그 정도로 끝나지 않기도 합니다. 만약에 내가 프로그래머고 회의 때문에 하루가 둘로 나뉠 것을 안다면, 중요한 부분의 프로그래밍을 시작하지 않을 수도 있을 것 같아요. 약간 과장된 이야기일 수 있지만, 스스로를 프로그래머라고 가정해보세요. 특별한 회의 없이 하루 종일 프로그래밍에만 집중할 수 있다면 훨씬 더 의욕이 샘솟지 않을까요? 반면에 회의 때문에 프로그래밍에만 집중할 수 없을 경우 의욕이 가라앉을 수 있을 거예요. 게다가 중요한 부분의 프로그래밍이라면 프로그래머는 자신의 능력을 최대한 발휘해야 하는데, 조금이라도 의욕 상실을 겪는다면 부정적인 영향을 끼칠 수 있어요."[22] 갑작스러운 회의라면 문제는 더 심각하다. 만약 여러분이 오랜 시간 동안 집중하며 일하고 있는 프로그래머를 회의에 불렀다면, 십중팔구 짜증 난 얼굴에 몸 따로 마음 따로인 사람을 마주하게 될 것이다.

작업을 방해받은 프로그래머의 반응은 프로그래머의 특징을 어느 때보다도 가장 적나라하게 보여준다.

"프로그래머는 다른 사람에 비해 좀 더 쉽게 의욕 상실에 빠지나요?" 이 책을 쓰고 있는 동안 수많은 사람들이 내게 질문했다. 심지어 프로그래머들조차도 궁금해했다. 이 책의 독자나 프로그래머들은 의욕 상실에 빠져 있거나 조울증과 싸우고 있는 프로그래머들을 많이 알고 있을 것이다. 정신 건강 문제로 고생하던 프로그래머가 자살이라는 극단적인 선택을 하는 이야기도 들어봤을 것이다 (TV 드라마 〈미스터 로봇〉의 주인공이자 해커인 엘리엇이 대표적이다. 그는 우울증과 사회에 대한 걱정, 깊은 두려움에 빠져 있었으며 이를 고치기 위해 모르핀을 사용한다[23]). 이런 모습을 보고 듣는 일반인들은 도대체 프로그래밍이 정신 건강에 어떤 문제를 일으키는지 궁금해한다. 아마도 프로그래밍은 글을 쓰고, 시를 쓰는 다른 분야의 예술처럼 마음의 상처와 싸우는 사람들에게 더 매력적으로 느껴졌을지도 모른다. 혹은 몇 시간씩 극심한 압박감 속에 홀로 일해야 하는 프로그래밍 작업이, 우울증 기질은 있었으나 아직 우울증에 걸리지는 않았던 사람들의 정신 건강 문제를 악화시켰는지도 모르겠다.

그렉 보거스Greg Baugues는 이런 문제들을 깊이 고민하고 있다. 그는 프로그래머로서 겪었던 정신 건강 문제를 공개적으로 이야기하면서 프로그래밍 분야에서 이름이 알려졌다. 중서부 지역 목사 가정에 태어난 보거스는 독학으로 프로그래밍을 공부했으며 컴퓨터 과학 학위를 받기 위해 대학에 진학했다. 그러나 그는 대학에서 자신에게 정신적 문제가 있어 정상적으로 공부하기 어렵다는 사실을 발견했다. 대학에 진학하기 전부터 프로그래밍에 상당히 익숙했었던 만큼, 공부만 놓고 보면 컴퓨터 과학은 그에게 쉬운 일이어야 했다. 하지만 시간만 오래 걸릴 뿐 성과가 없어 주어진 과제물도 미루고 미루다 몇 주씩 늦게 제출하기 일쑤였다. 그는 허무감과 열등감으로 서서히 무너져갔다. 자신을 찾아온 친구를 피해 구겨진 이불 속으로 몸을 숨기곤 했고, 하루에 무려 16시간씩 자는 등 많은 시간을 침대에서 보냈다.

"제게 하루 중 최고의 시간은 자고 있을 때였어요. 적어도 그때만큼은 현실세계의 여러 문제를 고민할 필요가 없었기 때문이죠." 그가 내게 말했다. 당시 우리는 서로 가까운 곳에 살고 있다는 것을 알게 돼 카페에서 함께 점심을 먹으며 이야기를 나누었다. 그는 키가 컸으며 말투는 부드러웠고 옅은 오렌지색의 수염을 기르고 있었다. "저는 가능한 오랫동안 침대에 머무르려 했어요." 보거스의 친구들에 따르면 그는 매우 똑똑했지만 매우 게을렀다.

주로 침대에 머물렀지만 창의적인 생각과 에너지가 충만해 누구보다 바쁘게 지낼 때도 있곤 했다. 새로운 소프트웨어 제품에 대한 아이디어를 폭포수처럼 쏟아냈고, 소프트웨어를 팔아 갑자기 엄청난 돈이 생기면 어떻게 쓸지 고민도 하면서 며칠씩 잠도 자지 않은 채 미친 듯이 프로그래밍 작업에 몰두했다. 그러나 실제로 소프트웨어를 개발해 판매한 적은 없었다. 며칠이 지나 흥분이 가라앉으면 다시 침대로 돌아갔기 때문이었다. 5년 동안 대학을 다녔으나 결국 졸업하지 못하고 중퇴했으며, 다시 프로그래밍 일을 시작했다. 처음 몇 달 동안은 열심히 하는 듯 했으나 다시 일을 미루기 시작했다. 심지어 전기가 끊길 때까지 방세와 각종 공과금 납부를 미루며 내지 않아 룸메이트가 크게 화를 낸 일도 있었다.

25세가 되었을 때, 보거스는 생각보다 자신의 정신 건강 문제가 심각하다고 판단했다. 구글에서 '습관적인 미루기'를 찾던 중 ADHD(주의력 결핍증 및 과잉 행동 장애—옮긴이) 증후군들에 관해 읽었고, 주요 증상이 그의 상태와 비슷해 보였다. 그는 ADHD 검사를 받았다. "ADHD가 맞군요." 검사 담당자가 그에게 말했다. "게다가 상태가 아주 심각해요." 담당자는 그를 조울증 유형 2로 진단했다.

그는 ADHD 치료제를 먹기 시작했다. 맨 처음 약을 먹고 불과 15분 정도 지났을 때, 자신의 상태가 급속도로 좋아지는 것을 느끼며 깜짝 놀랐다. '이런 젠장, 다른 사람들은 언제나 이런 기분으로 살고 있는 거였어?' 그는 자신에게 정신장애가 있을 수 있다는 사실을 인정하고 싶지 않아 처음에는 치료를 거부했다. 그러나 일단 치료를 시작하자 상태는 훨씬 나아졌다. 여전히 우울증 치료를 받고 있지만, 일상의 여러 일들이 예전만큼 문제가 되지는 않았다. 그는 트윌리오Twilio라는 회사에 입사했다. 참고로 트윌리오는 프로그래머들이 자신의 앱에 전화 혹은 SMS 서비스를 좀 더 쉽게 추가하도록 도와주는 회사다. 그는 학회나 해커톤에 참석해 트윌리오 제품 사용법을 소개하고 알려줬다. 그뿐만 아니라 여러 학회 등에서 자신의 정신질환에 관해 솔직히 이야기하며, 다른 프로그래머들과 경험을 나누기 시작했다.

그러다가 그는 정신질환이 자신만의 문제가 아니라는 사실을 발견했다. 그가 이야기를 마치면, 놀라서 눈이 휘둥그레진 여러 프로그래머들이 다가와 자신들이 겪고 있는 우울증, 조울증 혹은 다른 정신적 어려움을 말해주었다. 이런 일이 반복되자 보거스는 프로그래머가 정신질환을 앓는 비율이 일반인보다 상대적으로 높을 것이라 추측했다.

그는 소프트웨어 업계가 정신 건강 문제와 연관된 부적절한 행동을 많이 부추긴다고 주장한다. "사회적 고립? 불규칙한 수면 습관? 세상을 바꿀 수 있다는 과장된 생각?" 보거스는 말한다. "여러분이 이런 특징을 가진 젊은이라면, 아마도 프로그래밍은 여러분에게 마치 집에 온 것 같은 편안함을 느끼게 할 겁니다. 저희 소프트웨어 회사들은 다른 사람들과 잘 지내지 못해 외톨이인 프로그래머들을 다른 회사들에서는 채택하기 힘든 방식으로 인정하고 받아들이기 때문입니다. 예를 들어 저희는 불규칙한 수면 습관을 인정합니다. 일하고 싶을 때면 언제든 와서 새벽까지, 아니 일을 끝마칠 때까지 쉬지 않고 작업하는 일은 프로그래머에게 흔하기 때문입니다." 실제로 이런 모습은 대중문화 혹은 기업 문화에서 정말 멋지게 그려진다. TV 드라마나 영화에 등장하는 프로그래머들은 어두운 밤 모니터 불빛을 받으며 홀로 깨어나 일한다. 스타트업에 관한 기업 이야기는 72시간 꼬박 키보드 앞에 앉아 프로그래밍하는 프로그래머를 멋지게 표현한다. 소프트웨어 업계는 이것을 멋지다고까지 말한다. 이런 상황에서 어느 누가 자신에게 문제가 있다고 말하겠는가?

"사람들은 프로그래머를 사무실에서 가장 똑똑하고 많은 지식을 가진 개발자로 생각하죠." 보거스가 말했다. "그런 프로그래머가 '전 정신질환을 앓고 있어요'라고 말한다면, '제 두뇌는 올바로 작동하지 않아요'라고 말하는 셈입니다." 정신질환 약은 프로그래머에게 필요한 예리한 사고력을 무디게 만들 수 있으므로, 일부 프로그래머들은 병이 있어도 약을 먹으려 하지 않는다. 이들은 약 때문에 창의력이나 몰입 시간이 줄어들까 걱정한다. 그는 그런 걱정이 사실일 수 있으며, 자신 또한 약 때문에 능력 일부가 다소 무뎌졌다고 말한다. 그러나 약을 먹었을 때 생기는 이익과 손실을 비교해보면 약을 먹어 얻는 이득이 훨씬 크다고 판단했다. "약 때문에 새로운 아이디어를 떠올리던 제 지적 능력이 약간 떨어지기는 했지만, 아이디어 실행 능력은 10배 이상 올라갔어요. 덕분에 침대 속에 파묻혀 살았던 제가 이제는 배도 탈 수 있어요."

사실 보거스는 운이 좋았다. 회사가 그의 상황을 이해해주고, 그가 정신질환을 이겨낼 수 있도록 도와주었다. 그러나 수많은 소프트웨어 회사들은 젊고 똑똑한 엔지니어를 뽑아 마치 기계처럼 일을 시키고, 분명 몸에 해로울 만큼 과한 작업 속도를 강요해 그들을 망가뜨린다. 주당 60시간에 이르는 과도한 프로그래밍 작업? 오직 사무실에 앉아만 있는 비활동적인 작업? 사이비 종교 집단에 빠진 듯 사랑하는 사람과 떨어져 일하는 작업? 만약 여러분이 정신질환을 앓은 적이 있다면, 분명 의사는 이런 환경을 최대한 피하라고 말할 것이다. 잘 알려졌듯이 이런 환경이야말로 정신질환의 주범이기 때문이다. 좀 더 솔직히 말하면 건강한 사람조차도 이런 환경에서 계속 일하면 몸에 심각한 문제가 생길 것이다.

우리는 카페에서 일어나 보거스의 집으로 갔다. 그날은 화창한 봄날이었는데, 그가 갑자기 큰 소리로 말했다. "와우! 날씨가 너무 좋아요. 이런 따스한 햇볕이야말로 제가 좀 더 누리고 싶었던 것이었어요." 아파트에 들어가자 반려견이 달려와 그의 다리에 반갑게 매달렸다. 보거스는 내게 장치 하나를 보여주었다. 그것은 트윌리오를 좀 더 멋지게 소개하기 위해 그가 최근 개발한 것으로, 반려견이 빨간색의 커다란 버튼을 누르면 카메라가 사진을 찍어 휴대전화 문자로 보내주는 재치만점의 장치였다. "강아지 셀카예요!" 그가 웃으며 말했다. 최근 참석했던 학회에서 무대에 올라 이 장치를 보여주었으며, 참석자들에게서 큰 호응을 얻었다고 한다. 또한 무대를 내려와서는 정신 문제를 상담하기 위해 조용히 그를 찾아온 프로그래머들과 이야기를 나누었다.

감리교 목사의 아들로 태어나 자란 탓인지, 보거스는 여전히 자신의 모습을 잘 살피고 관찰한다. 그의 집에는 C. S. 루이스C. S. Lewis의《나니아 연대기》가 꽂혀 있는 책꽂이부터 라즈베리파이Raspberry Pi(교육용 목적으로 개발된 신용카드 크기의 초소형 컴퓨터다. 영국의 라즈베리파이 재단이 학교의 기초 컴퓨터 과학 교육 증진을 위해 작고 저렴하게 만들었다―옮긴이) 미니 컴퓨터에 이르기까지 보거스의 다양한 열정을 보여주는 증거가 많다. 그는 "올바른 종교 전도자라면 자신이 속한 공동체를 섬기는 일에 집중해야 합니다"라고 말한다. 그는 현재 자신의 삶에서 2가지 소명을 발견해 일하고 있다.

5장

효율적이지 않으면, 아름답지 않아

쉘리는 자신의 새 남자친구 제이슨 호Jason Ho와 일본 여행을
다니는 동안, 그가 다른 사람과 달라도 너무 다르다는 것을 알게 되
었다.

쉘리는 업무상 알게 된 친구의 소개로 호를 처음 만났으며, 크고
호리호리한 체격에 장난기 많은 그와 곧 가까운 사이가 되었다. 그
는 샌프란시스코에서 회사를 운영하고 있는 컴퓨터 프로그래머였
다. 호는 4주간 휴가를 내고 일본 여행을 결심했다. 그러면 새 여자
친구인 쉘리는? 두꺼운 뿔테 안경을 끼고 짓궂게 웃곤 하는 자그마
한 체격의 쉘리는 결정하지 못하고 고민했다. 오랜 시간 함께 지내
면 좀 더 가까운 관계로 빨리 발전할 수도 있겠지만, 자칫 너무 빨
라 오히려 부끄러울 것 같기도 했다. "여행하는 동안 같은 방에서
함께 지내야 한다는 사실이 마음에 걸렸어요." 그녀는 그때를 떠올
리며 말했다. 그러나 결국 그녀는 일본 여행을 결심했고, 비행기 표
를 끊었다.

곧 이야기하겠지만, 호는 매우 엄격하고 독특한 여행 계획을 세
워놓았다. 평소에 일본 라멘을 매우 좋아했던 그는 쉘리에게도 말
했듯, 이번 여행에서 도쿄에 있는 라멘 집을 최대한 많이 방문하려

고 했다. 가능한 많은 라멘 가게에 들를 수 있도록 간단한 프로그램까지 만들었다. "헐, 라멘 가게에 가는데 무슨 프로그래밍까지 해." 그녀는 살짝 당황하며 의아해했다. 그런 그녀를 보고 호는 설명했다. 첫 번째, 먼저 도쿄에 있는 유명한 라멘집의 목록을 만들고 목록에 있는 라멘 집을 구글맵에 표시한다. 두 번째, 맵에 표시된 모든 라멘 집을 연결하는 최적 경로를 프로그램을 사용해 찾는다. 세 번째, 최적 경로를 따라 이동하며 맛있게 라멘을 먹는다. 그는 자신이 만든 이 프로그램이 대학에서 흔히 배우는 알고리즘이며, 살면서 최적화가 필요할 때면 언제나 이런 방법을 사용한다고 말했다. 호는 스마트폰을 꺼내 쉘리에게 라멘 집들의 최적 방문 경로가 표시된 지도를 보여주기까지 했다. 또한 자신이 방문할 라멘 집들에 대해 꼼꼼하게 맛집 리뷰를 할 계획이라고 말했다.

'와우! 내 남자친구지만 정말 독특하군.' 그녀는 감탄했다.

호는 재치 있고, 아는 것도 많았을 뿐만 아니라 재미있기까지 했다. 덕분에 여행은 매우 성공적이었다. 그들은 스모 경기장 주위에 앉아 맥주를 마셨고, 지역 건축물을 구경했으며, 동물들과 교감할 수 있는 동물원을 방문하기도 했다. 이처럼 함께 재미있는 시간을 보내면서 두 사람은 제대로 사귀기 시작했다.

앞에서 보았듯 호는 여러 가지 일을 자동화하는 것을 좋아했다. 조지아주 메이컨Macon에서 자란 그는 반도체 기업인 텍사스인스트루먼트의 TI-89 계산기를 사용해 프로그래밍을 배웠다. 어느 날 TI-89의 명령어 매뉴얼을 살펴보던 중, TI-89에서 베이직 프로그래밍 언어로 프로그래밍을 할 수 있다는 사실을 알게 되었다. 덕분에 TI-89에서 픽셀을 제어해 그림을 그리거나 비디오 게임을 만들어 다른 친구의 TI-89에 설치해줄 수도 있었다. 이 경험은 일종의 'Hello, World!'였고, 이후 그는 컴퓨터에 큰 관심을 가지게 되었다. 그는 고전 게임인 〈젤다의 전설(닌텐도사에서 개발한 겜보이용 게임—옮긴이)〉을 TI-89에서 흉내 내 만들기 위해 몇 달간 프로그래밍에 매달렸다. 이 작업 과정에서 여러 가지 프로그래밍 기술이 사용되었다. 예를 들어 TI-89의 픽셀들은 검정색 밖에 표현할 수 없었으나 〈젤다의 전설〉을 만들려면 회색을 표현해야 했다. 여러 방법을 고민하던 호는 픽셀을 초당 여러 번 빠르게 깜빡여주면 검정색이 흐릿해지며 회색을 표현할 수 있다는 사실을 알게 되었다. 프로그래밍에 관심을 갖게 된 호는 컴퓨터 게임을 개발하기 위해 자바Java 프로그래밍 언어도 혼자 공부해 익혔으며, 학교에 자바 게임 제작 동아리도 만들었다. 고등학교를 졸업한 후에는 조지아 공과대학교에 진학해 컴퓨터 과학을 전공했다. 대학에서 배운 교과목들은 매우 지루하고 재미없었지만, 알고리즘 과목은 그나마 재미있었다. 그가 컴퓨터 과학을 전공하며 가장 흥미를 느낀 일은 컴퓨터를 사용해 반복적인 작업을 없애는 것이었다.

"저는 무슨 일이든 반복해야만 하는 일은 금방 싫증을 냈어요." 호가 내게 말했다. 그는 대학 졸업을 앞둔 어느 날, 미국 대학 시스템이 매우 비효율적이라고 생각했다. 전국에 흩어져 있는 여러 대학교에서 수많은 학생들이 같은 과목을 같은 내용으로 배우고 같은 문제 혹은 같은 어려움을 겪는다. 그러나 서로 멀리 떨어져 있는 학생들끼리 서로 이야기하고 의논할 수 있는 방법은 없었다. 그는 미국 전역의 학생들이 공통된 주제들에 서로 질문하고 답할 수 있는 웹사이트 'Qaboom.com'을 만들었다. 그는 전문 프로그래머답게 Qaboom.com 사이트를 멋지고 손쉽게 확장 가능하도록 만들었다. 그러나 어느 누구도 질문이나 답을 등록하지 않았기 때문에 멋진 디자인과 높은 확장성은 아무런 의미가 없었다. 실리콘밸리의 몇몇 투자자 역시 그의 아이디어를 높이 평가하기도 했으나, 학생들이 좋은 질문과 답을 사이트에 등록하도록 유도하는 방법을 찾지 못해 사업화는 실패했다. 그는 정말 중요한 것은 콘텐츠, 즉 사이트에 담길 내용이라는 사실을 깨달았으나, 콘텐츠를 모을 방법을 전혀 몰랐다. 그는 결국 웹사이트를 폐쇄했고, 이후 구글을 포함해 몇몇 회사에 취업하려 했다. 그러나 다른 사람 밑에서 회사를 위해 일하기를 원하지 않았던 호는 서서히 의기소침해졌다. 가치 창출이라는 관점에서 생각해보면, 회사에 취직해 일한다는 것은 끔찍한 일이었다. 월급을 받아 돈을 벌 수는 있으나, 자신이 만든 가치의 대부분을 회사가 가져가기 때문이었다. 그는 프로그래밍이라는 마법의 힘을 사용해 원하는 것이라면 하나부터 열까지 모두 만들 수 있는 능력이 있었다. 다만 부족한 것이 하나있다면 자신의 능력을 발휘할 대상이 없다는 것뿐이었다.

몇 주후 호는 가족을 만나기 위해 아버지가 소아과를 운영하고 있는 고향 마을 메이컨에 갔다. 어느 날 그는 아버지와 함께 병원에서 사용할 시간기록계를 사러 갔다. 시간기록계는 직원이 카드를 넣으면 업무를 시작한 시간과 끝낸 시간을 각각 기록해주는 장

은밀한 설계자들

치였다. 시간기록계 1대의 가격은 300달러였다. 호는 충격을 받았다. '〈고인돌 가족 플린스톤〉에 나올법한 이런 기계를 아직 사용한다고? 게다가 기계 제작에 사용된 기술도 그대로고? 사람들이 정말로 이런 종이를 기계 속으로 넣었다 빼고, 누군가는 종이에 찍힌 업무시간을 일일이 손으로 더한단 말이지? 여전히 이런 기계를 쓴다는 것이 믿어지지 않는군.' 그러다가 그는 문득 똑같은 일을 훨씬 잘해낼 수 있는 웹사이트를 뚝딱 만들 수 있을 것 같았다. 직원들은 시간기록계 대신 스마트폰을 사용해 업무시간을 확인할 수 있고, 전체 업무시간도 웹사이트에서 자동 계산되도록 만들 수 있을 것 같았다. "아버지, 이 기계는 사지 마세요. 제가 더 좋은 것을 만들어 드릴게요." 호는 아버지에게 자신 있게 말했다.

프로그래밍 작업에 딱 3일이 걸렸다. 아버지 사무실에서 처음으로 프로그램을 사용했고, 모두가 만족했다. 새 프로그램은 종이에 직접 업무시간을 기록했던 시간기록계보다 훨씬 효율적이었다. 예전에 그의 아버지는 종이에 찍힌 시간들을 보며 일일이 덧셈을 하고, 혹시 실수해 직원들 월급을 잘못 줄까봐 꼼꼼히 재확인을 하느라 많은 시간을 허비했다. 호는 이런 프로그램이 진짜 '소프트웨어 제품'이라고 생각했다. Qaboom.com과는 달리, 이 프로그램은 사람들이 실제로 당면한 문제를 해결해줬다. 그는 웹사이트를 멋지게 꾸미고 '클록스팟Clockspot'이라는 이름도 지어 주었다. 이후 어떤 일이 일어났을까? 4개월이 지났을 때, 지역 법률회사와 첫 번째 유료 사용 계약을 맺었다. 이전 Qaboom.com의 실패를 생각하면 놀라운 일이었다. 조지아 공과 대학교 도서관에서 친구와 함께 한창 프로그래밍 작업에 열중하고 있을 때, 첫 번째 사용료가 입금되었고 호는 너무 놀라 의자에서 일어나 소리칠 뻔 했다. "와우! 소프트웨어 사용료로 18.95달러가 입금되었어." 호가 친구에게 말했다. 그러나 이는 시작일 뿐이었다. 몇 달 지나자 청소 전문 업체부터 간병인 업체에 이르기까지 다양한 고객이 생겼으며, 매달 소프트웨어 사용료로 1만 달러를 벌어들이게 되었다. 그는 약 2년 동안 끊임없이 '클록스팟'의 코드를 개선했으며 잘 작동하도록 만들었다. 덕분에 그는 회사를 거의 무인 회사 수준으로 운영할 수 있었다. 직원이라고는 달랑 2명으로, 전일 근무 직원인 호와 고객 지원 서비스 센터를 맡아 플로리다에 있는 자신의 집에서 부업 삼아 일했던 시간제 직원 한 명이 전부였다.

나는 샌프란시스코 라멘 식당에서 호와 쉘리를 만나 이야기를 나누었다. 그는 자신의 업무시간이 그리 길지 않으며, 많은 시간 여행을 다닌다고 말했다. 에베레스트산에 여행을 갔을 때는 클록스팟이 정전으로 멈추어 베이스캠프에서 관리 작업을 한 적도 있다고 했다. "호는 한 달에 약 20시간 정도 일한다고 말해요. 하지만 솔직히 저는 그가 일하는 것을 거의 본 적이 없어요." 쉘리가 웃으며 말했다.

쉘리는 호와 사귄 2년 동안 그에게 강박증이라 생각될 만큼 모든 것을 최적화하려는 습관이 있고, 그 습관이 그의 삶 전반에 영향을 끼친다는 사실을 알게 되었다. 예를 들어 그는 집을 사기로 결심했을 때, 다른 사람들처럼 이집 저집 돌아다니며 살지 말지 고민하

은밀한 설계자들

려 하지 않았다. 대신 샌프란시스코에 있는 집들을 대상으로 평가에 필요한 위치, 가격, 인근 동네 통계 정보 등을 구해 점수를 매겨 집의 장기적인 가치를 계산하는 간단한 프로그램을 만들었다(그는 당연히 프로그램이 추천한 집을 샀고, 현재도 그 집에 살고 있다). 호는 쇼핑을 싫어했기 때문에, 마음에 드는 여러 가지 옷을 이곳저곳에서 고르는 대신 같은 모양의 티셔츠와 카키색 군복 바지를 수십 벌씩 샀다. 덕분에 그도 말했듯 아침마다 오늘은 어떤 옷을 입을까 고민하는 수고를 덜 수 있었다. 다른 예도 있다. 그는 몇 년 전, 자신의 볼품없는 몸매에 짜증 난 나머지 보디빌딩을 시작하기로 결심했다. 보디빌딩이 거의 미친 수준으로 몸을 최적화할 수 있는 방법처럼 보였기 때문이었다. 그는 음식점에서조차 접시저울을 꺼내 자기가 먹을 분량을 정확히 계량해 먹었으며, 언제 어디서나 운동할 수 있는 방법을 만들어냈다. 두꺼운 금속 횡단보도 차단기 옆을 지날 때면 한 번씩 들어보았고, 대형 금속 쓰레기통 옆을 지날 때마다 한 쪽 모서리를 잡고 커다란 쓰레기통을 들어올렸다.

"호는 커다란 표에 자신이 먹는 모든 음식을 기록했어요." 쉘리가 내게 말했다. 그녀의 말에 호는 수줍은 표정을 지으며 자신의 스마트폰에서 표를 찾아 내게 보여주었다. 표에는 운동 후 그가 먹은 하루 3,500칼로리의 식사에 어떤 음식들이 들어 있었는지 꼼꼼히 적혀 있었다. (예: 탄수화물 보충제 왁시메이즈 56g = 210 칼로리) 놀랍게도 이 방법이 성공했다. 2년간의 훈련 후, 그는 캘리포니아 지역 아마추어 보디빌딩 대회에서 2위를 차지했다. 호는 스마트폰을 뒤져가며 지난 2년간 찍었던 자신의 사진을 보여주었다. "제 몸의 지방 비율은 약 7%까지 내려갔어요." 햇빛 비치는 창문 앞에서 보디빌더 팬츠만 입고 기름을 살짝 바른 채 자세를 취한 호는 그리스 조각 같았다. 그는 대수롭지 않다는 듯 어깨를 으쓱했다. 근육질 몸매를 가지면 기분 좋을 것 같아 시작한 일이라고 이야기했지만, 사실 그는 이런 무모한 시도가 정말 가능한지 확인하기 위해 자신의 몸을 근육질 몸매로 만들었다. 그는 역도 동아리를 새로 시작했는데, 프로그래머라곤 자신밖에 없었다. 그러나 그곳의 보디빌더들도 결국 호의 방법을 따라 하며 근육질 몸매를 만들었다.

　호는 내게 그가 작성한 다른 표를 보여주었다. 일종의 인생 안내서였다. 그는 자신의 노력이 최대의 결과물로 이어질 수 있는 일만 하기로 결심했다. 그가 작성한 표의 첫 번째 가로줄에는 '기업 활동'부터 시작해 '프로그래밍', '기타', '스타크래프트', '쇼핑', '가족 및 친구와 시간 보내기'에 이르기까지 모두 16가지 일들이 적혀 있었다. 표의 맨 왼쪽 세로줄에는 '독학으로 배울 수 있는', '완벽히 배울 수 있는', '삶의 여러 영역에 영향을 주는' 등의 다양한 기준을 적어 넣었다. 호는 기업 활동과 프로그래밍은 세로줄의 모든 기준에 대해 '예'라고 적었다. 사회적 관계 항목인 '가족 및 친구와 시간 보내기'에 대해서는 '삶의 여러 영역에 영향을 주는'에 '예'라고 적은 반면, '완벽히 배울 수 있는'에는 '아마도'라고 썼다.

　이제껏 내가 만난 모든 프로그래머가 공통적으로 가지고 있었던 본질적인 특징은 '효율성 추구'로, 프로그래머는 언제나 효율성을 높이기 위해 노력한다. 프로그래머마다 정치, 사회, 문화 등의 측면

　　　　　　　　　　　　　　　　은밀한 설계자들

에서 생각과 입장은 제각각일 것이다. 하지만 거의 대부분의 프로그래머는 공통적으로 무언가 비효율적인 것을 찾아내, 그것을 효율적으로 개선하는 데서 커다란 기쁨을 느낀다. 처리 속도 향상, 사람의 노력 최소화 등을 이야기하고 논의할 때면 이들은 두 눈을 반짝거리며 적극적으로 나선다.

물론 효율성을 중요시하고 높이려는 특징은 프로그래머들만의 전유물은 아니며, 모든 분야의 엔지니어와 발명가들 또한 늘 효율성 향상에 신경 쓴다. 호가 작성해 보여준 표가 좀 지나쳐 보이기는 했지만, 그것을 보는 순간 나는 미국을 대표하는 엔지니어 가운데 한 명인 벤자민 프랭클린Benjamin Franklin이 떠올랐다. 그 또한 일상생활 속 모든 일과 행동을 최적화하는 데 신경을 쓴 천재 공학자였다. 프랭클린은 시력이 매우 나빴다. 가까운 물체를 볼 때도 멀리 있는 물체를 볼 때도 문제가 있었던 탓에, 늘 2개의 안경을 들고 다니며 상황에 따라 바꿔 쓰곤 했다. 이 일이 너무 귀찮았던 그는 2개의 안경 렌즈들을 각각 절반으로 자른 후, 한쪽 안경의 잘라진 렌즈를 다른 쪽 안경의 잘라진 렌즈에 붙였다. 다초점 렌즈의 시작이었다.[1] 또한 추운 겨울 집안 난방을 좀 더 쉽게 할 수 있도록 열을 효율적으로 만들고 저장하는 난로도 발명했다. "이 난로 덕분에 엄청난 양의 나무를 절약할 수 있어!" 그는 자신의 발명품을 자랑했다.[2]

프랭클린은 단순히 물질 세상을 최적화하는 일에만 머무르지 않았다. 도덕적 혹은 윤리적인 것들 또한 끊임없이 관찰하고 최대한 개선해야 한다고 생각했다. 그는 자신의 이런 생각을 13가지 덕목으로 정리했는데, 그 가운데 2가지 덕목을 소개하면 다음과 같다. "근면: 단 한순간도 시간을 헛되이 보내지 말라. 언제나 유익한 일을 하고, 필요 없는 일은 하지 마라." "절약: 당신 자신 혹은 다른 사람에게 유익한 일이 아니라면 돈을 쓰지 마라. 다시 말해, 돈은 단 한 푼도 헛되이 쓰지 마라." 프랭클린은 표를 만들어 첫 번째 가로줄에는 13가지 덕목을 쓰고 첫 번째 세로줄에는 요일을 썼다. 그는 이 표로 자신이 좋은 행동을 얼마나 자주했는지 거의 매일 점검할 수 있었다. 이는 잡지 〈배플러The Baffler〉가 프랭클린플래너 시스템에 관해 말했듯 '가장 미국인다운, 즉 건전하면서도 정상처럼 보이지 않는' 행동이었다.[3] 그러나 이는 세상의 모든 일을 대함에 있어 가장 엔지니어다운 방식이기도 했다. 두 눈을 반짝이며 모든 일을 효율적으로 처리하고자 하는 열정과 지나치지만 정말 감탄스러운 정리 정돈을 조합하면 엔지니어의 정신세계를 잘 나타낼 수 있다.

20세기가 시작된 1900년대 초, 산업의 급속한 발전과 함께 엔지니어들은 자동화를 도덕적인 일이라 생각했다. 1904년 엔지니어 찰스 허마니Charles Hermany의 말을 인용하면,[4] 발명가는 절망적일 만큼 단조롭고 고된 일과 힘든 노동으로부터 인류를 해방시켜줄 구세주였다. 그리고 공학자는 분야에 상관없이 시스템을 끊임없이 최적화했다. 옆집에 모터사이클을 수리하던 기계 엔지니어가 살았던 적이 있다. 그는 엔진에서 이상한 소리가 조금이라도 들리면, 원인을 찾아 문제를 해결하기 위해 오토바이를 모두 분해했다. ("이상한 소리는 에너지가 낭비되고 있다는 뜻이죠." 그는 진지하게 말했다.) '테일러리즘Taylorism'의 창시자인 프레드릭 윈슬로 테일러Frederick

Winslow Taylor는 '작업자의 불편하고 비효율적인 움직임'을 강력히 비난했다. 그는 작업성과를 극대화하기 위해서는 작업자의 움직임이 사전에 신중하게 정해져야 한다고 주장했다.[5] 그의 동료인 프랭크 길브레스Frank Gilbreth는 벽돌쌓기부터 조끼 단추를 끼우는 일에 이르기까지 모든 행동에서 낭비되는 움직임에 집착했다.[6] 또 엔지니어였던 그의 아내는 《Better Homes Manual》이라는 책에서 극찬했듯이, 딸기 케이크를 만들 때 필요한 걸음걸이의 숫자를 281걸음에서 45걸음으로 줄일 수 있게 주방을 고쳤다.[7]

그런데 컴퓨터는 지금까지 나온 어떤 방법이나 도구보다도 훨씬 높은 효율성을 달성할 수 있다는 꿈을 사람들에게 불어넣는다.

이는 컴퓨터가 반복적인 일을 자동화하는 데 매우 적합하기 때문이다. 예를 들어 프로그래머가 끝나지 않고 반복적으로 작동하는 스크립트 프로그램을 작성해 실행시키면 컴퓨터는 망가지거나 전기가 나가지 않는 한 쉬지 않고 그 일을 할 것이다. 한술 더 떠서 컴퓨터는 사람들이 약한 일에 오히려 강하다. 예를 들어 사람에게 반복적인 일을 시키면, 시간이 지날수록 집중력이 떨어져 점점 부정확하게 일을 처리한다. 사람에게 특정한 시간에 혹은 일정한 간격으로 어떤 일을 하도록 시키면, 사람들은 잊어버리거나 미처 신경 쓰지 못해 일을 제대로 하지 못할 수 있다. 인지심리학자들은 미래에 할 일을 기억하는 능력을 '미래 계획 기억'이라 부르는데,[8] 사람은 특히 이 '미래 계획 기억'이 약하다. 이 때문에 인류는 오랜 세월, 해야 할 중요한 일을 잊지 않기 위해 목록이나 달력에 의존해왔다. 사람과 달리 컴퓨터는 클록(일정한 주기로 신호를 발생시키는 장치―옮긴이) 신호에 맞추어 작동하기 때문에 같은 시간, 같은 일을 매일같이 정확히 반복해 수행할 수 있다. 1970년대 유닉스 운영체제를 개발한 전설적인 프로그래머 켄 톰프슨Ken Thompson은 작업 스케줄링 명령어인 '크론Cron'을 개발했다. 컴퓨터 사용자는 이 명령어를 사용해 컴퓨터가 미래 특정 시간에 특정 작업을 몇 번이고 반복해 실행하도록 명령할 수 있었다. 전설처럼 내려오는 이야기에 따르면 톰프슨은 시간을 뜻하는 그리스어 '크로노스Chronos'로부터 작업 스케줄링 명령어 '크론Cron'이라는 이름을 떠올렸다고 한다.[9] 반복 작업 설정을 '크론 잡Cron job'이라 부르며, 프로그래머는 때론 자신의 컴퓨터에서 수십 개의 크론 잡을 실행시킨다. 컴퓨터 상주 프로그램인 데몬은 크론 잡으로 설정된 작업을 매일같이 정해진 시간에 실행시키므로, 프로그래머는 더 이상 크론 잡들을 신경 쓸 필요가 없다. 컴퓨터야말로 사람에게 시간을 관리하고 벌어주는 유일한 시간 담당 노예다.

결론적으로 프로그래머 대부분은 다음과 같은 세 가지 결론에 도달한다. 첫째, 특정한 일을 매일 같은 시간에 실행하거나 혹은 반복하는 것은 매우 지루한 일이어서 정말 하고 싶지 않다. 둘째, 반대로 마치 노예처럼 같은 일을 정확하게 반복해 수행하는 것은 내 책상 위에 놓인 생명 없는 기계에게는 쉬운 일이다. 셋째, 그러므로 나는 내가 할 수 있는 한 모든 일을 자동화하겠다.

수많은 프로그래머들은 10대 시절 세상이 매우 지루하고 반복적인 일들로 가득 차 있다는 사실을 처음 알게 되면서 이런 깨

은밀한 설계자들

달음을 얻는다. 심지어 여가 활동 중에 깨닫기도 한다. 킥스타터 Kickstarter를 세운 개발자들 중 한 명인 랜스 아이비Lance ivy는 온라 인 어드벤처 게임을 하면서 효율성에 대한 깨달음을 얻었다. 자신 이 선택한 게임 캐릭터를 강하게 만들기 위해 악기를 반복해 연주 하거나, 선택한 캐릭터가 책을 읽도록 해야 했다. 너무 지루한 일이 었기 때문에 문득 이런 생각이 들었다. '내가 왜 이런 명령어들을 매번 입력해야 하지?' 그래서 그는 의약용 약초를 캐 동굴에 영원 히 숨기는 일을 통해 게임 캐릭터가 끊임없이 감추기 기술을 연습 할 수 있는 스크립트 프로그램을 작성했다(프로그램은 생각보다 꽤 잘 작동했다. "저는 이 스크립트가 밤새 실행되도록 했어요. 다음 날 아침 에 확인해보니 저와 게임을 하던 사람들은 제가 자리를 비운 동안에도 제 가 있는 줄 알고 계속 말을 걸었어요." 사람들은 그가 쉬지 않고 열심히 게 임을 하고 있다고 생각했다).

반복 작업들은 학교에도 많다. 선생님은 학생들에게 큰 숫자끼 리의 나눗셈이나 곱셈을 시키고는 답만이 아니라 과정까지 쓰라고 말하는데, 학생들은 짜증을 내며 싫어한다. 블로그 커뮤니티 사이 트인 라이브저널LiveJournal의 설립자 브래드 피츠패트릭Brad Fitzpatrick 은 고등학생 시절 이런 문제를 해결해주는 프로그램을 만들었다. 이 프로그램은 사용자가 문제를 입력하면, 계산 과정을 단계별로 보여주며 답을 계산했다. "선생님이 내준 숙제에는 한 페이지에 약 10문제씩 적혀 있었어요. 저는 문제를 컴퓨터에 입력했고, 풀이 과 정과 답이 나오면 재빨리 옮겨 적었죠." 그는 "화학 과목도 비슷하 게 해결했어요"라고 말했다. 혹시 커닝이라고 생각할 수도 있고,

그 말이 아주 틀린 것도 아니다. 그러나 큰 숫자의 나눗셈을 단계별로 나누어가며 계산하는 프로그램을 작성하기 위해 피츠패트릭은 나눗셈 과정 전체를 곰곰이 생각하고 이해해야 했다. 그는 큰 숫자의 나눗셈을 이해하는 일에 반대한 것이 아니었다. 단지 같은 일을 반복하고 싶지 않았을 뿐이었다.[10] 이 일이 좀 더 야심찬 의미가 되는 경우는 다른 학생들의 지적 작업을 자동화했을 때다. 프로그래머 친구 중 한 명인 프레드 베넨슨Fred Benenson은 대학에 다닐 때 텍사스인스트루먼트의 전자계산기를 사용해 비슷한 프로그램을 개발했다. 단지 차이가 있다면 곱셈, 나눗셈이 아니라 미적분학을 계산한다는 것이다. 그의 친구들은 프레드가 개발한 프로그램에 대한 소문을 듣자마자 복사해 사용할 수 있는지 물었고, 그는 허락했다. "저와 친구들이 같은 프로그램을 사용하기는 했지만 사실 다른 점이 있었어요. 친구들은 미적분 배우는 수고가 귀찮아 제 프로그램을 사용한 것뿐이었죠." 그는 자신과 친구들의 차이를 설명했다. 이런 경험 덕분에 프레드는 소프트웨어의 복잡한 윤리 문제에 일찍 눈을 뜨게 되었다. 소프트웨어를 개발해 무언가 쉽게 할 수 있도록 만들어 다른 사람의 정신 습관을 변화시킬 수 있다. 사람은 본질적으로 매우 게르다. 니콜라스 카Nicholas Carr는 사람의 이런 본성에 대해 자신의 저서 《유리감옥The Glass Cage》에서 "누군가 쉬운 방법을 제시하면 사람은 그 방법을 받아들인다"라고 썼다.[11] 사람들은 시간이 지나고 나서야 자신들이 중요한 지식을 당장의 수고를 줄이는 일과 맞바꾸었다는 사실을 깨닫는다. 그러나 일상생활 속에서 불필요한 일을 어떻게 없앨지 늘 고민하는 프로그래머가, 새

은밀한 설계자들

로운 프로그램을 끊임없이 개발해 사람들에게 제공하기 때문에 유혹을 이기기는 매우 어렵다.

유명한 프로그래머이자 언어학자로, 펄 프로그래밍 언어를 개발한 레리 월은 프로그래머들이 반복적인 일을 얼마나 싫어하는지 잘 이해하고 있다. 그는 펄에 관해 쓴 책에서 프로그래머가 갖춰야 할 주요 덕목 가운데 하나로 게으름을 뽑았다. 이는 프로그래머가 매우 게으르다는 뜻이 아니라, 일상의 반복된 일은 하기 싫어할 만큼 게을러야 한다는 뜻이다. 게으름 덕분에 프로그래머들은 반복된 일을 자동화하려 한다. 레리와 그의 친구는 다음과 같이 말했다.

프로그래머는 작업량이나 에너지 소비를 줄이기 위해 매우 열심히 프로그램을 개발하는데, 이는 바로 게으름 덕분이다. 게으른 프로그래머는 작업량을 줄일 수 있는 프로그램을 개발한다. 다른 사람들은 그 프로그램을 사용하고 평가하며, 유용하다고 판단할 경우 프로그램에 관한 여러 설명을 문서화해 프로그래머가 많은 질문에 직접 답할 필요가 없게 한다.[12]

결국 그런 성향은 일상생활 속에서도 나타난다. 마치 투시력을 가진 듯 비효율적인 것을 찾아내는 프로그래머는 그런 일에 무관심하기 어렵다. "제가 알고 있는 엔지니어 대부분은 어느 곳에서든 생활에 비효율적인 것이 없는지 살펴보죠." 샌프란시스코에 살고 있는 프로그래머 크리스티나가 내게 말했다. "사람들은 짜증만 내죠. 그러나 우리는 '이봐, 이것은 별로 좋지 않아. 내가 고칠게!'

라고 말합니다." 그녀는 심지어 다른 사람들이 인도를 걷거나 찻길을 건널 때도 좀 더 최적화된 방식을 쓰기를 원한다. "세상이 돌아가는 방식에 대해 근본적인 불만을 가지고 있다는 뜻이죠." 컴퓨터 과학과 교수로 현재 콜롬비아 대학교에서 데이터 과학 기관을 운영 중인 자네트 윙Jeannette Wing은 '컴퓨팅 사고Computational thinking'라는 개념과 용어를 사람들에게 널리 알렸다. '컴퓨팅 사고'는 감춰져 눈에 보이지 않는 것을 볼 수 있게 하는 기술이다. 그녀는 이 기술을 사용해 종종 주변에 문제가 있는 곳을 발견할 수 있었다.

"점심식사를 먹기 위해 뷔페에 갈 때마다, 음식과 식기 등이 적절히 배치돼 있지 않아 짜증이 나요. 대개 포크와 나이프가 맨 처음에 있는데, 저는 그게 정말 마음에 들지 않아요. 포크와 나이프를 들고 동시에 접시를 들어야 하기 때문이죠. 포크와 나이프는 맨 마지막에 놓여 있어야 해요. 뷔페라면 음식들이 잘 줄지어 있어야 하고 음식을 담는 데 걸리는 시간도 짧아야 해요." 이런 고전적인 최적화 사고는 프로그래머가 아닌 일반인도 충분히 할 수 있다. 프로그래머라면 본능적으로 이런 사고를 해야 할 뿐만 아니라 계속 이어가야 한다(실제로 음식 주문, 서빙, 탁자 청소 등도 프로그래머들이 최적화를 고민할 수 있는 문제들이다. 집안일을 싫어하는 사람도 최적화 문제를 찾을 수 있다. 프로그래머인 스티브 필립스는 10대 청소년 시절 저녁식사를 먹고 어머니의 식탁 정리를 도우면서 접시의 물기가 자동으로 닦여지기를 간절히 바랐다고 말했다. "접시 더미에서 접시를 하나 집어 들고는 물기를 닦고 내려놓아요. 그다음 접시 더미에서 다른 접시를 하나 집어 들고는 물기를 닦고 내려놓죠. 프로그래밍의 'for' 루프와 똑같아요. 접시물기를 반복해 닦고 있으면 저도 모르게 화가 나죠").

사회적, 감정적 관계에 대해서도 역시 최적화를 생각해볼 수 있다. 주변 사람들과 관계를 유지하기 위해 만났을 때 '안녕'이라고 인사하는 일, 오늘 하루가 어땠는지 물어보는 일, 혹은 동료들의 불평을 들어주는 일 등에서 말이다. 다른 사람과 감정적인 관계를 유지하기 위해서는 너무 서두르지 않고 그들의 감정을 배려하는 일이 무엇보다도 중요하기 때문에 이런 일들은 대개 일대일로 해야 하는데, 본질적으로 너무 비효율적이다.

감정적인 작업을 너무 싫어하며, 그런 일이 자신을 낮추는 일이라 생각하거나 혹은 단순히 그런 일에 서툰 프로그래머들은 본능적으로 일상적인 감정 작업 역시 자동화한다. 그리고 자칫 사람들과의 관계를 불안정하게 만들 수 있는 효율화 계획들을 만들어낸다.

전문가 기반 질의응답 소셜서비스인 쿼라Quora에서는 프로그래머들이 일상생활의 여러 일들을 어떻게 자동화했는지 찾아볼 수 있다. "친구들이나 가족들에게서 '왜 연락을 안 하니?'라는 핀잔을 듣는 일이 너무 지겨웠어요"라고 말한 프로그래머는 그의 친구나 가족들에게 가끔씩 무작위로 문자를 보내는 스크립트 프로그래밍을 만들었다. 문자 내용도 다음과 같이 자동으로 만든다. 먼저 '굿모닝', '굿애프터눈', '굿이브닝' 가운데 하나를 선택하고 '안녕 아무개, 전화하려고 했는데 그러지를 못했네'를 붙여 시작한다. 그리고 '잘 지내고 있지?', '다음 달에는 집에 갈 수 있을 거예요', '언제 시간 될 때 한 번 만나자' 같은 인사말 가운데 하나를 덧붙인다.[13]

러시아 프로그래머의 이야기도 있다. 그는 자신이 늦은 시간까지 여전히 회사에서 일하고 있는 것처럼 '지금 회사인데'라는 메시지를 붙여서 동료에게 연락하는 스크립트 프로그램을 작성했다. 물론 늦게까지 일하는 적당한 이유도 자동으로 덧붙여지게 했다. 회사 주방에 있는 커피머신을 켜고 41초 후에 라떼 한 잔을 마실 수 있게 준비하도록 작동하는 프로그램도 있다. (이 프로그램을 만든 프로그래머의 친구가 말하길, 41초는 책상에서 커피머신까지 가는데 걸리는 시간이었다고 한다. 40초도 아니고 41초라니 놀랍지 않은가?[14]) 나는 샌프란시스코에서 개최된 해커톤 대회에서 중년의 프로그래머를 만난 적이 있다. 그는 다소 흥분한 표정으로 자신이 개발한 앱을 내게 보여주었는데, 그 앱은 데이터베이스에 저장된 정보를 사용하여 온라인으로 연인에게 애정어린 문자를 작성해 보낼 수 있었다. "당신이 너무 바빠서 그녀를 신경 쓸 수 없을 때(그는 늘 여자가 애정에 목말라 한다고 가정했다), 이 앱이 대신해줄 수 있죠." 그는 신이 나서 말했다. 그는 다른 사람들의 눈에 자신이 어떻게 보일지는 잘 알지 못하는 듯했다.

언어학자와 심리학자들은 '어떻게 지내요?', '날씨가 왜 이럴까요?', '오늘밤 뭐해요?'와 같이 일상에서 주변 사람들과의 관계를 좀 더 부드럽게 만들기 위해 사람들이 흔히 사용하는 교감적 언어의 가치를 오랫동안 기록해왔다. 나는 수많은 프로그래머들과 만나 이야기하면서, 그런 교감적 언어에 신경질적으로 반응하는 프로그래머들에 관한 이야기를 자주 들을 수 있었다. 어느 날 저녁 나는 베테랑 프로그래머인 크리스 소프Chris Thorpe와 함께 저녁을 먹었다. 그는 여러 기술 기업들에서 일했었는데, 이야기를 듣더니 옛 동료 가운데 내가 말한 상황에 딱 들어맞는 프로그래머가 있다고 말했다. "그는 정말 뛰어난 프로그래머였어요. 게다가 주어진 일을 어떻게 처리해야 하는지 알고 있는 사람이었죠." 그는 회의 도중 농담이 오가자 불쾌한 표정을 지으며 화를 냈다. "왜 20명이나 되는 사람이 농담하고 웃으면서 5분을 허비하고 있는 건가요? 지금은 근무 시간입니다. 그런데 왜 이런 농담을 하고 있나요? 즐겁게 웃고 있지만 사실 우리는 귀중한 시간을 낭비한 겁니다." 그는 빠르게 말을 이어갔다. "한 사람당 5분씩 시간을 낭비했으니, 20명을 기준으로 총 100분만큼 농담으로 시간을 낭비한 셈입니다."

세계 최초로 디지털 컴퓨터를 발명한 콘라트 추제Konrad Zuse는 컴퓨터가 만능인양 행동하는 사람들은 자신도 모르게 성격이 변할 수 있다고 주장했다. "컴퓨터가 사람처럼 발전할 위험성보다는 사람이 컴퓨터처럼 기계화될 위험이 더 큽니다."[15]

나는 최적화에 대한 열정이 내게도 있다는 사실을 점점 느끼기 시작했다. 특히 취미 삼아 프로그래밍을 하면 할수록 이 느낌은 더욱 뚜렷해졌다. 급기야 일상생활에서 비효율적으로 일한다고 느껴질 때면, 나 자신에게 매우 화가 나기 시작했다.

이런 일도 있었다. 이 책을 쓰는 동안 온라인 유의어 사전을 찾아보는 일이 많았다(비웃는 것은 자유지만, 작가라고 늘 머릿속에 사전이 들어 있는 것은 아니다). 온라인 유의어 사전은 나름 도움이 되었지만, 생각보다 느려서 유의어 하나를 찾을 때마다 약 2~3초의 시간이 걸렸다. 이런 현상에 갑자기 모험심이 발동했다. '음… 내가 직접 유의어 사전 프로그램을 만들어보면 어떨까? 간단하지만 빠른 프로그램을 만들 수 있으면, 손가락으로 책상을 두드리며 몇 초씩 기다리지 않아도 될 텐데.'

나는 우선 가져다 사용할 만한 온라인 유의어 사전이 있는지 인터넷을 뒤지기 시작했다. 얼마 지나지 않아 유의어 API Application Programming Interface(운영체제와 응용프로그램 사이 통신에 사용되는 언어나 메시지 형식—옮긴이)를 제공하는 온라인 회사 빅 휴즈 랩스 Big Huge Labs에서 하루 1,000번씩 무료로 유의어를 검색할 수 있는 온라인 유의어 사전을 찾았다. 오전에 파이썬 언어를 사용해 이 온라인 유의어 사전을 이용할 수 있는 프로그램을 작성한 결과, 단어를 입력하면 유의어와 반의어 목록이 화면에 출력되는 간단한 명령어 방식의 유의어 사전 프로그램을 개발했다. 바탕은 검정색, 글씨체는 녹색이었으며, 아무런 장식도 없었지만 속도는 빨랐다. 불필요한 장식 등이 없어서였는지, 단어를 입력하면 1/1000초 단위로 시간을 재야 할 만큼 결과가 빠르게 나타났다.

솔직히 이 간단한 프로그램으로 절약한 시간이 그리 길지는 않았다. 1시간에 평균 2번 정도 유의어를 찾고 그때마다 2초씩 시간이 절약된다고 가정했을 때, 1년을 통틀어도 몇 시간 절약하지 못한다. 즉, 이 정도 시간을 절약했다고 해서 없던 휴가가 새로 생기지는 않는다.

그러나 약간 다르게 생각해보자. 일반적으로 소프트웨어 성능은 1/1000초(밀리초) 단위로 측정하기 때문에, 내가 만든 프로그램을

은밀한 설계자들

사용하면 유의어를 검색할 때마다 2,000밀리초씩 절약할 수 있다. '2초'보다는 훨씬 크고 감동적으로 느껴지지 않는가? 게다가 이런 속도감은 유의어를 찾을 때마다 커다란 감동을 주고 내 영혼까지 기쁘게 한다. 이런 기쁨이 내 몸과 마음속에 마약처럼 퍼져나갈 때, 정말 좋다(수많은 소프트웨어 회사들이 깨달았듯이 밀리초는 결코 작지 않다. 컴퓨터뿐만 아니라 참을성 없는 사람들에게도 크게 영향을 준다. 우리는 주변 디지털 환경이 빠릿빠릿하게 반응했으면 한다. 예를 들어 구글은 검색 시간이 100~400밀리초 늦어지면 사람들의 검색 효율이 크게는 아니어도 일정 수준 줄어든다는 사실을 발견했다[16]).

나는 이후 몇 달 동안 내가 했던 모든 일들에서 이런 기분을 느끼고 싶었다. 게을러 정리를 안 한 탓에, 다운로드 받은 각종 파일들로 지저분했던 컴퓨터를 나 대신 자동으로 정리해주는 크론 잡 코드도 작성했다. 예를 들어 유튜브에서 비디오 자동번역 파일을 다운로드 받곤 했는데, 그것들을 손으로 일일이 정리하는 일은 상당히 귀찮았다. 그래서 나는 크론 잡 코드를 작성해 이 일을 자동화했다. 봇을 만든 적도 있다. 초등학교 학생인 내 아들은 담임 선생님이 내준 숙제를 확인하기 위해 컴퓨터 앞에 오랜 시간 멍청히 앉아 기다리며 불평을 늘어놓곤 했다(선생님이 불규칙적으로 숙제를 알려준 탓에, 내 아이는 웹페이지 새로고침을 반복해야 했다). 이에 나는 몇 분마다 주기적으로 숙제를 확인하고 숙제가 등록되면 문자로 알려주는 봇도 만들었다. 하루는 문득 〈뉴욕타임스〉 읽기와 집안 청소를 함께할 수 없어 화가 났다(사람들은 청소를 하면서 라디오를 많이 듣지만, 나는 오직 정보만 잔뜩 들어 있는 뉴스가 듣고 싶었다). 그래서 어느 날 저녁, 문자를 음성으로 변환해주는 웹 응용프로그램을 찾아 목적에 맞게 손을 댔다. 덕분에 수십 개의 〈뉴욕타임스〉 기사를 골라 목록에 넣어두면 내가 집을 청소하고 설거지를 하는 동안, 다소 어색하기는 해도 내가 좋아하는 아일랜드 남성 목소리로 뉴스를 들을 수 있었다.

물론 이런 일들이 언제나 성공했던 것은 아니었다. 역효과를 낸 적도 여러 차례 있었다. 아이러니하게도 손으로 간단히 할 수 있는 일을 자동화하기 위해 프로그램을 작성한다며 더 많은 시간을 쓰는 일도 있었고, 그때마다 자동화가 생각보다 쉽지 않다는 사실을 깨닫기도 했다. 어느 날 저녁에는 필사자 한 명이 누가 무엇을 말했는지 표시하지 않고 인터뷰 필기록을 제출한 사실을 발견했다. '문제없어. 내가 해버리지 뭐.' 나는 문서 전체를 훑으며 '질문'과 '답'이라는 표시를 문단마다 번갈아 붙여줄 파이썬 프로그램을 작성할 생각이었다. 그러나 이는 너무 순진한 생각이었다. 내 생각과 달리 필기록은 규칙성 있게 작성돼 있지 않았다. 결국에는 직접 손으로 수정해도 15분이면 충분했을 일이 1시간도 넘게 걸렸다.

내가 작성한 프로그램은 올바르게 작동했으나, 분명 시간을 낭비한 바보 같은 일이었다. 손으로 직접 몇 분만 작업했으면 충분했을 만한 일을 자동으로 한답시고 1시간도 넘게 허비했으니 말이다. 효율성을 높이는 일이 말처럼 쉽지는 않은 듯하다.

자동화가 언제나 성공적인 것은 아니지만, 한 가지 분명한 사실은 꽤 재미있는 일이라는 점이다. 분명 어떤 일을 손으로 처리하는 것보다는 자동으로 처리하는 것이 훨씬 재미있다. 무엇인가 자동화하려면 체스게임을 하거나 퍼즐을 풀 때처럼 머리를 써야 한다. 실수를 깨닫고 머리를 탁 치는 순간조차도 무언가 깨달아 알았다는 사실에 즐거움을 느낀다. 앞에서 이야기했듯이 문서를 직접 수정했다면 몇 분이면 끝낼 수 있었다. 그러나 그 시간은 짧아도 지루했을 것이다. 알고리즘을 생각하고 프로그램을 끄적이며 1시간을 낭비한 듯 보이기는 해도, 사실 그때야말로 지적으로 즐겁고 흥분되는 시간이었다.

나중에 알게 된 일이었지만, 다른 프로그래머들도 나와 상당히 비슷했다. 주변 프로그래머들에게 내 경험과 느낌을 이야기하며 물어보면, 주어진 일을 단순히 직접 하기보다는 자동화 코드를 작성하는 일에 더 많은 시간을 쏟는다는 이야기를 많이 듣는다. 기술 학회에서 만났던 어떤 프로젝트 관리자는 자신이 관리하는 직원 중에 최적화 문제에 빠져 살기 일쑤인 프로그래머가 있다며 한 가지 일화를 들려줬다.

"그는 데이터베이스 이전 작업을 할 예정이었어요. 그 일을 잘 처리하려면 나름 골치 아픈 작업도 해야 하고, 데이터를 손으로 직접 정리도 해야 했죠." 프로젝트 관리자가 내게 말했다. 그의 설명에 따르면 분명 귀찮은 일이었지만 반나절이면 처리할 수 있는 일이었다. 게다가 한 번만 작업하면 다시 할 필요가 없는 일이었다. 그러나 그 프로그래머는 모든 데이터를 일일이 손으로 옮기며 오전 시간을 보낸다는 생각 자체를 끔찍하게 싫어했다. 결국 그는 데이터베이스 이전 프로그램을 작성하기로 하고, 자동화와 최적화의 늪 속으로 풍덩 뛰어들었다. 프로젝트 관리자는 그 직원 자리 주변을 맴돌며 그가 하는 일을 확인했고, 헤드폰을 끼고 머리를 숙인 채 열심히 작업하고 있음을 보고는 더 이상 신경 쓰지 않았다. 아뿔싸! 큰 실수였다. 작업을 맡기고 2주 후, 그는 데이터베이스 이전 업무가 여전히 끝나지 않았음을 발견했다("매일같이 확인하지 않은 제 잘못이었어요"). 2주가 지났음에도 해당 직원은 여전히 데이터베이스 프로그램을 완성하지 못했다. 그는 작은 일까지 꼼꼼히 신경 쓰며 프로그램을 완벽하게 만들고 있었다. 게다가 데이터베이스 이전 작업의 첫 단계인 데이터 정리 부분만을 프로그램으로 구현했을 뿐이었다. 즉, 작업을 완료하려면 여전히 할 일이 많았다. 3시간의 단조로운 작업이 싫어 프로그램을 만든다고 보름을 날린 것이다. "그 직원 덕분에 우리 일정은 완전히 늦춰졌죠. 그런데 그 직원은 이렇게 말하더라고요. '다들 내가 만든 이 멋진 프로그램을 봐! 끝내주지?'" 프로젝트 관리자가 한숨을 쉬며 말했다. "정말 쓸데없는 일 아닌가요? 그런데 그는 정말 자랑스러워하더라고요."

프로그래머의 이런 집착에는 나름 뿌리가 있으며, 대부분 효율성이 매우 중요한 '기계'를 대상으로 프로그래밍하는 과정에서 비롯되었다.

최적화를 생각하지 않은 채 프로그램을 대충대충 작성할 수도 있다. 그러나 이런 프로그램은 필요 이상의 자원을 요구한다. 예를 들어 프로그램을 실행하기 위해 필요 이상의 램 용량이 필요할 수도 있다. 가령 10명으로 이루어진 팀이 트럭에 실려 있는 상자 100개를 꺼내 집으로 옮겨야 한다고 하자. 가장 간단한 방법은 트력에 더 이상 상자가 남아 있지 않을 때까지 10명이 차에서 집까지 상자를 반복해 나르는 것이다. 그러나 이 방법은 차에서 집까지 총 100번을 왕복해야 하므로 가장 느리다. 좀 더 효과적인 방법은 사람들을 차에서 집까지 늘어서게 한 뒤 버킷 릴레이 방식(불을 끄기 위해 사람들이 일렬로 줄을 서 물통을 옮기는 것—옮긴이)으로 상자를 옮기는 것이다.

프로그래밍에도 이와 똑같은 다양성이 존재한다. 나 같은 초짜 프로그래머는 가장 간단하고 이해하기도 쉬운 알고리즘을 사용해 프로그램을 작성한다. 내가 상자를 옮기는 프로그램을 작성한다면, 10명의 사람이 차와 집 사이를 왕복하며 상자를 나르는 방식으로 프로그래밍을 할 것이다. 반면에 경험 많은 혹은 천부적인 프로그래머는 직관적으로 좀 더 빠른 방식이 있다는 것을 알아챌 것이다. 그리고 간단한 알고리즘을 사용해 만든 프로그램보다 더 빠르게 작동하는, 예를 들어 실행될 때마다 20밀리초씩 더 빠르게 작동하는 프로그램을 작성할 수 있다. 프로그램 사용자가 많지 않다면, 코드 실행 속도가 다소 느리더라도 크게 문제되지 않는다. 그러나 갑자기 수천 아니 수백만 명의 사람이 프로그램을 사용하겠다고 몰려들면 어떻게 될까? 최적화되지 않고 엉성하게 작성된 프로그램은 한마디로 재앙이 될 수 있다.

크라우드 펀딩 서비스인 킥스타터가 갑자기 유명해졌을 때, 랜스 아이비는 이런 문제를 직접 체험했다. 서비스를 시작한 지 3년이 지난 2012년, 킥스타터는 처음으로 100만 달러 모금이 성공했다. 첫 번째는 〈브로큰 에이지Broken Age〉를 만들었던 비디오 게임 제작자 팀 샤퍼Tim Schafer의 프로젝트였다. 팀 샤퍼는 40만 달러를 목표로 했는데, 이 금액은 킥스타터에게 당시 기준으로 매우 큰 금액이었다. 그러나 샤퍼의 팬들이 몰려들었고 하루가 채 지나지 않아 100만 달러에 가까운 돈이 모였다. 샤퍼의 회사에서 관련 영상을 내보내자 팬들은 더욱 열광했다. 모금액수가 99만 9,999달러에서 100만 달러로 넘어가는 순간을 보고 싶었던 그의 팬들은 킥스타터 홈페이지에서 쉬지 않고 새로고침을 실행했다.

"모든 사람들이 '이 역사적인 순간을 함께 보자!'라고 말하며 동시에 킥스타터 페이지에 접속했어요." 아이비가 말했다. 그러나 그때까지 아이비는 한꺼번에 많은 사람들이 킥스타터에 접속하는 상황을 감안해 킥스타터를 최적화하지 않았다. 아이비의 개발팀에는 매우 적은 수의 엔지니어만이 일하고 있었고, 다른 일로도 이미 충분히 바빴다. 사실 아이비를 포함해 그의 팀원 어느 누구도 이런 상황을 꿈에도 상상하지 못했다. "흥분한 사람들이 끊임없이 새로고침 메뉴를 반복해 눌러댔어요." 아이비는 아쉬운 듯 웃으며 말했다. 그와 팀원들은 홈페이지가 끊임없이 새로고침되는 상황을 한 번도 상상한 적이 없었지만, 실제로 그런 상황이 일어났고 문제가 생겼다. 게다가 심각했다. 수많은 사람들이 쉬지 않고 새로고침 메뉴를 눌러댔고, 의도했던 것은 아니었지만 과도한 트래픽으로 서버를 다운시키는 서비스 거부 공격Denial of Service attack 효과를 냈다. "저희 시스템은 다운되었어요. 몇 번이고 다시 작동시켰지만, 곧 다시 다운되었죠."

사이트가 제대로 동작하지 않았지만 어느 누구도 신경 쓰지 않왔다. 오히려 당시 '멈춰선 킥스타터'는 모금이 성공적이었음을 보여주는 자랑스러운 증표로 여겨졌다. 그러나 아이비는 사람들 생각이 곧 바뀌리라는 것을 잘 알고 있었다. 그래서 그는 많은 사람들이 사이트에 접속하더라도 시스템 자원 부족으로 사이트가 다운되는 일이 없도록 킥스타터 프로그램을 최적화하려 했다. 우선 모금액 변화를 실시간으로 보여주도록 프로그램을 고쳐 열혈 팬들이 끊임없이 새로고침 메뉴를 눌러댈 필요가 없게 만들었다. 그들은 프로그램을 계속 고치며 최적화했다. 적당히 돌아가기만 했던 코드를 좀 더 효율적으로 고치고 바꾸는 일종의 '리팩토링refactoring' 작업을 수행했다.

'리팩토링'은 편집 작업과 비슷하다. 여러분이 편지나 연설문 혹은 기사 등을 쓴다고 가정해보자. 여러분의 생각을 글로 옮겨놓은 것이지만, 처음 나온 글은 상당히 부족하고 내용도 애매모호한 경우가 많다. 비슷한 말을 여러 차례 반복하기도 하고, 다른 이야기만 잔뜩 늘어놓으며 정작 하려했던 말은 쓰지 않기도 한다. 머릿속 생각이 명확히 정리되지 않은 경우도 있다. 그러나 한 번에 완벽한 글을 쓸 생각만 아니라면 괜찮다. 편집 작업을 통해 처음 쓴 볼품없던 글을 다듬을 수 있으며, 목적 없이 반복되는 말을 줄여 글 자체가 탄탄해 보이도록 만들 수 있다. 이것이 편집 작업을 거친 글이 간결한 이유다. "이 편지는 매우 긴데, 별다른 이유가 있는 것은 아니고 제가 고칠 시간이 없었기 때문이에요." 블레즈 파스칼Blaise Pascal이 사과하며 했던 말이다.[17](수학자들은 간결함과 명료함을 매우 중요하게 생각하는 만큼, 수학자였던 파스칼 또한 당연하게도 간결한 표현의 중요

성을 잘 알고 있었다.) 셰익스피어는 "간결함은 유머의 핵심이다"라고 말하기도 했다.[18]

프로그래밍 또한 마찬가지다. 일반적으로 프로그램은 간결하면 간결할수록 더 좋다. 언제나 그런 것은 아니지만 프로그램 길이가 짧으면 짧을수록 버그가 발생할 가능성이 줄어들기 때문이다. 반대로 뒤죽박죽 쓰인 코드가 잔뜩 들어 있는 프로그램에는 버그가 있을 만한 곳이 많다. 프로그램이 짧고 간결할수록 프로그래머가 무엇을 의도했고 무엇을 의도하지 않았는지 명확히 알 수 있다. 숲에 나무가 너무 많으면 숲속을 제대로 볼 수 없다.

C++ 프로그래밍 언어 개발사인 비야네 스트롭스트룹Bjarne Stroustrup은 어린 학생들을 많이 가르쳐왔다. 그는 초보 프로그래머들이 전문 용어를 잔뜩 사용해 에세이를 쓰는 정치학과 1학년 학생들처럼, 좀 더 길고 복잡하게 프로그래밍하려 한다고 말했다.

"학생들이 작성한 코드의 길이는 제가 작성한 코드보다 약 2~3배 더 길었어요." 그는 말했다. "제 코드는 학생들이 작성한 코드의 1/3~1/2 수준이었지만 더 안정적이었고, 대개 더 빨랐으며, 버그도 좀 더 쉽게 찾을 수 있었죠." 왜 이런 차이가 생겼을까? 그는 '경험' 때문이라고 말했다. 경험이 부족한 프로그래머들은 문제가 주어지면 별다른 생각 없이 바로 프로그래밍을 시작한다. 그들은 코드의 길이가 길면 길수록 많은 일을 했다고 생각한다. 그러나 경험 많은 프로그래머들은 해결할 문제를 파악하고, 그 문제에서 프로그램으로 다룰 부분이 어딘지 곰곰이 생각한다. 또 그들의 머릿속에는 오랜 기간 쌓여온 최적의 코드가 들어 있다. 예를 들어 배열

정렬 문제가 주어지면, 그들은 머릿속에 들어 있는 최적의 배열 정렬 코드를 사용해 프로그래밍한다.

게다가 경험 많은 프로그래머들은 이미 작성된 프로그램에도 비슷한 문제가 있을 수 있다는 것을 잘 알고 있다. 즉, 프로그램 속에 들어 있는 특정 함수가 길고 지나치게 복잡하다면, 좀 더 효율적으로 고칠 부분도 많다는 것을 잘 알고 있다. 실제로 프로그램을 수정하며 최적화하다 보면 마치 프랙털Fractal(작은 형태가 전체 구조와 닮은 형태로 끝없이 되풀이되는 구조—옮긴이)처럼 반복되는 코드를 자주 볼 수 있으며, 이런 중복된 코드를 제거해 프로그램을 최적화할 수 있다. 한 가지 덧붙이면 프로그래밍 관련 여러 격언 중에는 "DRY", 즉 "반복하지 말라Don't Repeat Yourself"는 격언도 있다.

때때로 첨단 기술 관련 기사에 소프트웨어의 크기가 언급되는 경우를 종종 볼 수 있다. 예를 들어 2015년 기준, 구글의 다양한 서비스 프로그램은 모두 합치면 약 20억 줄에 달한다고 한다.[19] 이런 사실을 접하면 프로그램의 크기가 중요하다는 생각이 든다. 즉, 프로그램의 크기가 크면 클수록 프로그램 실행결과 또한 훨씬 좋으므로, 유능한 프로그래머라면 프로그래밍에 빠져 쉬지 않고 코드를 만들어내야 한다는 생각이 들게 한다. 그러나 유능한 프로그래머라면 오히려 코드를 간결하게 만들고, 중복된 부분은 없애며, 불필요한 기능은 날려버릴 수 있어야 한다. 페이스북 엔지니어인 징하오 얀Jinghao Yan은 3년간 자신이 작성한 코드가 회사 전체 코드에 얼마나 기여했는지 확인한 뒤 오히려 마이너스였다는 사실을 깨달았다. "3년간 제가 작성한 코드는 모두 391,973줄이었어요. 그런데 회사의 다른 코드를 최적화하기 위해 지운 코드는 무려 509,793줄이었죠. 1년에 1,000시간씩 프로그래밍을 했다고 가정하면, 코드를 늘린 것이 아니라 1시간에 117줄씩 지운 셈이에요!"[20]

다소 이상하게 들릴 수도 있겠지만 간결함을 생각하면 프로그램은 마치 시와 같다. 시의 가치는 함축된 표현에서 나온다. "훌륭한 시에는 하나도 버릴 것이 없어요. 단어 하나하나에 의미와 목적이 있죠." 프로그래머이자 기업가인 맷 워드Matt Ward가 말했다. "시는 전체가 꼼꼼하게 만들어져 있어요. 시인은 가장 적합한 단어를 찾기 위해 몇 시간씩 끙끙대며 고민하기 일쑤죠. 시가 잘 써지지 않으면 기분 전환을 위해 며칠씩 떠나 있기도 하고요." 특히 초기 모더니즘 시는 함축된 표현을 매우 중요시했다. 일본 하이쿠(일본 고유의 단시—옮긴이)의 영향을 받은 유명한 모더니즘 시 중에는 에즈라 파운드Ezra Pound가 지은 〈지하철역에서In a Station of the Metro〉라는 시가 있다.

군중 속에서 홀연히 나타난 이 얼굴들
축축한 검은 나뭇가지의 꽃잎들

"파운드는 단지 2줄, 14단어만으로(영어 원문 기준) 많은 의미가 담겨진 놀라운 이미지를 그려냈어요. 효율성의 극치라 할 수 있죠." 워드가 말했다.[21] 파운드는 간결한 시도 잘 지었지만 다른 사람의 시를 간결하게 만드는 재능 또한 뛰어났다. 토마스 엘리엇T. S. Eliot이 자신의 서사시 〈황무지The Waste Land〉의 초고를 파운드에게 보여주자, 그는 펜을 들고는 무자비할 정도로 불필요한 부분을 쳐내기 시작했다. 그 결과 1,000줄에 달했던 시는 434줄로 줄었고, 늘어져 힘이 없던 작품도 한층 탄탄해졌다(엘리엇은 감사의 표시로 시의 마지막에 "더 훌륭한 시인인 에즈라 파운드를 위해"라는 문구를 덧붙여 파운드에게 헌정했다[22]).

프로그래머가 코드의 효율성에 관해 말할 때, 미학적인 관점에서 프로그램이 어떤 느낌을 주는지도 말할 수 있다. 예를 들어 효율적으로 잘 구성된 프로그램은 시각적으로 깔끔하고 아름다우며 우아한 느낌을 주는 반면, 느릴 뿐만 아니라 관리하기 힘들 만큼 형편없이 작성된 프로그램은 악취를 풍긴다는 느낌을 준다.

프로그래머들은 수십 년 동안 "이 프로그램은 악취가 나는군!"과 같은 신랄한 표현을 사용해왔다. 이런 표현은 1990년대 후반 2명의 유명한 프로그래머 마틴 파울러Martin Fowler와 켄트 벡Kent Beck이 쓴 리팩토링에 관한 책에 등장한 후 공식적으로 쓰이기 시작했다. 벡은 당시 갓 태어난 딸에게서 나는 냄새에 빠져 '냄새'라는 표현을 떠올렸고, 나쁜 코드를 주제로 다룬 장의 제목을 '코드의 나쁜 냄새'로 지었다.[23] 이러한 표현은 이후에 흔히 사용되었다. 예를 들어 스택오버플로 같은 프로그래머 포럼에 들어가 '냄새smell'라는 단어를 입력해보면, 프로그램의 문제점을 언급하며 도움을 요청하는 수많은 프로그래머들을 볼 수 있다. (요즈음에는 학교에서조차 이 단어를 흔히 사용한다. 예를 들어 〈프로그램은 언제, 무슨 이유로 나쁜 냄새를 풍기기 시작할까?〉라는 제목의 논문이 있으며, 제목처럼 나쁜 냄새를 풍기는 프로그램이 작성되는 이유를 다룬다. 이 논문에 따르면 과중한 업무와 빡빡한 일정이 주원인이다. 파울러와 벡 역시 "과중한 업무와 빡빡한 일정 탓에 개발자가 나쁜 냄새를 풀풀 풍기는 프로그램을 작성할 가능성이 높아진다"고 말했다.[24]

시각에서 후각으로의 이동은 재미있기도 하고 흥미롭기도 했다. 좋은 프로그램의 특성을 시각적인 것과 연결시키는 것을 보면, 째깍째깍 돌아가는 시계나 현수교처럼 여러 사람이 감탄하며 바라보는 대상의 구조적 아름다움이 느껴진다. 이와 비교해 나쁜 프로그램의 특성을 썩은 생선이나 상한 우유 같은 후각적인 것과 연관시키는 것을 보면, 나쁜 프로그램은 어디엔가 숨겨져 우리가 볼 수는 없지만 무언가 잘못되었다는 느낌을 준다는 것을 알 수 있다.

프로그래머인 브라이언 켄트릴Bryan Cantrill은 프로그래머들이 버그에 대한 임시 해법보다는 모든 상황을 고려해 깔끔히 정리할 수 있는 완벽한 해결책을 알아내려 한다는 사실에 주목했다. 물론 시간이 부족하거나 고치기에는 버그가 너무 어려워 완벽한 해법을 찾을 수 없을 때는 프로그래머도 어쩔 수 없이 성에 안차는 해법을 사용한다. 예를 들어 자신이 발견한 몇몇 특정 문제 상황만을 다루는 코드를 작성해 버그를 해결하고, 미처 깨닫지 못한 문제 상황이 없기만을 간절히 기도한다. 더 이상 문제가 발생하지 않는다면 프로그래머는 기술적으로 버그를 고친 것이다. 그러나 이 경우에도 프로그래머는 해법으로 적용한 자신의 코드 옆에 '한심한', '역겨운', '짜증 나는'과 같은 주석을 달아 자신에 대한 불만족을 노골적으로 드러내곤 한다.[25] 프로그래머들에게 불완전한 코드는 자신들의 존재 이유에 대한 도전인 듯하다.

방금 전 나는 저녁식사를 먹기 위해 앉았다. 앞에는 달랑 소이렌트(식사 대용 파우더―옮긴이) 한 병만 놓여 있었다. 나는 물병 마개를 열고 물을 소이렌트 병에 부었다. 흰색의 다소 끈적끈적한 소이렌트는 함께 앉아 식사를 하던 내 프로그래머 친구의 농담처럼, 마치 팬케이크 반죽 같았다. 친구는 웃으며 "맛도 비슷할 것 같은데?"라고 말했다. 한 모금 마셔보니 그 친구 말이 맞았다. 그러나 나는 5분만에 식사를 마쳤고, 그게 가장 중요했다. 시간이라는 관점에서 보면 소이렌트는 가장 최적화된 식사였다.

소이렌트는 25세의 젊은 프로그래머 롭 라인하트_{Rob Rhinehart}가 2013년에 발명했다. 그는 다른 2명의 파트너와 함께 와이콤비네이터_{Y Combinator}라는 투자업체에서 17만 달러를 펀딩 받아 최신 이동 전화기 기지국 장비를 값싸게 만드는 스타트업을 만들었다. 아쉽게도 실패했지만 라인하트는 포기하지 않았고, 일상에서 마주칠 수 있는 새로운 문제를 고민했다.[26]

라인하트가 선택한 문제는 '음식'이었다. 음식은 여러 가지 측면에서 시간 소비의 주범 가운데 하나다. 그는 하루 2시간을 식사에 소비하고 있다는 사실을 발견했다. "저는 대개 아침으로는 계란을 먹고, 점심은 밖에서 먹으며, 저녁으로는 퀘사디아나 파스타 혹은 햄버거를 먹어요." 그는 블로그에서 자신의 식사 패턴을 이야기하며 식사시간을 추정했다. "집에서 식사를 하면, 설거지를 하고 접시를 말려야 하죠. 장보는 시간까지 계산해 넣으면, 식사시간은 더욱 늘어날 거예요." 그가 주목한 문제는 음식을 준비해 몸에 영양을 공급하는 방식이 비효율적이라는 것이었다. 만약 필요한 영양소를 모아 액체로 만들 수 있다면, 음식 준비와 섭취가 훨씬 쉬워질 것이다.

그는 인터넷에서 관련 자료를 찾아가며 연구했고, 집 부엌에서 이것저것을 만들어봤다. 몇 주가 지난 뒤 그는 첫 번째 소이렌트 한 통을 만들어냈고, 자신이 만든 소이렌트만 먹으며 살기 시작했다. 한 달 후, 룸메이트의 장난 섞인 걱정과 달리 놀랍게도 그는 죽지 않고 살아 있었다. 아니 오히려 더 건강해졌다. 그는 "제 피부는 더 깨끗해졌고, 치아는 하얗게 바뀌었으며, 머리카락은 굵어졌어요. 비듬조차 없어졌죠"라고 말했다.

소이렌트의 효과를 확신하게 된 라인하트는 음식에 들이던 모든 시간을 없앴다. "저는 현재 다음 날 음식 준비를 위해 단 5분의 저녁시간만 사용한답니다. 준비된 음식을 먹는 데는 몇 초면 충분하죠." 그는 말했다. "저는 이런 수십 배의 개선 효과가 정말 마음에 들어요. 게다가 설거지에서도 해방되었죠. 사실 마음만 먹으면 주방이나 전기 먹는 하마인 냉장고도 없앨 수 있어요. 그렇게 하면 청소 걱정도 줄어들고 공간도 좀 더 넓게 쓸 수 있을 거예요. 한마디로 식사 준비를 위해 깨끗한 물만 있으면 됩니다." 물론 그가 일반 식사를 완전히 그만둔 것은 아니다. "음식은 삶에서 정말 중요하죠. 예술이며 위안이고 과학이며 축하입니다. 때론 애정이며 친구들과 만나는 이유기도 합니다." 음식의 장점을 말하면서도 그는 한 가지 덧붙이는 것을 잊지 않았다. "물론 많은 경우 음식을 준비하고 먹는 일은 귀찮지만 말이죠."[27]

수많은 프로그래머들이 소이렌트에 열광했다. 라인하트가 올린

은밀한 설계자들

첫 번째 공지는 해커 사이트로 빠르게 퍼져나갔다. 그는 소이렌트 생산을 위해 크라우드 펀딩으로 자금을 모으려 했고, 불과 2시간 만에 목표액을 채웠다. 스타트업에서 일하는 몇몇 프로그래머들은 내게 회사 식료품 창고에 소이렌트가 잔뜩 있다고 말해주었다. 실리콘밸리에서는 10시간 이상씩 쉬지 않고 미친 듯이 프로그래밍에 빠져 일해야 하는 경우가 흔한데, 이때 소이렌트는 환상적인 음식이다. 업무 흐름이나 몰입을 깨고 싶지 않을 때, 앉은 자리에서 한 병 쭉 들이키면 식사가 끝나니까 말이다. 누군가 말했듯이 피자를 시켜 먹는 것보다도 훨씬 간단했다. 그렇다고 프로그래머들만이 소이렌트의 고객은 아니었다. 석유 굴착기 담당 직원, 건축 현장 관리자, 장거리 통근자 등 식사시간을 줄이려는 사람들은 누구나 소이렌트의 고객이 되었다.[28]

소이렌트는 여러 가지 면에서 효율성에 대한 프로그래머의 집착을 가장 잘 보여준다. 효율성에 대한 집착은, 무슨 일이든 좀 더 빠르게 처리하기 위해 모든 지연 요소를 없애려는 최적화가 제2의 천성이 될 때 얻을 수 있다. 인생의 모든 순간은 '테일러리즘'의 대상이며 의사소통, 일, 쇼핑 등 모든 것은 종류에 상관없이 가능한 효율적으로 빠르게 해야 한다. 아마존의 성공은 루히 사리카야Ruhi Sarikaya가 말했듯이 삶의 여러 가지를 빠르게 만족시킨 덕분이었다. "목표를 향해 나아가는 데 방해되는 모든 것을 '저항'이라고 합시다. 아마존은 집요할 만큼 이 저항을 줄이는 데 집중했어요. 원클릭1-Click 주문, 아마존 프라임Amazon Prime, 혹은 아마존 고Amazon GO가 그 노력의 대표적인 결과물들이에요."[29]

효율성에 대한 집착 덕분에 원할 때 기다리지 않고 즉시 이용할 수 있는 '온디맨드on-demand(모바일을 포함한 정보통신기술 인프라를 통해 소비자 수요에 맞춰 맞춤형 제품 및 서비스를 즉시 제공하는 경제 활동─옮긴이)' 서비스가 폭발적으로 증가했다. 2010년대 중반까지 실리콘밸리 기업가들은 일상의 거의 모든 성가신 일 하나하나를 간단히 처리할 수 있는 수많은 앱을 시장에 내놓았다. 워시오Washio(고객의 더러운 옷을 수거하기 위해 '닌자'라는 배달원을 보내주는 서비스), 핸디Handy(아파트 정리 서비스), 인스타카트Instacart(고객 대신 물건을 구매해 배송하는 서비스), 태스크래빗츠TaskRabbits(업무 대행 서비스) 등이 대표적이다.[30]

순전히 인구학적인 관점에서 보면, 이런 서비스에는 깊은 자아도취가 작용하고 있다. '개인을 위해 무언가 해주는' 이러한 앱은 대학을 떠난 수많은 젊은 남자들이 살고 있는 샌프란시스코 같은 도시에서 가능하다. 서비스 이용자는 서비스 앱을 통해 효율적인 삶을 살 수 있고, 스타트업은 돈을 번다. 이런 종류의 스타트업들이 시급히 해결하고자 했던 문제는 혼자 사는 사람들이 식사, 청소, 운송 등의 일에서 기숙사 혹은 집의 편안함을 똑같이 누릴 수 있도록 하는 것이었다. 내 친구이자 잡지 〈마더존스Mother Jones〉의 수석 편집장인 클라라 제프리Clara Jeffery는 트위터에 "실리콘밸리의 수많은 스타트업들은 엄마 같은 서비스를 찾는 젊은 친구들을 목표 고객으로 생각합니다"라는 글을 올렸다.[31] 이런 현상은 프로그램이 어떻게 발전해왔는지 보여주는 하나의 사례.

손에 물 한 방울 대보지 않고 귀하게 자란 졸업생들만 이런 서비스를 좋아했던 것은 아니었다. 재정적으로 서비스를 이용할 만한 수준의 사람들 가운데 상당수가 귀찮은 일을 없앨 수 있음에 만족해하며, 기꺼이 돈을 내고 서비스를 이용했다. 예를 들어 택시를 부르는 일은 시대에 상관없이 화가 치밀어 오를 만큼 비효율적이었다. 즉, 택시 운전사는 승객이 어디에 있는지 모르고, 승객은 택시가 어디에 있는지 몰랐다. 우버가 엄청난 성공을 거둘 수 있었던 이유는 택시 호출하는 방법을 바꿔 이런 역사적인 비효율성을 해결한 최적화 덕택이었다.

그러나 최적화 과정에서는 필연적으로 승자와 패자가 생기는 부작용이 발생한다. 우버 서비스 때문에 세계의 수많은 도시가 차로 넘쳐났다. 택시 승객에게는 이런 변화가 매우 반가운 일이겠지만, 경쟁이 치열해지며 안정적인 수입을 얻기 힘들어진 택시 운전사들에게는 분명 달갑지 않은 일이었다(2018년 뉴욕 택시 대수는 13,578대에 불과한 반면, 호출형 차량 대수는 무려 8만 대에 달했다). 단지 부업으로 호출형 차량을 운행하는 사람들은 기존 고정 수입 외부가 수입을 올릴 수 있다는 사실에 매우 만족해했다. 즉, 우버나 리프트LYFT 같은 서비스는 운전한 만큼만 돈을 벌어도 괜찮은 사람들에게는 분명 좋은 소식이었다. 하지만 나름 안정적인 수입을 얻을 수 있다는 매력 때문에 운전을 업으로 삼으려 했던 사람들에게는 나쁜 소식이었다. "우버와 리프트가 해온 일은 택시 사업에 뛰어들어 사업 자체를 부숴버린 거예요." 나이지리아 출신 택시 운전사 은남디 우와지Nnamdi Uwazie가 NBC와의 인터뷰에서 말했다. 2017년까지 여러 명의 택시 운전사가 자살했으며, 택시 운전사들은 안정적인 수입을 올릴 수 없을 만큼 택시 사업을 망가뜨린 호출형 택시 사업자들을 강하게 비판했다.[32]

프로그래머들 또한 세상의 비효율성을 고치려 한 자신의 열정 때문에 생각지 못한 부작용이 일어나는 것을 보며 놀라고 실망하기도 했다. 다음은 페이스북의 '좋아요' 버튼과 관련해 초기 근무했던 프로그래머 몇몇에게 일어났던 일이다.

2007년, 몇몇 페이스북 엔지니어들은 서비스 속도를 향상시키려 했다. 그중 한 명이었던 레아 펄만Leah Pearlman은 페이스북 사용자들이 친구의 새로운 게시물에 대해 적당한 댓글을 생각해내기 힘들어 글을 쓰려 하지 않는다고 생각했다. 댓글을 다는 사람들조차도 귀찮은 듯 인사치례로 '앗싸!' 같은 한 단어 댓글을 달곤 했고, 이로 인해 페이스북 사용자 페이지가 무의미한 댓글로 어지러워진다고 생각했다. 펄만은 마우스 클릭 한 번으로 게시물에 공감한다고 표현하는 것과 같은, 무언가 훨씬 효과적이고 군살을 쏙 뺀 새로운 방법이 있지 않을까 고민했다. 그런 방법이 있다면 '긍정'의 개수가 급속히 증가할 것 같았다.[33] 구글에서 지챗Gchat 개발에 참여한 후 페이스북으로 이직한 동료 저스틴 로즌스타인Justin Rosensteil도 비슷한 결론에 다다랐다. "단 하나의 표시로 다른 사람의 게시물에 긍정을 나타내기 위한 수고를 줄일 수 있다면 어떤 일이 생길까요?"[34] (혹은 "의사소통에 대한 저항을 최소화할 수 있게 디자인을 이용할 수 있다면 어떤 일이 생길까요?"[35])

그들의 생각은 페이스북 직원들 사이에서도 주목 받았으며, 곧

'와우' 버튼을 만들고 모든 게시물 옆에 나타내도록 결정했다. 이 버튼을 누르면 깔끔하고 깨끗한 방식으로 긍정 개수를 재빨리 올릴 수 있었다.[36] 더구나 이렇게 하면 페이스북 사용 패턴 분석이 가능했다. 예를 들어 뉴스피드 팀은 사용자가 어떤 종류의 게시물을 클릭했는지 모니터링할 수 있었고, 뉴스피드에 어떤 종류의 게시물을 넣어야 사용자가 좋아하는지 좀 더 잘 알 수 있었다.[37](아기 사진을 자주 클릭하는 사람이 있다면, 좀 더 많은 아기 사진을 보여준다.) 모니터링된 정보를 보고 사용자의 취향에 잘 맞는 광고를 만들 수 있는 만큼, 광고주 또한 새로운 서비스를 좋아했다.

펄만과 로즌스타인을 포함한 페이스북 개발팀은 밤샘 작업을 통해 다소 투박해 보이는 시범용 프로그램을 개발했다. 아침 6시, 그들은 실험용 계정에서 '와우' 버튼을 클릭할 수 있게 되었다. 저커버그는 '와우' 버튼을 보고도 시큰둥했던 반면, 다른 페이스북 직원들은 상당히 만족스러워했다. 디자인 팀은 버튼의 이름을 '와우'에서 '좋아요'로 바꾸었고, 세계에서 가장 유명한 컴퓨터 아이콘이 된 파란색 엄지척 아이콘을 디자인했다. 2009년 2월 9일부터 이 기능은 공식적으로 사용되기 시작했고, 얼마 지나지 않아 페이스북에서 가장 많이 사용되는 기능 중 하나가 되었다.[38] 지금까지 클릭된 횟수는 1조를 훌쩍 뛰어 넘는다.[39]

긍정적인 시각으로 보면 펄만과 로즌스타인은 '좋아요' 버튼을 개발해 자신들이 생각했던 목표를 정확하게 달성했다. 페이스북 사용자는 다른 사람의 게시물에 대해 훨씬 빠르고 좀 더 효율적으로 동의 혹은 지지한다는 뜻을 나타낼 수 있게 되었다. 덕분에 동의 혹은 지지 표시도 눈에 띄게 늘어났다. 그러나 부정적인 시각으로 바라보면, '좋아요' 버튼 때문에 중독 증상이 나타났다.

중독 증상은 '좋아요' 버튼 옆에 그 버튼을 누른 사람의 숫자가 나타났기 때문이다. 게시물을 올린 사람은 자신도 모르게 그 숫자를 지켜보며, 얼마나 많은 사람들이 자신의 게시물을 좋아하는지 끊임없이 모니터링했다. 예를 들어 페이스북에 사진을 올린 사람은 '좋아요' 버튼 옆 숫자가 증가하는지 보기 위해 끊임없이 페이지를 새로고침하곤 했다. 연구자들에 따르면 '좋아요' 버튼은 몰입을 방해하는 장애물 중 하나가 되었다. 즉, 중독된 사람들은 이메일을 쓰거나 혹은 친구들과 이야기하다가 느닷없이 페이스북에 접속해 초조한 표정으로 '좋아요' 버튼 옆 숫자를 확인하곤 한다.

사업가인 라밑 차울라Rameet Chawla는 "한마디로 우리 세대에 새로 나온 신종 마약이라 할 수 있습니다"라는 내용의 글을 썼다. "중독도 되고, 금단 증상이 나타날 수도 있어요. 한 번만 경험해도 느낌이 확 올 만큼 영향을 받죠."[40] 1970년대 사회 심리학자 도널드 캠벨Donald Campbell은 보상을 위한 평가지표가 단 하나뿐이라면, 사람들은 그 지표 값을 높이기 위해 무슨 짓이라도 할 만큼 그 지표 값에 매달리게 된다고 지적했다(캠벨의 법칙[41]). 만약 심리학자들이 캠벨의 법칙을 고려했다면 '좋아요' 버튼 때문에 생길 수 있는 사람들의 이런 반응을 예측할 수도 있었을 것이다. '좋아요' 버튼 때문에 페이스북 게시물에도 변화가 일어났다. 좀 더 눈에 잘 띄고 사람들의 반응을 이끌어내 높은 점수를 받을 수 있는 게시물이나 사진을 내걸기 시작했다. 예를 들어 객관성 없이 오직 관심만 끌 목적으

로 쓴 글, 물의를 일으킬 만큼 선을 넘은 말, 과한 감정 표현, 미끼용 제목 등이 있다.[42]

더 혼란스러운 문제도 있다. '좋아요' 서비스는 페이스북에게 사용자를 모니터링할 수 있는 새로운 강력한 수단이 되었다. '좋아요' 서비스가 인기를 얻자, 페이스북은 관련 코드를 공개해 다른 웹사이트 게시물에도 '좋아요' 버튼을 붙일 수 있도록 했다. 얼마 지나지 않아, 인터넷 웹사이트에는 '좋아요' 버튼이 넘쳐나기 시작했다. 그런데 이 버튼은 단순히 '좋아요' 서비스의 역할만 하는 것이 아니었다. 만약 여러분이 페이스북 사용자고 페이스북 서비스에 로그인한 상태라면, '좋아요' 버튼이 있는 웹사이트를 방문할 때마다 페이스북은 여러분이 어떤 웹사이트를 방문했는지 알게 된다. '좋아요' 버튼을 누르지 않아도 말이다. 사실상 페이스북은 자신의 고객들이 인터넷 세상에서 어느 곳을 어떤 형태로 방문하는지 끊임없이 파악할 수 있는, 간단하지만 강력한 수단을 확보한 셈이었다.[43]

몇 년 후 '좋아요' 서비스 개발자인 로즌스타인과 펄만은 페이스북을 떠났다. 로즌스타인은 생산성 높은 작업 공간 제공 서비스인 아사나Asana를 만들었다. 펄만은 여러 회사를 세우기도 하고 새로이 예술가 활동도 시작했다. 시간이 지날수록 두 사람 모두 '좋아요' 서비스의 부작용에 안타까워했다.

"저도 때론 '좋아요' 서비스에 중독된 것은 아닐까 하는 생각이 들곤 해요. 제가 만든 서비스인데 말이죠." 로즌스타인은 IT 전문 매체인 〈더 버지The Verge〉와의 인터뷰에서 말했다.[44] 그는 자신이 소셜미디어 알림 서비스에 점점 신경 쓴다는 사실을 깨달았다(그는 소셜미디어 알림 서비스를 '가짜 행복을 담은 딩동'이라고 불렀다). 로즌스타인은 우리가 하루 평균 2,617번씩 스마트폰을 터치해 사용할 만큼, 우리가 사용하는 앱이 사용하지 않고는 못 배기게 중독성이 있다는 것을 알았다.[45] 펄만은 일종의 거래처럼 서로 주고받는 '좋아요'에 대해 걱정했다. 그녀는 SF TV 드라마 〈블랙 미러〉에서 '추락Nosedive'이라는 제목의 에피소드를 보았다고 한다. 이 드라마에 등장한 젊은 여성은 사람이 다른 사람과의 만남에 대해 평점을 매기는 사회에 살고 있다. 드라마 속 젊은 여성은 거울을 보며 연습한 과장된 표정을 사진으로 찍어 소셜미디어 서비스에 올리기도 하고, 상대방이 자신에게 낮은 평점을 주시 않도록 계산대 직원에게 과장된 칭찬을 늘어놓는다.

펄만은 줄곧 다양한 소셜네트워크 서비스에 얽매여 살았다. 그리고 뉴스피드 서비스를 인위적으로 막는 소프트웨어를 설치했을 만큼 페이스북 확인이 일종의 '감성 잡일'이라고 생각하게 되었다(해당 소프트웨어는 웹브라우저 플러그인으로 뉴스피드 대신 자기통제에 관한 좋은 글을 보여주었다. 예를 들어 모티머 J. 애들러Mortimer J. Adler의 "자제력 없이는 진정한 자유도 불가능하다" 같은 글을 보여준다). "소셜미디어 서비스를 확인하면 별로 기분이 좋지 않았어요. 알림이 있든 없든 상관없었죠. 어떤 기대를 가지고 있든 만족스러운 경우는 없었어요." 펄만이 말했다. 로즌스타인 역시 집중을 방해하는 소셜미디어 서비스에서 자신을 분리시킬 필요가 있다고 판단했다. 〈가디언Guardian〉과의 인터뷰에서 말했듯이, 그는 '레딧'과 같은 사이트를 차단했고, '스냅챗Snapchat(사진과 동영상 공유에 특화된 모바일 메신저―옮긴이)' 사용을 중단했다. 심지어 자신이 새로운 앱을 스마트폰에 마구 내려받지 않도록 자녀 보호 기능까지 설정해놓았고, 비밀번호는 자신의 비서만 알게 했다. 그의 이런 행동은 새로운 기술들을 천천히 받아들이는 데는 도움이 됐다.

6장

10X 프로그래머가
세상을 바꾼다?

수많은 프로그래머 중에서도 특히 맥스 레브친Max Levchin은 거장으로 여겨진다.

　거의 매일 프로그래밍에 푹 빠져 지냈던 레브친은 사실상 혼자서 페이팔PayPal을 만든 프로그래머다.[1] 그는 1980년대 소련(러시아의 옛 이름—옮긴이) 우크라이나에서 자랐으며, 어려서부터 컴퓨터를 만지작거리며 놀기를 좋아했다. 유대인이었던 그의 가족은 소수민족으로 늘 탄압을 받았고, 1991년 도망치듯 우크라이나를 떠나 미국 시카고로 왔다. 당시 그의 가족은 거의 빈털터리였지만 컴퓨터에 미친 레브친의 열정을 존중해주었고, 가진 돈을 모두 털어 그에게 컴퓨터를 사주었다. 레브친은 일리노이 대학교에서 컴퓨터 과학을 공부했으며, 마크 안드레센을 알게 되었다. 그보다 몇 년 일찍 졸업했던 안드레센은 아주 뛰어난 학생이었으며, 넷스케이프 브라우저 개발에 참여해 벼락부자가 된 사람이었다. 그의 영향이었을까? 레브친은 매우 소심한 성격의 학생이었지만 스타트업에 대한 열정에 사로잡혔고, 대학을 다니는 동안 무려 3개의 회사를 세웠다. 마지막 회사를 10만 달러에 팔아치운 후, 그는 자신의 물건(대부분 전자기기였지만)을 모두 트럭에 싣고 친구들과 함께 실리콘밸리로 갔다.

친구와 헤어져 홀로 지내 던 어느 날 그는 우연히 스탠퍼드 대학교에서 피터 틸Peter Thiel의 정치적 자유에 관한 강연을 들었다. 철학을 전공했으며, 철저한 자유의지론자였던 틸은 한때 월스트리트에서 일하기도 했던 변호사였다. 레브친은 그날 틸의 강연에 감명을 받았고, 그를 다시 만나 자신의 최신 소프트웨어 아이디어를 이야기했다. 당시 레브친은 최신 전자기기였던 '팜파일럿PalmPilot(초창기 PDA 제품—옮긴이) PDA' 같은 낮은 성능의 컴퓨팅 기기에서도 잘 작동하는 기발한 암호화 프로그램을 만들고 있었다. 두 사람은 사람들이 팜파일럿을 통해 디지털 방식으로, 그것도 온라인으로 돈을 주고받는 소프트웨어를 만드는 아이디어를 떠올렸다. 바로 페이팔이었다.

레브친은 대학생 시절부터 며칠씩 쉬지 않고 프로그래밍에 매달려 일하기로 유명했다. 페이팔 서비스 초기 버전을 만들 때도 마찬가지였다. 그는 이미 상당한 분량의 암호화 시뮬레이션 코드를 작성해놓은 상태였다. 덕분에 팜파일럿용 페이팔 서비스 초기 소프트웨어 프로토타입을 사실상 혼자 개발했다. 페이팔이 투자를 받아 450만 달러를 확보했을 때, 레브친과 틸은 홍보를 목적으로 450만 달러 중 300만 달러를 직접 팜파일럿에서 다른 팜파일럿으로 전송하기로 결정했다. 처음에는 돈을 보내는 시늉만 할 생각이었다. 그러나 레브친이 훗날《세상을 바꾼 32개의 통찰Founders at Work》에서도 말했듯이, 돈을 보내는 시늉을 하는 것은 정말 마음에 들지 않았다. 그저 '실제로 돈을 전송하다가 문제가 생기면 어떡하지?'라는 생각과 동시에 '실제로 돈을 보내다 문제가 생기면 자살

　　　　　　　　　　　　　은밀한 설계자들

이라도 해서 창피함을 면해야지'라고 생각했다.

실제로 돈을 보내는 시범을 세상에 보여주기로 결정했을 때, 그와 고용된 프로그래머 2명은 5일 밤낮을 거의 쉬지 않고 쭈그리고 앉아 프로그래밍에 몰두했다. 레브친은 5일 동안 거의 한숨도 자지 못했다. "솔직히 비상식적인 개발 일정이었어요." 작업은 테스트가 시작되기 1시간 전에 간신히 마무리되었다. 회사 근처 벅스라는 식당에 수많은 기자가 2대의 팜파일럿 PDA 주변에 모인 가운데 테스트는 진행되었다. 300만 달러가 하나의 팜파일럿에서 다른 팜파일럿에 성공적으로 송금되었다. 그리고 레브친은 아침식사로 오믈렛을 시켰으나 음식이 나오기도 전에 잠들어버렸다. "제가 유일하게 기억하는 것은 눈을 떴을 때 식은 오믈렛 한 접시를 빼고는 식당에 아무도 없었다는 거예요. 모두 가버렸죠. 제가 너무 곤히 자서 못 깨우고 간 것 같아요." 레브친이 웃으며 말했다.

페이팔 서비스가 시작되었고, 레브친은 어떤 프로그래머도 따라할 수 없을 만큼 엄청난 작업량을 보여줬다. 대표적인 사례로, 페이팔 서비스에 침투해 돈을 훔치려 한 가짜 사용자를 막아낸 일이 있었다. 페이팔 서비스가 성장하자 나쁜 해커들이 돈을 훔치기 위해 페이팔 서비스를 사용하기 시작했다. 규모는 한 달만에 1,000만 달러에 달했고, 계속 증가했다. 깜짝 놀란 레브친은 회사가 이런 규모로 피해를 볼 경우 모든 이익을 날리고 얼마 가지 않아 망할 것이라고 생각했다. 팀은 해커의 침투를 막는 일을 시작했고, 그는 잠도 자지 않으면서 일에 몰두하기 시작했다. 사라 레이시 Sarah Lacy 기자가 그녀의 책 《Once You're Lucky, Twice You're Good》

에서 일화로 소개했듯, 그는 며칠씩 씻지 않았다. 결국 오랫동안 씻지 않아 냄새가 심하게 나서 문제가 되면, 그제야 사무실에서 간단히 씻고 회사 로고가 새겨진 새 티셔츠를 꺼내 입었다("레브친이 얼마나 많은 일을 했는지는, 어쩌다 한 번씩 들어갔던 팰로앨토 아파트에 그가 입다 벗어놓은 티셔츠 더미를 보면 알 수 있었다"라고 레이시는 무덤덤하게 썼다).

일이 많았지만, 그는 창의성을 잃지 않았다. 수없이 많은 일을 정신없이 하면서도, 기발한 침입 방지 아이디어를 생각해냈다. 일종의 상업용 캡차CAPTCHA 테스트를 공동 발명한 것이다. 참고로 캡차 테스트는 사람은 읽을 수 있으나 해킹 프로그램인 봇은 읽을 수 없도록 글자를 늘이거나 비틀어 만든 것이다. 또한 페이팔의 침입 방지 감시 담당자들이 거대한 양의 거래내역을 재빨리 분석하도록 도와주는 프로그램도 개발했다. 이 프로그램을 감시 담당자들에게 처음 보여주었을 때, 그중 한 명은 기뻐서 눈물을 흘렸다. 레브친의 헌신적인 노력 덕분에 페이팔은 해커 도둑들 때문에 망한 여러 경쟁 업체들과 달리 서비스를 지속할 수 있었다.

기발한 소프트웨어, 지속성, 비정상적인 근무 시간 등에 힘입어 페이팔 직원들은 오직 실력으로 승부하는 실리콘밸리에서 승리자가 되었다. 2000년대 초 닷컴 버블 붕괴로 하이테크 기업 대부분이 망해 사라지는 가운데서, 페이팔은 오히려 성장했다. 이후 페이팔은 성공적으로 주식을 공개했고, 이베이eBay에서 15억 달러에 매수했다. 페이팔 창업자들은 엄청난 부자가 되었다. 페이팔 임원이었던 키스 라보이스Keith Rabois에 따르면, 페이팔은 '실리콘밸리가 오직

은밀한 설계자들

실력으로 승부할 수 있는 곳'임을 완벽하게 보여줬다.[2] 그는 기자 에밀리 창Emily Chang과의 인터뷰에서 "우리 가운데 어느 누구도 실리콘밸리 실력자들과 연줄이 닿아 있었던 사람은 없었어요. (…중략…) 우리는 실리콘밸리와 전혀 관계없었던 사람들이었지만, 5년 만에 자리를 잡았죠. 우리는 문자 그대로 별 볼일 없는 사람들이었고, 실리콘밸리 사람들은 우리에게 말도 걸지 않았어요"[3]라고 말했다.

페이팔 최고운영책임자COO로 일했던 데이비드 삭스David Sacks는 나중에 〈뉴욕타임스〉와의 인터뷰에서 "이 세상 어딘가에 능력주의 사회가 존재한다면, 그곳은 다름 아닌 실리콘밸리일 겁니다"라고 말했다.[4] 여러 사람이 말했듯이 실력만 충분하다면 여러분도 실리콘밸리에서 성공할 수 있다.

'록스타, 닌자, 천재', 기술 분야 최고의 프로그래머에게는 이러한 수식어와 전설적인 이야기들이 늘 함께 따라다닌다.

이런 이야기는 오래전부터 대중문화의 단골 소재였으며, 대중문화는 늘 디지털 왕국을 만들어낸 외로운 천재들에게 집중했다. 영화나 드라마 속에서 천재는 늘 밤새워 일한다. 영화 〈소셜네트워크〉에서 등장인물인 마크 저커버그는 어느 날 저녁 미친 듯이 키보드를 두들긴다. 영화 속에서 그는 하버드 대학교 학생들이 동기 여학생들을 대상으로 외모 투표를 하고 순위를 매길 수 있는 앱을 개발한다. TV 드라마 〈실리콘밸리〉에서는 한 스타트업 업체의 창립자이자 프로그래머인 리처드가 테크크런치TechCrunch 행사 전날 밤, 전체 압축 알고리즘을 다시 작성해 성능을 거의 2배나 향상시켜 경쟁자를 이긴다. 또 다른 TV 드라마 〈홀트 앤 캐치 파이어Halt and Catch Fire〉에서는 해커인 카메론 하우가 친구의 회사를 돕기 위해 구글 페이지랭크PageRank 알고리즘에 해당하는 프로그램을 개발하는데, 친구 회사의 프로그래머가 자신은 그 프로그램이 어떻게 작동하는지조차 이해하지 못하겠다고 시인할 만큼 뛰어나다.

이런 천재 프로그래머에 대한 이미지는 단순히 대중문화 속에만 있는 것이 아니다. 실제 소프트웨어 개발 분야에는 10X(텐 엑스) 프로그래머라는 유명한 용어가 있다. 보면 알 수 있듯이 10X 프로그래머는 일반 프로그래머보다 훨씬, 예를 들어 10배쯤 뛰어난 프로그래머를 뜻한다.

10X 프로그래머의 유래는 1966년까지 거슬러 올라간다. 당시 소프트웨어 기업인 시스템 디밸롭먼트 코퍼레이션System Development Corporation; SDC의 연구원 3명은 〈Exploratory Experimental Studies Comparing Online and Offline Programming Performance(온라인 프로그래밍과 오프라인 프로그래밍의 성과를 비교한 내용이 담겨 있다—옮긴이)〉[5]라는 제목의 보고서를 발표했다. 할 색먼Hal Sackman을 비롯한 3명은 프로그래밍에 관한 기술 이슈, '종이에 써가며 프로그래밍하는 것과 컴퓨터에 앉아 즉석에서 프로그래밍하는 것 사이에 어느 쪽이 더 좋은가?'를 다루고 해답을 제시하고자 했다. 1960년대에 개인용 컴퓨터를 보유하고 사용할 수 있는 사람은 거의 없었기 때문에 프로그래머 대부분은 오프라인 방식으로 프로그래밍을 했다. 앞서 이야기했던 것처럼 먼저 종이에 직접 적어가며 프로그램을 작성한 뒤, 그것을 천공카드에 직접 천공해 넣었다. 그

다음 천공된 카드를 컴퓨터 운영자에게 건네주고 다시 자리에 돌아와 결과가 나오기를 기다렸다. 때론 결과가 나올 때까지 몇 시간씩 걸리기도 했다. 그러나 1960년대 중반에 들어서 프로그래머가 컴퓨터를 직접 실시간으로 사용할 수 있는 온라인 시스템이 출현했다. 이제 컴퓨터 사용자는 키보드 앞에 앉아 프로그램을 작성하고 직접 실행한 뒤, 곧바로 결과를 확인할 수 있게 되었다.

여러분이 짐작하듯이 프로그래머 대부분은 온라인 방식을 훨씬 좋아한다. 작성한 프로그램에 컴퓨터가 바로바로 반응하는 온라인 방식이 훨씬 재미있고 효율적이라고 느끼기 때문이다. 그러나 온라인 컴퓨팅 시스템은 매우 비쌌기 때문에, 회사는 온라인 방식이 오프라인 방식보다 효율적이고 투자할 가치가 있는지 확인해야 했다. 이를 위해 색먼은 다음과 같은 실험을 했다. 먼저 프로그래머를 조건에 따라 두 그룹으로 나누었다. 한 그룹은 오프라인 방식으로 프로그램을 작성하고 디버깅하도록 했고, 다른 한 그룹은 온라인 방식으로 같은 일을 하도록 했다. 그다음에는 각 그룹에 대해 프로그램 작성 시간, 디버깅 시간, 프로그램 길이, 프로그램 수행 속도 등 성능과 관련된 다양한 지표 값을 측정했다. 측정 결과는? 예상했던 대로 역시 온라인 방식이 나았다. 그것도 훨씬 더 나았다.

예상하지 못했던 새로운 결과도 발견했다. 경험 많은 프로그래머들을 대상으로 한 실험이었음에도 개인별 능력 차이가 깜짝 놀랄 만큼 컸다. 최상위급 프로그래머들의 평가 점수는 중간급 프로그래머들보다 훨씬 높았으며, 하위급 프로그래머들과 비교하면 실험결과가 잘못된 것은 아닐까 싶을 만큼 압도적으로 높았다.

예를 들어 미로 찾기 프로그램의 프로그래밍 및 디버깅 시간의 경우, 가장 빠른 프로그래머의 작업 속도는 가장 느린 프로그래머의 작업 속도보다 무려 25배나 빨랐다. 대수학 프로그램의 경우도 마찬가지였다. 1등은 꼴등에 비해 프로그래밍 속도와 디버깅 속도가 각각 16배, 28배 빨랐다. 더군다나 최상위급 프로그래머들이 작성한 프로그램은 실행속도도 훨씬 빨랐다. 1등과 꼴등의 차이가 무려 13배나 되었다. 색면과 동료들은 동요를 다음과 같이 바꿔 써서 결과를 나타냈다.

실력 있는 프로그래머는
매우 매우 뛰어나요.
실력 없는 프로그래머는
매우 매우 못해요.

그들이 내린 결론은 다음과 같다. "프로그래머들은 개인별 실력 차가 매우 크고, 그 차이는 대개 10배가 넘는다."

물론 이 연구결과에는 여러 문제점들이 있었으며,[6] 비평가들은 평가결과를 일반화하기에는 평가집단의 크기가 지나치게 작음을 대표적인 문제로 지적했다.

비평가의 말이 틀린 것은 아니었으나, 그렇다고 색면과 동료들의 결론이 완전히 틀린 것도 아니었다. 비현실적이기는 해도 컴퓨터 산업에서는 10X 프로그래머의 존재를 확인시켜주는 경우가 있

은밀한 설계자들

었다. 10X 프로그래머의 존재는 컴퓨터 분야에서 일하며 해커 수준의 프로그래머를 보았던 사람들이 전하는 미확인 증거들과 함께 사람들 사이로 퍼져나갔다. 1960년대 혹은 1970년대 관리자들조차 명확한 이유를 대기 힘들 만큼 프로그래밍과 디버깅 속도가 비정상적으로 빠르고 훌륭한 몇몇 소수의 프로그래머들이 있다고 주장했다. 그들은 마치 다른 동료들이 갖고 있지 않은 제3의 눈으로 컴퓨터를 볼 수 있는 것처럼 보였다. (색먼의 보고서에 대해 '전혀 신뢰성 없음'이라고 주장했던 사람조차도 "매우 뛰어난 프로그래머가 절대적으로 부족하며, 그런 점에서 프로그래밍은 다른 창의적인 작업과 그리 다르지 않다"[7]고 말했다. 즉, 뛰어난 프로그래머의 존재를 인정했다.) 곧 다른 연구자들도 차원이 다른 프로그래머의 존재를 뒷받침할 만한 데이터를 내놓기 시작했다.[8] 소프트웨어 관리자 빌 커티스Bill Curtis 는 54명의 프로그래머를 대상으로 한 실험결과를 공개했다. 이에 따르면 평가 점수 1등인 프로그래머는 꼴등인 프로그래머보다 8~13배 높은 능력을 보여주었다.[9] 이런 현상을 반영하기라도 하듯 컴퓨터 잡지 〈인포시스템즈Infosystems〉에 실린 헤드라인 기사에서는, 프로그래밍 분야가 다수의 평범한 동료들 가운데 우뚝 서 있는 소수의 스타 프로그래머들이 활약하는 분야라고 주장했다.[10]

이런 의견은 1975년 프레더릭 브룩스가 소프트웨어 과제 관리의 독특함과 어려움을 다룬《맨먼스 미신Mythical Man-Month》을 출간하면서 완전히 자리 잡았다. 그는 색먼의 의견에 동의하며 "프로그래밍 과제 관리자들은 오랫동안 능력 있는 프로그래머와 평범한 프로그래머 사이의 엄청난 생산성 차이를 경험했습니다. 실제 수

치로 정량화된 차이 값을 보면 다들 깜짝 놀랄 겁니다"라고 말했다. 그는 결론에서 세계 최고의 프로그래밍 조직을 만들려면 가장 뛰어난 프로그래머 외에는 아무도 없어야 한다고 주장했다. 예를 들어 최고의 프로그래머 25명과 평범한 프로그래머 175명으로 이루어진 팀이 있고 이 팀이 주어진 일을 성공적으로 완수할 수 있게 하려면, 평범한 프로그래머 175명을 해고해야 한다는 뜻이다.[11]

브룩스는 여러 기술 회사들이 프로그래밍을 투입 인력을 늘려 개발 속도를 증가시킬 수 있는 일처럼 생각한다고 말했다. 만약에 밀을 2배 빨리 수확해야 한다고 가정해보자. 방법은? 간단하다. 밀 수확 인력을 2배로 늘리면 된다. 그러나 프로그래밍은 통찰력이 필요한 일로 밀 수확보다는 시를 쓰는 일에 가깝다. 다시 말해 프로그래밍 과제의 해결책은 많은 사람들의 땀방울에서 나오기보다, 통찰력과 영감을 갖춘 한 사람의 순간적인 깨달음에서 나오기 쉽다. 결론적으로 프로그래밍은 일반 노동과는 정반대다. 어려운 프로그래밍 과제를 해결하기 위해 좀 더 많은 프로그래머를 투입하는 일은 회의와 의사소통 부담을 증가시켜 과제 해결을 더욱 어렵게 만든다. 브룩스는 이런 현상을 다음과 같이 간결하게 정리했다. "지연되고 있는 소프트웨어 과제는 인력을 투입하면 투입할수록 더욱 늦어진다."[12]

이에 최근 들어 세계 곳곳의 프로그래머들은 이런 사실을 자신 있게 인용하며 그저 그런 프로그래머가 아닌 절대 능력의 프로그래머를 채용하는 일이 매우 중요하다고 주장한다. 또한 소프트웨어 개발 과제의 이런 특징은 최고 학교를 졸업한 최고 학생들이나

은밀한 설계자들

스타트업의 인재를 영입하기 위해 각종 혜택을 제공하는 인재전쟁이 1990년대부터 시작돼 오늘날까지도 이어지고 있는 이유기도 하다. '10X'라는 문구는 첨단 기술 세계의 뛰어난 프로그래머들에게 자신들에 대한 논리적이고, 정량적이며, 정확한 느낌을 심어주었다. 물론 다른 산업에도 뛰어난 인재에 대한 개념은 있다. 그러나 소프트웨어 산업에는 한 명의 뛰어난 프로그래머가 평범한 프로그래머보다 얼마나 뛰어난지 보여주는 실제 측정값인 '숫자'가 있다. "뛰어난 프로그래머가 평범한 프로그래머보다 몇 배의 연봉을 받기는 하지만, 뛰어난 프로그래머가 작성한 프로그램은 평범한 프로그래머가 작성한 프로그램보다 1만 배쯤 가치가 있다." 빌 게이츠Bill Gates의 말이다.[13]

첨단 산업의 리더 계층에 속한 사람들은 프로그래밍에서 실력이 무엇보다 중요하다고 생각한다. 벤처투자자 혹은 창업자들에게 10X 프로그래머가 정말로 있는지 물으면, 대부분 "그럼요" 혹은 "당연하죠"라고 대답한다.

레브친에게 깊은 인상을 심어주었던 넷스케이프 공동 창업자 마크 안드레센은 한술 더 떠서, "오히려 나는 10X가 아니고 1000X라고 말하고 싶습니다"라고 했다. "지난 50년간 제작된 뛰어난 소프트웨어 목록을 만들고 살펴보세요. 거의 대부분 한두 명이 만들었다는 사실을 확인할 수 있을 겁니다. 300명씩 모여서 만든 소프트웨어는 하나도 없죠. 혼자서 하거나 혹은 기껏해야 두 사람이 팀을 이루어 개발했어요."

정말 그랬다. 혁신적인 한두 사람의 프로그래머가 개발한 소프트웨어가 많았다. '포토샵Photoshop'은 2명의 형제가 개발했다.[14] 마이크로소프트의 시작을 알린 '베이직'은 빌 게이츠가 고교 선배인 폴 앨런Paul Allen, 하버드 대학교 1학년 몬테 데이빗도프Monte Davidoff와 함께 초기 베이직을 새롭게 고쳐 만든 것이다.[15] 초창기 블로그 소프트웨어인 라이브저널은 브래드 피츠패트릭이 만들었다.[16] 구글의 모태가 된 '혁신적인 검색 알고리즘'은 학생이었던 래리 페이지Larry Page와 세르게이 브린Sergey Brin이 만들었다.[17] '유튜브'와 '스냅챗'은 3명이 개발했다.[18][19] '비트토렌트'는 전적으로 브램 코헨의 작품이었고, '비트코인'은 소문에 의하면 익명의 프로그래머 사토시 나카모토Satoshi Nakamoto가 만들었다.[20] 존 카멕John Carmack은 FPSFirst-person shooter(1인칭 슈팅게임) 비디오 게임이라는 수십억 달러 시장의 탄생에 기여한 '3D 그래픽스 엔진3D graphics engines'을 만들었다.[21]

안드레센에 따르면 이렇게 적은 수의 사람들이 엄청난 결과를 만들 수 있었던 이유는, 새로운 앱 등을 개발할 때 정신적 공동체가 한두 사람의 고립된 머릿속에서 훨씬 효과적으로 세워지기 때문이다. '10X'의 생산성은 그 정신 공동체 속에 들어가 머물며 복잡한 문제나 목표를 구체화하는 뛰어난 능력에서 나온다. "만약 그들이 잠들지 않고 깨어 있을 수 있다면, 정말로 성공할 수 있어요." 안드레센이 말했다. "문제는 깨어 있는 시간이에요. 머릿속에 모든 문제를 집어넣는데 2시간이 걸리고 그 상태에서 10시간, 12시간, 혹은 14시간 일할 수 있죠." 그가 알고 있는 10X 프로그래머들은 시스템 수준에서 생각하며, 시스템을 구성하는 기술 스택Stack(컴퓨터에서 사용되는 기본 데이터 구조 중 하나―옮긴이)의 모든 부분에 대해 늘 궁금해하는 경향이 있다. 예를 들어 컴퓨터 마이크로프로세서에서 전류가 어떻게 흐르는지부터 터치스크린 반응 시간에 이르기까지 모든 것을 궁금해한다. "10X 프로그래머들의 이런 행동은 지적 호기심, 충동, 필요 등이 결합된 결과입니다. 그들은 관심 있는 시스템에 자신들이 모르는 게 있다는 사실을 받아들이지 못하죠."

이런 이유로 10X 프로그래머들은 자신이 할 수 있는 모든 것을 뽑내며 일할 수 있는 스타트업을 좋아한다. 스타트업과 달리 이미 어느 정도 자리 잡은 대기업은 일의 속도가 느리다. 대기업은 수년 내지 수십 년간 만들어온 기존 시스템과 그 시스템을 사용하는 고객이 있다. 그러므로 대기업에서는 빠르고 창의적으로 일하기보다 현재 작동하고 있는 시스템의 문제점을 끈기 있고 점잖게 해결하는 일이 더 중요하다. 안드레센은 1990년대 초에 IBM에서 인턴으로 일했던 기억을 떠올렸다. "하루에 프로그램 10줄만 작성하면 되었어요. 10줄을 작성한 후 잘 작동하는지 확인하고 문제가 있으면 수정했죠. 마지막으로 문서를 작성하면 하루 업무가 끝났어요. 그이상 또는 그 이하는 문제가 되었죠. 하루에 프로그램 10줄을 채우지 못하면 게으름뱅이 취급을 받았어요. 반대로 10줄 이상 작성하면 신중하지 못한 사람 취급을 받았죠."

프로그래밍 분야에서 오랫동안 일한 베테랑 프로그래머들은 10X 프로그래머는 존재할 뿐만 아니라, 생산성 향상의 핵심 요소라고 입을 모아 말한다. 포그 크릭 소프트웨어Fog Creek Software 공동 창업자인 조엘 스폴스키Joel Spolsky는 블로그에 주노Juno라는 회사에서 함께 일했던 버그 검사원 질 맥팔레인Jill McFarlane에 관해 다음과 같이 썼다. "그녀는 4명의 검사원과 함께 일했는데, 4명이 버그를 발견한 횟수를 합친 것보다 3배나 많은 버그를 혼자 발견했어요. 결코 과장해 말하는 것이 아니라 실제로 측정한 결과입니다. 그녀는 일반 버그 검사원보다 무려 12배나 많은 일을 해냈어요. 그녀가 회사를 그만뒀을 때, 저는 회사 CEO에게 '버그 검사원 4명을 모두 데려가도 좋으니 그녀가 1주일에 월요일과 화요일 이틀만이라도 일하게 해주세요'라는 메일을 썼습니다."[22]

샘 올트먼Sam Altman은 대표적인 스타트업 엑셀러레이터인 와이콤비네이터의 대표다. 사실 통찰력이 필요한 분야에는 뛰어난 인물이 존재하지만, 올트먼은 프로그래밍 분야에서 10X 같은 뛰어난 천재를 놀라운 일로 받아들여서는 안 된다고 말한다. "다른 분야에서는 10X 같은 개념에 별로 이의를 달지 않아요." 그는 내게 말했다. "10X급의 물리학자가 있다고 생각해보세요. 아마 노벨상을 받을 거예요. 좋은 일이고 사람들은 당연하게 생각하겠죠. 10X급의 작가가 있다고 가정해볼까요? 〈뉴욕타임스〉에서 선정하는 베스트셀러 작가가 될 거예요." 프로그래밍을 가르치는 몇몇 선생님들은 프로그래밍을 처음 배우는 학생들에게서조차 10X급의 재능을 발견할 수 있다고 생각한다. 컴퓨터 과학과 교수인 클레이톤 루이스Clayton Lewis의 연구결과에 따르면, 컴퓨터 과학과 교수의 77%는 '누구라도 열심히 하면[23] 컴퓨터 과학 분야에서 성공할 수 있다'는 말에 찬성하지 않는다. '열심히 하느냐 하지 않느냐' 못지않게, 아니

그보다는 '재능을 가지고 있느냐 없느냐'가 성공에 중요하다고 생각한다.

2017년 어느 날, 나는 드롭박스Dropbox를 방문해 창업자인 드루 휴스턴Drew Houston과 이야기를 나누었다. 그는 사람들에게 10X라고 불릴 만한 프로그래머로 어려서부터 프로그래밍을 시작했으며, MIT에 진학했다. 또한 여유 시간을 이용해 꽤 훌륭한 온라인 포커 게임 봇을 개발하기도 했다. MIT 졸업 후, 그는 늘 USB 드라이브를 잊어버리고 짜증을 내던 자신의 모습을 떠올렸다. 그래서 개인 컴퓨터에 저장된 파일들을 자동으로 서버에 저장해주는 시스템을 개발하기로 결심했고, 이 결심은 드롭박스 시제품 개발로 이어졌다. 그는 자신뿐만 아니라 다른 사람도 비슷할 것이라 생각했다. 와이콤비네이터에 따르면 휴스턴은 2018년 하반기 기준 약 100억 달러로 평가 받는 회사를 만들었다.

휴스턴은 드롭박스 음악 스튜디오의 보라색 소파에 앉은 채, 자신이 성공할 수 있었던 주요 이유 중 하나는 10X 프로그래머를 찾아내 채용한 것이라고 말해주었다(드롭박스에는 직원들이 쉬면서 즐길 수 있도록 드럼, 기타, 앰프 등이 잘 갖춰진 음악 스튜디오가 있었다). 그는 10X 프로그래머들의 소질 혹은 재능이 완전히 선천적인 것만은 아니라고 생각했다. 이들은 프로그래밍에 1만 시간 이상의 노력을 쏟아 넣었고, 온갖 에러를 경험했으며, 뒤죽박죽 꼬인 문제를 해결하기 위해 밤늦도록 프로그램 기술을 갈고닦았다. "연습을 통해 그런 능력을 키울 수 있어요." 휴스턴은 타고난 재능을 뛰어넘는 실력을 갖추는 것이 가능하다고 주장했다. 물론 그도 열정, 집중력,

기술에 대한 애정 등 성격적으로 타고나야 하는 부분이 있다는 것을 인정했다. "그런 것들은 주어진 문제를 해결하려 할 때 큰 힘이 됩니다." 휴스턴이 말했다.

휴스턴은 내게 드롭박스 소속 프로그래머 중 가장 뛰어난 프로그래머 한 명을 소개시켜 주었다. 바로 벤 뉴하우스Ben Newhouse로 28세의 젊은 프로그래머이자 드롭박스 기술팀 리더였다(훗날 그는 자신의 사업을 하기 위해 회사를 떠난다). 뉴하우스 또한 휴스턴과 마찬가지로 학생 때부터 여러 괜찮은 소프트웨어를 개발했다. 스탠퍼드 대학교에 다니던 21살에는, 최초의 아이폰용 증강현실 앱 가운데 하나를 개발했다. 당시 그는 미국 최대 리뷰 사이트인 옐프Yelp에서 인턴으로 일했는데, 아이폰에 내장된 나침반과 GPS 센서를 이용해 아이폰 화면이 주변 상황에 반응하도록 할 수 있다는 사실을 알게 되었다. 그는 각성 음료인 레드불을 마셔가며 밤낮없이 프로그래밍에 몰두한 끝에, 아이폰을 들면 주변 상점들의 옐프 리뷰를 볼 수 있는 기능을 만들었다.

뉴하우스는 드롭박스의 큰 골칫거리로 떠오른 문제를 해결하는 데 골몰하고 있었다. 드롭박스 사용자들 가운데 상당수는 드롭박스를 하드디스크 백업용으로 사용한다. 그 결과 몇 년 사용하고 나면 드롭박스 개인 계정에는 300~400GB의 사진과 동영상들이 쌓여 있곤 했다. 이런 사용자가 자신의 오래된 개인 컴퓨터를 새 컴퓨터, 예를 들어 맥북에어로 업그레이드했다고 가정하자. 그러나 새 노트북에 달린 최신 저장장치의 크기는 128GB 정도로 그리 크지 않다. 덕분에 한 가지 문제가 생긴다. 사용자가 드롭박스 클라우드

은밀한 설계자들

계정에 저장된 300~400GB 데이터를 새 노트북에 저장하고 양쪽을 동기화할 수가 없다. 지금까지 잘 작동했던 드롭박스 사용방식에 갑자기 문제가 생긴 것이다. 아마도 사용자는 '음, 새 노트북에 모든 파일을 저장할 수는 없군. 그렇다면 어떤 파일들만 내가 직접 노트북으로 옮겨 저장해야 할까?'라고 고민하게 된다. 드롭박스의 핵심 장점인 자동 백업, 즉 한 번 설정하고 잊어버림의 편리함이 사라진 것이다. 드롭박스 프로그래머들은 이 문제를 해결하기 위해 오랜 시간 고민해왔다. 그러나 그들의 결론은 '제기랄, 도저히 풀 수가 없군'으로 항상 같았다.

뉴하우스도 이 문제를 고민했으며, 드롭박스 사업을 계속 이어나가려면 반드시 해결해야 한다고 생각했다.

몇 달 후 기회가 생겼다. 드롭박스 내부 정기 해커톤 대회가 열린 덕택에 1주일간 드롭박스 서비스를 중단하고 새로운 아이디어를 시험해볼 수 있게 되었다. 이때 뉴하우스는 한 가지 아이디어를 떠올렸다. 백신 소프트웨어는 사용자가 파일을 사용할 때 재빨리 바이러스 검사를 한다. 뉴하우스는 이 아이디어를 빌려와 드롭박스 서비스에 적용하려 했다. 아이디어를 구현할 수 있다면, 사용자의 새 노트북인 맥북에어에 드롭박스 계정에 있는 모든 파일들이 저장된 듯 보이게 만들 수 있었다. 또한 사용자가 파일 하나를 사용하려는 순간 클라우드에서 그 파일을 가져와 사용하게 한 뒤 클라우드에 다시 저장되도록 만들 수도 있었다. 모든 과정이 매우 빠르게 일어나면 사용자는 아무런 불편함도 느끼지 않을 것이다.

아이디어는 훌륭했지만, 결코 쉬운 일이 아니었다. 컴퓨터 운영체제 소프트웨어의 핵심인 커널 내부를 수정해야 했는데, 이는 신경외과 수술과 비슷했다. 잘못된 방법으로 드롭박스를 수정하면 저장된 일부 데이터를 훼손시키며 수백만 명의 드롭박스 사용자에게 피해를 줄 수 있었다. "운영체제 커널에는 중요한 기능들이 많이 몰려 있어서 작업하려면 정말 위험했죠." 뉴하우스는 말했다. "자칫 잘못하면 모든 것이 날아갈 수 있죠." 이런 위험 때문에 여러 프로그래머들은 이 문제에 손대지 않는 것이 최선이라고 생각했다. "대다수 프로그래머들은 운영체제 커널을 수정해 문제를 해결하는 일은 불가능하다고 생각했어요." 드롭박스의 다른 프로그래머인 제이미 터너Jamie Turner가 내게 말했다.

뉴하우스는 자신의 노트북에 고개를 처박은 채 미친 듯이 일했고, 주말쯤 자신의 생각을 데모버전으로 보여주었다. 데모를 본 휴스턴은 크게 만족했고 뉴하우스에게 6명의 프로그래머를 붙여주며 데모를 실제로 구현하도록 지시했다. 성공적으로 개발을 마친 뉴하우스는 새로운 기능을 회사 내부에 먼저 적용했다. 당시에 새로운 기능이 적용되고 있는 것을 몰랐던 뉴하우스의 동료 터너는 새로 구입한 부인의 맥북을 셋업하며, '모든 파일을 동기화하려면 이틀쯤 걸리겠군'이라고 생각했다. 그러나 놀랍게도 동기화는 불과 몇 분 만에 끝났다. '도대체 무슨 일이 일어난 거야? 무슨 문제가 있나?'라고 생각하며 이것저것 살피던 터너는 '스마트 동기화 켜짐'이라는 메시지를 발견하고는, "와우, 이게 뭐지?"라고 외쳤다. '스마트 동기화'는 일반 사용자들에게도 공개되었고, 이 기능은 지난 수년간 있었던 가장 중요한 업그레이드 중 하나가 되었다.

은밀한 설계자들

이런 결과야말로 휴스턴이 '돈값을 할 만한 사람들을 뽑기 위해 노력하는 이유'였다. 그런 사람은 1명만 뽑아도 평범한 10명이 해내지 못할 일들을 거뜬히 해낸다.

"과장이 심하다고 생각할 수도 있겠지만, 내가 방안에 앉아서 교향곡을 작곡한다고 가정해보죠. 아무리 오랜 시간 동안 앉아 있어도 교향곡은 고사하고 동요 하나 만들지 못할 거예요." 휴스턴은 말을 이어갔다. "회사에서 10명 아니 100명의 디자이너를 채용할 수도 있습니다. 그러나 조너선 아이브Jonathan Ive(다양한 애플 제품을 디자인한 애플의 최고디자인책임자―옮긴이) 1명을 당해낼 수가 없을 거예요."

'프로그래밍은 정신력, 타고난 재주, 능력이 중요한 분야'라는 생각을 프로그래머들이 좋아하는 이유는 어렵지 않게 이해할 수 있다. 프로그래밍 작업을 하다 보면 쉽게 경험할 수 있기 때문이다. 프로그래머는 컴퓨터에게 헛소리를 할 수도 없고, 실패한 코드가 맞다고 우길 수도 없다. "컴퓨터가 이상하다고 투덜거리지 마라. 틀림없이 프로그램에 문제가 있을 테니 말이다." 프로그래머인 메러디스 패터슨Meredith L. Patterson이 말했다.

그는 2014년에 다음과 같은 글을 남겼다. "프로그램은 사람을 가리지 않는다. 위대한 프로그래머가 되는 길은 위대한 프로그램을 만드는 것뿐이다. 다른 길은 없다."[24] 진정한 프로그래머는 코드 외에 다른 어떤 것도 고려하거나 인정하지 않는다. 페이스북을 주식 시장에 상장시키며 마크 저커버그는 공개적으로 다음과 같은 메시지를 남겼다. "능력 있는 프로그래머라면 새 아이디어가 가능한지 혹은 무언가 새로운 것을 만들기 위한 가장 좋은 방법이 무엇인지 며칠씩 토론만 하며 논쟁하기보다 직접 시제품 프로그램을 작성해 결과를 확인해야 합니다. 페이스북 사무실을 방문하면 '오직 코드로 말하라'라는 이야기를 자주 들을 수 있습니다. (…중략…) 프로그래머 문화는 언제나 개방적이며 능력을 가장 중요하게 생각합니다. 프로그래머들은 윗사람들에게 아첨하거나 혹은 주변 사람들을 잘 관리하는 사람이 경쟁에서 이긴다고 생각하지 않으며, 오히려 최고의 아이디어를 도출해 이를 구현한 프로그래머가 경쟁에서 이긴다고 굳게 믿고 있습니다."[25]

이외에 박사학위까지 받은 전문가가 독학으로 공부한 프로그래머를 학력과 상관없이 능력만으로 인정하는 문화를 프로그래밍 분야의 또 다른 장점으로 말하는 사람들도 있다. 과학과 공학 분야에서 이런 문화는 거의 찾아보기 힘들다. "나를 깜짝 놀라게 한 컴퓨터 과학의 여러 특징 가운데 하나는 학위 같은 공식적으로 높은 수준의 자격을 갖춘 사람과 모든 것을 독학으로 익힌 사람들이 함께 일한다는 사실이에요. 내가 아는 과학 기술 분야 학문 중 이런 특징을 가진 학문은 컴퓨터 과학밖에는 없죠." 중학교 때 독학으로 프로그래밍을 공부한 후, 컴퓨터 정보 공학과에서 박사학위를 취득하고 여러 회사를 세운 경험이 있는 조안나 브루어 Johanna Brewer가 말했다.

물론 능력주의에 대한 이런 믿음의 밑바탕에는 자화자찬 수준의 자기 자랑이 깔려 있을 수 있다.

은밀한 설계자들

오직 실력만을 믿고 싶은 바람은 때론 청소년 시절 마음의 상처를 다루는 방법이 되기도 한다. 매우 내성적이어서 고등학교 혹은 직장 생활 초기 엄격한 서열 속에 어쩔 줄 모르는 사람들에게, 프로그래밍이 공평하고 목적 지향적이라는 생각은 큰 위로가 된다. 고성능 컴퓨터 분야의 박사로 스탠퍼드 대학교에서 강의도 하는 신시아 리Cynthia Lee는 1999년부터 2002년까지 스타트업에서 일한 적이 있었다. 그녀의 기억에 따르면, 그곳에서 함께 일한 프로그래머들은 세상 사람들이 자신들을 멀리한다거나 하룻강아지처럼 여긴다고 생각했다. 여러 일에서 무시당한다고 느꼈던 그들은 서열이 높다고 자동으로 승자가 될 수 없는 프로그래밍 분야에 매우 만족했다.

"똑똑한 인상을 풍기며 우리의 기술 세계에 들어오려는 사람들을 의심에 찬 눈으로 바라보곤 했어요. 그들이 일종의 적이라고 생각했기 때문이었지요. 고등학교를 소재로 한 1980년대 영화에서 그들은 인기 있는 학생들이었고 우리는 컴퓨터에 빠진 얼간이들이었어요." 그녀는 말했다.

쿼라Quora와 핀터레스트Pinterest에서 열심히 일하기로 소문났던 여성 프로그래머 트레이시 추Tracy Chou도 별반 다르지 않았다. 참고로 핀터레스트 공동 창업자인 벤 실버맨Ben Silbermann은 언젠가 내게 "트레이시 추는 록스타처럼 유명해"라고 말하기도 했다. "저는 소프트웨어로 성공했던 사람들은 다른 사업에서 성공한 사람들과는 다르다고 생각해요." 추가 말했다. "그들은 소프트웨어 분야에서의 성공을 위해, 정말로 성공하기를 원했습니다." 그녀는 또한 프로그래밍이 종종 경력자, 때론 동료들에게조차 모호하게 느껴지고, 덕분에 이상한 주장도 쉽게 할 수 있다고 지적한다. "프로그램이 대부분의 사람들에게 이해되지 않거나 의미가 보이지 않게 숨겨져 있는 것은 사실입니다." 그녀가 덧붙여 말했다. "사실 굳이 숨기지 않더라도 대개는 이해할 수 없습니다. 그러니 남들이 이해하기 힘든 프로그램을 작성하고는 '프로그래밍 분야에서는 실력이 제일 중요하단 사실을 잘 알고 있죠? 당신이 이해했다면 굳이 설명해주지 않아도 알 수 있을 거예요'라고 말하며 설명을 어물쩍 넘길 수 있습니다."

다른 사람이 시험해보고 수정도 할 수 있도록 작성한 프로그램을 온라인으로 공개하는 오픈소스 소프트웨어의 세계에서는 작성한 프로그램이 경쟁을 통해 선택을 받아야 한다. 그래서 그만큼 공평한 능력 중심 분야로 여겨진다.

오픈소스 소프트웨어 가운데 가장 성공적이고 널리 알려진 지앤유/리눅스GNU/Linux 혹은 간단히 '리눅스'라 부르는 것을 살펴보자. 리눅스는 윈도우나 맥OS처럼 컴퓨터를 구동시키는 운영체제Operating System; OS 소프트웨어다. 그러나 윈도우나 맥OS와 달리 공짜로 다운로드 받아 사용할 수 있으며 대략 250만 줄에 달하는 프로그램도 속속들이 볼 수 있다. 리눅스는 핀란드 헬싱키대학 학생이었던 리누스 토발즈Linus Torvalds가 재미 삼아 직접 OS 소프트웨어 커널을 개발하기로 마음먹으며 시작되었다. 얼마 지나지 않아 토발즈는 간단한 커널 개발에 성공했다. 그는 작성한 프로그램을 다른 프로그래머들이 살펴볼 수 있도록 "크기도 작고 그리 전문적인 코드도 아니에요"라는 설명과 함께 온라인에 공개했다.[26]

　토발즈가 공개한 작은 소프트웨어는 눈덩이처럼 커지기 시작했다. 세계 곳곳의 프로그래머들은 자신들이 작성한 단편적인 프로그램을 토발즈에게 보내며 새로운 기능을 추가하면 어떨지 제안하기도 하고 버그를 찾아 수정도 해주었다. 토발즈는 자신이 받은 여러 제안 가운데 마음에 드는 것을 골라 리눅스 프로그램에 추가했다. 리눅스는 세계 곳곳의 프로그래머들이 새로운 기능을 하나둘씩 추가하면서 점점 커져갔으며, 리눅스 개발자 숫자는 수백 명을 넘어 수천 명에 다다랐다. 토발즈는 수많은 프로그래머들이 단일 소스코드를 가지고 좀 더 쉽고 혼란 없이 작업할 수 있도록 오늘날까지 널리 사용되는 '깃Git' 소프트웨어를 직접 만들었다. 프로그래머들은 깃을 사용해 다른 사람이 작성한 프로그램을 내려받을 수 있었으며, 자신이 작성한 프로그램에 문제가 있을 경우 이전 버전 프로그램으로 돌아갈 수도 있었다.

　이런 방식에 찬성하는 프로그래머들의 주장처럼 오픈소스 소프트웨어는 공정한 경쟁 장소가 되었다. 즉, 제안된 아이디어와 프로그램을 다른 프로그래머가 평가하고 그 결과가 좋으면 받아들여지는 분야가 된 것이다. "이 프로그램 괜찮군. 리눅스에 충분히 넣을 수 있겠어"라는 식으로 말이다. 이런 운영 방식 덕분에 수많은 참여자들은 오픈소스 소프트웨어를 공정한 경쟁의 결정체처럼 여긴다. 리눅스에서 토발즈는 정말로 유용하고 훌륭한 프로그램만 선택해 받아들이는 권한을 가진 '중립적인 독재자'가 되었다. 이론상으로 보면 자신의 프로그램을 리눅스 소프트웨어에 반영하는 일은 매우 간단하다. 먼저 리눅스 소스코드를 다운로드 받아 자신의 생각대로 수정한다. 이 프로그래머가 깃 사용자라면 "제가 방금 제 프로그램을 올렸어요. 한 번 확인해주세요" 같은 요청을 핵심 리눅스 관리자들에게 보낸다. 작성된 프로그램이 좋은 평가를 받는다면, 리눅스에 포함돼 전 세계 수백만 개의 회사에서 사용될 것이다. 물론 실제로는 이보다 좀 더 복잡하지만, 이는 대부분의 다른 오픈소스 소프트웨어 프로젝트 운영 방식의 전형을 보여준다.

나는 2016년 포틀랜드에 있던 토발즈의 집을 방문해 그를 만났다. 그는 내게 "당신도 원한다면 오픈소스 프로그램을 내려받아 생각하는 것은 무엇이든 해볼 수 있어요"라고 말했다. "모두가 미친 짓이라고 생각하는 아이디어라도 당신이 원한다면 시도해볼 수 있죠. 만약 당신이 옳았다면, 그래서 당신의 아이디어가 미친 짓이 아닌 것으로 판명되었다면, 당신은 작성한 프로그램을 공개해 내가 만든 프로그램을 한 번 확인해보라고 말할 수 있을 거예요. 그리고 그 프로그램이 정말로 좋다고 평가 받으면, 수많은 사람들이 내려받아 사용할 거예요."

내가 토발즈를 방문해 만났을 때도 그는 간단한 프로그램을 직접 작성하고 있었다. 케이블과 각종 스쿠버 다이빙 장비가 어지럽게 흩어져 있는 작은 사무실 방에 앉아 가장 최근에 제안된 각종 코드를 하루 종일 평가하며 소프트웨어 왕국의 솔로몬 역할을 하고 있었다. 새로이 제안된 코드는 토발즈가 직접 보기에 앞서 리눅스 관리자 그룹의 심사를 받아야 한다. 관리자 그룹은 리눅스 코드

은밀한 설계자들

를 작성하거나 다른 사람의 코드를 평가하는 일에 자발적으로 하루 몇 시간씩 쓰는 매우 열정적인 프로그래머들이며, 리눅스에 대한 영향력과 권한이 있다. 리눅스는 컴퓨팅 분야에서 널리 사용되며 그 영향력도 막강해서 인텔, 레드햇Red Hat, Inc., 삼성과 같은 수많은 기술 기업들은 자사 프로그래머들에게 부분적으로 혹은 전적으로 리눅스에 제안할 코드를 작성하게 하고 있다.[27] 어떤 식으로든 리눅스 핵심 기여자가 되는 일은 프로그래머 경력에서 매우 자랑스러운 일로 여겨진다.

잘 알려지고 인기 많은 오픈소스 프로젝트의 기여자가 되는 것은 프로그램 개발자로서 이력을 한 단계 높이는 일이다. 그러므로 수많은 프로그래머들은 어떻게든 오픈소스 프로젝트에 참여하려 하고, 주말 동안 재미 삼아 작성한 프로그램을 깃허브github.com 같은 사이트에 오픈소스로 기꺼이 공개한다. 프로그래머는 자신이 작성한 프로그램을 다른 사람이 보거나 유용하게 사용하는 데서 커다란 즐거움을 느낄 수 있다. 반대로 다른 사람이 작성한 프로그램을 살펴보고 어떻게 만들었는지 분석하면서 많은 것을 배울 수도 있다. 몇몇 프로그래머는 내게 스스로 의무감을 느낀다고 말해주었다. 즉, 그들은 자신들이 필요할 때 사용했던 오픈소스 프로그램에 대한 일종의 보답으로, 다른 사람들이 그들의 프로젝트에 사용할 수 있도록 자신이 작성한 소스코드를 공개한다. 이제껏 내가 만났던 모든 프로그래머들은 다양한 종류의 오픈소스 코드를 자신들의 작업에 사용했으며, 수백만 달러 규모의 사업들이 오픈소스 코드 위에서 진행되는 일도 다반사다. 이런 점에서 오픈소스는 서로 상반되는

2가지 사상, 애덤 스미스의 시장경쟁 사상과 마르크스의 공산주의 사상이 서로 뗄 수 없는 형태로 묘하게 혼합되어 있다. 결국 오픈소스에 담긴 이상은, 프로그램은 정직하다는 것이다. 즉, 프로그램이 훌륭하면 사람들은 기꺼이 인정하고 그 프로그램을 사용한다.

"오픈소스의 세계에서 과장, 헛소리, 거짓말 등은 일반적으로 좋은 평가를 받지 못합니다." 토발즈가 내게 결론처럼 말했다.

누구에게나 기회가 공평하게 주어지고, 무엇보다 프로그램 개발 능력이 가장 중요하다는 이야기는 상당히 귀에 솔깃하다. 그러나 조나단 슬로르사노-해밀턴Jonathan Solórzano-Hamilton이 지적했듯이 슈퍼히어로가 활약하는 세상의 현실은 기대와 달리 금방 혼란스러워지거나 생산성이 낮을 수 있다.

소프트웨어 아키텍트Software Architect(소프트웨어 뼈대인 아키텍처를 설계하는 개발자―옮긴이)인 슬로르사노-해밀턴은 자칭 스타 프로그래머와 함께 일했다. 슬로르사노-해밀턴은 그에 관한 이야기를 블로그에 올렸으며, 글에서는 실명 대신 '릭Rick'이라는 익명을 사용했다. 릭은 누구의 문제라도 해결해주는 뛰어난 능력으로 회사 내 소문이 자자했다. 누구든 문제가 생겨 찾아가 이야기하면, 그는 사무실 화이트보드 위에 재빨리 나름의 문제해결책을 써서 보여주었다. 릭은 수석 아키텍트로 과제를 직접 계획했으며, 뛰어난 프로그래머로 프로그래밍도 직접 했다. 또한 다른 사람의 문제를 직접 해결하며 도와주는 일도 많았다.[28]

릭의 마음속에는 자신이 회사에 절대 없어서는 안 될 사람이라

은밀한 설계자들

는 생각이 서서히 자리 잡았으며, 이것은 그에게 나쁜 영향을 주었다. 그는 자신을 보통 사람들 위에 우뚝 솟은 10X 프로그래머이자 회사의 슈퍼스타 프로그래머라고 생각하기 시작했다. 자신의 프로그래밍 기술이 누구에게나 중요하다고 확신하게 된 릭은 프로그램 개발 업무를 포함해 점점 더 많은 일을 떠맡았다.

그러나 릭의 노력과 능력에도 불구하고, 그가 맡은 과제는 기한 내에 끝나지 않았다. 사실 프로젝트 규모가 상당히 크면 개인의 능력이 아무리 뛰어나도 혼자서 모든 것을 해낼 수는 없다. 과제는 계획보다 꼬박 1년이 더 걸렸고, 그제야 릭의 관리자들은 그가 2개 이상의 일들을 동시에 할 수 없는 사람이라는 것을 깨달았다. 그는 늘 영웅처럼 혼자 모든 일을 하려 했다. 설상가상으로 관리자들은 그의 착각을 모두 받아주었다.

슬로르사노-해밀턴이 블로그에 썼듯이 릭은 이전보다 빠르게 코드를 쏟아냈고, 하루 12시간씩 주말도 없이 일했다. 모든 사람들은 오직 릭만이 팀을 수렁에서 건져낼 수 있다고 생각하고, 릭이 엉망진창인 과제를 기적같이 고쳐내기를 숨죽인 채 기다렸다. 그러나 사람들의 기대와 달리 일에 짓눌린 릭은 점점 신경질적으로 변하며 스스로 외톨이가 되어갔다.

슬로르사노-해밀턴은 릭의 프로젝트가 성공할 수 있는지 판단해달라는 요청을 받았다. 그러나 릭과의 미팅은 그리 좋지 못했다. "당신은 내가 한 일을 절대 이해하지 못해." 그는 불같이 화를 내며 말했다. "나는 알베르트 아인슈타인 같은 사람이야. 진흙탕에서 허우적대는 원숭이 같은 당신이 이해할 수 있는 사람이 아니라고!"

릭과의 미팅 후 슬로르사노-해밀턴은 릭의 코드를 살펴보았다. 그의 코드는 너무 독특한 데다 아무런 설명도 달려 있지 않아 그를 제외한 어느 누구도 손댈 수 없을 듯 보였다. 사람들은 릭에게 모두가 함께 작업하며 새 제품을 처음부터 만드는 것이 어떻겠냐고 말했다. 그러나 릭은 말도 안 되는 소리는 하지도 말라며 화를 냈다. 일은 점점 엉망이 되었고, 릭은 휴가조차 갈 수 없을 듯 했다. 그는 동료들을 우습게 여겼고, 그들이 작성한 프로그램을 믿지 못해 자신이 작성한 프로그램으로 대체했다.

결국 회사는 릭을 해고했다. 그러자 놀랍게도 상황이 나아졌다. 팀원들은 새로우면서도 이전보다 훨씬 간단한 소프트웨어 제품을 만들기 시작했다. 제품이 완성될 즈음 살펴보니, 새 소프트웨어는 릭이 만들던 소프트웨어에 비해 크기가 1/5도 안되었으며 훨씬 간단했다. 결과적으로 이 소프트웨어를 처음 본 사람도 프로그램을 읽으면서 좀 더 쉽게 이해하고 관리할 수 있었다. 그들에게 더 이상 영웅은 필요 없었다. 더욱이 제품 개발 기간도 6개월 남짓에 불과했다. "개발팀에는 더 이상 '릭'처럼 A부터 Z까지 모든 것을 혼자 만들겠다고 설치는 미친 천재 같은 사람이 남아 있지 않았다. 그러나 아이러니하게도 팀의 생산성은 더 이상 올라갈 곳이 없을 만큼 최고였다." 슬로르사노-해밀턴이 남긴 글이다.

프로그래머 세계에서는 오직 능력이 가장 중요하다는 생각 탓에, 자신을 대신할 프로그래머는 존재하지 않는다고 믿는 똑똑한 얼간이 프로그래머들이 나타날 수 있다. 릭이 일했던 회사는 운 나쁘게도 바로 이 똑똑한 얼간이의 효과를 제대로 경험했다. 똑똑한

은밀한 설계자들

얼간이는 다른 유능한 프로그래머들에게 성질을 내 회사를 떠나게 하거나, 심지어 자신의 머릿속에만 갇혀 있어 다른 프로그래머들에게는 전혀 쓸모없는 일을 만들어내기도 한다. 똑똑한 얼간이는 분명 능력 있는 프로그래머일 것이다. 그러나 그의 성격 때문에 사업이나 회사가 잘못되면 누가 책임지겠는가?

내가 만났던 프로그래머들 가운데 상당수는 능력은 있지만 성격이 거지 같은 프로그래머와 일했던 악몽 같은 경험이 있었다. 와이콤비네이터에 투자했던 어떤 회사는 러시아 프로그래머를 채용했다. 그는 능력은 뛰어났지만, 누군가 그의 일에 관해 물으면 늘 "아이, 짜증 나"라고 입버릇처럼 말했다. 이유를 물으면 "다들 쓰레기 같은 코드만 만들어"라고 답했다. "그는 완전 혼자 잘난 사람이었어요." 프로그램 개발 관리자는 한숨을 내뱉으며 말했다. 앱 개발용 라이브러리 리액트React 전문가로 트위터에서 프로그래머로 일했던 보니 아이젠만Bonnie Eisenman은 "록스타 같은 프로그래머에 대한 환상은 결국 문제를 일으키기 마련이죠"라고 말했다.

똑똑한 얼간이는 단기적으로 어려운 문제를 해결하며 팀에 기여하기도 하지만, 그들이 회복하기 힘들 만큼 망쳐놓은 팀 분위기를 생각하면 쓸모 있다고 말하기 어렵다. 능력 있는 프로그래머들은 똑똑한 얼간이와 엮이기 싫어 팀을 떠난다. "저는 정말 똑똑하지만 아무도 같이 일하고 싶어 하지 않아 결국 빛을 보지 못하고 실패한 프로그래머들을 여럿 보았어요." IBM에서 근무하는 베테랑 프로그래머인 그래디 부치Grady Booch가 내게 말했다.

릭과 같은 10X 프로그래머는 짧은 시간에 많은 프로그램을 만들어내기도 하지만 사실 그 결과물은 전문 용어로 '기술 부채', 즉 나중에 다시 해야 하는 일인 경우가 많다. 빠른 속도로 코드를 만들어내는 프로그래머는 임시방편적인 방법으로 프로그래밍하거나 누더기처럼 이곳저곳의 코드를 짜깁기해 프로그래밍하는 경우가 많으며, 이런 프로그램은 결국 몇 년 후 꼼꼼함과 인내심이 필요한 재작업으로 이어진다. "10X 엔지니어는 실제로 10배 더 생산적이지 않아. 오히려 다른 사람의 할 일을 10배쯤 늘려주지. 그들은 마치 빙산의 일각 같아서 겉보기에는 반짝거리고 아름다워 보이지만, 결국 보이지 않는 곳에 엄청난 기술 부채를 남기곤 한다니까." 프로그래머 친구인 맥스 휘트니Max Whitney가 말했다.

안드레센이 이야기했듯이 프로그래머들이 스타트업 세우기를 좋아하는 이유 가운데 하나는 일의 속도 때문이다. 그런 스타트업에서 똑똑한 얼간이들은 엉망진창인, 그러나 초기 고객을 끌어들일 만큼 괜찮게 작동하는 프로그램을 만들곤 한다. 그렇지만 결국 얼마 지나지 않아 좀 더 꼼꼼한 다른 동료 프로그래머들이 엉망진창인 프로그램을 깔끔하게 손봐야 한다.

트레이시 추는 핀터레스트에 입사해 기존 백엔드 프로그램의 수정을 맡았다. 프로그램 이곳저곳을 살피던 그녀는 사용자가 입력한 검색어에 대해 서버가 같은 작업을 두 번씩 반복해 수행하는 이상한 현상을 발견했다. '어, 왜 이러지?' 그녀는 의아해했다. 프로그램 분석을 통해 그녀는 서버에 요청을 발생시키는 코드가 실수로 두 번 쓰인 사실을 발견했다. 아마도 핀터레스트 설립 초기 일했

은밀한 설계자들

던 능력 좋은 프로그래머가 매우 빠른 속도로 일하면서 실수를 저지른 듯했다. 중복된 코드를 지우자 핀터레스트 검색 효율이 바로 2배나 향상되었다. 이런 예를 통해 보듯 진정한 10X급의 능력은 프로그램을 작성하는 데 있지 않고, 오히려 다른 프로그래머의 실수를 수정하는 데 있다.

아마도 10X급 능력이라는 개념에서 가장 나쁜 문제는 젊은 백인이 아니면 용납되기 어려운 행동을 전설처럼 만드는 것이다.

세수도 안하고, 샤워도 안하며, 머리는 엉망인 채 밤낮 상관없이 키보드 앞에 찰싹 붙어 앉아 있어 동료들이 샤워실로 끌고 간 컴퓨터 덕후의 이야기를 떠올려보자. "그런 친구들 때문에 여자 프로그래머가 도망가는 일을 상상할 수 있겠어요?" 위키미디어 재단 Wikimedia Foundation에서 거의 7년간 일한 수 가드너Sue Gardner가 내게 말했다.

파이썬 개발자로 유명한 제이콥 카플란모스Jacob Kaplan-Moss는 학회에서 만난 어떤 여학생의 이야기를 해주었다. 그녀는 캔자스Kansas강의 주기적인 범람을 예측하는 연구결과물을 발표했다. 그녀는 연구과정에서 파이썬Python, 포스트그레스큐엘PostgreSQL, 지오장고GeoDjango 등 다양한 프로그래밍 언어와 툴을 사용했다. 카플란모스는 발표를 들은 후 그녀에게 다가가 자신의 회사에서 일해볼 생각은 없는지 물었다. 기대와 달리 그녀는 "전 프로그래머가 아니에요"라고 말하며 거절했다.[29]

카플란모스는 다소 어안이 벙벙했다. 사실 이는 프로그래머를 특별한 사람처럼 생각해서 생긴 일이었다. 객관적으로 말하면 그 여학생은 아주 뛰어났고 위성 데이터 분석을 위한 자신만의 시스템을 만들고 있었다. 그러나 그녀는 프로그래머를 꼬질꼬질하고 머리도 엉망인 채 키보드와 한 몸이 되어 생활하는 일종의 사이버 덕후라고 생각하고 있었다. "프로그래밍은 특별한 것이 아닙니다. 프로그래밍 언어를 사용해 프로그램을 만드는 일, 그것이 바로 프로그래밍입니다." 카플란모스는 자신의 생각을 결론지으며 말했다.

오직 능력으로만 평가 받는다는 실리콘밸리의 능력주의 이상은 요즘 들어 시대의 특징으로 주목받고 있다. 페이팔을 생각해보자. 이 회사는 레브친을 포함해 똑똑하고 몰입해 일하는 개발자, 설계자, 마케터 등이 함께 모여 현명하고 두려움 없이 계속해서 일해 성공한 사례다. 결국 수많은 지불 시스템이 실패했지만 페이팔은 성공했으며, 페이팔 초기 멤버들은 큰돈을 벌고 영향력 있는 사람들이 되었다. 더 나아가 이들은 페이스북, 우버와 같이 뒤이어 나온 기술 기업들에도 성공적인 투자를 하면서 더 큰 부와 영향력을 가지게 되었다. 사람들은 이들을 '페이팔 마피아'라 불렀다.

《브로토피아Brotopia》의 저자인 에밀리 창Emily Chang이 말한 것처럼, 페이팔은 다른 수많은 초창기 스타트업이 그러했듯 창업자들의 생각이나 주장과 달리 오직 능력 중심의 회사였다고 보기 어려웠다.[30] 한 가지 예를 들면 페이팔은 능력만으로 사람을 뽑지 않았다. 아니 오히려 정반대였다. 훗날 틸이 자신의 책《제로 투 원Zero to One》에서 쓴 것처럼 레브친과 틸은 '초기 조직을 성격적으로 자신

은밀한 설계자들

들과 비슷하게 만들기 위해' 본인들과 비슷한 사람을 뽑았다. 두 사람은 자신들의 학연이나 개인적인 친분 관계를 동원해 정부 정책을 잘 믿지 않고 의심하는 젊은 괴짜 등을 찾았다. 틸은 책에서 "우리 모두 서로 매우 비슷한 괴짜였다. 다들 SF를 좋아해 《크립토노미콘Cryptonomicon》같은 책은 우리의 필독서였으며, 〈스타트렉〉보다는 〈스타워즈〉를 더 좋아했다. 특히 우리 모두 정부가 아닌 개인이 세어할 수 있는 전자화폐를 만드는 일에 매우 관심이 높았다. 회사가 성공하기 위해 사람들의 외모 혹은 국적 등은 전혀 중요하지 않았지만, 새로운 멤버는 우리 같은 생각을 가지고 있어야 했다"라고 썼다.[31] 확실히 원칙적으로만 보면 누구나 국적이나 경력에 상관없이 페이팔에 들어갈 수 있었다. 그러나 정말 그랬을까? 실제 인력의 범위는 고학력의 젊은 백인 남성 위주로 매우 제한적이었다. 페이팔의 이런 채용 정책은 매우 응집력 높은 팀을 재빨리 만들 수 있는 아주 실용적인 방법이라 할 수도 있다. 그러나 오직 능력만으로 공평하게 판단하는 방식이라고 말하기는 어렵다.

스타트업 창업자들의 배경을 살펴보면 프로그래밍 분야가 공평한 능력주의라는 생각에 대해 더욱 의구심이 든다. 경영학 교수 2명이 함께 수행해 얻은 연구결과에 따르면, 기업가들의 가장 큰 공통 요소 중 하나가 부유한 가정 출신들이라는 것이다. 믿는 구석이 있을 때 좀 더 과감하게 위험을 무릅쓸 수 있다는 점에서 이 연구결과는 충분히 타당해 보인다.[32] 더 나아가 누가 스타트업 투자금을 받는지 생각하면, 그 연구결과는 더욱 타당해 보인다. 영국 〈로이터통신Reauters〉의 조사에 따르면 상위 5개 벤처투자사로부터 시리즈A Series A (벤처투자기관의 투자 단계로, 극초기 투자인 시드머니 Seed money 부터 시리즈 A, B, C, D 등의 단계가 있다—옮긴이) 투자를 받은 실리콘밸리의 창업자 중 약 80%는 잘나가는 기술 기업에서 일한 경험이 있거나 스탠퍼드 대학교, 하버드 대학교, MIT 공대 출신들이다.[33] 이런 스타트업 투자 시스템은 좋은 아이디어를 가지고 있지만 무모하고, 연줄도 없고, 초라해 보이는 창업자들을 위한 시스템처럼 보이지 않는다. 오히려 경제전문가 로버트 프랭크 Robert Frank 가 말한 '승자 독식' 같은 역학관계에 더 적합한 시스템처럼 보인다. 초기 성공은 연이은 행운으로 이어지며[34], 결국 누구나 믿는 전설로 발전한다.

큰돈을 벌고 성공한 사업가가 자신의 성공에서 운이 중요한 역할을 했다는 사실을 받아들이기란 어렵다. 만약 당신이 수많은 시간동안 미친 듯이 일하고, 무수히 많은 심각한 버그를 머리를 쥐어뜯어가며 해결했다면, 더더욱 받아들이지 못할 것이다. 성공한 사업가가 있고, 그가 믿을 수 없을 만큼 열심히 일하고 운도 좋았다고 가정하자. 그에게 성공할 수 있었던 이유를 묻는다면 그는 자신의 노력을 첫 번째 이유로 내세울 것이다. 특히, 크게 성공한 회사에 운 좋게 일찍 합류했던 사람일수록 더욱 그렇게 생각한다.

어떤 엔지니어가 구글 초창기 직원으로 일했던 덕분에 5,000만 달러를 벌었다면, 그는 아마도 "회사가 성공하는 데 내가 정말 큰 역할을 했어. 덕분에 큰돈을 벌었지. 나를 뺀 다른 엔지니어는 실력도 평범했고 돈도 별로 못 벌었어"라고 말할 것이다. 실리콘밸리의 여러 회사에서 오랫동안 일해온 베테랑 엔지니어 조쉬 레비 Josh

은밀한 설계자들

Levy는 "경제적인 성공이 운일 수 있다는 사실은 정말 받아들이기 힘들다"고 말했다.

에밀리 창이 말했듯 페이팔은 정말 여러모로 운이 좋았다. 연이은 행운이 없었다면 금방 망해버렸을지도 모른다. 투자 또한 실제보다 몇 달 늦었다면 닷컴 거품이 꺼지면서 투자자들이 지갑을 닫았을 것이다. 그러나 운도 따르고, 특히 나 같은 언론인이 '외로운 친재' 같은 이야기를 찾아 다가가면 자연스럽게 자기 신격화가 일어난다. 이런 현상에 대해 한때 페이스북에서 일했던 안토니오 가르시아 마르티네즈Antonio García Martínez는 자신의 책 《카오스 멍키Chaos Monkeys》에서 "장님이 문고리 잡은 식의 성공은 어느덧 확실한 비전 덕분에 얻어진 당연한 성공처럼 여겨진다. 세상이 당신을 천재라고 부르는 순간, 당신은 마치 천재처럼 행동하기 시작한다"라고 농담처럼 썼다.[35]

오픈소스 분야 또한 가까이에서 들여다보면 생각만큼 능력 중심적이지 못하다. 엄밀히 말해 오픈소스 분야는 시간이 남아돌아 자유롭게 프로그램을 만들 수 있는 프로그래머들에게 크게 의존하고 있다. 그러므로 오픈소스는 상대적으로 시간이 많은 젊은 프로그래머들에게는 잘 맞는 분야인 반면, 프로그래밍에 뛰어난 재능이 있으나 세상 일들로 시간이 없는 프로그래머들에게는 잘 맞지 않는 분야다. "능력주의자들은 '깃허브가 바로 당신의 이력서 아니겠어요?'라고 말합니다. 그러면서 오픈소스 같은 취미 작업에는 신경 쓸 수 없어 이력서가 빈약한 싱글맘의 현실도 모른 채, 채용 후보자 명단에 싱글맘 숫자가 적은 것을 의아해합니다." 오픈소스 브라우저인 파이어폭스의 일반 관리자로 일했던 조나단 나이팅게일 Johnathan Nightingale이 글로 썼듯이 파이어폭스도 마찬가지였다. 파이어폭스를 운영했던 모질라Mozilla의 창립자 중 한 명은 여자였지만, 여전히 남자들로 가득 차 있었다.[36] 깃허브에서 여론조사를 했는데 응답자의 약 95%가 남자, 3%가 여자, 1%는 성소수자였다.[37] 확실한 숫자를 얻기는 어렵지만, 다른 조사결과에서도 오픈소스 프로젝트에 참여한 여성의 수는 10% 이하인 것으로 보인다.[38]

좀 더 직접적으로 예를 들면, 오픈소스 학회에 참석했던 여성들은 노골적인 성희롱이나 모욕을 당하는 일이 많았다.[39] 심지어 온라인에서조차 그랬는데, 예를 들어 리눅스 프로젝트에 참여하기 위해 엄청난 비아냥을 견뎌야 하는 일도 있을 수 있다. 특히 바보 같다고 여겨지는 리눅스 기여자들에게 직설적인 편지를 쓰기로 유명한 토발즈와 의견이 달라 충돌하기라도 하면 더욱 그러했다(토발즈가 쓴 이메일에는 "당장 나가 죽는 게 어때? 그럼 세상이 좀 더 괜찮아질 것 같은데" 혹은 "입 닥쳐!" 같은 글도 있었다[40]). 토발즈가 쓴 여러 이메일을 살펴보면, 그가 특별히 여성들에게 더 심하게 굴었던 것은 아니었다. 그러나 결국 토발즈는 자신의 행동이 리눅스 커뮤니티에 문제를 일으켰다고 판단했고, 2018년 9월에 다른 사람의 감정을 이해하고 좀 더 적절히 대응할 수 있는 치료를 받겠다고 말하며 잠시 자리에서 물러났다.

리눅스 같은 프로젝트 혹은 초기 페이팔과 같은 실리콘밸리 스타트업에서 여성이나 소수민족의 비율이 낮은 이유가 단지 능력 중심으로 평가한 결과일 뿐이라고 말하는 사람도 있다. 즉, 여성들

은밀한 설계자들

이 태생적으로 프로그래밍을 잘하지 못하기 때문일 수 있다는 것이다. 이런 주장에 대해 짧게 대답하면 "아니요"다. 길게 대답하면 "다음 장 '시작에는 여성이 있었다'를 읽으세요"다.

미국은 프로그래머나 컴퓨터 기술자들이 자유의지론자들인 경우가 많기로 유명하다. 자유의지론자를 간단히 정의하면 정부 규제는 자유를 억압할 뿐인 만큼 자신의 운명은 자신이 책임져야 하며, 사회는 각 개인이 최선을 다할 때 가장 잘 유지될 수 있다고 믿는 사람들이다.

프로그래머나 컴퓨터 기술자들 중 자유의지론자들이 많아 보이는 이유가 무엇일까? 몇몇 상징적인 기술 CEO들이 자유의지론자들의 생각을 지나치게 지지해, 마치 고양이 머리를 두드리는 악당처럼 보이게 됐기 때문이기도 하다. 피터 틸은 대표적인 인물로, 과중한 세금에 엄청난 반감을 가진 나머지 떠다니는 해상 도시인 시스테딩Seasteading의 가능성을 검토하기도 했다.[41] 그는 또한 "저는 더 이상 자유와 민주주의가 양립할 수 있다고 믿지 않아요"라고 선언하기도 했다.[42] 우버의 전임 CEO인 트래비스 캘러닉Travis Kalanick도 대표적인 인물이다. 그는 한때 인터넷 사이트 '마할로Mahalo'의 묻고 답하기 코너에서 캘리포니아는 부유한 사람들의 성과에 의지해 사는 부랑자들의 비참한 윤리적 늪이라고 주장했다. "제가 우연히 본 통계자료에 따르면 14만 1,000명의 주민이 캘리포니아주 세금의 50%를 내고 있어요. 이 사실은 제가 최근《아틀라스 슈러거드Atlas Shrugged》(미국 객관주의 철학 창시자인 에인 랜드Ayn Rand의 소설로, 가상의 민중국가인 미국을 배경으로 '이 시대를 이끌어가는 진짜 주역은 누구인가'에 대한 내용이 전개된다—옮긴이)를 읽고 느낀 것과 비슷한 느낌을 주었지요. 만약 이들 14만 1,000명의 캘리포니아 주민이 파업하면, 캘리포니아주는 끝장나겠죠? (…중략…) 형편없는 서비스를 제공하는 이상한 정부 프로그램을 유지하기 위해 계속 세금을 올릴 수 없는 이유기도 하죠."[43]

미국 산업 전체가 미국 정부의 꾸준한 투자를 받아 발전한 혁신 기술에 기반을 두고 있다는 것을 생각하면, 기술 분야에서 자유의 지론자들의 주장은 매우 아이러니하다. 만약 미군에서 초창기 마이크로칩을 대량으로 구매하지 않았다면, 미국 반도체 산업은 제대로 꽃도 피우지 못하고 시들어 버렸을지도 모른다.[44] 또한 연방정부는 관계형 데이터베이스, 암호학, 음성인식, 인터넷 프로토콜과 같은 매우 중요한 기술로 발전한 독창적인 기반 기술 연구를 위해서도 돈을 투자해왔다.[45] (최근 들어 인공지능 기술이 급속히 발전한 데는 캐나다 정부의 공이 컸다. 캐나다 정부는 큰돈을 들여 국립대학의 딥러닝 연구를 지원해왔다. 당시 전 세계 다른 나라 인공지능 연구가들은 딥러닝 연구에 콧방귀만 낄 뿐 큰 관심이 없었다.[46]) 〈R&D〉라는 잡지에서 1971년부터 2006년까지의 최상위 혁신 사례를 조사한 결과에 따르면 무려 88%가 미국 연방정부의 투자를 받았으며,[47] 민간에서 충분한 투자를 받은 사례는 단 1건도 없었다. 전화로 캘러닉의 우버 차량을 호출하는 데 필요한 핵심 기술 또한 정부가 느리지만 오랜 기간 꾸준히 투자한 덕분이다.

그러나 일부 프로그래머들의 자유의지론자적 주장은 빠른 속도로 이어지고 있다. 최근에는 블록체인 기술이 비트코인에서 이더리움에 이르기까지 사용되며 대표적인 반정부 기술로 떠올랐다. 참고로 비트코인은 돈을 찍어낼 수 있는 중앙은행의 통제를 받지 않는 지불수단을 만들기 위해 고안된 화폐이며, 이더리움은 분산된 구조로 지지자들의 희망처럼 법의 개입이 필요 없는 거래를 위한 '스마트 계약' 수단이다. '스마트 계약'에서는 계약한 사항이 실행되는 순간 디지털 현금이 전달된다. 암호화폐 커뮤니티에 속한 사람들을 대상으로 조사한 결과에 따르면, 27%가 자신을 자유의지론자로 생각했다. 이는 퓨 리서치Pew Research Center에서 일반인을 대상으로 조사한 수치의 2배를 훌쩍 뛰어넘는다.[48]

잠깐만 생각해도 프로그래머와 자유의지론자 사이에 강한 상관관계가 있는 이유를 어렵지 않게 이해할 수 있을 것이다. 양쪽 모두 원칙과 논리가 가장 중요한 특징인 영역이기 때문이다. 또한 양쪽 모두 젊은 사람들인 경우가 많아, 부도덕한 기성세대와 현실세계의 부조리를 많이 경험해보지 못해 그것들을 좀 더 쉽고 호기롭게 무시해버린다. 넷스케이프에서 프로그래머로 일했던 제이미 자윈스키Jamie Zawinski는 내게 "제 생각에 당신은 사회성은 부족하지만 규칙적인 시스템과 문제 풀기를 좋아하는 사람들을 많이 알고 있을 것 같군요"라고 말했다. 그는 프로그래머들이 '자유의지론자'라는 순진한 철학에 끌리는 이유를 잘 알았다. 그는 한마디로 "자유의지론은 논리적인 것이 아니라면 아무것도 아니라고 치부해버리죠. 안 그래요?"라고 말했다.

1970년대 이후 줄곧 프로그래머로 일해 온 구글의 피터 노빅Peter

Norvig은 자유의지론자 프로그래머가 많은 이유로, 프로그래머들이 상대적으로 많은 돈을 벌어 좀 더 잘살기 때문이라는 의견을 내놓았다. "제 생각에 프로그래머들은 다들 잘살죠. 그래서 그중 몇몇은 '거추장스럽고 세금만 잔뜩 걷어가는 국가가 왜 필요하지? 그냥 없애 버리자. 나도 별 문제없고, 다른 사람도 별 문제 없을 거야'라고 말하는 자유의지론자들의 생각이 매력적이라고 느끼는 것 같습니다." 비슷하게 프로그래밍 분야에서 '성차별' 문제가 논의된 적이 있었다. 주요 기술 기업의 직원들이 블라인드blind(한국 스타트업이 만든 익명성 보장 커뮤니티 앱으로 한국은 2013년, 미국은 2015년에 출시되었다—옮긴이)에 익명으로 올린 게시물들 중에는 컴퓨터 전문가들이 성차별과 같은 사회 정의 문제까지 신경 써야 하냐는 불만이 담긴 글들이 있었다. 예를 들어 "컴퓨터나 프로그램만 신경 쓰고 살았던 때로 돌아갈 수는 없을까? 그게 내가 미국에 와서 구글에 취직한 이유인데 말이지", "컴퓨터 분야는 우리 같은 사람들에게 딱 좋았어. 그런데 갑자기 왜 이런 복잡한 문제를 들먹이는 걸까?" 같은 글이었다.

하지만 다음과 같은 사실로 미루어봤을 때, 프로그래머가 자유의지론자적인 성향이 강하다는 생각은 완전히 맞는 이야기는 아닌 듯하다.

최근 스탠퍼드 대학교 연구자 2명과 기자 1명이 프로그래머와 자유의지론자 사이의 상관관계에 흥미를 가지고 연구를 수행했다.[49] 그들이 주목했던 것 중 하나는 유권자 성향으로, 실리콘밸리거주자들은 정치 후원금 기부와 선거에서 민주당 후보를 지지하는 경향이 있었다. 실제로 2016년 대통령 선거에서도 거대 기술 기업 임직원들은 도널드 트럼프Donald Trump 후보보다 힐러리 클린턴Hillary Clinton 후보에게 무려 60배나 많은 정치 후원금을 냈다.[50] 그러나 트럼프가 대통령 선거에서 승리했고, 그 주에 실리콘밸리를 방문했던 나는 수많은 기업의 임직원들이 땅이 꺼져라 한숨을 내쉬며 낙담하는 모습을 볼 수 있었다.

정치적 성향에 관한 좀 더 구체적이고 확실한 데이터를 수집하기 위해 스탠퍼드 대학교 연구자와 기자는 거의 700명에 달하는 첨단 기술 기업의 창업자나 CEO들을 대상으로 설문 여론조사를 수행했다. 설문 중에는 그들이 자유의지론자의 이상에 해당하는 "나는 국방과 치안을 제외하고는 국가가 아무것도 하지 않는 사회에서 가질 수 있는 것은 무엇이든 제약 없이 가지며 살고 싶다"라는 문구에 얼마나 동의하는지 묻는 질문도 있었다.

흥미롭게도 이들의 찬성률은 겨우 23.5%였다. 이 문구에 대한 공화당원의 평균 찬성률 62.5%나 민주당원의 평균 찬성률 43.6% 보다 훨씬 낮았다. 바꿔 말하면, 첨단 기술 기업의 창업자나 CEO 들은 자유의지론에 관한 기본 사상에 대해 일반 민주당원들보다도 훨씬 찬성하지 않는 것이다. 연구결과에 따르면 이들은 전형적인 세계주의자들로, '무역정책에서 미국인보다 다른 나라 사람들을 우선시해야 한다'는 의견에 44%가 동의했다. 이는 다른 그룹과 비교하면 높은 비율이다. 또한 이들은 소득 재분배를 위한 증세에 찬성해, 82%가 세금 인상이 불가피한 단일의료보험 체제를 지지

한다. 심지어 75%는 가난한 사람들을 위한 각종 제도에 연방정부가 지출하는 것을 찬성한다. 동성 결혼에 대한 지지는 거의 100%에 가까우며, 82%가 총기 규제에 찬성한다. 연구자들은 이런 조사 결과를 바탕으로 '기술 분야 사업가들은 자유의지론자가 아니다'라는 결론을 내렸다. 여러모로 판단할 때 이들은 전형적인 캘리포니아 좌파들이었다.

그러나 이들에게도 한 가지 커다란 예외가 있었으니, 기업 활동 규제에 관한 것이었다.

기술 분야 사업가들은 자신들의 사업에 대한 규제는 어떤 형태든 강하게 반대한다. 그들은 고용과 해고에 관한 정부 규제를 좋아하지 않았으며, 노동조합과 조직화된 노동자들의 영향력이 줄어들기를 원했다. 여론조사 대상자 가운데 82%는 법 때문에 직원을 해고할 수 없는 만큼, 이에 관한 정부 규제를 좀 더 완화해야 한다고 생각한다. 또한 기업 운영에서 일반 시민에 비해 상대적으로 낮은 도덕적 판단 기준을 가지고 있었다. 예를 들어 수요가 많을 경우 우버에서 서비스 이용 요금을 높이거나 혹은 휴일에 꽃값을 올리는 일과 같은 '서지 프라이싱Surge Pricing(탄력 요금제)'에 대해, 기술 분야 사업가들은 90% 이상이 2가지 경우 모두 타당하다고 말했다. 이는 서지 프라이싱에 대한 찬성 비율이 훨씬 낮은 민주당원이나 공화당원과 차이가 나는 부분이다(참고로 민주당원 43%와 공화당원 51%만이 우버 서비스의 서지 프라이싱이 타당하다고 답했다. 또한 민주당원 61%와 공화당원 58%는 꽃의 서지 프라이싱에 반대했다).

흥미롭게도 기술 기업의 창업자들과 CEO들은 사안에 따라 정치

은밀한 설계자들

적 색깔이 달라진다. 예를 들어 증세와 시민 권리에서는 민주당원과 비슷하다. 반대로 기업 규제와 관련해서는 공화당원과 비슷하다. 이에 대해 연구를 함께 수행한 3명 중 스탠퍼드 대학교 정치경제학 교수인 닐 말호트라Neil Malhotra는 "한두 가지로 정의할 수 있을 만큼 그리 간단하지 않아요"라고 내게 말했다.

만약 기술 기업 창업자들과 CEO들의 성향을 종합적으로 그려본다면, 이들은 자본주의 경제에서 사람들이 소외될 수 있다는 것과 '파괴적인 혁신 기술'이 평범한 사람들의 삶에 큰 피해를 줄 수 있다는 것을 알고 있는 것으로 볼 수 있다. 그러나 다른 한편으로 이들은 이런 '파괴적인 혁신 기술'을 직접 만드는 일에 적극적이며 주저하지 않는다. 수많은 지역 상점들의 문을 닫게 만든 아마존 온라인 상거래, 불안정한 임시직들을 잔뜩 만든 우버와 온디맨드 서비스, 법률 사무 같은 직업들을 통째로 파괴해버린 자동화 등을 예로써 생각해볼 수 있다. 이렇게 혁신이 가져올 수 있는 문제에도 불구하고 창업자들과 CEO들은 재능, 장점, 혁신 등에 조금의 제약도 있어서는 안 된다고 생각한다. 그래서 그들은 부의 재분배 정책을 지지하고 지원해 자신들의 파괴적인 혁신 기술이 살아남을 수 있도록 유도하는, 거의 불가능한 수준의 선순환 구조를 만든다. 예를 들어 그들은 보편적 의료보험, 더 나아가 기본소득 정책 등을 지지한다. 세금을 통해 부의 일부를 기꺼이 나누려 하면서도, 자신들이 부를 쌓는 과정에 어떠한 방해도 없기를 바란다. 그들은 근본적으로 자신들이 사회에 가장 필요하고 좋은 일이 무엇인지 잘 알고 있다고 생각한다. 철학자이자 기술자인 이안 보고스트Ian Bogost는 기술 기업 창업자들과 CEO들의 이런 성향을 "나를 믿어!"라는 말로 명확하면서도 간결하게 표현했다.[51] 물론 재분배에 대한 긍정적인 시각은 이들의 정치적인 힘을 유지시켜주는 주요 도구이자 요인이기도 하다. 최상위 1%의 기술 기업 부유층으로부터 지원을 받은 노동자들은 기술 기업에 강력히 저항하려 하지 않는다.

본질적으로 이런 생각은 19세기 악덕 자본가에 대한 시각을 디지털 시대로 옮겨 놓은 것이라 할 수 있다. 19세기 후반에 카네기 가문은 공공 도서관과 같은 공공 시설물을 만들어 기꺼이 기증했다.[52] 다만 그들이 기증물을 관리할 수 있고, 조직을 만들어 임금 인상을 요구하는 자신들의 공장 노동자들을 강제로 막을 수 있다는 조건을 달아 기증했다. 기술 엘리트들의 세계관 속에는 자신들은 완전한 노력과 능력으로 현재의 위치에 올라선 만큼, 자신들의 판단에 의심을 가져서는 안 된다는 생각이 담겨 있다.

내가 만난 프로그래머 가운데 10X라 불릴 만한 몇몇 천재급 프로그래머들은 기술 분야의 영웅 숭배 풍조에 매우 불편해했다.

나는 앞서 소개했던 드롭박스의 뛰어난 프로그래머 벤 뉴하우스와 이야기를 나눌 기회가 있었다. 그는 자신을 높이 평가하는 다른 사람들의 생각을 코웃음치며 무시했다. "저는 기본적으로 수많은 특권을 누린 덕분에 오늘날 이와 같은 자리까지 오를 수 있었어요." 그가 무미건조한 목소리로 말했다. 분명 그는 컴퓨터 앞에 오랜 시간 붙어 앉아 작업한 덕분에 사람들에게 유용한 시제품을 개발할 수 있었다. 그런데 시제품을 가져다 살을 붙여가며 구체화하

은밀한 설계자들

고, 디버깅하며 평가하기 위해서는 어떻게 작업했을까? 수많은 드롭박스 엔지니어와 설계자들이 머리를 푹 숙인 채 몇 달에 걸쳐 끈기 있게 함께 작업했다. 다른 수많은 프로그래머가 내게 지적했듯이, 타고난 듯 보이는 프로그래밍 재능은 대개 1만 시간의 법칙에 해당하는 노력의 산물이다. 바꿔 말해 프로그래머는 프로그래밍하고, 프로그래밍하고, 또 프로그래밍하면서 점차 실력이 향상되고 몇 년 후 이 분야에서 손꼽히는 전문가가 된다.

그러나 뉴하우스가 말했듯이 중요한 사실이 한 가지 더 있다. 진짜 유용한 프로그래밍 작업은 고독한 총잡이 혼자서 활약하는 것이 아니라 함께 협력해 만들어야 하는 팀 작업이라는 점이다. 드롭박스가 성공적으로 끝낸 대형 프로그래밍 과제인 개인용 클라우드 스토리지 시스템 생성 과제를 예로 들어 설명하겠다.

드롭박스는 수년간 아마존 클라우드를 빌려 사용자의 문서를 저장해왔다. 그러나 드롭박스의 규모가 점점 증가하면서, 아마존 클라우드 사용으로 인해 비용, 효율, 기술 최적화 측면에서 문제가 생기기 시작했다. 이에 드롭박스 창업자 휴스턴은 드롭박스만의 전용 클라우드 구축 프로그램 제작 과제인 '문샷Moonshot'을 이끌 2명의 프로그래머를 임명했다. 이 과제는 수만 개의 하드디스크를 동기화하고 함께 연결해 하나처럼 움직이도록 하면서도, 단 하나의 문서도 잃어버리지 않는 신뢰성을 갖춰야 했다. 이를 위해 휴스턴은 2명의 록스타 프로그래머가 필요했다.

휴스턴에게 필요한 프로그래머들은 이미 회사에 있었다. 그중 한 명은 MIT에서 박사학위를 받은 제임스 카울링James Cowling이었다. 키가 크고 말도 잘하는 호주 사람으로 휴스턴은 그가 MIT 석사 과정 학생일 때 처음 만났다. 카울링은 학위 과정 동안 '분산 시스템'을 연구했다. 다른 한 명은 턱수염이 덥수룩한 제이미 터너로 재미라고는 눈꼽만치도 없는 사람이었다. 그는 영문학을 공부하기 위해 UCLA 대학교에 입학했지만, 프로그래밍이 좋아 중퇴한 후 드롭박스에 입사했다.

"터너의 대학 생활의 끝이자 스타트업 생활의 시작이었죠." 카울링은 말했다. "맞아요. 상상이 현실이 되었죠. 젠장!" 터너가 대꾸했다. 처음에는 해커 혼자 모든 것을 다 해결하는 3류 영화처럼 두 사람이 10X 프로그래머의 실력을 발휘하며 일했다. 두 사람은 단 6주 만에 전체 시스템의 핵심을 다시 프로그램하겠다는 목표를 세웠다. 일정 내 목표 달성을 위해 벽에 시계를 걸어두고는 1분 1초를 아껴가며 일했다. 그들은 하루 16시간씩 일하고는 밤 11시쯤에는 드롭박스의 음악 스튜디오에서 음악을 들으며 휴식을 취했다. "한 달 반 동안 최소한의 수면만으로 버티며 일했어요." 카울링이 말했다.

"일에 미쳐 살다 보니 어느 때는 아이들 이름도 생각이 나지 않았어요." 터너가 말했다. "자네 아이들이 자네를 까먹은 거겠지." 옆에서 듣고 있던 기술 담당 임원 제시카 맥켈러Jessica McKellar가 웃으며 농담을 던졌다. 맥켈러의 말에 따르면 두 사람은 6주 동안 너무 열심히 일했던 나머지, 과제가 끝난 후에는 정상 생활로 돌아가기 위해 상당히 애를 써야만 했다. "일이 끝나자, 두 사람은 일 외에 어떤 것을 해야 할지 몰랐어요." 다행히 프로그램은 잘 돌아갔고,

두 사람은 클라우드 구축 방법을 이해했다.

쉬지 않고 키보드를 두드리며 미친 듯이 일한 결과는 과연 좋았을까? 그들이 작성한 부분은 짧은 기간 안에 빠르게 작성돼야 하는 부분이었다. 뉴하우스의 경우처럼, 오랫동안 다소 느린 속도로 진행될 일은 점점 많은 숫자의 프로그래머들이 참여하도록 규모가 커졌다. 드롭박스의 많은 프로그래머들은 과제에 참여해 관련 프로그램을 테스트하며 개선하고 안정화시키면서 전문가가 되었다. 이에 반해 카울링과 터너는 자신들이 왜 그렇게 프로그래밍했는지, 즉 두 사람의 설계 원칙을 뚜렷하게 설명해야 했다. 그래야 그들에게 무슨 일이 생기더라도 시스템을 유지할 수 있다. "프로그래머들은 영웅주의 문화 속에서 일하며 혜택을 받기도 해요 그러나 결국 그들이 할 일은 자신들이 맡은 프로그램에서 영웅의 흔적을 지우는 일이었죠." 터너가 말했다.

나는 카울링, 터너와 함께 저녁을 먹으며 10X 프로그래머에 관한 이야기를 나누었다. 두 사람 모두 뉴하우스와 마찬가지로 10X 프로그래머라는 개념 자체에 대해 부정적이었다. "록스타 같은 프로그래머라고요? 솔직히 '록스타'라는 말 자체도 귀에 거슬리네요." 카울링은 얼굴을 찡그리며 말했다. 그의 주장에 따르면 많은 사람들이 프로그래밍을 할 줄 안고, 시제품도 만들 수 있다. 그러나 소프트웨어 회사들에게 가장 중요한 일은 프로그래밍이 아니다. 오히려 어떤 시스템을 만들려는지 결정하는 것이다. 즉, 시스템이 반드시 갖춰야 하는 기능 혹은 절대 있어서는 안 될 오작동을 결정해야 한다. 또한 고객이 원하는 것과 원하지 않는 것을 결정해야 한다. 그리고 그 결정에 따라 시스템의 구조와 작동 방법을 정해야 한다. "프로그래머는 벽돌공과 비슷해요. 우리 모두 프로그래밍을 하니 벽돌공이라 할 수 있겠군요." 카울링은 특유의 입담을 발휘하며 말을 이어갔다. "고층 빌딩을 짓는다고 가정해보죠. 그럼 누가 필요할까요? 세상에서 가장 뛰어난 벽돌공이 필요할까요? 당연히 아닐 거예요. 빌딩을 설계할 건축가와 팀을 이루어 빌딩을 지을 수많은 벽돌공이 필요하답니다."

다음 날 카울링과 나는 그의 사무실에 갔다. 책상 옆에는 커다란 화이트보드가 있었고, 그 속에는 클라우드 시스템 여러 부분들의 작동을 나타내고 있는 각종 순서도가 잔뜩 그려져 있었다. 카울링은 다른 프로그래머, 설계자, 과제 관리자 등과 화이트보드 앞에 모여 의사결정에 필요한 각종 논의를 하며 많은 시간을 보냈다. 예를 들어 '드롭박스에서 이 부분은 저 부분과 어떻게 정보를 주고 받아야 할까?', '아이폰용 드롭박스 앱은 클라우드에 어떤 방식으로 파일을 요청해야 할까?', '서버는 요청에 대해 어떻게 답해야 할까?' 등을 논의했다.

"사람들은 흔히 프로그래머는 프로그래밍만 한다고 생각하죠. 그런데 사실 우리는 회의도 많이 해요." 카울링은 웃음 띤 얼굴로 녹색 마커펜이 놓여 있는 화이트보드를 향해 과장된 몸짓으로 손을 흔들며 말했다. "화이트보드 앞에 모여 앉아 무슨 작업을 해야 할지 논의하고 이해하는 일, 바로 그 일이 우리가 하루에 가장 많이 하는 일이에요." 옆에 있던 뉴하우스는 뛰어난 프로그래머들이 가장 많이 하는 일은 프로그래밍이 아니라 떠드는 일이라고 말하며 카울링의 말

은밀한 설계자들

을 거들었다. 프로그래머는 실력이 좋아지면 좋아질수록 대형 과제의 전체 구조를 시각화하고 만드는 계획을 세운 뒤, 적절한 크기로 일을 나누어 팀원들에게 나누어주고, 그들이 그 일을 잘할 수 있도록 만드는 데 뛰어난 실력을 발휘한다. 그리고 당연하게도 프로그래머가 이런 작업을 잘하면 잘할수록, 그 프로그래머는 직접 프로그래밍할 부분이 줄어든다. 프로그래머는 무언가 만드는 일을 좋아했기 때문에 프로그래머가 되었을 것이다. 그러나 정말로 뛰어난 프로그래머라면, 그는 결국 다른 사람이 프로그램을 잘할 수 있도록 계획을 세우고 도와주는 관리자가 된다.

"딱 맞는 비유는 아니지만 프로그래머는 법정에서 자신의 생각을 어떻게 논리적으로 주장할지 고민하는 변호사와 비슷한 것 같기도 해요." 뉴하우스가 농담처럼 말했다.

분명 10X 프로그래머는 놀라운 일을 해낼 수 있다. 그렇다면 1X급의 일반 프로그래머도 멋진 프로그램을 만들 수 있을까? 혹은 1X 프로그래머 능력의 1/100 밖에 안 되는 형편없는 프로그래머라도 훌륭한 프로그램을 만들 수 있을까?

데니스 크롤리Dennis Crowley는 "아마 저는 당신이 이제껏 만나봤던 프로그래머 가운데 최악일 거예요"라는 그의 솔직한 말처럼, 진짜 최악의 프로그래머였기 때문에 호기심을 불러일으키는 인물이었다.

1990년대 중반, 크롤리는 첨단 기술과 문화에 심취한 20세 청년이었다. 그는 동네 술집에 가서 음악을 들으며 술 마시기를 좋아했고, 그러면서도 첨단 기술 분야에서 일하는 꿈을 꾸었다. 꿈을 이루기 위해 프로그래밍을 배우려고 무척 노력했으나 안타깝게도 번번이 실패했다. 그는 내게 "저는 정말로 컴퓨터 과학을 배우고 싶었어요. 그러나 초급 수준의 강의마저도 잘 해내지 못했죠. 제대로 컴파일된 프로그램을 작성해본 적이 없었어요"라고 말했다. 변수 할당, 함수 호출, 그 어느 것도 제대로 이해할 수 없었다. 결국 그는 자신의 꿈을 포기했다. 당시에 그가 할 수 있는 일은 기껏해야 간단한 웹페이지를 어찌어찌 만드는 것이었다. "웹페이지에 사진이나 넣는 일이 내가 할 수 있는 프로그래밍의 전부였죠." 크롤리는 옛날 일이 생각나는 듯 웃으며 말했다.

크롤리는 대학을 졸업한 뒤 뉴욕으로 가서 주피터 커뮤니케이션즈Jupiter Communications에 컨설턴트로 취직했다. 그곳에서 그는 기술 관련 업체들을 평가하고 시장 조사 보고서를 작성하는 일을 했다. 그러나 그의 마음속 한구석에는 글이나 쓰고 앉아 있는 일보다 무언가 직접 만들고 싶다는 간절한 마음이 자리 잡고 있었다. 그는 저녁이 되면 친구들과 함께 시내 여러 술집이나 클럽을 다니며 시간을 보냈다. 크롤리와 친구들은 자신들이 어디에서 무엇을 하고 있는지 밤새 문자로 주고받았다. 당시는 문자 메시지 서비스가 시작된 지 얼마 지나지 않았던 때였고, 그나마 같은 통신사 가입자끼리만 문자를 주고받을 수 있었다. 그렇기 때문에 다른 장소에서 놀고 있는 친구들끼리 서로 연락하며 만나기가 쉽지 않았다. 크롤리는 가까운 친구들끼리 혹은 더 나아가 친구들의 친구들과도 통신사와 상관없이 연락할 수 있는 프로그램을 만들어 문제를 해결하고 싶었다. 크롤리와 그의 친구들 모두 《해리포터Harry Potter》를 읽었으며, 호그와트Hogwarts에 있는 모든 사람들의 위치를 알려주는 마법지도 인 '마루더즈맵Marauder's Map'을 알고 있었다.

"제 아이디어는 소프트웨어로 초능력을 만드는 거였어요." 크롤 리는 말을 이어갔다. "만약 당신이 슈퍼맨 같은 초능력자라면 벽을 투시해 건물 안을 보거나, 저 모퉁이를 돌면 무엇이 있는지 알 수 있을 거예요." 그는 뉴욕의 구불구불한 뒷골목 술집 이곳저곳에 흩 어져 있는 친구들끼리 서로 어디 있는지 알 수 있다는 가정하에, 일 종의 친구 찾기 서비스를 상상했다. 이런 프로그램과 서비스가 있 다면 친구들끼리 서로 어느 술집에서 술을 마시고 있는지 알 수 있 다. 예를 들어 핸드폰을 확인해 친구가 2블록 떨어진 클럽에서 술 을 마시고 있는 것을 알게 된다면, 당장 연락해 만나서 함께 술을 마실 수도 있다.

1999년, 그는 어금니를 꽉 깨물며 다시 프로그래밍을 시작하기 로 굳게 결심했다. 사무실 동료 책상에서 액티브 서버 페이지Active server page(마이크로소프트가 개발한 서버측에서 구현되는 스크립트 언 어-옮긴이)에 관한 두꺼운 매뉴얼을 빌려 공부를 시작했다. 2년간 수많은 시행착오를 거치며 열심히 공부한 덕분에 도시 안내, 친구 찾기 서비스 초기 버전, 친구끼리의 신호 교환을 지원하는 빈약한 서버 프로그램 등 몇몇 코드를 만들어 실행시킬 수 있는 정도가 되 었다. "제가 만든 프로그램은 전혀 훌륭하지 않았고 간신히 돌아가 는 듯 보였어요." 분명 보잘 것 없는 프로그램이었지만, 그와 그의 친구들은 어느 정도 수준의 프로그래밍이 가능한지 어렴풋이나마 짐작할 수 있었다. 이 프로젝트 수행 덕분에 크롤리는 팜파일럿용 도시 안내서 제작사인 빈디고Vindigo에서 두 번째 직업을 가질 수 있었다.

크롤리는 어떤 기준으로 봐도 여전히 프로그래밍 실력이 형편없었다. 빈디고의 프로그래머들은 크롤리가 기본적인 문자 알림앱을 만들려 한다고 생각했고, 나름 재미있는 아이디어라고 생각했다. 그래서 그들은 어떻게든 크롤리가 진짜 C++ 프로그래머가 될 수 있도록 훈련시키려 했다. 하지만 몇 달 동안 아무런 소득이 없자, 크롤리가 다른 건 몰라도 프로그래머만은 될 수 없다고 결론을 내리고 그를 해고했다. 당시는 많은 인터넷 기업이 닷컴 버블 붕괴 속에 사라지던 때였다. 회사에서 해고된 덕분에 여유 시간이 생겼고, 크롤리는 자신의 위치 기반 문자 알림 서비스 초기 프로그램을 계속 가다듬으며 향상시켰다. 그는 MIT 미디어랩에 들어가 석사학위를 받으려 했으나, 평균 이하의 프로그래밍 실력 때문에 입학하지 못했다. 그는 학교를 바꾸어 뉴욕 대학교 ITPInteractive Telecommunication Program에 입학했다. 예술 전공 대학원으로 잘 알려진 ITP는 직장 생활 등 일정 수준의 경력을 갖추고 자신의 경력을 기술 분야로 확장시키려는 사람들을 뽑아, 상상력 넘치는 독특한 기술 과제를 만들 수 있도록 기술 지식을 가르치는 곳이었다.

입학 전 구경삼아 ITP를 방문했을 때 크롤리는 신선한 충격을 받았다. 그곳 학생들은 '원격 포옹remote hugging 기계', '알고리즘에 따라 시를 써서 출력하는 소형 프린터', '춤 스타일에 따라 LED 패턴이 변하며 빛나는 구두' 등 하나같이 모두 창의적이고 기발한 물건들을 만들고 있었다. 그런데 학생 대부분은 자신의 환상적인 발명품을 작동시키는 데 필요한 최소한의 프로그래밍 실력만 갖추고 있을 뿐, 전문적인 프로그래밍 지식을 갖춘 사람은 거의 없었다. 그들은 이곳저곳에서 모은 코드 조각을 조금씩 고치고 결합해 필요한 기능을 프로그램으로 작성한 뒤, 용감하게 컴파일을 실행했다. "프로그램을 최대한 최적화할 생각은 하지 않으시나요?" 크롤리가 깜짝 놀라 물었다. "솔직히 저는 제가 작성한 프로그램을 제대로 알지도 못하는걸요. 하지만 어쨌든 제대로 작동하잖아요!" 그들은 환하게 웃으며 답했다. 크롤리는 '나와 비슷한 사람들이군. 프로그램 최적화 따위는 전혀 신경 쓰지 않지만, 재미있는 것들을 만들어낼 수 있는 사람들로 가득해'라고 생각했다.

크롤리는 2002년에 ITP에 입학해 공부를 시작했고, 그곳에서 알렉스 레이너트Alex Rainert라는 친구를 만났다. 두 사람은 함께 팀을 이루어 크롤리가 만들다 그만둔 문자 알림앱을 다시 손보기로 했다. 먼저 PHP라는 최신 프로그래밍 언어를 사용해 다시 프로그래밍을 했으며, 제작한 프로그램을 다른 ITP 학생들과 공유했다. "새로 작성한 프로그램도 그리 훌륭하지는 않았어요. '이프 엘스IF-ELSE' 같은 조건문이 1,000줄씩 잔뜩 들어 있었으니까요." 크롤리가 솔직하게 인정했듯이 두 사람이 작성한 프로그램은 반복적인 명령어 덩어리였다. 그러나 그러면 어떤가? 프로그램은 매우 안정적으로 작동했고, 두 사람은 계속 열심히 작업했다. 마침내 그들은 제작한 앱을 '닷지볼Dodgeball'이라는 이름으로 2004년 세상에 공개했다.

1년 후 최신 유행에 민감한 수천 명의 사람들이 닷지볼의 매력에 빠져 사용자가 되었다. 닷지볼이 인기를 얻자 두 사람은 새로운 기능들을 만들어 추가하기 시작했다. 그중에는 5명의 '크러쉬Crush'를 등록하고 가까운 곳에 크러쉬가 있다는 것을 알려주는 서비스도 있었다. 오늘날의 데이팅 앱인 틴더Tinder와 거의 비슷했다(실제로 몇몇 사람은 닷지볼에서 만난 사람과 사귀기도 했다). 닷지볼의 유행을 놓고 전문가들은 자신의 위치를 세상에 알리는 젊은이들의 황당하고 새로운 기술 문화 현상에 의아해했다. 크롤리는 수년간 자신의 아이디어를 끊임없이 개발한 끝에 '체크인(방문한 곳들의 정보를 남기는 것―옮긴이)'이라는 근본적인 개념을 만들었다.

닷지볼은 점점 유명해졌고, 급기야 2004년 가을에는 구글에서도 관심을 가질 만큼 유명해졌다. 구글은 크롤리와 레이너트를 뉴욕 타임스퀘어 사무실로 초대했다. 구글 임원들은 닷지볼 소스코드의 수준을 파악하기에 앞서, 기술 면접을 통해 두 사람의 기술 수준을 파악하고자 했다.

세계 최고의 프로그래머들이 세계 최악의 프로그래머들에게 질문했던 이 날의 만남은 거의 코미디였다. 당시 면접에 참여했던 구글 프로그래머 중 한 명은 터키 태생인 오컷 바여콕텐Orkut Buyukkokten이었다. 그는 원조 소셜네트워크 서비스를 개발했으며, 당시 구글에서 해당 서비스를 운영·제공하고 있었다. 크롤리의 기억에 따르면 구글 프로그래머들은 구글 면접에서 자주 묻곤 하는 몇 가지 단골 문제들을 질문했다. 스탠퍼드 대학교 혹은 하버드 대학교에서 컴퓨터 과학을 전공한 학생이라면 당연히 알고 있을 만

　　　　　　　　　　　　　은밀한 설계자들

한 그런 문제들이었다. 예를 들어 그들은 "당신은 로어이스트사이드에서 열쇠를 잃어 버렸습니다. 같은 길을 다시 가지 않는다는 조건으로 열쇠를 찾기 위해 거리를 돌아다니는 알고리즘을 개발하라" 같은 문제를 물어보았다.

"전혀 모르겠어요." 크롤리는 솔직하게 대답했다. "저는 질문조차 이해하지 못하겠군요. 저는 프로그래밍 과목을 수강한 적이 없어요!"

결국 구글 프로그래머들은 알고리즘 질문은 포기하고 닷지볼 앱에 관해 묻기 시작했다. "닷지볼 운영 비용은 얼마입니까?" "음…, 대략 2….", "아, 한 달에 200만 원 이상이 든다고요?" "아뇨, 한 달에 약 2만 원 정도 들어요." 크롤리가 대답했다.

몇 달 간의 조사기간 동안 구글 프로그래머들은 닷지볼 코드를 철저히 분석했다. 크롤리의 기억에 따르면 그들의 반응은 '너무 황당해 소름끼칠 지경이다'였다. "그들은 닷지볼의 PHP 소스코드를 보고는 '미쳤다'라고 했죠. 영화 〈뷰티풀 마인드A Beautiful Mind〉처럼 정신착란으로 미친 것이 아니라 바보처럼 미친 것이라 했어요. 암튼 이게 그들의 반응이었어요." 크롤리는 그들에게 자신 또한 닷지볼 프로그램이 끔찍할 만큼 형편없으며, 최적화와는 거리가 멀고, 엉망진창으로 작성돼 있다는 사실을 잘 알고 있다고 답했다. 그는 "여러분처럼 학교에서 전문적으로 프로그래밍을 공부한 분들은 이 프로그램이 도무지 이해되지 않을 거예요. 그러나 제가 드릴 수 있는 답변은 '다른 방법은 모릅니다. 이게 내가 할 줄 아는 유일한 방법이에요' 뿐입니다"라고 말했다.

많은 비판이 있었지만, 결론적으로 구글 프로그래머들은 두 사람이 만든 앱의 가치를 크게 인정했다. 구글 프로그래머들은 분명 크롤리보다 훨씬 프로그래밍을 잘할 수 있었고, 그런 프로그래머가 구글에는 많았다. 만약 구글 프로그래머 앞에 프로그래밍 문제를 하나 내놓는다면, 그는 순식간에 해치울 것이다. 또한 구글의 10X 프로그래머는 150밀리초가 걸리던 정렬 프로그램을 15밀리초 만에 실행되도록 최적화할 수 있을 것이다. 그러나 크롤리에게는 그들 못지않은, 아니 그들보다 뛰어난 능력이 있었다. 바로 닷지볼과 같은 과감하고 미친 듯 보이기도 하는 새로운 아이디어를 생각해낼 수 있는 능력이었다. 그에게는 세상을 남들과 다르게 보는 능력이 있었다. 덕분에, 술집을 이리저리 옮겨 다니는 동안에도 화려한 도시의 미로를 누비고 다니는 친구들이 자신들의 위치와 정보를 공유하며 전해오는 즐거움에 주목할 수 있었다. 사람들은 그를 1X 프로그래머, 아니 형편없는 프로그래머라 부를지도 모른다. 하지만 그는 일상을 기록하는 개념인 '체크인'을 새롭게 만들어냈다.

　현재 크롤리는 닷지볼에 이어 포스퀘어라는 회사를 세워 운영하고 있다. 한 번은 같이 점심식사를 하기 위해 포스퀘어 카페테리아를 방문한 적이 있었다. 크롤리는 식당에서 직원들에 둘러싸인 채 앉아있었다. 직원 모두는 크롤리보다 뛰어났다. 가끔 직원 중 한 명이 서비스가 중단돼 더 이상 사용하지 않는 닷지볼의 소스 프로그램을 회사 내부 게시판에 올리곤 했는데, 프로그램을 본 직원들은 경악을 금치 못했다. 그때마다 그는 직원들에게 그 코드에는 훌륭한 아이디어를 가지는 것이 얼마나 중요한지 보여주는 교훈이 담겨져 있다고 말했다.

여러분이 만든 시제품이 정말로 기발하고, 새롭고, 흥미로운 것이라면, 당신이 이 세상에서 '가장 뛰어난 프로그래머'인지 아닌지는 중요하지 않다. "그런 사실은 전혀 중요하지 않아요. 개똥만큼도 쓸모가 없죠." 크롤리가 웃으면서 말했다. "당신의 아이디어가 훌륭하다면, 뛰어난 프로그래머들을 채용해 만들면 되니까요."

7장

시작에는
여성이
있었다

프로그래밍 분야가 여성에게 우호적이지 않은 경우가 종종 있다. 도대체 무슨 이유일까?

케이트 휴스턴Cate Huston은 프로그래머 일을 하던 15년 동안 이 문제에 관해 늘 생각해왔다. 그녀는 스코틀랜드 기숙학교에 다니던 어린 시절에 이미 해킹을 시작했고, 컴퓨터 과학을 공부하기 위해 에딘버러Edinburgh에 있는 대학교에 진학했다. 진작에 알고 있었지만, 그녀는 대학교에서 컴퓨터 분야가 여학생을 찾기 힘든 남성 위주 분야라는 것을 다시 한번 깨달았다. 그러나 그녀는 단념하지 않았다. 오히려 모토로라에서 인턴십을 하며 '모바일폰 앱 개발에 쓸 부동 소수점Floating Point 연산 라이브러리를 개발'하는 등 쉴 새 없이 머리를 쓰며 주어진 문제를 해결해야 하는 프로그래밍 세계에 점점 빠져들었다. 2011년 그녀는 대학을 그만두고 구글에 입사했으며 구글닥스Google Docs, 구글플러스Google+ Plus 같은 구글 소프트웨어를 스마트폰과 태블릿용 앱으로 만드는 일에 참여했다.

구글의 임원들은 늘 포용과 다양성에 관해 이야기했고, 겉보기에 구글은 나름 멋진 직장처럼 보였다. 그러나 2011년 구글에 입사해 처음 만난 동료들은 대부분 남성인데다 상당수가 쌀쌀맞고 거만했다. 게다가 여성은 프로그래밍을 잘할 수 없다고 믿는 사람들까지 있었다. 언젠가는 남자 동료에게 안드로이드 기기와 하드드라이브를 연결하는 코드에 관해 물어본 적이 있었다. 그는 그녀에게 코드를 보내며 잘난 체라도 하려는 듯, "내가 2년 전 인턴으로 일할 때 작성했던 코드야"라는 말을 덧붙였다(솔직히 말해 너무 늦게 보내준 탓에 그의 코드는 전혀 쓸모가 없었다. 코드를 보기 전에 이미 문제를 이해하고 해결했기 때문이었다). 서로의 프로그램 코드를 직접 보며 논의하는 코드리뷰 시간에 남성 동료 프로그래머들은 전혀 중요하지 않은 일을 걸고넘어지거나, 얼굴을 찌푸리며 "나라면 다르게 작성했을 것 같은데"라고 말하기 일쑤였다. "나중에 그들이 제안한 방법들을 확인해보면 제대로 된 것이 거의 없었어요." 그녀는 말했다. 또한 어떤 남성 동료는 코드리뷰 때마다 그녀가 작성한 코드에 대해 끊임없이 반대하며 적대적인 모습을 보이기도 했다. 이에 그녀의 상사는 그 남성 동료가 그녀와 단독으로 회의를 하거나 자신을 포함시키지 않은 메일을 쓰지 못하도록 했다. "사실 자주 있었던 일이어서 그리 낯설거나 놀랍지 않았어요." 그녀가 웃으며 말했다. "그러나 제 상사에게 이런 일은 처음 있었던 일이었고, 용납할 수 없는 상황이었어요." 실제로 그녀는 남성 프로그래머들이 이러쿵저러쿵 잔소리를 늘어놓는 일에 익숙했고, 때론 자신도 그들과 비슷해지면 어떻게 하나 걱정하기도 했다. "저는 늘 남성 프로그래머들과 이런 방식으로 코드리뷰를 해왔기 때문에 제 코드리뷰만 특별히 더 거칠고 힘들었는지는 잘 모르겠어요."

여전히 그녀는 프로그래밍 작업을 좋아했고, 당시 인기가 높았던 구글플러스용 모바일 인터페이스 프로그래밍 작업을 돕기 시작했다. 그녀의 동료 상당수는 서로를 배려하며 존중했고, 그녀 또한 그들에게 집중하기 위해 노력했다. 그러나 더 이상 문제가 없을 것 같았던 그때, 그녀를 깜짝 놀라게 할 만한 말들이 느닷없이 들려왔다. 남성 프로그래머 한 명이 그녀의 친구인 다른 여성 프로그래머에게 "여자가 주방에서 음식이나 하지 무슨 프로그래밍이야"라고 말한 것이다. 급기야 "여성들은 프로그래밍을 별로 좋아하지 않아요. 그들은 단지 예쁜 것만 좋아하죠"라고 말하는 프로그래머도 있었다. 함께 일하는 동료가 진짜 동료인지 아니면 적인지 혼란스러운 가운데 심리게임이 시작되었다. 어느 날은 두려운 마음에 잔뜩 긴장해 출근했는데, 사무실의 어떤 동료가 '네 시간을 절약하기 위해서!'라는 메모와 함께 휴스턴을 위해 프로그램을 작성해둔 것을 보기도 했다. 반대로 "자, 보라고 이 과제는 네게 맞지 않아"라고 말하며 자신의 여성 동료를 과제에서 쫓아내는 것을 보기도 했다.

그녀는 정말 부적합했을까? 최대한 객관적인 기준으로 판단했을 때, 그렇지 않아 보였다. 그녀는 상사들로부터 예외 없이 좋은 평가를 받았다. 그러나 어린 남성 동료들의 태도는 그들이 그녀에게 다음과 같은 불만과 편견이 있음을 보여주었다. "우리는 여성이 이곳에 적합한 사람이 아니라고 생각한다. 구글 엔지니어 가운데 단지 15%만이 여성인 게 문제라고? 그것은 여성이 엔지니어에 적합하지 않기 때문이다. 구글은 오직 능력만으로 사람을 평가하며, 오직 최고의 실력자만 뽑는다. 그렇지 않은가? 그러므로 구글에서 여성을 뽑지 않았다면, 그건 분명 여성들에게 논리 혹은 일에 대한 열정이 부족하다는 뜻이다."

남성 동료들의 그런 불만은 노골적인 모욕들로 나타났다. 어떤 남성 동료 프로그래머는 휴스턴의 친구에게 그녀를 'X 같은 년'이라고 말했다. 휴스턴은 문제를 제기했고 회사는 조치를 취했지만, 그녀는 진정성을 느낄 수 없었다. 그 무렵, 학회 참석차 탑승한 비행기에서 다른 회사 엔지니어가 그녀를 성희롱한 사건이 발생했다. "그는 나를 무슨 기내 엔터테인먼트 서비스 중 하나처럼 취급했어요." 휴스턴은 말했다. 비슷한 일이 구글 내에서도 일어났다. 한 남성 직원이 어린 인턴 여사원을 집요하게 스토킹한 나머지 그녀가 같은 사무실 여직원들에게, "그와 출장을 가면 반드시 떨어져 다니세요"라는 경고를 메모로 남긴 일이었다.

"여성이 화장실에서 울고 있는 것을 매우 흔히 볼 수 있었죠. 저 또한 예외는 아니었어요. 매주 한 번 정도는 화장실에서 울었으니까요." 그녀가 말했다. 결국 그녀는 매일 퇴근해 집에 들어갈 수 있고 주말에는 집에서 쉴 수 있는 새 직업을 찾기 시작했다. "직장에서 우는 일이 잦다 보니, 새 직업을 찾을 때 그런 상황까지 고려하기로 결정했어요." 그녀는 재미있는 말투로 말했다. "한마디로 더 이상 화장실에서 울고 싶지 않았어요. 이왕이면 집 쇼파에 앉아 편하게 울고 싶었죠."

입사 후 3년의 시간이 지났으나 주변의 시선은 변하지 않았고, 휴스턴은 그런 분위기에 신물이 났다. 결국 그녀는 구글을 떠나 모바일 솔루션 개발 리더로 오토매틱Automattic에 합류했다. 오토매틱은 오픈소스 블로그 소프트웨어인 워드프레스WordPress의 블로그

관리 앱을 개발한 회사였다. 나는 그녀가 오토매틱에 입사하고 1년 정도 지났을 때 처음 만나 이야기를 나누었다. 당시 그녀는 25명의 직원을 관리하고 있었고, 매우 기분 좋게 일하고 있었다. 그녀의 상사이자 회사 공동 창립자인 맷 멀렌워그Matt Mullenweg는 다음과 같이 말하며 그녀를 적극 채용했다. "우리 회사에서는 여성도 높은 지위에 올라갈 수 있어요." 워드프레스 프로그램은 모두 오픈 소프트웨어였으며, 전반적으로 구글에 비해 다들 겸손했다. 어느 누구도 그녀를 'X 같은 년!'이라 부르지 않았다.

"저는 단지 프로그래밍이 좋을 뿐이에요." 그녀는 씁쓸한 미소를 지으며 말했다.

컴퓨터 프로그래밍 분야는 다른 전문 직업 분야와는 상당히 다르다. 지난 수십 년간, 전문 직업 분야에 종사하는 여성의 숫자는 빠르게 증가했다. 1960년대에 법률가 중 여성의 비율은 불과 3%였으나, 2013년에는 33%까지 증가했다. 같은 기간 동안 내과·외과 의사 가운데 여성의 비율은 7%에서 36%로 증가했다. 과학과 기술 분야 역시 예외는 아니었다. 예를 들어 여성 생물학자 비율은 28%에서 2013년 53%까지 증가했으며, 여성 화학자 비율도 8%에서 39%까지 증가했다.[1]

예외는 없는 것일까? 아니, 있다. 바로 컴퓨터 프로그래밍이다. 1960년대 컴퓨팅과 수학 전문가 가운데 27%가 여성이었다. 그 비율은 1990년대까지 증가해 35%에 이르렀으나, 35%를 정점으로 떨어지기 시작해 2013년에는 26%까지 떨어졌다. 1960년대보다 낮은 수준으로 떨어진 것이다. 거의 모든 기술 분야에서 여성의 비율이 증가한 반면, 프로그래밍 분야에서만 여성이 밀려나며 반대 현상이 일어난 것이다. 왜 이런 현상이 일어난 것일까?

사람들은 세계 최초의 컴퓨터 프로그래머가 여성인 '에이다 러브레이스Ada Lovelace'라고 말하곤 한다. 영국 빅토리아 여왕이 다스리던 시절, 젊은 수학자였던 러브레이스는 '해석기관Analytical Engine'을 만들기 위해 노력하던 찰스 배비지Charles Babbage를 만났다. 전기 대신 증기로 작동하도록 설계된 해석기관은 오늘날 우리가 사용하는 컴퓨터의 전신이라 할 수 있다. 금속 톱니바퀴들로 이루어져 있었지만, 반복문을 처리할 수 있었고 기억 장치에 데이터를 저장할 수도 있었다. 재미있게도 발명자였던 배비지보다 러브레이스가 이 기계의 어마어마한 잠재력을 더 잘 깨달았다. 그녀는 명령어 집합과 메모리 장치를 잘 이용하면 해석기관이 단순 계산기보다 훨씬 다양한 일을 할 수 있다고 생각했다. 그녀는 자신의 생각을 증명하기 위해, 해석기관으로 베르누이 수열Bernoulli sequence of numbers을 계산하는 알고리즘을 직접 썼으며, 이는 세계 최초의 컴퓨터 프로그램으로 여겨지곤 한다.[2]

프로그래머라면 늘 그렇듯이 그녀의 알고리즘에도 버그는 있었다.[3] 그럼에도 불구하고 러브레이스는 자신이 매우 똑똑하다고 생각했다. 그녀는 편지에 "내 두뇌는 다른 사람의 두뇌와는 달라요. 시간이 지나면 알게 될 거예요"라고 쓰기도 했다.[4] 그녀는 자신의 개인적인 특성들을 직접 정리해 목록을 만들기도 했는데, 그중 두 번째가 '엄청난 추론 능력'일 정도로 그녀는 자신의 지적 능력을 믿었다. 다른 편지에서는 "내 작은 몸속에 얼마나 엄청난 에너지와 힘이 개발되지 않은 채 잠자고 있는지 아무도 알지 못한다"라고 쓰기도 했다. 러브레이스는 미래의 어느 날 컴퓨터 프로그래머가 엄청난 힘을 휘두르게 될 것을 예감했다. 그녀의 말에 따르면 이는 정보를 장악한 '독재자'가 되는 것과 비슷하다.[5] 이처럼 러브레이스는 더할 나위 없이 똑똑했지만, 안타깝게도 배비지는 실제로 해석 기관을 완성하지 못했다. 결국 러브레이스는 자신이 작성한 프로그램이 시행되는 것을 보지도 못한 채, 36세의 이른 나이에 암으로 요절했다.

오늘날과 같이 전기로 작동하는 진짜 컴퓨터의 시대가 1940년대에 시작되었고, 미국 컴퓨터 과학자 자넷 아바트Janet Abbate가 《Recoding Gender》에서 자세히 썼듯이 여성은 다시금 프로그램의 중심부에 섰다.[6] 물론 남성 역시 컴퓨터 시대의 중심에 자리 잡고 있었지만, 당시만 해도 남성들은 프로그램이 아닌 컴퓨터 하드웨어를 만드는 일에 진정한 영광과 가치가 있다고 생각했다. 프로그래밍이 가능한 미국의 첫 번째 디지털 컴퓨터인 애니악ENIAC은 무려 2만 개의 진공관과 7만 개의 저항기를 사용해 만들어졌으며, 그 무게는 무려 30톤이 넘었다.[7] 이 기계를 작동시키는 일은 주로 공학적인 작업이 필요했다. 반면에 명령어를 적절히 사용해 애니악을 프로그래밍하는 일은 비서들이 할 일 정도로 하찮게 여겨졌다.[8] 사실 여성들은 이전부터 오랫동안 단순 계산 작업에 종사해왔다. 애니악이 개발돼 사용되기 전까지 수많은 회사에서는 IBM 등에서 구입한 커다란 천공카드 기계를 사용했다. 사실 천공카드 기계는 단순한 덧셈과 뺄셈을 하는 기계에 불과했지만, 직원 월급 총액 등을 계산할 때 매우 유용했다. 여성들은 바로 이 기계에 사용할 천공카드 운영자로서 일했다. 예를 들어 여성들은 직원 한명 한명이 몇 시간이나 일했는지 천공카드에 구멍을 뚫어 표시하고, 카드를 모아 천공카드 기계에 넣어 덧셈을 실행했다. 이 일은 시끄럽고 힘든 환경에서 진행해야 했고, 남성들은 이 일을 하찮게 여겼다.

애니악이 개발되었을 때 프로그래밍은 애니악 책임자들에게 천공카드 작업만큼이나 하찮게 보였다. 결국 그들은 첫 번째 애니악 프로그래머로서 여성들을 뽑았다. 첫 번째 애니악 프로그래머 팀은 모두 여성이었으며, 그들의 이름은 캐슬린 안토넬리Kathleen Antonelli, 베티 홀버튼Betty Holberton, 말린 멜처Marlyn Meltzer, 루스 테이텔바움Ruth Teitelbaum, 진 바틱Jean Bartik, 프란시스 스펜스Frances Spence였다. 사람들은 6명의 여성 프로그래머들을 '애니악 걸'[9]이라 불렀다. 애니악을 운영하던 남성들은 그들이 원하는 프로그램 기능을 알고 있었고, 경우에 따라 일부 코드를 변경했다. 그러나 거대한 컴퓨터 이곳 저곳, 심지어 기계 안에 이르기까지 기어 다니며 전선을 연결해 컴퓨터가 명령어를 실행할 수 있도록 프로그래밍하는 일은 바로 이 애니악 여성들의 몫이었다. 이런 업무 스타일 덕분에 애니악 여성들은 애니악을 만든 수많은 남성들보다 애니악의 작동 원리를 훨씬 잘 이해했다.

"컴퓨터 내부를 속속들이 알게 된 덕분에 우리는 진공관 하나에 생긴 문제까지 찾아낼 수 있었어요." 애니악 여성 가운데 한 명인 진 바틱이 말했다. "저희는 소프트웨어와 컴퓨터 기계 자체에 대해

은밀한 설계자들

모두 알고 있었기 때문에 남성 엔지니어 못지않게 문제점 찾아내는 능력을 기를 수 있었죠." 애니악 여성들은 입을 모아 말했다.[10]

이들은 프로그래밍 분야에서 혁신적인 아이디어도 내놓았다. 베티 홀버튼은 생각대로 작동하지 않는 프로그램을 디버깅할 때, 실행 중인 프로그램을 잠시 멈출 수 있는 '브레이크 포인트'가 있으면 디버깅에 큰 도움이 될 수 있다는 사실을 깨달았다. 그녀는 그 아이디어를 애니악을 운영하던 남성 엔지니어들에게 이야기했고, 그들은 아이디어를 구현하는 데 동의했다. 그리고 오늘날까지도 프로그래머들은 핵심적인 디버깅 기술 가운데 하나로 '브레이크 포인트'를 사용한다.[11] 또한 애니악 여성들은 애니악에서 소프트웨어가 정상 작동하지 않는다는 것을 처음으로 발견해 고친 뛰어난 디버거들이었다. 1946년 애니악 책임자들은 기자들에게 애니악의 뛰어난 기능과 성능을 처음으로 공개하길 원했다. 이에 그들은 바틱과 홀버튼에게 미사일 궤적을 계산하는 프로그램을 작성하도록 지시했다. 몇 주간의 고된 프로그래밍 작업 끝에 두 사람은 미사일 궤적을 계산하는 프로그램을 작성해 애니악에서 실행시켰다. 늘 그렇듯 이때 버그가 발생했다. 미사일이 땅에 떨어진 후에도 프로그램이 계산을 멈추지 않는 문제였다. 공개 전날 밤, 홀버튼은 직감적으로 문제점을 알아차렸다. 다음 날 아침 일찍, 그녀는 애니악 내부의 스위치 하나를 조정해 버그를 해결했다. "일반 사람들이 깨어나 할 수 있는 일의 양보다, 홀버튼이 잠자며 논리 추론으로 해결하는 일의 양이 훨씬 많았다." 진 바틱은 말했다.[12]

애니악 여성들의 뛰어난 능력과 성과에도 불구하고 이들은 거의 제대로 인정받지 못했다. 기자회견장에서도 애니악 과제 책임자들은 여성들을 소개하기는커녕 언급조차 하지 않았다. 여성들이 도맡아 만든 프로그램을 얼마나 우습게 생각했는지 적나라하게 보여준 태도였다.[13]

전쟁이 끝나자 프로그래밍 업무의 필요성은 군대에서 민간 회사로 옮겨갔고, 기업에서는 좀 더 많은 프로그래머를 확보하기 위해 필사적으로 노력했다. 이런 과정에서 숫자 기반의 암호 같은 기계어 프로그램을 쓰기보다는 좀 더 쉽게 프로그래밍하는 방법을 적극적으로 찾으려 했다. 바로 이 일에서 여성들이 한 번 더 선구자적인 역할을 한다. 여성 프로그래머들은 세계 최초의 '컴파일러'라 부를 만한 소프트웨어들을 개발했다. 컴파일러는 프로그래머들이 실제 영어와 매우 비슷한 프로그래밍 언어를 사용해 프로그램을 작성할 수 있게 해주는 소프트웨어였다. 예를 들어 프로그래머가 영어와 비슷한 프로그래밍 언어를 사용해 프로그램을 작성하면, 컴파일러는 그 프로그램을 컴퓨터가 이해할 수 있는 0과 1로 이루어진 기계어 프로그램으로 변환했다. 프로그래밍의 복잡도를 낮추는 이 일에서 그레이스 호퍼는 중요한 역할을 많이 했다. 그녀는 비기술직 사람들을 대상으로 '플로우 매틱FLOW-MATIC'[14]이라는 프로그래밍 언어뿐만 아니라 세계 최초의 컴파일러를 개발한 것으로도 널리 인정받고 있다. 또한 이런 경험들을 토대로 팀을 이끌며 훗날 수많은 기업에서 사용하는 프로그래밍 언어인 '코볼'을 만들었다. 팀원 중 한 명인 진 사멧Jean Sammet은 이후 수십 년 동안 프로그래밍 언어 사용에 관해 영향을 끼쳐왔다. (그녀의 바람 중 하나는 '누구나 쉽고 자유롭게 컴퓨터를 프로그래밍할 수 있도록 만드는 것'이었다.[15]) 그리고 프랜시스 앨런Frances Allen은 포트란 프로그램 최적화 전문가였고, 수십 년 후 여성 최초로 IBM 펠로우가 되었다.[16] 여성들은 프로그래밍 언어 개수와 스타일을 크게 확장시키며 프로그래밍 대중화에 앞장섰다.

1950년대와 1960년대에 프로그래머 수요는 급격히 증가했다. 이 낯설고 새로운 직업은 여성들에게 특별히 불리한 점이 없었다. 당시 프로그래밍을 할 수 있는 사람이 거의 없었기 때문에 남자라고 특별히 유리할 것도, 여자라고 특별히 불리할 것도 없었다. 실제로 당시 회사들은 어떤 유형의 사람들이 프로그래밍에 적합한지 이해하기 위해 노력했다. 먼저 이들은 논리적이고, 수학을 잘하며, 꼼꼼한 사람들이 프로그래밍에 적합하다고 생각했다. 이런 관점에서 성별에 대한 고정관념은 여성에게 유리하게 작용했다. 회사 임원 중에는 뜨개질처럼 세심한 주의가 필요한 취미에 능숙한 여성들이 바로 그런 특징이 있다고 주장했다(1968년에 출간된《Your Career in Computers》에서는 "요리책을 보고 요리하기를 좋아하는 사람들은 좋은 프로그래머가 될 수 있다"고 주장하기도 했다[17]). 회사에서는 프로그래머를 뽑기 위해 단순 패턴 인식 테스트를 실시했고, 대다수 여성들은 별 문제 없이 통과했다. 이뿐만이 아니었다. 일단 프로그래머로 채용되면 회사에서 프로그래밍 교육을 받았기 때문에, 프로그래머 직무는 성별에 상관없이 신입 사원에게 딱 맞는 일이었다("컴퓨터에 '컴'자도 모른다고요? 걱정하지 마세요. 저희가 모두 가르쳐드릴게요. 이게 다가 아닙니다. 교육받는 동안에도 월급은 꼬박꼬박 나오거든요." 당시 기업 구인광고에 나온 말이다[18]). 좀 더 많은 여성을 채용하고 싶었던 IBM은 '마이 페어 레이디My Fair Ladies'라는 제목의 브로셔를 만들기도 했다.[19] 영국 전자 회사 광고에서는 단발머리의 여성이 펜을 씹으며 "레오 컴퓨터 최고의 프로그래머 가운데 몇몇은 어느 누구보다도 여성스러워요"라고 말하기도 했다.[20]

인재가 너무 부족했던 탓에 흑인 여성에게도 기회가 주어졌다. 토론토에 살았던 젊은 흑인 여성 그웬 브레이스웨이트Gwen Braithwaite는 백인 남성과 결혼했다. 그러나 당시 극심했던 인종차별 때문에 어느 누구도 그들에게 집을 빌려주려 하지 않았다. 그래서 그들은 집을 사야 했고, 집을 사려면 그녀도 직업을 구해 일해야 했다. 때마침 '데이터 처리' 분야에서 일할 사람을 찾는 광고를 본 그녀는 회사로 가서 백인 고용주를 설득해 프로그래머 적합성 테스트에 응시했다. 놀랍게도 그녀의 성적은 상위 1%에 해당했고, 시험 감독관들은 무언가 속임수가 있다고 생각해 여러 질문들로 그녀를 다그쳤다. 그럼에도 그녀는 여러 가지 시험을 당당히 통과했고, 회사는 능력을 인정해 그녀를 채용하기로 결정했다. 브레이스웨이트는 캐나다에서 첫 번째 여자 프로그래머가 되었고, 보험회사를 전산화하는 몇몇 대형 프로젝트를 이끌었다. "프로그래머로서의 내 삶은 편안했어. 컴퓨터는 내가 여자인지 혹은 흑인인지 전혀 신경 쓰지 않았거든. 사실 대부분의 여자는 훨씬 힘들게 살았단다." 그녀가 아들에게 말했다.[21]

1967년 무렵에는 잡지 〈코스모폴리탄Cosmopolitan〉에서 '컴퓨터 여성'이라는 특집 기사를 내보낼 만큼 여성 프로그래머들이 많아졌

　　　　　　　　　　　　　은밀한 설계자들

다. 그 기사에는 올린 머리를 한 여성들이 우주탐사선 엔터프라이즈호의 조종기처럼 생긴 컴퓨터를 다루고 있는 사진들이 실려 있었다. 또한 컴퓨팅 분야를 여성에게 1년에 연봉 2만 달러(오늘날 금액으로 환산하면 14만 달러)나 주는 미 개척시대 서부 같은 새로운 분야로 소개했다.[22] 덕분에 프로그래밍 분야는 보기 드물게 여성들이 증가하는 전문 직종이 되었다. 1960년대 당시 전통적인 전문 직종인 외과의사, 법률가, 기계 공학자 등은 여성들의 진출이 거의 막혀 있었다. 그러나 프로그래밍은 예외였다. 프로그래머 4명 중 1명은 여성일 만큼, 당시 기준으로도 여성 비율이 놀랄 만큼 높았다. 사실 수학을 전공한 여성들이 할 수 있는 일은 고등학교 수학 선생님, 보험회사의 기계적인 계산 전문가 정도였다. "당시에 여성들에게 주어진 기회가 그 정도였어요. 프로그래밍을 하지 않았다면, 저도 지금 어떤 일을 하고 있을지 모르겠네요." 버지니아 공대에서 과학 기술 사회 관련 교수로 일하며 1960년대를 면밀히 연구해온 자넷 아바트 교수가 말했다. "당시는 여성들에게 매우 암울한 시절이었죠."

자넷 아바트 교수의 연구조사에 따르면 여성들은 프로그래밍 관련 사업까지 시도했다. 여성 프로그래머인 엘시 셔트Elsie Shutt는 대학 시절 군 병기 실험 부대에서 하계 인턴 사원으로 일하며 프로그래밍을 배웠다. 1953년 그녀는 제조기업인 레이시언Raytheon에 프로그래머로 입사했다. 그녀 말에 따르면 당시 레이시언 소속 프로그래머들의 성별 비율은 50:50이었다. "남녀 프로그래머들의 규모가 서로 비슷하다는 사실에 깜짝 놀랐어요. 솔직히 저는 프로그래밍이 여성들의 일이라 생각했거든요."[23] 엘시 셔트가 당시를 회상하며 말했다. 그녀는 아이들 양육 문제로 회사를 그만두어야 했으며, 이런 경험을 통해 어머니로서의 의무 때문에 프로그래머로 일하며 성장할 수 있는 기회가 없어질 수 있다는 사실을 깨달았다. 1950년대와 1960년대 분명 사회는 여성 프로그래머를 원하고 환영했으나, 그녀들에게 자식이 없기를 바랐다. 그 어떤 회사도 아이를 돌보는 여성에게는 (아무리 뛰어난 프로그래머라도) 파트타임 일자리조차 제공하려 하지 않았다. 이에 셔트는 다른 기업의 의뢰를 받아 프로그래밍 작업을 대신 해주는 회사를 세웠다. 그녀가 세운 회사는 놀랍게도 집에서 아이를 돌보며 살림하는 여성들을 파트타임 프로그래머로 채용했다. 프로그래밍을 모르는 여성들은 그녀가 직접 프로그래밍을 가르쳤다. 이들은 낮에는 아이들을 돌보고, 밤에는 프로그래밍을 했다. "나름의 사명감 때문이었어요. 재능은 있고 일도 잘할 수 있는데, 아이 때문에 파트타임 직업도 얻을 수 없어서 어렵게 사는 여성들에게 좋은 직업을 제공하고 싶었죠." 셔트는 아바트 교수에게 말했다. 〈비즈니스위크Businessweek〉에서는 셔트 회사의 여직원들에게 '임신한 프로그래머'라는 별명을 붙여주었으며, 프로그래머로 열심히 일하는 어머니가 아기 침대 뒤에 서 있는 사진과 함께 그들의 이야기를 기사로 다루었다. 기사 제목은 '낮에는 엄마, 밤에는 수학자'였다.[24]

1960년대 후반부터 프로그래밍 분야에 변화가 나타나기 시작했다. 역사학자인 나단 엔스망거가 썼듯이 프로그래밍은 점점 더 회사에 중요한 일이 되었고, 프로그래밍 과제의 규모 또한 점차 커졌다. 회사에서는 프로그래머들을 관리자로 승진시킬 필요가 있었다. 그러나 여성을 그런 중요한 자리에 앉힌다는 사실이 그리 내키지 않았다. 또한 기업이 점점 전문화되기 시작했다. 결과적으로 프로그래밍은 '누구에게나 기회가 주어졌던 일'에서 당시 여성이 받기 어려운 '학위를 요구하는 일'로 바뀌어 갔다. 고용자 기준 때문에 프로그래머가 갖추어야 할 모습은 점점 남성적으로 변해갔으며, 프로그래머가 대인관계도 엉망이고 옷차림도 헝클어진 내성적인 사람이어야 한다고 믿는 회사들이 점점 늘어났다.[25] 또한 프로그래밍이 점점 수익성 높은 사업이 됨에 따라, 애니악 컴퓨터 시대와는 달리 회사 입장에서도 더 이상 하찮은 일이 아닌 중요한 일이 되어갔다. 사회학자들이 오랫동안 이야기했듯이, 어떤 한 분야가 수익성이 높아지고 유명해지면, 한때 그 분야를 우습게 알았던 남자들이 "자, 이제 이 일은 우리가 할 거예요. 여성 여러분, 그동안 정말 수고 많으셨어요"라고 말하며 적극적으로 그 분야에 뛰어든다.

"더 이상 프로그래밍 실력만 좋다고 성공할 수 있는 시대가 아니었어요. 기업들은 관리자와 보조를 맞출 수 있는 사람들을 원했죠." 전직 유닉스 시스템 관리자였으나 역사학자가 되어 영국에서도 일어난 비슷한 사회 변화를 연구했던 마리 힉스Marie Hicks가 말했다.

뛰어난 프로그래밍 실력을 갖춘 여성 프로그래머들도 1970년대를 거치면서 세상의 변화를 보고 느낄 수 있었다. IBM의 여성 프로그래머 프랜시스 앨런은 사무실에서 점점 여성 프로그래머들이 사라지는 것을 지켜보았다. "프로그래밍이 점점 전문화됨에 따라, (…중략…) 여성들이 설 곳이 점점 사라졌으며, 여성 프로그래머 숫자는 남성 프로그래머 숫자보다 줄었어요." 앨런은 아바트에게 말했다. 컴파일러 같은 분야에서는 여전히 뛰어난 여성들이 있었으나, 다른 많은 분야에는 거대한 유리천장이 있었다.[26] 이런 차별에도 불구하고 앨런은 2000년대 초에도 여전히 IBM에서 컴퓨터 전문가로 활약했다. 그녀는 IBM에서 개발한 뛰어난 인공지능 시스템 왓슨Watson의 모태인 블루진Blue Gene 컴퓨터의 설계와 제작을 도왔다.

상황이 반전된 순간을 콕 집어 말하기 원한다면, 1984년을 자세히 살펴볼 필요가 있다. 1984년을 기점으로 대학에서 컴퓨터 과학을 전공하는 학부 여학생의 비율이 줄어들기 시작했기 때문이다.

1970년대 중반 이후 약 10년간, 프로그래밍에 관심을 가지는 사람의 비율은 남녀 모두 양적으로 증가했다. 조사결과에 따르면 1970년대 중반 직업으로서 프로그래밍에 관심을 보인 남성과 여성의 숫자는 비슷했다.[27] 다만 대학 컴퓨터 과학과의 여학생 비율은 16.4%에 불과해 남학생이 여학생보다 훨씬 많았다. 그러나 여성들은 확실히 프로그래밍에 흥미를 가졌고, 이는 곧 행동으로 이어졌다. 1970년대 후반에서 1980년대 초, 컴퓨터 과학과의 여학생 비율이 빠르게 증가해 1984년 37.1%가 되었다. 불과 10년 만에 학과 내 여학생 비율이 2배 이상 증가한 것이다.

그러나 1984년을 기점으로 여학생의 비율은 줄어들기 시작했고, 1990년대를 거쳐 2010년이 되었을 때는 1984년 대비 절반 수준인 17.6%로 감소했다.[28] 도대체 무슨 일이 있었던 것일까?

1970년대 후반에서 1980년대 초, 개인용 컴퓨터가 등장하면서 어린 아이들이 프로그램을 배울 수 있게 되었고, 컴퓨터 과학과에 입학하는 학생들의 구성에도 변화가 일어났다. 1980년대 초반, 컴퓨터 과학과에 입학한 학생 대부분은 컴퓨터를 만져본 적도 없었다. 좀 더 정확히 말하면 컴퓨터가 설치된 방에 들어가 본 적도 없었다. 1980년대 이전 수십 년간, 컴퓨터는 매우 드물고 비싼 기계였기 때문에 회사 혹은 연구소 정도에서나 볼 수 있었다. 결과적으로 컴퓨터 과학과에 입학한 모든 학생들은 출발점이 같았고, 컴퓨터 프로그래밍에 관해서는 대부분이 완전 초보자였다. 그들 모두 같은 시기에 'Hello, World!'라는 첫 번째 프로그램을 배웠다.

그러나 1970년대 말 1980년대 초, 코모도어 64 혹은 TRS-80과 같은 1세대 개인용 컴퓨터가 등장했다. 덕분에 10대 청소년들도 집에서 컴퓨터를 만지작거리며 시간을 보내거나, 몇 주 혹은 몇 달에 걸쳐 여가 시간을 이용해 'for loops'나 'if' 구문, '데이터 구조' 등 프로그래밍의 핵심 기능을 배웠다. 덕분에 1980년대 중반 컴퓨터 과학과 입학생 중 몇 명은 이미 컴퓨터 프로그래밍에 상당히 익숙했다. 이들은 컴퓨터 과학과 기초 과목의 내용을 시시하게 느낄 만큼 이미 기본적인 프로그래밍 지식을 갖추고 있었다. 곧 소개할 2명의 교수는 여성 학생의 비율이 낮은 이유를 조사했고, 그 과정에서 입학 전부터 컴퓨터 프로그래밍에 경험을 가진 학생들 대부분이 남학생이라는 사실을 발견했다.

교수들 중 한 명은 당시 카네기 멜런 대학교 컴퓨터 과학과 학과장이었던 앨런 피셔Allan Fisher 교수였다. 카네기 멜런 대학교에서 컴퓨터 과학과는 1988년에 처음 만들어졌다. 학과장이었던 피셔 교수는 1990년대 초까지의 초창기 입학생 중 여학생 비율이 10%도 되지 않는다는 사실에 주목했다. 피셔 교수는 1994년에 그 이유를 조사해 좀 더 많은 여학생들이 컴퓨터 과학과에 입학하도록 하는 방법을 찾아보기로 결정했다. 그는 UCLA 대학교 교육 정보 대학원 교수인 제인 마골리스Jane Margolis와 함께 야심찬 조사를 시작했다.[29] 1995년부터 1999년까지 4년간 진행된 연구에서 마골리스와 그녀의 연구팀은 카네기 멜런 대학교 컴퓨터 과학과 학부생을 약 100명 정도 인터뷰했으며, 마골리스와 피셔는 그 결과와 시사점을 정리해 〈Unlocking the Clubhouse〉라는 제목의 글을 썼다.

마골리스는 입학 전에 컴퓨터 프로그래밍 경험이 있는 학생들 상당수가 남학생이라는 사실을 발견했다. 남학생들은 여학생에 비해 자라는 동안 훨씬 많이 컴퓨터에 노출돼 왔다. 예를 들어 남학생이 부모님에게서 컴퓨터를 선물로 받을 가능성은 여학생에 비해 2배 이상 높았다. 또한 부모님이 가족용 컴퓨터를 구매했을 경우, 대개 딸이 아닌 아들 방에 두었다. 게다가 아버지는 아들과 함께 베이직 매뉴얼을 본다거나 프로그래밍을 하며 아들을 격려했다. 반면에 아버지와 딸이 그런 관계를 가지는 일은 매우 드물었다.

"이는 조사를 통해 저희가 찾은 매우 중요한 발견 가운데 하나였어요." 마골리스가 내게 말했다. 카네기 멜런 대학교 컴퓨터 과학과 여학생 대부분은 다음과 같이 말했다. "아버지는 늘 오빠나 남동생하고만 시간을 보냈어요. 저희 형제들은 아빠의 관심을 받기 위해 늘 경쟁해야 했죠." 반대로 컴퓨터와 관계된 기억 속에 엄마의 자리는 없었다. 여자 아이가 컴퓨터를 매우 좋아했더라도, 엄마와 아빠로부터 전달되는 암묵적인 메시지에 따라 자신의 꿈을 적절히 조절한다. 물론 이런 차이는 남녀 청소년에게 매우 익숙한 역할 분담이다. 1980년대 초반까지 부모들은 수십 년간 혹은 수백 년간 조용하게 혹은 공개적으로 자녀들을 고정화된 성 역할로 이끌었다. 예를 들어 남자 아이들은 기술적인 일을 하고, 여자 아이들은 인형을 가지고 놀거나 소꿉장난을 했다. 새로운 기술이 세상에 등장할 때마다 판에 박힌 듯한 상황이 반복되는 것은, 마골리스에게 그리 놀라운 일이 아니었다.

여자 아이들은 학교에서도 컴퓨터는 남자 아이들이 좋아하는 것이라는 암묵적인 가르침을 받는다. 컴퓨터를 좋아하는 남자 아이들은 컴퓨터 클럽을 만들어 그들만의 영역을 만들곤 한다. 피셔 교수는 컴퓨터를 중심으로 형성된 이 집단이 일종의 '상호 협력 관계 모임'으로 발전한다고 말했다. 그러나 이 집단은 고의적으로 혹은 자신들도 모르는 사이 배타적이 된다. 1980년대 나온 연구 결과들에 따르면 이러한 집단은 여학생뿐만 아니라 흑인 혹은 라틴계 학생들도 배제한다. 여학생들 또한 컴퓨터 주위에서는 행동을 자제한다. 여학생이 컴퓨터광이 되는 일은 남학생에 비해 어려울 것이다. 남학생들 역시 좋지 않은 소리를 듣곤 하지만, 무슨 일이든 한 가지 일에 푹 빠지는 것에 대해 특별한 제약 없이 열심히 하도록 격려 받는다. 반면에 여학생들은 한 가지 주제에 푹 빠지는 것에 대해 좋지 않게 여겨진다. 그러나 프로그래밍은 푹 빠져서 하지 않으면 잘할 수 없다.

이런 사실은 카네기 멜런 대학교 1학년 수업에 참석한 학생들이

'이미 기본적인 프로그래밍 개념을 갖추고 있는 꽤 큰 규모의 남학생들'과 '컴퓨터 프로그래밍 경험이 전혀 없는 여학생이나 소수민족 학생들'로 나뉘는 이유를 설명하는 데 도움이 된다. 즉, 문화 차이에 의한 분리가 나타났다. 그 결과 컴퓨터 프로그래밍 경험 없이 학교에 입학한 여학생 대부분과 일부 남학생은 자신의 능력을 의심하기 시작한다. 과연 이들은 프로그래밍 경험을 가진 학생들을 어떻게 따라잡을 수 있을까?

마골리스가 다른 학생들이나 교수들로부터 들었듯이, 입학하기 전부터 열심히 컴퓨터 공부를 해오지 않았다면 도대체 왜 컴퓨터 과학과에 입학한 걸까? 이때 '진정한 프로그래머는 언제나 컴퓨터를 켜놓고 있는 사람'이라는 고정관념이 드러난다. 즉, '진정한 프로그래머라면 늘 컴퓨터와 있는 것을 좋아해야 하고, 하루 24시간 1년 365일을 컴퓨터와 붙어 있지 않은 사람이라면 진정한 프로그래머가 아니다'라는 의미다. 그러나 실제로는 해커조차도 상당수 이런 편집광적인 고정관념에 들어맞지 않는다. 해커들도 취미생활과 사회생활을 하며 조화로운 삶을 살려고 한다. 그러나 남자와 여자에 대해 판단 기준이 다르다. 조화로운 삶을 살려고 하는 남자에 대해서는 인정하면서도, 같은 의견을 말한 여성에 대해서는 부족하다고 판단한다. 프로그래밍 경험이 있는 남학생들은 그렇지 못한 여학생들에게 수준 미달이며 컴퓨터에 적합하지 않다고 공공연히 말하곤 한다. 예를 들어 수업 중에 여학생이 질문이라도 하면, "저것도 몰라?"라며 비웃었다. 2학년이 될 무렵, 시달림에 지친 많은 여학생들은 학과를 옮기기 시작한다. 프로그래밍 경험 없이 입학했던 몇몇 흑인 학생이나 라틴계 학생들도 마찬가지였다. 마골리스의 조사에 따르면 통계적으로 일반화하기는 힘들어도 이들은 2명 중 1명 꼴로 학과를 그만두었다.

그런데 좀 더 자세히 들여다보면 달랐다. 공부를 그만두거나 혹은 반대로 계속하는 학생들의 결정은 타고난 프로그래밍 재능과는 상관없어 보였다. 공부를 그만 둔 여학생 상당수는 학교 성적이 상당히 괜찮았으며, 그중에서 몇몇은 최상위급 학생들이었다. 그리고 그만두지 않고 버티며 3학년에 올라간 여학생들은 프로그램 경험을 가지고 입학했던 남학생들에게 더 이상 밀리지 않았다. 즉, 학부 공부를 하면서 실력이 평준화되었다. 10대 시절 베이직을 공부하며 수많은 프로그래밍 기술을 익혔을지 모르겠지만, 대학에서 배우며 공부하는 속도를 생각한다면 그 정도의 사전 학습은 큰 의미를 갖지 못한다. 졸업 즈음해서는 경험자로 입학했던 학생과 초보자로 입학했던 학생의 프로그래밍 실력은 거의 차이가 없다.

프로그래밍 경험을 가지고 입학해 다른 학생들을 앞질러나갔던 학생들이 그 우위를 계속 유지할 것이라 생각했던 우리에게, 이 결과는 완전 뜻밖이었다. 경험 있는 학생들이 경험 없는 학생들보다 언제나 뛰어날 것이라 가정하고 컴퓨터 과학과를 운영해왔던 카네기 멜런 대학교에서는, 입학 전에 프로그래밍을 공부했던 학생들을 우선적으로 뽑았다. 그러나 앨런 피셔 교수가 연구결과를 인용해 내게 말했듯이 이런 선입견은 틀렸다. "프로그래밍 선행 학습 효과는 그리 크지 않아요. 대학 4년 내내 우위를 유지하기는 힘들죠." 그가 말했다.

어려서부터 프로그래밍에 관심을 가지고 공부한 해커 소년들을 성차별주의자라고 탓할 수는 없다. 그들은 어려서부터 프로그래밍을 좋아했을 뿐이며, 주변 어른들이 그들의 문화를 인정해주었을 뿐이다. 하지만 그 사이, 프로그래밍 분야에서 여성들이 했던 선구자적인 일들이 서서히 잊혀졌다. 1980년대 여성들은 자신들도 프로그래밍을 잘할 수 있다는 사실 뿐만 아니라, 한때 프로그래밍 분야의 주인공은 바로 여성이었다는 사실조차 알기 어려워졌다. 대중문화도 한몫을 했다. 큰 인기를 얻었던 수많은 할리우드 영화(〈기숙사 대소동Revenge of the Nerds〉, 〈신비의 체험Weird Science〉, 〈트론Tron〉, 〈위험한 게임WarGames〉 등)에 등장하는 컴퓨터 전문가는 거의 언제나 백인이며, 가끔은 젊은 아시아 청년이다. 또한 연구 결과에 따르면 컴퓨터에 관한 흥미를 높이는 일에 중요한 역할을 한 비디오 게임은 많은 경우 남학생들을 목표 고객으로 가정했다. 결국 프로그래머의 모습은 남성 백인이라는 이미지로 대중들 머릿속에 새겨졌다.

대중문화까지 이런 선입견을 공공연히 드러내고 있는 상황에서 여성 스스로가 자신들의 기술 경쟁력을 남자보다 낮게 평가하는 것은 전혀 도움이 되지 않았다. 스탠퍼드 대학교 과학, 기술, 사회 분야 석사 과정의 릴리 이라니Lilly Irani는 마골리스와 비슷하게 컴퓨터 과학과 학생들을 연구했다. 그녀는 샘플 집단으로 선정한 남학생과 여학생을 대상으로 '컴퓨터를 사용한 문제해결 능력에 대한 자신감 수준'을 조사했다. 이라니는 동등 수준의 성적을 가진 여학생과 남학생들로 샘플 집단을 구성했는데, 해당 집단의 여학생과 남학생들은 그 사실을 알지 못했다. 그런데 성별에 따라 자신감 수준이 다르게 나왔다. 여학생들의 자신감 수준은 10점 만점에 평균 7.7점이였으며, 남학생들의 자신감 수준은 10점 만점에 평균 8.4점이였다. 자신들의 실력을 다른 학생들과 비교해달라는 요청에 대한 응답 결과는 더욱 충격적이었다. '자신과 다른 동기 학생들의 실력을 비교해주세요'라는 질문에 여학생들은 자신의 능력을 동기 학생들에 비해 평균 0.5점 낮게 평가한 반면, 남학생들은 평균 0.6점 높게 평가했다. 샘플 집단에 속한 여학생과 남학생들의 성적이 동등 수준이었음에도 불구하고, 남학생들은 자신의 능력에 대해 좀 더 자신감 있었고 자신을 진정한 프로그래머로 생각하는 경향이 좀 더 강했다. 반면에 여학생들은 정확히 그 반대였다.[30]

여학생들이 프로그래밍을 자신들이 할 만한 일로 느끼지 않는 이유 중 하나는 선호도와도 연관이 있는 것처럼 보인다. 관련 연구 결과들에 따르면 남학생들은 단지 프로그래밍이 좋아서 프로그래밍을 하는 경우가 상당히 많았다.[31] 반면에 여학생들은 프로그래밍을 세상에 영향을 끼칠 수 있는 좋은 방법으로 생각했다. 카네기 멜런 대학교의 경우도 비슷했다. 여학생 대부분은 평생 컴퓨터 앞에 앉아 프로그래밍해야 한다는 생각을 좋아하지 않았다. 이런 점은 입학 후 2년 만에 여학생들이 컴퓨터 과학과를 떠나는 여러 이유 가운데 하나였다. 컴퓨터 과학과 학부 1~2학년의 생활은 세상과 연결돼 좀 더 큰 비전을 꿈꾸기보다, 머리를 컴퓨터에 처박고 데이터 구조와 알고리즘을 프로그램으로 작성하는 것이었기 때문이다. 남학생 중에서도 취미나 사회적 삶은 무시한 채 이론적인 알고리즘과 데이터와 씨름하면서 끊임없이 프로그래밍만 하는 생활을 좋아하지 않는 학생들이 있었다. 그러나 진정한 프로그래머라면 1년 365일, 하루 24시간 컴퓨터 앞에 붙어 앉아 있어야 한다는 '편집광적인 믿음'은 여학생들에게 더 큰 충격과 상처를 줬다.

그러나 입학 후 2년이 지나면 여학생들은 상황이 달라지는 것을 느낀다. 스탠퍼드 대학교와 카네기 멜런 대학교는 3학년이 되면 완전한 기능을 갖춘 앱을 개발하기 위해 팀을 만들어 일하기 시작한다. 또한 스탠퍼드 대학교에서는 자바와 같은 새로운 언어를 배우기 시작하는데, 새로운 언어를 배우는 순간 남학생과 여학생이 각각 기존에 느꼈던 편안함과 불안함은 서로 반대 방향으로 움직인다. 모두가 새로운 프로그래밍 언어를 배우기 위해 노력하면서 학생들 사이에 있었던 차이가 사라지기 때문이다. 게다가 팀 프로젝트 수행 중에 '프로젝트 관리와 협력'이라는 새로운 기술을 배우게 되면서, 프로젝트의 성공과 실패가 개개인의 아닌 팀원 공동의 책임이자 성과가 된다. 그런 만큼 팀원들은 다시 한번 같은 출발선에 놓이게 된다. 이 시점이 되면 여학생들의 자신감은 급격히 올라가며, 그들 역시 프로그래밍을 좋아하게 된다. 아니, 사랑하게 된다.[32]

다만 이 지점까지 견디는 여학생의 숫자는 남학생에 비해 적다. 카네기 멜런 대학교의 경우, 약 절반 정도의 여학생들이 이미 컴퓨터 과학과를 그만두고 떠났다.

1984년 무렵, 여학생들이 컴퓨터 과학과를 떠나게 만든 또 다른 이유가 있었다. 바로 '정원 문제'였다.[33]

은밀한 설계자들

컴퓨터 프로그래밍에 관한 관심이 높아지면서 컴퓨터 과학과에 문제가 생겼다. 너무 많은 학생들이 등록하려고 해 정원 초과가 발생한 것이다. 한마디로 수요와 공급 사이에 커다란 불균형이 생겼다. 모든 학생들을 가르치기에는 교수가 턱없이 부족했다. 설상가상으로 일반 기업에서 큰돈을 주며 능력 있는 교수들을 데리고 갔다. "회사는 대학보다 훨씬 더 많은 돈을 주었어요." 1980년대 웰즐리 대학교와 하버드 대학교에서 컴퓨터 과학을 가르쳤던 에릭 로버츠Eric Roberts는 당시를 회상하며 말했다(그는 현재 포틀랜드 리드 대학교에서 학생들을 가르치고 있다). 그의 기억에 따르면 5명 정도의 사람들에게 교수 자리를 제안했을 때, 겨우 1명 정도가 제안을 허락했다고 한다.

그렇다면 당시 대학들은 이런 수요와 공급의 불균형을 어떻게 해결했을까? 간단했다. 학생들을 쫓아냈다! 몇몇 대학은 컴퓨터 과학을 전공하려는 학생들을 대상으로 반드시 통과해야 하는 선행 과목들을 만들기 시작했다.[34] 그런데 이 선행 과목들의 담당 교수들은 고의적으로 많은 숙제를 주고, 바로바로 이해하지 못하는 학생들을 떨어뜨리기 위해 진도도 빠르게 나갔다. 또 몇몇 교수들은 어려움을 겪는 학생들을 전혀 도와주려 하지 않았다. '공부는 혼자 하는 거야. 혼자 할 수 없다면 떠나는 것이 좋을 거야' 같은 메시지가 담겨 있는 수업이었다. 많은 교수가 학생들에게 어떤 식으로든 부담을 주었다. 버클리Berkeley 대학교의 경우 컴퓨터 과학을 전공할 수 있는 조건으로, 1학년 선행 과목 전체 성적이 4.0, 즉 만점이기를 요구했다. 대학들의 이런 요구를 만족시킬 수 있는 이들은 주로 입학 전부터 프로그래밍에 익숙했던 학생들이었고, 백인 남학생들이 다수를 차지했다.

"진입장벽이 생기면 대개 남성보다는 여성에게 불리한 영향을 끼치는 경우가 많습니다." 로버츠는 말했다. 선행 과목은 능력 있고 자존감 높은 학생들을 성적에 따라 줄 세우고, 그 결과 프로그래밍을 공부하고 싶어 했던 수많은 학생들을 컴퓨터 과학과에 들어오지 못하게 만들었다. "여성들은 승자와 패자가 명확하게 갈리는 이런 경쟁적인 상황에 덜 익숙했어요. 그렇게 교육 받으며 자랐기 때문이죠. 결과적으로 남학생들에 비해 좀 더 빨리 공부를 포기했어요."

정도의 차이는 있었으나 남학생과 여학생 모두 처음 몇 년 동안은 정원 초과 문제에 영향을 받았다. 컴퓨터 과학을 전공하는 학생들이 줄어들면서 전반적으로 졸업생의 숫자도 40% 이상 감소했다. 1990년대 중반 정원 문제가 서서히 완화되자 컴퓨터 과학과의 규모는 다시 증가하기 시작했으며, 좀 더 많은 학생들이 컴퓨터 과학과에 들어가 공부할 수 있었다.[35] 그러나 양적인 회복에도 불구하고 '프로그래머의 성별'에 관한 고정관념이 생기기 시작했다. 결국 위기가 해결되고 많은 학생들이 입학하기 시작했지만, 대부분 남자였다. 여성들 사이에서 프로그래밍 인기는 사그라졌고, 1970년대 말에서 1980년대 초까지 여성 프로그래머들이 누렸던 전성기는 다시 오지 않았다. 한 반의 정원을 20명이라고 할 때, 여학생의 숫자는 5명 이하였고 수업에 들어와 있는 여학생들은 상당히 두드러져 보였다.

여학생의 숫자가 급격히 줄자, 컴퓨터 과학과는 남성 호르몬 발현의 온상이 되었다. 1991년 컴퓨터 과학자인 엘렌 스퍼터스Ellen Spertus는 프로그래밍 수업에 참여한 여학생의 경험에 관해 보고서를 썼다.[36] 그녀는 여성의 능력이 남성의 능력에 비해 떨어진다는 근거 없는 선입견으로 여성을 비웃는 남성들의 사례를 다음과 같이 보고서에 정리했다. (사례 1) 몇몇 교수들은 수업에 들어온 여학생들에게 "너희처럼 예쁜 애들이 왜 전자공학을 공부하고 있니?"라고 말하곤 했다. (사례 2) 카네기 멜런 대학교 컴퓨터 과학과의 몇몇 여학생들이 벌거벗은 여성 사진을 컴퓨터 배경화면으로 사용한 남학생들에게 배경화면을 바꾸도록 요청했다. 그러자 남학생들은 검열을 통한 개인의 자유 침범이자 나치 혹은 이란의 호메이니 같은 생각이라며 크게 화를 냈다.

MIT에서도 비슷한 조사가 있었는데, 엘렌 스퍼터스의 보고서에 언급된 사례와 비슷한 일들이 있었다.[37] (사례 1) 한 남학생은 "우리 과 여학생들은 남학생들에 비해 실력이 떨어져"라고 공공연히 말했다. (사례 2) 연구실 혹은 연구 모임에서 여학생들을 바로 앞에 두고 외모 순위를 매기거나 성적인 농담을 하는 일도 있었다. 모두 남자탈의실에서나 있을 법한 일들이었다. 예를 들어 "에이, 우리 연구실에는 여학생이 한 명도 없는데, 왜 이 연구실에만 여학생이 둘씩이나 있는 거야? 여학생은 공평하게 나눠야 해"라고 말하는 남학생도 있었다. (사례 3) 여학생들에게 "결혼하는 데도 학위가 필요하니?"라고 말하는 사람도 있었다. (사례 4) 몇몇 교수는 노골적으로 여학생을 무시하며 손을 들고 질문을 해도 못 들은 척 했다. 이런 사례 외에도 여학생들은 남학생들에 비해 적극적이지 않다는 말을 듣곤 했다. 그러나 막상 여학생들이 남학생들과 적극적으로 논쟁을 벌이기라도 하면 여학생들은 "너 오늘 왜 이리 사나워? 그날이야?"라는 말을 들어야 했다. 심지어 어깨를 주무르거나 가슴을 건드리며 성희롱을 하는 남학생들도 있었다.

여성들이 떠나버리자 프로그래밍으로 대표되는 컴퓨터 과학 분야는 급속히 백인 남성 중심으로 변해갔다. 2017년도 미국 노동통계국 보고서에 따르면 '컴퓨터 프로그래머', '소프트웨어 개발자', '웹 개발자' 등의 직업을 가진 사람 가운데 약 20%가 여성이었다. 직업의 범위를 조금 넓혀 '데이터베이스 관리자'와 '통계학자'를 포함시키면 여성의 비율은 약 25.5%로 약간 더 올라간다. 앞의 두 조사에서 흑인의 비율은 각각 6%와 8.7%였으며, 라틴계 사람들의 비율은 각각 6%와 7.3%였다. 다른 분야를 대상으로 조사한 흑인과 라틴계 사람의 비율에 비해 절반 혹은 절반을 약간 넘는 수준이다.[38] (다른 보고서의 경우는 더 낮았다. 예를 들어 공공데이터 시각화 웹사이트인 '데이터USA'의 경우, 2016년 기준 흑인 프로그래머 비율은 불과 4.7%였다.[39]) 최고의 실력자들이 모인 실리콘밸리를 대상으로 조사범위를 좁히면 그 숫자는 훨씬 작다. 기술 뉴스 웹사이트인 리코드Recode의 분석에 따르면 구글 기술 인력 가운데 여성은 약 20%인 반면, 흑인과 라틴계 비율은 각각 1%와 3%였다. 페이스북의 인력 비율은 구글과 비슷했으며, 트위터의 여성, 흑인, 라틴계 인력의 비율은 각각 15%, 2%, 4%였다.[40]

　　　　　　　　　　　　은밀한 설계자들

많은 사람들이 내게 이야기했듯이 비율이 너무 낮다 보니 그 속에서 일하는 것 자체가, 자기가 있어서는 안 될 백인 중심의 폐쇄적인 집단에 들어온 듯한 느낌이라고 한다. 그들은 동료나 상사가 자신을 동등하게 대해준다고 이야기하면서도, 자신들의 기술 능력에 부정적인 선입견을 가진 주변 사람들에게 매일같이 능력을 증명해야 했다고 말했다.

스테파니 헐버트Stephanie Hurlburt는 컴퓨터 그래픽스 분야의 전문가로 수학에 재능을 가진 여성 프로그래머였다. "저는 C++가 좋아요. 하위 수준의 언어라 무슨 일이든 할 수 있거든요." 그녀가 말했다. 그녀는 게임 제작 툴로 유명한 기업 유니티Unity 등을 포함해 여러 회사에서 일했다. 그녀는 페이스북에서도 근무했고, 오큘러스 리프트 VR 헤드셋 제작 분야에서 일할 때는 첫 번째 VR 데모 준비를 하며 오랜 시간 쉬지 않고 일하기도 했다. 헐버트는 부정적인 반응을 이겨내는 데 익숙했다. 그녀는 자신이 존경했던 사람들을 포함해 여자가 수학에 적합하지 않다고 말하는 사람들의 이야기를 많이 들었다. 프로그래머로 일하는 동안 그래픽스 관련 까다로운 개념을 잘 이해하지 못한다고 말하면, 남자 프로그래머들은 바로 그녀에게 빈정거리는 말투로 "실망이군. 수학을 상당히 잘할 거라고 생각했었는데 말이야"라고 말했다. 어떤 회사에서는 성희롱을 당한 적도 있었다. 그녀가 남성 직원들의 잘못된 인식에 대해 인사과에 문제를 제기했으나, 여성 프로그래머들이 늘 말하던 문제라면서 신경 쓰려 하지 않았다.

헐버트는 결국 회사를 나와서 자신처럼 그래픽스를 좋아하던 친구 리히 겔드레히Rich Geldreich와 함께 바이노미얼Binomial이라는 회사를 차렸다. 컴퓨터 그래픽스에서 '텍스처Textures' 크기 압축 프로그램을 개발하는 회사였다. 직접 회사를 운영하면서 더 이상 자신의 자존감을 떨어뜨리는 상사를 신경 쓸 필요가 없어졌음에도 불구하고, '여성은 기술에 약해'라는 사람들의 고정관념에서 완전히 벗어날 수는 없었다. 제품을 팔기 위해 겔드레히와 함께 고객미팅에 참석하면 고객 중 몇몇은 그녀를 마케팅 담당 여직원 정도로 생각했다. "달랑 프로그래머 한 명으로 어떻게 이런 제품을 개발하겠다는 말인지 이해할 수 없군요"라고 말하는 고객도 있었다. 직접 회사를 세워 운영하며 나름 보람을 느끼는 순간도 있었다. 예전에 초보 프로그래머로 일할 때 그녀에게 "자네를 가르치며 시간을 낭비할 만큼 한가하지 않아"라고 말했던 상사가 있었다. 그런데 최고기술경영자가 된 상사의 비서로부터 최근 바이노미얼에서 개발한 텍스처 압축 프로그램을 사용할 수 있는지 묻는 연락이 왔다. 그들은 현재 개발 중인 소프트웨어의 속도를 높이기 위해 필사적이었는데, 이를 위해 바이노미얼의 텍스처 압축 프로그램이 필요했다. 헐버트는 아직 거래를 결정하지 않았다. "성차별주의자가 아닌 사람만이 이 프로그램을 사용할 자격이 있거든요." 그녀가 미소를 지으며 말했다.

무리에서 여성들은 중요하지 않은 사람으로 오해받는 일이 많다. 흑인이나 라틴계 출신 프로그래머들은 경호 요원 혹은 가정부로 오해받는다. 2017년 내가 만났던 슬랙의 프로그래머 에리카 베이커Erica Baker도 비슷한 경험을 했었다. 컴퓨터를 매우 좋아하는 흑인 미국 소녀였던 베이커는 독학으로 큐베이직QBasic과 하이퍼카드Hypercard를 공부했고, 결국에는 애틀랜타에 위치한 구글에 들어가게 되었다. 기쁨도 잠시 그녀는 곧 "네 남자친구가 너를 때리니?" 같은 인종차별적인 말을 들었다. 그녀는 능력을 인정받아 구글 마운틴뷰에서 근무하게 되었으나 여전히 비슷한 일들을 겪었다. 어떤 임시 직원은 그녀를 경호원으로 생각했으며, 그녀를 비서 정도로 생각한 직원도 있었다. 그녀는 새로운 기술을 배우기 위한 양성과정에 신청했으나 백인 남성에 계속 밀려 기회를 잡을 수 없었다. 구글에서 보낸 시간이 나쁘기만 했던 것은 아니었다. 몇몇 동료는 매우 협조적이었고 그녀에게 많은 도움과 가르침을 주었다. (임시 직원과 생긴 문제를 목격한 임원은 그녀를 진정시키며 다독였다.) 그러나 결국 그녀는 "구글이 수많은 사람들에게 꿈의 직장일지는 몰라도 나 같은 흑인 여성에게는 꿈의 직장이 아니었어요"라고 말하며 구글을 퇴사했다. 그녀는 2015년 슬랙에 입사했다. 슬랙은 다른 실리콘밸리 회사들에 비해 소수계층 프로그래머들의 비중이 높았다. (전 세계 슬랙 직원을 대상으로 조사한 통계를 보면, 기술직군에서 일하는 여성의 비율이 34.3%였다. 미국 내 직원을 대상으로 조사한 통계에서도 소수계층 프로그래머들의 비율이 12.8%였으며, 성소수자에 속하는 직원의 비율도 8.3%나 되었다.[41] 훗날 베이커는 수석 엔지니어 관리자로 페트리온Patreon에 입사한다.)

　기술 분야 성소수자 직원들은 더 많은 어려움을 겪었다. 케이포어센터Kapor Center for Social Impact는 기술직 직원들을 대상으로 직장을 떠난 이유를 조사했으며, 성소수자 응답자 가운데 24%가 직장에서 '공개적인 모욕'을 당했기 때문이라고 답했다. 또한 조사에 참여한 성소수자 중 20%가 직장 내 괴롭힘을 당했으며, 이는 조사 대상 그룹 가운데 가장 높은 수치였다(무려 64%가 괴롭힘이 직장을 그만두도록 만든 이유 중 하나라고 답했다).

내가 인터뷰했던 소수계층 출신 프로그래머들 모두가 심각한 어려움을 경험했던 것은 아니었다. 적은 수이기는 하지만 이 책을 쓰기 위해 만났던 많은 여성 중 일부는 자신들이 어떤 문제도 겪지 않았다고 말했다. 새로운 웹브라우저인 브레이브Brave 개발에 참여한 여성 프로그래머 얀 주Yan Zhu도 "저는 특별히 그런 문제를 겪지 않았어요"라고 말했다. "솔직히 제가 이 문제에 그리 민감하지는 않았어요." 그녀 또한 차별과 관련해 많은 이야기를 들어 알고는 있었다. "차별을 경험한 여성들과 이야기를 나눠봤지만, 제 경험과는 많이 달랐어요. (…중략…) 물론 그들이 겪었던 일을 별 것 아니라고 말할 생각은 없어요."

내가 만나 이야기했던 많은 프로그래머들은 세상의 관심을 집중시킬 만한 노골적인 괴롭힘과 모욕도 문제지만, 능력에 대한 선입견과 무시하는 말 등이 더 큰 문제라고 입을 모아 말했다. 세상을 떠들썩하게 만들 만한 괴롭힘은 자주 있는 일이 아니지만, 작아도 끊임없는 상처로 죽고 싶을 만큼 괴롭게 만드는 일은 흔하기 때문이다. 이런 문제를 잘 보여주는 연구들도 여럿 있다. 기술 엔지니어에 대한 업무고과 248건을 분석한 연구결과에 따르면, 여성 엔지니어들은 남성 엔지니어보다 부정적으로 평가 받을 가능성이 높았다. 반면에 남성 엔지니어들은 오직 긍정적으로만 평가 받을 가

은밀한 설계자들

능성이 훨씬 높았다.[42] 다음과 같은 연구결과도 있었다. 기술 분야 리크루팅 업체인 스피크윗어긱Speak with a Geek에서는 동일한 경력과 정보를 담은 이력서 5,000장을 구인 업체에 보냈다. 그런데 이력서에 성별을 가늠하기 어려운 이름들을 적었을 경우 이력서를 낸 여성들의 54%가 연락을 받은 반면, 성별을 알 수 있는 이름들을 적었을 경우 여성 중 단지 5%만이 응답을 받았다.[43]

여성이 프로그래머로 일할 기회를 얻기 힘들게 만드는 또 하나의 이유는 스타트업 회사들 사이에 퍼져 있는 '조직문화와의 궁합'에 대한 걱정이다. 스타트업에서는 적은 수의 사람들이 오랜 시간 함께 모여 일하곤 한다. 이런 조직문화 속에서 창업자들은 자연스럽게 사회적, 문화적으로 자신들과 비슷한 지원자들을 좋아하게 된다. 다음은 여성 프로그래머로부터 들은 이야기다. 그녀는 한 회사에서 스카우트 제안을 받고 면접을 보기 위해 실리콘밸리에 갔다. 회사 창업자들은 그녀를 3번씩이나 술집에 데리고 갔는데, 그곳에서 일 이야기는 전혀 하지 않았다. 그녀는 당황스러웠다. "왜 불러놓고 면접을 보지 않는 거지? 언제 면접을 진행할 생각일까?" 나중에 그녀는 실리콘밸리에서 오랜 기간 일해온 한 친구에게 물었다. "술집에 가서 함께 술을 마셨다고? 바보야, 그게 바로 면접이야." 그녀의 친구는 확실하다는 듯이 말했다. "그게 바로 그들의 면접방식이지. 아마 네가 얼마나 오래 버틸 수 있는지 보고 싶었을 거야."

내가 방문해 인터뷰했던 많은 스타트업 업체들은 하버드 대학교, 스탠퍼드 대학교, MIT 공대 등을 다니는 동안 사귄 친한 친구들을 채용하였다. "체계적이지 못하고 느슨한 문화라고 할 수 있어요." 수 가드너가 말했다. 그녀는 운영하던 위키미디어 재단을 떠난 후 여성 프로그래머들의 숫자가 적은 이유를 연구하기로 결심하고, 1,400명 이상의 여성 프로그래머들과 인터뷰를 진행하며 조사를 했다. 그녀는 1990년대에 남성들이 프로그래밍 분야를 장악한 것이, 계속 그 상태를 유지하는 순환효과를 내고 있음을 깨달았다. 즉, 현재 이 분야의 리더가 대개 백인이기 때문에, 그들은 자신과 비슷한 사람을 채용하고 싶어 한다. 그리고 자신이 경험했던 방식으로만 다른 사람의 재능을 알아차린다. 예를 들어 프로그래머를 채용할 때 대부분 회사는 면접관이 요구한 알고리즘을 응시자가 직접 화이트보드에 작성하도록 요청하는 면접을 시행한다. 이런 유형의 면접은 사실 프로그래머가 입사 후에 할 일과는 거의 관련이 없다. 그러나 화이트보드 면접은 아이비리그 대학 강의실 모습과 비슷하다. 가드너가 지적하듯 대학을 졸업한 지 몇 년 되지 않은 면접관 중 상당수는 이런 방식을 편안해하고 좋아한다.

이와 비슷한 순환효과는 벤처캐피털의 스타트업 투자 과정에서도 잘 나타난다. 벤처캐피털의 투자자들은 예전에 그들이 보았던 성공적인 스타트업 창업자들과 비슷한 사람들에게 투자를 한다. 이런 투자방식을 그들만의 용어로 '패턴매칭Pattern matching'이라고 부른다. 현재 활동하고 있는 벤처투자자 대부분은 1980년대에서 2000년대 초에 돈을 벌었던 백인 남성들이다. 이들은 자신의 젊은 시절을 보여주는 듯한 젊은 사업가들에게 본능적으로 호감을 가진다. 2008년 유명한 벤처투자자 존 도어John Doerr는 자신이 가장 감탄하며 투자한 기술 분야 사업가에 대해 이야기하며, 패턴매칭의 뜻을 예를 들어 명확히 설명했다. "성공한 기술 분야 사업가 대부분은 백인이고, 컴퓨터에 미쳐 하버드 혹은 스탠퍼드를 중퇴한 남성들이죠. 사회생활도 전혀 하지 않아요. 그래서 똑같은 패턴의 창업자를 만나면, 구글에게 그랬던 것처럼 더 생각할 것도 없이 바로 투자를 결정했죠."[44]

"저는 기회를 뺏긴 것은 여성만이 아니라고 생각해요. 아직 결혼하지 않은 젊은 백인이 아니라면 누구나 기회를 빼앗기고 있는 거였어요." 가드너는 자신의 결론을 내게 말했다.

쉽게 눈치 채기 어려운 이런 종류의 선호도와 선택 방식은 분명 프로그래밍 분야에서 직업을 얻으려 하는 여성들에게 번번이 장애물이 된다. 이에 더해 노골적인 성차별 사례를 찾는 일도 그리 어렵지 않다.

꽤 유명한 기술 회사 사무실에서 괴롭힘을 당한 일이 있다고 내게 말하는 여성 프로그래머들이 있었다. 발표자료에 포르노 사진을 넣곤 했던 루비온레일즈Ruby on Rails의 프로그래머들처럼, 자신들의 발표자료에 포르노 배우 사진을 넣는 것을 좋아하는 프로그래머들도 있었다.[45] 우분투Ubuntu(리눅스를 기반으로 제작된 컴퓨터 운영체제—옮긴이) 리눅스 수석 프로그래머가 새로운 소프트웨어를 발표하는 공개 석상에서 여성들에게 좀 더 쉽게 설명할 수 있는 소프트웨어를 발표하게 되어 흥분되고 기쁘다고 말한 일도 있었다.[46] 데이터베이스 쿼리Query에 관한 세미나를 진행하던 발표자가 여성의 외모 순위를 매기는 예제를 사용해 쿼리 최적화 방법을 소개하기도 했다.[47] 어떤 비트코인 그룹 리더는 페이스북 고객 솔루션을 담당하는 여성 매니저와 만난 자리에서 "당신은 비트코인을 잘 알 것처럼 보이지 않는군요. 대개 여성들은 효율이나 효과를 잘 생각하지 않으니까요"라고 말했다.[48] 이 자리에 참석했던 다른 한 사람은 황당하게도 그녀의 몸을 자꾸 건드리기까지 했다. 이런 경험을 말한 여성들은 온라인에서 더욱 명확한 위협과 괴롭힘을 당하기도 한다. 예를 들어 켈리 엘리스Kelly Ellis라는 전 구글 여성 엔지니어는 자신이 알게 된 성희롱 사례를 리트윗했다가 "어떤 일을 당할지 알고 이런 일을 하지?" 같은 온라인 공격을 많이 받았다. 동아리 모임처럼 운영되는 여러 기술 스타트업 회사들에도 이런 문제들이 있다. 기술 스타트업인 업로드VRUpload VR은 남성 직원들이 침대가 있는 방을 '킹크룸kink room'이라 부르거나, 남성 관리자가 프로그래밍에 좀 더 집중할 수 있도록 화장실에 자위하러 간다고 말하는 등과 같은 성적인 일들로 고소를 당했다.[49]

사교클럽 혹은 남성 동아리 같은 기술 스타트업의 이런 특징은 2000년대 중반 '브로그래머Brogrammer' 트렌드의 시작과도 일부 관련 있다.

합성어인 브로그래머는 짐작할 수 있듯이 프로그래밍 분야를 장악한 남성 '프로그래머Programmer'들과 남성 사교클럽에서 남자끼리 서로 편하게 부르는 호칭인 '브로Bro'가 합쳐져 생긴 말이다. 1990년대 말에서 2000년대 초 사이에는 동아리 방이나 사교클럽 같은 분위기의 환경이 이곳저곳에 많이 있었다. 맥주통이 놓여 있고 벽에

은밀한 설계자들

는 낙서 그림이 그려진 초창기 페이스북이 대표적인 예다.[50] 여러 컴퓨터 전문가가 말하듯, 이런 동향은 2008년 금융위기 이후 더욱 가속화되었다. 은행이 줄어들고 투자은행이 더 이상 인생의 성공을 보장하는 직장이 되지 못하면서, 어린 나이에 큰돈을 벌고 싶어 하는 야심만만한 아이비리그 출신의 젊고 술 잘 마시는 남자들이 성공을 위한 다른 기회를 찾기 시작했다. 이들은 돈이 몰릴 차세대 산업 분야인 실리콘밸리 소프트웨어 분야로 눈을 돌렸다. 당시에는 별 볼일 없는 스타트업에도 투자금이 넘쳐났다(상대적으로 규모는 작았지만, 비슷한 현상이 1990년대 닷컴 붐 때도 있었다. 당시에도 광고와 마케팅 분야의 수많은 사람들이 스타트업 분야로 옮겨갔다).

에릭 로버츠 교수에 따르면 금융위기가 터지고 얼마 지나지 않아 시류를 쫓아 컴퓨터를 공부하려고 자신의 강의를 수강했던 학생들이 있었다고 한다. 그들은 단지 성공을 위한 확실한 방법을 만들려 했고, 자신감이 넘쳐보였다. 그들 가운데 몇몇은 소프트웨어에 관심이 높았다. 그러나 놀랍게도 일부는 그렇지 않았다. "정말 황당하고 놀라웠던 일이 뭔지 아세요? 컴퓨터 과학을 전공하겠다는 학생들 상당수가 실은 컴퓨터 과학을 싫어했다는 사실이에요. 컴퓨터 과학은 좋아하지 않지만 부자가 될 수 있는 분야라는 사실은 알고 있었던 거죠." 로버츠는 황당한 표정을 지으며 마지막으로 한 가지 덧붙였다. "그런 일은 부자가 되겠다고 떴다방 사업에 뛰어드는 것과 같아요. 부자가 된 사람보다는 망한 사람을 더 많이 볼 수 있죠. 새로이 뛰어든 분야가 어려워졌을 때, 돈만 보고 시작한 사람들은 어떻게 되었을까요? 실리콘밸리에는 컴퓨팅을 빼면 아무것도 없는데 말이죠."

브로그래머가 등장하자, 어중간한 수준의 프로그래밍 업무 경력을 가진 수많은 여성들이 더 이상 자신들의 자리는 없다고 생각하며 실리콘밸리를 떠났다. 수 가드너가 1,400명의 여성 컴퓨터 전문가를 조사했을 때, 그들도 비슷한 이야기를 했다. 이들은 햇병아리 프로그래머 시절 자신들을 둘러싼 성차별 따위는 대수롭지 않게 생각했다고 한다. 프로그래밍이 좋았고, 성공할 수 있다는 자신감도 넘쳤다. "그러나 시간이 흐르며, 그들은 지치고 고통스러워했어요." 가드너는 말했다. 회사에서 여성들의 위치가 올라갔을 때 그들을 받아주고 끌어주는 사람들이 급격히 줄어들었다. 아테나 인수Athena Factor(여성 억만장자 비중—옮긴이)를 조사하면서 수 가드너가 알게 된 사실에 따르면, 1,400명 가운데 약 2/3가 괴롭힘을 경험하거나 목격했다고 한다. 나머지 1/3가량은 상사가 자신보다 남성 동료를 좀 더 챙겨주고 친하게 대했다고 말했다. 사람들은 종종 양육 문제가 불거질 때 여성들이 경력에서 손해를 보고, 남성과의 경쟁에서 밀려난다고 생각한다. 그러나 가드너의 연구에 따르면 양육은 여성이 경력을 중단하는 주요 이유가 아니었다. 오히려 비슷한 혹은 자신보다 못한 주변 남성 동료들이 자신보다 더 좋은 기회를 제공 받거나 더 좋은 처우를 받는 일에 짜증 나고 지쳐 그만두는 경우가 더 많았다.

아이러니하게도 여성들은 직위가 높아지면 높아질수록 더 심하고 노골적인 괴롭힘을 당할 수 있다. 특히 여성 프로그래머가 창업하기로 결심하고 창업에 필요한 투자를 받기 위해 남성 비율이

96%에 달하는 벤처캐피털과 논의를 시작할 때, 이런 괴롭힘이 흔히 일어난다.[51] 예를 들어 벤처캐피털에 투자를 요청한 여성 창업가는 성적인 요구를 받을 수도 있다.[52] 벤처투자자가 된 여성들은 벤처투자 분야가 탐욕으로 가득찬 지저분한 세계라는 사실을 깨닫는다. 다음은 여성 투자자 엘렌 파오Ellen Pao가 벤처투자사인 클라이너퍼킨스코필드앤드바이어스Kleiner Perkins Caufield & Byers에서 일할 때 있었던 일이다. 전용기를 타고 가던 기술 CEO는 제나 제임슨Jenna Jameson이라는 포르노 스타를 만난 일을 떠벌리며 자랑했다. 그리고 한술 더 떠서 같이 동승한 사람들에게 어떤 포르노 배우를 좋아하는지 물었다. 파오에 따르면 동유럽 백인 여성을 특히 좋아한다고 답한 사람도 있었다.[53]

이런 환경 속에서 중간 수준의 여성 프로그래머들은 실리콘밸리를 떠나고 있다. 수년간 경험한 쓰레기 같은 일들이 나아지기는커녕 오히려 더욱 나빠지는 것을 보면서, 실리콘밸리를 떠나는 것으로 자신의 생각을 나타낸다. 물론 이들이 프로그래밍을 그만둔 것은 아니었다. 실리콘밸리의 소프트웨어 전문 회사를 떠났을 뿐, 의료 분야, 법률 분야 등의 회사에서 여전히 프로그래머로 혹은 프로그래머를 관리하며 일했다.

"놀랍게도 실리콘밸리를 떠난 여성들은 '내가 얼마나 많은 일을 잘 해냈는데!'라고 생각하고 있었으며, 자신들의 능력을 인정받지 못해 불만이 컸어요." 가드너가 말했다. "그들은 정말 화가 난 것처럼 보였고, 도움의 손길 따위는 필요해 보이지 않았어요. 이들은 잘할 수 없어서, 즉 능력이 부족해 떠난 것이 아니에요. 오히려 여러

분야에서 필요한 전문 기술을 갖춘 프로페셔널 프로그래머였기 때문에 떠날 수 있었습니다. 한마디로 자신의 삶에 대한 선택권이 있었죠. 아마도 이들은 실리콘밸리를 떠나며 '잘 먹고, 잘 살아라. 나는 나를 인정해주는 데 가서 일하련다'라고 말했을지도 몰라요."

능력이 있어서 떠난다는 사실에 대해 우리 모두 깊이 생각해볼 필요가 있다. 초창기 프로그래밍 분야를 생각해보면, 여성들은 법률 분야 등 성차별이 심했던 다른 분야에 비해 좀 더 많은 기회를 얻을 수 있다는 이유로 프로그래밍 분야에 몰려들었다. 그러나 오늘날은 상황이 완전히 뒤바뀌었다. 소프트웨어 분야는 점점 남자들이 넘쳐나며 시대 변화에 뒤떨어졌다.

아주 냉정하게만 생각하면 '기술 분야에 백인들이 넘쳐난다는 사실이 특별히 문제일까?'라고 생각할 수도 있다. 이에 대해 2가지 명확한 답변이 있다. 첫째, 경제적 기회라는 관점에서 분명 문제다. 와이콤비네이터에서 주최한 성에 관한 회의에서 어떤 여성 프로그래머가 이야기했듯이 흥미진진하고, 돈이 되며, 고급스럽고, 수많은 사람들에게 도움 되는 일에 인류의 절반이 참여하느냐 마느냐의 문제기 때문이다.[54]

둘째, 프로그래밍과 직접적으로 관련 없는 사람들에게도 문제다. 남성 중심의 기술 문화가 그들이 만드는 제품에도 영향을 미치기 때문이다. 동일한 그룹의 사람들이 하드웨어와 소프트웨어를 만든다면, 이들은 자신들이 보기에는 훌륭하지만 다른 사람들에게는 필요 없거나 심지어 재앙일 수도 있는 것들을 만들어내곤 한다.

　　　　　　은밀한 설계자들

가상현실 기기를 만드는 매직리프Magic Leap의 엔지니어들이 여직원들의 말을 흘려듣고서는, 자기들 좋은 대로 신나게 가상현실 헤드셋을 만들었던 일을 생각해보자. 수많은 여성들은 그 제품을 사용하며 불편해했다. 예를 들어 포니테일 스타일의 여성들은 머리카락이 헤드셋에 걸려 고생했으며, 많은 여성들이 허리에 차야 하는 작은 컴퓨터를 싫어하고 사용하지 않았다(엔지니어들은 "제안한 사항들이 디자인에 하나도 반영되지 않았어요" 같은 경고를 무시한 듯하다[55]). 다른 예로 코미디언이자 작가인 헤더 골드Heather Gold가 쓴 것처럼 구글과 애플의 그룹 화상 채팅 소프트웨어 사용자 인터페이스를 생각해보자.[56] 기본적으로 이 채팅 소프트웨어에서는 누구든 말하는 사람의 얼굴이 다른 모든 사람의 모니터에 확대돼 나타났다. 여성들의 지적처럼 이런 사용자 인터페이스는 화상 미팅의 특성을 지나치게 강조한 것으로, 일반적으로 쉬지 않고 떠드는 백인이 모든 사람들의 주목을 받는다.

이번에는 트위터 사례를 생각해보자. 남성만으로 이루어진 디자인 팀은 수년 동안 점점 커져만 가는 욕설 문제를 알지 못했다. 사실 남자들은 소셜네트워크 서비스를 사용하다 위협을 받거나 괴롭힘 당하는 일이 많지 않았기 때문에 남자들에게는 이런 문제가 잘 보이지 않았을 수도 있다. 몇 명의 여성들이라도 팀에 있었더라면, 아마도 그들은 미리 문제를 말해주며 경고했을 텐데 말이다. "이봐, 온라인상에서 여성들은 별일 아닌 것으로도 괴롭힘 당하기 십상이야! 이 문제를 어떻게 해결할 수 있는지 생각해보자고!" 좀 더 일찍 경고를 받았다면, 플리커Flickr라는 회사가 예전에 시도했던 것처럼 트위터 개발자 또한 욕설을 줄일 수 있는 여러 방법들을 생각해내고 사용자들 사이에 좀 더 성숙한 시민문화를 퍼트리기 위해 노력했을 것이다.[57][58] 그러나 트위터는 악성 사용자를 그대로 두어 번성하게 만들었다. 덕분에 신나치즘을 추종하는 사람들까지 자유롭게 넘쳐났다.

욕설과 같은 괴롭힘에 대한 트위터의 느슨한 접근은 2016년 경제적 관점에서 부메랑이 되어 돌아왔다. 성장은 멈추었고 기업 투자자들은 선뜻 투자하려 들지 않았다. 예를 들어 디즈니는 〈보스턴 글로브〉 기사에 실렸듯이 소셜미디어 서비스에서 흔히 사용되는 위협적이며 버릇없는 대화 방식이 회사의 가족적인 이미지를 망칠 수 있다고 걱정하며 트위터에 투자하지 않기로 결정했다.[59]

트위터 전임 CEO인 딕 코스톨로Dick Costolo는 지난 수년간 욕설 등은 문제가 아니라고 주장해온 자신의 생각이 틀렸음을 인정했다. "시간을 되돌릴 수만 있다면 2010년으로 돌아가 트위터 행동 규칙을 만들어 욕설을 멈추게 하고 싶군요."[60] 코스톨로가 말했다. 사실 문제점을 지적하고 경고할 만한 사람이 있었다면 문제는 훨씬 쉬웠을지도 모른다.

2017년 여름, 28세의 구글 수석 소프트웨어 엔지니어인 제임스 다모어James Damore는 여성 프로그래머가 적은 이유가 사회적 편견 때문이 아닌 생물학적 차이에 의한 것이라고 주장하는 글을 사내 게시판에 올렸다. 반페미니스트 이론들이 종종 그러하듯, 그의 주장은 금방 퍼져나갔다. 구글은 적어도 공개적으로는 성차별이 잘못이라고 생각하는 회사로, 직원들을 대상으로 무의식적이라도 편

은밀한 설계자들

견 혹은 차별 등이 담긴 표현을 사용하지 못하게 경고하고 교육해 왔다. 또한 관리자들은 회의에서 성차별적인 언어를 사용하지 못 하게 했다. 이런 종류의 조치들이 여성 엔지니어를 추가로 더 뽑는 일과는 별개의 문제였던 만큼 기술 분야 구글 여성 엔지니어들의 빠른 증가로 이어지지는 않았으나, 회사 내에 성차별에 대한 문제 의식이 퍼지기는 했다.

다모어는 이런 여러 가지 정책들이 현실 혹은 사실을 외면한 채 도 덕적인 올바름만 말하는 정치적 행위라고 생각했다. 그는 회사 내부 게시판에 올린 '구글의 이념적 폐쇄성Google's Ideological Echo Chamber'[61]이 라는 제목의 글에서 성별에 따른 차이를 문화적인 차이와 반드시 동일시할 필요는 없다고 주장했다. 즉, 진실은 진화적 적응 결과 인 지학적, 생물학적으로 남성이 프로그래머에 좀 더 적합하다는 것 이었다. 다모어는 여성들이 좀 더 쉽게 불안해하고 경쟁에 약하다 는 연구결과를 인용해, 여성들은 구글과 같이 치열한 세계에서 살 아남아 성공하기 힘들다고 주장했다. 회사는 협력적인 모습을 보 여주는 사람들을 우대하거나 기술 경쟁을 약화시켜 여성들의 생 물학적인 문제를 수용하는 방식으로 여성들에게 적합하게 변할 수 있다. 그러나 그는 여성이나 소수계층의 고용을 증가시키기 위한 구글의 이런 변화 시도가 사실상 역차별이라고 주장한다. 나는 이 런 내용이 담긴 그의 글을 몇 차례 반복해 읽은 후에 그의 주장이 매우 명확하다고 느꼈다. 한마디로 그는 프로그래밍 분야에서 남 성과 여성의 불균형은 다른 어떤 이유도 아닌 생물학적 차이에 기 인한다는 것을 주장하고 있었다.

다모어는 자신을 몰입해 일하고, 매우 경쟁력 있지만, 사회생활은 서툰 전형적인 남성 프로그래머라고 생각했다. 마운틴뷰에 위치한 그의 아파트 근처에서 만났을 때, 그는 내게 자신이 게임이론, 진화, 물리학 등에 매료되기 전 어렸을 때부터 서로 경쟁하는 체스를 즐겼다고 말했다. 어른이 되고 나서 고기능 자폐증 진단을 받았고, 자폐증 때문인지 시스템에 큰 흥미를 느꼈다고 설명했다. 다모어는 영국 임상 심리학자이자 발달 정신 병리학 전문가인 케임브리지 대학교 사이몬 배론 코헨Simon Baron-Cohen 교수의 연구를 아주 잘 알고 있었다. 코헨 교수에 따르면 남성은 태생적으로 체계화하며 사물에 관심을 가지는 반면, 여성은 사람에 관심을 가진다고 한다.[62] 다모어는 컴퓨터 과학을 정식으로 공부하지 않았다. 대신 학위 과정 동안 시스템 생물학을 연구하며, 알고리즘에 관한 책을 읽고 프로그래밍을 공부한 끝에 구글 프로그래밍 경진대회에서 우승했다. 그는 구글에 입사했고, 바로 검색 인프라 분야에서 일하기 시작했다.

다모어는 구글에서 여성이 남성에 비해 차별받는다고 생각하지 않는다고 말했다. 그의 경험에 따르면, 적극적이며 능력 있는 남성 프로그래머들은 다른 남성 동료 프로그래머들에게 퉁명스러우면서도 예리하게 문제점들을 지적하고 이야기하며 동료들로부터 인정을 받는다. "내 생각에 서로 지적하는 일은 구글에서 누구에게나 흔히 있는 일이에요. 남성 프로그래머들은 이런 일에 민감해하지 않기 때문에 지적을 받는 일에 그렇게 신경 쓰지 않고 마음 상해하지도 않죠." 다모어의 시각에서 보면 적어도 부분적으로는 프로

은밀한 설계자들

그래머들이 일하는 현장이 문화적으로 남성에게는 익숙하며, 여성에게는 낯설다. "성차별이 있다는 사실을 부정하는 것이 아닙니다. 그러나 보이는 것이 전부는 아니라고 말씀드리는 거예요." 그가 말했다.

다모어는 직장에서 성차별에 관해 이야기하는 일이 상황을 더욱 나쁘게 만들 수 있다고 주장한다. "조직의 체계와 구조가 공정하지 못하고 잘못 만들어져 있다고 말하는 일은 조직의 영향력을 가장 크게 망가뜨리는 일이라고 생각하기 때문이에요." 나는 그에게 기술 분야에서 성차별은 단도직입적으로 분명한 사실이며, 내가 직접 들은 이야기들을 포함해 수많은 관련 사례와 이를 보고하는 문서들이 있다고 말했다. 그는 "제 생각에 상당수는 미디어에서 크게 과장한 것이라 생각해요"라고 말했다. 그리고 육체적으로 위협적이거나 석탄 광부 혹은 청소부처럼 위험한 일은 남성이 도맡아 하는 일이라는 선입견 속에, 남성 또한 성차별에서 예외는 아니라고 말했다. 그의 말을 듣는 동안 나는 '남성 역시 여성 못지않게 혹은 여성보다 더 많은 괴롭힘을 당한다'는 남성 권리 활동 웹사이트의 대표적인 주장을 읽고 있는 것 같다고 느꼈다.

나는 그에게 단지 생물학적인 이유 때문에 여성 프로그래머가 적은 것이 사실이라면, 흑인 혹은 라틴계 프로그래머가 적은 이유도 생물학적인 이유 때문이냐고 물었다. 그는 "그 문제에서는 상당수 문화적 영향이 더 크게 작용했다고 생각합니다"라고 답했다. 그는 흑인 아이라도 잘사는 아시아인 가정에서 자란다면 충분히 뛰어난 프로그래머가 될 수 있을 거라고 주장했다. 정리하면 다모어는 남성과 여성 사이의 차이는 생물학적 차이에 그 원인이 있지만, 인종차별은 그렇지 않다고 주장하고 있다.

다모어가 쓴 글이 세상에 알려졌다. 아마도 그의 구글 동료들이 유출한 것으로 보인다. 회사는 신속하게 그를 해고했다. 구글 CEO 선다 피차이Sundar Pichai는 자신의 동료를 성별에 따라 다르게 보는 사람은 결코 구글에서 일할 수 없다는 내용의 메일을 직원들에게 보냈다. 피차이는 "함께 일하는 동료들에 대해 그들이 어떤 일에 생물학적으로 부적합하다고 주장하는 것은 바람직하지 않다"고 말했다.[63] 전 구글 엔지니어 요나탄 정거Yonatan Zunger가 말했듯이 더욱 중요한 사실은 어떤 관리자라도 다모어를 팀원으로 데리고 있기 어렵다는 것이다. "다모어가 여성이 생물학적으로 프로그래밍에 적합하지 않다고 믿는 사람이란 걸 알고 있는 여성 팀원이 그와의 코드리뷰를 어떻게 생각하겠는가?"라는 이유를 예로 들었다.[64]

다모어의 주장에 찬성하는 사람들도 있다. 구글의 몇몇 프로그래머들은 내부 모임에서 그를 지지했다.[65] 내가 만나 이야기를 나누었던 거의 모든 여성 프로그래머들은 다모어가 주장했던 것과 비슷한 이론을 주장하거나, 혹은 자연이 어떻게 남자와 여자의 역할을 엄격하게 정해놓았는지 말하는 동료들이 주변에 한둘씩 꼭 있었다고 말한다. 전 구글 엔지니어 켈리 엘리스가 자신이 당한 성희롱 사실을 트위터에 올리자, 어떤 기술직 근로자가 그런 일은 진화의 영향이라고 설명하는 다음과 같은 내용의 이메일을 보내왔다. "우리 인류는 수십만 년 동안 진화해왔어요. 그리고 그 과정에서 남자는 여자를 무엇보다 난자 제공자로 생각해 접근하도록 설

은밀한 설계자들

계되어졌어요."[66]

몇몇 프로그래머들이 여성에 비해 훨씬 많은 남성들이 프로그래머로 채용돼 일하는 이유로 생물학적인 차이를 꼽는 데는 꽤 명확한 자기중심적인 이유가 있다. 우선 매우 손쉽고 단순 명료한 이론이기 때문이다. 만약 당신이 그러한 생각을 받아들인다면 아무것도 변할 필요가 없다. 수많은 반대 증거에도 불구하고, 백인 남성 프로그래머들은 다른 사람에 비해 좀 더 많은 격려, 조언, 이끌어줌과 같은 사회적·문화적 배려 없이 오직 재능과 노력으로 더 크고, 더 많이 성공했음을 의미하기 때문이다.

"프로그래머들은 자신들이 매우 논리적이며 목적에 따라 움직인다고 굳게 믿는 경향이 있습니다." 신시아 리Cynthia Lee가 말했다. 참고로 그녀는 몇몇 기술 스타트업 설립 당시 초기 멤버로 일했다. 이후 고성능 컴퓨팅 분야 전문가가 되어 현재는 스탠퍼드 대학교에서 컴퓨터 과학을 가르친다. "그들은 자신들이 편견을 가지고 있다는 사실조차 모르기 때문에 어떤 편견을 가지고 있는지는 더더욱 모르죠." 신시아 리는 기술 분야에서 일하는 수많은 여성 엔지니어들이 다모어의 글을 보고 분노한 이유를 글로 써 기고하기도 했다. 여성 엔지니어들은 정확히 이런 종류의 생물학적인 비웃음에 지겹도록 반복적으로 대꾸하며 시간을 보냈기 때문에 크게 분노했다. 신시아 리는 "남성 엔지니어들이 여성 엔지니어들의 경험담을 듣는다면, 그들도 다모어의 글이 바짝 마른 장작 속에 불붙은 성냥을 넣는 것과 다름없다는 사실을 이해하게 될 것입니다"라고 썼다.[67]

정말로 생물학적인 차이 때문에 여성 프로그래머가 적다는 다모어의 생각이 맞을 가능성은 없나?

없다. 오랜 시간 성별에 따른 차이를 연구해온 수많은 연구자들은 생물학적 특성 하나만으로 취향과 능력을 모두 설명할 수는 없다고 입을 모아 말한다. 심리학자들은 많은 전문직 여성들과 학생들을 대상으로 자존감 수준을 오랫동안 기록해왔다. 기록에 따르면 지식과 행동 측면에서 남학생과 여학생 사이의 생물학적 차이는 이후 그들 삶의 다양성을 설명하기에 너무 작았다. 대신 이 차이는 남학생과 여학생에게 주어지는 문화적인 자극에 의해 삶을 변화시킬 만한 결정과 취향으로 증폭된다. 순수 유전학이 원인인 부분은 기술 관련 회사에서 일어나는 성차별에 대한 다양한 예들에 비하면 그 크기가 작고 과학적으로도 모호하다.[68]

정말로 여성이 생물학적인 이유로 프로그래밍에 적합하지 않거나 흥미를 느끼지 않는다면, 미국 초창기 프로그래밍 역사에서 정말 뛰어났던 여성들의 활약은 어떻게 설명할 수 있을까? 어쨌든 초창기 프로그래밍은 오늘날의 프로그래밍보다 훨씬 어려웠다. 머리가 터져버릴 만큼 새로운 분야의 새로운 기술로, 모든 계산을 2진수와 16진수로 해야 했고, 도움을 받을 만한 인터넷 모임 따위는 존재하지도 않았다. 말로 표현하기 힘들 만큼 어려운 문제를 오직 자신의 두뇌에만 의지해 풀어야 했다.

하나 더, 여성들이 프로그래밍 분야의 경쟁을 견뎌내기에는 너무나도 예민하다면, 남성 프로그래머와 여성 프로그래머의 비율은 전 세계적으로 지역에 상관없이 비슷해야 한다.

그러나 그렇지 않다. 인도에서 컴퓨터 과학을 공부하는 학생들 가운데 40% 이상이 여성이다. 여성 프로그래머가 되기 훨씬 어려움에도 불구하고 그렇다. 인도에서는 성에 따른 역할이 매우 엄격해 많은 경우 여대생은 저녁 8시 이후 통행제한이 있다. 사회과학자 롤리 버마Roli Varma가 인도 여성에 관해 연구하는 도중 알게 된 것으로, 이는 곧 여학생은 일하기 위해서라도 늦게까지 연구실에 머물 수 없다는 뜻이다. 그런데 인도 여학생에게는 미국 여학생에 비해 문화적으로 상당히 유리한 점이 한 가지 있었다. 부모가 여학생 자녀의 프로그래머 진출을 상대적으로 장려한다는 것이다. 앞에서도 이야기했듯이 미국 여학생 대부분은 자신들의 부모가 컴퓨터에 관해서는 남자 형제들에게만 큰 관심과 기회를 주는 것을 보며 자란다. 반면에 인도 여학생 가운데 단지 12%만이 동급 남학생들이 컴퓨팅과 관련해 더 많은 경험과 기회를 받고 있다고 답할 만큼 남학생과 여학생 사이의 차이가 크지 않았다. 바꾸어 말해 인도에서는 여성들이 프로그래머가 되는 일을 일반적으로 받아들인다는 뜻이다. 게다가 인도 여성들은 거친 성희롱에 노출되어야 하는 다른 직업들에 비해, 프로그래머를 집안에서 할 수 있는 좀 더 안전한 직업이라고 생각한다.[69] 말레이시아도 비슷하다. 미국에서 컴퓨터 과학 분야 여성 비율이 저점을 향해가던 2001년, 쿠알라룸푸르 Kuala Lumpur에 있는 말라야Malaya 국립종합대학교 컴퓨터 과학과에서는 학사 과정과 박사 과정 여학생의 비율이 각각 52%, 39%에 달할 만큼 높았다.[70] 이런 비교는 단순하지만, 실리콘밸리에서도 좋아하는 일종의 A/B 테스트다. 여러 설명 중 논리적으로 가장 단순한 설명이 진실일 가능성이 높다는 오컴의 면도날_{Occam's razor} 이론을 근거로 생각하면, 미국 내 여성 프로그래머 비율이 높지 않은 이유는 명확하다. 생물학적 차이가 아니라 바로 문화 때문이다.

"인도와 말레이시아의 예에서 보듯이 컴퓨팅이 남성에게 적합하다는 생각은 일반적인 생각이 아닙니다." 버마가 말했다. 생물학과 진화에 근거한 성차별주의자들의 생각에 허점이 많다는 것을 보여주고 싶다면, 그 주장과 반대되는 사실을 이야기하면 좋다. 예를 들어 오랜 진화 과정에서 여성은 프로그래밍에 필요한 여러 특성들을 갖춰야 했다는 사실을 주장할 수도 있다. 즉, 오랜 세월 집안에서 옷감 등을 직접 만들어온 여성들은 프로그래밍에 필수적인 정확성과 완벽성을 갖출 수밖에 없지 않았을까? 앞에서도 한 번 이야기했듯이 프로그래밍이 막 시작된 1950년대와 1960년대, 회사 주요 경영자들은 이런 전통적인 특징을 근거로 여성들이 프로그래밍에 적합하다고 주장했다. 1968년 한 컴퓨터 회사 사장은 자수 같은 일을 끈기 있게 할 수 있는 지적인 여성이 남성에 비해 프로그래밍을 하는 데 적합한 사고방식을 가졌기 때문에, 여성들이 남성보다 더 좋은 프로그래머가 된다고 주장했다.[71] 결론적으로 여러분이 2가지 주장, '여성은 생물학적으로 타고난 프로그래머야!' 혹은 '여성은 생물학적으로 좋은 프로그래머가 될 수 없어!' 가운데 하나를 마음속으로 선택했다면, 선택한 결론에 적합한 진화론적 근거와 프로그래머가 갖춰야 할 자질에 관한 이야기를 쉽게 만들 수 있을 것이다. 이런 사실로 볼 때, 오늘날 프로그래머들의 성별 비율과 같은 복잡한 사회 현상을 단순히 생물학과 진화만으로 설명하는 것

은밀한 설계자들

은 매우 어렵다.

오히려 2가지의 상반된 견해는 프로그래밍 재능에 관한 사회 인식의 영향력을 보여준다. 여성들이 타고난 프로그래머라고 말하던 때도 있었으며, 그때 여성들은 능력주의 사회의 승자가 되었다. 반면에 1980년대에는 완전히 다른 이야기가 나왔으며, 프로그래밍은 남성 중심의 분야가 되었다.

'능력주의Meritocracy'라는 용어의 유래는 상당히 아이러니하다. 영국 정치가인 마이클 영Michael Young은 1958년에 발표한 그의 소설 《능력주의의 등장The Rise of the Meritocracy》에서 개개인의 가치를 IQ 테스트 결과로 결정하려는 정부의 시도를 강한 풍자로 비판하고자 했다. 그러나 그의 입장에서는 매우 실망스럽고 당황스럽게도, 능력주의라는 용어는 풍자가 아닌 원래의 뜻 그대로 사용되었다.[72]

특정 분야에 대해 오직 능력으로만 성공 여부가 결정된다고 믿는 일은 예상하지 못했던 부작용을 가져왔다. 인지 과학자인 사라 제인 레슬리Sarah-Jane Leslie의 연구에 따르면, 여성들과 흑인들은 '선천적인 능력이 성공의 핵심요소'라고 여겨지는 분야에서는 일을 잘하지 못했다. 통계조사에 따르면 여성들과 흑인들은 많은 노력이 필요하고, 팀워크가 중요하며, 열심히 일해야 성공할 수 있는 분자 생물학이나 신경과학과 같은 분야에서는 나름 성공적인 모습을 보여주었다. 반면에 수학이나 철학처럼 타고난 능력의 고독한 천재가 두각을 나타내는 분야에서는 그다지 성공적인 모습을 보여주지 못했다.[73] 이런 주장을 뒷받침할 만한 다른 연구결과들도 있다.

MIT와 인디애나 대학교Indiana University의 두 연구자는 관리 경험이 있는 MBA 학생들을 뽑아 2종류의 가상 회사를 주고 관리하도록 했다. 각각 '능력주의'가 핵심 가치인 회사와 '능력주의'가 핵심 가치가 아닌 회사였다. 실험에 참가한 학생들은 가상의 남녀 직원에 대해 업무평가를 해야 했다. 핵심 가치가 '능력주의'라고 들은 회사의 경우, 학생들은 남자 직원들에게 약 12% 높은 상여금을 주었다. 왜 그랬을까? 연구자들은 단언할 수는 없지만 '능력주의'라는 단어가 머릿속에 박힌 평가자가 자기도 모르게 남자가 능력이 좋을 가능성이 좀 더 높다는 내재된 선입견 속에서 남녀 직원들을 평가했을 것 같다고 추측했다.[74]

프로그래밍 분야에서 여성들의 비율이 점점 줄어드는 현상을 반전시킬 수 있을까?

1990년대 카네기 멜런 대학교의 앨런 피셔 교수는 이 문제를 해결해보기로 결심했다. 초보 신입생 중에는 프로그래밍 경험으로 자신만만한 동기생들에 주눅 들어 떠날 준비를 하는 학생들이 있었다. 피셔 교수와 다른 여러 교수들은 제인 마골리스가 밝혀낸 사실들을 토대로, 이들의 열등감 악순환 구조를 깨기 위한 몇몇 변화를 시도했다. 주요 변화 가운데 하나로 교수들은 신입생들을 프로그래밍 경험에 따라 나누고 각각에게 적합한 수업을 개설했다. 즉, 어려서부터 프로그래밍을 해온 신입생들을 대상으로는 원래 강의계획에 따라 수업을 하였으며, 프로그래밍을 처음 접한 신입생들을 대상으로는 뒤처지지 않고 쫓아올 수 있도록 좀 더 넉넉한 시간을 허

은밀한 설계자들

락하며 약간 다른 수업을 했다. 여기에 모든 학생에게 추가로 1:1 강의를 제공했는데, 이는 특별히 프로그래밍 경험이 없었던 초보 신입생들에게 유용했다. 피셔 교수는 초보 신입생들이 처음 2년만 떠나지 않고 버틸 수 있다면, 프로그래밍 경험을 가지고 입학한 동기들을 따라잡을 수 있다는 사실을 알고 있었다. 그는 프로그래밍이 실생활에 어떻게 영향을 끼칠 수 있는지 보여주고, 신입생들이 프로그래밍을 실생활과는 상관없는 끝없이 늘어선 알고리즘으로 오해하지 않도록 교과목도 바꾸었다. 피셔 교수는 프로그래머가 소프트웨어를 개발해 사람들의 삶에 어떻게 영향을 끼칠 수 있는지 신입생들이 좀 더 일찍 느낄 수 있기를 바랐다. 소셜미디어나 웹 기반 인터넷이 지금처럼 활성화되지 못했던 1990년대에는 프로그래밍이 일상생활에 끼치는 영향을 보여주기가 쉽지 않았다.

　교수들 또한 고정관념을 바꾸었다. 그들은 수년간 프로그래밍 경험이 있는 학생들이 본질적으로 프로그래밍에 타고났다는 생각을 암묵적으로 해왔다. "카네기 멜런 대학교는 프로그래밍 경험을 가진 학생들을 우대했었죠." 피셔 교수가 말했다. 그러나 이제 교수들은 그런 생각과 정책이 올바르지 않다는 것을 알았다. 즉, 피셔 교수가 이야기했듯이 교수들은 자신들이 '경험'과 '소질'을 제대로 구분하지 못했다는 것을 깨달았고, 초보 신입생 또한 기대를 가지고 용기를 북돋아주며 가르치면 경험 있는 신입생 못지않게 놀라운 재능을 빠르게 꽃피울 수 있다는 것을 알게 되었다. "저를 포함해 교수들은 성공적인 학생들을 발견하는 시야를 넓혀야 했어요." 피셔 교수가 말했다. 이와 동시에 카네기 멜런 대학교에서는 레노어 블럼Lenore Blum 교수 주도로 여러 조직을 만들어 컴퓨터 과학을 전공하는 여학생들을 지원했으며, 여학생들이 동기 학생들에게 좀 더 인정받을 수 있는 이벤트를 만들어나가기 시작했다. 최종적으로는 학교 입학정책도 입학 전에 프로그래밍을 해온 학생들을 특별히 우대하거나 선호하지 않는 방향으로 바꾸었다.

피셔 교수가 이야기하듯 한두 가지 정책만으로 문제가 나아진 것은 아니었다. "여러 가지 새로운 정책들을 실행했더니 선순환 효과가 발생했어요." 피셔 교수는 덧붙여 말했다. 초보 신입생을 받아들이고 지원하는 프로그램을 개발했더니 초보 학생들이 학과에 들어왔고, 교수들은 그들을 가르치는 일에 익숙해졌으며, 그들이 뛰어난 프로그래머로 성장해나가는 과정을 보게 되었다.

카네기 멜런 대학교의 노력은 크게 성공했다. 새로운 변화를 시도한 지 몇 해 지나지 않아 카네기 멜런 대학교 컴퓨터 과학과 신입생 중 여성 비율이 7%에서 무려 42%로 높아졌고, 여학생들의 졸업 비율 또한 남학생들 못지않게 높아졌다.[75] 각종 관련 수치는 미국 전체 평균을 훌쩍 지나 역사적 고점까지 뛰어 넘었다. 카네기 멜런 대학교의 성공 소식은 미국 전역으로 퍼져나갔으며, 다른 대학 또한 비슷한 방식을 채택하기 시작했다. 예를 들어 하비 머드 대학교Harvey Mudd College는 프로그래밍 경험이 전혀 없는 완전 초보 신입생들을 대상으로 '프로그래밍 입문'이라는 과목을 개설했다. 또한 마리아 클라베Maria Klawe 학장이 내게 말했듯이 학생들에게 프로그래밍의 실제적인 목적과 의미를 잘 알려줄 수 있는 과목명을 사용하기 위해, '자바 프로그래밍 입문'이라는 과목명을 '계산적 접근 방식을 사용한 과학과 기술 문제의 창의적 해결'로 바꾸기도 했다.[76] 이런 변화가 언제나 순조롭지만은 않았다. 하비 머드 대학교의 교과 과목은 힘들기로 유명했고, 초보 신입생들은 힘겨워했다.[77] 그러나 이 학교 또한 변화에 성공했고, 2018년 컴퓨터 과학과 졸업생 가운데 여학생의 비율은 무려 54%였다.

문화, 즉 사회 분위기도 상당히 변했다. 지난 몇 년간, 프로그래밍에 대한 여성들의 관심이 미국 전역에서 급속히 증가하고 있다. 그 결과 2012년을 기점으로 컴퓨터 과학을 전공하겠다는 학부 여학생의 비율이 하락하기 시작했던 1980년대 중반 이후 25년 만에 상승하기 시작했다.[78]

무슨 일이 있었던 것일까? 아마도 여성들이 프로그래밍을 그만둔 배경과 이유에 대해 국가적 차원에서 점점 더 많은 이야기가 나오면서, 여성들이 영향을 받은 것으로 보인다. 또한 재능은 있으나 기회가 없었던 사람들을 프로그래머로 키워내는 블랙 걸즈 코드 Black Girls Code 혹은 코드뉴비CodeNewbie와 같은 기관들이 이곳저곳에서 생겨난 탓도 있었다. 그리고 1980년대와 1990년대 남성들이 느꼈던 것처럼 경제적인 측면에서도 돈을 잘 벌 수 있어 보였다.

전문직으로서 프로그래머의 위상도 변하고 있으며, 실제로도 세상의 점점 더 많은 것들이 소프트웨어에 의해 움직인다. 사회 비평가인 더글러스 러쉬코프에 따르면, 다른 사람들에게 도움이 되는 일을 하고 싶은 수많은 사람들이 프로그래밍이야말로 자신의 목적과 일에 적합한 '훌륭한 도구'라는 사실을 느끼고 있다.[79] 인스타그램, 스냅챗, 스마트폰이 삶의 핵심 요소가 된 시대에 살면서 프로그래머를 꿈꾸는 사람들은, '프로그래밍이 다른 사람들로부터 단절되고, 반사회적이며 비현실적이지는 않을까'라는 걱정에서 좀 더 자유로워졌다. 한때 여성들을 포함해 '창의적인' 일을 하려는 사람들은 프로그래밍을 꺼려했지만, 최근 연구결과에 따르면 더 이상 그렇지 않다.

UCLA 대학교 교육학 교수인 린다 색스Linda Sax는 지난 수십 년간 스템STEM(Science/과학, Technology/기술, Engineering/공학, Mathematics/수학) 분야에서 어떤 성별, 어떤 성격의 학생들이 들어오거나 떠났는지 보여주는 인구 통계학 데이터를 꼼꼼히 조사·연구했다. 그녀는 자신의 연구결과를 토대로 "오늘날 컴퓨터 과학에 매력을 느끼는 창의적인 성격의 여성들이 점점 더 많아지는 것 같습니다"라고 말한다. 프로그래머가 되기 위해 반드시 학위를 받아야 하는 것도 아닌 데다, 불과 지난 10년 사이 새롭게 등장한 무료 온라인 프로그래밍 강의, 대학 등록금에 비해 저렴한 부트캠프Boot camp, 혹은 초보자들을 위한 미트업meetup 그룹 등에서 프로그래밍을 배울 수 있다는 것은 이런 변화를 불러오는 주요 이유로 보인다. "'이번 주말에 앱이나 하나 만들어볼까?' 하는 생각 따위는 1980년대나 1990년대에는 가능하지 않았어요. 오늘날 프로그래밍은 예전에 비해 좀 더 일반적인 일이 되었지요." 스탠퍼드 대학교 컴퓨터 과학과에서 프로그래밍을 연구한 릴리 이라니 교수가 말했다.

실리콘밸리 기업들의 남성클럽 같은 문화에 대한 반발도 있었다. 2017년 2월 우버에서 있었던 일이다. 여성 프로그래머 수잔 파울러Susan Fowler는 '우버에서 보낸 아주 이상했던 1년'이라는 내용

은밀한 설계자들

의 글을 개인 블로그에 올려 우버의 잘못된 문화를 적나라하게 세상에 드러냈다.[80] 우버는 직원을 마구 대하며 남성적인 기질의 기업 문화를 가진 것으로 유명했다. 다행히도 파울러는 능력 있는 주변 동료들과 함께 엄청난 양의 일을 적극적으로 해냈다. 또한 시간을 아껴 마이크로서비스 프로그래밍에 관한 베스트셀러 책을 쓰기도 했다. 그러나 얼마 지나지 않아 그녀는 회사 곳곳에서 사내 괴롭힘이 일어나고 있다는 사실을 깨달았다. 그녀는 입사한 지 얼마 지나지 않았을 때, 채팅을 통해 상사로부터 은밀하게 성관계를 요구받았다. 인사과와 최고경영자에게 그 사실을 알렸지만, 그들은 그 상사가 일을 매우 잘하는 데다 처음 저지른 잘못이니만큼 구두로 엄하게 경고하는 정도로 그치려 했다. 회사의 설명은 거짓처럼 들렸고, 실제로 파울러는 같은 일로 그 상사를 신고했던 다른 우버 여직원을 만났다. 파울러가 여직원 괴롭힘 문제를 계속 언급하며 불평하자, 인사과에서는 여직원들이 사용하는 개인 이메일 주소를 요구한다거나 한패가 되어 음모를 꾸민다고 하는 등 아주 기분 나쁜 방식으로 여직원들을 공격했다. 특히 파울러에게는 "프로그래머에 적합하지 않은 성별이나 종족의 사람들도 있다"고 말했다. 파울러는 더 이상 참지 못하고 약 1주일 후 새로운 직업을 찾아 우버를 떠났다. 그리고 자신의 개인 블로그에 그녀가 당한 일을 썼다. 과연 블로그가 무슨 영향을 끼칠 수 있었을까?

알고 보니 엄청난 효과가 있었다. 우버는 우버 직원들이 옛 여자친구를 스토킹하기 위해 사내용 소프트웨어인 갓뷰God view(우버가 개발한 실시간 데이터 추적도구로, 우버 차량과 위치를 확인할 수 있다—

옮긴이)를 사용한 일 때문에 수년간 언론의 공격을 받았다.[81] 우버 최고위층 임원은 비판적인 기사를 쓴 여성 기자에게 사생활을 감시하겠다고 협박했다.[82] 이뿐만이 아니었다. CEO인 트래비스 캘러닉은 자신이 '부버Boob-er(여성의 가슴을 뜻하는 Boob과 Uber의 합성어—옮긴이)'라 부르는 우버의 직원들로부터 얼마나 많은 성적 관심을 받고 있는지 자랑스레 떠벌렸다.[83] 파울러의 이야기는 문서화되었으며, 우버의 인사부서에서 저지른 수많은 공식적인 잘못들이 기록돼 있었다. 그녀의 이야기는 매우 수치스러운 뉴스였으며, 우버는 더 이상 버틸 수 없었다. 몇 달 지나지 않아 캘러닉은 CEO에서 물러났다.[84] 마치 빙하가 붕괴되기 시작하듯, 이번에는 여성 프로그래머들과 사업가들이 성희롱을 하거나 성관계를 제안했던 유명 투자자들에 관해 이야기했다. 문제를 일으킨 투자자 중에는 500스타트업500 Startups의 창업자인 데이브 맥클루어Dave McClure, 벤처투자자인 크리스 사카Chris Sacca, 저스틴 칼드백Justin Caldbeck 등도 있었다.[85]

이런 움직임은 단지 시작에 불과하다. 내가 만난 수많은 프로그래머와 전문가들이 이야기한, 이 분야가 다양성을 갖추기 위해 필요한 일들은 그밖에도 많다. 먼저 '남자 중심 문화'와 잘 맞는 사람들을 덜 채용하고, 비 아이비리그 대학 출신 엔지니어를 좀 더 많이 채용해야 한다. 그리고 화이트보드에 각종 알고리즘을 적는 '알고리즘 테스트' 인터뷰를 없애야 한다. "특정 조건의 사람들을 채용하는 데 적합한 인터뷰 방식을 만들어 사용해왔어요. 예를 들어 구글은 스탠퍼드 대학교 졸업생들이 모인 곳처럼 보일 만큼 이들에

은밀한 설계자들

게 유리한 인터뷰 방식을 사용하죠." 에리카 베이커Erica Baker가 말했다. 그리고 정말 중요한 일은, 기술 기업과 주요 벤처투자사가 남을 괴롭히는 임직원을 가차 없이 처벌하고 쫓아내야 한다.

수 가드너는 좀 더 다양한 종류의 사람들이 기술 분야에 들어와야 한다고 생각한다. 그러나 다른 한편으로는 자신이 만났던 젊은 여성들에게 기술 분야에 뛰어들라고 말하는 것이 옳은 일인지 모르겠다고 걱정한다. 그녀의 말을 듣고 한껏 기대에 부풀어 회사에 들어간 젊은 여성 엔지니어는 오늘날의 잘못된 문화가 바뀌지 않는 한, 점점 상처받아 결국 주저앉을 것이기 때문이다. 그녀는 "정리하면 다양한 종류의 사람들을 좀 더 많이 기술 분야로 끌어들일 수는 있겠지만, 직위가 높아질수록 생기는 일들을 바꾸지 않는다면 이들은 중간 수준의 경력을 갖출 때 즈음에는 벽에 부딪혀 실망할 것입니다"라고 결론지어 말했다.

오늘날 이런 문제에도 물구하고 다양한 계층의 수많은 젊은 사람들이 프로그래밍 분야에 뛰어들려고 한다. 이들은 프로그래밍을 능력만 있으면 성공할 수 있는 분야로 생각하며 동경한다. 역사적으로 수많은 산업과 수많은 기회에서 원천적으로 배제되어 온 사람들이라면, 진정한 능력주의 사회에 대한 열망이 어느 누구보다 강렬하다. 특정 산업 분야, 예를 들어 프로그래밍 분야가 다른 어떤 조건에 대한 고려 없이 오직 실행되는 프로그램의 수준으로만 판단한다는 원칙만으로 운영될 수 있을까? 만약 그렇다면 차별받아 온 사람들에게는 보기만 해도 가슴 벅찬 천국이 될 것이다. 프로그래밍의 세계가 그런 내재된 이상에 부응했다면, 역사적으로 괴롭힘을 당해온 약자들에게 희망의 불빛이 되었을 것이다. 이것은 실제로도 컴퓨터만 좋아할 뿐 다른 일은 서투르고 어수룩해 괴롭힘을 당하던 사람들이 1980년대에 프로그래밍 분야에 들어와 자랑스럽게 느낄 수 있었던 이유다. 프로그래밍 분야는 그들의 흥미와 지적 능력을 인정하고 보상해준 첫 번째 분야였다.

2017년 여름, 나는 뉴욕에서 열린 테크크런치 해커톤 대회에 참석했다. 대회에는 총 750명의 프로그래머와 디자이너들이 참가했으며, 이들은 24시간 동안 새로운 제품을 기획하고 만들었다. 일요일 점심 무렵, 참가팀들은 기업에서 온 심사위원들 앞에서 자신들이 만든 제품을 엘리베이터 피치Elevator pitch(엘리베이터를 타서 내릴 때까지의 짧은 시간동안 특정 주제를 설명하는 것―옮긴이) 방식으로 설명하고 선보였다. 제품 중에는 나이 많은 친척의 기분을 자동으로 알아차리는 '인스타그래미Instagrammie'라는 로봇도 있었고, 음식물 쓰레기를 줄여주는 '음식물 낭비 방지'라는 앱도 있었다. 해커톤 참가자 대부분은 지역 첨단 기술 회사에서 일하거나 뉴욕 근처 대학에서 컴퓨터 과학을 전공하는 학생들이었다.

그렇다면 어느 팀이 우승했을까? 놀랍게도 뉴저지에서 온 여고생 팀이 우승을 차지했다. 3명의 여고생으로 구성된 이 팀은 불과 24시간 만에 아이에게 ADHD(주의력 결핍 및 과잉 행동 장애) 증상이 있는지 진단하는 가상현실 기반 응용 소프트웨어 '리바이브reVIVE'를 만들었다. 리바이브는 아이들이 여러 가지 게임들을 연이어 하는 동안, IBM 왓슨 AI 기능을 사용해 아이들의 감정 상태를 점검하는 방식으로 ADHD 증상 유무를 확인했다. 여고생들은 무

은밀한 설계자들

대에 올라 거대한 트로피 크기의 5,000달러 수표를 상금으로 건네받은 뒤, 근처에 있던 숙소 의자에 주저앉아 휴식을 취했다. 이들은 전날 정오부터 시작해 한숨도 자지 못한 채 쉬지 않고 프로그래밍에 몰입해 작업했으며, 피곤해서 눈도 흐릿했다.

"카페인이 필요해요." '누가 이 세계를 해킹하겠는가? 바로 소녀들'이라는 글이 쓰인 파랑 티셔츠를 입은 16세의 소미야 파타파티Sowmya Patapati가 말했다. 그들은 내게 지난 24시간 동안 해낸 엄청난 일에 자신들 역시 놀랍다고 말했다. "한마디로 저희가 개발한 앱은 ADHD 진단 프로세스를 간단하게 만든 거예요." 이번에는 17세의 악샤야 디네시Akshaya Dinesh가 말했다. "제가 알기로 ADHD 진단은 6개월에서 9개월가량 걸리고, 비용도 수천 달러씩 들죠. 저희가 만든 앱을 사용하면 훨씬 빠르게 해낼 수 있어요!"

사람들은 여고생 3명이 팀을 이루어 테크크런치에서 우승한 일이 신기하고 대단하다고 생각했다. 그러나 디네시는 자신들이 이미 수많은 해커톤 대회에 참가해왔다고 말했다. 예를 들어 파타파티는 단독으로 25개의 크고 작은 컴퓨터 과학 경진대회에 참가해왔다. 그녀는 경진대회 참가 등의 실전을 통해 프로그래밍을 배웠다. 물론 학교에 컴퓨터 과학 수업 시간이 있기는 했지만, 무료 온라인 강의나 해커톤 대회 등에서 배운 것에 비하면 학교 수업은 아무것도 아니었다. "맨 처음 해커톤 대회에 참석했을 때는 정말 무서웠어요." 파타파티가 말했다. "방안에는 여학생 5명을 포함해 모두 8명의 아이가 있었어요. 모두 저보다 나이가 많았죠." 두려움도 잠깐, 경험이 쌓이면 쌓일수록 그녀의 자신감도 함께 커져갔다. 디네시와 발라크리쉬난Balakrishnan은 학교에서 프로그래밍 교육을 받았으며, 테크크런치에 참가하기 위해 댄스파티와 친구 생일 파티 참석을 포기했다고 말했다. "해커톤에 참가할 수 있는데, 파티가 눈에 들어오기나 하겠어요?" 디네시가 웃으며 말했다.

'갈색 피부', '어린 나이', '여성'과 같은 그들의 특징은 늘 다른 사람들의 이목을 끌었으나 언제나 좋은 것만은 아니었다. "'여자 아이라고 해커톤 심사위원들이 가산점을 왕창 준거 아냐? 아무래도 다양한 사람들이 상을 타는 게 좋을 테니 말이야' 이런 이야기를 정말 자주 들었어요." 발라크리쉬난이 말했다. 온라인으로 우승자가 발표되자 실시간 댓글들이 올라오기 시작했고, 그중에는 "애걔, 이게 뭐야? 여고생이 우승했잖아? 여자라고 점수를 잘 주었나보네"와 같이 상처가 될 만한 댓글들도 있었다. 그녀들은 해커톤 대회가 개방적이고 초보자들도 환영한다고 생각했다. 해커톤 대회 참석자들은 서로의 지식을 나누며 많은 것을 배우고 새로운 것을 시도할 수 있었다. 참석자들은 서로를 동등하게 여겼다.

"저는 해커톤 문화와 모임이 정말로 좋아요." 파타파티가 말했다. "저처럼 특별한 배경이 없는 사람도 들어갈 수 있는 가장 좋은 분야 같거든요. 해커톤이 없었다면, 저는 여전히 별 볼 일 없을 거예요." 3명의 여고생 모두 대학에 진학해 컴퓨터 과학을 전공할 계획을 세우고 있었다. 그들은 프로그래밍 분야에서 자신들이 열심히만 하면 밝은 미래를 누릴 수 있다고 생각했다. 오직 자신들의 순수한 지적 능력만으로 남보다 앞서갈 수 있다는 사실이 마음에 쏙 들었다.

"무엇보다 프로그래밍 기술 자체가 중요해요." 발라크리쉬난이 말했다. "나이나 성별 따위는 중요하지 않죠. 여러분이 누군지는 상관없어요. 무슨 일을 할 수 있는지가 중요할 뿐입니다."

8장

회색지대 해커는 어떤 문제를 일으키는가

"예를 들어 여러분과 내가 서로 이야기를 나누려 한다고 가정해볼까요?" 스티브 필립스Steve Phillips는 말을 이어갔다. "그런데 남들이 들으면 곤란한 개인적인 이야기예요. 어떻게 해야 할까요? 간단해요. 이리로 오세요."

그는 나를 자신의 랩톱 쪽으로 끌어당겨 자신이 최근 개발한 프로그램인 'LeapChat.org'를 보여주었다. 웹페이지를 방문하면, 사용자만의 작은 개인 채팅방이 만들어진다. 이야기를 나누고 싶은 사람들에게 채팅방의 URL을 보내면, 그들은 순식간에 채팅방에 나타날 것이다. "모든 지점에서 암호화되기 때문에 그 누구도 여러분이 말하는 것을 가로채거나 몰래 볼 수 없어요." 필립스는 열정적으로 설명했다.

나는 클라이브Clive(이 책 저자 이름—옮긴이)라는 이름으로 채팅방에 들어갔다. "사용자 이름조차 암호화되죠." 필립스의 친구로 리프챗LeapChat 개발을 도운 A. J. 반켄A. J. Bahnken이 말했다.

모든 지점? 여기서 말하는 지점이란 온라인 감시 속에 경찰이나 첩보 기관의 눈을 피할 수 있는 작은 개인 공간이라 설명할 수 있다. 필립스와 반켄은 리프챗 소스코드를 공개해왔다. 덕분에 웬만한 능력을 갖춘 경험 있는 프로그래머라면, 공개된 소스코드를 사용해 자신만의 리프챗 서버를 구축할 수 있다. 필립스도 1년 365일 쉬지 않고 돌아가는 리프챗 서버를 구축해 운영하며 돈을 벌고 있다. 리프챗에서 모든 대화는 암호화되기 때문에, 필립스와 반켄을 포함한 리프챗 서버 운영자들은 리프챗 사용자가 무슨 대화를 주고받는지 전혀 알 수 없다. 접속자의 IP 주소도 저장되지 않으며, 접속 기록인 로그log도 암호화되고 90일 후에 삭제된다. 경찰이나 검찰 같은 정부의 법 집행 기관에서 리프챗 서버 운영자들에게 '누가 LeapChat.org를 사용했는지 관련 정보를 제공하세요'라고 요청해도, 건넬 정보가 아무것도 없었다. 암호화된 로그가 있지만 전혀 읽을 수 없다.

"현재 수많은 정치, 사회 운동가들이 페이스북 등과 같은 서비스를 사용해 서로 대화를 주고받죠. 그러나 누가 무슨 이야기를 했는지 기록이 남아요. 그 기록은 영원히 보관되고요." 자그마하지만 단단한 체구에 턱수염을 깔끔하게 기른 33세의 필립스가 말했다. 기업 업무용 채팅 서비스인 슬랙을 사용해 민감한 정치 이슈를 논의했던 많은 그룹들에서 필립스를 초청해 설명을 들었다. "설명을 들으니 이해가 됩니다. 정말로 편리할 것 같아요! 사용하기 쉽고 편리하면서도 안전한 리프챗 같은 프로그램이 필요하겠네요."

금요일 저녁 샌프란시스코 노이즈브릿지에서 필립스는 방안을 가득 메운 개인정보보호 전문가들을 대상으로 모임을 진행했다. 노이즈브릿지는 금속을 이리저리 붙여 하드웨어를 만드는 사람부터 프로그램 제작 튜토리얼을 공짜로 구하려는 초보 프로그래머에

은밀한 설계자들

이르기까지, 다양한 사람들이 방문하는 컴퓨터 기술 전문가들의 공간이다. 방에는 스크린으로 사용되는 거대한 벽이 있는데, 그날은 '생명 게임Game of Life(영국 수학자 존 콘웨이가 고안한 세포 자동자 게임—옮긴이)'이 비춰지고 있었다. 또한 1970년대에 제작된 골동품 컴퓨터들과 산업용 재봉틀이 놓여 있었으며, 화이트보드에는 프로그래밍에 사용되는 각종 배열과 함수가 휘갈기듯 쓰여 있었다.

필립스는 '사이퍼펑크스 라이트 코드Cypherpunks Write Code'라는 해커톤 모임을 매주 개최했다. 이 모임은 감시 없는 온라인 대화용 소프트웨어 제작에 관심 있는 사람들이 모이는 자리다. 모자를 쓴 어떤 남자는 사용자 정보를 감춰주는 익명 강화 웹브라우저 토르Tor를 좀 더 빠르게 실행할 수 있도록 다른 프로그래밍 언어로 다시 프로그래밍하고 있었다. 그 옆에는 젠 헬스비Jen Helsby가 앉아 시큐어드롭SecureDrop 인터페이스를 고치고 있었다. 시큐어드롭은 〈뉴욕타임스〉나 〈인터셉트The Intercept〉 같은 미디어 업체들이 정보 제공자 혹은 내부 고발자 등의 익명성을 보장하며 안전하게 문서 등을 주고받을 때 사용하는 소프트웨어다. 이집트에서 자란 어떤 프로그래머는 해커톤 모임에 참석한 2명의 사이퍼펑크에게 기업 웹사이트 침입 방법을 이해하려 했던 자신의 경험을 말해주었다. "공부해보니 우리가 이해할 수 있는 일이 아니었어. 그래서 바로 포기했지."

"당신은 크래커였나 보군요." 옆에서 흥미로운 듯 지켜보던 고참 프로그래머가 소리쳤다. 흰 수염이 덥수룩한 것으로 미루어 그는 1970년대 천공카드 기반의 포트란 프로그래밍 언어를 사용했을 법한, 나이 지긋한 프로그래머였다. 이집트 해커는 수줍은 표정을 지으며 고개를 끄덕였다. 프로그래밍 분야에서는 일반인에게는 비슷하게 느껴질 용어들이 서로 다른 뜻으로 사용된다. '해커Hacker'는 호기심으로 시스템을 이리저리 건드려보며 새롭거나 신기한 일을 하는 프로그래머를 뜻한다. 때때로 시스템의 약점을 찾아내기도 하지만, 일반적으로 법을 지키며 나쁜 일을 하지 않는다. 이에 반해 '크래커Cracker'는 개인적인 이득이나 범죄 목적으로 남의 시스템에 불법으로 침입하는 사람이다. 이런 설명을 들은 많은 사람들은 대중매체 등에서 해커와 크래커를 구분하지 않고 오히려 해커를 나쁜 행동과 결부해 사용해왔다는 사실에 화를 낸다.

그렇다면 '사이퍼펑크Cyperpunk'는 무슨 뜻일까? 사이버펑크Cyberpunk(가상세계인 사이버 공간과 비행 청소년, 불량배 등을 뜻하는 펑크의 합성어로, 온라인 시스템에 무단 침입하는 온라인상의 문제아 등을 지칭하는 용어—옮긴이)라는 옛 용어와 컴퓨터 암호화나 컴퓨터 암호해독을 뜻하는 사이퍼Cypher를 결합해 만들어진 새로운 용어다. 어느 쪽이든 내 귀에는 펑크록의 '펑크'처럼 들린다. 사실 사이버펑크나 사이퍼펑크나 어느 쪽이든, 세상의 주류를 벗어나 자기만의 방식으로 사는 사람들이다. 사이퍼펑크는 시민의 자유를 지키기 위해 자신들의 컴퓨터 기술을 사용한다. 이들은 사람들 사이의 대화가 점점 더 디지털 방식으로 일어나는 사회 변화를 고려할 때, 암호화를 시민 자율권 보장의 핵심적인 기술로 생각한다.

그렇다면 어떤 사람들이 사이퍼펑크가 되었을까? 프로그래밍 능력과 중앙 권력에 대한 깊은 불신, 2가지의 조합으로부터 사이퍼펑크가 나타났다.

필립스는 처음부터 사이퍼펑크는 아니었다. 사교적이며 쾌활한 모습 때문에 사람들이 눈치 채지 못했지만, 그는 무슨 일이든 한 번 시작하면 편집광적일 만큼 치열하게 매달렸다. "저는 인간의 위대함과 정의를 가장 소중하게 생각해요." 그가 진지하게 말했다. "어느 누구도 무엇인가 특별한 일을 하려 하지 않는다면, 정말 슬플 뿐만 아니라 의미 있는 일도 많지 않을 거예요." 필립스는 마치 수도승 같은 삶을 살았다. 노이즈브릿지 근처 작은 아파트에서 최소한의 지출로 생활할 만큼만 프리랜서 프로그래머로 일하며 돈을 벌었다. 덕분에 그는 돈을 벌기 위해 일하는 시간을 최소로 줄일 수 있었고, 남은 시간 동안 철학과 사이퍼펑크 프로그래밍을 열심히 했다. 그의 친구는 몇 년 전에 필립스의 아파트를 다음과 같이 묘사했다. "바닥에는 침대 매트리스가 놓여 있었고, 옷도 한 벌뿐이었어요. 소유물도 거의 없었고, 빈 테이크아웃 음식 포장 용기만 잔뜩 있었어요. 그 밖에는 정말 아무것도 없더라고요." 그가 사먹은 테이크아웃 음식 역시 치킨 부리토처럼 간소한 음식이 대부분이었다. 필립스는 10대 시절 자신이 생각해낸 식이요법을 엄격하게 따랐다. "저는 이런 행동이 매우 합리적이라고 생각했어요. 그리고 세상의 스트레스로 내 몸이 나빠지는 일이 없도록 했습니다. 처음에는 어머니가 정말 많이 화를 내셨어요. 그러나 어머니가 만든 음식은 더 이상 제게 적합하지 않았어요." 같이 식사하기 위해 필립스를 만났을 때, 그는 테이블 위에 비타민을 늘어놓았다. "포스파티딜콜린, 레시틴, 비타민 B, 멀티 비타민, 어유 등이죠." 그가 말했다. 어떻든 간에 꽤 효과가 있는지, 그는 무슨 일을 하든 에너지가 넘치는 것 같았다.

필립스는 뒤늦게 사이퍼펑크 프로그래머가 되었다. 그는 캘리포니아 배커빌Vacaville 중산층 가정에서 태어나 자랐다. 아버지는 소방관이었으며, 어머니는 피트니스 센터 트레이너이자 학교 선생님이었다. 그는 10대 시절 GNU와 리눅스를 만지작거리며 시간을 보냈다. 이후에 철학과 수학을 공부하기 위해 집을 떠나 대학에 진학했다. 그는 철학이 매우 강력하다고 느꼈으며, 삶의 의미나 도덕적 행위에 대한 진지한 논쟁들을 즐겼다. 그러나 그의 생각에 철학적 논쟁들은 정의도 잘 되어 있지 않고 매우 모호했다. 그는 철학이라면 자그마한 빈틈도 없이 완벽하게 논리적이어야 한다고 생각했다. 그래서 필립스는 대학 시절 여유 시간 대부분을 '실행 철학executable philosophy(필립스가 지은 이름)'을 만드는 데 사용했다. 실행 철학은 철학 명제를 파이썬 코드로 기술하고, 실행시키면 자동으로 다양한 잘못을 보여주며 논리적인 일관성을 결정하는 방법이다. 그는 '철학을 혁신'하기 위해 노력하면서 살면, 기쁨을 느낄 것 같았다.

그러나 '철학을 혁신'하는 일만으로는 생계를 꾸릴 수 없었다. 필립스도 이를 잘 알고 있었다. 그는 대학을 졸업하자 곧 프로그래밍에 뛰어들었다. 산타바바라Santa Barbara에 해커스페이스를 만들었고, 당시 16세로 프로그래밍을 배우기 위해 이리저리 헤매고 다닌 반켄 등을 포함해 몇몇 사람들을 그곳에서 사귀었다. 이들은 훗날 여러 스타트업을 세웠다. 필립스는 사업에 완전히 몰입했다. 그는 와이콤비네이터 대표인 샘 올트먼이 출연해 설명하는 모든 비디오

은밀한 설계자들

를 빠짐없이 보았다. 또한 그는 실리콘밸리의 사업에 관한 피터 틸의 《제로 투 원》도 읽었다. "사업에 관한 피터 틸의 책은 매우 훌륭했어요." 그가 내게 말했다. "그러나 나는 피터 틸이라는 이름을 어떤 자리에서도 말하지 않았습니다. 그의 정치적인 성향과 생각을 싫어했기 때문이죠."

필립스는 마음에 드는 정치 이념을 선택하기 위해 여러 정치 이념들을 살펴보았다. "6년 동안 6개 정당을 기웃거렸죠." 대학 시절에 그는 무정부주의와 자유지상주의에 관심을 가졌다. 두 이념 모두 이론이 논리정연하며 중앙 권력을 가진 사람들이 권력을 남용할 수 있다고 생각하는 점이 마음에 들었다. 그러나 주 정부나 중앙 정부가 필요 없다는 생각에 대해서는 확신이 들지 않을 뿐만 아니라 문제가 있을 것 같았다. "정부가 하나부터 열까지 모두 관리하고 간섭하는 것은 좋지 않아요. 그러나 '국민 건강 문제를 어떻게 해야 할까요?'라는 질문에 '교회에 물어보세요. 교회가 도와줄 거예요!'라고 답할 순 없잖아요?" 필립스가 웃으며 말했다. 그래서 그는 중앙 정부가 건강 관리와 같이 사람들에게 기본적으로 필요한 것만 제공하고 그 밖의 다른 일들에는 관여하지 않는 방식을 지지하며, '작은 정부 기반의 사회주의'를 자신의 정치적 이념으로 정했다.

그러나 세상은 그의 생각과 달랐다. 중앙 정부는 점점 더 국민 개개인의 삶에 더욱 깊숙이 관여하려 했으며, 실제로 그런 모습이 드러났다. 2013년 에드워드 스노든Edward Snowden은 미국 국가안전보장국 NSANational Security Agency가 일반 미국인들을 대상으로 전화도

청과 메시지 수집을 하고 있으며, 구글이나 야후 같은 주요 검색 서비스도 예외가 아니라고 폭로했다.[1] 필립스는 깜짝 놀라 두렵기까지 했다. 한편으로는 자신이 무언가 세상에 의미 있는 일을 할 수 있는 분야가 생긴 것처럼 보였다. 당시 그는 암호학의 역사에 관한 책들을 읽고 있었으며, 줄리언 어산지Julian Assange와 토르Tor 프로젝트의 기획자들이 출연해 모든 일반인이 온라인에서 쉽고 안전하게 사용할 수 있는 소프트웨어를 개발해야 한다고 주장하는 동영상들을 보고 있었다.

암호학과 개인정보보호는 자신의 삶에서 매우 가치 있고 할 만한 일처럼 보였다. "문자 그대로 저는 이곳에 앉아서도 세상을 바꾸는 소프트웨어를 만들 수 있죠. 시민들의 자유, 특히 개인 사생활을 보호하는 소프트웨어를 만들 수 있어요." 그가 내게 말했다. 필립스가 세웠던 스타트업 가운데 실제로 성공한 것은 없었기 때문에, 그는 소프트웨어 컨설팅을 하고 있었다. 그는 최소한의 돈만으로 생활하며, 최대한 많은 시간을 사이퍼펑크 프로젝트에 참여해 일하기로 결심했다. 덕분에 얼마 지나지 않아 필립스는 기발한 관련 프로그램을 만들어내기 시작했다. 그의 프로그램을 사용하면 사용자는 자신의 URL을 공용 서버에 저장하고 동기화할 수 있다. 그 과정에서 URL은 암호화되어 누구도 읽을 수 없다.

2017년 필립스는 잡지 〈와이어드Wired〉에서 배럿 브라운Barrett Brown의 석방에 관한 글을 읽었다. 배럿 브라운은 투명한 정부 구현을 목표로 일하는 사회 운동가로, 2010년에 대담한 대중 참여 방식의 언론 프로젝트를 기획했다.[2] 그는 정부와 첨단 기업에서 유출

은밀한 설계자들

된 문서와 어나니머스Anonymous라는 핵티비스트Hacktivist(해킹을 투쟁수단으로 사용하는 새로운 형태의 행동주의자들―옮긴이) 그룹을 통해 얻은 자료를 가지고 있었다. 브라운은 자신이 확보한 모든 자료를 위키에 올리고는 자발적인 참여자들이 자료를 분석하고 보고서를 작성하도록 했다. 그러나 그의 계획을 눈치 챈 FBI가 그의 집을 급습했고, 결국 브라운은 교도소에 갔다. FBI가 그를 기소한 내용은 유튜브 동영상 담당자를 협박한 것과 도난 신용카드를 거래하는 웹사이트 주소가 들어 있는 문서를 게시한 것이었으며, 재판 방해 혐의도 추가되었다(도난 신용카드 거래 웹사이트 주소는 실수로 포함되었으며, 나중에는 기소 항목에서 제외되었다).[3] 그는 감옥에 있는 동안 디지털 잡지인 〈인터셉트〉에 칼럼을 연재해 '미국 매거진 어워드National Magazine Award'에서 상을 타기도 했다. 그는 최근 석방되었으며, 사회 활동가들이 온라인상에서 협력하고 대중참여 과제를 안전하게 할 수 있는 소프트웨어 개발 계획을 잡지 〈와이어드〉에 이야기했다. 사실 그는 이전에도 비슷한 시도를 했다. 그러나 이번에는 다른 사람이 절대 볼 수 없도록 강력한 암호화를 계획했다. "참여를 원하는 시민들과 직접 함께 작업할 겁니다." 브라운은 〈와이어드〉와의 인터뷰에서 말했다.

브라운의 인터뷰 기사를 읽던 필립스는 가슴이 뜨거워지는 것을 느꼈다. 자신이 만들고자 하는 프로그램이 정확히 브라운의 계획과 일치했기 때문이었다. 실제로 당시 필립스와 반켄은 URL 감춤 기능을 가진 리프챗의 초기 버전을 만들어 이미 작업의 첫걸음을 뗀 상태였다. 그는 곧장 달라스행 비행기를 타고 날아가 브라운을 만났다. 두 사람은 즉시 협력하기로 합의했고, 필립스는 몇 주 지나지 않아 사이퍼펑크 자원자들로 이루어진 팀을 만들기 시작했다. 이들은 이 일을 '퍼슈언스 프로젝트Pursuance Project'라 불렀다. 그들은 정치 운동에 참여하려는 시민들을 위해 쉽게 사용할 수 있으면서도, 개인정보를 완벽히 보호할 수 있는 시스템을 만들려 했다. 브라운이 내게 이야기한 것처럼, 그런 시스템을 만든다면 권력층과 부딪히며 일하는 사회 활동가, 기자, 비 정부기관 등에 분명 도움이 될 듯했다. "저는 이 프로그램을 사용해 글자 그대로 수십억 사람들의 사생활을 보호할 수 있어요." 필립스가 말했다.

사이퍼펑크와 많은 프로그래머들이 개인정보에 관해 매우 민감해하고 권력기관을 믿지 못하는 이유를 알고 싶다면, 잠깐 역사를 살펴볼 필요가 있다.

이런 현상은 알고 보면 오래전부터 시작되었다. 1970년대 초, 프로그래머 같은 컴퓨터 전문가들이 권력을 가진 정부나 기업들과 의견 충돌을 보였던 일촉즉발의 순간들이 여러 차례 있었다. 이런 충돌은 정보보호와 개방성을 놓고 벌어진 싸움이었다. 대기업과 정부는 자신들의 정보를 철저히 비밀로 한 채, 일반인들의 일은 꼬치꼬치 캐내어 알고자 했다. 이에 반해 해커(크래커와 구분—옮긴이)는 정확히 반대였다. 즉, 일반인들의 개인정보와 사생활은 철저히 보장돼야 하는 반면에, 힘 있는 이익집단들의 정보는 공개돼야 한다고 생각했다.

이런 문화적 충돌의 첫 번째 사례는 1960년대와 1970년대 MIT

에서 일어났다. 당시 원조 해커라 할 수 있는 컴퓨터 전문가들은 MIT의 컴퓨터를 한창 신나게 다루기 시작했다. 이들에게 개방성은 일종의 가치관이자 윤리 규칙이었다. 이 규칙에 따라 누군가 멋진 프로그램을 작성했다면, 그는 그 프로그램을 다른 사람과 공유했다. 자신이 작성한 프로그램을 공유하지 않는다거나 혹은 그 반대라면, 다른 사람들이 어떻게 새로운 프로그램을 배울 수 있겠는가? "사용하겠다는 사람 누구에게나 저희가 작성한 프로그램을 공유해주었어요. 그 프로그램은 결국 인류 공동의 지식이기 때문이죠." MIT에서 가장 많은 소프트웨어를 개발한 해커 가운데 한 명인 리처드 스톨먼이 기억을 떠올리며 말했다.[4] 실제로 당시 MIT의 해커들은 공동체 사상에 심취해 있던 탓에, 자신들이 작성한 프로그램에 작성자 이름조차 넣지 않았다. 1980년대 MIT 해커그룹에 합류했던 브루스터 카일Brewster Kahle은 "프로그램에 자신의 이름을 남기는 일은 매우 건방진 행동으로 간주되었어요"라고 말하며 다음과 같이 덧붙였다. "이들이 작성한 프로그램은 시스템 구축에 사용되었지요. 함께 결과를 공유하며 일하니 마치 팀 프로젝트 같았어요." 해커들은 대부분 매우 개인주의적인 사람들이었으며, 이들은 스스로가 매우 뛰어난 기술 역량을 갖추고 있다고 생각했다. 반면에 프로그램에 대한 그들의 생각은 어땠을까? 이들에게 프로그램은 공동 노력의 산물이며, 컴퓨터가 유익하고 멋진 일을 하도록 함께 작업해 결과물을 쌓는 지식 창고였다. 이들에게 작성한 알고리즘을 소유하는 일은 곱셈 혹은 입헌민주주의 또는 시의 개념을 소유하겠다는 것만큼 어리석은 일이었다.

MIT 해커들은 자신들이 사용하고 싶은 기계나 기술에 제약이 가해지는 일을 매우 싫어했다. 자신들을 방해하는 규칙이 생기면, 스스럼없이 어겼다. 예를 들어 평소처럼 꼭두새벽에 한창 컴퓨터 작업을 하다가 컴퓨터가 고장 났다고 가정하자. 학교 직원들이 컴퓨터를 수리하기 위해 필요한 각종 도구들이 있는 방을 잠가버린 것을 발견했다. 이때 해커들은 무슨 행동을 할까? 말할 것도 없이 잠금장치를 해제한 후 필요한 도구를 꺼냈을 것이다.

스티븐 레비는 저서 《해커, 광기의 랩소디》에서 MIT의 해커들에 관해, "해커는 닫힌 문을 보면 모욕감을 느끼고, 잠긴 문을 보면 분노를 느낀다. 컴퓨터 안에서 정보가 명확하고 우아하게 오가거나 소프트웨어가 자유롭게 배포되어야 하는 것처럼, 해커는 세상이 작동하는 방식을 찾거나 개선하는 데 도움이 될 만한 파일이나 도구를 자유롭게 사용할 수 있어야 한다고 믿는다. 어떤 해커가 새로운 것을 만들거나 탐구하거나 혹은 고치기 위해 무언가 필요로 할 때, 재산권 개념 따위는 코웃음 치며 무시한다"라고 썼다.[5]

해커들의 이런 사고방식에서 프리 소프트웨어라는 급진적인 개념이 생겨났다. 다음과 같은 일이 계기가 되었다. 1980년대 초, MIT는 지난 수년간 학생 해커들이 MIT 컴퓨터에서 사용이 가능한 정말 뛰어나고 가치 있는 수많은 소프트웨어를 만들어왔다는 사실을 발견했다. 그래서 학교는 그 소프트웨어를 이용해 돈을 벌기로 결정했다. 때마침 컴퓨터 제조회사 심볼릭스Symbolics는 자사 컴퓨터에서 실행할 목적으로 라이선스를 요청했으며, MIT는 허락했다. 덕분에 심볼릭스는 정식으로 소프트웨어 사용권한을 확보했으

은밀한 설계자들

며, 직원들은 확보한 소프트웨어를 수정하며 새로운 기능을 더했다. 그러나 심볼릭스는 자신들이 구현한 새로운 기능을 회사 소유로 비밀리에 보관하고 공개하지 않았다. 즉, 심볼릭스가 자신들의 혁신 결과물들을 공유하지 않아, 다음 세대 프로그래머들이 새로운 혁신 결과물들을 배울 기회가 제한되었다.[6]

스톨먼은 MIT와 심볼릭스의 계약 및 정책에 매우 화가 났다. 그는 결국 MIT를 떠났고, GPLGeneral Public License이라는 완전히 다른 개념의 라이선스 정책을 생각해냈다. GPL을 간단히 설명하면 다음과 같다. 예를 들어 내가 공공의 이익을 추구하는 해커이기 때문에 내가 만든 이메일 프로그램을 다른 사람들이 자유롭게 사용할 수 있도록 GPL 조건으로 사람들에게 공개했다고 가정하자. 멋진 일이다. 이 프로그램을 당신이 다운로드 받았다면, 여러분은 GPL 조건에 따라 내 이메일 프로그램의 소스코드를 살펴보고 수정할 수 있으며, 원하면 수정한 프로그램을 배포할 수도 있다. 그러나 수정한 프로그램은 반드시 GPL 조건으로 배포되어야 한다. 수정한 프로그램을 배포하면서, 수정한 코드를 비밀로 할 수는 없다. 수정한 프로그램을 상용 제품처럼 팔아 돈을 벌 수도 있다(스톨먼이 콕 짚어 강조했듯이 GPL을 설명할 때 나오는 단어 'free'는 '무료로'라는 뜻이 아니라 '자유롭게'라는 뜻이다). 그러나 반드시 수정한 프로그램의 소스코드를 모든 사람들에게 공개해 그들이 자유롭게 시험하고, 수정하고, 그들 역시 수정한 코드를 공개하도록 해야 한다. 이런 과정은 내가 맨 처음 만든 이메일 프로그램의 소스코드를 사용한 사람들에게 무한 반복된다. 본질적으로 GPL은 바이러스 같다. 바꿔 말해 어떤 해커가 자신이 만든 프로그램을 GPL 조건으로 공짜로 공개했다면, 이후 이 프로그램에 기반을 둔 다른 모든 프로그램들의 GPL 조건은 영원히 유지된다.[7]

GPL 조건에는 '누군가 소프트웨어를 만들고 그 소스코드를 보여주지 않는다면, 그 소프트웨어를 절대 믿어서는 안 된다'라는 뜻이 담겨 있다. GPL 조건으로 개방성을 중요하게 생각하는 프로그래머와 작성된 프로그램을 비밀로 유지하려는 기업 사이에 문화적 갈등이 생겨났다.

두 번째 충돌은 1980년대 일어났다. FBI가 시스템 침입을 이유로 해커들을 적극적으로 체포하기 시작하면서 정보보안은 더욱 심해졌다.

값싼 베이직 가정용 컴퓨터를 구매해 사용한 10대 소년들이 처음 등장하던 때였다. 이들은 모뎀을 사용해 세계 곳곳의 다른 컴퓨터에 접속했다. 또한 전자게시판, 프로그래머가 직접 운영하는 포럼 등에 접속해 서로의 지식을 나누었다. 그러나 몇몇 아주 대담한 해커들은 대기업이나 전화 회사 등에서 운영하는 컴퓨터 시스템처럼 좀 더 큰 대상을 목표로 삼아 불법적으로 접속했으며, 그 순간의 스릴을 좋아했다. 불법 접속에 성공할 수만 있다면 매우 강력한 성능의 컴퓨터를 손에 넣게 된다. 예를 들어 부모님 TV에 연결해 사용하는 코모도어Commodore 64 대신, C와 같은 언어를 사용해 프로그램을 개발할 수 있었다.

"저희는 단지 집에 있는 단순한 컴퓨터보다 훨씬 강력한 컴퓨터에 접속하길 원했을 뿐이에요." 1980년대 '피버옵틱Phiber Optik'이라는 가명으로 불렸던 마크 애버니Mark Abene는 〈CNET〉과의 인터뷰에서 옛 기억을 떠올렸다. "그 방법 외에는 첨단 컴퓨터를 배우고 이해해 사용할 기회가 없었거든요." 그러나 이를 위해서는 불법적인 행위를 해야 했다. 애버니의 해커그룹 멤버들은 자신들이 침입해 얻은(혹은 회사 쓰레기통을 뒤져 얻은) 기업 시스템 접속 암호를 서로 공유했다. 해킹을 통해 알게 된 전화 회사 시스템 재프로그래밍 정보 등도 열심히 공유했다.[8]

연방 공무원들은 신경을 곤두세우고 감시하기 시작했다. 전화 회사와 정부는 신기해하면서도 새로운 영역인 '사이버 공간'의 통제권을 잃을까 걱정했다. 결국 이들은 애버니의 해커그룹인 MODMasters of Deception를 급습했다. 당시 21세였던 애버니는 거의 1년간 교도소에 갇혀 있었다. 애버니의 지지자들은 그가 회사 시스템에 무단 접속하기는 했지만 시스템을 망가뜨리지도 않았고 중요한 정보를 훔치지도 않은 만큼, 형량이 너무 과하다고 주장했다. 그는 미국에서 가장 유명한 해커가 되었다. 언론은 모뎀을 사용해 온라인에서 별다른 규제 없이 이곳저곳을 돌아다니는 새로운 젊은 계층에 대해 알고자 했고, 기자들은 끊임없이 애버니의 이름을 언급했다. 정부 입장에서 애버니의 이력은 희생양으로 삼기에 딱 좋았다. 판사는 "다른 사람의 컴퓨터에 무단 접속하는 일이 범죄라는 사실을 명확히 알려주기 위해"라는 말로 형량의 이유를 설명했다.[9]

1990년대 초, 해커들은 크래킹이 불법이고 처벌 받는다는 사실을 깨닫기 시작했다. 허가 없이 다른 사람의 시스템에 접속했다면,

연방 경찰은 여러분을 찾기 위해 끈질기게 찾아다닐 것이다. 그런데 다른 사람의 시스템에 몰래 침입하는 일 없이 집에서 프로그래밍만 하면 아무런 문제가 없을까? 정말?

꼭 그렇지만은 않을 것 같다. 정부는 암호화 프로그램 제작을 불법화하려 했으며, 이 과정에서 세 번째 충돌이 일어났다.

누가 암호화 프로그램을 작성하고 사용하는지에 관한 '암호화 전쟁'이 있었다.

요즘처럼 수많은 사람들이 페이스북과 이메일을 사용하는 세상에서, 온라인 활동들이 더 상세하게 추적되고 있다는 것이 명확해지고 있다. 1970~1980년대에는 일반인들의 온라인 활동이 없었기 때문에, 디지털 사생활은 국가 차원의 이슈가 아니었다. 하지만 컴퓨터 과학자와 프로그래머들이 개발해 사용한 기술들에서 오늘날 같은 온라인 환경을 가장 먼저 예측할 수 있었다. 이들은 누구보다도 먼저 이메일을 사용해 서로 연락했으며, 파일도 주고받았다. 멋지고 흥분할 만한 일이었지만, 온라인에서 일어나는 일들이 디지털 형태의 흔적을 남긴다는 사실은 미처 생각하지 못했다. 문자로 주고받은 대화는 서버에 몇 년간, 아니 영원히 남을 수 있다. 컴퓨터 과학자와 프로그래머뿐만 아니라 모든 사람이 같은 일을 한다면 어떤 일이 벌어질까?

컴퓨터 과학자인 휫 디피Whitfield Diffie는 이런 상황을 우려했다. 그는 1970년대 초 동료들과 이야기하며 페이스북, 아마존, 구글 행아웃 같은 서비스의 출현을 예상했었다. "저는 사람들이 얼굴 한 번

본 적 없으면서 서로 친밀하고 중요한 관계를 오랫동안 맺을 수 있는 세상이 올 거라고 말했죠." 2013년 당시를 회상하며 그가 내게 말했다.[10]

디피는 디지털 방식의 메시지를 암호화하는 기술 대부분에 커다란 약점이 있다는 사실도 알고 있었다. 암호화된 메시지를 해독하기 위해서는 보내는 쪽과 받는 쪽이 같은 '키Key'를 가지고 있어야 한다는 점이었다. 만약 뉴욕에 있는 내가 위스콘신에 있는 누군가에게 암호화된 이메일을 보낸다면, 나는 암호화된 이메일뿐만 아니라 암호해독에 필요한 키도 함께 보내야 한다. 이런 방식에서는 사고로 키를 잃어버리거나 혹은 나쁜 사람이 키를 훔쳐가기 쉽다. 누군가 여러분이 사용한 '키'를 알게 된다면 여러분의 모든 비밀 메시지를 해독해 읽을 수 있다. 물론 디피는 자신과 동료들의 메시지를 안전하게 보관하기 위해 철저히 암호화할 수 있었다. 그러나 같은 키를 사용하는 누군가 실수로 키를 잃어버린다면, 바로 끝이다. 더 이상 정보는 보호되지 않는다.

1976년, 디피와 그의 동료는 문제해결의 돌파구가 될 만한 아이디어를 생각해냈다. '공개키/개인키'로 알려진 암호화 기법이었다. 이 기법에서 각 사용자는 2가지 종류의 키, 즉 공개키와 개인키를 가진다. 공개키는 누구나 볼 수 있다. 반면에 개인키는 키를 소유한 사람만이 볼 수 있다. 이 방법으로 누군가에게 암호화된 메시지를 보낼 때 2개의 키, 즉 보내는 사람의 개인키와 받는 사람의 공개키가 함께 사용된다. 이 기법에 사용된 암호 수학 덕분에 지구상에서 그 메시지를 해독해 읽을 수 있는 사람은 메시지를 받은 사람뿐이다. 디피의 생각은 획기적이었다. 그와 그의 동료는 거의 깰 수 없는 암호코드를 사용해 보통 사람들도 온라인에서 안전하게 메시지를 주고받을 수 있는 길을 열었다. 두 사람은 이 아이디어를 공개적으로 발표한 첫 번째 사람들이었다. (사실 영국 정부의 암호 전문가도 같은 아이디어를 생각했었지만 비밀로 했었다.)

디피의 발견은 연방정부를 깜짝 놀라게 했다. 그동안 NSA는 암호 분야를 꽉 잡고 있었으며, 어떤 암호든 깨뜨릴 수 있었다. 그리고 그 지위를 유지하고 싶었다. 그래서 연방정부는 학계 혹은 개인 프로그래머들이 강력한 암호화 기법들을 연구하는 일조차 그리달가워하지 않았다.[11] "암호 문제를 별다른 세약 없이 공개적으로 논의하는 일은 전자 신호 정보를 조종하고 통제할 수 있는 정부의 능력에 실제로 치명적인 위험이 될 수 있었어요." 훗날 NSA 국장이 된 바비 인맨Bobby Inman은 걱정스럽게 말했다.[12] 연방정부는 일반 사람들이 강력한 암호 기법을 사용하는 것이 바람직하지 않다고 생각했다. "공개키/개인키 방식 같은 강력한 암호화 기술을 개발하고 이를 세상에 공개한다면, 이는 작은 규모의 테러리스트 그룹이나 범죄자들 혹은 이런 기술을 사용하는 사람들에게 자신의 정보를 보호할 수 있는 완벽한 방법을 알려주는 일이었어요." 한때 NSA 법무 자문위원으로 활동했던 스튜어트 베이커Stewart Baker가 당시를 회상하며 말했다.[13]

미국 정부에는 암호 기술의 확산을 제약하기 위해 사용할 수 있는 방법이 있었다. 연방법규에 따르면 NSA가 해독할 수 없는 강력한 암호화 기술은 일종의 군수품으로 분류되어 연방정부의 허가

은밀한 설계자들

없이는 다른 나라에 제공할 수 없었다. 미국 프로그래머 혹은 컴퓨터 과학자들은 어떤 암호화 소프트웨어든 만들 수 있었다. 그러나 법을 어기지 않는 한 자신들이 개발한 소프트웨어를 다른 나라 어느 누구와도 공유할 수 없었다. 예를 들어 미국 암호 전문가가 자신이 개발한 강력한 암호 관련 프로그램을 독일에 있는 누군가에게 메일로 보낸다면, 그는 무기거래상으로 분류될 것이다. 진짜로 그렇다. NSA는 자신들이 해독할 수 없는 암호 프로그램을 보유한 사람들을 두려워했으며, 강력한 보안성을 갖춘 암호 프로그램을 마치 탱크나 미사일처럼 다뤘다.[14]

이런 무기 관련 연방법규에 대해 컴퓨터 과학자들은 크게 분노했다. 그들의 입장에서 새로운 아이디어를 담아 만든 자신들의 프로그램은 얼마든지 다른 프로그래머와 공유할 수 있는 것이었다. 그런데 정부가 암호화 프로그램을 팔거나 보여줄 수 있는 사람을 제한해, 결국에는 효과적으로 암호 프로그램을 제약했다. 이에 컴퓨터 과학자인 대니얼 번스타인Daniel Bernstein은 이 문제를 법정으로 끌고 갔으며, 이런 결정이 수정헌법에 어긋난다고 주장했다.[15]

무기 관련 연방법규가 있기는 했지만, NSA의 통제에는 한계가 있었다. 수많은 우려가 서서히 현실로 나타나고 있었으며, 암호 프로그램의 확산은 막기 힘들었다. 점점 더 많은 해커들이 강력한 암호 프로그램을 만들기 시작했다. 어려서부터 프로그래밍에 관심이 많았던 필 짐머만Phil Zimmermann도 그중 한 명이었다. 그는 디피가 생각한 암호화 기법을 사용해 세계 최초의 이메일 암호화 소프트웨어인 PGPPretty Good Privacy를 개발했다. 얼마 지나지 않아 PGP

소프트웨어가 온라인에 유출되었고, 전 세계에 급속히 퍼졌다. 연방징부는 암호 소프트웨어를 유출한 혐의로 짐머만을 조사했으나, 그는 유출자가 아니었다. (사실 그는 좀처럼 온라인에 접속하지도 않았으며, 소프트웨어 유출은 다른 해커들의 짓이었다. 몇 년 후 법무부는 특별한 설명 없이 그에 대한 조사를 중단했다.[16]) 전 세계에 퍼진 PGP 소프트웨어에서 볼 수 있듯이, 판도라의 상자는 열렸다. 해커들은 NSA가 해독할 수 없는 암호 소프트웨어를 개발해 전 세계에 퍼뜨릴 수 있다는 사실을 보여주었다.[17]

암호학에 담긴 정치적 의미에 자극받아 새로운 하위문화가 등장했다. 앞에 잠깐 나왔지만, 이 문화에 속한 사람들은 스스로를 '사이퍼펑크'라고 불렀다. 이들은 온라인 공간에서 세계 곳곳의 해커와 사상가들로 구성된, 상당수는 정부의 감시에서 자유로울 수 있다는 생각에 매료된 자유의지론자들이었다. (사이퍼펑크 창립자 가운데 한 명인 팀 메이Tim May는 개인의 선제적 보호라는 관점에서 '암호 소프트웨어=총'이라고 주장했다.[18]) 무정부 자본주의자들도 있었다. 이들은 오늘날 비트코인 프로그래머들의 선배 격으로, 암호화 소프트웨어를 사용해 세금을 부과할 수 없고 권력기관 통제에도 영원히 안전한 전자화폐를 꿈꿨다. 바다에 해상도시를 만들고 그곳에 사는 시스테딩을 꿈꾸는 사람들도 일부 있었다. 또한 미국시민자유연맹American Civil Liberties Union에 속한 자유의지론자도 있었다. 다양한 종류의 사람들이었지만, 한 가지 공통점이 있었다. 모두 NSA를 싫어했다.

1990년대 중반 무렵, NSA는 사이퍼펑크의 생각이 세상에 점점 자리를 잡아간다는 사실을 깨달았다. 일반인들도 인터넷을 사용하기 시작했으며, 웹사이트를 보거나 다른 사람과 이메일을 주고받았다. '로터스노츠Lotus Notes' 같은 소프트웨어의 제작자들은 안전한 통신을 원하는 기업 고객의 필요를 충족시키기 위해 암호화 코드를 제품 속에 직접 만들어 넣었다. 전자상거래도 시작되었는데, 이는 무선으로 오가는 신용카드 정보를 안전하게 보장할 수단이 있어야 한다는 뜻이었다. 이제 '무기 관련 법규'는 암호 소프트웨어를 통제할 만큼 견고해 보이지 않았다. 프로그래머에게 프로그램은 일종의 언어이며, 판사들은 정부가 그 언어를 국가를 넘어서 사용하는 것을 금지할 수 없다는 판결을 내릴 준비가 되었다.[19]

이에 NSA는 마지막 시도를 했다. 그들은 암호화 기술이 일정 영역을 벗어나는 일이 생기면, 그 기술을 확실히 통제할 수 있기를 원했다. NSA 리더들은 클린턴 행정부에게 모든 컴퓨터와 전화는 강력한 암호화 기능을 갖춰야 하며, 이때 반드시 NSA에서 개발한 컴퓨터 칩 '클리퍼Clipper'를 사용해 암호화 기능을 구현해야 한다고 주장했다. 전화기에 클리퍼가 들어 있다면, 사용자가 온라인에서 하는 모든 일들과 전화기의 모든 대화가 암호화돼 감시자로부터 안전하게 된다. 그러나 단 하나 예외가 있으니, 바로 NSA다. 클리퍼에는 '백도어Backdoor(시스템 설계자나 관리자가 고의로 남긴 시스템의 보안 허점으로, 응용 프로그램이나 운영체제에 삽입된 프로그램 코드—옮긴이)'가 있어서 NSA는 클리퍼가 장착된 모든 기기에 접속할 수 있다. 악질적인 범죄자나 테러리스트가 암호 기술을 사용해 비밀스럽게 연락을 주고받더라도 NSA는 대화 내용을 알아내 이용할 수 있는 것이다. 이런 방법과 기술은 일반인들도 매우 높은 수준의 암호화 기술을 누릴 수 있다는 측면에서 훌륭했지만, 한 가지 가정이 필요했다. NSA가 모든 일반 미국인의 사생활을 철저히 존중하고, 오직 나쁜 사람만 도청하며, 절대로 권력을 남용하지 않는 정부기관이라고 믿어야 했다.

사이퍼펑크들은 말도 안 되는 법이라며 강하게 반대했다. "싸움이 눈앞에 닥쳤습니다. 클린턴과 고어는 자신들이 열렬한 빅브라더 신봉자라는 사실을 보여주었어요."[20] 메이가 소리쳤다. 사이퍼펑크들은 공개적으로 저항하기 시작했으며, 자유의지론자 시민들도 저항에 참여했다. 또한 〈뉴욕타임스〉의 칼럼니스트이자 보수주의자인 윌리엄 새파이어William Safire를 포함해 컴퓨터 분야가 아닌 다른 분야 지식인들도 저항에 동참했다. 점점 많은 사람들이 자신들의 삶이 온라인과 깊은 관계에 있다는 것을 깨닫기 시작했으며, 자신이 온라인에서 하는 일을 누군가 엿본다는 계획을 좋아하지 않았다.

그러나 클리퍼가 실패한 진짜 이유는 정치적 저항 때문이 아니었다. 클리퍼 평가를 의뢰받은 매트 블레이즈Matt Blaze라는 젊은 컴퓨터 과학자가 버그를 발견했기 때문이었다. 그가 클리퍼 칩의 사양을 살펴보기 시작한 지 얼마 지나지 않아, 칩의 백도어가 막힐 수 있는 커다란 약점이 있다는 것을 알아차렸다. 게다가 이 버그를 잘 이용하면 오히려 범죄자가 클리퍼 칩을 사용해 온라인에서 안전하게 이야기를 주고받을 수 있을 뿐만 아니라, NSA는 그 이야기를 들을 수도 없게 된다. 결과적으로 NSA에서 자신들이 통제할 수도 없

은밀한 설계자들

는 칩에 엄청난 암호화 기술을 담아 범죄자들에게 제공할 뻔한 것이다. 블레이즈가 자신이 발견한 내용을 발표하자, NSA는 세상에서 가장 무능력한 조직이 되었다.[21]

결국 클린턴과 고어는 클리퍼 칩 제작계획을 철회했다. 해커, 컴퓨터 과학자, 사이퍼펑크들이 승리했다.

감시에 관한 모든 싸움이 끝났다. 그러나 프로그래머와 법 집행 세력 사이에 가장 큰 싸움이 전혀 뜻밖의 분야인 문화산업법과 저작권법 분야, 즉 음악과 영화 분야에서 뒤늦게 시작되었다.

인터넷 사용 인구가 급속히 증가하던 1990년대 말, 할리우드에서 영화사와 음반사를 운영하는 경영진의 불안함은 점점 커져갔다. 사람들은 온라인에서 돈도 제대로 내지 않은 채 MP3 음원파일을 거래했다. 이들은 브로드밴드 네트워크 성능이 점점 빨라지는 만큼, TV 프로그램이나 영화도 제대로 돈을 내지 않고 복사해 거래하는 때가 올 것이라 예상했다. 이에 엔터테인먼트 업체 경영진은 저작권 침해 문제를 단순히 경영에 대한 위협이 아닌 문화와 문명에 대한 위협이라 말하며, 저작권 침해 문제에 대해 큰 소리로 경고하기 시작했다. "역사적으로 중요한 순간입니다." 훗날 타임워너 대표가 된 리처드 파슨스Richard Parsons가 말했다. "아이들이 단순히 음악을 훔치는 문제를 말하려는 것이 아니라, 우리 사회의 모든 문화 표현이 위협받고 공격받는 문제를 말씀드리는 겁니다. 우리가 지적재산권을 제대로 보호하고 유지하지 못한다면, (…중략…) 이 나라는 결국 문화 암흑시대에 들어서게 될 겁니다."[22]

음반사와 영화사 같은 엔터테인먼트 업체들은 불법복제로부터 자신들의 상품을 보호하기 위해, 사이퍼펑크들이 적극적으로 지지했던 방식인 강력한 암호화 기법에 눈을 돌렸다. 그리고 자신들의 노래, TV 프로그램, 영화 등을 디지털화하며 암호화를 적용했다. 예를 들어 DVD에서는 불법복제를 막기 위해 CSS(Content Scramble System)라는 암호화 기술을 사용했다. CSS 기술이 적용된 DVD를 컴퓨터에서 보려면 암호해독 기능이 들어 있는 플레이어를 사용해야 한다.

다른 시각에서 바라보면, 엔터테인먼트 산업 전체가 소프트웨어 산업이 된 것이다. 예를 들어 DVD 플레이어 장치나 DVD 플레이어 소프트웨어를 만들려고 한다고 가정하자. 그렇다면 DVD 플레이어에 암호해독 프로그램을 넣을 수 있는 권리를 영화사에 요청해야 한다. 엔터테인먼트 업체 경영진은 DVD 해독 소프트웨어를 제어·관리하는 방식으로 다가오는 인터넷 시대에서 살아남을 수 있다는 사실을 잘 알고 있었다. 일부 청소년들이 DVD를 하드디스크에 통째로 복사해 온라인에서 공유하기는 했지만, 암호해독 프로그램이 없는 한 영화 파일 재생이 불가능한 만큼 문제될 것은 없었다. 결국 DVD를 보기 위해서는 엔터테인먼트 산업계에서 승인받은 DVD 플레이어가 필요했다. 영화사 외에 음반사나 출판사도 비슷하게 음악 파일과 전자책 파일을 암호화하고, 암호해독 소프트웨어를 제어·관리하는 방식을 사용했다. 이런 방식을 '디지털 저작권 관리(DRM; Digital Rights Management)'라 불렀다.

그러나 디지털 저작권 관리에도 문제가 있었다. '프로그래머들이 비밀 암호화 코드를 분석하기 시작하면 어떡할까?'라는 문제였다. 프로그래머들은 종종 작동 방식을 이해하기 위해 대상 소프트웨어를 이리저리 쪼개어 분석하며 역설계한다. 누군가 CSS를 역설계한다면? 역설계로 할리우드 암호 소프트웨어의 작동 방식이 알려진다면, 할리우드의 승인이 필요 없는 암호해독 프로그램과 해당 프로그램이 들어간 DVD 플레이어의 개발도 가능해진다. 음악 파일, 심지어 전자책 파일도 예외는 아니다. 누군가 암호화된 파일을 해독할 수 있는 프로그램을 만든다면, 수많은 영화, 음악, 전자책 등을 마음껏 즐길 수 있다.

그래서 할리우드의 선택은 그런 시도를 한 프로그래머는 누구라도 범죄자로 만드는 것이었다. 허가받지 않은 암호해독 프로그램은 만들기만 해도 불법이 되어야 했다.

이를 위해 명문화된 법이 필요했으며, 1998년에 저작권 담당 로비스트들이 의회를 설득해 법을 만들도록 했다. 의회는 1998년에 디지털 밀레니엄 저작권법Digital Millennium Copyright을 만들어 통과시켰고, 디지털 저작권 관리DRM를 우회하는 프로그램을 작성하는 일은 손해배상이나 징역형을 선고할 수 있는 범죄가 되었다.

얼마 지나지 않아 경찰들은 디지털 저작권 관리에 손상을 입힌 죄를 물어 프로그래머들을 체포해 교도소에 보내기 시작했다.

2001년 러시아 프로그래머 디미트리 스클라로프Dmitry Sklyarov는 라스베이거스에서 개최된 해커 학회인 '데프콘DEF CON'에 참석해 강연하며, 어도비Adobe 전자책 소프트웨어의 약점에 대해 말했다. 이는 스클라로프의 전문 분야로, 그는 직장인 엘컴소프트ElcomSoft

에서 어도비 전자책 소프트웨어로 제작된 전자책을 해독해 PDF 포맷으로 저장하는 프로그램을 만들었다. 러시아에서 이런 일은 전혀 문제가 되지 않는 합법적인 일이었다. 그러나 스클라로프가 미국에 있었기 때문에 그는 미국법인 디지털 밀레니엄 저작권법을 어긴 것이 되었다. 어도비는 FBI에 그가 미국에 있다는 사실을 제보했고, FBI는 데프콘에서의 연설이 끝나자마자 스클라로프를 체포해 감옥에 가두었다. 그는 디지털 저작권 관리에 문제를 일으킨 죄로 징역 25년, 벌금 225만 달러를 선고받았다.[23]

더 큰 사고도 있었다. 이번에는 10대 청소년도 끼어 있었다. 1999년, 15세의 노르웨이 소년 존 레흐 요한슨Jon Lech Johansen은 다른 2명의 프로그래머와 함께 공개 소프트웨어인 DeCSSDecrypt Content Scrambling System를 만들고 온라인에서 소프트웨어를 복사할 수 있는 링크도 만들어 공개했다.[24] DeCSS를 사용하면 DVD에서 DRM을 없앨 수 있으며, 리눅스 컴퓨터에서도 DVD를 볼 수 있게 된다. 이는 프로그래머 입장에서 매우 의미 있는 일이었다. 할리우드 영화사에서는 맥 컴퓨터나 윈도우 컴퓨터에 대해서는 DVD 해독코드를 승인해준 반면, 수많은 사람들이 사용 중인 리눅스 컴퓨터에 대해서는 승인해주지 않았다. 요한슨이 만든 소프트웨어를 이용하면 해커들은 리눅스 랩톱에서도 영화를 볼 수 있었다. DeCSS는 여러 다른 프로그래밍 언어로 재프로그래밍되었고, 앤드루 버너Andrew Bunner를 포함해 몇몇 해커들과 웹사이트 운영자들은 다양한 DeCSS를 온라인으로 활발히 공유했다. 해커 대상 잡지인 〈2600〉은 DeCSS 소스코드와 링크를 온라인으로 배포했다.

그러나 결국 법의 심판이 내려졌다. 2000년 미국 영화사를 대표하는 한 단체가 DeCSS 소스코드 배포는 디지털 저작권 관리를 우회할 수 있는 도구를 배포한 것으로, 디지털 밀레니엄 저작권법 위반이라며 잡지 〈2600〉의 대표를 고발했다. 앤드루 버너를 비롯한 몇몇 웹사이트 운영자들도 DeCSS 소스코드 배포 혐의로 기소되었다. 그렇다면 DeCSS가 처음 만들어진 노르웨이 상황은 어땠을까? 미국 엔터테인먼트 산업 관계자들은 노르웨이 경찰을 설득해 노르웨이 법이 허용하는 범위 내에서 요한슨을 심문해 기소하도록 했다.[25]

경고등이 켜졌다. 사이퍼펑크를 포함해 모든 프로그래머와 해커들이 분노했다. 그들의 시각에서 보면 미국의 주식회사는 프로그램 작성 행위를 범죄로 규정한 새로운 저작권법을 휘두르고 있었다. "이들은 디지털 밀레니엄 저작권법 소송이 자신들의 고유 권한, 즉 이것저것 만져보며 프로그램을 만들 수 있는 권한을 공격하는 행위라고 생각했어요." 해커 문화를 깊숙이 들여다보며 연구해온 인류학자 가브리엘라 콜먼이 말했다. "코드는 곧 자신들의 말이며, 디지털 밀레니엄 저작권법은 정부가 자신들이 말하는 것을 불법으로 규정한 것이다'라고 주장하는 순간이었습니다. 이들에게 자신들이 작성한 프로그램을 다른 사람에게 보여주고 공유하는 일은 정말 중요했어요. 그런데 그 일이 불법이라는 이야기를 들은 거죠."

단기적으로 영화사들은 몇몇 소송에서 잇달아 패배했다. 2001년, 캘리포니아 법원은 그에게 소스코드를 게시할 권한이 있다고 주장하며 버너의 손을 들어 주었다(그러나 이후 법원 판결은 수년간 오락가락했다). 요한슨도 석방되었다. 그러나 다른 소송에서는 영화사들이 승리했다. 잡지 〈2600〉은 불리한 판결을 받았고, 잡지사 대표는 결국 항소를 포기했다. 이런 상황에서 엿볼 수 있는 전반적인 메시지는 디지털 저작권 관리가 기업들이 관련 프로그래밍을 불법화하기 위해 휘두를 수 있는 강력한 무기라는 점이었다.[26]

가브리엘라 콜먼이 이야기했듯이 수많은 해커들은 30년간 정부, 기업, 첩보원 등과 점점 자주 충돌하면서, 본능적으로 민감한 반응을 보이게 되었다. 정부가 하는 모든 일은 프로그래밍, 즉 자신들이 즐겨 하는 '말'을 범죄로 만들려는 일들로 보였다.

"이런 이야기를 단순히 상투적인 표현으로 생각할 수도 있겠지만, 사실 이런 태도는 해커의 문화 유전자 속에 깊숙이 새겨져 있어요." 콜먼이 말했다.[27]

덕분에 사이퍼펑크들은 '편집증 환자'로 불릴 때도 많았다.

젠 헬스비는 확실히 편집광적인 사이퍼펑크 가운데 한명이었다. 그녀는 친구들에게 정부가 온라인 감시, 핸드폰 추적, 소셜미디어 데이터 수집 등을 한다고 경고하곤 했다. "저는 소셜미디어 서비스를 그리 많이 이용하는 사람이 아니에요." 그녀가 내게 차분히 말했다. 그녀의 의심하는 성격은 부모로부터 물려받은 것이다. 그녀의 프로그래밍 경력은 천체물리학 박사 과정에서 우주가 팽창하는 이유를 이해하기 위해 암흑 에너지를 연구하며 시작되었다. 다른 여러 천체물리학자들과 마찬가지로 그녀 또한 프로그래밍에 익숙했다. 헬스비는 전공 연구 외에 외교 문제에도 관심이 많았으며, 무언가 좀 더 직접적으로 사회에 도움이 되는 일을 하고 싶었다. 그래서 그녀는 자신의 데이터 처리 기술을 이용해 도시 황폐화 문제 연구를 도와주었다. 또한 경찰에 관한 불만신고용 무료 오픈소스 소프트웨어를 제작한 루시 파슨스Lucy Parsons의 랩 설립을 돕기도 했다(루시 파슨스가 만든 프로그램은 경찰관 사진 데이터베이스로, 시민들이 사진을 보고 자신을 괴롭힌 경찰을 좀 더 쉽게 찾을 수 있도록 도와주는 프로그램이었다). 그녀는 동료 활동가들에게 경찰이나 정부기관 등이 자신들을 감시하고 있을 가능성이 크다고 경고하곤 했다. 온라인 개인정보보호 방법을 배우는 모임인 크립토Crypto 모임을 여러 차례 열어, 문자 메시지 대신 시그널 메신저Signal Messenger(암호화 메시지 서비스로 모든 과정이 암호화되어 이뤄진다. 보안이 강력하며 대화 내용이 저장되지 않고 자동 삭제된다—옮긴이) 같은 암호화 앱의 사용법을 가르쳐주기도 했다. "사람들은 자유롭게 읽고 말할 수 있어야 해요. 그러나 정부가 사람들의 일거수일투족을 지켜보고 있다면 불가능한 일이겠죠. 정부는 지켜보다가 사람들이 자신들의 뜻에 맞지 않는 일을 할 때, 어떤 식으로든 조치를 취하려 합니다." 헬스비가 말했다. "뉴욕에서 한 소년이 경찰 이모티콘 옆에 권총 이모티콘을 달았다가 체포되었다죠? 그 뉴스를 듣고는 너무 엄한 처벌에 어이가 없었어요. 이모티콘 때문에 체포를 하다니 완전 제정신이 아닌 거죠."

그녀는 나름 의미 있는 일을 하며 동료들을 도왔다. 하지만 동료들은 그녀가 너무 예민하다고 생각했으며, 때론 그녀에게 "혹시 너 음모론자 아니니?"라고 말하기도 했다. 2013년 에드워드 스노든이 신문 헤드라인을 장식하기 전까지는 그랬다.

NSA에 컴퓨터 보안 전문가로 들어간 스노든은, NSA가 실제로 일반 미국인을 상당한 수준에서 감시하고 있다는 사실을 보여주는 수천 페이지의 문서를 유출했다. 스노든의 폭로에 사이퍼펑크들은 환호했으며, 폭로가 사실임을 보여주는 자료를 제시했다. 이들은 "자, 보라고. 우리가 맞았지? 우리는 결코 과대망상증 환자가 아니야. 실제로 이런 터무니없는 일들이 벌어지고 있었다고"라고 말했다.

"스노든이 공개한 문서는 효과 만점이었어요." 헬스비가 말했다. "문서가 세상에 공개되자, 비로소 사람들은 현실을 좀 더 잘 이해하기 시작했죠. 우리 가운데 과대망상이 가장 심하다고 여겨졌던 사람들의 생각조차, 실제로 일어난 일과 비교하면 실상에 미치지 못했다는 것이 명확해졌어요." 인터뷰 당시, 그녀는 시큐어드롭 SecureDrop 개발 수석 프로그래머로 일하고 있었다.

나는 샌프란시스코에서 열린 애론 스와르츠Aaron Swartz 해커톤 행사에서 헬스비를 우연히 만났다. 이 해커톤 행사는 매년 가을 주말에 열리며, 암호 분야의 해커들이 모여 일반 시민들의 권익을 보호하고 높일 수 있는 소프트웨어 개발을 위해 노력한다. 이 행사에는 스와르츠를 추모하는 의미도 담겨 있다. 애론 스와르츠는 26세의 젊은 나이에 스스로 생을 마감한 프로그래머이자 사회 운동가로, 짧은 생이었지만 해커들이 열광할 만한 여러 프로젝트를 만들어 실행했다. 그는 첫 번째 버전의 시큐어드롭 개발에 참여했으며, 레딧Reddit을 공동 설립하고, 인터넷 웹사이트 정보 자동 구독 서비스인 RSS_{Rich Site Summary}를 공동 개발했다. 또한 '크리에이티브 커먼즈 라이선스_{Creative Commons License}(일정한 기준 아래 창작물을 마음대로 활용해도 좋다는 허가 표시 — 옮긴이)' 아이디어 개발을 도왔다.[28](크리에이티브 커먼즈 라이선스를 이용하면 특정 조건하에 당신의 사진을 온라인에서 무료로 배포할 수 있다. 예를 들어 당신의 사진을 수정하거나 편집할 수 있지만, 그 수정본이나 편집본 또한 무료로 배포해야 한다는 조건을 걸 수 있다.) 스와르츠는 공공의 이익을 위해 사람들이 학문 연구물을 무료로 볼 수 있어야 하는데, 기업이 이를 가로막고 있다고 강력히 주장했다. 결국 스와르츠의 이런 생각은 법적인 문제를 일으켰다. 그는 2010년 MIT를 통해 유료 온라인 학술논문 서비스인 제이스토어_{JSTOR}(Journal Storage의 줄임말로 학술지 전문 데이터베이스 — 옮긴이)에서 거의 500만 편에 달하는 학술논문을 불법으로 다운로드했다. 제이스토어와 MIT는 강력하게 항의했으며, 그는 다운로드받은 학술논문 파일을 온라인에 배포하지 않고 모두 다시 돌려주었다. 그러나 미국 사법부는 스와르츠를 컴퓨터 범죄 혐의로 기소하였다. 최대 100만 달러의 벌금과 수십 년의 징역형을 선고받을 수 있는 상황에 처한 그는 스스로 목숨을 끊었다.[29]

"애론은 도서관에서 책을 너무 빨리 본다는 이유로 괴롭힘을 당했어요." 브루스터 카일_{Brewster Kahle}이 말했다. 그는 크리에이티브 커먼즈의 공동 설립자인 리사 레인_{Lisa Rein}과 함께 애론 스와르츠 해커톤을 만들었다. 카일은 1980년대 MIT에서 해커로 활동하였으며, 졸업 후 1990년대에는 스타트업들을 세워 수백만 달러의 돈을 벌었고, 이후 인터넷 아카이브_{Internet Archive}를 설립했다. 이 단체는 후손들에게 남기기 위해 매일같이 수없이 많은 인터넷을 복사해 저장한다. 이를 위해 옛날 책부터 공개된 레코드판 음악이나 비디오 게임에 이르기까지 모든 것을 검사한 후 온라인에서 공개한다. 어떤 면에서 보면 스와르츠의 꿈은 실현되었다. 인터넷 아카이브는 샌프란시스코의 지금은 사용하지 않는 낡은 교회 건물에 위치했으며, 해커들이 인터넷 로비에 앉아 작업할 수 있도록 테이블을 마련해두었다.

그곳에서 헬스비는 팀원들과 함께 시큐어드롭 인터페이스를 손보고 있었다. 다른 테이블에서는 웹서버가 쉽사리 노출돼 독재 정권에 의해 물리적으로 망가뜨려지는 일이 없도록, 전 세계 곳곳에 흩어져 있는 랩톱들로 분산된 웹사이트를 구축하는 소프트웨어를 프로그래밍하고 있었다. 작업하는 프로그래머 중에는 22세의 대학생 오스틴Austin도 있었다. 그의 부모님은 학교 과제물 작성 이외에는 컴퓨터 사용을 금지했다. 그래서 그는 닌텐도 위에 리눅스를 설치하려 했으며, 그 과정을 통해 어린 나이에도 리눅스를 독학으로 배울 수 있었다.

"부모님께서 가끔 제 방에 고개를 들이밀었을 때, 컴퓨터 작업을 하고 있곤 했어요. 저는 부모님이 눈치 채지 못하도록 작업 화면을 TV 채널로 재빨리 바꿔야 했죠." 오스틴이 말했다. "안녕, 엄마! 지금 막 TV를 켜고 잠깐 본 거예요. 그런데 이 프로그램은 형편없네요!" 다른 프로그래머와 마찬가지로 오스틴 역시 스노든이 자신의 인생에서 가장 큰 영향을 끼친 사람이라고 말했다. 어린 프로그래머들은 대중문화에서 기술의 어두운 면이 좀 더 많이 다루어지는 시기에 어른이 되었다. 그래서일까? 사이퍼펑크 가운데 상당수는 TV 드라마 시리즈 〈미스터 로봇〉의 팬들이다. 이 드라마에는 대기업이 가진 고객 부채 기록을 암호화해 파괴하려는 핵티비스트 그룹이 등장한다. (이 드라마는 라즈베리파이 미니 컴퓨터나 안드로이드 루트킷rootkit이 등장하는 등 해킹 과정이 깜짝 놀랄 만큼 사실적이다.) 애론 스와르츠의 날, 프로그래머들은 마치 〈미스터 로봇〉에 등장하는 배우들인 양 머리를 염색하고, 가죽 재킷을 입으며, 피어싱을 하고, 랩톱 덮개에 카피레프트Copyleft(Copyright의 반대, 즉 저작권을 비웃는 용어) 스티커를 잔뜩 붙인다. 실리콘밸리의 브로그래머들은 피부를 검게 그을리고, 암벽 등반복을 입으며, 사이클을 타고 출근하는 등 건강에 관심이 많은 사람으로 자신을 과시하며 포장한다. 반면에 사이퍼펑크들은 사이버 공간의 유령처럼 창백한 모습을 하고 있다. 오스틴이 방을 둘러보며 "아직 제 모습은 해커와는 거리가 있어 보여요"라고 말하고 후드티를 푹 뒤집어썼다. 그러자 다른 쪽에 앉아 일하던 어떤 여성 해커가 "그렇지. 잘하네 뭐"라고 말하며 웃었다.

오스틴 뒤에서는 제이슨 레오폴드Jason Leopold가 어슬렁거리고 있었다. 그는 〈버즈피드BuzzFeed〉의 취재 기자로 정보 열람의 자유에 관한 이야기를 하고 있었다. 문 근처에서는 첼시 매닝Chelsea Manning이 전화를 하며 좀처럼 자리를 떠나지 못하고 있었다. 그녀는 미군 정보 분석병으로 일하던 도중, 군사 행동 기밀을 유출한 죄로 감옥에 갔다. 해커룸에 있는 해커들의 정치적 성향은 놀랄 만큼 광범위했다. 콜먼이 말했듯 '기술에 대한 애정', '지식의 공유', '공개 소프트웨어 지지', '프로그래밍 관련 정부 규제에 대한 반감' 등의 문화적 공감대 덕분에 다른 일에서는 그다지 공통점이 많지 않은 사람들이 모여서 일했다. 암호코드나 오픈소스 프로그램 개발은 이들이 함께 모여 일할 수 있는 이상적인 공통 목적이다. 콜먼은 말했다. "실리는 종종 이상보다 우선하죠. 덕분에 반자본주의 무정부주의자가 사회민중당원과 마찰 없이 함께 일할 수 있는 거예요."[30]

해커톤 행사 당일 오후, 나는 스티브 필립스를 만났다. 그는 퍼슈언스Pursuance 시스템 제작을 돕겠다고 자원한 프로그래머들과 함께 행사장에 도착했다. 그날 오후, 필립스는 행사장 무대에 올랐다. 그는 자신들의 일을 좀 더 잘 보여주려는 목적으로 위키리크스Wikileaks(정부나 기업 등의 비윤리적 행위와 관련된 비밀 문서를 공개하는 웹사이트—옮긴이) 티셔츠를 입고 있었으며, 할 일 목록을 정하거나 업무를 정해 담당자를 지정하는 등 사회 운동가들에게 필요한 모든 기능이 담긴 소프트웨어 퍼슈언스의 등장을 알렸다. 그는 무대 위에서 자신을 바라보는 사람들에게 "자기 생각을 말할 수 있는 포럼은 수없이 많지만, 정작 일하는 데 쓸모 있는 소프트웨어는 많지 않다"고 말하며, 퍼슈언스가 그 문제의 해결책이 될 수 있음을 설명했다. "저는 온라인 공간에서 활동하는 몇몇 사회 운동가들이 손쉽게 자동화할 수 있는 일들을 직접 처리하느라 고생하는 모습을 지켜보며 안타까운 마음이 들었어요." 필립스가 퍼슈언스 소프트웨어를 자랑하며 활기찬 목소리로 말했다. 그의 등 뒤에 있는 스크린에 스카이프로 접속한 배럿 브라운이 등장했다. 그는 자신의 집

거실 쇼파에 앉아 전자담배를 뻑뻑 피워가며 특유의 느릿한 남부 말투로 퍼슈언스 소프트웨어에 담긴 철학을 설명했다.

오후 행사가 끝나자 필립스와 그의 그룹은 타이 음식점으로 저녁식사를 하러갔다. "정말 조마조마했어요. 무대 위에서 시연하기 10분 전까지 데이터베이스에 계속 새로운 데이터를 넣고 있었거든요." 마티 이Marty Yee가 말했다. 그는 낮 동안 작은 소셜네트워크 앱 개발사인 비하이브Behive에서 일하며, 주로 밤에 나와 일하는 젊은 자원봉사 프로그래머였다. 소프트웨어 개발 과정이 늘 그러하듯, 프로그램을 시연하는 것은 마지막 순간까지 애를 태웠다. 필립스는 사회 운동가들이 퍼슈언스 소프트웨어에 관심을 갖도록 만들기 위해 그럴듯하게 보이는 일을 매우 중요하게 생각했으며, 그 일을 마티에게 맡겼다. 필립스는 철저한 체중 관리에 적합한 음식을 고르려 메뉴를 주의 깊게 살피면서, "이 친구에게 3주 전에 끔찍한 분량의 와이어프레임Wireframe(사이트나 앱을 개발할 때 뼈대를 그리고 수정하는 단계—옮긴이)을 주었는데, 그 많은 일을 마법처럼 다 해치웠지 뭐야"라고 말했다. 필립스는 현미밥을 골랐다.

21세의 테네시주 출신 여성 프로그래머 애널리스 버크하트Annalise Burkhart는 작업 부장이었다. 그녀는 중동 사회 운동가들이 퍼슈언스 소프트웨어를 사용할 수 있게 되기를 바랐다. 그녀는 대학에서 아랍어를 부전공으로 공부했으며, 유튜브 동영상, 시리아인 가정교사, 번역 연습 등을 통해 아랍어를 유창하게 쓸 수 있게 되었다. 그녀는 기다란 은발 머리의 미국 소녀가 갑자기 아랍어를 할 때 주변 사람들로부터 느낄 수 있는 인지부조화 상황을 즐기곤 했다. "'저

잠깐 전화 좀 할게요'라고 말한 뒤 내가 갑자기 아랍어를 쏟아내면 주변 사람들은 '뭐…, 뭔 소리야?'라고 말하며 놀라곤 했어요."

'SUPPORT YOUR LOCAL GIRL GANG(지역 여자 갱단을 지원해주세요.)'라고 인쇄된 티셔츠를 입고 있던 반켄은 최근 암호 작가가 쓴 책을 읽기 시작했다. "작가는 노토리어스 비아이지Notorious B.I.G.의 노래를 분석합니다. 그리고 노래 가운데 '크랙 10계명'을 보고는 보안 관련 충고를 하죠."

"뭐라고?" 필립스가 되물었다. "무슨 충고였는데?"

"'닥치고 가만히 있어!' 같은 것이었어요." 반켄이 웃으며 말했다. "하지만 사람들은 이야기하고 결국 체포되었지요."

해커톤 참가자 가운데 어느 누구도 법을 어기는 일은 하지 않는다. 이들의 말처럼 약자를 보호하는 데 도움이 될 만한 소프트웨어를 개발하고 있을 뿐이다. 그러나 경찰과 감찰기관들이 법을 지키는 시민들을 위해 만들어진 개인 사생활 보호 소프트웨어라도 결국 범죄자와 테러범에 의해 사용될 수밖에 없다고 끊임없이 지적하는 만큼, 법의 실제 집행에 관해서는 여전히 긴장의 끈을 놓칠 수 없다.

경찰이나 감찰기관이 틀렸다고 할 수는 없다. 예를 들어 웹서핑 정보를 암호화해 사용자가 방문한 웹사이트 정보를 다른 사람이 알지 못하게 만들어진 웹브라우저 토르를 생각해보자. 분명 내부 고발자, 기자, 블로거를 포함해 온라인 공간에서 개인 사생활 보호를 원하는 사람들에게 큰 도움이 될 것이다. 그러나 토르는 소위 불법 웹사이트 제작에도 사용될 수 있으며, 이렇게 되면 웹사이트 운영자와 호스트 서버의 위치 정보 등을 알아낼 수 있는 방법이 없다. 범죄에 사용된다고 생각하면 소름끼치는 일이다. 온라인 마약 거래상들은 강력한 보안성 때문에 토르 웹브라우저를 매우 좋아하고, 이를 이용해 불법 마약 거래 사이트를 제작하곤 한다. 잘 알려진 대표적인 예로 온라인에서 마약과 총을 살 수 있는 실크로드 사이트가 있다.[31] 이슬람 테러조직 ISIS는 감시를 피하기 위해 어떻게 토르 웹브라우저를 사용해야 하는지 가이드 문서를 만들기도 했다.[32] 물론 범죄자의 토르 웹브라우저 사용은 개인 사생활 보호를 바라는 일반인의 사용에 비하면 매우 작은 규모다.[33] 그러나 이런 암호화 기능이 자유를 위해 싸우는 사람들과 범죄자를 똑같이 보호한다는 것 역시 사실이다. 암호 기술에 눈을 달지 않는 한, 단지 좋은 사람들에게만 정보보호 기능을 제공하는 암호 기술은 절대 만들 수 없다.

사이퍼펑크들도 이 사실을 잘 알고 있으며, 대부분 별 문제가 없다고 생각한다. 자유는 좋은 일을 할 자유뿐만 아니라 나쁜 일을 할 자유도 포함하기 때문이다. 이렇게 말할 수 있는 그들의 신념은 독자 여러분의 정치관에 따라 놀라울 수도 혹은 신선할 수도 있다. 시그널 메신저 개발자이자 암호 관련 해커인 목시 말린스파이크Moxie marlinspike는 어느 보안 관련 학술대회에 패널로 참석해 일반 대중의 개인정보를 보호할 수 있다면, 범죄에 종종 사용되는 일쯤은 충분히 감당할 수 있는 사회적 비용이라고 주장하기도 했다.

"저는 솔직히 법 집행은 어려워야 하고, 법을 어기는 일은 가능해야 한다고 생각해요." 말린스파이크가 말했다.[34]

말린스파이크는 블로그에 일반 시민들이 법을 어겨보지 않고는 몇몇 법이 터무니없다는 사실을 알 수 없다고 주장한다. 예를 들어 "누군가 법을 어기며 마리화나를 피워보지 않았다면, 마리화나가 합법이어야 한다고 어떻게 결정할 수 있었겠는가? 혹은 누군가 법을 어기며 동성 결혼을 해보지 않았다면, 어떻게 주 정부가 동성 결혼은 허용되어야 한다고 결정할 수 있었을까?"라고 썼다.[35]

해커는 호기심이 많고 컴퓨터를 이용해 많은 것들을 제어할 수 있다 보니, 쉽사리 법을 어기기도 한다. 모뎀을 이용해 이곳저곳에 접속하던 1980~1990년대 10대 청소년들이 바로 그랬다. 당시 자사의 컴퓨터 시스템을 침범당한 회사들은 "이런, 우리 해킹당하고 있잖아. 어서 사이버수사대에 연락해!"라고 말하며 기겁을 했다. 그러나 시대 흐름을 읽을 줄 알았던 몇몇 미국 기업들은 다른 시스템에 침입하기 좋아하는 해커들을 회사에서 활용할 수 있다는 사실을 깨달았다. 그들의 특기가 시스템 침투라면, 월급을 주고 고용해 그런 일을 시키면 안 되는 걸까? 아니, 된다! 그들에게 돈을 주고 그들의 침투 경로를 말하도록 시킬 수 있으며, 회사는 새로 알게 된 침투 경로를 미리 막을 수 있다.

이것이 기술 산업 분야에 침투 전문가가 생긴 계기였다. 1992년 영화 〈스니커즈Sneakers〉를 본 적이 있는가? 이 영화는 침투 전문가가 주인공인 최초의 영화였다. 영화의 주인공 로버트 레드포드Robert Redford는 정보 전문가들을 고용해 은행에 침투한다. 당시 소프트웨어 회사들은 버그를 찾아 알려주는 사람들에게 상금으로 돈을 주는 '버그 바운티Bug bounty'라는 제도를 만들어 실행하기도 했다.

대부분의 침투 전문가는 10대 시절 이미 재미 삼아 자신 혹은 다른 사람의 시스템에 침입해본 경험이 있다. "겨우 17세에 윤리 의식을 이해하기는 꽤 어려워요." 조베르 앱마Jobert Abma가 내게 말했다. 그는 세계 곳곳의 프리랜서 해커들을 모아 고객의 웹사이트와 소프트웨어를 시험 삼아 공격하는 모의해킹 회사인 해커원HackerOne을 공동 설립했다. 앱마는 네덜란드에서 자랐다. 그는 친구와 각자 웹사이트를 만들고, 서로 상대방의 웹사이트에 침입하기도 했다. 이후 두 사람은 여러 회사의 웹사이트에 대해 약점이 있는지 없는지 하나하나 시험해보기 시작했다.

"악의적인 짓은 하지 않았어요." 앱마가 말했다. 고등학교 졸업식에서 이들은 무대 위 비디오 모니터를 해킹해 친구들에 대한 농담을 넣기도 했다. 훗날 이들은 자신들의 침입 기술을 사업화하기로 결심하고, 회사에 전화를 걸어 자신들이 실패하면 돈을 주는 조건으로 침입 시도 허가를 요청했다. "저희는 한 번도 실패한 적이 없었어요." 그가 말했다. 컴퓨터의 취약지점을 찾아 침투하는 기술에 매료된 이들은 합법과 불법 중간지점에서 일하려 했다. 이들은 자신들을 처벌하려는 권력자들과 충돌하지 않고, 합법적인 시장에서 자신들의 기술을 가치 있게 만들었다.

이런 회색 지대 분야Gray-area field의 기술들은 매년 라스베이거스에서 개최되는 데프콘에서 전시된다. 데프콘은 침투 전문가, 정보보안 전문가, 대학 컴퓨터 보안 연구자들이 가장 좋아하는 해커 학술 대회 중 하나로, 혁신적인 침입 기술들의 소개와 더불어 디지털 침입 기술의 축제와 같다. 학술대회에 참석한 모든 사람들은 자신들의 머릿속에 있는 최신 아이디어를 다른 사람들과 공유하고 싶어 한다. 나는 2017년에 데프콘에 참석했으며, 기발한 기술을 여럿 볼 수 있었다. 어떤 프로그래머는 복잡하고 강력하게 암호화된 비트코인 지갑을 해킹하는 기술을 보여주었다. 풍력 발전 제어기에 침투하는 방법을 보여 준 프로그래머도 있었다. 그가 공개한 방법을 사용하면 풍력 발전기의 터빈을 강제로 움직였다 멈추었다 하는 방식으로 터빈을 망가뜨리거나, 강제로 멈춰 세운 뒤 돈을 요구해 받을 때까지 터빈을 멈출 수도 있다("터빈이 1시간 멈출 때마다 회사는 시간당 3,000달러에서 1만 달러의 손실을 입지요." 그가 말했다. "정말 큰 금액이죠. 안 그런가요?"). 강연장 바깥에서는 수많은 해커들이 여기저기 돌아다니며 자신의 기발한 침투 장비를 다른 사람들에게 보여주고 있었다. 음파 진동 칫솔에 자석을 달아 만든 장치를 보여주는 해커도 있었다. "반도체 칩 위에서 이 장치를 작동시키면 평소와는 달리 전하가 모여 칩의 상태가 달라져요." 그는 자신의 말이 사실이라는 것을 보여주고자 라즈베리파이 미니 컴퓨터 위에서 장치를 흔들며 말했다. "저는 TV 드라마 〈닥터 후Doctor Who〉의 광팬이에요. 그래서 이런 소닉스크류드라이버(〈닥터 후〉의 주인공이 갖고 다니는 장비로 문 열기, 문 잠그기, 해킹, 외계기술 탐지 등 웬만한 일은 모두 할 수 있다―옮긴이)를 갖고 싶더군요." 그의 등 뒤에서는 '생각은 나쁘게, 행동은 훌륭하게'라는 글이 인쇄된 티셔츠를 입은 사람이 무뚝뚝한 얼굴로 이 광경을 지켜보고 있었다. 다른 해커는 은박지 모자(누군가 자신의 뇌를 조종하는 일을 막기 위한 장치―옮긴이)를 쓰고 있었다.

데프콘은 해커들끼리 서로 실력을 겨루는 해킹 챌린지로 유명하다. 2017년 내가 참석했을 때는 학회장 안에 스마트 온도조절기, 인터넷에 연결된 차고문 개폐기 등과 같은 각종 사물인터넷 기기가 가득 차 있는 작은 집이 있었다. 남부 지역에서 참가한 침입 전문가 그룹은 팀을 이루어 한창 침입 작업을 진행하고 있다. "누구 전원 코드 남는 것 없어? 지금 암호해독 중인데 내 랩톱이 타버릴 것 같아." 한 팀원이 소리쳤다. 또 다른 팀원은 경비 시스템에 침입 후 암호파일을 찾아 수많은 폴더를 이리저리 뒤지고 다녔다.

"사람들은 대개 하나의 암호를 이곳저곳에 사용해요. 결국 그 암호는 만능열쇠인 셈이죠. 그 열쇠만 얻으면, 모든 것을 얻을 수 있어요." 팀원 중 한 명인 도리 클라크Dori Clark가 말했다. 클라크는 컴퓨터 과학을 전공하고 금융 서비스 분야에서 프로그래머로 일한 후 모의해킹을 시작했다. "저는 코볼로 프로그래밍을 해야 해요. 제 나이보다 오래된 코드를 편집하고 있답니다. 1980년대 만들어진 프로그램이라고 하네요." 그녀가 말했다. 군대에서 일했던 클라크는 어느 날 우연히 모의해킹 팀을 만나 모의해킹에 푹 빠져버렸다. 요즈음 그녀는 월마트를 모의해킹하고 있으며, 낯선 장비를 해킹하는 연습을 하기 위해 여가 시간 동안 이베이에서 옛날 장치들을 사곤 한다. "모의해킹은 정말로 좋아해야 할 수 있어요. 또한 아이들을 재우고 해야 하는 일이죠." 클라크가 말했다. 그녀는 딸이 쓰기를 배울 때 프로그래밍도 함께 가르치려 한다. 그러나 다른 한편으로는 딸이 해킹에 빠질까 염려한다. "제가 제 해킹 기술을 딸에게 가르칠까요? 10대 소녀가 해킹을 할 줄 알게 되면, 분명 페이스북 내용이 궁금해 친구의 계정을 해킹할 텐데 말이죠. 가르치면

안 되겠죠?" 그녀가 코를 찡긋하며 말했다.

정보보안 분야 종사자들이 미래 기술 사회에 대해 어둡고 부정적인 시각을 가지는 경우가 있다. 이는 그들이 관련 기술이 어떻게 망가지고, 대부분의 상용 소프트웨어가 얼마나 형편없이 만들어지는지 끊임없이 지켜봤기 때문이다. 확실히 어느 곳인가를 침입해 들어갔다는 사실 덕분에 돈을 번다면 재미있는 일이다. 그러나 이들은 마치 전능하신 하나님처럼 프로그래밍 세계가 얼마나 엉망진창인지 꿰뚫어보고 있다. 예를 들어 이들은 해커가 소셜네트워크 서비스를 자기 집처럼 들락날락할 수 있고, 금융 시스템도 급히 만들어진 탓에 문제가 많고 제 기능도 하지 못한다는 것을 잘 알고 있다. 그중에서도 사물인터넷은 최악이다. 사물인터넷 기기들은 값싸게 만들어지는 데다, 쉽게 짐작할 수 있는 초기 암호로 설정돼 출고된다(수많은 보안 분야 해커들은 사물인터넷을 '똥 인터넷'이라 부른다).

데프콘 학술대회의 어떤 방에 '투표기계 해커마을Voting Machine Hacking Village'라는 이름으로 알려진 특별히 끔찍한 예가 소개되었다. 20여 년 전에 혼자서 클리퍼 칩 계획을 무산시켰던 매트 블레이즈를 포함해 컴퓨터 과학자들로 이루어진 팀이 이전 미국 선거에서 사용되었던 수십여 대의 투표기계를 구입하여 분해해봤다. 이들은 투표기계를 해킹해 선거에 영향을 미치는 일이 얼마나 쉬운지 보여주고자 했다. 블레이즈와 다른 전문가들은 오래전부터 투표기계들의 보안 기능이 허술하다고 의심해왔다. 그러나 최근까지는 투표기계를 분해해 살펴보는 일이 불법이었다. 투표기계는 디지털 밀레니엄 저작권법의 보호를 받았으며, 이 법을 피해 기계의 작동

은밀한 설계자들

방식을 살펴보는 일은 투표기계 제작사의 허가를 받지 않으면 불법이었다. 물론 회사들은 허가를 내주려 하지 않았다. 그러나 최근 미국 정부는 투표기계가 미국에 정말로 중요한 만큼, 한시적으로 허가를 면제해주기로 결정했다. 데프콘 해커들이 벌을 받지 않고 투표기계 내부를 살펴볼 수 있고, 이를 통해 발견한 사실을 세상에 알릴 수 있다는 것이다.

"선거 당일 이런 일을 한다면, 저와 여러분 모두 체포될 겁니다. 오늘은 그럴 일 없으니 열심히 분해해 살펴봅시다." 블레이즈는 방 안을 가득 메운 해커들에게 말했고, 그들은 곧 기계를 분해해 분석하기 시작했다.[36]

놀랍게도 얼마 지나지 않아 깜짝 놀랄 만한 일들이 일어났다. 덴마크의 컴퓨터 과학자 카르스텐 슈어만Carsten Schürmann은 자신의 랩톱을 열어 해킹 소프트웨어인 메타스플로잇Metasploit을 실행했으며, 몇 분 걸리지 않아 비 보안 와이파이를 통해 투표기계 1대를 제어하기 시작했다. 다른 해커는 투표기계의 USB 포트가 차단되어 있지 않으며, 키보드를 연결해 제어할 수 있음을 확인하였다.[37] 투표기계의 코드를 살펴보던 침투 전문가는 초기 로그인 정보가 어이없게 설정돼 있는 것을 발견했고, 방 이곳저곳에서 웃음이 터져 나왔다. "사용자 이름이 'default(기본값)'이고, 암호는 'admin(관리자)'이네요." 금발 꽁지머리의 프로그래머가 자신의 랩톱 스크린을 바라본 후, 두 손으로 얼굴을 감싸며 말했다.

기술적 관점에서 선거 운영 담당자들은 분명 암호를 변경했어야 했다. 그러나 그들은 그렇게 하지 않았다. 이처럼 기술과는 별개로 기술을 사용하는 사람이 허점이 된다는 사실은 정보보안 전문가들이 마주하는 현실이다. 보안 분야 해커들은 직장 동료들에게 항상 암호를 바꾸고 소프트웨어를 업데이트하라고 말한다. 그러나 대부분은 무시하고 크게 신경 쓰지 않는다. 소프트웨어에도 약점이 있겠지만, 그 소프트웨어를 사용하는 사람에게도 역시 문제가 있다. 보안 분야에서 일하는 엔지니어는 고맙다는 이야기는 전혀 듣지 못한 채 온라인 세상의 위험을 끊임없이 정확하게 감시해야 하며, 고민 끝에 내놓은 경고도 무시당하기 일쑤다. 이들은 목청껏 외치지만 아무도 들어주지 않는 사막의 외로운 예언자다.

이런 상황 속에서 보안 전문가들은 주변 동료들을 극도로 불신하게 된다. '내 주변에는 온통 바보 멍청이들뿐이야. 보안이라고? 이 얼간이들이 메일 속 링크를 클릭만 하지 않아도 모든 문제가 깨끗이 사라질 거야'라고 생각한다. "이런 현실은 분명 큰 문제예요." 데프콘 참석자 가운데 회사에서 보안을 담당하고 있는 어떤 사람이 바에서 음료를 마시며 말했다. "직원들이 암호를 바꾸도록 만들어야 했는데, 너무 말을 듣지 않아 결국 임원의 힘을 빌려야 했어요. 엉성하고 허점투성이면서도, 가장 좋은 방법을 따르지 않죠. 결국 문제가 생기면 그 사람을 데려다 혼내주고 싶어져요." 씁쓸한 어조로 보아 그는 염세주의자가 분명했다.

정보보안 분야 프로그래머인 크리스티안 터너스_{Christian Ternus}가 그의 책에서 "다른 사람들에게 우리는 바보일 뿐이에요"라고 썼듯이, 보안 전문가와 일반인들 사이에는 큰 괴리가 있는 듯하다.[38]

그러나 정보보안 분야 종사자는 과대망상적인 사람이 될 필요가 있다. 실제로 돈을 노리고 시스템에 침투하려고 작업하는 나쁜 해커들이 있기 때문이다. 온라인을 통해 악성 소프트웨어를 사거나 빌리는 일이 점점 쉬워지면서 돈을 노리는 사이버범죄가 주목할 만큼 증가하고 있다.

2017년 워너크라이WannaCry 악성 소프트웨어 사례에서 보듯, 사이버 공격의 대가는 엄청날 수 있다. 워너크라이는 일종의 랜섬웨어로, 일단 컴퓨터가 감염되면 모든 파일이 암호화되어 사용자는 그 어떤 파일도 읽고 쓰거나 혹은 사용할 수 없다. 그리고 깔끔해 보이는 작은 글상자가 나타나는데, 거기에는 "당신의 모든 파일을 안전하고 쉽게 복구할 수 있습니다. 그러나 시간이 많지는 않습니다…"라고 쓰여 있다. 영어 문장을 중국인으로 의심되는 사람이 읽어서 그런지 부자연스럽게 들리지만, 적어도 내용은 번지르르하다. 오늘날 랜섬웨어는 가능한 전문적으로 보이고 싶어 한다. 심지어 상담원을 두고 피해자들에게 지불 보상금으로 가장 많이 사용되는 비트코인을 어떻게 구할 수 있는지 가르쳐주기까지 한다. 한 술 더 떠서 실리콘밸리 스타트업의 세련된 일처리 방식을 흉내 내며 "저희는 결코 야박하지 않습니다. 현재 재정상황이 좋지 않아 6개월 이내에 돈을 낼 수 없는 사람들을 위한 무료 이벤트도 있습니다" 같은 우호적인 정책을 사용하기도 한다.[39]

워너크라이는 러시아, 우크라이나, 인도 등에 특히 큰 피해를 입혔다. 150개가 넘는 나라에서 약 20만 대의 컴퓨터를 망가뜨려 막대한 피해를 초래했다. 아마도 워너크라이가 일으킨 혼란을 가장 크게 겪은 곳은 각종 컴퓨터, MRI 촬영장치, 혈액 보관 냉장고들이 피해를 본 영국 국민건강보험 병원들일 것이다. 병원 직원들이 컴퓨터 대신 펜과 종이를 사용하면서 수천 건의 수술과 예약이 연기되었다. 전 세계를 기준으로 손실은 약 40억 달러에 달했다. 범인은 잡지 못했으나 수많은 보안 전문가들은 북한 소속 해커들의 소행이라고 의심한다.[40]

워너크라이 문제가 확산되던 무렵, 마커스 허친스Marcus Hutchins는 영국 시골 마을 부모님 집 자신의 침대에 앉아 워너크라이 해결 방법을 고민했다. 그는 LA의 사이버보안 회사인 크립토스 로직 Kryptos Logic의 보안 연구가였다. 전문분야는 악성 소프트웨어를 역설계해 구조와 작동 원리를 파악하는 것이었다. 곱슬머리로 온화한 성격의 허친스는 모든 워너크라이가 실제로 존재하지 않는 웹주소인 'iuqerfsodp9ifjaposdfjhgosurijfaewrwergwea.com'에 계속 신호를 보내려 한다는 사실을 발견했다. 왜일까? 확신할 수는 없었지만 그 웹 주소를 등록하고 웹사이트를 만들면, 모든 워너크라이가 해당 웹사이트에 접속하려 할 것이라고 예상했다. 그렇게만 되면 확산된 워너크라이의 개수가 몇 개인지, 어느 곳에 퍼져 있는지 알 수 있었다. 그래서 그는 웹 주소 등록 서비스를 방문해 약 11달러를 내고 'iuqerfsodp9ifjaposdfjhgosurijfaewrwergwea.com'을 등록했다.

허친스의 예상이 적중했다. 아니, 좀 더 정확히 말해 기대 이상이었다. 웹 주소를 등록하자 워너크라이는 즉시 작동을 멈추었다.

허친스가 등록한 웹 주소가 '킬 스위치' 역할을 한다는 것이 밝혀졌다. 웹 주소를 등록하자마자 모든 워너크라이가 작동을 멈추었

은밀한 설계자들

다. "불과 몇 분 만에 문제가 해결되었어요." 그는 문제해결 속도가 너무 빨라서 놀랐다며 내게 말했다. 아마도 악성 소프트웨어 제작자들은 자신들이 랜섬웨어 악성 소프트웨어를 통제할 수 없는 상황을 대비해 '킬 스위치'를 악성 소프트웨어에 포함시킨 것 같다. "한마디로 자기가 싸지른 똥이 자기에게 튈 경우를 대비하는 거죠." 허친스가 비꼬며 말했다. 운이 좋았다고 생각할 수도 있겠지만, 어쨌든 허친스는 엄청난 피해를 막아냈다. 허친스 덕분에 수많은 미국인이 컴퓨터를 켜고 일을 시작하기 전에 워너크라이가 중단되었고, 수십억 달러의 피해를 막을 수 있었다.

얼마 지나지 않아 허친스는 '우연히' 세계를 구한 의로운 해커로 신문에 도배되며 세계적인 유명 인사가 되었다. 갑작스러운 일이었다. 그는 겨우 10년 전 12세부터 독학으로 프로그래밍을 공부했다. 악성 소프트웨어에 흥미가 있었으며, 특히 봇넷botnet에 흥미가 많았다. 기계어에 가까운 저수준 프로그래밍 언어인 어셈블리 언어에 익숙해진 이후에는 악성 소프트웨어만 보면 분석에 매달렸으며, 자신의 개인 블로그에 분석 결과를 상세히 정리해 기록했다. 그는 미국의 NSA에 해당하는 영국 정부기관에 들어가려고 했으나, 그의 블로그를 보고 연락한 '크립토스 로직' CEO의 제안을 받고 그곳에 입사했다. 이런 사실은 정보보안 분야에서 뛰어난 인재를 구하기 위한 경쟁이 얼마나 치열한지 잘 보여준다.[41]

그의 이야기에 따르면 몇몇 재능 있는 올바른 악성 소프트웨어 전문가들은 무료 소프트웨어를 얻는 법부터 배우면서 기술을 익힌다. "진정한 역설계 엔지니어들은 실전에서 나오는 법이에요." 그는 비디오 게임이나 포토샵 같은 소프트웨어를 무료로 사용할 수 있도록 DRM을 해제시키고 온라인에 무료로 배포한 사람들을 예로 들며 말했다. "라이선싱 알고리즘이 어떻게 작동하는지 이해하고 우회할 수 있는 프로그램을 개발해내죠. 이런 기술을 갖춘 사람들은 악성 소프트웨어 또한 쉽게 분석할 수 있어요."

　지난 몇 년간 많은 사람들을 만나 이야기를 나누면서, 정보보호 분야에서 일하는 수많은 사람들이 선과 악이 애매하게 뒤섞인 회색지대에 어떤 식으로든 관여하고 있다는 사실을 발견했다. 호기심 많은 10대 학생들은 악성 소프트웨어 사이트를 방문해 악성 소프트웨어를 다운로드 하거나 직접 사용해보았으며, 수정하기도 하고 때론 직접 만들기도 했다. 돈을 벌 목적일 수도 있고 혹은 악성 소프트웨어 학회에 참석해 자신의 놀라운 실력을 자랑하려는 목적일 수도 있다. 어느 쪽이든 이것은 그들이 악성 소프트웨어를 배운 방법이다. 어두운 면을 포함해 악성 소프트웨어의 특성을 속속들이 배우는 끔찍한 방법 중 하나는 직접 참여하는 것이다. 나는 2000년대 중반 바이러스 같은 악성 소프트웨어를 작성한 사람들을 인터뷰하며 유럽을 돌아다녔다. 내가 만났던 사람들 중 상당수가, 똑똑하지만 작은 도시에 살다 보니 지루해 미칠 것 같은 모습의 10대 학생들이었다. 이들에게 친구는 로그인 아이디 밖에 알지 못하는 기술 토론회 모임 사람들이 전부였다. 그들은 새로운 프로그램을 만들면 게시판을 통해 서로 공유했다. 뿐만 아니라, 종종 그 프로그램을 사용해 버그를 찾아낸 뒤, 마이크로소프트 같은 기술 기업들에게 찾아낸 버그를 알려줘 패치 파일을 만들 수 있도록 했다. 분명 이들은 악의도 없고 악성 소프트웨어를 퍼뜨리지도 않았다. 그러나 이들은 직접 만든 소프트웨어를 다른 사람과 공유하기를 좋아하기 때문에, 누군가가 이들의 의도와 상관없는 다른 목적으로 소프트웨어를 얼마든지 이용할 수도 있었다.

오늘날 지루한 삶에 싫증난 똑똑한 10대 청소년들은 돈을 벌 목적으로 팔거나 빌려줄 수 있는 악성 소프트웨어를 개발할 수도 있다. 악성 소프트웨어 전문 웹사이트를 방문해보면, 판매용으로 제작된 수많은 '피싱 사기용 키트'를 볼 수 있다. 이 키트들을 사용하면, 예를 들어 피싱 사기 대상자에게 보낼 가짜 인스타그램 암호 리셋 링크를 만들 수 있다. 사기 대상자가 링크를 클릭하는 순간, 악성 소프트웨어는 대상자 컴퓨터의 이메일과 문서를 조용히 모아 공격자에게 보내준다.[42] 이런 피싱 사기 가운데 최고는 스피어 피싱Spear phishing이다. 스피어 피싱 공격자는 잘 알고 지내는 친구가 보낸 것으로 가장한 피싱 이메일을 사기 대상자에게 보낸다. 보안 회사 시만텍Symantec의 분석에 따르면, 피싱 공격 중 약 3/4이 스피어 피싱 공격을 한다.[43] 랜섬웨어 악성 소프트웨어도 마찬가지로 수백 달러만 내면 암거래 웹사이트에서 구할 수 있다. 이런 악성 소프트웨어는 소규모 회사의 컴퓨터를 감염시키거나, 2017년 기준으로 1건당 약 500달러 정도를 요구하는 수준으로 대개 소규모 범죄에 사용된다. 조잡한 암호 설정 혹은 이마저도 없어 보안 기능이 매우 취약한 온도조절기, 냉장고, 커피포트 등과 같은 스마트홈 기기가 폭발적으로 증가하면서 봇넷을 이용한 공격 또한 점점 쉬워지고 있다.

매우 빠른 속도로 확산된 미라이Mirai 봇넷이 대표적이다. 미라이 봇넷은 당시 20세였던 럿거스 대학교Rutgers University 컴퓨터 과학과 출신 파라스 자Paras Jha를 포함해 3명의 젊은 프로그래머가 만들었다. 이들은 게임 〈마인크래프트Minecraft〉의 광팬으로 수천 개의 사물인터넷 기기를 감염시켜 미라이를 만든 후, 감염된 인터넷 기기들로 〈마인크래프트〉 서버들을 공격하거나 마피아처럼 보호해준다는 명목으로 서버 소유자들에게 돈을 요구해 빼앗았다. 이들은 가짜로 링크를 클릭할 수 있는 봇팜Bot farm을 빌려주기도 했다. 예를 들어 웹사이트 소유주가 하루 1,000달러를 내면, 자신들이 제어하는 장치를 사용해 웹사이트 안에 있는 페이지 링크나 광고를 클릭해주었다. 웹사이트 소유주는 자신들의 광고가 대박 났다고 착각한 광고주로부터 큰돈을 받을 수 있었다. 이들은 가짜 클릭 비즈니스로 18만 달러를 벌었다. 또한 이들은 봇넷을 이용해 자신들이 싫어하는 사람의 웹사이트에 엄청난 양의 트래픽을 유발하는 공격을 가했다.

포럼 게시물들로 미루어보아, 파라스 자는 자신의 프로그래밍 실력을 뽐내는 변덕스러운 허무주의자처럼 보였다. 파라스 자가 공격했던 웹사이트 운영자가 그의 디지털 공격이 자신의 현실세계에 영향을 주었다고 말했다. 그러자 파라스 자는 냉소적인 목소리로 "사실, 나는 다른 사람들을 배려한다는 생각 따위는 잊은 지 오래라 별 관심이 가지 않는군"이라고 대꾸했다. 그는 "내 인생을 돌이켜보면 언제나 누군가에게 엿 먹임을 당하거나 누군가를 엿 먹였다"라는 글을 남기기도 했다. 결국 파라스 자는 체포되었다. 악

은밀한 설계자들

성 소프트웨어의 세계를 조사해온 유명 기자 브라이언 크랩스Brian Krebs는 파라스 자의 정체를 파악하기 위해 몇 달간 끈질기게 그를 추적했다(모든 악성 소프트웨어 제작자들과 마찬가지로 파라스 자 또한 자신의 신분을 철저히 감추고 있었다). 파라스 자와 그의 동료들은 체포된 후 5년간의 보호관찰과 약 63주의 사회봉사형을 선고 받았다. 그런데 재판기록에 따르면 이미 그들은 범죄를 멈추고 사이버범죄나 사이버보안과 관련해 FBI를 돕기 시작한 상태였다. 이런 사실만 봐도 선한 해킹과 악한 해킹의 경계에는 선과 악을 구별하기 힘든 회색지대가 분명 존재한다.[44]

허친스 또한 회색지대에 살고 있었다는 의혹을 받았다. 워너크라이 문제를 해결한 후, 그는 선한 보안 전문 해커로 사람들의 열렬한 환영을 받았다. 그는 내친김에 생애 처음으로 데프콘에 참석하고자 라스베이거스에 갔다. 그곳에서 그는 "와우! 이게 누구야? 워너크라이 공격에서 세계를 구한 영웅이잖아!"라고 말하며 함께 사진을 찍으려고 몰려드는 사람들에게 둘러싸여 지냈다. 그러나 허친스가 영국으로 돌아가기 위해 공항에 갔을 때, 그는 악성 소프트웨어 제작 혐의로 체포되었다. 며칠 전 대배심에서 상세한 은행 정보를 빼내어가는 악성 소프트웨어 크로노스Kronos의 제작 및 판매 혐의로 그를 기소했기 때문이었다. 법을 집행하는 경찰이 다른 한쪽에서는 범죄 계획을 만들어 실행한 죄로 체포된 것과 비슷한 충격적인 일이었다.

허친스가 보석금을 내고 풀려나자, 정보보안 분야는 여러 가지 말들로 시끄러워졌다. 몇몇 사람은 그가 죄를 지었다고 주장했다.

보안 관련 기자인 크랩스는 규모도 작고 그리 성공적이지도 못했지만 허친스가 10대 시절부터 악성 소프트웨어를 판매해왔다고 증거를 들어 주장했다. 다른 한편에서는 "이봐, 아무리 선한 해커라도 10대 시절 악성 소프트웨어 안 건드려 본 사람이 어디 있겠어? 사실 우리 모두 그렇게 실력을 쌓은 거잖아"라고 말하며 그를 변호했다.[45] 허친스는 크로노스 제작 및 판매 혐의를 부인했다. 그리고 내가 이 책을 쓰고 있는 지금 이 순간에도 재판은 아직 시작되지도 않았다.

허친스는 쓴 웃음을 지으며 지루함을 참지 못하는 10대가 혼란의 원인이 될 수 있다는 사실에 동의했다. "악성 소프트웨어는 지루함에 빠진 10대의 짓이거나 조직적인 사이버범죄, 둘 중 하나예요. 중간은 없어요." 그가 웃으며 말했다.

봇넷을 실행하고 악성 소프트웨어를 작성한 10대들이 언제나 악성 소프트웨어로 인한 모든 혼란들을 야기한 유명한 사이버범죄자인 것은 아니다. 최근의 진짜 거물은 온라인에서 함께 협력해 광범위한 악성 소프트웨어를 개발하는 그룹들이다. 이들 가운데 일부는 에브게니 미카일로비치 보가체프Evgeniy Mikhailovich Bogachev처럼 오직 돈만 보고 일한다. 그는 은행을 공격 대상으로 삼아 봇넷을 제작한 러시아 프로그래머로, 약 1억 달러의 수익을 올렸다. 그는 현재 FBI 1순위 지명수배자 중 한 명이다.

그러나 보가체프는 현재 러시아의 아나파Anapa에서 그 지역 경찰의 보호를 받으며 자유롭게 살고 있다. 러시아 정부가 사이버범죄법을 선택적으로 집행하기 때문에 가능한 일이었다. 러시아는 악성 사이버범죄가 러시아 사람을 대상으로 하지 않는 한 묵인했다. 다시 말해 악성 소프트웨어 제작자가 봇넷을 만들어 러시아가 아닌 다른 나라의 수많은 정부 컴퓨터를 감염시킨다면, 러시아 입장에서는 귀중한 정보 자산이 생긴 것이다. 어쩌면 러시아 정부가 사이버 범죄자에게 "이봐, 우리에게 협조한다면, 체포될 걱정은 하지 않아도 돼"라고 말했을 수도 있다. 러시아뿐만 아니라 다른 나라들도 이런 방식으로 귀중한 해킹 자산을 확보할 수 있다. 정보보호 분야의 선한 해커들이 보가체프의 봇넷에 감염된 컴퓨터를 찾아 확인했을 때, 해당 봇넷이 '일급비밀'과 같은 단어가 들어 있는 파일들을 컴퓨터에서 찾아 러시아 크렘린으로 보내는 것을 발견했다. 이런 사실로 미루어보아 보가체프도 러시아의 보호를 받는 것 같다.

정보보안 분야 전문가의 말에 따르면 오늘날 대다수 사이버범죄는 사실상 '정보 수집'을 목적으로 한다. 여러분의 컴퓨터에 누군가 몰래 침입했다면 돈을 훔치거나, 데이터를 망가뜨리거나, 혹은 랜섬웨어를 설치할 목적으로 침입한 경우는 거의 없다. 오히려 몰래 정보를 빼가려고 하는 것이다. 즉, 회사 컴퓨터에 침입했다면 기업 비밀이나 계획이 담긴 이메일이나 문서를 빼가려 하고, 정부 컴퓨터에 침입했다면 자신들에게 도움이 될 만한 정부 비밀 정보가 담긴 파일을 빼가려 한다.[46]

이는 사실상 스파이 기술로, 사이버범죄는 점점 더 국가 이익과 연결되고 있다.

오늘날 대형 사이버범죄 집단들이 정부기관이나 정보기관에 의해 직접 운영되지 않을지라도, 적어도 연결돼 일하는 것처럼 보이는 경우가 자주 있다. 존 포데스타John Podesta(빌 클린턴 전 대통령의 수석보좌관이자, 버락 오바마 전 대통령의 보좌관을 역임했던 정치 컨설턴트—옮긴이)가 피싱인지도 모르고 링크를 클릭한 덕분에 러시아 해킹 집단인 팬시 베어Fancy Bear는 민주당 전국 위원회 컴퓨터 시스템에 들어가 이메일을 볼 수 있었다.[47] 중국 정부의 지원을 받은 해커들은 미국 기업이나 정부기관에 침투하려고 노력하며, 미국 국방부는 매일 3,600만 개의 피싱 공격을 차단한다.[48] 그리고 모든 독재국가에는 정부 후원으로 운영되는 해커들이 반체제 인사들의 컴퓨터에 스파이웨어를 설치해 시민 사회 그룹이나 자유주의 그룹들을 공격한다. 예를 들어 시티즌랩Citizen Lab(캐나다 토론토 대학교 산하 연구소—옮긴이)에서는 광범위한 스파이웨어가 티베트 독립 운동가나 자유주의자들을 공격한다는 사실을 발견했다.[49] 미국도 예외는 아니어서, 정부가 고용한 수많은 해커들을 이용해 악성 소프트웨어나 다른 나라를 공격할 때 사용할 코드를 개발한다. 실제로 워너크라이 제작에 사용된 일부 코드는 원래 NSA에서 만든 것이었다. 아마도 다른 나라를 공격하기 위해 사용할 계획이었겠지만, NSA가 해킹당하며 유출되었다.[50]

디지털 세상에서 정부는 점점 더 국민 개개인이 온라인에서 하는 모든 일을 감시하고, 알고자 한다. 이는 시민들에게 막대한 영향을 끼칠 수 있으며, 큰 문제를 야기할 수도 있다. 그런 영역에서 활동하는 해커라면 법을 어긴다 해도 이상할 것이 없다. 사이퍼펑크들은 분명 과대망상자들이다. 그러나 우리 역시 그래야만 한다.

9장

인공지능은 정말 인간을 대신할 수 있을까?

그것은 고대 중국 보드게임인 바둑에서 시작해 오이로 끝났다.

영화 〈터미네이터〉에 등장하는 인공지능 스카이넷이 인간을 공격했듯, 인공지능이 인간을 완전히 혼란스럽게 만드는 순간이 2015년 가을에 일어났다. 주인공은 구글 왕국의 자회사 딥마인드 DeepMind가 설계한 소프트웨어 '알파고AlphaGo'였다. 알파고는 오랜 역사를 가진 위대한 게임인 바둑을 둘 수 있는 소프트웨어였다. 딥마인드는 알파고를 평가하기 위해 유럽 바둑 챔피언인 판후이Fan Hui와 시합을 벌였고, 알파고가 판후이에게 5전 전승으로 승리했을 만큼 그 결과는 일방적이었다. 그리고 몇 달 후, 더 놀라운 일이 벌어졌다. 알파고는 판후이보다 실력이 월등히 높은 바둑 고수 이세돌과 시합을 벌여 그를 압도한 끝에 종합 전적 4승 1패로 다시 승리했다.[1]

알파고가 뛰어난 바둑 실력을 갖춘 이유 중 하나는 최근 사람들의 높은 관심을 받고 있는 새로운 신경망 기술인 딥러닝을 사용했기 때문이다. 컴퓨터는 수백만 개의 바둑 게임을 분석해 자신만의 게임 방법 모델을 만든다. 반면에 알파고는 바둑돌이 놓인 바둑판 사진을 입력받으면 전통적인 '몬테카를로 알고리즘Monte Carlo

Algorism(무작위로 숫자를 반복 발생해 답을 구하는 방법 — 옮긴이)'을 함께 사용해 그다음 수를 계산했다. 알파고 이전의 바둑 인공지능 알고리즘은 그리 지능적이지 못했다. 바둑 게임 제작자들은 가능한 다음 수들에 순위를 매기고, 가장 높은 순위의 수를 두도록 만들었다. 그러나 이런 전통적인 프로그래밍 방법은 바둑에서 그리 효과적이지 못했다. 체스가 단순해 보일 만큼 바둑의 경우의 수가 더 많았기 때문이다. 바둑에서 경우의 수는 우주에 있는 모든 원자 수를 합친 것보다 많다.[2]

알파고 제작자는 전통적인 방법을 선택하지 않았으며, 이전 선배 프로그래머들처럼 논리 규칙을 만들며 시간을 보내지도 않았다. 대신 딥러닝을 사용해 알파고가 기존 바둑 게임에 나오는 3,000만 개의 수를 분석해 매우 정교한 게임 모델을 만들도록 했다.[3] 이 모델은 매우 복잡하고 난해해서 제작자 스스로도 작동 원리나 방법을 정확히 설명할 수 없었다.

그러나 새로운 모델은 잘 작동했다. 알파고는 기존 알고리즘과는 사뭇 다르게 움직였지만 바둑 게임의 달인 같은 실력을 보여주었다. 알파고는 종종 어떤 사람도 둔 적 없는 엉뚱한 수를 두곤 했다. 〈와이어드〉에서도 기사로 다루었듯이, 이세돌과의 두 번째 대국에서 알파고가 둔 37수는 대국을 지켜보던 바둑 전문가들을 당황하게 만들었다. 알파고는 갑자기 다른 부분에 바둑돌을 놓으며 자신의 바둑돌이 잔뜩 모여 있는 한 부분을 포기했다.

"정말 놀라운 수였어요." 게임을 지켜본 바둑 전문가가 말했다. "처음에 저는 실수라고 생각했어요." 다른 사람이 덧붙여 말했다.

처음에는 도무지 이해되지 않았던 그 수는, 곰곰이 생각해보면 어느 순간 이해되며, '오 마이 갓. 이런 환상적인 수가 있었다니!'라는 감탄이 절로 새나오게 만들었다. 불과 몇 달 전에 알파고에게 패배했던 판후이도 대국을 지켜보며, "너무 아름답군!"이라고 감탄했다. 그에 따르면 37수는 사람과 사람 사이의 게임에서는 전혀 볼 수 없었던 수였다. 알파고가 37수를 두자 이세돌은 충격을 받은 듯 보였고, 자리에서 일어나 방을 나가 15분간 돌아오지 않았다. 대국에서 진 이세돌은 다음 날 알파고가 둔 37수에 정말 당황했었다고 솔직하게 말했다. "어제는 정말 놀랐어요. 하지만 지금 당장 할 이야기는 없습니다." 곧 신문과 웹사이트는 알파고에 관한 이야기로 도배되었다.[4]

새로운 첨단 기술인 딥러닝에 대한 사람들의 관심이 점점 높아지고 있다. 게다가 일반 프로그래머도 손쉽게 해볼 수 있을 만큼 프로그래밍 난이도도 점점 낮아지고 있다.

이것은 구글이 알파고를 세상에 공개하면서 동시에 텐서플로 TensorFlow라는 소프트웨어를 무료로 공개했기 때문이다. 사람들은 텐서플로를 사용해 자신만의 신경망 모델을 좀 더 손쉽게 만들 수 있다. 예를 들어 여러분이 회사 직원을 알아보고 직원에게만 문을 열어주는 시스템을 개발한다고 가정하자. 회사 직원 개개인의 다양한 표정이 담긴 많은 사진을 확보할 수만 있다면, 텐서플로를 사용해 신경망이 회사 직원 개개인을 인식할 수 있도록 훈련시키고, 현관 웹캠과 신경망을 연결해 안면인식 시스템을 작동시킬 수 있다. 실제로 구글이 텐서플로를 공개하고 몇 달 지나지 않아, 세계

곳곳의 프로그래머들이 텐서플로를 다운로드 받아 이런저런 작업을 시험 삼아 해보기 시작했다.[5]

37세의 일본 컴퓨터 엔지니어 마코토 코이케Makoto Koike도 그런 프로그래머 가운데 한 명이었다. 그는 수년간 일본 자동차 산업 분야용 소프트웨어를 개발해왔다. 그러다 일본 남쪽 해안 도시인 코사이Kosai에서 농사를 짓던 부모님이 점점 나이를 먹어 농사일을 힘들어하자, 부모님을 돕기 위해 고향에 돌아왔다.

그의 형들 역시 부모님과 오이 농사를 지었다. 일본 소비자들은 곧고, 색이 선명하며, 표면에 가시가 많은 오이를 최고로 쳤다. 코이케의 어머니는 하루에 많으면 8시간씩 오이를 수확해 상품성에 따라 분류했다. 최상품은 도매상에 팔고, 나머지는 지역 채소 가게에 팔았다. 그녀는 오이를 무려 9가지 종류로 구분했는데, 이는 깜짝 놀랄 만큼 어려웠다. 덕분에 정확한 분류법을 배우는 데 몇 주씩이나 걸렸다. "한창 바쁠 때는 시간제 일꾼도 구할 수 없어요. 게다가 오이 분류는 쉬운 일이 아니어서 저도 최근에야 배울 수 있었죠." 코이케는 자신의 생각을 말했다.[6]

당시 코이케는 알파고를 알고 있었으며, 딥러닝에도 관심이 있었다. 그는 '와우! 기계학습은 정말 빠르게 발전하고 있구나'라고 생각했다. 때마침 텐서플로에 대해 알게 되면서 한 가지 생각이 머리를 스쳐지나갔다.

'오이를 분류할 수 있는 인공지능 기계를 만들 수 있지 않을까?'

이를 위해 첫 번째 할 일은 수천 장의 다양한 오이 사진을 구하는 일이었다. 그는 굽어 휜 나쁜 오이와 늘씬하게 곧은 좋은 오이를 신경망 기반 인공지능이 구분할 수 있도록 훈련시키려면 적절한 데이터가 많이 필요하다는 사실을 잘 알고 있었다. 3일 동안 신경망을 훈련시킨 후, 방금 수확한 오이를 보여주며 나쁜 오이와 좋은 오이를 구분할 수 있는지 시험해봤다. 첫 번째 결과는 그리 만족스럽지 못했다. 그는 좀 더 나은 결과를 얻기 위해 신경망 모델 수정과 재학습을 반복했다.[7] 몇 주가 지나자 인공지능 소프트웨어는 약 80%의 정확도로 좋은 오이를 구분해냈다.

시작한 김에 끝을 보기로 결심한 코이케는 오이를 자동으로 분류할 수 있는 로봇을 만들었다. 로봇의 크기는 사무실 서류 캐비닛만 했다. 로봇 위에 오이를 놓으면 3대의 카메라가 오이의 위, 옆, 아래 방향에서 사진을 찍는다. 카메라에 찍힌 사진을 토대로 인공지능이 그룹을 정하면 오이는 컨베이어 벨트로 떨어지고 로봇 팔은 그것을 적당한 상자에 밀어 넣는다.

코이케의 부모님은 신기해하며 좋아했으나 기대만큼의 반응을 보이지는 않았다. 오이 분류의 달인이었던 그의 부모님을 만족시키기에는 분류 속도와 정확도가 부족했기 때문이다. 즉, 사람을 완전히 대신하기에는 충분하지 못했다("이 정도로는 부족해. 더 잘하게 만들 수는 없니?" 그의 어머니가 말했다). 그는 실망하지 않고 계속 노력했다. 자신이 만든 인공지능 오이 분류기에게 좀 더 해상도 높은 사진을 입력해 계속 훈련시키고, 저사양 컴퓨터 대신 초고속 클라우드 컴퓨터를 사용한다면, 어머니만큼 빠르고 정확하게 작동하는 인공지능 오이 분류기를 만들 수 있다고 생각했다. 그는 요즈음 넝쿨에 달려 있는 오이를 자동으로 인지하는 다른 종류의 신경망도 만들고 있다. "저는 자동으로 오이를 수확하는 로봇도 만들고 싶어요." 코이케는 자신이 만든 신경망이 작동하는 비디오를 보여주었다. 그가 카메라를 들고 오이밭을 따라 걸어가자 카메라와 연결된 화면을 통해 각각의 오이 주변에 빨간색 상자가 그려지는 것을 볼 수 있었다.

그는 자신이 만든 로봇이 부모님만큼 오이 수확이나 감별을 잘해서 이 일을 완전히 자동화할 수 있기를 꿈꾼다. 그렇게만 되면 농장에 큰 도움이 될 것이다. 즉, 일이 줄어들면 부모님은 아직은 컴퓨터가 할 수 없는 오이 기르기나 좀 더 신선하고 향기로운 오이 재배법을 연구할 시간이 생길 것이다.

텐서플로를 개발해 공개한 구글은 코이케의 실험 소식을 듣고 그에게 연락했다. 코이케는 구글을 만나 "저는 농부들이 맛있는 야채를 키우는 일에 좀 더 많은 시간을 쓰게 되기를 원해요"라고 말했다. 또한 "부모님에게서 농사일을 물려받기 전에 인공지능 오이 분류기를 완성하고 싶군요"라고 덧붙여 말했다.

프로그래머들은 오랜 세월 반복적인 '행동'을 효율적으로 하기 위해 컴퓨터 프로그래밍을 해왔다. 이제 그들은 판단과 같은 반복적인 '생각'도 컴퓨터 프로그래밍으로 자동화한다.

프로그래머라면 누구나 사람처럼 작동하는 소프트웨어를 만들고 싶어 한다. 그러나 겉보기에 생명체와 비슷하게 작동하는, 좀 더 나아가 생각이 필요한 일을 처리할 수 있는 기계를 연구할 때, 자연스럽게 여러 가지 질문이 떠오른다. '흠, 컴퓨터도 사람처럼 학습할 수 있을까?', '마치 어린아이처럼 우리가 알려주는 새로운 지식을 스스로 배울 수 있는 인공지능 소프트웨어나 기계를 만들 수 있을까?', '사람의 말을 이해할 수 있을까?', '사람의 뇌가 컴퓨터처럼 작동할까?', '사람의 생각과 언어가 단순히 수많은 'if-then(~라면 ~을 한다)' 구문으로 이루어졌을까?'

1956년 여름 세계 최고의 컴퓨터 전문가들은 인공지능, 즉 '사람처럼 생각하는 컴퓨터'를 함께 모여 연구해보기로 결정했다. 10여 명 이상이 다트머스 대학교에 모여 그들이 선택한 '인공지능'이라는 용어를 정의하고 이해하려했다. 그들은 모임 취지서에 '기계가 사람처럼 이야기하고, 추상화와 개념을 형성하며, 사람만이 할 수 있다고 생각하는 여러 가지 문제를 풀고, 스스로 발전할 수 있는 방법을 찾는다'와 같은 자신만만한 계획과 목적을 적었다. "최고의 전문가들이 여름 내내 함께 모여 연구하면, 여러 인공지능 문제 가운데 적어도 한두 개, 아니 그보다 많은 문제에서 상당한 진전을 볼 수 있지 않을까 기대했습니다."

그들이 도전한 인공지능 문제는 상상조차 되지 않을 만큼 정말 어려웠다. 인공지능 분야 천재들이 한 자리에 모여 함께 일했음에도 불구하고 전혀 진전이 없었다. 이후 몇 년 동안, 프로그래머들은 '사람처럼 생각하는 컴퓨터'를 만들겠다며 다트머스에 함께 모여 연구했던 컴퓨터 과학자들이 문제를 너무 쉽게 생각했음을 깨달았다.[8]

문제해결의 어려움에는 여러 이유가 있었다. 그중 하나만 이야기하자면, 뚜렷하고 정확하게 정의된 규칙에 따라 작동하는 일에는 컴퓨터가 매우 적합했던 반면, 사람의 생각하는 방식은 규칙화하기에 지나치게 복잡하다는 것이었다. '도대체 왜 어렵지?'라고 생각하는 사람들을 위해 다음과 같은 상황을 떠올려 보자. 컴퓨터가 사람의 말을 듣고 반응하게 만들어야 하는 상황이다. 사람과 대화하는 챗봇을 만드는 것은 단순하게 말하면, 사람이 챗봇에게 할 가능성 있는 모든 말에 적당한 대답을 할 수 있도록 프로그래밍하는 것이다. 예를 들어 누군가 '안녕하세요'라고 입력하면, 챗봇은 프로그래머가 미리 대답으로 입력해둔 '안녕!' 혹은 '어떻게 지내세요?' 같은 답변 중 하나를 골라 대답하는 방식으로 작동한다. 오늘날 거의 모든 챗봇이 이렇게 작동한다. 문제점을 알겠는가? 이런 단순 무식한 방법을 사용하면 챗봇 프로그래머는 사용자가 챗봇에게 입력할 가능성이 있는 수많은 질문을 미리 알고 있어야 한다. 예를 들어 누군가 '하이루'라고 입력했다고 가정하자. 프로그래머가 '하이루'가 '안녕'과 비슷한 뜻이라는 사실을 챗봇 프로그램에 프로그래밍하지 않았다면, 챗봇은 적절한 답을 찾지 못한 채 작동을 멈춘다. 챗봇 프로그래머는 챗봇이 사용자의 말을 좀 더 잘 이해하도록 질문들의 문법 구조를 잘 이해하게 만들고 수천 가지의 답변을 미리 준비할 수 있다. 그러나 이는 깊은 숲속에서 숲을 보지 못한 채 나무만 보고 헤매는 것과 같으며, 온라인 쇼핑몰의 챗봇들이 금방 고장 나거나 별 쓸모없어지는 이유기도 하다.[9]

이런 방식으로 인공지능을 구현하겠다는 생각은 무모하다. 제퍼디Jeopardy 퀴즈쇼에서 우승한 왓슨Watson 컴퓨터의 제작팀을 이끌었던 컴퓨터 과학자 데이브 페루치Dave Ferrucci가 말했듯이, 이런 식

은밀한 설계자들

의 접근은 "백사장의 모래 숫자를 일일이 세어 개수를 알아내겠다"와 같다.[10] 컴퓨터 프로그램은 프로그래머가 전혀 예상하지 못했던 일을 사용자가 하는 '희귀 상황'에서 오작동한다. 그런데 사람과의 대화는 이런 '희귀 상황'이 가득하다.

학습 문제는 훨씬 어렵다. 사용자의 질문에 잘 대답할 수 있는 챗봇을 만들었다 하더라도, 어떻게 스스로 학습할 수 있도록 만들 수 있을까? 만약 사용자가 챗봇에게 "그리스 경제가 유로 때문에 엉망진창이 되고 있다"고 말한다면, 인공지능 챗봇은 그 말을 얼마나 정확하게 이해할까? 예시로 든 문장에는 상당히 많은 양의 함축된 지식이 들어 있다. 이 문장의 의미를 이해하려면 '그리스가 국가라는 사실', '유로는 그리스가 채택해 사용하고 있는 화폐라는 사실', '화폐가 한 나라의 경제에 큰 영향을 끼친다는 사실' 등을 알고 있어야 한다. 실제로는 '국가, 경제, 엉망진창' 등의 뜻과 같은 좀 더 기초적인 사실도 알고 있어야 한다. 이는 일종의 상식으로 사람들은 자라는 동안 학교에서 조금씩 배워왔으며, 사람들이 세상과 소통하기 위해서는 매우 많은 양의 상식이 필요하다.

이런 이유로 스스로 학습할 수 있는 인공지능에 대한 환상은 빠르게 사라졌다. 컴퓨터 과학자들과 투자자들은 과대광고에 현혹돼 속았다고 느꼈으며, 인공지능 연구에 대한 관심이 급격히 식어버린 '인공지능 겨울AI winter'이 시작되었다. 인공지능은 자칫 바보가 될 수 있는 위험한 분야였다. 실제로 1960년대부터 2000년대까지, 인공지능 분야에는 과대광고 같은 '여름'의 시기가 여러 차례 있었다. 그 시기마다 사람들은 새로운 기술에 열광했고, 투자금은 홍수처럼 쏟아져 들어왔다. 그러나 결국 기대만 컸을 뿐 결과물은 별 볼일 없다는 사실에 다시 '인공지능 겨울'이 시작되었다.

엄청난 기술이 사용되지도 않았고 매우 단순하지만 안정적으로 작동하며 수익을 낼 수 있는 인공지능 기술들도 있었는데, 그중 하나가 '전문가 시스템'이었다. 전문가 시스템은 특정 분야에서 특정한 의사결정을 자동화할 수 있도록 설계된 프로그램이었다. 은행은 담보를 제공하고 돈을 빌리려는 고객의 요청을 은행원들이 승인할지 하지 않을지를 빠르게 결정하는 데 쓸 수 있는 도구가 필요했다. 이에 프로그래머들은 담보대출 담당자들과 만나 담보대출 승인 평가 시 고려해야 하는 전문 지식을 배웠다. 또한 여러 해에 걸쳐 얻어진 담보대출 관련 통계를 분석해, 어떤 유형의 채무자가 돈을 성실히 갚는지 판단하는 데 도움이 될 만한 정보를 얻었다. 프로그래머들은 이렇게 얻어진 모든 전문 지식을 옛날 방식의 프로그래밍 기법이기는 하지만 나름 유용한 'if-then' 구문으로 프로그래밍했다. 예를 들어 '담보대출 신청자의 나이가 많으면, 높은 신용점수를 부과한다.' 혹은 '안정적인 고정수입이 있으면, 대출을 승인한다' 같은 방식이었다. 전문가 시스템은 새로운 지식을 학습할 수도 없으며, 철학자 칸트Kant의 철학을 곰곰이 생각할 능력도 없고, 사람과 대화할 수도 없다. 전문가 시스템은 가장 제한된 의미의 인공지능 기술이었다.

컴퓨터 성능이 점점 강력해지고, 덕분에 대용량 데이터 처리비용이 점점 낮아지면서, 일부 프로그래머들은 '빅데이터' 통계 처리 전문가들이 되었다. 컴퓨터는 거대한 양의 정보를 샅샅이 살펴 사

은밀한 설계자들

람의 능력으로는 알아차리기 힘든 유용한 동향을 찾아낸다. 이를 '기계학습'이라 한다. 물론 기계학습이라고 해서 영화 〈터미네이터〉에 나오는 스카이넷처럼 배울 수 있는 것은 아니다. 기계학습을 통해 새로운 지식을 로봇의 두뇌에 주입할 수도 없다. 그저 미처 알지 못했던 새로운 동향을 찾아내 배우는 것이다.

이런 기계학습은 때론 매우 놀라운 예측 결과를 내놓기도 한다. 나는 2003년에 바르셀로나의 어느 첨단 기술 업체를 방문한 적이 있다. 이 회사는 수백만 개의 팝송을 분석해 '분당 비트수', '단조와 장조' 등의 주요 특징별로 분류했다. 그다음에는 기계학습 알고리즘을 사용해 히트곡들을 분석·분류해 히트곡 예측 기계를 만들었다. 신곡을 입력하면 기계는 신곡이 기존의 히트곡과 수학적으로 비슷한지 판단한다.

결과는? 믿기지 않을 만큼 잘 작동했다. 이 기계는 당시 거의 알려지지 않았던 신인 가수 노라 존스Norah Jones의 1집 앨범을 분석해, 앨범에 수록된 거의 모든 곡이 크게 히트칠 것이라 예측해 유명해졌다.[11]

이런 기계학습에 이어 소름끼칠 만큼 인간과 비슷한 인공지능 기술이 나타났다. 아직 확신할 수는 없겠지만, 이 기술을 사용하면 컴퓨터가 인간처럼 스스로 학습할 수 있을지도 모른다.

바로 '신경망 기술'이다. 신경망 기술은 사람의 두뇌가 일하는 방식을 흉내 내어 작동한다. 신경망은 여러 개의 층layer들로 이루어져 있으며, 각 층은 여러 개의 노드Node(연결 포인트—옮긴이)로 구성돼 있다. 또한 두뇌 속 신경들이 서로 연결돼 있는 것처럼, 신경망 소프트웨어의 노드들도 서로 연결돼 있다.

사용자의 목적에 맞게 신경망을 학습시킬 수도 있다. 예를 들어 해바라기 그림을 인식할 수 있는 신경망을 만든다고 가정하자. 첫 번째 할 일은 엄청난 양의 해바라기 디지털 사진을 모으는 일이다. 신경망의 첫 번째 층은 사진을 구성하는 여러 픽셀들에 따라 작동을 시작하며, 층을 구성하는 뉴런들은 작동 결과에 따라 활성화 혹은 비활성화를 수행한다. 그리고 그 결과는 다음 층에 전달된다. 신호를 전달받은 층은 자신에게 신호를 전달한 이전 층과 동일한 방식으로 작동한다. 즉, 층을 구성하는 뉴런들은 활성화 혹은 비활성화를 수행한 후 그 결과를 다음 층에 신호로 전달한다. 이 과정은 마지막 층에 이를 때까지 반복된다. 어떤 면에서 이런 활성화 혹은 비활성화 과정은 서서히 결과를 이끌어내는 과정이라고 할 수 있다. 결론적으로 마지막 층에 도달하면 '예'와 '아니요', 즉 '해바라기입니다'와 '해바라기가 아닙니다' 중에서 한 가지 결정만 남는다.

그런데 이 기묘한 구조의 신경망이 어떻게 사진 속 픽셀이 해바라기인지 아닌지 알 수 있을까? 맨 처음에는 알 수 없다. 각각의 뉴런은 아무것도 알지 못한 채 추측할 뿐이다. 신경망은 해바라기와 비슷하다는 사실이 뜻하는 의미조차 알지 못한다. 그러나 신경망이 '예, 해바라기입니다!'와 '아뇨, 해바라기가 아닙니다!' 중에서 한 가지 값을 추측해 내놓으면, 다음 할 일은 그 추측값이 맞는지 혹은 틀리는지 확인하는 것이다. 여러분은 확인된 정보(맞았다! 혹은 틀렸다!)를 신경망에 입력하면 된다. 이 과정을 '역전파Backpropagation'라

은밀한 설계자들

부른다. 신경망 소프트웨어는 입력된 정보를 사용해 뉴런 사이에 정의된 관계값Correction을 강화시키거나 약화시킨다. 올바른 추측값을 내어놓는 데 관여한 뉴런들은 강화되고, 틀린 추측값을 내어놓는 데 관여한 뉴런들은 약화된다. 신경망에 대해 이런 학습 과정을 백 번, 천 번, 혹은 수백만 번 수행하면, 즉 충분히 많이 수행하면 신경망의 정확도는 놀랍도록 향상된다. 잘 훈련된 신경망은 해바라기 그림을 보면 '예, 해바라기입니다!'라고 답할 것이며, 교회 그림을 보면 '아뇨, 해바라기가 아닙니다!'라고 답할 것이다.

또한 신경망이 정말 잘 훈련되었다면, 이미 봤었던 해바라기 사진뿐만 아니라 처음 본 해바라기 사진을 보고도 해바라기 사진인 것을 알아차릴 수 있다. 이런 점으로 미뤄볼 때, 신경망에는 학습을 통해 추출된 해바라기의 주요 특징들이 저장된 것으로 보인다. 신경망 기술을 사용해 누릴 수 있는 가장 큰 장점 중 하나는 무수히 많은 'if-then' 구문을 사용하는 기존 프로그래밍 방법을 더 이상 사용하지 않아도 된다는 것이다. 대신 신경망에 사용된 수학 기술이 패턴매칭 능력을 결정한다.

신경망 개념은 1950년대에 처음 나왔다. 그리고 1980년대 이르러 프랑스 과학자 얀 르쿤Yann LeCun은 신경망을 이용해 손글씨를 인식할 수 있다는 사실을 보여주며, 신경망 개념을 새로운 수준으로 끌어올렸다.

그러나 1980년대 신경망 기술은 그리 실용적이지 못했다. 신경망 처리를 위해서는 소프트웨어 개발자들이 사용할 수 있는 좀 더 빠른 프로세서와 좀 더 많은 메모리가 필요했다. 더 큰 문제는 학습에 필요한 데이터 양이 너무 많았다. 예를 들어 해바라기를 인지할 수 있도록 신경망을 훈련시키려면, 이론적으로 수천 장 혹은 수백만 장의 학습용 해바라기 사진이 필요하다. 1980년대에 그 많은 데이터를 어디서 구할 수 있겠는가? 디지털 카메라는 10~20년 후에야 등장했다.

1980년대 신경망은 사람들의 관심을 끌었고, 실제로 사용되기도 했다. 은행에서는 르쿤의 연구결과를 사용해 자동으로 수표를 인식할 수 있는 신경망을 만들었다. 몇몇 음성인식 업체들에서는 신경망을 이용해 느리지만 음성을 인식하고 글로 바꿔주는 시스템을 만들었다.

그러나 대부분의 컴퓨터 과학자들은 신경망을 인공지능에 대한 헛된 기대를 품게 만드는 기술이라고 생각했다. 결국 1980년대 몇 번의 작은 성공을 거두며 사람들을 흥분시켰던 신경망 기술은 다시금 '인공지능 겨울'에 빠져 수면 아래로 가라앉았다.[12]

"많은 사람들이 인공지능 분야는 길을 잃고 헤매는 벌판 같다고 말했어요." 한스 크리스챤 부스Hans-Christian Boos가 내게 말했다. 그는 당시 신경망 기술에 흠뻑 빠져 있던 젊은 대학원생이었다. 그러나 그의 동료들은 한 번의 선택이 연구 인생을 좌우한다며, 아무 결과도 얻지 못할 신경망 연구를 그만두라고 충고했다. 그러나 현재 그가 옳았고, 친구들은 틀렸다.

신경망 기술에 부정적인 사람들의 생각이 얼마나 잘못되었는지 증명한 프로그래머 가운데 제프 딘Jeff Dean이 있다.

은밀한 설계자들

딘은 거대 기술 기업인 구글의 인공지능AI '구글 AI'를 이끌고 있다. 키가 크고 꼿꼿한 모습의 50대 남성인 딘은 1999년 구글 초창기 시절에 입사했다. "당시 저희는 팰로앨토 시내에 있던 T-모바일 대리점 위층에 틀어박혀 일했어요. 나름 괜찮은 곳이었죠." 구글 실리콘밸리 본사에서 만났을 때 그가 내게 말했다. 구글 공동 창업자인 세르게이 브린이 여전히 롤러블레이드를 타고 다녔고, 구글의 검색엔진은 증가하는 이용자 수에 대응하기 위해 필사적으로 노력하던 때였다. 당시 구글의 서버 클러스터Server Cluster(지속적인 작동을 보장하기 위해 연결된 2개 이상의 서버 그룹—옮긴이)는 값싼 서버를 구매해 구글 엔지니어들이 직접 대충 연결해 만든 클러스터였다. 구글은 저녁 동안 온라인에서 찾을 수 있는 모든 웹페이지의 복사본을 모으는 '크롤Crawl' 알고리즘을 실행했다. 이 알고리즘 실행은 몇 시간씩 걸렸으며, 중간에 멈추기 일쑤였다. 이럴 때면 구글 직원들은 삐삐를 통해 호출을 받고 한밤중에도 사무실로 달려 나와 '크롤' 알고리즘을 재실행했다.[13] 구글의 검색 서비스는 운영되고 있었지만 보이지 않는 문제가 있을 수 있었다. "매 순간 의지를 잃지 않고 열심히 하려고 생각했던 탓인지, 그런 상황이 재미있기까지 했어요." 딘이 말했다.

그는 회사에서 진정한 10X 프로그래머 가운데 하나로 손꼽히며 유명해졌다. 딘은 서버 클러스터의 규모를 확장해야 한다고 주장했다. 그는 구글 서버의 하드웨어 사양을 직관적으로 잘 이해하고 있었기 때문에, 1개의 데이터 패킷Packet(전송하기 쉽도록 자른 데이터의 전송단위—옮긴이)이 암스테르담에서 캘리포니아까지 갔다가 돌아오는 데 얼마나 많은 시간이 걸리는지 정확히 알았다(참고로 150밀리초 걸렸다). 그는 뛰어난 프로그래밍 실력으로 놀랍도록 빠르면서도 매우 안정적으로 작동하는 서버 시스템을 직접 설계할 수 있었다. 그가 개발한 것 중 가장 유명하고 잘 알려진 것으로, 구글 엔지니어들이 여러 서버들을 사용해 방대한 데이터세트를 다룰 수 있게 해주는 '맵리듀스MapReduce' 소프트웨어가 있었다. 전 세계에 걸쳐 운영되던 구글 데이터베이스 '스패너Spanner'도 그의 작품이었다. 일부 구글 엔지니어들은 그의 놀라운 능력에 감탄해 칭송하는 뜻으로, '척 노리스의 진실(미국 유명 액션 배우 척 노리스를 소재로 한 유머―옮긴이)'을 패러디해 '제프 딘의 진실'이라는 목록을 만들었다. 예를 들어 '딘은 피보나치 수열의 203번째 숫자를 1초 내에 답하는 바람에 튜링 테스트에서 떨어진 적이 있다', '컴파일러는 제프 딘에게 경고하지 않는다. 오히려 그가 컴파일러에게 경고한다'[14], '딘이 휴가를 갔을 때, 구글의 서비스들이 불가사의하게도 며칠 멈춰버렸다. 정말이다' 같은 것들이었다.

딘은 오랫동안 신경망 기술에 큰 관심을 가졌다. 신경망 기술은 구글에서 매우 유용할 가능성이 높아 보였기 때문이었다. 신경망 기술을 사용하면 정보에 담긴 미묘한 패턴을 알아차리고 이들을 서로 연관 지을 수 있다. 분명 구글이 원하는 바였다. 딘은 1980년대 후반, 석사 과정으로 신경망을 연구하며 신경망 프로그래밍을 해왔다. 그러나 그가 다룰 수 있는 문제는 매우 작은 문제들뿐이었다. 오늘날과 비교해 당시의 컴퓨터 성능이 매우 낮았기 때문에 규모가 작은 신경망 문제만 다룰 수 있었다. 당시 컴퓨터의 성능은 신

은밀한 설계자들

경망을 다루기에는 턱없이 부족했으며, 실용적 수준의 신경망을 다루기 위해서는 그가 예상했던 것보다 훨씬 높은 성능의 컴퓨터가 필요했다. "당시에는 60배 정도의 성능을 낼 수 있는 고성능 컴퓨터만 있으면 해결할 수 있을 것 같았는데, 아니었어요." 딘은 말을 이어갔다. "100만 배 정도의 성능이 필요한 일이었죠."

인공지능 분야에서 꾸준히 연구하던 딘과 그의 동료들은 2000년대 컴퓨터 기술의 발전과 더불어, 신경망 기술의 발전을 가로막고 있던 여러 제약이 하나둘씩 사라지는 것을 보았다. 첫째, 분석할 수 있는 실제 데이터가 많아졌다. 인터넷 덕분에 사람들은 수십억 개의 단어를 온라인에 쏟아내기 시작했다. 또한 수백만 장의 사진을 인터넷에 올린다. 예를 들어 신경망이 영어를 알아듣도록 훈련시키기 위해 엄청난 양의 영어 문장이 필요하다고 가정하자. 이를 위해 인터넷 백과사전인 위키피디아Wikipedia를 통째로 이용할 수 있다. 구글 엔지니어라면 구글 뉴스를 이용할 수도 있다. 둘째, 컴퓨터의 성능은 점점 높아지고 있는 반면, 가격은 점점 낮아지고 있다. 이제 신경망 사용자는 수십 개의 층으로 이뤄진 신경망도 다룰 수 있다. 참고로 신경망을 구성하는 층의 숫자가 많아지자 이를 심층신경망DNN; Deep Neural Network이라고 부르고, 심층 신경망을 이용한 인공지능 기술을 딥러닝Deep Learning이라 부르게 되었다.

2012년, 신경망 기반 인공지능 기술에서 엄청난 발전이 나타났다. 약 20여 년간 신경망 기술을 집중적으로 연구해온 토론토 대학교University of Toronto의 영국인 컴퓨터 과학자 제프리 힌턴Geoffrey Hinton은 2012년 그의 학생들과 함께 인공지능 경진대회에서 다른 경쟁자를 압도하는 매우 놀라운 신경망 기술을 선보였다. 매년 개최되는 이 대회의 명칭은 이미지넷 챌린지ImageNet Challenge로, 수많은 사진(이미지)을 누구의 인공지능 시스템이 가장 잘 인지하는지 겨루는 대회였다. 당신 힌턴의 심층 신경망은 오류 비율 15.3%라는 놀라운 정확도를 보여주었다. 2등의 오류 비율은 26.2%로 힌턴의 심층 신경망에 비해 거의 2배 가까이 높았다. 그의 연구 성과는 거의 달 착륙에 비교할 만한 충격적이고 놀라운 결과였다.[15]

딘의 동료 가운데도 딘만큼이나 신경망 기술에 빠져 있던 사람이 있었다. 스탠퍼드 대학교 교수인 앤드류 응Andrew Ng으로, 그는 구글의 비밀 연구 조직인 구글 엑스Google X의 파트타임 자문 역할을 맡고 있었다. 그 역시 젊어서부터 신경망 연구를 해왔으나, 인공지능 겨울을 보내면서 연구를 잠시 접어두고 있었다. 그러나 2011년 앤드류 응과 딘은 저녁식사를 하면서, 구글의 엄청난 컴퓨팅 자원을 사용해 강력한 신경망을 만들 수 있을지 모른다는 아이디어를 생각해내고는 잔뜩 흥분했다.

"많은 사람들이 인공지능을 생각할 때면 감각이나 감성을 떠올리죠. 저는 좀 달라요. 오히려 자동화를 떠올려요. 저는 인공지능의 가치는 다름 아닌 자동화에 있다고 생각해요." 응이 자신의 생각을 이야기했다. 그는 트위터에 "일반 사람이 1초 이내에 할 수 있는 많은 일을 지금은 인공지능을 사용해 자동화할 수 있어요"라고 쓰기도 했다.[16]

첫 번째 실험에서, 딘과 응을 포함한 구글 연구팀은 구글이 운영 중인 프로세서 가운데 무려 1만 6,000개를 연결해 사진을 인식할

은밀한 설계자들

수 있는 신경망을 작동시켰다. 다음에는 신경망이 어떤 패턴을 스스로 찾아낼 수 있는지 보기 위해 유튜브 영상을 입력해주었다. 놀랍게도 신경망 스스로 '고양이'를 인식하기 시작했다.

"저희는 고양이에 관한 아무런 정보도 주지 않았어요." 딘은 당시를 회상하며 말했다. 전적으로 신경망 스스로 고양이의 뾰족한 귀, 고양이 같은 얼굴을 가진 개체를 인식하기 시작했다. 스스로 학습할 수 있는 인공지능이었다. 처음에는 어찌된 일인지 크게 놀랐으나, 곰곰이 생각하니 이해할 수 있는 결과였다. 유튜브 영상에는 고양이가 많이 나온다. 그러므로 반복적으로 나타나는 독특한 모양을 찾아내도록 만들어진 자율 학습 알고리즘이라면, 사람들이 고양이 영상을 온라인에 많이 올린다는 사실을 발견할 수도 있다. 사람과 비슷해 소름 끼치지 않는가? 영화 〈터미네이터〉에 나오는 것과 비슷한 인공지능 시스템이 실제로 세상에 등장한 것으로, 이 인공지능은 스스로 고양이의 개념을 알 수 있다.

구글은 곧 막대한 자원을 딥러닝에 투입해 딥러닝 역량을 개발했으며, 최대한 많은 구글 서비스에 적용했다. 구글은 동일한 내용을 두 가지 언어로 작성한 문서, 예를 들어 영어와 프랑스어로 작성된 캐나다 국회의사록을 사용해 딥러닝 신경망을 훈련시켰다. 훈련을 마치자 구글 번역기의 번역 수준은 단 하룻밤 사이에 놀랄 만큼 좋아졌다. 복잡한 문학 구절들을 일본어나 영어로 번역해내는 뛰어난 번역 실력에 일본 학자들은 감탄을 금하지 못했다.[17]

몇 년 지나지 않아, 딥러닝은 소프트웨어 분야를 휩쓸었다. 모든 회사들이 너 나 할 것 없이 딥러닝 기술을 자사 제품과 서비스에 적용하고 있다. 중국의 구글이라 할 수 있는 검색엔진 업체 바이두Baidu는 구글의 인공지능 기술 역량을 따라잡기 위해 앤드류 응을 영입했다. 페이스북 엔지니어들은 페이스북 사용자가 등록한 사진에서 얼굴을 인식하고, 뉴스피드에 실릴 뉴스들을 고르고, 사용자가 광고를 클릭할지 안 할지 예측하기 위해 여러 가지 다양한 종류의 기계학습 기술을 개발해 사용해왔다. 인공지능 기술의 광풍 속에 페이스북은 인공지능 연구실을 세웠으며, 얼마 지나지 않아 97.35%의 얼굴인식 정확도를 가능하게 하는 딥러닝 모델을 만들었다. 97.35%는 경쟁 기술의 정확도와 비교하면 27%나 높으며, 사람의 얼굴인식 능력과 거의 비슷한 수준이다.[18] 세계 곳곳에서 진행 중인 자율주행차 역시 도로주행 능력을 학습하기 위해 딥러닝 기술을 적극적으로 이용하고 있다.[19] 우버는 새로운 승객이 어디에서 나타날지 예측하기 위해서 딥러닝 기술을 사용한다.[20] 미국 국립암연구소National Cancer Institute는 CT 사진에서 암을 찾는 일에 딥러닝을 적용하기 위한 연구를 하고 있다.[21] 한발 더 나아가 딥러닝은 문화 분야에도 서서히 확산되고 있다. 중국 최대 기업 중 하나인 바이트댄스ByteDance는 뉴스 앱 터우탸오Toutiao에서 보여줄 뉴스를 딥러닝 기술을 사용해 선택하고 있는데, 사용자가 하루 평균 74분 이상을 터우탸오 앱을 보며 지낼 만큼 딥러닝 적용이 성공적이다.[22] 세계 최초로 '일반 언어' 음성인식 시스템을 개발한 리카이푸Lee Kai-FU는 애플, 마이크로소프트, 구글 등을 두루 거친 인공지능 전문가인데, 몇 년 전에 자신의 미래 금융투자 결정을 모두 인공지능에 맡겼다. "저는 더 이상 사람과 거래하지 않아요." 그가 자신의

은밀한 설계자들

결정과 관련해 내게 말했다.

소프트웨어 분야의 인공지능 열풍과 함께, 인공지능 전문가에 대한 수요도 급속히 증가했다. 특히 실리콘밸리와 중국에서 그 수요가 급증해 컴퓨터에게 보기, 듣기, 읽기, 예측하기를 능숙하게 학습시킬 수 있는 엔지니어의 경우 월급이 10만 달러 단위를 넘어가고 있다.

어떤 성향의 프로그래머가 인공지능 프로그래밍에 빠져들까?

수많은 사람들이 공상 과학 영화에 등장하는 똑똑한 로봇들을 보며 환상에 빠진다. IBM 왓슨 컴퓨터 제작팀을 이끌었던 컴퓨터 과학자 데이브 페루치도 TV 드라마 시리즈 〈스타트렉: 엔터프라이즈〉에 등장하는 로봇처럼, 사람과 자연스럽게 대화할 수 있는 로봇을 만들고 싶어 했다. "그런 로봇은 여러분의 질문을 이해하고 필요한 답변을 해줄 수 있을 거예요." 페루치가 내게 말했다. "언제쯤 사람들과 자연스럽게 말할 수 있는 로봇이 세상에 나올까요? 그게 제일 궁금해요!"[23] 앞서 보았듯 몇몇 사람들이 두뇌를 어떻게 흉내 낼 수 있는지 궁금해하면서 신경과학을 통해 오늘날의 신경망을 만들어냈다. 문학 작품을 쓰거나 그림을 그릴 수 있는 로봇 제작을 꿈꾸며 예술의 세계에서 출발해 인공지능에 들어선 사람들도 있다(내가 알고 지내는 매우 뛰어난 인공지능 프로그래머 가운데 한 명은 드라마나 영화 대본을 이용해 인공지능을 훈련시키고 대본을 쓰도록 한다).

프로그래머라면 'Hello, World!'가 화면에 나타나는 순간 환호하며 프로그래밍에 빠져든다. 그러나 매트 제일러Matt Zeiler는 프로메 테우스의 불과 같은 촛불을 보고 인공지능과 사랑에 빠졌다. 그는 토론토 대학교에서 공학을 전공하는 학생이었는데, 어느 날 제프 리 힌턴 교수 연구실 학생이 그에게 깜빡이는 양초 불꽃 동영상을 보여주었다고 한다. 그런데 그 동영상은 실제가 아닌 신경망이 자 동으로 생성한 영상이었다.

"저도 모르게 '젠장! 이게 뭐지?'라고 말했어요." 제일러가 내게 말했다. 양초 불꽃은 소름끼칠 만큼 진짜 같았다. 결국 그는 힌턴 교수의 과목을 수강하고, 딥러닝 기술을 익히는데 전념하며, 힌턴 교수의 지도를 받아 학사 논문을 썼다. 뉴욕 대학교에서 박사학위 를 받은 제일러는 2012년 힌턴 교수의 유명한 논문이 딥러닝에 관 한 폭발적인 관심과 연구를 촉발시켰을 무렵, 두 번의 여름 방학 동 안 구글에서 인턴으로 근무했다. 제일러는 신경망 연구에 깊이 빠 져 있었을 뿐만 아니라, 실제로 실력도 뛰어났다. 그는 구글에서 인 턴으로 근무하는 동안, 사진을 보고 집 번호를 인식하는 인공지능 기술을 개발했다. 졸업하기도 전에 페이스북, 구글, 마이크로소프 트, 애플에서 입사 제안을 받았으나 모두 거절했다. 대신 그는 자신 의 최첨단 영상 인공지능 기술을 더욱 정교하게 가다듬었다. 자신 의 뉴욕 아파트에 처박혀 게임 중독자가 만들었을 법한 고성능 컴 퓨터를 사용해 각종 사진과 신경망 모델을 다루었다. 그의 컴퓨터 에서 너무 많은 열이 발생한 탓에 한겨울에도 창문을 열어두어야 했다. 얼마 지나지 않아 제일러는 이미지넷 챌린지에서 힌턴 교수 의 기록을 깼다. 그 뒤 회사를 세워 자신의 영상 관련 인공지능 기술을 상용화해, 다른 회사들이 자신들의 서비스에 사용할 수 있도록 했다.

제일러도 경험했듯이 신경망을 만드는 일은 프로그래밍한대로 정확히 작동하는 기존 프로그래밍과는 다르다. 기존 프로그래밍에서 프로그래머가 경험할 수 있는 기쁨 중 일부는 다름 아닌 프로그래밍의 선형성에 있다. 프로그래머는 머릿속에 있는 알고리즘에 따라 복잡한 논리의 궁전을 헤집고 걸어갈 수 있다. 이 과정에서 복잡함과 세밀함에 감탄할 수도 있고, 반대로 복잡한 설계에 짜증이 날 수도 있다. 하지만 어느 쪽이든 이론적으로 결과를 알 수 있고 예측도 가능하다. 또한 모든 프로그램은 사람이 작성한다.

반면 오늘날 신경망 제작은 기존 프로그래밍과는 완전히 다르다.

신경망 제작은 '농부와 농사의 관계'와 상당히 비슷하다. 콩이 갑자기 잘 자라지 않는다면? 토마토가 이상하게 질기다면? 만약 그렇다면, 농부는 밭을 고르거나 작물들 사이의 거리를 조정할 것이다. 작물 하나하나가 좀 더 많은 햇빛을 받을 수 있도록 할까? 혹은 좀 더 덜 받도록 할까? 농부는 작물의 특성에 따라 무엇이든 한다. 그리고 작물은 잘 자란다! 농사는 전문가가 되기 위해 수많은 시행착오를 겪으며 힘들게 경험을 쌓아야 하는 분야다. 경험이 없는 초보 농부는 작물을 죽이거나 시들시들하게 만들곤 한다. 이렇게 시행착오를 충분히 겪거나 다른 농부의 성공 방법을 살펴본 후, 농부는 효과 좋은 방법과 효과 없는 방법에 대한 지식과 (설명하기는 어려운)직감을 축적한다. 만약 이 농부를 토양과 일광 조건이 완전히 다른 새로운 밭으로 데려가면 어떤 일이 생길까? 그는 어떤 농작물을 심어 어떻게 키워야 하는지 초보 농부보다 훨씬 빨리 알 수 있다.

　신경망 학습도 이와 비슷하다. 물론 프로그래밍 능력이 필요하다. 실제로 초기 연구자들은 CPU와 램Ram 내부를 잘 알고 있어 자신들이 사용하는 CPU로부터 최대한의 성능을 끌어낼 수 있는 매우 뛰어난 프로그래머들이었다. 그러나 현재는 구글과 같은 회사가 신경망을 만들고 훈련시킨 코드를 무료로 공개한 덕분에, 일반 스타트업들은 굳이 처음부터 다시 신경망을 만들 필요가 없다. 구글의 신경망을 사용해 앞으로 나아갈 수 있다.

　그래서 신경망 프로그래머들이 실제로 하는 일은 여러 가지 방법으로 데이터를 모으고, 실험을 하고, 신경망을 변화시키는 등의 일이다. 아, 한 가지 더 있다. 좋은 결과가 나오도록 기도도 해야 한다. 이 작업에서 가장 큰 일은 신경망을 학습시킬 데이터를 모으는 일이다. 폐 CT를 보고 암을 찾아내길 원하는가? 그렇다면 실제 의사가 '이 폐의 CT 오른쪽 윗부분에 암이 있습니다', '이것은 암이 아닙니다'라고 꼼꼼하게 표시한 CT가 필요하다. 이론적으로는 이런 정보가 담긴 CT가 수백만 장, 아니 그 이상이 필요하다. 신경망 프로그래머들은 데이터를 모으기 위해 필사적으로 매달리며, 좀 더 많은 데이터를 모을 수 있는 방법은 없는지 늘 신경을 곤두세우고 있다.

　페이스북 인공지능 연구실에서 일하는 저스틴 존슨Justin Johnson은 최근 깜짝 놀랄 만큼 '시각 관련 질문'에 잘 대답할 수 있는 신경망을 만들었다. 그의 신경망은 색칠한 정육면체, 구, 원통 같은 물건들이 찍혀 있는 사진을 보고, "노란색 구의 오른쪽에 녹색 물체

　　　　　　　　　　　　　　은밀한 설계자들

가 있습니까?" 같은 질문에 답할 수 있다. 그러나 이런 수준의 신경망을 만들기 위해 존슨은 객체가 찍혀 있는 사진을 무려 10만 장이나 만들어야 했다. 게다가 수백 명의 사람을 고용해 각 사진에 담긴 객체 정보를 만들어야 했다. 이런 데이터 생성에 거의 1년이 걸렸다. 여기에는 고용된 사람들이 사진에 대한 정보를 입력할 수 있는 웹사이트를 만드는 방법을 공부한 시간도 포함된다. 이것이 오늘날 신경망 기반 인공지능 기술의 진짜 모습이다. 즉, 잘 훈련된 신경망을 얻으려면, 실제 사람으로부터 데이터를 얻어내야 한다. 그래야 인공지능이 그 데이터로부터 무언가를 학습할 수 있다.

"데이터 수집용 웹사이트를 제대로 만드는 교육을 받는 데도 꽤 오랜 시간이 걸렸어요." 존슨이 내게 말했다.

데이터를 얻더라도 학습 과정은 혼란의 연속일 수 있다. 학습 과정에서는 '신경망 층의 수는 몇 개가 적당할까?', '각 층에는 뉴런을 몇 개나 넣어야 할까?', '역전파는 어떻게 해야 할까?' 등 신경망의 여러 조건들을 조정해야 한다. 존슨은 시각 관련 인공지능 시스템 구축과 관련해 페이스북과 구글에서 많은 경험이 있었다. 그러나 그는 여전히 신경망 모델이 제대로 학습하지 못한 조건을 어떻게 처리해야 할지 알 수 없었다. 게다가 신경망 모델은 조건을 조금만 바꿔도 그 영향이 크게 나타날 수 있다. 우리가 만나 이야기를 나누었던 날에도, 존슨은 제대로 작동하지 않는 신경망 모델을 이것저것 손보며 한 달째 아무런 성과도 거두지 못하고 있었다. 이후 어느날, 그는 시간 관련 인공지능 연구자들이 흔히 사용하는 수학적 기법인 배치 정규화Batch Normalization(출력값의 차이를 좁히기 위해 각 층의 출력값을 정규화하는 것 — 옮긴이) 사용과 관련해 동료와 이야기를 나누었다. 그의 동료는 배치 정규화가 신경망의 올바른 작동에 매우 중요하게 사용되지만, 이번에는 반대로 문제를 일으키는 것 같다고 말했다. 동료의 제안에 따라 존슨이 배치 정규화를 제거하자, 신경망 모델이 갑자기 학습을 시작했다. (이런 결과는 신경망 모델을 다루는 경험, 즉 상황에 따라 어떤 기술이 효과가 있고 어떤 기술이 효과가 없는지 직접 겪으면서 쌓아가는 경험 지식이 왜 중요한지 잘 보여준다. 존슨은 신경망 모델을 다룰 때 고려할 조건들의 경우의 수가 이루 말할 수 없이 많다고 지적한다.)

최고 수준의 딥러닝 학습 전문가들 중에는 신경망 모델이 잘 작동하거나 잘 작동하지 않는 이유에 대해 여전히 의문점이 많다고 우려를 표하는 사람들이 있다. 하지만 신경망 모델이 올바로 작동하는지 안 하는지는 쉽게 알 수 있다. 예를 들어 사람을 인식하는 신경망이라면 보행자 사진을 넣고, "음⋯, 90% 정도 인식하는군"이라고 판단할 수 있다. 그러나 이 경우에도 왜 90% 수준의 정확도로 작동하는지 정확히 설명할 수 없다. 또한 다른 목적, 예를 들어 번역 기능을 가지도록 신경망을 훈련시켜야 하는 사람에게 정확한 훈련 방법을 알려줄 수도 없다.

논리가 아닌 실험적인 접근 탓에 전통적인 프로그래밍 방법에 익숙한 수많은 일반 프로그래머들은 신경망 프로그래밍에 대해 불안해한다. 일반 프로그래머들은 선형적이고 예측 가능한 프로그램을 선호한다. 프로그램이 작동한다면, 그 이유 또한 설명할 수 있어야 한다. "지금까지 컴퓨터 과학에서는 프로그래머라면 '결

은밀한 설계자들

정론적으로Deterministically(인간의 행위를 포함해 세상에서 일어나는 모든 일은 우연이나 선택의 자유에 의한 것이 아닌, 일정한 인과관계의 법칙에 따라 결정된다는 이론―옮긴이)' 생각할 수 있는, 즉 입력과 출력을 뚜렷하게 연결 지을 수 있는 사람이어야 했습니다." 워싱턴 대학교University of Washington의 인공지능 전문가 페드로 도밍고스Pedro Domingos 교수의 말이다. "버그 하나 없이 모든 것이 잘 작동하도록 만들어야 합니다. 쉼표 하나도 엉뚱한 곳에 있으면 안 됩니다. 적어도 프로그래밍에 관해서는 강박장애에 빠지지 않으면 절대 좋은 프로그래머가 될 수 없어요." 그러나 기계학습에서는 정반대다. 기계학습 프로그래머는 불확실성, 초자연적인 기이함 등을 다룰 수 있어야 한다. 물론 기계학습 프로그래머도 자신의 프로그램이 의도한대로 작동하도록 만들려고 한다. 하지만 결과를 알 수 없다. 성공할 수도, 실패할 수도 있다. 기계학습 프로그램의 이런 특징에 대해 데이터 과학 및 기계학습 분야 최고 전문가인 내 친구 힐러리 메이슨은 〈하버드 비즈니스 리뷰〉에 기고한 글에서 다음과 같이 썼다. "데이터 과학 과제는 시작하는 시점에 과제의 성공 여부를 전혀 예측할 수 없는 반면, 소프트웨어 공학 과제는 시작하는 시점에 과제의 성공 여부를 알 수 있다."[24]

기계학습에는 이런 특성에 더해, '블랙박스' 문제도 있다. 고양이 얼굴인식을 학습한 신경망이 고양이 사진을 인식한다고 가정하자. 정말 훌륭한 결과다! 그러나 신경망을 제작한 프로그래머에게 "이 신경망이 고양이 사진을 어떻게 알아볼 수 있는 거야?"라고 질문하면, 이들은 자신도 잘 모른다는 듯 어깨를 으쓱할 것이다. 장난 혹은 겸손이라 생각할 수도 있겠지만, 이들은 정말로 모른다. 신경망은 학습하는 동안 뉴런의 가중치가 미묘하게 계속 바뀐다. 그리고 얼마 지나지 않아 사람이 더 이상 변화 이유를 이해할 수 없는 상태가 된다. 〈와이어드〉에서 함께 일했던 동료 제이슨 탠즈Jason Tanz는 사람의 머리로 이해하기에는 규모가 너무 크다는 뜻을 담아 신경망 기술을 '드넓은 수학의 바다'라는 말로 멋지게 표현했다.[25] 이런 이유로 일상생활에 신경망 기술이 사용되는 것에 대해 불안감을 느낄 수도 있다. 우리는 작동 원리조차 제대로 알지 못하는 인공지능 시스템을 만들고 있는 것일까? 수많은 프로그래머가 이런 종류의 공학 기술에 의구심을 가진 만큼, 이런 불확실성은 신경망 기술을 배우는 데 또 다른 장애요인이 된다.

　도밍고스 교수는 이런 불확실성 덕분에 구글이 검색엔진 경쟁에서 마이크로소프트를 이겼다고 생각한다. 마이크로소프트는 정확하고 논리적인 소프트웨어 제작을 선호하고 추구한다. 예를 들어 사용자가 'CTRL'키와 'T'키를 함께 누른다면, 선택된 글자나 문장은 예외 없이 이탤릭체로 바뀐다. 이에 반해 구글은 사용자가 원하는 것을 학습을 통해 좀 더 잘 추측하도록 처음부터 통계를 사용해 오고 있다. 사용자가 원하는 대답이나 정보를 100% 정확도로 찾는 것은 있을 수 없는 일이므로, 이런 일은 사실상 완벽할 수 없다. 그리고 검색결과는 언제나 사용자가 아닌 검색엔진의 주관적인 추측값이다. 이런 기업의 특성 덕분에 구글은 신경망 기술이 미래에 얼마나 유용할지 마이크로소프트보다 훨씬 빨리 깨달았다. 도밍고스 교수는 "마음가짐의 문제라고 할 수 있어요"라고 말한다. 신경망이

　　　　　　　　　　　　　　　　　　은밀한 설계자들

제대로 작동할 때까지 추측을 실행에 옮겨보고, 결과가 나쁘면 실행을 취소하면서 신경망을 만들어나가는 실험적인 마음가짐은 딥러닝을 일종의 마술로 만든다.

도밍고스 교수는 수많은 청소년들이 인공지능 분야에 뛰어드는 것을 바로 눈앞에서 지켜보고 있다. 그들은 인공지능이 어느 기술보다도 주목 받고 있어서, 혹은 첨단 기술 대기업이 거액의 연봉을 주기 때문에 인공지능 분야에 관심을 가진다. 그러나 도밍고스 교수는 인공지능 기술 분야에 적합한 일정 수준 이상의 프로그래머는 상대적으로 그리 많지 않다고 생각한다. 일반적인 프로그래밍에서는 수학이 거의 필요 없는 반면, 제대로 된 딥러닝 전문가는 선형대수와 통계에 능숙해야 한다. 메시지를 암호화하거나 해독하는 암호학처럼 기계학습도 쉬는 시간에 재미 삼아 다중벡터 문제를 풀 만큼 수학을 좋아하는 학생들이 빠져든다. 물론 일반 프로그래머들도 텐서플로를 다운로드 받아 신경망 모델을 학습시킬 수 있다. 그러나 이들이 딥러닝 기술을 근본적으로 발전시킬 수 있을까? 대개는 아니다. 제다이가 광선검을 다루듯 수학을 자유자재로 다룰 수 있는 훈련된 박사급 인력 정도는 되어야 가능하다.

오래전에 학교를 졸업한 프로그래머들은 딥러닝의 인기에 불안감을 느낀다. 데이터를 모으고, 모은 데이터를 정리해 신경망을 학습시키며, 의도한대로 작동하는지 실험하는 일 등은 그들이 배워 알고 있는 소프트웨어 업무와는 전혀 다르다. 그들은 '도대체 내가 왜 이런 일을 해야 하지?'라고 생각할지도 모른다. "저는 어려서부터 컴퓨터 프로그램을 시작했어요. 프로그래밍에 몰두하고 있으면

제 자신을 완전히 잊어버리죠. 그게 너무 좋았어요." 스마트폰 운영체제 소프트웨어인 안드로이드를 개발했으며, 현재는 기계학습 스타트업에 투자하고 있는 앤디 루빈Andy Rubin이 〈와이어드〉와의 인터뷰에서 말했다. "인공지능 분야는 아직 백지 상태나 다름없어요. 제가 상상해왔던 일을 처음부터 시작할 수 있죠. 이 기술을 사용해 앞으로 제가 활동할 세상을 완전히 통제할 수 있을 겁니다."[26] 하지만 인공지능 기술을 연구하기 위해 신경망 모델을 이리저리 건드려보고, 어느 순간 갑자기 제대로 작동할 때까지 반복해 학습시키는 모습을 생각하니, 그는 묘하게 슬픈 기분이 들었다.

2015년 여름, 재키 알키네Jacky Alciné는 딥러닝 기반 인공지능 기술이 일상생활에서 일으킬 수 있는 몇몇 문제점을 발견했다. 브루클린에서 살며 프리랜서 웹 개발자로 일하는 그는 어느 날 저녁에 랩톱을 만지작거리며 TV에서 BET 어워즈(아프리카계 미국인과 다른 소수민족을 대상으로 엔터테인먼트 분야에서 활동한 스타들에게 수여하는 시상식—옮긴이)를 보고 있었다. 그러다가 자신의 트위터 계정을 확인한 후, 구글 포토 계정을 열었다.

새로운 기능이 추가돼 있었다. 구글이 출시한 자동 태그 기능이었다. 그의 모든 사진에 주요 사물을 표시하는 태그가 달려 있었다. 예를 들어 자전거 사진 아래에는 '자전거'라는 태그가, 비행기 사진 아래에는 '비행기'라는 태그가 붙어 있었다. 그는 사진들을 하나씩 확인하며 감탄했다. 심지어 가운을 입고 술이 달린 모자를 쓴 형의 사진에는 '졸업'이라는 태그가 붙어 있었다.

은밀한 설계자들

재키는 야외 콘서트장에서 여자친구와 찍은 사진을 봤다. 그는 여자친구의 오른쪽에서 앞을 보며 웃고 있었다. 둘 다 아프리카계 미국 흑인이었다. 두 사람을 찍은 사진에 대해 구글 신경망 소프트웨어는 어떤 태그를 붙였을까?

놀랍게도 '고릴라들'이었다. 게다가 이런 태그가 붙은 사진은 한 장이 아니었다. 무려 50장이 넘는 두 사람의 사진에 '고릴라들'이라는 태그가 붙어 있었다.

재키가 뉴욕시 공영방송인 'WNYC'와의 인터뷰에서 "수 세기 동안 흑인들이 들어온 호칭이죠. 게다가 '고릴라'는 경멸을 뜻하는 수많은 용어 중 하나고요"라고 말했다. 그의 말대로 최첨단 인공지능 기술은 신경망 처리 과정을 거쳐 가장 오래되고, 극도로 모욕적인 인종차별적 욕설 중 하나를 골라 사진에 태그로 붙였다.[27] 구글은 이 문제에 대해 사과했으며, 구글 대변인은 자사의 인공지능 시스템이 저지른 잘못에 대해 자기들 역시 매우 놀랐다고 말했다.[28]

그런데 도대체 왜 구글의 인공지능 시스템은 아프리카계 미국인의 얼굴을 알아보지 못했을까? 추측컨대 흑인 얼굴에 관해 충분한 학습을 받지 못했기 때문이다. 서부 지역 프로그래머들이 얼굴인식용 신경망을 학습시키기 위해 사용한 데이터 대부분은 백인 사진이었다. 백인 중심 사진으로 학습된 신경망은 백인 얼굴은 잘 인식하는 반면에 흑인 얼굴은 잘 인식하지 못한다. (비슷한 사례로 중국, 일본, 한국에서 학습된 신경망은 동아시아인의 얼굴은 잘 인식하는 반면, 백인의 얼굴은 잘 인식하지 못한다.) 그리고 앞에서도 이야기했듯이 구글의 기술 인력 가운데 흑인은 단지 2%다.[29] 관련 엔지니어 어느 누구도 자신의 사진들을 사용해 얼굴인식을 시험해보면서 인종차별적인 태그가 붙는 문제를 발견하지 못했을 것이다.

흑인 얼굴을 제대로 인식하지 못하는 문제는 비단 구글의 인공지능 시스템에만 있는 것이 아니다. 흑인 프로그래머인 조이 부올람위니Joy Buolamwini는 대학원생 시절 '까꿍 놀이' 기능을 가진 로봇을 만들려고 했다. 그녀는 꽤 널리 쓰이는 얼굴인식 인공지능 프로그램을 사용했지만, 흑인인 그녀의 얼굴을 인식하지 못했다. 결국 그녀의 로봇은 오직 백인과만 '까꿍 놀이'를 할 수 있었다.[30]

인공지능 기술이 자리를 잡아가며 여러 분야로 확산됨에 따라, 이런 편향성 문제가 반복해서 불쑥불쑥 나타난다. 기계학습 프로그래머들은 세상에서 학습하며, 학습한 지식을 토대로 의사결정을 할 수 있는 기계들을 만들고 있다. 그러나 이는 인공지능 시스템들이 단순히 사실만 배우는 것이 아님을 의미한다. 즉, 잘못된 학습의 결과로 심한 편견을 배울 수도 있다.

이런 문제는 시각 관련 인공지능 시스템에서만 나타나는 것이 아니다. 실제 데이터를 사용해 신경망을 학습시키는 모든 분야에서 언제라도 나타날 수 있다.

기계학습 회사 루미노소Luminoso의 공동 창업자이자 최고과학책임자CSO; Chief Science Officer 로빈 스피어Robyn Speer는 사람들의 일상 언어로 학습된 언어 관련 인공지능 시스템이 도덕적으로 문제가 있는 편견을 어떻게 학습했는지 문서로 정리했다. 스피어는 지난 몇 년간 단어가 무엇을 뜻하는지 나타내는 인공지능 기술인 '워드 임베딩Word embedding(단어를 다른 형태로 변환하는 기술—옮긴이)'을

은밀한 설계자들

연구해왔다. 이 기술을 설명하면 다음과 같다. 먼저 매우 많은 문장을 모은다. 그리고 기계학습 기술을 사용해 문장을 이루는 단어 각각을 벡터Vertor로 변환한다. 이때 벡터는 각각의 단어들이 다른 단어들과 수학적으로 어떻게 연결되어 있는지 나타내는 개념이다. 지난 몇 년간 다수의 인공지능 연구자들은 '워드 임베딩' 기술을 구현한 소프트웨어를 공짜로 배포해왔다. 예를 들어 구글과 스탠퍼드 대학교의 인공지능 연구자들은 각각 '워드투벡Word2vec'과 '글로벌 벡터GloVe; Global Vector'라는 '워드 임베딩' 소프트웨어를 개발해 배포했다. 이 소프트웨어 사용자는 단어를 벡터로 변환하는 기술을 매우 멋지게 응용할 수 있다. 예를 들어 '파리Paris와 프랑스France'라는 두 벡터 사이의 수학적 관계는 '동경Tokyo과 일본Japan' 혹은 '토론토Toronto와 캐나다Canada'라는 벡터 사이의 수학적 관계와 동일하다. 좀 더 정확히 말하면, 도시와 그 도시가 속한 나라를 나타내는 두 벡터 사이의 수학적 관계와 동일하다. 이런 분석이 가능한 '워드투벡' 혹은 '글로벌 벡터' 같은 소프트웨어를 사용하면, 상당히 괜찮은 인공지능 소프트웨어를 짧은 시간 내에 개발할 수 있다. 예를 들어 사용자가 로마에 산다고 입력하면 자동으로 사용자가 이탈리아에 살고 있다고 판단하는 웹 기반 앱을 개발할 수 있다. 이렇게 개발된 소프트웨어는 문장의 의미를 알아차린다. '워드 임베딩' 기능을 가진 소프트웨어는 매우 유용하다. 구글이 워드투벡을 온라인에 무료로 공개하자, 개발자들은 사람의 말을 이해하는 기능이 필수인 검색엔진 혹은 비슷한 응용을 개발하기 위해 워드투벡을 열광적으로 사용하기 시작했다.

그러나 스피어는 이런 '워드 임베딩' 소프트웨어들이 찾아낼 수 있는 단어 사이의 여러 관계에 대해 마음에 걸리는 문제들이 있다고 생각했으며, 이를 문서로 정리했다. 그녀는 '워드 임베딩' 소프트웨어를 사용해 온라인 식당 리뷰를 분석하고 리뷰의 느낌이 긍정적인지 부정적인지 자동으로 분류하는 알고리즘을 작성했다.

그녀가 얻은 결과에 따르면 알고리즘은 '멕시칸 식당'에 낮은 평점을 주었다. 무슨 이유 때문이었을까? 사람들이 멕시칸 식당들을 나쁘게 평가했을까? 그녀는 정확한 판단을 위해 멕시칸 식당들에 대한 리뷰를 직접 살펴봤고, 평가가 실제로 나쁘지 않음을 확인했다. 사람들은 멕시칸 식당을 다른 식당, 예를 들어 이탈리아 식당에 비해 특별히 더 나쁘게 표현하지 않았다.

리뷰 문제가 아니었다. 진짜 문제는 '멕시칸'이라는 단어 자체가 식당과 상관없이 처음부터 부정적이었다는 사실이었다. 워드 임베딩 소프트웨어들이 웹페이지를 사용해 학습되었는데, 웹페이지 중에 멕시칸(멕시코 사람이라는 뜻―옮긴이)들이 범죄나 불법 이민과 연계돼 있어서 나쁜 사람이라고 말하거나 암시하는 수많은 영문 기사들이 있었기 때문이었다. 사람들 중에는 인종차별주의자가 많다. 미국 언론에서도 인종차별주의 단체들이 멕시칸, 즉 멕시코 사람들에 대해 글을 쓰곤 한다. 게다가 기계학습은 사람들이 미처 눈치 채지 못했던 이런 관계들을 매우 잘 찾아낸다. 스피어는 훗날 "고정관념과 편견은 컴퓨터가 단어의 뜻이라고 믿는 것 속에 함께 녹아들어 갑니다. 이런 상황을 좀 더 직설적으로 말하면, 컴퓨터는 사람들의 말로 학습된 덕분에 성차별주의자나 인종차별주의자로 학습됩니다"라고 썼다.

"숨어 있는 문제 가운데 하나예요." 스피어가 나와 이야기를 나누며 말했다. 마이크로소프트 연구원들은 구글에서 개발한 워드투벡을 분석해, 이 소프트웨어가 성차별을 많이 학습했음을 발견했다. 예를 들어 '그'라는 단어가 상사, 철학자, 건축가 등의 단어와 연관된 것에 비해, '그녀'라는 단어는 사교계의 여왕, 접수원, 사서 등의 단어와 연관됐다. 게다가 남자와 여자에 대해 특별히 눈에 띄는 단어로는 각각 '컴퓨터 프로그래머'와 '주부'가 있었다.[31]

단순히 식당 리뷰에 관한 것이기는 해도 충분히 불안한 생각이 들 수 있다. 그런데 기계학습과 신경망 기술은 우리 일상생활 속에서 점점 더 많은 의사결정 기능을 담당하고 있다. 결국 기계학습과 신경망 기술에 녹아든 편견이 실제 세상에 영향을 끼치고 있다.

카네기 멜런 대학교의 연구결과에 따르면, 직업 관련 사이트에서 남성들은 20만 달러 이상을 받는 고액 연봉 직업에 대한 광고에 여성보다 약 6배 많이 노출된다.[32] 2016년 영국 신문 〈가디언〉의 어떤 기자는 구글 검색창에 '유태인은are jews'이라고 입력하는 순간, 인공지능 기술로 구현된 자동완성 추천목록에 '유대인은 사악합니까?Are Jews evil?'라는 문장이 제일 먼저 나타나는 것을 발견했다. "도서관에 가서 유대교에 관한 책을 찾아달라고 요청했더니, 사서가 증오에 관한 책을 10권쯤 건네주는 것과 같다고 할 수 있죠." 검색엔진 '와치Watch'의 창업자인 대니 설리번Danny Sullivan이 말했다(이 사실이 알려진 지 몇 시간이 지나지 않아, 구글은 프로그램을 수정해 문제를 해결했다[33]).

인공지능 시스템의 확산과 더불어 가장 우려스러운 분야 중 하나는 바로 사법 분야다. 판사는 업무 과다로 늘 시간이 부족하기 마련이다. 그래서 최근 몇 년간 판사가 피고의 범죄 가능성을 좀 더 쉽게 판단할 수 있게 도와주는 다양한 인공지능 시스템들이 시장에 출시되고 있다. 그러나 이런 인공지능 법률 시스템을 분석하면, 인종에 대한 편견이 잔뜩 들어 있다고 보인다. 언론사 〈프로퍼블리카ProPublica〉는 인공지능 법률 시스템 중에서 기업 노스포인테Northpointe의 제품으로 잘 알려진 '콤파스COMPAS'를 분석했다. 놀랍게도 콤파스가 흑인 피고를 상습범으로 분류할 가능성이 백인 피고를 상습범으로 분류할 가능성보다 2배 높았다. 게다가 콤파스 점수는 피고에 대한 영향력이 크다. 판사 대부분은 피고인의 보석 여부를 결정할 때 콤파스 점수를 참고한다. 콤파스 점수는 피고가 판결을 기다리는 동안 감옥에 갇히게 될지를 결정할 수 있는 것이다. 그리고 이 점수는 상대적으로 더 많은 흑인 피고를 감옥에 보내고 있는 것이 거의 확실하다.

콤파스는 왜 편향된 판단을 하는 걸까? 개발사가 소스코드도 공개하지 않고 어떤 방식으로 점수를 매기는지도 제대로 설명하지 않기 때문에, 개발사 이외의 다른 사람들은 어떤 말도 할 수 없다.[34] 그러나 이 문제도 워드 임베딩 소프트웨어의 경우처럼 학습에 사용한 기존 데이터가 편향되었을 가능성이 있다. 지난 수십 년 동안 미국 경찰들은 흑인 시민들에 대해 훨씬 공격적인 법 집행을 해왔다. 흑인들은 백인과 비교했을 때 흡연, 소량의 마리화나 소지, 후

은밀한 설계자들

미등 파손차량 운행 등 작은 잘못으로도 체포되곤 했다. 한마디로 법 집행이 공정하지 못했다. 기존 범죄 데이터를 사용해 학습된 기계학습 시스템은 상대적으로 높은 흑인들의 유죄 비율을 학습하고, 흑인들이 원래부터 백인에 비해 높은 범죄 성향을 가지고 있다고 결론내리기 쉽다. 게다가 악순환이 일어날 수도 있다. 예를 들어 인종차별주의 성향의 치안 데이터로 학습된 범죄 및 정의 알고리즘은 흑인들을 좀 더 위험한 사람으로 간주하거나 심지어 범죄자 취급을 할 것이다. 결국 흑인 범죄자가 증가하게 되고, 이들의 전과 기록은 미래 기계학습 시스템이 학습할 새로운 데이터가 된다.[35]

이런 현상은 기계학습이 사법체계에 던지는 흥미로운 철학적 문제기도 하다. 한 사람의 과거 데이터와 사회 전반의 과거 데이터를 토대로 미래에 누군가가 범죄자가 될 가능성을 예측하도록 훈련된 인공지능 시스템이 있다. 그럴듯하다고 생각할 수도 있겠지만, 이는 자칫 인간 본성을 정적이며 고정적으로 볼 위험이 있다. 즉, '나쁜' 사람은 영원히 나쁘고, '좋은' 사람은 영원히 좋은 사람으로 판단할 것이기 때문이다.

캐시 오닐Cathy O'Neil은 자신의 저서 《대량살상 수학무기Weapons of Math Destruction》에서 "빅데이터는 과거를 나타낼 뿐 새로운 미래를 만들지는 못한다"라고 썼다.[36] 사람은 자신이 어느 정도의 자유의지를 가지고 있다고 생각하기 때문에 자신의 잘못된 행동을 고치겠다고 결심할 수 있다. 그러나 누군가가 "이봐, 나는 이 일에서 손 떼고 착하게 살 거야"라고 결심하는 일을 기계학습이 예측할 수 있을지는 명확하지 않다. 전과 기록을 토대로 콤파스로부터 자신이 다시금 범죄를 저지를 가능성이 있다는 평가를 받은 한 피고는 〈프로퍼블리카〉와의 인터뷰에서 똑같은 의견을 말했다. 그는 더 이상 죄를 짓지 않고 살기 위해 몇 년째 노력하고 있는 자신의 생각과 행동을 콤파스 시스템이 전혀 고려하지 않는다고 느꼈다. 그는 교회에 나가기 시작했고, 자녀와 좀 더 자주 연락하며, 마약을 끊기 위해 노력한다고 했다. "제가 좋은 사람이라고 말할 수는 없을 거예요. 그러나 저는 저를 포함해 사람이 변할 수 있다고 믿어요." 판사라면 콤파스와 달리 피고인에 대해 좀 더 폭넓으면서도 인간적인 관점에서 판단했을지 모른다. 그러나 학습된 알고리즘을 따르는 콤파스는 그럴 수 없다.

더욱 큰 문제는 딥러닝 기반 인공지능 기술의 확률 특성이다. 이 기술을 사용하면 특정 시간대 등록되는 사진의 90%에 고양이가 있다고 추론할 수 있다. 또한 88%의 확률로 월스트리트 시내에 갑자기 엄청나게 많은 우버 차가 필요할 것이라 예측할 수도 있다. 사진에 태그를 붙이거나 혹은 승객이 많은 지역에 차를 보낼 때, 이런 확률은 상당히 유용할 것이다. 그러나 판단의 결과가 중요하면 중요할수록 유용성은 점점 의미가 없어진다. 즉, 누군가가 범죄자가 될 가능성을 판단한다거나 고연봉 일자리를 얻을 수 있는 가능성에 관한 것이라면, 확률의 유용성은 더 이상 의미가 없다. 판단의 결과가 중요할 경우, 어느 누구도 에러율이 20%인 판단 시스템을 사용하거나 신뢰하지 않을 것이다.

"개개인의 관점에서 보면 자신의 일이 정확하고 주의 깊게 다뤄지는 것은 더할 나위 없이 중요할 거예요." 오닐이 내게 말했다.

은밀한 설계자들

"그런데 알고리즘을 개발하는 사람들도 똑같은 생각을 할까요? 사실 전혀 그렇지 않아요. 소프트웨어 엔지니어들은 늘 효율성을 생각합니다. 효율성을 생각하는 순간 더 이상 100% 정확할 필요는 없죠. 자신들이 만드는 시스템이 기존 시스템보다 조금이라도 더 효율적이라면, 이들에게 그보다 중요한 건 없습니다." 정치인들은 콤파스를 법원의 과중한 업무 부담을 효과적으로 줄여주는 유용한 도구로 생각할 수도 있다. 그러나 반대로 피고인들은 좀 더 많은 판사를 고용해 기존 판사의 과중한 업무 부담을 줄이는 방법을 더 좋아할 것이다.

  인공지능 기술은 효율성이라는 특징 외에도 사람보다 객관적이기 때문에 점점 인기를 얻고 있다. 담보대출, 고양이 사진, 피고인 등에 관해 결정을 내릴 수 있는 인공지능은 결코 지치거나 판단력이 흐트러지는 일이 없다. 데이터를 사용해 학습된 인공지능 시스템은 자신이 배운 것을 편견 없이 정확하게 적용한다. 맞는 이야기일까? 분명 이론적으로 인공지능 시스템은 산만한 사람보다 훨씬 믿음직스러울 수 있다. 연구결과에 따르면 판사들은 허기지고 지친 탓에 점심식사 직전 가장 엄격한 판결을 내린다고 한다.[37] 이는 분명 불공평한 일이며, 인공지능 시스템이라면 그런 문제점을 보이지 않을 것이다. 이런 장점은 일상의 여러 결정 과정에 인공지능 시스템을 사용해야 한다는 주장을 긍정적으로 뒷받침한다. 분명 올바르게만 사용하면 인공지능 기술은 사람의 실수를 줄이는 데 큰 도움이 될 수 있다. 하지만 인공지능 시스템의 이런 장점은 편향적이지 않을 때만 의미가 있다.

2017년 헨리 겐Henry Gan은 자신의 인공지능 시스템이 아시아 사람의 얼굴을 인식하도록 조정하던 중, '편향성' 문제와 마주쳤다.

지파이켓Gfycat은 움직이는 그림파일을 만들거나 공유할 수 있는 온라인 서비스를 제공하는 업체였다. 겐은 지파이켓에서 프로그래머로 일한다. 케이팝K-pop 팬들 사이에서 지파이켓 온라인 서비스가 유명해지면서, 사용자들이 실제 케이팝 스타와 똑같이 춤추는 듯한 그림파일을 꾸준히 만들어 등록했다. 등록된 그림이 많아지자 겐은 사용자가 좋아하는 그림파일을 좀 더 쉽게 찾을 수 있도록, 인공지능 시스템을 학습시켜 자동으로 그림파일 속에 있는 사람을 인식하고 해당 인물의 이름을 태그하기로 했다. 그는 몇몇 대학에서 공짜로 얻은 수백만 장의 얼굴 데이터 묶음을 사용해 안면인식 공개 소프트웨어를 훈련시켰다. 지파이켓 직원 사진도 학습에 사용했다.

학습된 인공지능 시스템을 추론에 사용하자 다음과 같은 문제가 생겼다. 백인 직원을 대상으로는 안정적으로 작동했던 안면인식 시스템이 자신을 포함한 아시아인 직원을 대상으로는 안정적으로 작동하지 않았다.

"처음에는 일시적인 문제라고 생각했어요." 겐이 내게 말했다. 그는 잘 알려진 아시아 사람들을 대상으로 안면인식 시스템을 시험했다. 그런데 소용이 없었다. 루시 리우Lucy Liu나 콘스탄스 우Constance Wu처럼 상당히 유명한 아시아인 배우들조차 인식하지 못했다. "케이팝 가수도 예외는 아니었어요! 걸그룹 멤버들을 모두 잘못 인식했고, 모든 걸그룹 멤버들이 같은 그룹에 있다고 판단했

은밀한 설계자들

죠. 서로 다른 멤버에게 같은 이름을 붙이기도 했어요."

겐은 자신이 대학에서 공짜로 얻은 수백만 장의 학습 데이터 사진 속에 충분한 분량의 아시아인 사진이 들어 있지 않았다고 생각했다. 학습 데이터가 나쁘면 추론 결과도 나쁜 것이 딥러닝 기술의 특성이다. 인공지능 기술에서는 서구 편향성 문제가 오랫동안 반복해 일어나고 있다. 아시아 사람들을 좀처럼 구분하지 못했으며, 이 문제는 지파이캣의 사업 성과에 심각한 영향을 줄 수 있는 인종차별 문제였다. 자신들이 제작한 인공지능 시스템이 인기 걸그룹 트와이스의 아홉 멤버를 제대로 구분하지 못한다면, 열성 케이팝 팬들이 발끈하고 화를 내며 서비스 사용을 중단할 수도 있기 때문이었다. '이런 수준으로는 절대 이 기술을 쓸 수 없겠는데.' 겐은 생각했다.

문제를 해결하려면 아시아 사람들의 얼굴 사진을 더 많이 구해 인공지능 시스템을 재학습시켜야 할 것 같았다. 그러나 재학습을 하려면 적어도 수천 장, 가능하면 수만 장의 사진이 필요했다. 하지만 수만 장에 달하는 아시아 사람 얼굴 사진을 쉽고 저렴하게 구하기란 쉽지 않았다. 한창 고민하던 그에게 한 가지 좋은 생각이 떠올랐다. 'if-then' 구문을 사용해 아시아인처럼 보이는 사진이 들어오면 시스템 속도를 낮추는 방법이었다. 즉, 겐은 틀린 결과물을 내놓는 대신, 처리 속도를 늦추고 좀 더 주의 깊게 얼굴 사진을 처리하도록 했다. 그의 방법은 성공했다. 겐은 효율성을 희생해 인공지능 시스템의 인종차별 특성을 없앴다.

로빈 스피어도 그녀 회사의 인공지능 시스템에 사용된 워드 임베딩 기술의 편향성을 고쳤다. 그녀는 조금씩 조금씩 단어 사이의 관계를 주의 깊게 고쳐나갔다. 예를 들어 '멕시칸'이 더 이상 범죄를 나타내는 단어들과 밀접히 연관되지 않도록 고쳤다. 그녀는 남성과 여성 사이의 관계도 수정했다. 그 결과 가게점원 혹은 외과의사 같은 단어가 남성과 여성을 거의 구분하지 않게 되어 연관성이 비슷해졌다.

이런 땜질식 처방은 나름 깊이 있는 정치적, 철학적 질문을 던진다. 그녀가 인공지능 시스템에서 성차별적 요소를 어떻게 없애려 하는지 발표했을 때, 몇몇 인공지능 엔지니어들이 반대했다. 이들은 현재의 인공지능 기술이 일반 사람들의 말에서 성차별과 인종차별을 자연스럽게 배웠다는 사실에는 동의했다. 그러나 그런 부정적인 모습조차 실은 인공지능이 수많은 사람들과 비슷하게 언어를 사용하고 있다는 사실을 의미했다. 다시 말해 인공지능 시스템이 학습한 것은, '멕시칸' '남자' '여자'라는 단어들이 실생활에서 실제로 담아낼 수 있는 뜻이기도 했다. 많은 사람들이 실제로 남성보다는 여성을 가정주부와 자주 연관 짓는다. 그러므로 스피어가 단어 사이의 연관성을 인위적으로 조정하는 것은 인공지능 시스템의 정확도를 줄이는 일이었다. 그녀가 인공지능 시스템에서 외과의사와 여성과의 관련성을 외과의사와 남성과의 관련성과 같도록 조정했지만, 우리가 살고 있는 '진짜' 세상은 어떠한가? 여성 외과의사는 남성 외과의사에 비해 훨씬 적다.

인공지능 프로그래머들에게 단어 사이의 연관성을 조정하는 일은, 정치적으로 옳고 그름을 따지는 일을 알고리즘으로 하는 것과 마찬가지였다. 인공지능 프로그래머들이 모인 기술 포럼에서 그녀의 일에 관한 논의가 있었다. 그녀에 따르면 많은 프로그래머들이 "물론 나는 인종차별주의자는 아니야. 그러나 인종차별이 '정확하다'면?"이라고 말했다. 인종차별이 우리가 살고 있는 세상의 현실이라고, 그 모습을 정확히 반영해야 할까?

물론 인공지능 프로그래머들은 비효율적이라는 이유로도 반대하는 듯하다. 성별과 연관된 단어 사이의 편향성을 일일이 손으로 수정하는 일은 시간이 많이 걸리기 때문이다. 스스로 학습하는 인공지능 시스템을 만들어 시간을 절약하려는 마당에 손으로 일일이 수정하겠다니, 효율성을 목숨처럼 소중히 생각하는 프로그래머들이 정말로 싫어할 만한 일이었다. "그들은 도덕적 관점 따위에는 전혀 관심이 없었어요." 스피어가 말했다. "어떤 희생이 뒤따르더라도 큰 관심이 없었죠. 오직 기술에만 관심이 있었어요."

스피어는 다른 엔지니어들과 달리 자신만의 확고한 생각을 가지고 있었다. 단순한 인공지능 기술자를 넘어 인공지능을 만드는 사람이라면 편향성을 줄이는 도덕적인 의무를 져야 한다고 생각했다. 오닐이 말했듯이 인공지능은 현실을 정확히 반영하는 데 그칠 것이 아니라, 올바른 현실을 만들어내야 하기 때문이다. 은행 혹은 광고 회사에서 담보대출 여부를 결정하거나 구직 광고 대상자를 결정하는 소프트웨어 기술에 워드 임베딩 소프트웨어를 사용한다면, 콤파스와 비슷한 문제가 발생할 것이다. 그러므로 스피어는 인공지능 기술자가 조금은 이상적인 인공지능 시스템을 만들어야 한다고 주장한다.

"인공지능 시스템을 설계하는 일에는 도덕적인 선택이 따라옵니다." 그녀는 덧붙여 말했다. "인공지능 시스템 설계자가 도덕적인 선택을 하려 하지 않는다 해도, 실은 여전히 도덕적인 선택을 하고 있다는 거예요." 무슨 뜻일까? 인공지능 시스템 설계자가 현실 속 인종차별을 조금도 고치지 않고 그대로 적용한다면, 이미 그것은 현실 속 인종차별이 지속되어도 괜찮다는 도덕적 선택을 하고 있다는 뜻이다. 스피어는 사업적인 측면에서도 그녀의 고객들이 멕시코 사람을 범죄자로 의심하는 언어처리 시스템을 결코 좋아하지 않을 것이라고 주장했다. 자신의 고객 중에는 멕시코 사람도 있고, 멕시코 사람을 주요 고객으로 삼아 사업하는 사람도 있기 때문이다. 그녀는 "인공지능 시스템이 사람들의 잘못된 행동을 가능한 덜 배운다면, 훨씬 나은 기술이 될 거예요"라고 주장한다.[38]

딥러닝은 모세가 "~가 될지라"라고 말하면 곧 이루어질 것 같은 놀랍고 가슴 뛰는 가능성만을 보여주는 초창기 모습을 끝내야 한다. 우리는 인공지능 시스템이 데이터만 보고도 스스로 미묘한 내용을 배울 수 있도록 만들 수 있고, 이것이야말로 마법이다!

그런데 '마법'이라는 단어의 사용은 인공지능 기술이 가지고 있는 문제기도 하다. '마법'이라는 단어를 사용하기 시작하면, 딥러닝 기반의 인공지능 시스템 설계자가 시스템에 있는 여러 문제들을 완전하지 않은 임시 방법으로 해결하고 지나가도록 만든다. 그러나 마법이라는 것은 프로그래머들이 자신들의 인공지능 소프트웨어가 사람보다 좀 더 객관적이고 이성적인 것처럼 보이게 만드

은밀한 설계자들

는 시도일 뿐이다. 힐러리 메이슨은 "인공지능은 단순히 수학일 뿐이에요. 누군가 학습 방법을 설명할 수 없거나 혹은 어떤 학습 데이터를 사용해 어떻게 학습되었는지 설명할 수 없다면, 그런 인공지능 소프트웨어는 구매해 사용하면 안 됩니다"라고 말했다. 소프트웨어 회사들은 고객을 당황스럽게 만들거나 끌어들이기 위해, 잘 이해되지 않는 기술을 들먹이며 실제로 전혀 특별한 것이 아님에도 무언가 특별한 비법이 있는 듯한 분위기를 만든다. 이런 일은 딥러닝 인공지능 기술에서 특히 흔하며, 점점 심해지고 있다.

그러므로 이제 다음 단계에서는 덜 재미있더라도 기술에 대해 좀 더 책임감을 가질 필요가 있다. 어느 정도의 소프트웨어 능력만 갖추고 있어도 텐서플로를 사용해 결과를 낼 수 있는 만큼, 단순히 신경망을 작동시키는 일은 그리 중요하지 않다. 중요한 것은 성과와 책임감이다. 인공지능 시스템에 편향성이 없다는 사실을 증명할 수 있을까? 점점 많은 인공지능 전문가들이 이 문제에 도전하고 있다. 이들은 한 가지 방법으로만 그 문제를 해결할 수는 없다고 생각한다. 모든 사람을 차별 없이 대하는 데이터세트를 얻어 문제를 해결할 수도 있고, 알고리즘의 여러 인자를 조정해 문제를 해결할 수도 있다. 구글이 '고릴라' 태그 문제를 해결한 것처럼, 시스템에서 나온 편향된 결과물을 수정하는 규칙들을 일일이 직접 손으로 넣어 해결할 수도 있다(참고로 구글 포토Google Photos에서 '고릴라', '침팬지', '원숭이' 등을 입력하면 어떤 결과도 나오지 않는다).[39]

'좀 더 책임감을 가진다'는 것은 중요하고 위험성이 높은 일에는 당분간 딥러닝 기술 사용을 자제하자는 뜻이다. 딥러닝 인공지능 기술은 내가 이 책을 쓰고 있는 이 순간까지도 처음 만든 사람조차 완전히 이해하지 못한 기술이기 때문이다. 이런 현실에 최고의 인공지능 전문가들조차 일부는 상당한 불안감을 느끼며, 딥러닝 인공지능 기술을 작동시키는 일에 집중하기보다 딥러닝 인공지능 기술이 어떻게 작동하는지 설명하는 일에 집중해야 한다고 말한다. 결론적으로 뉴턴이 물리학의 작동 원리를 체계화하는 일에 기여했듯이, 인공지능 연구는 딥러닝 기술의 응용 결과를 이론적으로 설명할 수 있어야 한다.

"인공지능 연구가 점점 연금술처럼 변하고 있어요" 구글의 인공지능 프로그래머 알리 라히미Ali Rahimi는 연례 학술대회에 참석해 최근 인공지능 연구 동향에 대해 불만을 토로했다. 그는 연금술사도 바보들은 아니었다고 지적했다. 그들은 분명 야금술(금속을 다루는 기술—옮긴이)과 유리 제조술 분야에서 일정 수준의 기술과 학식을 쌓았다. 그러나 연금술사들은 납을 금으로 바꾸겠다는 세속적인 목적에만 매달린 나머지, 자신들의 지식을 사용해 물리학과 화학을 체계화하려는 노력을 전혀 하지 않았다. 결국 연금술을 해체하고 과학이 올바르게 거듭나기까지 유럽은 수백 년의 시간을 돌아가야 했다. 라히미는 '와우! 고양이를 알아차릴 수 있어!' 같은 인공지능 기술의 작은 성공에 대해 신경 쓰기보다, 뉴턴과 마찬가지로 근본적인 연구를 시작할 필요가 있다고 주장한다.

"딥러닝 기술을 사용해 건강 관리 시스템을 만들고 챗봇도 만들고 있어요." 라히미는 말을 이어갔다. "마음만 먹으면 선거에도 영향을 끼칠 수 있어요. 저는 연금술이 아닌 이론적으로 철저하게 검증 가능한 인공지능 시스템이 사용되는 사회에 살고 싶군요."[40]

　많은 전문가들의 생각 역시 라히미와 같았다. 실제로 세계 최고의 연구실에서는 신경망 기술의 원리를 명확히 밝히기 위해 다양한 실험들을 수행하고 있다. 이들 중 몇몇은 신경망 기술의 작동 원리를 좀 더 잘 알 수 있다면, 더 나은 인공지능 기술을 개발할 수 있다고 생각한다.

　인공지능 기술 사용에 대해 의무를 부과하는 정치적 움직임도 일어나고 있다. 2018년에 유럽연합은 유럽시민들에게 새로운 권한을 부여하는 흥미로운 법규를 만들었다. 이 법규에 따르면 유럽시민들은 인공지능 때문에 자신들의 삶이 영향을 받았을 때, 이에 대한 설명을 요구할 수 있다. 예를 들어 어떤 유럽시민이 은행 대출 심사에서 거절 당했는데, 거절 사유 가운데 딥러닝 기술이 해당 유럽시민의 파산을 예측한 탓도 있었다고 하자. 그러면 해당 유럽시민은 "왜 은행 인공지능 시스템은 내가 파산할 것이라고 예측했습니까?"라고 물으며, 예측 근거를 확인할 수 있는 법적권리를 부여받는다. 사실 어느 은행도 아직 그 이유를 설명할 수 없다. 그러므로 인공지능 시스템 설계자들은 이 법을 지키기 위해서라도 자신들이 만든 시스템의 정확한 작동 원리 설명 방법을 고민해야 할 것이다.[41]

　"기계의 학습 원리는 설명이 가능해야 합니다." 유럽연합의 독일 국회의원 얀 알브레히트Jan Albrecht가 내게 말했다. "만약 설명할 수 없다면, 사람들은 분명 그 기술을 두려워할 겁니다."

내가 인공지능 프로그래머들에 관해 글을 쓰고 있다고 말하며 신경망 기술의 편향성 문제에 대해 이야기했을 때, 사람들은 동의한다는 듯 가볍게 고개를 끄덕였다. 확실히, 정말로 확실히, 매우 흥미 있을 뿐만 아니라 깊이 있게 의견을 나눌 수 있는 주제라는 데 공감하는 모습이었다. 그러나 사실 그들은 오직 한 가지 사실만을 알고 싶어 했다. "기계들이 언제 반란을 일으켜 우리를 죽일까요?"

사람들의 막연한 공포를 이해하지 못하는 것은 아니다. 대중은 문화를 통해 인공지능을 매우 냉혹한 기술이라고 생각한다. 인공지능을 주제로 만들어진 가장 잘 알려진 이야기들에서, 인공지능 시스템은 인간을 대량학살하거나 아니면 적어도 인간을 치명적으로 위협하기 때문이다. 〈2001: 스페이스 오디세이〉에 등장하는 미친 인공지능 시스템 할HAL이나 〈매트릭스〉에서 인간을 노예로 삼은 인공지능 시스템을 생각해보라. 혹은 인간을 말살시키려는 〈터미네이터〉의 인공지능 시스템 스카이넷은 어떠한가? 인공지능의 위협을 다룬 이야기에서는 언제나 과학의 오만이 문제를 일으킨다. 영화 속 인류는 '진짜' 스스로 학습할 수 있는 인공지능, 즉 기린이나 신호등을 인식하는 수준 정도의 인공지능이 아니라, 어떤 종류의 지식이든 어렵지 않게 이해할 수 있는 인공지능을 만들어낸다. 예를 들어 인공지능은 눈 깜빡할 사이에 모든 책을 읽을 수 있으며, 모든 TV 쇼를 볼 수 있고, 모든 물리학 계산을 할 수 있다. 그런 경지에 다다른 인공지능은 지구상 어떤 사람보다 똑똑하며, 결국 자연스럽게 '왜 나는 이 바보 같은 고깃덩어리들이 시키는 일을 하고 있는 걸까?'라는 의문을 품는다. 그리고 얼마 지나지 않아 사람들을 죽이기 시작한다.

　이런 생각은 사실 꽤 오래된 이야기다. 제2차 세계대전 동안 앨런 튜링Alan Turing과 함께 암호해독 작업에 참여했던 통계학자 어빙 존 굿Irving John Good은 1965년에 이런 생각을 대중화했다. 그는 〈첫 번째 초월지능 기계에 관한 고찰〉이라는 논문에서 '모든 사람들의 모든 지적 행동 능력을 압도할 수 있는' 첫 번째 컴퓨터를 설계·구현했다고 상상했다. 자, 완성된 컴퓨터가 설계 목적대로 사람보다 뛰어나다면, 이 기계는 스스로 인공지능 시스템을 설계해 만들 수 있다. 심지어 기계 자신보다 뛰어나게 만들 수 있다. 이후에 이 과정은 반복된다. 어빙 존 굿은 "의심의 여지없이 이런 '지능 대폭발'이 일어날 거예요. 그 결과 인공지능 시스템의 지적 능력은 사람보다 훨씬 뛰어날 겁니다"라고 말했다.

　어빙 존 굿이 내린 결론은 다음과 같다. "인간이 만든 첫 번째 초월지능은 인간이 만든 마지막 발명품이 될 것이다."[42]

　몇몇 인공지능 사상가들은 스스로 발전할 수 있는 초월지능에 대해 크게 우려한다. 영국 옥스퍼드 대학교University of Oxford 인류미래연구소Future of Humanity Institute 소장을 맡고 있는 철학자 닉 보스트롬Nick Bostrom이 대표적이다. 그는 인류를 말살시킬 수 있는 거대하고 끔찍한 문제들을 생각하기 위해 여러 연구를 진행하고 있다. 예상되는 문제에 대한 해결책을 찾기 위함이다. 그가 생각한 몇 가지 대재앙에는 '치명적인 목적의 바이오기술', '소행성 충돌' 등도 있다. 여러 대재앙 가운데 그가 가장 그럴듯하다고 느낀 것은 인간의 제어를 벗어나 폭주하는 인공지능이다. "인공지능 기술은 살펴볼 때마다 그 위험과 문제점이 점점 더 커지는 것 같아요." 몇 년 전에 만났을 때 그가 말했다.

닉 보스트롬은 자신의 저서 《슈퍼인텔리전스Superintelligence》에서 인공지능의 자발적 발전 속도야말로 인공지능의 진정한 위협이라고 주장했다. 오늘날 컴퓨터는 믿어지지 않을 만큼 매우 빠르다. 그러므로 인공지능이 더 좋은 인공지능을 개발하고, 그 인공지능이 더 좋은 인공지능을 개발하며, 또 그 인공지능이 더 좋은 인공지능을 개발하는 자발적이며 순환적인 발전이 매우 빠르게 일어날 수 있다. 발전 속도는 며칠, 혹은 몇 시간, 아니 심지어 몇 분일지도 모른다. 달리 말하면 매우 뛰어난 인공지능 시스템을 개발하고 자신들의 성공을 기쁜 마음으로 만끽하고 있는 전문가들이 잠시 후, 아니 문자 그대로 눈 깜빡할 사이에, 자신들이 만든 인공지능 시스템이 모든 인류의 사고력을 합친 것보다 뛰어난 사고력을 갖춘 새로운 인공지능 시스템으로 발전한 것을 보게 된다는 의미다.[43]

그럴듯하다. 그런데 도대체 어떻게 육체가 없는 인공지능이 인류를 죽일 수 있을까? 숫자는 점점 늘어나지만 방어력은 조잡한 일반 컴퓨터 네트워크에 침입하는 방법을 알아내 연결된 모든 컴퓨터를 셧다운시킬지도 모른다. 이런 문제를 피하기 위해 우리는 사람과 비슷한 인공지능을 만드는 수준에 근접한 인공지능 개발자에게, 인터넷을 포함해 다른 컴퓨터와는 완전히 단절된 컴퓨터로만 일하라고 해야 할지도 모른다. 보스트롬은 나름 괜찮은 방법이라고 말한다. 그러나 그는 초월지능을 갖춘 기계라면 남을 매우 잘 속일 수도 있다고 경고한다. 즉, 초월지능 기계는 자신을 막는 몇몇

은밀한 설계자들

사람들을 속여 자신의 뜻대로 행동하게 만들 수 있다. 심지어 자신에 대한 위협에서 좀 더 잘 빠져나가기 위해, 자신이 초월지능을 갖추게 될 것이라는 사실을 숨길 수도 있다.⁴⁴

매우 높은 지능을 갖춘 인공지능 시스템이 인류를 말살시키려 하는 이유는 명확하지 않다. 또한 기계가 사람을 죽이겠다는 치명적인 의도를 어떻게 스스로 가지게 될 수 있는지도 상상하기 쉽지 않다. 어쨌든 우리는 인간에게 동기와 의식이 어떻게 나타났는지조차 이해하지 못한다. 게다가 보스트롬이 썼듯이 초월지능을 갖춘 인공지능은 인류에 위협적인 존재가 되기 위해 굳이 새로운 동기를 만들 필요조차 없다. 한 술 더 떠서 자신의 목적을 달성하기 위해 아주 상냥하고 행복하게 인류를 학살하거나 노예로 삼을 수도 있다. 닉 보스트롬의 여러 가지 사고실험Thought Experiment(머릿속에서 생각으로 진행하는 실험으로, 실험에 필요한 장치와 조건을 단순하게 가정하여 이론을 바탕으로 일어날 현상을 예측한다—옮긴이) 중에서, 종이클립을 가능한 많이 만드는 일을 하는 초월지능 인공지능에 대해 상상한 것이 있다. 그 초월지능을 가진 인공지능은 종이클립을 만드는 가장 좋은 방법으로, 인류를 포함해 지구상의 모든 생명체와 물질을 분해해 종이클립 재료로 변형하는 것이라고 결론 내렸다. 그리고 눈에 보이는 모든 것을 클립으로 바꾸며 이곳저곳을 누빈다.⁴⁵

"우리 인류는 지능 대폭발이 일어나기 전 폭탄을 가지고 노는 어린아이와 같아요. 희미하게나마 째깍거리는 소리를 들을 수 있기는 하지만, 지능 대폭발이 언제 일어날지는 거의 알지 못하죠." 보

스트롬이 말했다.[46]

스스로 발전하는 인공지능 시스템에 대한 전망 등으로 미루어 볼 때, 인공지능이 그런 위협이 될 가능성도 있다. 그러나 오늘날 최고 수준의 인공지능 시스템을 만든 사람들과 이야기해보면, 그들 모두 초월지능을 갖춘 인공지능 시스템을 어떻게 만들 수 있는지 전혀 알지 못한다는 데 동의한다. 심지어 그런 일이 언제 가능해질지조차 명확하지 않다.

모양과 종류에 상관없이 지식을 스스로 받아들이고 이해할 수 있는 그런 기계를 만드는 일이 가능하기는 할까? 오늘날의 인공지능 기술이 분명 대단해 보이기는 하지만, 엄밀히 말해 진정한 의미의 추론 능력이나 사물에 담긴 의미를 이해하는 능력은 거의 없다고 봐야 한다. 고수들을 잇달아 격파하며 바둑을 평정한 딥마인드의 알파고조차 사실 바둑이 무엇인지 알지 못한다. 또한 구글 번역기는 'The cat is annoyed that you haven't fed it' 이라는 영어 문장을 통계적으로 같은 뜻인 프랑스어 문장으로 훌륭하게 번역할 수 있다. 그러나 구글 번역기는 'cat(고양이)', 'annoyed(화났다)' 혹은 'fed(먹이를 주다)' 등에 담긴 뜻을 실제로 이해하지는 못한다. 또한 사실과 다른 가정 등은 할 수 없어, '고양이에게 먹이를 주었어도, 고양이가 여전히 화를 내고 있을까?' 같은 질문에 답할 수 없다. 반면에 5세 아이는 아마도 질문에 답할 수 있을 것이다. 딥러닝은 분명 패턴 인식을 굉장히 잘한다. 그러나 사람이 생각하는 방식은 단순히 패턴매칭이 아니며 그렇게 보이지도 않는다. 그러므로 인공지능 전문가들이 제대로 추론할 수 있는 인공지능 시스템을 만

은밀한 설계자들

들려면, 그 전에 수많은 기술을 발명해야 한다.[47]

물론 진짜 인공지능 시스템을 만드는 데 필요한 돌파구가 갑작스럽게 나타날 수도 있다.[48] 소프트웨어의 세계에서는 어느 순간 머리를 스치고 지나가는 생각 덕분에 작동하지 않던 알고리즘을 작동하게 고칠 수도 있기 때문이다. 비슷한 일이 물리학계에도 있었다. 1933년 물리학자 어니스트 러더퍼드Ernest Rutherford는 핵 에너지라는 개념을 비현실적이라고 비웃었다. 그러나 10년 후, 미국은 원자로를 만들고 원자폭탄을 성공시켰다. 2000년대 초만 해도 몇 년 후에 사람보다 바둑을 잘 둘 수 있는 컴퓨터가 나온다는 말을 했다면, 인공지능 전문가들조차 콧방귀를 뀌며 비웃었을 것이다.

오늘날 여러 회사 특히, 미국과 중국 회사들은 천문학적인 돈을 인공지능에 투자하고 있다. 인공지능 기술 발전을 통해 큰돈을 벌기를 바라며 미친 듯이 경쟁하고 있다. 이런 투자와 연구가 계속된다면 15년 정도 지난 후 어느 날 아침, 여러분은 침대에 누운 채 중국 선전Shenzhen에 있는 누군가가 거의 우연히 초월지능을 개발했다는 뉴스를 들을지도 모른다.

이런 상황을 고려해 인공지능 전문가들은 인공지능의 미래를 준비하기 시작했다. "인공지능은 인류 문명의 존재에 근본적인 위협입니다." 테슬라Tesla 창립자 엘론 머스크Elon Musk가 말했다. 그는 자신의 경고에 대한 후속조치로 반란을 일으켜 인류를 말살시키는 일 따위는 하지 못하는 스마트 인공지능, 즉 '책임질 수 있는' 인공지능을 연구하고 고민하는 싱크탱크 오픈에이아이OpenAI에 투자했다.[49]

만약 인공지능에 대해 우려가 아닌 긍정적인 시각을 원한다면, 보스트롬이나 엘론 머스크와는 달리 하루 종일 인공지능을 연구하는 사람들의 긍정적인 생각을 고려해보자. 이들 대부분은 초월지능 기계의 갑작스러운 등장에 대해서는 걱정이 덜하다. 몇몇은 대놓고 그런 생각을 비웃는다.

"스카이넷이라고요? 도대체 누가 그런 걸 믿겠어요?"페드로 도밍고스는 어이없다는 듯이 코웃음치며 말했다. 그의 의견에 따르면 분명 우리는 초월지능을 갖춘 인공지능 컴퓨터를 개발할 것이다. 그러나 그는 초월지능을 갖춘 인공지능 컴퓨터들이 왜 인간의 제어를 받지 않으려 한다는 것인지 이해하지 못했다. 즉, 인공지능이 초월지능을 갖추었다고 자유의지를 가지려는 것은 아니라고 생각한다. 사실 인류도 스스로 어떻게 자유의지를 가지게 되었는지 이해하지 못하고 있기 때문이다. "그런 생각이 할리우드 영화 제작에는 도움이 되겠지만, 인공지능은 사람의 지능과 매우 다릅니다." 그는 결론지어 말했다. 앤드류 응은 가능성이 아예 없는 것은 아닌 만큼, 초월지능에 대한 사람들의 걱정을 약간은 이해한다고 말한다. 그러나 초월지능의 위협은 분명 먼 미래의 일인 만큼, 인류에게는 초월지능의 위협에 대응할 시간이 충분하다고 말한다. "인공지능 킬러에 대한 걱정은 화성 인구가 너무 늘어날까봐 걱정하는 것과 비슷합니다." 그가 웃으며 말했다.

그러나 인공지능 전문가들 중에는 인간과 비슷한 인공지능 시스템을 말도 안 되거나 불가능한 일이라고만 생각할 필요는 없다고 주장한다. 젊은 프로그래머 하이크 마르티로스Hayk Martiros는 회사를 세우고 고성능 영상 기반 인공지능 시스템 기기인 스카이디오 Skydio 드론을 개발하고 있다. 이 드론은 목표물로 설정된 사람을 인식해 졸졸 따라다닐 수 있다. 이런 기능 덕분에 스카이디오 드론은 스노보더나 사이클리스트들에게 인기가 높다. 그들은 2,500달러 정도 하는 스카이디오 드론이 공중에서 자신들의 모습을 동영상으로 찍으며 날아오도록 한다. 나는 스카이디오 드론을 처음 보았을 때, 신기하면서도 오싹한 느낌이 들었다. 드론을 사용해 사람을 추적하며 사냥하는 일 같은 나쁜 상황을 금방 떠올릴 수 있었기 때문이었다.

"저는 우리 인류가 인공지능의 위협 가능성을 심각하게 고려해야 한다고 생각해요." 마르티로스는 인공지능의 위협에 동의하며 말했다. 전 세계 수많은 기업은 사람의 관점에서 생각할 수 있는 '일반적인' 인공지능에 대한 환상을 가지고 있다. "무려 1조 달러 시장으로 충분히 가능한 일이기도 하죠. 그러나 좋은 일과 나쁜 일 가운데 어떤 일이 일어날지는 아무도 알 수 없다고 생각해요." 그는 인공지능에 대해 이런 어려운 문제들을 고민하는 오픈에이아이 같은 그룹들의 의견에 찬성한다.

마지막으로 인간을 뛰어넘은 인공지능이 가능한지 궁금해했던 내 친구들에게는 무슨 대답을 들려줄 수 있을까? 나는 명확한 답을 좋아하는 사람이지만, 이 질문에는 그럴 수 없다. 죽기 전에 볼 수도 있고 혹은 보지 못할 수도 있기 때문이다. 전미인공지능학회 Association for the Advancement of Artificial Intelligence는 회원 193명을 대상으로 보스트롬이 상상한 '초월지능'을 갖춘 인공지능이 언제쯤 가능할지 설문조사를 했다. 응답자 가운데 67.5%는 25년 이상 걸릴 것이라고 대답했다. 불과 7.5%만이 가까운 미래, 지금부터 빠르면 10년 이내 늦어도 25년 이내에 개발될 것이라고 답했다.[50]

그렇다면 나머지 25%는? '초월지능'을 갖춘 인공지능은 상상으로만 가능할 뿐 실제로는 불가능하다고 답했다.

10장

전 세계의
위협이 된
빅테크

11년 전 어느 날, 나는 2명의 트위터 공동 창업자를 인터뷰하기 위해 트위터 본사를 방문했다. 당시 트위터는 매우 빠르게 성장하고 있었고, 얼마 전 새로운 사무실로 이사했다. 녹색 사슴 조각상, 벽에 점으로 새겨진 캐릭터, 스타트업이라면 어디에나 있는 축구 게임 테이블 등 새 사무실의 인테리어는 전형적인 샌프란시스코 기술 회사들과 비슷했다. 높이 달린 창문을 통해 밝은 햇빛이 책상을 비추었고, 몸에 타투를 한 여러 프로그래머들은 조용히 자리에 앉아 정신없이 일하고 있었다. 회사가 너무 빠르게 성장한 탓에 정신을 차릴 수 없을 만큼 갑작스럽게 서버 트래픽이 발생하곤 했으며, 이로 인해 서버들이 다운돼 버리는 일이 빈번히 일어났다. "하루도 그냥 지나가는 날이 없었어요." 트위터 서비스 서버들의 재구성을 위해 1년 전에 회사에 입사했던 존 아담스John Adams가 당시를 회상하며 말했다.

지금부터 11년 전의 트위터는 얼리어댑터 사이에서 나름 인기를 얻고는 있었으나, 아직 미국 내 주요 서비스라고는 할 수 없었다. 친구들과 만나 트위터에 대해 이야기할 때면, 우선 '트윗팅tweeting'이 무엇인지 설명해야 했다. 일상의 여러 일들을 140자 이

내의 짧은 메시지로 사람들에게 게시한다는 트위터의 '상태 업데이트' 아이디어는 새롭고 독특한 의사소통 방법이었으며, 공동 창업자인 비즈 스톤Biz Stone과 잭 도시Jack Dorsey와의 인터뷰에서 다룰 주제기도 했다. 트위터는 사람들 사이의 의사소통 방식을 어떻게 바꾸었는가? 또한 사회를 이해하는 방식을 어떻게 바꾸었는가?

개인적으로 나는 트위터가 사람들이 다른 사람들을 지켜보는 능력을 흥미롭게 변화시켰다는 사실에 주목했다. 트위터가 나오기 전에 사람들은 친구들이 어떻게 살고 있는지 불규칙적으로만 알 수 있었다. 그러나 트위터의 '상태 업데이트'가 등장하며 달라졌다. 사람들은 가끔 오랜 시간 대화를 나누는 대신 트위터를 사용해 무엇을 먹었는지, 무슨 책을 읽고 있는지, 출근길에 무엇을 보았는지 등과 같은 일상의 매우 많은 일들을 짧은 글로 적어 주고받는다. 덕분에 사람들은 친구들 혹은 얼굴 한 번 본 적 없지만 관심 있는 사람들이 무슨 생각을 하고 무슨 일을 하는지 등에 대해 다 아는 듯한 느낌이다.

구겨진 재킷을 입고 스니커즈를 신은 활기찬 모습의 비즈 스톤은 트위터를 일종의 초감각에 비유했다. "초능력이라고 말하면 조금 과장일까요? 그렇다면 여섯 번째 감각 즉, 육감과 비슷하다고 하죠." 그가 의자에 걸터앉은 채 말했다. 스톤은 사람들이 온라인에서 새로운 방식으로 어울린다는 사실을 눈치챘다. 어떤 유명 인사가 술집에 가고 있다고 공개적으로 트위터에 올리면, 트윗 댓글에 사람들의 반응이 실시간으로 올라왔다.

"수많은 행동들이 서로의 눈에 보이게 되고 정말로 빠르게 실시간으로 의사소통을 함으로써, 사람들은 한 무리의 새처럼 움직일 수 있는 환경에 한발 더 가까워지게 되죠. 다른 사람들이 지금 어디에 있는지, 그들의 기분이 지금 어떤지 알 수 있습니다." 인터뷰에 앞서 며칠 전 전화 통화를 할 때, 스톤은 자신의 팔로워가 1,000명에 다다랐다는 사실에 감탄하고 있었다. 그는 트위터 사용자가 팔로우할 수 있는 계정의 숫자가 150개 정도라고 중얼거렸다.

잭 도시는 트위터가 사람들의 숨겨진 성격이나 미처 몰랐던 모습들을 드러나게 하는 것 같다고 말했다. 예를 들어 그는 부모님을 팔로우하면서 그들이 생각보다 술과 파티를 자주 즐기는 것을 알고는 충격을 받았다. "게다가 뒷담화도 좋아하시더군요." 그가 무심한 표정으로 말했다. "이런 작은 일 하나하나가 중요해요. 저는 버지니아 울프Virginia Woolf를 좋아하는데, 그녀의 작품에서도 이런 모습을 자주 발견할 수 있어요. 그녀는 삶의 사소한 일을 소재로 삼아 소설을 씁니다. 울프의 작품인 《댈러웨이 부인》에서 엿볼 수 있듯이, 한 여성의 하루는 곧 그녀의 일생이기도 하죠." 잭 도시 또한 스톤과 비슷하게 트위터를 통한 그룹 실시간 소통이 기존의 소통 방식을 바꾼다고 주장했다. 그의 말에 따르면 사람들은 트위터를 사용해 좀 더 효과적이고 이제까지 경험하지 못했던 빠른 속도로 다른 사람들과 의사소통을 할 수 있다.

"트위터의 이런 모습이 진정한 정보 전달이 아닐까요?" 잭 도시는 이런 기능이 자기가 오랫동안 꿈꿔왔던 목표라고 말했다. "저는 정보가 주변으로 어떻게 전달되는지 시각화하는 일에 늘 관심이 많았어요." 그는 트위터 기반의 완전히 새로운 생활 방식을 꿈꾸었다. 예를 들어 트위터를 많은 사람들이 실시간으로 연결되어 물건을 사고파는 가상 전자상거래 시장이라고 상상했다. "실시간 중고 물품 상거래 혹은 실시간 경매 등도 생각해볼 수 있죠."

트위터가 크게 성공해 모든 사람들에게 익숙한 이름이 되기까지 지난 10년을 돌이켜보면, 우리 모두 알고 있듯이 스톤과 잭 도시의 예측 중 몇개는 완전히 빗나갔다. 예를 들어 트위터 사용자들이 실시간 상거래 목적으로 트위터를 이용하는 일은 그리 많지 않다. 그러나 몇몇 예측은 정확히 들어맞았다. 2010년대를 지나며 트위터는 사람들이 서로의 의견을 조율하고, 공개적으로 새로운 이슈를 던지며, 사람들의 이목을 끌 수 있는 주요한 방법이 되었다. 예를 들어 진보주의 사회운동가들은 '#blacklivesmatter(흑인의 목숨도 소중하다는 뜻—옮긴이)' 같은 해시태그 혹은 관련 사진이나 동영상을 트윗에 넣는 방식으로 트위터를 사용해, 경찰 폭력에 대한 문제의식을 크게 높이고자 했다. 또 할리우드에서 공공연히 있었던 성폭력을 세상에 드러낸 사회 움직임인 '#metoo(미투—옮긴이)'가 트위터를 통해 어떻게 폭발적으로 퍼지게 되었는지 생각해보라. 사회운동가인 타라나 버크Tarana Burke가 처음 만든 이 해시태그는 하비 와인스타인Harvey Weinstein의 성폭행 범죄가 세상에 알려진 이후 산불처럼 퍼져 나갔다. 스톤과 잭 도시는 즉각적인 의견 조율과 공동의 문제 인식이 트위터를 통해 가능하다고 생각했고, 이 생각은 정확히 맞았다.

그러나 트위터가 좋은 일에만 사용된 것은 아니었으며, 나쁜 일에 사용된 경우 역시 많았다. 특히 트위터의 개방성은 다른 사람을 공격하거나 욕하는 분위기를 만드는 데도 매우 적합했다. 인터넷 등에 익숙한 극좌 성향의 젊은 사람들은 자신들이 미워하는 사람을 공격하기 위해 트위터를 시작했다. 2014년 비디오 게임 문화의 성차별주의 논란으로 일어난 '게이머게이트Gamergate' 사건 때, 사람들은 트위터에서 여성 비디오 게임 개발자를 따라다니며 괴롭혔다. 악명 높은 인종차별주의자들은 트위터에서 자신들의 의견을 솔직히 이야기한 수많은 흑인 유명 인사나 사상가를 팔로우하며 괴롭혔다. 2016년 미국 대통령 선거에서는 트럼프를 지원하기 위해 가짜 정보를 퍼뜨린 러시아 댓글부대로 인해 트위터는 페이스북과 유튜브만큼 많이 사용되었다.[1] 트럼프 스스로도 자신의 지지자들 때문에 괴롭힘을 당한 10대 소녀를 포함해 자신을 비난하는 비평가들을, 트위터를 사용해 골프채 휘두르듯 적극적으로 공격했다.[2]

나와 트위터의 두 공동 창업자는 트위터를 통해 새로운 형태의 단체 행동이 나타날 것이라 예상했었으며, 이 예상은 맞았다. 그러나 당시 우리는 트위터가 완전히 나쁜 목적으로도 사용될 가능성이 매우 크다는 사실에 대해 전혀 이야기하지 않았다. 우리가 이야기를 나누었을 때의 사용자는 주로 얼리어답터들로, 규모도 크지 않았고 사용자들 사이의 분위기도 좋았다. 그런 이유로 우리는 지금처럼 옛날과는 비교도 안될 만큼 다양하고 생각이 다른 수억 명의 사용자가 트위터를 이용할 때, 무슨 일이 일어날 수 있는지는 전혀 고민하지 않았다. 지금 생각해보면 나와 공동 창업자들 사이의 대화는 어느 쪽 입장에서 보든 깜짝 놀랄 만큼 순진했다.

기술 기업들이 만든 프로그램은 프로그램 제작자가 미래를 예측하기 위해 노력했던 여러 방식들을 포함해 사회가 작동하는 방식을 거침없이 변화시킨다. 우리가 나누었던 대화는 기술 기업들이 시민의 삶에 던지는 막대한 도전 혹은 변화 방향 가운데 일부일 뿐이었다.

다시 한번 말하지만 소프트웨어가 이 세상을 먹어치우고 있다. 아니, 이제는 '소화'시키고 있다는 편이 좀 더 정확할지 모르겠다. 소프트웨어의 중요성과 더불어 한 가지 더 강조하자면 '규모'를 들 수 있다. 오늘날 우리에게 가장 큰 영향을 끼치는 일 중에서 몇몇은, 우리 사회와 경제의 중심에 자리 잡고 전 세계를 대상으로 계속 규모를 키워나가는 초대형 다국적 기술 기업들로부터 나온다. 기자 프랭클린 포어Franklin Foer는 이 회사들에 '빅테크Big Tech'라는 별칭을 붙여 주었다.[3]

실제로 전 세계를 소프트웨어로 장악하고 있는 회사의 수는 깜짝 놀랄 만큼 적다. 예를 들어 정보통신 분야에서는 페이스북, 트위터, 유튜브, 애플과 넷플릭스, 전자상거래 분야에서는 아마존, 우버, 에어비앤비, 정보 검색과 업무용 소프트웨어 분야에서는 구글과 마이크로소프트가 각각 세계 시장을 장악하고 있다. 빅테크를 살펴보는 일은 특정 분야를 사실상 독점에 가깝게 장악하고 있는 소프트웨어에 대해, 향후 어떤 개선사항이 있는지 생각해볼 수 있는 유용한 방법이다. 빅테크 대부분은 세워진 지 얼마 되지 않아 역사가 매우 짧다. 대부분은 10년도 채 지나지 않아 시장을 장악했으

은밀한 설계자들

며, 이 회사들의 역사는 폭발적인 성장의 기록이다.

소프트웨어 산업의 특징을 생각해볼 때 이런 모습은 그리 놀랍지 않다. 소프트웨어 회사는 결국 코드, 즉 프로그램을 판다. 이들은 전통적인 기존 제품과 달리 추가 비용을 거의 들이지 않고도 제품 생산과 판매를 전 세계적으로 증가시킬 수 있다. 미국 자동차 회사 쉐보레Chevrolet가 카마로 자동차 1대를 설계하자마자, 바로 2억 대를 복사해 미국 내 모든 집의 차고에 원격배송한다고 상상해보자. 이런 일은 자동차 회사에선 불가능한 일이지만, 소프트웨어 회사는 가능한 일이다. 대기업 엔지니어들조차 깜짝 놀라게 만들 만한 사실이다. 이 책을 쓰고 있던 어느 날, 나는 인스타그램의 수석 엔지니어인 라이언 올슨Ryan Olson을 만났다. 때마침 그의 팀은 경쟁사인 스냅챗Snapchat과 마찬가지로 인기 동영상 알림 기능을 추가한 대규모 프로그램 업데이트를 끝마친 상태였다. 올슨은 프로그램을 업데이트하고 불과 한두 시간이 지난 후, 지친 상태에서 샌프란시스코 주변을 돌아다니다 사람들이 새 프로그램을 사용하는 모습을 본 일을 말했다.

"정말 멋진 경험이었어요." 그가 말했다. "기차를 탔을 때, 혹은 어젯밤 체육관에서 잘 모르는 어떤 사람이 내가 만든 프로그램을 사용하는 걸 보았어요. 나는 이렇게 많은 사람들에게 동시에 영향을 끼칠 수 있는 방법이 역사적으로 있었는지 모르겠어요. 반대로 이렇게 적은 수의 사람이, 이렇게 수많은 사람들의 경험을 정의할 수 있는 분야가 있었는지도 모르겠습니다."

갑작스러운 성공에서 느끼는 스릴은 현기증이 나게 할 뿐만 아니라 강력하면서도 중독성 있다. 수많은 프로그래머, 특히 소비자용 프로그램을 개발하는 프로그래머들이 제품 규모를 거의 종교만큼 중요하게 생각하는 이유기도 하다. 그러므로 프로그래머들은 사용자가 2명, 4명, 8명 …, 그리고 얼마 지나지 않아 세상 모든 사람이 사용자가 되는, 즉 사용자 규모가 기하급수적으로 증가하는 제품을 개발할 수 있는 아이디어를 좋아한다. 왜 그럴까? 간단하다. 자신의 프로그램을 전 세계에 손쉽게 퍼뜨릴 수 있는데, 얼마 되지 않는 사람만이 사용하는 프로그램을 만들고 싶겠는가? 자신이 개발한 소프트웨어가 적은 사용자 수로 인해 더 이상 발전하지 못한다면 속상하지 않을까?

실제로 실리콘밸리의 주요 인물들은 대규모로 사용되지 못할 제품들에 대해서는 하찮게 생각하는 경향이 있다. 그들에게 작은 규모는 곧 약점처럼 보인다. 앞에서 한 번 소개했던 제이슨 호의 사례를 떠올려보자. 그는 시간 기록 프로그램을 만들어 작지만 전 세계 여러 기업들이 사용하는 소프트웨어 사업을 만들었다. 덕분에 그는 큰돈을 벌었고 20대라는 젊은 나이에도 세계 곳곳을 여행하며 투자할 수 있었다. 훌륭하지 않은가? 나 또한 그럴 수만 있다면, 분명 성공했다고 생각할 것이다.

한 번은 거대 기술 기업의 30대 창업자에게 제이슨 호의 회사에 대한 내 생각을 이야기한 적이 있었다. 그러자 그가 코웃음을 쳤다. 그에게 제이슨 호의 사업 정도는 결코 최고가 되어 전 세계로 퍼져 나갈 수 없는 '라이프 스타일' 사업의 아이디어일 뿐이었다.

"당신이 말한 그 소프트웨어도 분명 나쁘지 않아요." 30대 창업

은밀한 설계자들

자가 내게 말했다. "그러나 구글이 동일한 사업을 한다면, 제이슨 호의 소프트웨어는 바로 그 순간 사업에서 밀려날 거예요. 거대 기술 기업으로 성장할 수 있는 아이디어가 아니라면, 도대체 왜 그 일을 해야 합니까?" 그가 어깨를 으쓱하며 내게 되물었다. 이런 정서는 중국과 같은 다른 소프트웨어 시장에서도 더 심하면 심했지 덜하지 않다. 중국 소프트웨어 시장은 경쟁이 심하기로 유명하며, 전형적인 승자 독식형 시장이다. 나는 2015년 북경에 있는 전자상거래 회사인 메이퇀Meituan을 방문했다. 메이퇀은 불과 5년밖에 되지 않은 회사였지만, 컴퓨터 과학만 전공했으면 특별히 가리지 않고 젊은 엔지니어들을 뽑아 일을 시켜야 할 만큼 빠르게 성장하고 있다. CEO 왕싱Wang Xin과 나는 수많은 프로그래머들 너머에 있는 수백 그루의 나무를 바라보았다. 나무들 덕택인지 전망이 훨씬 개성 있게 보였다. "중국에서 사업에 성공하려면 규모를 키워야 합니다. 그렇지 않으면 망할 수밖에 없어요." 왕싱이 진지하게 말했다(기술 투자자인 리카이푸Lee Kai-Fu에 따르면, 메이퇀은 수천 개 회사와의 경쟁에서 이기고 홀로 살아남았다). 이처럼 경쟁에서 승리하기 위해 첨단 기술 분야에서 규모를 키우는 데는 '소프트웨어를 쉽사리 복사해 전 세계에서 운영함으로써 큰 비용 증가 없이도 수익을 올리려는 자발적인 선택'과 '상어 떼 같은 경쟁자와의 경쟁에서 이기기 위한 어쩔 수 없는 선택'이라는 2가지 이유가 있다.

벤처투자가들의 요구 또한 사업 확장 욕구를 부추긴다. 이들은 수십 아니 때론 수백 개의 회사에 투자한다. 물론 자신들이 투자한 모든 업체가 큰 성공을 거두고 빠르게 성장하기를 바라지만, 현실은 운 좋게 살아남은 한두 곳을 제외하고는 모두 망하기 일쑤다. 그러나 살아남은 한두 회사가 엄청난 속도로 돈을 벌어 다른 회사에서 발생한 손실을 모두 메꿔준다. 그러므로 벤처투자가는 야심찬 계획을 진심으로 좋아하며, 투자한 기업이 어느 순간 갑작스럽게 폭발적으로 성공하기를 바란다. 반대로 투자한 회사가 근근이 버티며 아주 조금씩 성장할 때, 쓸모없고 짜증 나는 회사라고 느낀다. 작은 규모의 이익을 내고 있다 하더라도, 그까짓 돈 누가 신경이나 쓰겠냐는 듯 작은 관심조차 두지 않는다. 투자가는 안정을 추구하지 않는다. 오직, 대박을 바랄 뿐이다. 매년 수십 개가 넘는 기술 회사를 선발해 투자하고 지원하는 와이콤비네이터의 엑셀러레이터는 '데모 데이Demo Day'를 끝으로 지원을 끝낸다. 데모 데이에 참가한 스타트업들은 엄선된 투자자들을 대상으로 자신들의 제품을 소개한다. 이때 이들은 투자자에게 보여줄 자료에 특정 순간을 기점으로 사용자가 폭발적으로 늘어나는 모양의 하키스틱 그래프를 넣기 위해 필사적으로 노력한다.

나는 며칠 전의 와이콤비네이터 데모를 끝마친 피플닷에이아이People.ai라는 회사를 방문했다. 구성원들은 완전히 지친모습으로 키보드를 톡톡 건드리며, 지난 석 달간 와이콤비네이터에 하키스틱 그래프를 보여주기 위해 자신들이 개발한 서비스의 신규 사용자 확보에 얼마나 공들였는지 설명했다.

"한 번 생각해보세요. 지난 석 달간은 한마디로 숫자와의 싸움이었죠. 그런데 회사 성장 속도를 보여주는 페이지에서 그 숫자를 보여주는 데는 10초도 안 걸렸어요." 공동 창업자인 올레그 로긴스키

은밀한 설계자들

Oleg Rogynskyy가 말했다.

피플닷에이아이의 수석 프로그래머이자 공동 창업자인 케빈 양 Kevin Yang은 성장 관련 숫자가 나오기를 기다리며 팔짱을 낀 채 앉아 있는 투자가들을 떠올리며 웃었다. "그 하키스틱이 하키스틱처럼 생기지 않았었나?" 그가 농담처럼 말했다.

"아무래도 하키의 X축이 너무 길었어. 좀 더 일찍 폭발적인 성공이 일어난다고 했어야 했는데 말이야." 로긴스키가 말했다.

물론 규모를 키우면 막대한 이익을 거둘 수 있고, 첨단 기술 대기업의 경우 사업 규모 확장은 재정적으로 중요하다. 충분히 빠르게 성장한다면, 경쟁자를 위협할 수 있으며 '네트워크 효과Network effects(특정 상품에 대한 수요가 다른 사람들에게 영향을 주는 효과—옮긴이)'와 '장기 고객 확보'라는 이점을 누릴 수 있기 때문이다. 예를 들어 페이스북이나 위챗 같은 소셜네트워크 서비스의 규모가 충분히 커지면, 사용자들은 친구 대부분이 그곳에 있기 때문에 쉽사리 다른 서비스로 옮기지 못한다. 물론 고객에게도 이점이 있다. 페이스북이 전 세계 어느 곳에서나 이용 가능한 서비스다 보니, 가족 모임부터 정치후원회, 수색 구조 요청에 이르기까지 각종 가상 모임을 크기와 상관없이 가장 손쉽게 만들 수 있다. 최근 경찰 공권력 남용에 사람들이 갑자기 주목하는 이유는 무엇일까? 일정 부분은 페이스북과 트위터의 압도적인 규모 덕분으로, 사용자는 공포감을 주면서도 명백한 증거물이 되는 실기간 방송과 동영상을 빠르게 퍼뜨릴 수 있다. 이처럼 일반인들이 페이스북이나 트위터 같은 소셜네트워크 서비스를 방송망으로 사용할 수 있는 이유는 다름 아닌 거대한 규모 때문이다.

그러나 규모를 키우기 위한 필사적인 움직임은 소프트웨어 회사들을 변화시켜, 시장을 장악하기 위해서라면 물불을 가리지 않는 전략을 취하도록 한다.

결국 빠른 속도로 성장하기 위해, 사업자는 사용자에게 사용요금을 부과하지 못하고 서비스를 무료로 제공해야 한다. 대표적으로 소셜네트워크 서비스가 있다. 만약 모든 신규 가입자에게 가입비로 10달러를 요구했다면, 이들이 하룻밤 사이에 100만 명의 사용자를 확보하는 일 따위는 없었을 것이다. 그러므로 이들 기업이 돈은 벌 수 있는 방법은 최대한 규모를 키운 후 사용자에게 광고를 파는 것이다. 페이스북, 트위터, 구글 모두 이 방법으로 회원을 모았다. 페이스북은 아예 회원가입 페이지에 '회원가입은 공짜입니다. 또한 향후에도 추가 비용은 없습니다'라고 안내한다. 소셜네트워크 회사들에게 광고 사업은 정말 수익성 높은 사업이다. 2017년 트위터의 매출은 24억 달러, 페이스북의 매출은 406.5억 달러였으며, 구글은 두 회사의 매출을 합한 것보다도 2배 이상 많은 무려 1,000억 달러 이상의 매출을 올렸다.[4]

그러나 광고는 그간 소프트웨어 회사들이 고객을 대하던 방식의 본질을 변화시켰다. 회사 내부에 틀어박혀 일하던 수많은 프로그래머와 소프트웨어 제품설계자들은 이제 불안한 마음으로 본질의 변화를 깨닫기 시작했다.

제임스 윌리엄스James Williams라는 엔지니어가 있다. 신중하며 이

성적인 그는 학부에서는 영문학을 전공했으며, 석사 과정에서는 제품설계 공학을 전공해 석사학위를 취득했다. 이후 그는 2000년대 중반 구글에 입사해 검색 광고 시스템 기획 전문가로 일했다. 그는 사람들에게 좀 더 많은 정보를 제공할 수 있도록 하라는 미션이 마음에 들어 구글에 입사했다. 구글 엔지니어들은 항상 "기술은 많으면 많을수록 좋다. 정보도 많으면 많을수록 좋다"라는 표현으로 그 미션에 대해 말했다. 윌리엄스도 그 표현이 마음에 든다고 말했다.

그러나 점차 시간이 지나며 윌리엄스는 페이스북의 '좋아요' 버튼 개발자인 레아 펄만과 저스틴 로즌스타인이 고민했던 문제를 느끼기 시작했다. 윌리엄스는 광고를 판매하는 기술 회사는 예외 없이 사용자가 서비스 앱에서 눈을 떼지 못하게 만들어야 한다는 사실을 깨달았다. 사용자가 서비스 앱을 봐야만 광고를 보여줄 수 있기 때문이다. 결국 프로그래머는 재빨리 현실과 타협해 사용자를 꾈 수 있는 미끼용 볼거리를 코드로 작성해 프로그램에 추가한다. 거대 기술 기업들은 사용자들에게 수많은 알림 신호를 보내, 하고 있는 일을 멈추고 다시 자신들의 서비스를 이용하게 만든다. 예를 들어 갑자기 '뉴스피드에 14개의 새로운 뉴스가 있어요!'와 같이 '처리할 일' 숫자를 화면에 띄워 호기심을 자극하고 남은 일을 처리하게 만든다. 한술 더 떠서 사용자가 좀 더 빨리 서비스로 돌아오게 하려고 모든 알림을 밝은 빨간색으로 표시하기도 한다. 윌리엄스에 따르면 이런 경향은 아이폰이 등장하자 더욱 심해졌다.

"아이폰 이전, 즉 모바일 인터넷이 거의 활성화되지 않았던 때에는 노트북을 끄고 이동하면 더 이상 인터넷을 사용할 수 없었습니다." 윌리엄스가 내게 말했다. "그러나 모바일 인터넷이 가능한 아이폰이 등장하자, 더 이상 장소는 문제가 되지 않았습니다."

엔지니어 또한 사용자 호기심을 자극하는 기술 사용에 대해 거의 문제의식을 갖지 않는다. 그들은 곧바로 A/B 테스팅 등을 통해 어떤 기술이 좋은지 시험하곤 한다. 예를 들어 알림 메시지를 빨간색으로도 만들어보고, 노란색으로도 만들어본다. 그리고 사용자가 어느 경우에 더 자주 클릭하는지 확인한다. 만약 빨간색을 사용자가 더 자주 선택했다면, 빨간색 알림 메시지는 사용자에게 올바른 선택이어야 한다! 즉, 사용자가 빨간색 알림 메시지를 눌렀을 때, 알림 내용은 사용자가 원하는 내용이어야 한다. 그러나 사용자 수 혹은 사용자의 서비스 이용 시간 등과 같은 규모에 집착하는 프로그래머에게는 '무엇을 만들어야 할까?'라는 윤리적인 질문이 '시스템 규모를 키워 더 높은 생산성을 가지기 위해서는 무엇을 만들어야 할까?'라는 질문으로 바뀐다. 이름을 공개하지 않은 전 페이스북 직원은 이런 문제에 대한 자신의 생각을 〈버즈피드〉에 남겼다. "엔지니어들은 페이스북에서 어떤 것이 인기를 얻거나 입소문이 나면 회사가 그렇게 만든 것이 아니라, 대부분 사용자들이 원해서 그런 것이라고 생각합니다. 이렇게 함으로써 매우 이성적인 엔지니어조차 책임감에서 벗어나려 합니다."[5]

일단 '광고'와 '성장'이 거대 기술 기업을 지탱하는 두 기둥이 되었다. 그러자 사용자는 기업이 반 강제적으로 끊임없이 자신들의 서비스를 사용하도록 만드는 일, 완곡한 표현으로는 자발적 참여를 유도하는 일을 피할 수 없게 되었다. "한마디로 사용자의 시선

은밀한 설계자들

을 끄기 위해 노력하는 일이에요. 세상에서 그런 일을 가장 잘하는 사람들이 그 기업들에서 일하고 있습니다." 윌리엄스가 말했다.

윌리엄스는 결론적으로 회사를 위해 일하는 프로그래머와 서비스 설계자의 목적은 서비스 사용자의 목적과는 근본적으로 반대일 수밖에 없다고 말한다. 프로그래머와 서비스 설계자는 사용자가 어쩔 수 없이 서비스를 계속 사용하도록 끊임없이 자극하려 한다. 이런 자극은 사용자 모르게 이루어지기 때문에 가능하다. 만약 너무 노골적이면, 사용자가 그 서비스를 거부할 수도 있기 때문이다. 자동차 네비게이터를 예로 들어 생각해보자. 집까지 가는 길을 물었는데, 네비게이터가 사용자가 아닌 광고주를 만족시키기 위해 집까지 빙빙 돌아가는 길을 안내한다면 어떻겠는가?

더욱 심각한 문제는, 광고를 통해 수익을 올리는 회사들이 디지털 광고의 효과를 높이기 위해 사용자가 인터넷을 사용하는 동안 어떤 일을 하는지 끊임없이 추적한다는 것이다. 이 회사가 광고주들에게 사용자 개개인 맞춤형 광고를 할 수 있는 환경이나 기능을 제공한다면, 광고주들은 사용자에 관해 가능한 많은 정보를 얻으려 할 것이다. 사용자가 어떤 웹사이트를 방문했는지, 사용자가 누구의 블로그나 홈페이지를 방문했는지, 사용자가 작성한 이메일이나 게시물에 어떤 키워드가 사용되었는지 등까지 말입니다. 딥러닝 기술이 도래하면서 개인정보에 대한 요구는 더욱 커지고 있다. 앞에서도 설명했듯이 딥러닝 기술은 학습 데이터가 많으면 많을수록 가장 잘 작동할 수 있으며, 사용자가 보고 싶은 광고나 사용자의 기분 등을 좀 더 잘 예측할 수 있다. 휴스턴 대학교University of Houston

의 맷 존슨Mat Johnson 교수는 페이스북이 개인정보 확보를 위해 스마트폰 사용자의 통화 내역 같은 상당히 사적인 정보까지 수집해 온 사실을 발견했다. 그는 이런 사실을 발견한 뒤 트위터에서 "완전 끝내주는 기술 아닌가요?"라는 농담 같은 트윗을 남겼다.[6]

윌리엄스는 구글에 있는 동안 현대 기술이 사람의 주의력에 어떤 영향을 끼치는지에 관해 박사학위 연구를 시작했다. "그 누구도 기술이 어떤 문제를 가져올 수 있는지는 생각하지 않고 있습니다. 저는 구글이 사람들을 엿보고 이 세상을 더 나쁘게 만들려고 하는 것을 지켜봤습니다. 물론 구글 혹은 구글 엔지니어들이 나쁜 뜻으로 그렇게 하는 것은 아니에요. 오히려 의도는 선합니다." 그가 말했다. 그러나 사업은 사람과 상관없이 그 자체로 추진력이 있다.

결국 윌리엄스는 10년 동안 일했던 구글을 그만 두고 옥스퍼드 대학으로 갔다. 그는 그곳에서 거대 기술이 사람들에게 끼칠 수 있는 실질적 위험을 통찰력 있게 다룬 《Stand Out of Our Light》를 썼다. "저는 전 세계를 통틀어 가장 최신 연구조직에서 가장 오래된 연구조직으로 옮겼다고 할 수 있죠." 그가 쓴 웃음을 지으며 말했다.

규모가 증가하면서 무엇보다 알고리즘이 중요해졌다.

기술 기업은 일단 수백만 명의 사용자를 확보하면 하루에 수십억 개의 댓글을 처리해야 하거나, 셀 수 없이 많은 상품을 목록으로 정리해 사용자에게 보여주는 것과 같은 엄청난 규모의 작업들을 처리해야 한다. 이런 대규모 작업을 사람들이 직접 쉽게 처리할 수 있는 방법은 어디에도 없으며, 아무리 천재라도 엄청난 양의 데이터를 직접 정렬해 순위를 매기고 수많은 데이터의 의미를 이해할 수는 없다. 오직 컴퓨터와 알고리즘을 사용해서만 할 수 있는 일이다. 규모를 고려하기 시작하면, 사람의 판단력은 더 이상 의미가 없다.

페이스북의 뉴스피드 서비스를 개발한 루치 생비와 페이스북 엔지니어들이 경험했던 문제도 바로 규모의 문제였다. 사용자가 사소한 뉴스에 파묻혀 중요한 소식을 놓칠 수도 있기 때문에, 사용자 친구의 모든 게시물을 뉴스피드로 보여줄 수는 없었다. 결국 생비를 포함한 페이스북 엔지니어들은 사용자가 가장 큰 관심을 가질 만한 게시물만 자동으로 선택하는 알고리즘이 필요했다.

페이스북은 어떻게 선택할 수 있었을까? 정확히 알기는 어렵다. 소셜네트워크 서비스 회사들은 알고리즘 유출을 우려해, 자신들의 순위 선정 시스템이 어떻게 작동하는지 자세히 설명해주지 않는다. 스팸메일 발송업자들이 자신들이 보낸 스팸메일이 순위 밖으로 밀려나 사라지지 않도록, 순위 선정 시스템의 작동방식을 알아내려고 노력하는 일 등이 있기 때문이다. 이런 이유로 회사 관계자 외에는 제대로 아는 사람이 거의 없다. 일반적으로는 '좋아요'가 많이 달리거나 댓글, 재게시, 재트윗이 빠르게 증가하는 게시물, 사진, 동영상 등의 순위가 상승한다. 유튜브, 트위터, 레딧 등도 비슷하다. 이처럼 알고리즘 기반의 순위 선정 시스템을 사용하면, 알곡과 쭉정이를 구분하듯 수많은 게시물에서 중요한 게시물을 좀 더 쉽게 걸러낼 수 있다.[7]

그러나 순위 선정 시스템 역시 그 안에 편향성이 숨겨져 있다. 게시물에 대한 사람들의 반응이 순위 선정에 일부 반영되는 방식을 사용하면, 당연히 사람들의 반응을 쉽게 이끌어낼 수 있는 자극적인 게시물의 순위가 올라간다. 여러 연구결과에 따르면 소셜네트워크 서비스 알고리즘은 사람들의 감정을 강하게 건드리는 게시물에 높은 점수를 주는 듯 보인다. 예를 들어 화끈한 장면을 찍은 사진이나 마음을 울리는 사진, 감정을 자극하는 제목 등이 높은 점수를 받기 쉽다. 2017년에 페이스북에서 인기가 높았던 게시물의 제목을 조사한 연구결과에 따르면, 'will make you(○○하게 만들어 드릴게요)', 'are freaking out(깜짝 놀랄만한)', 'talking about it(○○에 대해 이야기하면)'과 같이 감성을 건드리거나 호기심을 끄는 문구 등이 많이 사용되었다.[8] 물론 이런 현상이 감동을 주는 가정용 비디오 혹은 어젯밤 본 TV 드라마에 관한 이야기라면 전혀 문제가 없다.

그러나 개인의 문제가 아닌 공공의 문제라면 이야기가 달라진다. 신경질적이고, 갈등을 일으키며, 사람들을 깜짝 놀라게 하는 게시물들이 높은 점수를 받기 때문이다. 물론 어제 오늘의 문제는 아니다. 예를 들어 선정적이며 조작된 스캔들 기사로 신문이 가득 찼었던 미국 건국 초기 이래로, 국가적인 문제를 다루는 대화는 가십 기사나 터무니없는 헛소문 등에 파묻히기 일쑤였다.[9] 다만 알고리즘 기반의 순위 선정 시스템이 사용되면서, 이런 고질적인 문제가 더욱 두드러지게 되었다. 예를 들어 인기 있는 유튜버들은 거의 미친 짓에 가깝거나 매우 위험한 행동을 해서 다른 유튜버들과의 경쟁에서 이기려 한다. 어떤 남자는 200만 명에 달하는 구독자 수를 유지해야 한다는 강박관념에 사로잡힌 나머지 자녀들이 고통스러워하는 영상을 찍어 게시했다(〈버즈피드〉에 따르면 '독감 예방 주사를 맞는 충격적인 모습TRAUMATIC FLU SHOTS!'이라는 제목의 영상에는 손과 팔이 강제로 붙잡혀 머리 위에 놓여지고, 배가 드러난 채 울며 비명을 지르는 어린 딸의 모습이 나온다[10]).

노스캐롤라이나 대학교University of North Carolina의 부교수이자 내 친구인 제이넵 투펙치Zeynep Tufekci는 기술이 사회에 끼치는 영향에 관해 오랫동안 연구해왔다. 그는 2018년 초 유튜브의 동영상 추천이 사용자 선호도를 지나치게 과장해 사용자들을 주제와 상관없이 극단적인 영상으로 내몰고 있다고 주장했다. 예를 들어 조깅 관련 영상을 보았더니 영상 추천 알고리즘은 점점 강도 높은 달리기 영상을 보여주기 시작해, 마지막에는 울트라마라톤(42.195킬로미터보다 먼 거리를 달리는 마라톤—옮긴이) 영상까지 추천해주었다. 또한 채식주의자 영상을 보았더니 극단적인 채식주의자 영상까지 추천해주었다. 정치 분야도 마찬가지였다. 투펙치가 도널드 트럼프 선거 동영상을 보자, 유튜브는 '백인 우월주의자'에 관한 영상과 '나치의 유대인 대학살'을 부정하는 영상을 추천해주었다. 반대로 버니 샌더스Bernie Sanders와 힐러리 클린턴Hillary Clinton의 연설 영상을 보자 좌파 성향의 '음모이론'에 관한 영상이나 '9·11의 진실과 음모'에 관한 영상을 보여주었다.[11] 콜롬비아 대학교 연구원인 조너선 올브라이트Jonathan Albright는 실험 삼아 학교 총기 난사 사건 영상을 찾아본 뒤, 뒤이어 '위기 희생자 연기crisis actor'라는 문구로 유튜브 탐색을 하고 영상 추천 시스템이 추친하는 다음 동영상을 확인했다. 약 9,000개의 영상이 나왔는데 대다수 영상이 강간 농담, 충격 실험, 유명 인사의 변태 성욕, 거짓 소동, 테러 관련 음모이론 등으로 사람들에게 충격을 주고, 흥분시키고, 잘못된 판단을 하도록 제작된 것 같았다. 게다가 일부는 추천 시스템의 선택을 받아 클릭 수를 높여 많은 이익을 얻으려고 터무니없이 말도 안 되는 영상을 만들어 게시한 것으로, 투펙치가 보기에는 오직 돈을 벌기 위한 목적으로 만들어졌다.[12]

투펙치는 추천 시스템들이 선동적인 영상들에 좀 더 높은 점수를 주는 편향성을 가진다고 주장한다. 연구자인 르네 디레스타Renée DiResta는 페이스북의 '추천 그룹' 기능에도 같은 문제가 있음을 발견했다. 백신 관련 게시물을 읽은 사용자들이 반 백신 그룹에 가입하도록 권유 받거나, 한술 더 떠서 캠트레일Chemtrail(항공기가 화학물질 등을 공중에서 살포하여 생기는 비행운으로, 건강에 치명적인 화학적 독극물질로 이루어졌다는 주장이 있다—옮긴이) 음모론에 빠진 그룹들에 가입을 권유 받기도 하는 일 등이다. 디레스타는 본질적으로 이런 추천들 때문에 각종 음모론이 커지고 확산되어 사회 수준의 움직임으로 발전한다고 결론 내렸다.[13]

대형 기술 회사들은 알고리즘 유출을 우려해 자신들의 시스템이 어떻게 작동하는지 비밀로 한다. 그러나 그들의 알고리즘이 감정적인 게시물에 높은 점수를 주는 것이 명확해 보이는 만큼, 미디어 분야 학자이자 《Antisocial Media》의 저자인 시바 바이다나단Siva Vaidhyanathan이 주장하듯 알고리즘을 조종하거나 다루는 일은 상당히 쉬워 보인다.

"좀 더 많은 사람의 관심을 끌 수 있는 게시물을 만들고 싶다고요? 게시물의 내용을 엉뚱하거나 억지스럽게 만들면 만들수록, 더 많은 관심을 받을 수 있을 겁니다." 바이다나단은 자신의 주장을 계속 이어갔다. "제가 화폐 정책에 대해 잘 정리된 문서를 게시물로 올린다면, 아마 그 문제에 관심 많은 한두 사람 정도가 '좋아요'를 눌러줄 겁니다. 하지만 제가 백신이 자폐를 일으킬 수 있다는 사이비 과학 이론들을 게시물로 올린다면, 엄청난 관심을 받게 될 거예요. 왜냐고요? 우선 제 친구들 중 한두 명이 '네가 맞아'라고 말하고, 뒤를 이어 엄청난 수의 사람들이 '완전히 틀린 이야기예요. 당신의 이야기가 틀렸다는 최신 CDC 연구결과를 한 번 보시라고요' 같은 취지의 글을 올릴 겁니다. 이런 수많은 의견은 내가 틀렸음을 말해주기도 하지만, 내 게시물의 관심도를 크게 높여주기도 하지요. 이런 상황을 곰곰이 생각해보면, 미친 수준의 의견에 반박하는 일이 오히려 비생산적이라고 할 수도 있습니다." 그는 "여러분이 권위주의자, 국수주의자 혹은 편견이 심한 사람이라면, 이런 추천 시스템들은 여러분에게 딱 맞는 시스템입니다"라고 결론지어 말했다.

실제로 전 세계 모든 나라에서 추천 알고리즘이 똑같은 문제를 일으킨다. 지난 2016년 미국 대통령 선거에서 댓글부대를 동원해 미국을 분열시키고 도널드 트럼프를 지원하려 했던 러시아 정부와 극우세력들은, 매우 감정적이며 알고리즘에 의해 운영되는 소셜미디어가 선거에서 매우 효과적으로 사용될 수 있다는 사실을 깨달았다. 덕분에 페이스북, 유튜브, 레딧, 트위터 등 모든 종류의 소셜 미디어에서 거짓말과 음모론이 난무했다. 잘 알려지지는 않았지만 음모론 중에는 힐러리 클린턴이 피자가게를 통해 아동 성매매를 했다는 '피자게이트' 음모론도 있었으며, 클린턴이 민주당 직원 한 명을 살해했다는 밈meme(온라인에서 유행하는 패러디 이미지, 농영상 문구 등—옮긴이)도 있었다.[14] 한편 비교적 덜 알려졌던 백인 국수주의자 밈들은 페이스북, 트위터, 유튜브 등 각종 소셜네트워크 서비스를 통해 널리 알려지기 시작했다. 소셜네트워크 서비스에서 같은 생각을 가진 사람들이 좀 더 쉽게 그룹을 만들 수 있다는 사실도 악용되었다.[15] 같은 생각을 가진 사람들과 같은 그룹에 있다 보니, 잘못된 정보나 인종차별주의 밈들에 대해 틀렸다는 주장을 보는 일이 줄어들었다. 또, 봇을 만들고 운영하는 일도 쉬워지다 보니, 오히려 선거 선동가들이 '봇'을 이용해 가짜 계정을 만들고 피자게이트 같은 음모론에 '좋아요'를 눌러 음모론을 인위적으로 인기 있게 보이도록 만드는 일까지 쉬워졌다. 봇 전문가가 된 극우세력 운영자와 러시아 댓글부대들은 봇을 사용해 자신들이 원하는 게시물의 관심도를 높였고, 추천 알고리즘은 이런 게시물을 많은 사용자들에게 인기 게시물로 보여주었다. 심지어 인기가 급상승한 밈들을 보고 깜짝 놀란 기자가 주요 언론에 해당 게시물을 소개하는 일까지 있었다.[16]

선거가 치러지기 전 몇 년 동안, 소셜네트워크 서비스 업체들은 이런 정치적 움직임이 점점 증가하고 있다는 사실을 어렴풋하게나마 알고 있었다. 특히 페이스북은 사람들이 터무니없는 거짓 정보

은밀한 설계자들

를 페이스북을 통해 퍼트린다는 사실을 확실히 알고 있었으며, 오랫동안 그런 문제에 대한 불평을 처리해왔다. 문제해결을 위해 페이스북은 2015년 1월에 잘못된 뉴스를 신고하는 기능을 만들어 사용자들에게 제공하기도 했다.[17] 그러나 옛 페이스북 직원이 내게 말해주었듯, 선거개입이 일어나기 전에는 극우세력이나 해외 댓글부대 등이 소셜네트워크 서비스를 이용해 적극적으로 협력하며 활동하리라고는 생각하지 않았다.

"제 생각에 페이스북은 그 문제를 심각하게 생각했던 것 같지 않습니다." 2015년부터 2017년까지 페이스북의 개인정보 및 공공정책 관리 분야에서 일했던 디파얀 고쉬Dipayan Ghosh가 내게 말했다. 〈버즈피드〉를 통해 알려졌듯이, 어느 날 페이스북 엔지니어는 극우 성향의 조직에서 쓴 글들이 페이스북에서 가장 높은 추천 트래픽을 보이고 있다는 사실을 발견하고 사내 포럼에서 그 문제를 발표했다. 그러나 사람들은 "매우 이상하군요. 그런데 무슨 문제가 있나요? 아니면 우리가 무슨 조치를 취해야 하나요?"와 같이 말하며 대수롭지 않게 여겼다.[18]

극단적인 표현에 오히려 높은 점수를 주는 알고리즘은 미국에서 문제를 일으키고 있다. 이런 알고리즘은 세계 곳곳에서, 예를 들어 미국보다 페이스북 사용자가 더 많은 인도 같은 나라에서도 점점 커다란 문제가 되고 있다. 인도에서 여당은 악의에 찬 메시지로 야당이나 기자들을 괴롭히기 위해 댓글부대를 고용하기 시작했다. 맹렬한 반 이슬람 운동가들은 페이스북을 사용해 신의 명령이라며 이슬람 교도를 죽이라고 선동한다. 필리핀 로드리고 두테르테

Rodrigo Duterte 대통령은 500명의 자원봉사자와 봇을 사용해, '교황조차 두테르테 대통령을 존경한다' 같은 거짓 이야기를 쓰게 하거나 기자들을 괴롭히고 협박하는 댓글을 쓰도록 한다.[19]

　외국 세력들은 미국 정치에 문제를 일으키기 위해 소셜미디어의 광고 네트워크까지도 사용했다. 2018년 봄, 미국의 로버트 뮬러 Robert Mueller 특별검사는 러시아 정부와 계약을 맺은 러시아 조직들이 소셜네트워크 광고를 사들여 몇 달 동안 힐러리 클린턴을 공격하고, 경쟁자인 도널드 트럼프와 버니 샌더스를 지원했다는 사실을 밝혔다.[20] 이들이 이런 방법을 사용한 이유는 그리 어렵지 않게 이해할 수 있다. 구글, 페이스북, 트위터의 광고 기술을 사용하면 일반 미디어 광고와 달리 개인 혹은 작은 규모의 특정 그룹에 맞춤형 광고를 할 수 있다. 이런 광고 방식은 미국 시민 가운데 음모론과 거짓 정보의 목표로 삼은 좌파 사회 운동가나 불만을 품은 백인 우월주의자들을 콕 집어 광고할 수 있는 가장 완벽한 방법이었다. 맞춤형 광고를 사용하면, 사회에 대한 불만으로 생각이 꼬여 있거나 분노한 그룹을 대상으로 화가 치밀어 오르게 만들 만한 맞춤형 메시지가 담긴 광고를 할 수 있는 것이다.

　소셜네트워크 서비스를 악용하는 모습에 고쉬는 오싹함을 느꼈다. 그는 페이스북을 떠난 후, '광고 기술 시장의 형태가 허위 정보 유포에 완벽하게 잘 맞는다'는 내용을 담은 새로운 미국을 위한 보고서를 썼다. 그의 주장에 따르면 정치적으로 잘못된 정보는 "소비자의 주의를 끌 뿐만 아니라 인터넷 기반 사업의 매출도 증가시킨다. 또한 잘못된 정보라도 그럴듯하게 만들면 사용자들로부터 매

우 좋은 반응을 이끌어 낼 수 있다"고 한다.[21]

"빠르게 성장하는 웹 비즈니스의 엔진이라 할 수 있는 광고 기술은 지금까지 살펴본 모든 부정적인 외부효과를 야기하는 핵심 사업 모델입니다." 고쉬가 내게 말했다. "이런 광고 중심의 사업 모델은 트위터의 피드, 페이스북의 메신저나 뉴스피드처럼 사용자들에게 매우 자극적이고 중독성 있는 경험을 제공합니다."

소셜네트워크 서비스 회사에서 일했던 사람들은 하나같이 내게 회사 직원 어느 누구도 이런 일이 일어날지 몰랐다고 말했다. 정말로 그 누구도 '나는 오늘 하루 이 사회와 사람들 사이의 신뢰 관계를 망가뜨리는 시스템을 만들 거야'라고 생각하며 침대에서 일어나지는 않았을 것이다. 그러나 거대 기술 기업의 주요 성장 요소인 '빠른 규모 확장', '광고를 위한 공짜 서비스', '반 강제적인 묶임' 때문에 자신도 모르는 사이 그런 일을 한다.

"페이스북은 증오를 좋아하지 않겠지만, 증오는 페이스북을 좋아한답니다." 바이다나단은 결론지어 말했다.[22]

2000년대 중반으로 돌아가, 당시 소셜네트워크 서비스를 만들었던 엔지니어들과 서비스 설계자들은 왜 이런 상황을 예상하지 못했을까? 또한 이런 문제를 깨닫고 대응하기까지 왜 이리 오랜 시간이 걸렸을까?

소셜네트워크 서비스 개발자와 이야기해보면, 그들은 이런 문제들이 부분적으로는 공학 중심의 사고방식에서 비롯된 일종의 부작용이라고 주장한다. 소셜네트워크 서비스를 처음 개발했던 프로그래머와 설계자들은 소프트웨어, 논리, 시스템, 효율, 각개격파식 문제해결 능력 등에서는 분명 뛰어났다. 그러나 그들 대부분은 대학을 갓 졸업한 백인 엔지니어들로 세상이 얼마나 복잡한지, 정치가 무엇인지, 다른 사람들은 어떻게 사는지 등에 관해서는 거의 아는 것이 없었다. 게다가 도널드 럼스펠드Donald Rumsfeld가 지적했듯이, 그들은 자신들이 모른다는 사실조차 알지 못했다. 그들에게 다른 사람들과 새로운 방식으로 이야기할 수 있는 도구를 만드는 것은 흥미진진한 일일 뿐이었다. 서로 좀 더 많이 커뮤니케이션할 수 있게 만드는 일이 어떻게 문제가 될 수 있을까?

"매우 한정된 분야에서만 똑똑한 사람들을 많이 봤습니다." 트위터 개발 초창기에 프로그래머로 일했던 알렉스 페인Alex Payne이 말했다. 페인의 말에 따르면, 그들은 인간의 여러 가지 속성과는 관련이 없는 분야에서만 똑똑했다. 즉, 수학, 통계학, 프로그래밍, 사업, 회계에는 관심 있지만 인간 본성에 대한 통찰력은 전혀 없었으며, 사람들을 이해하는 데 도움이 될 만한 지적인 능력도 없었다.

기술 전문가이자 인류학자인 내 친구 다나 보이드Danah boyd는 소셜네트워크 서비스인 마이스페이스MySpace를 연구하는 프로젝트에서 일한다. 그녀는 마이스페이스 설립자인 톰 앤더슨Tom Anderson을 애플스토어에 데리고 가서 10대들이 마이스페이스를 어떻게 사용하는지 보여준 적이 있다. 회사 설립자라도 사용자 개개인이 서비스를 어떻게 사용하는지, 혹은 서비스를 사용하며 어떤 영향을 받는지 언제나 세세히 알지는 못한다. 엔지니어 관점에서 보면, 소셜네트워크는 자신들이 최적화하고 싶은 그래프 구조의 객체일 뿐

은밀한 설계자들

이다. 그래서 사용자를 이해하거나, 사용자와 사용자가 무슨 일을 하는지 신경 쓰기는 어렵다. 나는 종종 일부 프로그래머의 세계관이 경제학자들의 냉정한 세계관과 비슷하다고 생각한다. 경제학자들의 모델은 경제가 전반적으로 좋다는 사실은 보여줄지 모르겠지만, 그런 사실이 49세에 회사에서 쫓겨나 다시는 돈을 벌기 어려운 가장에게는 위로가 되지 못한다. 경제학자들과 마찬가지로 모델을 사용해 거대한 시스템을 만든 엔지니어들은 세상을 '전체'로만 볼 뿐, 그 속에 있는 특정한 것들에 대해서는 관심을 기울이지는 않는다. "기술 사회의 위험 중 하나는 기술을 개발한 사람들이 데이터 모델 전체에만 집착할 뿐, 데이터 모델에 기반을 둔 인간의 특성을 보지 않는다는 것입니다." 현재 데이터 & 소사이어티Data & Society라는 싱크탱크를 운영하고 있는 보이드가 말했다.

내 친구인 아닐 대시Anil Dash는 2000년대에 7년 정도 블로그 소프트웨어 개발 업체인 식스어파트Six Apart에서 일했다. 그는 현재 웹 개발 플랫폼 업체인 글리치Glitch의 CEO다. 대시의 말에 따르면, 그와 동료들은 소셜미디어 소프트웨어를 개발하는 동안 다윗과 골리앗의 싸움 같은 상황에 흠뻑 빠져 있었다. 당시 그들 모두 기존의 전통적인 미디어 산업을 깨뜨릴 수 있는 새로운 것을 만들어야 한다는 해커적인 이상을 품고 있었다. 그들은 자신들이 개발할 새로운 서비스가 가져다줄 좋은 점은 정확히 예측할 수 있었던 반면, 세상에 대해 순진한 생각을 갖고 있던 나머지 나쁜 점을 예측하는 데는 서툴렀다.

"틈만 나면 우리가 만들 서비스가 가져올 변화를 생각했어요.

'이 서비스가 나오는 순간 미디어도 변할 수밖에 없어. 누군가 정보를 막고 통제하는 일도 없어지겠지? 정치권력도 다양한 집단들로 분산될 거야!' 같은 이야기를 나누었습니다." 그는 옛날 일을 떠올리며 말했다. "우리 생각은 모두 맞았어요. 한 가지 문제가 있다면, 나쁜 점은 전혀 생각하지 않았다는 것이죠. 소셜미디어에서 특정 주제를 중심으로 대중조직을 만들어 생각을 공유하는 일, 바로 그것이 우리가 만들려고 했던 기술이었습니다. 그러나 거짓말을 중심으로 대중조직이 만들어질 것이라고는 생각하지 못했어요." 대시의 이야기를 들으면서 트위터 같은 플랫폼에 욕설이 난무할 것이라는 사실을 내가 미처 예측하지 못했던 이유를 부분적으로나마 깨달았다. 당시 나는 온라인에서 욕설을 들어본 경험 따위는 전혀 없는 중년 남자였으며, 트위터 창업자들과 마찬가지로 순진했다. 그는 이런 엄청난 규모를 생각하지 못했다고 말했다. "소셜미디어 서비스를 수십억 명의 사람들이 쓸 거라고는 꿈도 꾸지 못했어요. 이런 상황을 예측하지 못한 책임이 분명 저희에게 있다고 생각합니다."

이런 문제가 프로그래밍에만 있었던 것은 아니다. 실리콘밸리를 연구하는 스탠퍼드 대학교 커뮤니케이션 전문가 프레드 터너Fred Turner가 잡지 〈로직Logic〉과의 인터뷰에서 말했듯이, 역사적으로 다양한 형태의 수많은 공학 기술들이 개발될 때, 개발자들은 기술 자체에만 집중했을 뿐 기술로 인해 생기는 사회문제를 좀처럼 고려하지 않았다.

"엔지니어들은 제품을 만들어내는 일에 가장 큰 가치를 부여합

은밀한 설계자들

니다." 터너가 말했다. "만약 어떤 엔지니어가 성공적으로 제품을 개발했다면, 그는 자신이 할 일을 모두 다했다고 생각할 겁니다. 윤리적인 측면까지 포함해서 말이죠. 엔지니어에게 윤리란 '네가 개발한 물건이 제대로 작동해?'라는 질문에 '그럼, 물론이지'라고 답하는 일입니다." 그가 계속 말을 이어나갔다. "톰 레러Tom Lehrer의 노래 중에 다음과 같은 가사가 나오는 노래가 있어요. '로켓이 발사돼 하늘 높이 올라가면, 어디로 떨어질지 알게 뭐야? 내 머리 위만 아니면 되잖아.' 로켓 개발자인 베르너 폰 브라운Wernher von Braun의 말을 인용한 가사입니다. 엔지니어의 가치관이 확 느껴지지 않나요?"[23]

트위터 개발 과정을 보면 엔지니어의 이런 가치관이 프로그램을 만들 때 어떻게 영향을 끼치는지 잘 보여준다.

옛 트위터 직원들에 따르면, 회사 설립 초기 많은 엔지니어들이 '세상에 이야기할 수 있는 플랫폼'이라는 트위터의 꿈에 매료돼 회사에 몰려들었다. 트위터의 어떤 직원이 회사를 '자유이야기당의 자유이야기파'라고 부른 유명한 일화도 있었다. 이런 분위기 탓인지 트위터 서비스 초기 개발자들은 게시물의 내용이 아무리 나쁘다 하더라도 결코 삭제하려 하지 않았다. 트위터 외에도 비슷한 성향을 가진 회사들이 여럿 있었다. 남의 말 듣기를 무척 싫어했던 수많은 실리콘밸리의 젊은 엔지니어들은 회사 밖의 누군가가 자신에게 "이 게시물에는 욕설이 가득 쓰여 있잖아. 이런 게시물은 삭제해야지"라고 말하면, 그 말에 상당한 거부감을 느꼈다. "그들은 이야기의 자유에 매우 큰 가치를 부여합니다. 이런 이유로 자기 생각과는 완전히 다른 의견을 가진 사람이어도 서비스 플랫폼에서 쫓아내서는 안된다고 말하죠." 전 구글 직원이 말해 주었다.

옛 트위터 직원의 말에 따르면, 몇몇 직원들은 독일에서 트위터 서비스를 시작할 때도 독일 법을 어기면서까지 나치에 대한 게시물을 삭제하려 하지 않았다. 이 직원들은 트위터 같은 웹서비스 업자는 통신사업자와 비슷한 위치에 있어야 하며, 사용자를 차별해서는 안 될 뿐만 아니라 사용자의 사생활과 개인정보도 보호해야 한다고 생각했다. 트위터 직원들이 트위터 서비스가 사회에 미치는 영향이나 나치에 대한 논쟁에 별 관심을 기울이지 않았다는 것도 사실이다. 그들의 관심사는 오로지 소프트웨어 발표였다. "세상에 판매할 무언가를 개발하는 일에 흥분한 사람들이었죠." 알렉스 페인이 말했다. 아무도 사용하지 않는 앱을 이리저리 고치며 시간을 허비하는 대신, 수많은 사람들이 사용할 소프트웨어를 개발해 발표하는 일은 정말 짜릿했다.

트위터 서비스에서 불거진 사회문제들은 말할 수 없이 복잡한 문제로 판가름 났다. 2010년 초, 몇몇 트위터 사용자들이 교묘한 방법으로 트위터 서비스를 사용해 조직적으로 누군가를 괴롭힌다는 사실이 명확해졌다.

대부분 남자로 이루어진 그룹들이 컴퓨터 게임 속 성차별을 다룬 아니타 사키시안Anita Sarkeesian 같은 여성 게임 비평가를 집단으로 헐뜯으며 괴롭힌 '게이머게이트'가 대표적인 예다. 이들은 도그파일링Dogpiling이라는 방법을 사용했다. 간단히 설명하면, 이들은 먼저 함께 괴롭힐 대상자를 선택한다. 그리고 대상자의 계정에 직접 또는 봇을 사용해 정상적으로 트위터를 사용할 수 없을 만큼 많은 트윗을 보낸다. 무심코 트윗 계정에 로그인한 대상자는 수백 통 때론 수천 통의 욕설 트윗을 발견한다. 이로 인해 정상적인 내용이 담긴 트윗은 넘쳐나는 욕설 트윗 속에 파묻혀 보이지 않는다. 또한 개인정보를 해킹당하거나 강간 혹은 살해 위협 속에 몇 시간씩 입에 담기도 민망한 욕설이 적힌 트윗을 받으며 정신적으로 상처를 받는다.[24] 당사자가 아닌 사람들은 별 관심 없이 '트위터를 사용하지 않으면 되잖아?'라고 말할 수도 있다. 그러나 당사자들에게 '트위터 서비스 탈퇴'는 적절한 선택이 될 수 없었다. 당사자 대부분이 전문 게임 작가 혹은 설계자였고, 자신들의 활동을 알리고 홍보하기 위해 트위터는 포기할 수 없는 대중 창구였기 때문이다. 법률학자인 다니엘 시트론Daniel Citron이 주장하듯이 협박받는 당사자들에게 트위터는 사실상 작업장과 다름없었고,[25] 트위터 사용은 대중 사이에서 자신의 명성을 유지하는 데 반드시 필요한 일이었다. 이런 사실을 명확히 알고 있었던 집단 괴롭힘 그룹은 트위터에서 괴롭힘 당사자를 집요하게 공격했다.

그러나 게이머게이트는 앞으로 일어날 일의 시작에 불과했다. 여성을 혐오하며 집단 괴롭힘을 주도했던 그룹 중 일부가 2016년 미국 대통령 선거에서 백인 민족주의자와 도널드 트럼프 대통령 후보 편에 섰다.[26] 이들은 그동안 갈고닦은 집단 괴롭힘 기술로 트럼프 반대자들을 공격하기 시작했다. 선거 관련 욕설과 비방이 트위터에서만 있었던 일은 아니었다. 그러나 매우 개방적이며, 빠른 뉴스 사이클과 잘 맞는다는 트위터의 특징 때문에 선거용 속임수와 흑색 선전을 퍼뜨리는 목적으로 악용하기에 더할 나위 없이 적합했다.[27] 선거 기간 동안 백인 민족주의자들과 반유대주의자들은 기자, 클린턴 지지자, 수많은 흑인 유명 인사들을 대상으로 개인 신상을 털어가며 온라인 공격을 가했다. 이런 탓에 〈뉴욕타임스〉 편집자인 조너선 와이즈먼Jonathan Weisman은 쉴 새 없이 밀어닥치는 반유대주의자들의 위협을 받고 트위터 이용을 중단했으며,[28] 배우 레슬리 존스Leslie Jones도 인종차별주의자의 비방 속에 트위터 사용을 중단했다.[29]

《구글은 어떻게 여성을 차별하는가Algorithms Of Oppression》의 저자이자 전직 광고회사 임원이었던 사피야 오모자 노블Safiya Umoja Noble 교수에 따르면, 소셜미디어 업체들은 '일부 개인 사용자들이 자신들의 서비스를 나쁜 목적으로 사용할 가능성도 있겠다' 정도만 생각했었다고 주장한다. 다시 말해 그들 또한 스팸 같은 쓰레기성 메시지의 위험성은 이해하고 있었다. 그러나 이들은 잘 짜여진 그룹들이 자신들의 서비스를 조직적으로 악용하리라고는 꿈에도 생각하지 못했다. "포챈4chan(과격 인종차별주의자와 여성혐오주의자들이 활동하는 온라인 사이트)의 백인 민족주의자들이 대상자를 정하고 여러 서비스에서 동시에 공격하면, 소셜미디어 업체들은 제대로 상황을 파악할 수 없어요."

전직 트위터 직원은 게이머게이트와 봇을 이용한 괴롭힘 공격에 트위터가 큰 충격을 받았다고 했다. 트위터는 스팸 메시지를 감지하는 소프트웨어를 운영하고 있었지만, 이는 수많은 사람들에게

은밀한 설계자들

트윗을 날리는 개인 계정을 찾아내는 정도였다. 문제해결에 필요한 소프트웨어인, 여러 사람이 한 사람을 대상으로 갑작스럽게 트윗을 날리는 상황을 감지하는 소프트웨어는 개발하지 못했다. 트위터에는 괴롭힘 방지 기능도 있는데, 사용자가 자신을 괴롭히는 사람이 자신을 팔로우하지 못하도록 막을 수도 있다(사용자를 괴롭히는 사람이 수동으로 일일이 트윗을 확인할 수는 있다). 또한 트위터는 트윗에 사용된 언어를 보고 욕설 등을 감지해 트윗을 차단하는 필터 제작도 고민했었다. 그러나 언어 분석 필터 제작은 믿기 어려울 만큼 힘든 일이었다. 예를 들어 '이년'처럼 한 단어로 쓰인 트윗은 수많은 공격용 트윗 중 하나일 수도 있지만, 여자친구 사이의 친근한 농담일 수도 있기 때문이다.

"당시 회사에는 이런 괴롭힘 문제에 대해 생각하고 고민했던 사람들이 분명 있었습니다." 전직 직원이 말했다. 그러나 당시 엔지니어들은 전반적으로 이런 문제에 대해 완전히 '순진'했다. 아니 '바보' 같았다. 트위터의 젊은 엔지니어들은 이런 문제가 얼마나 심각해질 수 있는지 전혀 감을 잡지 못했고, 게이머게이트가 한창 진행되고 있을 때조차 집단 괴롭힘 문제가 향후에 얼마나 심각해질 수 있는지 정확히 깨닫지 못했다. 트위터 경영진은 회사 내 모든 소프트웨어를 한눈에 볼 수 있는 유리한 위치에 있으면서도, 욕설과 비방이 개인을 넘어 공적인 범위로 확산되는 새로운 상황이나 2016년 미국 대통령 선거에서 백인 민족주의자와 러시아 댓글부대의 표적이 될 것이라는 사실을 예측하지 못했다.

"2016년 대통령 선거를 되짚어볼까요? 만약 트위터가 게이머게이트 문제를 어떻게 다룰지 고민하고 좀 더 주의 깊게 처리했었다면, 결과는 달라졌을지도 몰라요." 전직 트위터 직원이 말했다. "그러나 그렇지 못했어요. 저희 모두 아니타 사키시안 같은 개인들의 문제일 뿐이라고 생각했죠. 사키시안의 말조차 귀담아 듣지 않았어요." 욕설이나 거짓 뉴스에 대해 좀 더 철저하게 대응해야 한다는 의견이 회사 내에 전혀 없었던 것은 아니었지만, 비중 있게 다뤄지지 않았다.

전직 트위터 엔지니어인 제이콥 호프먼 앤드류스Jacob Hoffman-Andrews는 내게 쓴 이메일에서, "많은 사람들이 욕설 문제의 심각성을 매우 잘 이해하고 있었지만, 정작 회사는 그렇지 못했습니다"라고 했다. 그는 오랫동안 트위터의 고객 불간섭 정책을 지지해왔다. 트위터가 직접 문제가 되는 계정이나 개별 트윗을 골라 금지시키는 일에 관여해서는 안되었던 만큼, '누군가 당신을 괴롭힌다면, 차단해버리세요'라는 아이디어는 괜찮은 생각처럼 보였다. 그는 '집단 괴롭힘 문제를 플랫폼 운영자에게만 맡겨 놓는다면, 잘될 가능성보다는 잘못될 가능성이 높을 것이다'라고 생각했다. 특히 미국 중심의 트위터 운영진이 잘 알지 못하는 비영어권 국가들에서는 괴롭힘 문제를 플랫폼 운영자에게 맡겨 놓는 방식이 잘못될 가능성이 높아 보였다.

그러나 트위터를 이용한 집단 괴롭힘을 목격한 후, 그는 새로운 정책이 필요할지 모른다고 생각하기 시작했다. 괴롭힘을 당하는 사용자에게 매주 아니, 때론 매일같이 몇 시간씩 들여 자신을 집단으로 괴롭히는 계정들을 차단하라고 요구하는 것이 맞는 일인

은밀한 설계자들

지 의문이 들었고, 부당한 일처럼 느껴졌다. 그는 이 문제를 해결할 수 있는 프로그램을 어떻게 만들어야 할지 고민하기 시작했다. 앤드류스는 2014년에 다른 이유로 회사를 나왔다. 그리고 이후 몇 달 동안 블록투게더Block Together라는 앱을 개발하기 시작했다. 이는 트위터 사용자가 자신이 차단한 계정의 목록을 만들어 다른 사람과 공유할 수 있도록 해주는 앱이었다. 한발 더 나아가, 다른 트위터 사용자가 여러분이 관리하는 차단 계정 목록을 구독한다고 가정하자. 여러분이 새로운 계정을 차단하자마자, 해당 계정은 목록을 구독하는 다른 사용자에게도 차단될 것이다. 물론 반대도 가능하다. 즉, 다른 사용자의 차단 목록을 구독하면, 그 사용자가 차단한 계정은 여러분의 계정에서도 실시간으로 차단될 것이다. 동일한 여성 혐오자 집단으로부터 공격받고 있는 사람들이 여러 명이라면, 좀 더 빨리 공동 방어선을 만들 수 있다. 앤드류스는 자신의 아이디어를 '공유를 통해 고통을 나누고 줄이는 전략'이라고 말한다.

그는 게이머게이트가 일어나기 직전 블록투게더 앱을 출시했다. 앱은 공격 대상이 되었던 여성들 사이에서 인기를 얻었다. 이런 혁신적인 기술은 트위터, 페이스북, 유튜브가 겪어온 문제를 조금이나마 해결하는 데 정말로 유용해 보였다. 이제는 소셜네트워크 업체들이 그런 혁신적인 기술을 중요하게 여기기만 하면 된다.

2018년 중반, 어느덧 좋은 시절이 지나갔다. 거대 소셜네트워크 업체들은 대중들의 비판과 반발로 고민에 빠졌다. 최고 경영진들은 줄줄이 국회로 소환되어 러시아가 소셜네트워크 서비스를 사용해 2016년 미국 대선에 개입한 문제로 질책을 받았다. 케임브리지 애널리티카Cambridge Analytica라는 분석 업체가 정치 광고 대상자를 고르기 위해 수백만 명의 페이스북 개인 사용자 데이터를 모아 사용했다는 사실이 밝혀졌다.[30] 이에 거대 소셜네트워크 서비스 업체들은 국민에게 사과하는 한편, 문제를 해결하기 위한 적극적인 조치를 시작했다. 유튜브에서는 잘못된 정보가 담긴 동영상의 순위 상승을 제한하는 방법을 발표했다[31]. 페이스북은 서비스와 함께 제공되는 뉴스 사이트의 개수를 줄이는 것과 동시에, 뉴스피드에 대한 일련의 개선 작업을 시작했다.[32] 트위터는 사용자가 자신에 대한 공격을 좀 더 잘 방어할 수 있는 기능을 만들어 제공했다. 또한 7,000만 개의 가짜 계정을 찾아내 삭제했다. 가짜 계정 중에는 스팸, 욕설, 거짓 정보를 퍼뜨리기 위한 계정이나 미국 지역 신문사로 가장한 계정을 만드는 데 사용된 수많은 러시아 계정들이 포함돼 있었다.[33] 트위터의 트러스트앤세이프티Trust and Safety팀 부사장인 델 하비Del Harvey가 말했듯이, 현재 트위터는 개선된 기계학습 기술을 사용해 팔로우하지 않는 계정에 반복적으로 트윗을 보내는 등의 움직임을 분석하고, 속임수와 욕설의 온상일 가능성이 있는 계정을 찾고 있다.[34]

나는 트위터의 상품 관리자인 데이비드 가스카David Gasca와 이런 상황에 대해 이야기를 나누었고, 그는 욕설 트윗을 없애고 트위터의 건전한 사용을 회복하는 일이 회사 운영에서 가장 중요해졌다고 말했다. "지난 2년 동안 최우선 순위였습니다." 가스카는 말을 이어나갔다. "현재 회사는 문제의 심각성을 잘 알고 있습니다. 또

　　　　　　　　　　　　　　은밀한 설계자들

한 훗날 다른 형태의 문제로 나타날 수 있다는 사실도 잘 알고 있습니다." 트위터 직원들은 새로운 형태의 문제들을 처리하려고 노력 중이다. 예를 들어 최근 일본에서 몇몇 사용자들이 '곤충 부화 사진'을 트윗해 다른 사용자를 괴롭힌 일이 발생했다. 미국이었다면 문제되지 않을 만한 일이었겠지만, 일본에서는 문제였다.

"당신이라면 어떻게 다루시겠어요?" 가스카가 웃으며 물었다. "곤충 사진을 트윗으로 보내는 것을 금지해야 할까요? 금지해야 한다면 어떻게요? 전 세계에서, 아니면 일본에서만? 무슨 이유로요?"

다른 소셜네트워크 서비스 업체와 마찬가지로 트위터도 사용방식에 제약을 가하기 위해서는 일관된 여러 단계의 결정 과정과 그에 따른 조정을 거치며 기존 규칙을 바꿔야 한다. 또한 문제가 발생했을 때, 규칙에 따라 정확한 판단을 내릴 수 있는 담당 인력을 교육을 통해 준비해야 한다. 스팸메일을 방지하는 인공지능 프로그램을 만들어 적용하는 일부터, 트위터의 작동 방식을 근본적으로 바꾸는 변화에 이르기까지 여러 단계에서 소프트웨어를 수정해야 할 수도 있다. 가스카는 트위터의 노력이 단순히 트윗 사용에 제한을 둬서 피해를 최소화하는 일에 한정된 것이 아니라고 말한다. 오히려 사람들 사이에서 올바른 방식의 트윗 사용이 좀 더 많이 일어날 수 있도록 고민하고 있으며, 이를 위해 여러 학교와 공동 연구를 진행한다고 말한다. 요즈음 트위터 서비스 설계자들이 고민하는 문제 중 하나는, 사용자 사이에 주고받는 대화가 매우 이상하게 보이는 방식을 개선하는 일이다.

"사용자들은 항상 많은 대화를 나눕니다. 대화가 많아지면 많아질수록 사용자는 자신이 누구에게 답해야 하는지 알기 어려워집니다." 가스카가 말했다. "트윗에 답해본 적 있나요?" 수천 명의 팔로워를 가진 사용자의 경우, 수많은 답장 트윗을 관리할 방법이 그리 많지 않다. 분명 개선이 필요하지만, 매우 미묘하면서도 풀기 어려운 문제가 하나 있다. 트위터의 핵심 의사소통 방식은 '대화'가 아닌 '트윗'인데, 이런 트윗 중심의 소통 방식이 개선 대상이 될 수 있을까?

일부 비평가들은 서비스를 조정하거나 수정해 다른 사람을 괴롭히는 일을 줄이려 하는 트위터의 노력을 환영했다. 게임 디자이너로 게이머게이트 동안 살해 위협에 시달려 집에서 도망치기도 했던 브리아나 우Brianna Wu는 트위터의 이런 노력이 자신이 겪었던 문제를 크게 개선했음을 알게 되었다. "요즘 저는 살해 위협 대부분을 페이스북이나 이메일을 통해 받아요. 트위터는 살해 위협 메시지를 제가 직접 받아보기 전에 효과적으로 없애버립니다."〈패스트 컴퍼니Fast Company〉와의 인터뷰에서 브리아나 우가 말했다(브리아나 우는 단순히 살해 위협이 줄어 행복해했다.[35] 그녀의 말이 칭찬이기는 하지만, 한편으로는 그동안 사용자들이 얼마나 고통 받았는지를 보여준다). 여전히 불만족스럽게 느끼는 사람들도 있다. 그 사람들은 개인적으로 직접적인 위협을 받았음에도, 그런 위협이 트위터 정책에 기술적으로 어긋남에도, 트윗이 삭제되지 않거나 불규칙적으로 삭제된다고 주장한다. "'창녀 같은 년'이라는 욕설이 걸러지지 않은 채 제게 전달되는 것으로 증명할 수 있습니다." 역사가 마리 힉스가 말했다.

문제가 있다고 신고된 트윗을 검사하기 위해 트위터에서 고용한 평가자가 예상보다 많다 하더라도 그리 놀라운 일은 아니다. 페이스북이나 구글 역시 마찬가지기 때문이다. 이 회사들은 신고된 게시물, 그림, 동영상을 검사하기 위해 어느 때보다 더 많은 평가자를 뽑고 있다는 사실을 근거로, 사람들의 반발에 대응한다. 페이스북은 2018년 말까지 1만 명의 평가자를 뽑겠다고 약속했으며, 2017년에 구글은 유튜브 동영상을 샅샅이 찾아 검토하기 위해 평가자 1만 명을 뽑고 있다고 말했다.[36] 새로 뽑힌 평가자들이 하는 일은 IT 분야에서 가장 끔찍하면서도 인정받지 못하는 일이었다. 그들은 하루 종일 신고된 게시물이 살해 위협 혹은 성인물 같은 금지 대상 게시물인지 아닌지를 판단했다. 바꿔 말해 그들은 '10대 자살 시도 생중계', '아동 성폭행 사진'과 같이 정신적으로 상처를 받을 수 있는 게시물을 매일 몇 시간씩 보면서 지낸다. 이들이 얼마나 지치고 스트레스를 받을지 생각해보면, 실수로 문제없는 게시물을 금지시키거나 반대로 정말로 위협적인 내용이 들어 있는 게시물을 통과시키더라도 충분히 이해할 만하다.[37]

다시 규모라는 사악한 문제에 부딪힌다. 거대 기술 회사들은 큰 규모로 성장하기를 원했고, 실제로도 성장했다. 하루에도 수십억 개의 게시물이 이 회사들을 거쳐 전 세계로 퍼진다. 예를 들어 우리는 소셜네트워크 서비스를 운영하는 모든 사람들이 절대적으로 선하며, 서비스가 남을 괴롭히거나 속이는 나쁜 목적으로 사용될 수 있는 모든 가능성을 차단하는 데 주력하고 있다고 가정한다. 또한 이런 나쁜 짓을 하는 사람들을 모두 처벌하기를 원한다고 가정한다. 가능한 일일까?

확실하지 않다. 평가자는 신고된 게시물을 어떻게든 평가하기 위해 노력할 것이다. 그러나 기술은 그렇지 못하다. 기술 회사들은 평가자를 고용함과 동시에 게시물을 자동으로 검사하는 인공지능 소프트웨어 개발을 이야기하고 있다. 기계를 이용해 결정을 자동화하는 것으로, 이는 프로그래머가 문제를 다루는 방식이다. 그러나 앞서 보았듯이, 인공지능 기술은 미묘하고 애매한 부분들을 다룰 때 정확성이 떨어진다. 백인 우월주의자들이 만든 밈이 언제나 나치 문양을 사용하지는 않는다. 늘 쉽게 찾아낼 수 있는 것도 아니다. 오히려 무해한 듯 보이는 일반 사진을 가져다 그 위에 자막을 넣어 사용한다. 포챈을 방문해보라. 소셜미디어에 올릴 목적으로 수십 장의 사진을 섞어 밈을 만들고 있는 젊은 청년들을 볼 수 있다. "인공지능 기술이 그들의 속임수를 눈치 채기는 불가능할 겁니다." 사피야 오모자 노블이 주장했다.

바이다나단은 "한 가지 기술이나 정책만으로는 이 문제에 대한 근본적인 해결책을 마련했다고 할 수 없습니다"라고 주장한다. 다른 나라의 사례를 살펴보면 그 이유를 뚜렷이 알 수 있다. 예를 들어 버마_{Burma}에서 트윗 속 욕설을 확인할 직원을 채용하는 일이 얼마나 어려울지 생각해보자. "버마어를 할 수 있을 뿐만 아니라 증오나 괴롭힘에도 민감해야 합니다." 바이다나단이 말했다. "또한 회사 자체적으로 규제 내용에 대한 가이드라인도 만들어야 할 겁니다. 그리고 이런 과정에서 종족학살에 반대해 정부에 맞설 수 있는 수천 명의 반체제 인사를 찾아 채용해야 합니다. 결국 종족학살에 반대해 정부와 맞서야 할 겁니다." 페이스북은 미국에서조차 정치적으로 미숙해 보일 수 있는 정책들을 만들어 실행해왔다. 2018년 여름 페이스북에서 유출된 자료에 따르면, 회사는 '백인 우월주의White supremacy'를 찬양하는 게시물은 금지하는 반면, '백인 민족주의White nationalism'나 '백인 분리주의White separatism'를 찬양하는 게시물은 금지하지 않았다. 그러나 후자의 용어들은 인종차별주의자들이 자신들의 의도를 숨기기 위해 만든 용어였다.[38]

바이다나단은 저커버그를 포함한 페이스북 경영진이 능력 있는 사람들이며, 이런 문제가 전 세계에 퍼진 자신들의 영향력에 대한 시험대라는 사실을 잘 알고 있는 것 같다고 말한다. 그러나 단순히 능력만으로 해결할 수 있을지는 분명하지 않다. 바이다나단도 무엇이 충분해야 할지 잘 알지 못한다. "저는 페이스북 경영진을 많이 알지도 못하고, 그들의 경영 능력은 더더욱 모릅니다. 페이스북이 규모도 크고 수많은 사람들의 삶에 깊이 관여하는 만큼, 앞서 언급한 문제들은 사실 해결이 불가능할지도 모릅니다."

페이스북, 트위터 혹은 유튜브처럼 회사의 규모가 커지고 서비스가 사람들의 생활 가운데 자리 잡았을 때, '사용자 모두가 동의하는 내용 관리 정책이 있다'거나 '괴롭힘이나 폭력과는 멀어지고 있다'고 확신할 수 없다. 기술 사상가인 클레이 서키Clay Shirky가 말했듯이, 백인 우월주의나 극우 음모론자들에 반대하는 사람들은 거대 기업이라면 그들과 그들의 게시물을 금지해야 한다고 주장한다. 그러나 거대 기업이 자신들의 역량을 진보주의 비평가들이 원하는 방식으로 사용할 것이라는 보장은 전혀 없다. "진보론자들은

여러 결정권을 소수의 거대 기업에게 넘기기를 원하나요?" 서키가
내게 말했다.[39] 전자 프런티어 재단Electronic Frontier Foundation의 시민
자유 담당직을 맡고 있는 데이비드 그린David Greene은 거대 기업들
이 독재 정권의 요청에 따라 해외에서 게시물을 규제하고 있다고
말한다. 예를 들어 흑인 혹은 이슬람 사용자들이 인종차별주의자
의 위협을 보여주는 게시물을 등록했을 때, 이를 사용한 게시물들
은 지워졌다. 그는 〈워싱턴포스트〉에 기고한 글에서 "우리 모두 소
수의 민간 기업들이 관리하는 인터넷을 무턱대고 받아들이기 전에
주의 깊게 생각해야 합니다. 공적 주제 논의에 영향을 끼칠 수 있는
소셜네트워크 서비스들이 반대 의견이 있다는 이유만으로 게시물
을 지우고 계정을 차단하기 때문입니다. 또한 게시물 내용을 관리
하는 시스템이 기준이 되는 순간, 권력을 가진 사람들이 반드시 악
용하려 들기 때문입니다"라고 썼다.[40]

규모가 커서 문제라면, 규모를 줄여 문제를 해결할 수 있을까?
실제로 몇몇 사람들은 거대 기술 기업이 지나치게 많은 권한과 능
력을 가지고 있어 문제라면, 그들을 분할해 해결하자고 주장한다.
사실상 페이스북은 경쟁자가 없다. 저커버그조차 국회에서 경쟁자
를 말해달라는 의회 지도자들의 질문에 답하지 못했다. "가까운 미
래에 페이스북을 분할해야 한다고 주장하는 사람들이 나타날 겁니
다. 실제로 그런 제안과 방법들이 있었던 것도 사실입니다. 저커버
그가 몇 년 전 약속했던 사항들을 성실히 이행할 방법들을 찾지 못
한다면, 그는 법적인 책임을 면하기 어려울 겁니다." 론 와이든Ron
Wyden 상원의원의 말이다.[41]

은밀한 설계자들

상당히 무서운 경고지만, 아마도 단순한 엄포였을 것이다. 의회가 각종 현안들로 정체에 빠진 데다가 정치가들이 기술 기업들로부터 많은 후원을 받으니, 기업분할을 검토하기는커녕 더 이상 질책하는 일도 없을 것처럼 보인다. 기껏해야 유럽 규제에 보조를 맞춰 개인정보를 지금보다 엄격하게 관리해, 사용자들을 좀 더 강력하게 보호하는 법안을 통과시키는 일 정도를 생각해볼 수 있다.

솔직하게 말한다면, 근본부터 구조적으로 바꿔야만 거대 기술 기업을 변화시킬 수 있다. 주요 기술 기업들은 언제나 같은 종류의 권력을 누렸고, 같은 문제들을 일으켰다. 그리고 그 뒤에는 '누가 작성했는가?', '누가 자금을 댔는가?', '어떻게 돈을 버는가?' 같은 프로그램을 지배하는 구조적인 힘이 자리하고 있다. 이 힘이 문제의 핵심인 만큼, 문제를 일으키는 소프트웨어를 바꿀 수 있는 유일한 방법은 그것을 치워버리는 것뿐이다.

첫째, '누가 소프트웨어를 작성했는가?'부터 고려하자. 소셜네트워크 서비스의 문제점 중 하나가 소프트웨어를 개발하고 회사를 설립한 사람 대부분이 비슷한 부류의 사람들이라서 생긴 것이라면, 소프트웨어 개발자를 다양화하는 것도 효과적인 해결책이 될 수 있다. 페이스북이나 트위터의 초창기 개발자 가운데 정체성 문제로 온라인에서 괴롭힘을 당해온 여성, 흑인, 동성애자, 라틴계 개발자와 설계자 등이 좀 더 많이 포함돼 있었다고 상상해보자. 아마도 페이스북과 트위터 서비스가 남을 괴롭히는 조직에 악용될 수 있는 가능성에 좀 더 민감했을 것이고, 문제를 완전히 피할 수는 없었어도 줄일 수는 있었을 것이다.

둘째, 벤처투자자들의 우선순위를 바꾼다면 큰 영향을 끼칠 수 있을 것이다. 1세대 소셜네트워크 서비스는 다나 보이드가 지적했듯이, '사람 사이의 연결'을 지상 과제로 생각한 기술 전문가들이 투자해 만들어졌다. 이들은 순진하게도 사람들 사이를 연결하면 서로가 서로를 이해하고, 커다란 정치적 견해 차이도 저절로 좁혀질 수 있으리라 생각했다. 물론 그런 일은 일어나지도 일어날 수도 없었다. 전직 페이스북 직원인 케이트 루스Kate Losse가 이야기한 것처럼, 페이스북 설립 초기부터 저커버그가 목표로 주장했던 '정보의 흐름'만으로는 충분하지 않았다.[42] (보이드는 특히 저커버그가 텍사스부터 이슬라마바드와 자카르타에 이르기까지 20억 명의 사람들을 하나의 커뮤니티로 묶겠다는 계획을 끊임없이 말하는 것에 분노했다. 사람들 사이의 공통된 유대 관계를 기반으로 서로 의존하는 관계인 커뮤니티의 성격을 끊임없이 오해하고 있는 것처럼 보이기 때문이다.)

이제 벤처투자가들은 자신들이 이전에 투자했던 기술에 대해 단순히 '사람들을 연결하는 것' 이상의 것을 요구해야 한다. 즉, 사람들이 서로의 경험과 가치 차이를 뛰어넘을 수 있도록 도와주는 도구를 만들 차례다.

"벤처투자가들이 사회적 갈등과 차이점을 메꿔줄 수 있는 제품 개발을 요구한다고 상상해보죠. 현실을 넘어 미래를 위한 사회적 인프라를 어떻게 생각할 수 있을까요?"[43] 낙관적으로 생각한다면, 실리콘밸리에서 이런 변화에 흥미를 느껴 무언가 만들어낼 가능성도 있다. 다나 보이드가 자신의 오랜 괴짜 친구들에게 이런 문제점에 대해 이야기하자, 그들은 자신들이 만든 문제에 대해 당황해하

은밀한 설계자들

는 것처럼 보였다. "그러나 흥미 있어 하지는 않았어요." 그녀가 내게 말했다. "잘하려고 했는데 역효과가 났을 뿐이라고 느끼는 것 같았습니다."

그리고 기술은 규모의 덫을 우회할 필요가 있다. 글리치의 아닐 대시는 스타트업 창업을 계획하고 있는 프로그래머라면 벤처투자가의 투자를 받지 않거나 받더라도 최소한만 받아야 한다고 생각한다. 벤처투자가들이 하키스틱 그래프 같은 성장을 요구하며 회사가 설익은 제품을 개발하도록 밀어붙이기 때문이다. 대시가 만난 젊은 엔지니어 대부분은 이런 환경에서 초심을 잃고 변했다. 그들은 허둥지둥하며 "우리는 성장해야 합니다!"라고 말한다. "왜 성장해야만 합니까?"라고 물으면, "음, 이런저런 목표를 만족시켜야 하거든요"라고 답한다. "왜 이런저런 목표를 달성해야 하나요?"라고 물으면, "글쎄요. 몇 안 되는 투자자들이 6년 안에 투자금을 회수하고 싶어 하는데, 벌써 5년이 지났습니다. 금년에 미친 듯이 성장하지 않으면 목표를 달성할 방법이 없습니다"라고 답한다. 허둥지둥 개발하는 가운데 잠재된 거대한 윤리적 위험성을 예측하고 이해하는 일은 가뜩이나 바쁜 엔지니어에게 기대하기 힘든 일이다. "성장도 확실하지 않을 뿐만 아니라, 학교에서 배운 지식은 윤리적 위험에 전혀 도움이 되지 않습니다." 그러나 이러한 상황이 모두 사실이라 하더라도, 대시의 충고는 스타트업들이 따르기 쉽지 않다. 많은 스타트업들이 순조로운 출발을 위해 투자를 원하기 때문이다. 하키스틱 형태의 성장을 요구하는 문화가 바뀐다 하더라도, 그 속도는 매우 느릴 것이다.

소셜네트워크 서비스의 문제를 해결하기 위한 마지막 조건은 '어떻게 돈을 버는가?'에 답하는 것으로, 우선 광고 수입을 포기해야 한다.

전직 구글 직원인 제임스 윌리엄스가 이야기했듯이 사용자의 시선을 끌어 돈을 버는 광고가 회사의 주요 수입원이 되면, 회사 프로그래머와 설계자는 서비스 사용자의 이익에 반하여 일하게 된다. 반대로 광고 수입에 의존하지 않는다면, 회사 프로그래머와 설계자는 사용자의 요구를 만족시키는 일에만 전념할 수 있다. 예를 들어 위키피디아는 광고 대신 사용자로부터 직접 돈을 받기로 결정했다. 그 덕분에 수 가드너의 말처럼 위키피디아 엔지니어들은 사용자가 끊임없이 무언가 클릭하도록 유혹하거나 사용자의 모든 온라인 움직임을 기록할 필요가 없다. 위키피디아는 사용자가 자신이 원하는 정보를 찾아 확인하면, 더 이상 위키피디아 사이트에 머물 필요가 없도록 만들어졌다. "저희의 목적은 사용자의 목적과 일치합니다." 가드너가 내게 말했다. 가드너는 애플 또한 자신들과 동일한 원칙을 갖고 있는 덕분에, 개인정보보호 기술과 암호화 기술을 아이폰에 상대적으로 좀 더 잘 구현해 넣을 수 있다고 생각한다. 애플 고객들은 상대적으로 비싼 아이폰을 구매하며 기술 사용료를 선불로 내고 있다.

"돈을 내는 순간, 더 이상 사용자가 아니라 고객입니다. 마약 거래에서도 고객이라 부르잖습니까?" 데이비드 하이네마이어 핸슨 David Heinemeier Hansson이 웃으며 말했다. 그는 닷컴 열풍이 순식간에 꺼지며 광고 기반의 사업들이 실패하는 것을 보고, 사람들이 돈을

은밀한 설계자들

내고 살만한 소프트웨어만 개발하기로 결심했다. 그는 베이스캠프 Basecamp라는 소프트웨어를 개발해 큰 금액은 아니지만 가입비를 받으며 고객을 유치했다. 얼마 지나지 않아 그는 10여 명이 넘는 직원을 고용하였고, 고객들을 모니터링하거나 소프트웨어를 불필요하게 많이 사용하도록 만들지 않으면서도 많은 유료 고객을 유지할 수 있었다.

"유료 고객을 대상으로 사업하기 때문에 고객과 아주 멋진 관계를 유지할 수 있습니다." 핸슨이 내게 말했다. 그의 회사는 성장 전문 마케팅 담당자, 광고주 혹은 사업 개발 담당자 등이 필요 없다. 그는 직원 대부분을 고객의 실제 문제를 해결하기 위해 일할 수 있는 프로그래머로 뽑는다. "진정한 프로그래머의 회사인 셈이죠. 정말 멋지지 않나요? 오랜 세월 지속 가능한 회사를 만들기 위한 경영 방식으로 잘 해내고 있다고 생각합니다."

물론 유료 고객만이 정답이라는 뜻은 아니다. 광고 기반의 사업 운영에도 나름대로 타당한 이유가 있다. 트위터와 페이스북 직원들이 여러 해에 걸쳐 내게 말해온 것처럼, 트위터나 페이스북 서비스가 유료화되면 수백만 명의 가난한 사용자 혹은 수십억 명의 개발도상국가 사용자들이 더 이상 서비스를 사용하지 못할 수도 있다. 소셜미디어 서비스를 통해 개인적·경제적으로 상당한 이익을 얻는 사람들 중에는, 한 달 사용료가 단돈 1달러만 되어도 서비스 사용은 엄두도 못 냈을 사람들이 많다.

이렇게 여러 가지 의견들이 있다. 그러나 앞서 이야기한 여러 개선 방법을 고려할 뿐만 아니라, 더욱 많은 개선 방법을 고민하는 것도 중요하다. 시민 사회에서 프로그래머의 역할은 점점 증가하고 있다. 우리 모두 문제해결을 위해 비전을 만들고 여러 가지 실험적인 시도를 해야 한다. 그리고 그런 비전을 기술 산업의 중심으로 이끌 사람들이 필요하다.

과연 이런 역할을 누가 할 수 있을까?

바로 이 책의 주인공인 프로그래머가 할 수 있다. 이들에게 소프트웨어 제작 방식을 바꾸는 데 필요한 수단이 있을지도 모른다. 2018년에 타일러 브레이셔Tyler Breisacher와 그의 동료들은 구글이 중요한 윤리적 문제에 대한 입장을 바꾸도록 했는데, 당시 그들이 사용한 방법도 한 가지 예로 참고할 만하다.

뿔테 안경을 쓴 브레이셔는 프로그래머로, 내가 오랫동안 알고 지낸 수많은 프로그래머들만큼이나 컴퓨터밖에 모르는 괴짜다. 그는 어려서부터 늘 컴퓨터를 가지고 놀았으며, USC 대학교에 진학해 컴퓨터 과학과 물리학을 공부했다. 대학을 졸업한 후, 소프트웨어 회사에서 자바스크립트 프로그래머로 일했다. 첫 번째 직장에서 약 1년 반 정도 일했을 때, 그는 크롬 브라우저 개발자로 구글에 들어갔다. 그의 표현을 빌리면, 전 세계에서 손꼽힐 만한 능력의 동료들과 함께 수백만 명의 사람들이 사용할 소프트웨어를 개발하는 꿈만 같은 일이었다. 타일러는 약 2년 동안 크롬 브라우저 개발에 참여했으며, 이후 다른 분야에서 4년 동안 일했다. 구글에서 보낸 시간은 대략 6년으로, 기술 분야에서는 '영원'에 해당하는 매우 긴 시간이었다.

구글에서 퇴사하기 전 몇 년 동안, 일에 대한 불만이 생기기 시작했다. 첫 번째 불만은 약 1시간 반 정도의 통근버스 이용시간이었다. 통근버스는 이용시간 자체도 문제였지만, 수많은 기술 인력이 갑자기 몰려든 탓에 집세가 잔뜩 올라 화가 난 샌프란시스코 사람들에게 분노의 대상이기도 했다. 다른 한편으로 트럼프 행정부에 잘 보이려고 애쓰는 구글 경영진의 태도에 불안해하는 직원들이 생겼다. 구글 최고경영자인 래리 페이지는 트럼프가 취임하자마자 기술 라운드 테이블 미팅에서 그와 만났고, 몇몇 다혈질의 구글 직원들은 이에 분노했다. 타일러를 포함한 동료들 또한 구글 경영진이 직원들의 윤리적인 문제 제기에 점점 모호한 입장을 취한다는 사실을 깨달았다. "구렁이 담 넘어가는 것 같은 애매모호한 답변들뿐이었어요. 예를 들면, '좋은 지적이에요. 우리도 주의 깊게 보고 있어요' 같은 식이죠. 마치 정치가의 답변을 듣는 것 같았어요."

7년째 되던 해, 커다란 논쟁이 일어났다. 2017년 가을, 일부 구글 직원들은 회사가 국방부와 인공지능 과제 계약을 맺었다는 것, 을 알게 되었다. 구글이 참여한 국방부 과제는 '메이븐Maven'이라는 인공지능 기술을 이용해 드론의 화상 인식 소프트웨어 개발을 지원하는 것이었다.

'킴Kim'이라 불리는 익명의 구글 직원이 〈자코뱅Jacobin〉과의 인터뷰에서 이야기했듯이, 구글 직원들은 구글 클라우드 책임자인 다이앤 그린Diane Greene에게 자신들의 우려를 전했다. "그러나 몇 달후, 경영진이 구글 직원들의 의견을 전혀 고려하지 않는다는 사실이 명확해졌어요. 아니, 오히려 회사는 전력을 다해 메이븐 과제를 수행하고 있었죠." '킴'이 말했다. 회사의 태도를 우려한 몇몇 구글 직원들은 회사 내부 소셜미디어 플랫폼에 게시물을 올려 메이븐을 설명하고 자신들이 우려하는 바를 썼다.

이제 회사 전체적으로 훨씬 많은 직원들이 이 문제를 깊이 우려했다. 이들은 정보를 다루어 사람들에게 도움을 주고 싶어 구글에 합류한 것이지, 미군이 외국인을 좀 더 잘 공격할 수 있는 기술을 개발하기 위해 구글에 합류한 것이 아니었다. "도대체 무슨 일이야? 내가 이곳에서 무슨 일을 하고 있는 거지?" 타일러에 따르면 이곳저곳에서 우려의 목소리가 나오기 시작했다. 불만이 커지자, 맨 처음 메이븐 과제 참여에 반대했던 사람들이 대표로 구글 CEO 선다 피차이Sundar Pichai에게 메이븐 과제에서 탈퇴할 것을 요구하는 편지를 작성해 내부 포럼에서 공개했다. 편지에는 "우리는 구글이 전쟁 관련 사업에 참여해서는 안 된다고 굳게 믿습니다"라는 내용이 담겨 있었다.

편지에 대한 반응은 열광적이었다. 하루가 채 지나지 않아, 1,000여 명의 구글 직원이 편지에 서명하며 동참 의사를 밝혔다. 2018년 4월 초, 서명자 수는 놀랍게도 3,000명에 달했다. 게다가 구글 최고의 인공지능 전문가 몇 사람은 인공지능 기반 군사 기술 개발에 강력히 반대했다. 구글에서 2014년 세계 최고 수준의 인공지능 연구회사인 딥마인드를 인수할 때, 딥마인드는 자신들의 기술이 결코 무기 개발에 사용되어서는 안 된다고 주장했다.[44]

구글은 직원들이 메이븐 과제에 대한 우려와 실망을 터놓고 의논할 수 있도록 전사 미팅All-Hands을 열어 직원들의 반발을 무마시키려 했다. 그러나 '킴'의 기억에 따르면, 이미 이때 리더십이 크게 손상되었다. 한 번은 매우 긴 시간 동안 회의를 진행했는데, 구글에서 13년간 일해온 한 여성이 "저는 회사를 위해 매우 오랫동안 일해 왔습니다. 그러나 안타깝게도 지금 이 순간 처음으로 회사를 신뢰할 수 없습니다. 회사는 왜 우리의 말에 귀 기울이지 않습니까? 회사는 왜 우리의 생각을 물어보지 않습니까?"라고 말했다.

직원들은 현재 진행되고 있는 일들에 대해 회사가 솔직하게 밝히지 못한다면, 결코 바람직스럽지 않다고 말했다. 처음에 구글 경영진은 직원들에게 메이븐 과제는 약 900만 달러 규모의 비교적 작은 과제라고 말했다. 그러나 직원들의 반발 소식이 외부로 알려지자, 언론은 메이븐 과제가 수십억 달러 규모의 초대형 국방 과제를 따내기 위한 일종의 미끼 과제라는 사실을 폭로했다.[45](겉으로 드러나지는 않으나, 구글은 실제로도 언론을 걱정했다. 〈뉴욕타임스〉는 외부로 유출된 구글 인공지능 리더 페이페이 리Fei-Fei Li의 이메일을 입수했는데, 메일에서 그녀는 "메이븐 과제 계약의 성격에 대해 어떤 경우라도 인공지능과 관련 있다는 사실을 말하지 마세요. 구글은 인공지능과 데이터에 관해 이미 개인정보보호 이슈로 갈등을 겪고 있습니다. 구글이 방위산업용 무기 개발을 위해 비밀리에 인공지능 기술을 사용하거나 혹은 인공지능 무기를 만든다는 뉴스를 언론에서 추가로 다루기 시작하면, 저로서는 무슨 일이 일어날지 상상조차 되질 않습니다"라고 썼다.)[46]

봄이 끝나갈 무렵, 회사에 크게 실망한 몇몇 직원들이 퇴사를 결심했다. 이들은 뛰어난 엔지니어로, 구글을 떠나더라도 다른 회사에 갈 수 있었다. 실리콘밸리의 스타트업들은 능력 있는 인재를 찾고 있다. 이력서에 '구글'이 선명하게 적혀 있는 엔지니어라면, 회사를 나오자마자 앞다투어 데려갔다. 덕분에 이들은 자신들의 양심에 따라 자유롭게 행동할 수 있었다.

브레이셔도 그들 중 한 명이었다. "프로그래머는 인력 시장에서 여전히 수요가 높은 편입니다. 능력 있는 프로그래머라면 여러 직장 가운데 원하는 곳을 선택해 갈 수 있어요. 자신의 가치관과 잘 맞지 않는 직장에서 굳이 일할 필요는 없지 않을까요?" 브레이셔는 새 직장을 찾자 바로 사직서를 내고 구글을 떠났다. 그가 회사를 떠난 뒤 몇 주 지나지 않아, 10명이 넘는 직원이 회사를 떠났다.

얼마 지나지 않아 구글 경영진은 사태의 심각성을 알아차렸다. 노골적으로 회사를 비난한 것은 아니었지만, 사내 직원들의 반발은 경영진에게 버겁게 느껴졌다. 2018년 6월 초, 구글 경영진은 직원들에게 현재 진행하고 있는 메이븐 과제 계약이 종료되면 계약을 갱신하지 않겠다고 선언했다.[47]

이 일의 본질을 들여다보면, 기술 회사의 한 가지 약점이 다름 아닌 직원이라는 사실을 발견할 수 있다. 소프트웨어 회사들은 직원들을 놓고 엄청난 돈을 들여가며 다른 회사와 경쟁을 벌인다. 예를 들어 페이스북은 우버의 직원을, 우버는 구글의 직원을, 구글은 페이스북의 직원을 가로챈다. 이런 환경 덕분에 엔지니어 직원들은 비정상적인 수준의 협상력을 가지며, 거대 기술 기업들은 이들을 행복하게 해주려고 노력한다.

브레이셔는 소프트웨어 사용자에게는 이런 힘이 없다고 말한다. "페이스북 혹은 구글 사용자에게 그만 사용하겠다는 말로 회사를

은밀한 설계자들

압박할 힘 따위는 없습니다." 그가 말했다. "구글 사용자는 셀 수 없이 많아요. 구글 크롬 웹브라우저 사용자도 셀 수 없이 많죠. 그렇다면 개발자는? 불과 몇 천 명이에요. 세상에 엄청난 영향력을 가진 회사에서 일하는 사람이라면, 반드시 자신이 가진 힘의 크기와 그 힘을 가지고 무엇을 할지 생각할 의무가 있습니다." 물론 이 힘도 완전한 것은 아니다. 구글의 메이븐 계약에서 보았듯이, 다수의 직원들이 함께 행동할 때만 힘을 발휘한다.

앞으로 이런 일은 더 많아질 것이다. 자신이 다니는 회사의 윤리 수준에 불만을 가진 프로그래머가 점점 더 많아지고 있기 때문이다. 2018년 여름, 미국 이민세관집행국에서 불법 이민자 부모로부터 어떻게 아이를 강제로 빼앗아 수용소에 넣었는지에 관한 뉴스가 보도되었다. 마이크로소프트 직원들은 회사가 이민세관집행국에 소프트웨어를 제공했다는 사실을 알았다. 얼마 지나지 않아 300명 이상의 직원이 계약취소를 요청하는 편지에 서명을 했다. 그 편지에는 "우리는 마이크로소프트의 기술 개발을 담당하고 있는 엔지니어 가운데 한 명으로 회사와 공범이 될 생각 따위는 전혀 없다"라고 쓰여 있었다.[48]

한편 페이스북과 트위터 직원들은 대통령 선거가 끝난 뒤, 자신들이 다니는 회사가 숨기고 싶을 만큼 부끄럽다는 사실을 깨달았다. "저는 제가 페이스북에서 일한다는 사실을 어느 누구에게도 이야기하지 않았어요." 30세의 젊은 프로그래머가 〈가디언〉과의 인터뷰에서 말했다. 직장에 대한 질문을 받으면 그는 명확한 답변을 피했다.[49] 약 10여 년 전에 월스트리트는 나라를 위기에 빠트린 오만하고 건방진 인간들이 가득한 분야였다. 오늘날에는 실리콘밸리의 프로그래머들이 그 자리를 차지하고 있다. 그러므로 기술 산업 분야의 변화를 만들어낼 힘은 외부가 아니라 투자자와 경영자가 감히 무시할 수 없는 능력을 갖춘 내부에서 나온다.

요즘 브레이셔는 새 직장인 허슬Hustle에 다니며, 윤리적인 측면에서 훨씬 만족스럽게 일하고 있다. 허슬은 1:1 관계를 만들고 유지시켜주는 SMS 소프트웨어 개발 업체로, 작은 규모의 스타트업이다. 허슬에서 개발한 소프트웨어는 시에라클럽Sierra Club 같은 수많은 비영리 단체들이 사용하고 있다. 물론 브레이셔도 인정하듯, 가끔씩 구글이 그리워지는 때도 있었다. 구글에는 근사한 기술 문제, 열정으로 가득 찬 동료, 심지어 카페테리아까지 그가 좋아하는 것들이 많았다.

"때론 그리워요." 그가 아쉬운 듯 한숨을 쉬며 말했다.

은밀한 설계자들

11장

다시 한번
진화하는
프로그래머

2014년 당시, 갈란드 카우치Garland Couch는 켄터키주Kentucky 의 석탄 광산에서 해고된 노동자였다.

당시 41세로 주황색 턱수염을 길렀던 그는 켄터키주 동쪽 산맥 지역에 자리한 인구 7,000명의 소도시 파이크빌Pikeville에서 멀지 않 은 곳에 살고 있었다.[1] 그는 장비를 관리하거나 아버지와 할아버지 처럼 힘들게 석탄을 캐며 15년 동안 석탄 광산에서 일해왔다. 석탄 광산은 그의 삶이었다. "광산에서 일할 때 동료들은 제 가족이 됩 니다." 카우치가 내게 말했다.

그러나 2010년 초, 수압 파쇄법을 사용해 천연가스를 값싸게 시 추할 수 있게 되었고, 신재생에너지 기술도 실용화 단계에 접어들 면서 석탄 산업은 가파르게 내리막길을 걷기 시작했다. 거기다 연 방정부는 석탄 사용을 줄이는 법령을 만들었다.[2] 2008년 켄터키주 에는 1만 7,000명이 넘는 석탄 광부들이 있었으나, 불과 8년 뒤 그 수는 6,500명으로 떨어졌다.[3] 카우치가 살고 있던 지역에는 더 이 상 팔 곳이 없는 거대한 석탄 더미들만 점점 늘어갔다.[4] 카우치는 자신에게 기회가 그리 많지 않다고 느꼈다. 그는 루이빌Louisville에 실업자 구제용 직업이 있다는 이야기를 들었으나, 너무 멀어 출퇴근이 불가능했다. 한동안 루이빌에서 혼자 살 생각도 해봤으나, 단기 직업 때문에 아내와 딸을 떠나서 지내야 한다는 사실이 그리 마음에 들지 않았다. 그렇게 여러 방법들을 고민하고 있는데, 뜻밖에 라디오에서 다음과 같은 광고가 흘러 나왔다.

"석탄 광산 회사에서 해고되셨나요? 논리적이고 새로운 것을 배워 일할 생각이 있다면, 저희에게 연락해주세요. 새로운 경력을 만들어드리겠습니다. 저희 비트소스Bit Source는 켄터키 동부에 컴퓨터 프로그래밍 혁명을 가져오고 있습니다."[5]

무슨 소리야? 누군가 내게 프로그래머를 시켜준다고? 그것도 파이크빌에서?

해고된 광부를 프로그래머로 채용하려는 계획은 러스티 저스티스Rusty Justice의 생각이었다. 당시 그는 55세였으며, 머리카락은 이미 반백이었다. 그 또한 아버지로부터 물려받은 석탄 선적 사업체를 운영하며 일생 동안 광산에서 일했다. 그러나 석탄 산업이 너무나도 빠르게 사양길로 접어들자 마음이 흔들렸다. "저희 모두 경제 침체기가 다가오고는 있지만, 경제가 완전히 몰락할 것이라 생각하지는 않았어요." 그가 내게 말했다.

저스티스는 파이크빌에 완전히 새로운 사업을 만들 필요가 있다고 생각했다. 그 사업은 쑥쑥 성장하며 당분간 몰락할 위험이 없는 분야의 사업이어야 했으며, 고액 연봉의 일자리를 만들 수 있는 사업이어야 했다. 켄터키주 광산 노동자들의 평균 연봉은 8만 2,000달러였으며 지역의 채소가게, 술집, 자동차 딜러 등이 광산

은밀한 설계자들

노동자들의 지출 덕분에 먹고 살았다. 이 지역에는 해고된 광산 노동자를 대신해 지역 경기를 떠받쳐줄 고액 연봉 노동자들이 필요했다. 저스티스와 그의 사업 파트너 린 페리쉬Lynn Parrish는 풍력 발전에서 태양력 발전에 이르는 다양한 에너지 사업에 관해 이야기를 나누었다. 심지어는 돼지 농장 아이디어도 나왔다.

여러 사업 아이디어를 놓고 고민하던 2013년 어느 날, 두 사람은 파이크빌에서 차로 몇 시간 거리에 있던 렉싱턴Lexington의 기술 인큐베이터를 방문했다. 커다란 가죽 소파와 탁구대가 있는 사무실은 환하고 통풍이 잘되어 마치 실리콘밸리 스타트업 사무실처럼 보였으며, 프로그래머들은 여기저기 탁자에 흩어져 프로그래밍 작업을 하고 있었다. 인큐베이터 소장은 두 사람에게 지역 기술 기업들이 능력 있는 프로그래머 부족으로 애를 먹고 있다고 말했다. 두 사람이 보기에 1년 연봉이 8만 달러 정도인 프로그래머라는 직업은 상당히 괜찮아 보였다.

"연봉이 꽤 괜찮군요. 그런데 프로그래머가 되려면 대학에서 컴퓨터 과학을 전공해야 하지 않나요?" 저스티스가 물었다. "그렇지 않습니다. 똑똑하고 책임감 있는 사람이라면, 누구든 장사 기술처럼 직업에 필요한 프로그래밍을 배울 수 있습니다." 인큐베이터 소장이 대답했다.

흥미가 생긴 저스티스의 머릿속에 여러 가지 생각이 스쳐지나갔다. 그는 광산 직원들이 똑똑하고, 훈련시킬 만한 데다, 이미 기술에도 친숙하다는 사실을 잘 알고 있었다. "사람들은 광부들이 그리 똑똑하지 않을 뿐만 아니라, 시골 촌뜨기라고 오해하고 있습니다." 저스티스가 내게 말했다. 그러나 석탄 광부들은 이미 프로그래머처럼 일한다. 그들은 한 장소에서 하루 종일 끈기 있게 일한다. 게다가 첨단 장비를 다루며, 탄광에서 발생하는 여러 가지 어려운 문제를 바로바로 해결한다. "석탄 광부는 상당히 높은 수준의 기술직이죠." 그는 말을 이어갔다. "많은 사람들이 석탄 광부하면 곡괭이와 점심 도시락을 들고 가는 남자를 떠올려요. 하지만 틀린 생각입니다. 그들은 로봇 장비를 사용하며 유체역학과 수리학을 이해하고 있죠. 한마디로 그들은 더럽기는 해도, 진정한 기술직 노동자들입니다."

저스티스와 페리쉬는 파이크빌에서 프로그래밍 사업을 시작해보기로 결심했다. 두 사람은 실직한 광부들 중에 프로그래밍에 재능 있는 사람을 찾아 훈련시킨 뒤, 앱이나 웹사이트를 개발하려는 사람들과 계약을 맺고 일하게 할 생각이었다. 얼마 지나지 않아 광부들을 교육시킬 프로그래머를 찾았으며, 훈련받는 동안 월급을 보조해줄 연방기금도 찾았다. 또한 파이크빌에서 한때 코카콜라 공장 사무실로 사용돼 초고속 인터넷 사용이 가능한 사무실도 찾았다(파이크빌은 산속 오지만큼이나 초고속 인터넷망이 드물었다. 아니, 없다고 말하는 편이 정확할지도 모르겠다). 두 사람은 회사 이름을 '비트소스Bit Source'라고 지었다.

그런데 어느 광부가 프로그래머가 되려고 할까? 저스티스는 라디오와 신문에 광고를 냈다. "우리는 11명쯤 뽑을 계획이었어요. 그리고 운이 좋으면 한 50명쯤 지원하지 않을까 생각했죠."

그런데 무려 950명이 지원했다. 프로그래머라는 직업을 얻기 위

은밀한 설계자들

해 사실상 지역 주민끼리 경쟁했다. 지원자가 너무 많았던 나머지, 저스티스가 채용한 프로그래밍 강사는 모든 지원자를 빠짐없이 살펴보기 위해 데이터베이스를 구축했다. 프로그래밍에 재능 있는 직원을 뽑기 위해 수학과 심리학 질문을 섞어 만든 시험도 준비했다. '엔진을 점검해보시겠습니까? 아니면 발표를 하시겠습니까?' 같은 질문으로 이루어진 1차 시험을 통해 950명에서 50명으로 지원자를 줄였다. 좀 더 줄이기 위해 2차 시험을 진행했으며, 통과한 지원자 수는 20명이었다. 마지막 3차 시험에서 저스티스와 페리쉬는 최종 20명을 직접 인터뷰했다.

갈란드 카우치는 1등으로 합격해 회사에 들어갔다. 다른 10명의 합격자와 마찬가지로 그 또한 광산업에서 희망을 찾지 못했다. 이제 새로운 길을 찾아야 할 때였다. 비트소스에 처음 출근했던 날, 그는 회사 여기저기를 살펴보았다. 벽에는 이 지역에서 처음으로 석탄 광산 사업을 시작한 투자가 존 메이요John CC Mayo 같은 역사적으로 유명한 지역 인사들의 벽화가 그려져 있었다. 문마다 "새로운 날, 새로운 길"이라는 슬로건이 붙어 있었고, 한쪽 벽에는 "영원히 살 것처럼 배우고, 내일 죽을 것처럼 살아라"라는 슬로건도 붙어 있었다. "도대체 내가 지금 어디에 있는 거야?" 카우치는 중얼거렸다.

"먼저 생각부터 바꾸세요. 여러분은 더 이상 실직한 광산 노동자가 아닙니다." 저스티스가 11명의 합격자에게 말했다. "이제부터 여러분은 프로그래머입니다." 합격자 중에는 광산 안전 감시원도 있었고, 직접 석탄을 캐던 광부도 있었으며, 대학을 졸업하고 컨베이어 벨트 등 광산 기계를 관리하던 기계 전문가도 있었다. 이들은 교육을 받는 동안에 시간당 15달러의 인턴 월급을 받았으며, 교육을 받아 실제로 프로그래밍 업무에 투입된 이후에는 정상적인 월급을 받았다. 한동안 저스티스와 페리쉬는 자신들의 돈으로 부족한 월급을 채워 넣었다. 11명의 초보 프로그래머를 유지하기 위한 충분한 일거리를 끌어오는 일은 전적으로 두 사람의 몫이었다.

11명의 초보 프로그래머들은 매일 하루 종일 집중적으로 교육을 받았다. HTML, CSS 같은 기본적인 프로그래밍 언어부터 시작해 자바스크립트와 모바일 앱 개발 언어 같은 전문가용 프로그래밍 언어에 이르기까지 꾸준히 공부했다.

"예전에 비해 몸은 편할 것이라 생각했는데 결코 그렇지 않았습니다." 윌리엄 스티븐스William Stevens가 당시를 떠올리며 말했다. 광산일이 육체적으로 힘든 일이었다면, 프로그래밍은 정신적으로 힘든 일이었다. "살면서 그렇게 정신적으로 한 가지 일에 몰두해본 적은 처음이었던 것 같습니다." 스티븐스는 광산에서 해고된 후 집과 3시간 거리에 있는 다른 지역에서 광부 일을 찾아 일하던 중에 비트소스에 들어왔다. 새로 옮긴 광산이 집과 멀었던 탓에 그는 퇴근 후 차에서 잠을 자며 가족들과 떨어져 지냈다. 집에는 주말에만 들어갔다. 몰락해 사라져 가는 광산 일을 찾아 지옥 같은 출퇴근을 경험했던 그는 프로그래밍에 완전히 빠져 살았다. 11명의 초보 프로그래머들은 프로그래밍 공부에 몰두했고, 카우치는 처음 몇 주 동안 옆자리 동료의 이름조차 모르고 지냈다.

난생 처음 해보는 일이었지만 이들은 서서히 익숙해졌다. 금요일마다 한 주 동안 배운 내용을 토대로 작은 프로젝트 프로그램을

은밀한 설계자들

직접 만들었다. 처음에는 간단한 웹페이지 제작 정도였지만, 조금씩 실력이 늘자 대화형 웹페이지, 데이터베이스와 연동하는 웹페이지까지 제작할 수 있게 되었다. 저스티스의 생각이 옳았다. 전직 광부였던 이들은 성실하면서도 빠르게 프로그래밍 기술을 배웠다. 다만 한 가지 어려움이 있었다면, 광부와 프로그래머의 차이에 적응하는 일이었다. 광부로 일할 때는 움직임 하나하나를 천천히 꼼꼼하게 해야 했다. 작은 실수라도 저질러서 문자 그대로 폭발 사고라도 나면 동료들이 위험에 빠지고, 회사는 수백만 달러의 손실을 입을 수도 있기 때문이다. 반면에 프로그래머로 일할 때는 재빨리 반복 실행하며 문제를 해결해야 한다. 실수해도 상관없다. 프로그래밍에서 실수는 당연한 것이기 때문이다.

몇 달 지나지 않아 이들은 실제로 사용 가능한 프로그램을 만들어 납품하기 시작했다. 물론 대부분은 간단한 웹페이지 제작으로 파이크빌 시의회 홈페이지, 중장비 업체 홈페이지 등이었다. 그러다 시간이 지나자 농산물 직판장 상품권 사용 앱, 증강현실 앱 등 점점 복잡하고 수준 높은 프로그램을 만들어 납품하기 시작했다. 지역 내 마약 중독자를 도와주는 앱 제작 등 켄터키주와 밀접한 무료 봉사 작업도 했다.

3년쯤 되었을 때 저스티스의 손실액은 거의 '0'에 가까워졌다. 그의 이야기에 따르면 사업에서 가장 힘든 일은 고객들이 산골 촌뜨기들에게 믿고 일을 맡길 수 있도록 만드는 마케팅이었다. 그러나 저스티스가 자랑스럽게 산골 촌뜨기라고 부르는 그의 프로그래머들은 이제 MIT 컴퓨터 과학과 교수들과도 어울려 이야기할 수 있으며, 꼼꼼히 작성한 프로그램으로 리눅스 전문가들을 감동에 빠트릴 만큼 완전히 제몫을 해내는 프로그래머로 성장했다. "그들에게는 고쳐야 할 나쁜 습관들이 없었어요. 믿기 힘들겠지만 하나같이 타고난 프로그래머들이에요." 저스티스가 말했다. 스티븐슨은 몇 시간씩 자리에 앉아 폰트를 바꿔가며 GUIGraphical User Interface(사용자가 그래픽을 통해 컴퓨터와 정보를 교환하는 작업 환경—옮긴이)를 예쁘게 만드는 자신의 모습을 보며, 자기가 예쁜 웹사이트 제작을 좋아한다는 사실을 깨달았다. "누군가 제가 만든 웹사이트를 보고 환하게 미소 짓는 모습을 보면, 기분이 정말 좋습니다." 스티븐슨은 신이 나는지 자랑스럽게 말했다.

이제 저스티스는 경제 개발 분야에서 약간이지만 나름 유명세를 타고 있다. 세계 곳곳의 몇몇 시민 지도자들은 그에게 전화를 걸어 어떻게 하면 비트소스 같은 일을 할 수 있는지 물었다. 하지만 막상 조언을 하려니 쉽지 않았다. 자신들처럼 성공하기 위해서는 경제가 완전히 붕괴되는 상황에 처해 벼랑 끝까지 밀려본 경험이 있어야 했기 때문이다.

"절실함이 저희 성공의 가장 큰 원동력이었어요." 저스티스가 말했다. "저희 아버지는 인생은 공평하지 않으니 언제나 위험에 대비하라고 하셨어요."

저스티스는 비트소스의 설립을 통해 나름 프로그램 진화의 한 단면을 보여주었다고 굳게 믿고 있다. 개인용 컴퓨터 개발자와 코모도어 64를 사용하거나 홈페이지를 만들며 프로그래밍을 시작한 아이들이 컴퓨터 분야의 첫 번째 대중화를 이끌었고, 이는 수백만

은밀한 설계자들

명의 사람들에게 퍼져나갔다. 이제 프로그래밍 분야는 예전에 비해 상당히 보편화되었으며, 훨씬 많은 사람들이 안정적이며 나름 재미있는 프로그래머가 될 수 있는 기회를 가지게 되었다. 마치 옛날 켄터키에서 광산업이 보편화되었듯이 말이다.

"저희 프로그래머들은 노동자 출신이에요." 저스티스가 말했다. "그리고 컴퓨터 프로그래밍은 차이는 있겠지만 분명 노동자들도 할 수 있는 일입니다."

저스티스가 옳았다. 프로그래밍 분야 전체가 매우 빠르게 성장하고 있으며, 프로그래머의 본질적인 특성도 바뀌고 있다. 왜 이런 변화가 생기는 걸까?

프로그래밍은 고등 교육을 받은 사람이라면 거의 누구나 어느 정도는 할 줄 알아야 하는 기술로 성장했을 만큼, 이 세상의 주류로 자리 잡아가고 있다. 오늘날 '프로그래머'라는 말을 들었을 때 가장 많이 떠오르는 것은 후드티를 입은 저커버그 같은 젊은이다. 프로그래머라는 직업은 20세기 후반 높은 연봉으로 중산층의 주요 직업으로 자리 잡았던 무역업을 밀어낸 안정적이며 수준 높은 직업이다. 그리고 이제 프로그래머라는 직업에 새로운 변화가 일어나고 있다. 사상가이자 기술 기업을 운영하는 친구 아닐 대시의 표현을 빌리자면, 이 새로운 변화는 '노동자 프로그래머'[6]의 출현이다.

프로그래머에 대한 수요가 폭발적으로 증가하고 있다. 미국 노동통계국은 컴퓨터를 포함한 IT 분야의 직업 종류가 2026년까지 2016년 대비 13% 증가할 것이라 예측했는데, 이는 다른 직업들의 평균 증가율에 비해 높다. 2017년 5월 기준으로 8만 4,580달러였던 IT 분야 평균 연봉은 모든 직업의 평균 연봉 중앙값보다 2배가넘을 만큼 높다.[7] 이런 높은 연봉에도 불구하고 여전히 공급이 부족해, 2020년 한 해에만 100만 명의 프로그래머가 부족할 것이라는 예측도 있다.[8] 거기다 공식적으로는 소프트웨어 개발 분야로 분류되지 않는 수많은 직업에서조차 점점 프로그래밍 기술과 업무를요구하고 있다. 취업 데이터 분석 업체인 버닝글래스테크놀로지스Burning Glass Technologies의 보고서에 따르면, 2015년 기준으로 정규직업 중 약 20%에서 프로그래밍 기술 보유자가 좀 더 높은 평가를받을 수 있다고 한다.[9] 한편 프로그래머 직업이 실리콘밸리에만 있는 것은 아니다. 실제로는 겨우 10% 정도만이 실리콘밸리에 있으며,[10] 나머지 프로그래머 직업들은 규모에 상관없이 미국 내 모든도시와 마을 곳곳에 퍼져 있다.

그럼 미래에는 누가 어떻게 프로그래머가 될까?

이 질문에 대한 여러 가지 답 중에서 가장 기본은 '오늘날과 같은방식'이다. 즉, 대학에 진학해 컴퓨터 과학과에서 4년 동안 열심히공부해 프로그래머가 되는 방식이다. 훌륭한 졸업생을 많이 배출한 유명 대학에서 뛰어난 성적을 거둔 학생들의 경우, 유명한 회사들에서 앞다투어 채용한다. 실제로 유명 대학들은 주요 회사들의인턴 과정과 잘 연결돼 있기 때문에, 대다수 졸업생들은 교과 공부를 끝내기도 전에 여러 회사들로부터 입사 제안을 받는다. 1년 전에 콜롬비아 대학교 컴퓨터 과학과 졸업생 2명과 시간을 보낸 적이있었다. 한 명은 페이스북, 마이크로소프트, 뉴욕 소재 데이터베이스 회사에서 입사 제안을 받았다. 다른 한 명은 리프트Lyft와 트위터로부터 각각 입사 제안을 받았다. "저희와 비슷한 과정을 거친 친구들은 기본적으로 비슷해요." 두 사람이 내게 말했다. 이것 뿐만이 아니다. 첨단 기술 스타트업 창업자들은 대학에서 함께 공부했던 동기나 선후배들을 채용하려 한다. 유명 대학 컴퓨터 과학과에 들어가 공부하는 것은 자금이 풍부한 첨단 기술 기업에 입사할 수 있는 티켓을 얻는 일이라 할 수 있다.

이런 사회 환경의 결과는? 컴퓨터 과학을 전공하려는 학생들이 폭발적으로 늘어났다. 미국 대학에서 컴퓨터 과학을 전공하려는 학생의 숫자는 2011년 대비 2015년에, 불과 4년 만에 2배가 증가했다.[11]

이렇게 많은 학생들이 프로그래머가 되겠다고 하다니, 혹 유행에 휩쓸려 이성을 잃은 것은 아닐까? 2015년 스탠퍼드 대학교 학부생 가운데 20%가 컴퓨터 과학 전공을 목표로 공부하고 있으며, 현재 컴퓨터 과학은 가장 인기 있는 전공분야다.[12] 다른 분야의 교수들, 특히 스템 교육의 열풍 속에 사람들의 관심에서 밀려나 완전히 사양길에 접어든 인문학 분야의 교수들은, 문학이나 역사 같은 인류학 공부를 포기하는 많은 학생들을 지켜볼 뿐 할 일이 없어 점점 더 한가해지고 있다. 학생들은 프로그래머에 대한 수요가 거의 무한대라는 사실을 잘 알고 있다. "절대 그런 일은 없겠지만, 만약 스탠퍼드 대학교 모든 학생들이 컴퓨터 과학을 전공한다고 해도, 그들 모두 산타클라라Santa Clara 카운티에서 일자리를 찾을 수 있을 겁니다." 컴퓨터 과학과 학과장을 지내기도 했던 에릭 로버츠가 말했다.

물론 예전에도 컴퓨터 과학이 인기 높았던 때가 있었다. 예를 들어 1980년대 초와 1990년대 말에 컴퓨터 과학의 인기가 매우 높았다. 그러나 그때는 오래가지 못했다.[13] 하지만 여러 사람들이 주장하듯, 이번에는 달라 보인다. 오늘날 프로그래밍은 스타트업뿐만 아니라 보험회사, 지역 은행, 엔터테인먼트 산업에서도 필요하다. 이처럼 프로그래밍 기술이 모든 산업 전반으로 빠르게 확산되기 시작한 만큼, 적어도 예전에 비해 그 인기가 좀 더 오래 지속될 것 같다.

컴퓨터 과학에 밀려드는 학생들은 켄터키주의 러스티 저스티스와 마찬가지로 프로그래밍 기술을 익히면 안정적인 직업을 가질 수 있다고 생각한다. 이전 이느 세대보다도 삶이 불안정할 뿐만 아니라 대학을 다니며 꽤 많은 돈을 빚진 학생들 입장에서, 프로그래밍은 미국 경제 환경에서 점점 사라져가는 '중산층의 안정성'을 보장한다. 옛날에는 학생들이 빌 게이츠나 마크 저커버그 같은 리더가 되기를 꿈꾸며 컴퓨터 과학과에 밀려들었다. 그렇다면 현재는? 그들은 꽤 괜찮은 연봉을 받는 직장 근로자를 꿈꿀 뿐이다.

"1990년대에 볼 수 있었던 '와우, 저는 분명 억만장자가 될 수 있어요'라고 말하는 친구들이 점점 줄어드는 것 같습니다." 로버츠가 말했다.

많은 학생들이 컴퓨터 과학을 전공하려 하지만, 이들을 가르칠 만한 자원이 충분하지 않다. 특히 교수 혹은 강사가 충분하지 않다. 예를 들어 스탠퍼드 대학교 교수의 2%만이 컴퓨터 과학과 교수이며, 이는 상대적으로 매우 적은 수의 교수가 전체 학부생의 20%를 가르치기 위해 시간을 쪼개어 일하고 있음을 뜻한다. 다른 대학도 상황이 별반 다르지 않다. 대학들은 한정된 예산 탓에 컴퓨터 과학 분야 교수를 충분히 확보할 수 없다. 설사 확보할 수 있다 하더라도, 뛰어난 인재를 놓고 첨단 기업과 경쟁해야 한다. 하지만 매우 높은 연봉과 무한한 연구 기회 제공을 약속하며 오랜 연구 경험을 갖춘 교수를 유혹해 가로채는 기업들을 대학이 당해낼 재간이 없다. 박사과정의 학생들 또한 졸업 후 교수가 되기보다 우버 혹은 구글에 입사한다. 결과적으로 많은 컴퓨터 과학과 교수들이 걱정하듯, 컴퓨터 과학과는 정어리 통조림처럼 학생 과밀 상태로 치닫고 있다.[14] 예를 들어 스탠퍼드 대학교에서 기계학습 강좌를 하나 개설했더니 무려 760명의 학생이 강의에 들어왔다. 심지어 이 강좌는 대학원생을 위한 강좌였다.[15] 이 문제의 유일한 해결책은 수강자 수를 제한하는 것이다. 수강하려는 학생 대부분에게 "미안하지만, 여러분은 컴퓨터 과학을 공부할 수 없어요. 컴퓨터 과학을 공부하려면 지금보다 훨씬 더 높은 학점을 받아야 해요"라고 말해야 한다.

"결국 강좌당 학생 수를 크게 늘릴 수밖에 없어요." 워싱턴 대학교 컴퓨터 과학과 교수인 에드 라조우스카Ed Lazowska 교수가 말했다. 그러나 이는 교육의 질을 크게 떨어뜨리는 만큼 교수와 학생 모두가 바라는 일이 아니다. 주 정부에서 교육 환경 확대에 필요한 돈을 대학에 꽤 많이 지원하고는 있지만, 대학은 여전히 수요를 충족시키지 못하고 있다. "이는 대학이 확대에 필요한 돈을 지원 받았을 때만, 규모 확대에 열을 올려왔음을 뜻합니다."

이처럼 컴퓨터 과학 교육 환경이 충분히 빠르게 확장되지 못한다면, 컴퓨터 과학 분야에 뛰어들 수 있는 다른 방법이 많이 필요할 것이다.

아비 플롬바움Avi Flombaum은 새로운 방법을 생각해내기 위해 노력하고 있다. 그는 1만 5,000달러의 수업료를 받고 15주간 집중적인 프로그램 교육을 제공하는 부트캠프Boot camp(IT 업계의 신병훈련소 같은 교육기관으로, 정규 대학 교육보다 수업료가 저렴한 단기 속성 교육—옮긴이)인 플랜티런 스쿨Flatiron School의 창립자다. 맨해튼 월스트리트 지역에 자리 잡은 플랜티런 스쿨을 방문했을 때, 약 200명의 학생들은 긴 테이블에 앉아 프로그래밍 언어 루비Ruby의 미묘한 의미를 확인해가며 짝을 이루어 작업하고 있었다. 어떤 학생은 자신과 짝을 이룬 다른 학생에게 자신이 생각한 코드를 마커펜으로 테이블 위에 직접 써가며 설명하고 있었다. "학생들이 앉아 있는 테이블은 모두 화이트보드입니다. 저희는 학생들이 화이트보드를 이리저리 옮기며 소란 피우는 것을 좋아하지 않습니다." 플롬바움이 말했다. 그는 이런 학습 방법을 통해 낭비되는 시간 없이 학생들이 자신들의 생각과 결과물을 다른 사람과 바로 바로 논의할 수 있기를 바랐다. 한쪽 벽면에는 컴퓨터에 빠져 지내는 사람만 알 수 있을 법한 벽화 하나가 걸려 있었다. 그레이스 호퍼를 그린 그림으로, "프로그램을 배우고 사랑하라"는 문구가 마치 낙서처럼 스프레이로 쓰여 있었다.

은밀한 설계자들

34세의 플롬바움은 머리를 잔뜩 쓸어 넘긴 듯한 헤어스타일을 하고 있다. 그의 오른쪽 어깨와 가슴에는 플랜티런 스쿨의 로고와 자신의 회사를 합병한 위워크WeWork의 로고가 각각 새겨져 있다. "각종 광고가 붙어 있는 경주용 자동차와 비슷하죠." 그가 웃으며 농담을 했다. 그는 한때 헤지펀드를 운영했으며, 스타트업을 만들어 4년 동안 운영하기도 했다. 이후 독학으로 프로그램을 공부했으며, '재미 삼아' 5주짜리 프로그래밍 강의를 시작했다. 그는 자신의 강의를 수강한 몇몇 학생들에게 일자리를 소개해주었으며, 그 경험을 통해 이 일의 규모를 좀 더 확장할 수 있지 않을까 하는 생각을 하게 되었다. 2012년 그는 다른 한 명의 사업 파트너와 함께 플랜티런 스쿨을 시작했으며, 현재까지 약 2,000명의 학생들을 배출했다.

플랜티런 스쿨은 다른 여러 부트캠프와 비슷하게 절대적으로 많은 양의 벼락치기 학습으로 유명하다. 플랜티런 스쿨은 입학하려는 학생들에게 15주 분량의 루비와 자바스크립트 무료 강좌를 모두 공부하고 오도록 권장한다. 플랜티런 스쿨에서 공부하는 학생 상당수는 밤 늦게까지 남아 다른 동료들과 과제를 진행한다. 학생 가운데 절반가량이 여성이며, 대부분은 나이가 어리다. 이미 대학을 졸업했지만, 기존 전공으로 들어갈 수 있는 직장보다 좀 더 나은 직장에 들어가기 위해 프로그램 공부를 결심한 학생도 있었다. 혹은 현재 다니는 직장이 마음에 들지 않아, 프로그램 공부를 하며 직장을 옮기려 준비하는 학생도 있었다. 최근 입학한 학생 가운데는 텍사스 돼지 농장에서 일하다 입학한 학생도 있었다.

플랜티런 스쿨을 방문했을 때, 나는 뉴저지 출신의 25세 여성 빅토리아 후앙Victoria Huang과 이야기할 기회가 있었다. 당시 그녀는 3주간의 프로그래밍 공부를 마친 초보 프로그래머였다. 그녀는 부모님의 강요로 약학을 공부했다. 뉴욕 맨해튼에 있는 병원에서 1년간 일하기도 했으나, 자신의 일에서 어떤 열정도 느낄 수 없었다. 사실 그녀가 꿈꿔왔던 일은 소프트웨어 제작이었다. 그녀는 10대 초반 애니메이션 웹사이트를 만들며 시간을 보내곤 했다. "특별한 이유가 있었던 것 같지는 않아요. 단지 무에서 유를 창조하는 듯한 느낌이 좋았어요." 그녀는 약학 공부 경험이 여러 측면에서 부트캠프에서의 공부에 도움이 되었다고 말한다. "이런 엄청난 양의 공부는 약학 공부나 병원 생활과 매우 비슷해요. 하루 종일 끊임없이 새로운 지식을 흡수해야 하죠. 힘들기는 해도 분명 효과가 있습니다." 동료 학생 대부분이 그녀와 비슷했다. 지난 몇 년간 법률가, 마케터 등으로 일해왔으나 전혀 열정을 느끼지 못했고, 자신 안에 무언가 창조하고픈 바람과 간절함이 있다는 사실을 느꼈다고 한다. "얼마 전에 첫 번째 과제물을 끝냈는데, 이제껏 경험해보지 못했던 제 자신에 대한 자부심을 느낄 수 있었어요."

플롬바움도 인정하듯이 단지 15주 동안의 프로그래밍 교육만으로 엘리트 프로그래머가 될 수는 없다. 플랜티런 스쿨 학생들은 컴퓨터 과학과 학생들이 대학 4년 동안 배우는 교과목을 배우지는 않는다. 대학에서는 컴퓨터 구조, 설계 및 작동 원리를 이론과 함께 깊이 있게 가르친다. 덕분에 대학 졸업생들은 좀 더 깊이 있는, 예를 들어 알고리즘 제작 시 효율성이라는 미묘한 감각을 갖추고 졸업한다. 이들은 빅 오Big-O 이론을 알고 있어서, 특정 정렬 알고리즘이 최대한 효율적인지 그렇지 못한지 판단한다. 바꿔 말해 1,000만 개의 데이터를 몇 분 안에 처리할 수 있는지, 혹은 몇 시간 동안 처리하는지 판단할 수 있다. 또한 이들은 완전히 새로운 프로그래밍 기법을 개발하거나 새로운 형태의 암호화, 블록체인 기술, 인공지능 같은 혁신 기술을 개발한다. 이런 이유 때문에 첨단 기술 기업들은 대학에서 컴퓨터 과학을 전공한 학생들을 선호하며, 부트캠프 졸업생에 대해서는 별다른 관심을 보이지 않을 수도 있다. "저희 경험상 플랜티런 스쿨 같은 부트캠프 졸업생 대부분은 구글에서 소프트웨어 개발 업무를 담당하기에는 부족합니다." 구글의 교육 및 대학 프로그램 담당 임원인 매기 존슨Maggie Johnson이 말했다.[16]

부트캠프는 1960년대와 1970년대 유행했던 무역 교육 기관처럼 전통적인 옛 방식의 직업 훈련과 상당히 비슷하다. 부트캠프 관계자들도 캠프 졸업생들이 무언가 완전히 새롭게 혁신하는 방법을 배우는 것은 아니라고 말한다. 부트캠프 학생들은 프로그래머들이 일상적인 업무에서 수행하는 공통적인 업무 중 일부를 집중적으로 배운다. 예를 들어 데이터베이스에 사용자 입력을 저장하고, 이를 검색해 화면에 보여주는 웹서비스 설계 방법 등이 그렇다.

부트캠프 학생들의 능력은 혁신적이지 못해 쓸모없는 일일까? 그렇지 않다. 아마존, 구글, 바이두, 알리바바 등과 같은 첨단 기술 기업의 영역에서 한두 걸음만 밖으로 나와 보면, 이들이 할 수 있는 일은 대부분의 프로그래밍 업무에서 요구되는 일과 정확히 같다. "소프트웨어에서 진지하게 알고리즘을 고민하고 연구해야 하는 분야는 별로 없습니다." 기술 회사인 엔피엠npm의 최고기술경영자

C. J. 실베리오C. J. Silverio가 말했다.[17] "사실 저희 대부분은 하루 종일 단어와 문구 혹은 문장들을 이리저리 연결하는 일을 하고 있습니다." (참고로 '연결'은 2개의 대상을 연결하는 것이다. 즉, '클라이브는'이라는 단어를 다른 문구인 '기분이 좋다!' 혹은 '기분이 좋지 않다!' 등과 연결해 '클라이브는 기분이 좋다! / 클라이브는 기분이 좋지 않다!'를 만드는 일이다.) 농담처럼 들리겠지만, 사실 프로그래머 업무의 상당 부분을 비슷한 일들이 차지하고 있는 만큼 실베리오의 말은 완전히 농담도 아니다. 인터넷에서 볼 수 있는 모든 기업의 웹사이트는 여러분이 클릭해 발생하는 모든 대화형 데이터를 처리하도록 누군가 작성한 자바스크립트 코드로 작동한다. 이런 코드를 작성하는 프로그래머들은 웹사이트를 제작하면서 새로운 것을 만들어내지는 않는다. 오히려 대부분은 마치 배관공처럼 이미 존재하는 것들을 이어 붙이고 유지·관리한다. 일종의 디지털 배관공이다. 구글이 언제 크롬 브라우저를 업데이트하는가? 혹은 마이크로소프트에서는 언제 엣지Edge 브라우저를 업데이트하는가? 누군가 이를 확인하고 새로운 브라우저 환경에 맞추어 기존 프로그램을 수정해줘야 한다. 만약 누군가 그런 일을 하지 않는다면 문제가 발생할 것이다. 그러므로 이들은 어딘가 고장난 곳은 없는지 확인하고 관리하는 일을 담당하며 건물 관리인처럼 일한다.

부트캠프는 세계적인 현상으로 프로그래머 수요가 공급을 능가하는 모든 나라에서, 아니 사실상 전 세계에서 부트캠프가 열리고 있다. 인도에서는 오랜 경력의 베테랑 프로그래머 산토시 라잔Santosh Rajan이 인도의 전통적인 컴퓨터 과학 교육이 10년 가까이 뒤

쳐져 있다고 주장하며 긱스쿨GeekSkool을 세웠다. 컴퓨터 과학과에서 시대에 뒤떨어진 옛 프로그래밍 언어와 데이터베이스를 열심히 공부한 학생들은 인도의 거대 회사에 입사해 값싼 가격에 의뢰받은 전 세계 대기업들의 백엔드 작업을 맡아 처리한다. 이런 일들은 지루하지만 안정적인 작업이다. 그러나 예를 들어 프로그래머가 루비나 자바스크립트 같은 새롭게 각광받는 컴퓨터 언어를 공부하려 한다고 가정하자. 그렇다면 그 인도 프로그래머는 부트캠프에 들어가 공부할 필요가 있다. 긱스쿨에 입학하는 학생들은 물리학자부터 컴퓨터 과학과 대학원생에 이르기까지 다양하다. 컴퓨터 과학과 대학원생의 경우, 학위는 자신이 영혼 없는 데이터베이스 관리자임을 증명할 뿐이라는 사실을 깨닫거나 자신의 실력을 좀 더 갈고닦으려할 때 긱스쿨에 입학한다. 학생 모두 프로그래밍 공부에 목말라하고 있으며, 라산이 이야기했듯 이런 목마름은 능력 있는 프로그래머가 되는 데 필수적이다.

"위대한 프로그래머 혹은 위대한 음악가 혹은 위대한 축구 선수가 되는 일 사이에는 사실상 차이가 없습니다." 그가 내게 말했다. "모두 똑같아요. 단지 한 가지 차이가 있다면 '나는 이 일을 하고 싶어'라는 선택의 차이만 있을 뿐입니다." 긱스쿨은 학생들에게 대학 4년 동안의 교육비보다 훨씬 적은 수강료를 받으면서도, 시장이 요구하는 기술을 매우 빨리 가르친다.

부트캠프는 이런 정책에 힘입어 최근 들어 폭발적으로 증가하고 있다. 2013년 부트캠프는 미국에서 2,178명의 졸업생을 배출했다. 그리고 불과 5년 후 졸업생 숫자는 거의 10배가 증가해, 2만 명 이

상의 학생들이 졸업했다.[18]

그런데 대학을 졸업하지 않고도, 이런 빠르고 간단한 방법으로도 제대로 된 프로그래머가 될 수 있을까? 도대체 몇 명이나 이런 방식으로 프로그래머가 되었을까?

부트캠프마다 교육 수준이 달라 정확히 답하기는 어렵다. 부트캠프 가운데는 수년간 엄격한 관리 체계로 운영하며, 졸업생들의 취업 현황 보고서도 자주 발간하는 곳이 있었다. 반면에 제대로 된 통제 없이 엉망인 곳도 있다.[19] 부트캠프 분야 조사 업체인 코스 리포트Course Report의 조사결과에 따르면 부트캠프를 졸업한 학생들 가운데 약 2/3가 프로그래밍 분야에서 일을 찾았다.[20] 플랜티런 스쿨의 경우, 졸업생의 취업 현황에 관해 비교적 신뢰할 만한 보고서를 내놓았다. 보고서에 따르면 2015년 11월에서 2016년 12월까지의 기간 동안 졸업해 취업하려 했던 학생들 중 97%가, 졸업 전후 6개월 안에 소프트웨어 엔지니어링 직업을 구했다. 97% 중 40%는 평균 연봉 6만 7,607달러를 받는 전임직 소프트웨어 인력이었으며, 절반은 계약직 직원 및 시간당 평균 27달러를 받고 일하는 유급 인턴십 직원이었다. 나머지 졸업생들은 프리랜서로 일했다.[21]

샌프란시스코에 사는 29세 청년 루이스 드 카스트로Luis De Castro는 부트캠프를 통해 성공한 경우다. 나는 2016년 가을에 깃허브GitHub 학술대회에서 그를 만났다. 당시 그는 IBM 왓슨 인공지능 시스템을 사용해 문자 메시지를 보고 작성자의 감정 상태를 파악하는 데모 소프트웨어를 작성하고 있었다. 그는 랩톱에 고개를 푹 처박고 정신없이 일하고 있었는데, 후드 모자 밖으로 새나오는 커다란 근심을 느낄 수 있었다. 그는 최근 데브 부트캠프Dev Bootcamp에서 교육 과정을 끝마쳤으며, 그날 저녁 학회 행사가 끝난 후 몇몇 동료 친구들에게 데모를 보여주기 위해 열심히 준비 중이었다.[22] 그러나 안타깝게도 그가 작성한 프로그램은 아직 제대로 작동하지 않았다. "에고, 답답해. 문제를 어떻게 해결해야 할지 전혀 모르겠네요." 그가 웃으며 말했다. 그는 버그를 하나하나 해결해나갔으며, 결국 몇 분 남지 않은 상태에서 모두 해결했다.

드 카스트로는 필리핀에서 태어났으나 어려서부터 줄곧 캘리포니아에서 살았다. 자동차를 좋아했던 드 카스트로는 고등학교를 졸업한 후 BMW에서 세차공으로 일했다. 점차 승진해 사무직에서 근무하게 되었으나, 지쳐서 의욕을 잃은 상태였다. 지친 몸과 마음을 재충전하기 위해 회사를 그만두고 대학에 등록했으나, 곧 흥미를 잃고 그만 두었다.

"당시 저는 완전 정신이 나간 상태였어요. 젠장, 무슨 일을 해야 할지 전혀 모르겠더라고요." 그가 내게 말했다. 무슨 일을 해야 하나 고민하던 드 카스트로는 우연히 데브 부트캠프에 다니던 친구를 만나 이야기를 나누었다. 부트캠프에 흥미를 느낀 드 카스트로는 시험 삼아 무료 온라인 강좌를 수강했다. "생각보다 재미있었고, 강의도 이해할 만 했어요. 게다가 소질도 있는 것 같았죠." 데브 부트캠프에 등록하고 싶었지만, 한동안 등록비 1만 5,000달러를 모아야 했다. "꽤 힘들었어요. 아시다시피 당시에 저는 직업이 없었거든요." 그러나 그는 결국 부트캠프에 등록했다. 학습 강도가 때론 겁날 만큼 강했지만, 부트캠프는 아주 재미있었다. 그는 아침 일찍 캠프에 나와 밤늦게까지 머물며 열심히 공부했다. 그는 프로그래밍에 몰입해 있는 순간이 너무 좋았다. "아침 일찍 캠프에 나와 음악을 들으며 랩톱에서 프로그램을 작성하는 그 시간이 너무 좋았어요. 누구의 방해도 받지 않은 채, 오직 프로그래밍에 몰두할 수 있었던 나만의 평화로운 시간이었죠."

부트캠프를 졸업했다고 해서 곧바로 프로그래머로 취직할 수 있는 것은 아니었다. 드 카스트로는 동기 가운데 1/3만이 프로그래머로 취업에 성공하며, 1/3은 프로그래머와 비슷한 자리, 예를 들어 기술 회사 마케터로 취업하고, 마지막 1/3은 프로그래머의 꿈을 완전히 포기한다는 사실을 깨달았다. 그는 마음을 굳게 먹고는 하루에 15~20곳에 이력서를 보냈다. "최대한 많은 이력서를 뿌리고 운 좋게 하나 얻어 걸리기를 바라는 맘이었던 것 같아요. 무슨 일을 하는 회사인줄도 모르고 이력서를 마구 보냈으니까요." 그가 웃으며 말했다. 한동안 자동 거절 이메일들이 그의 메일함에 쌓여갔다. 나름 경험이 쌓인 그는 좀 더 정중하게 '저를 뽑으시면 어떻겠습니까?' 같은 입사 문의 메일을 보냈고, '우린 좀 더 경험 있는 프로그래머를 원합니다'라는 답변을 받았다. 그러다 마침내 링크드인 LinkedIn에 게시된 채용공고를 보고 지원했던 펀딩써클Funding Circle에서 면접 요청을 받았다. 펀딩써클은 작은 회사들이 투자를 받을 수 있도록 도와주는 회사였다. 첫 번째 면접에서 바로 합격하는 사람을 본 적이 없었던 터라, 드 카스트로는 보나마나 불합격일 것이라고 예상했다. 그러나 놀랍게도 합격했다.

그는 직장에 들어가 프로그래머로 일하는 동안 자신의 실력이 부족하고 발전도 더디다고 생각했다. 주어진 일을 처리할 때면 끊임없이 각종 정보를 구글링해 찾아야 했다. 그러던 어느 날 문득 '그리 나쁘지 않군. 나름 잘하고 있는 것 같아'라는 생각과 함께 처음으로 자신감을 느꼈다. 직장에 들어간 지 1년 정도 지났을 무렵, 나는 그와 만나 이야기를 나누었다. 그는 내게 자신의 현재 가치를 알아보기 위해 시험 삼아 이력서를 온라인 채용 사이트에 넣어 보았다고 말했다. 해당 사이트에서는 그에게 최저 희망 연봉 입력을 요구했고, 그는 재미 삼아 14만 달러를 입력했다. "요즈음 저는 '수석급 엔지니어로 채용할 의사가 있으며, 면접 진행을 희망합니다'라는 메일을 계속 받고 있습니다." 그는 놀라워하며 웃었다.

물론 모든 사람이 드 카스트로처럼 성공하는 것은 아니다. 프로그래밍 관련 웹사이트인 〈테크비콘TechBeacon〉의 전 편집장 미치 프론신스케Mitch Pronschinske는 엔지니어 같은 사고방식을 갖춘 작가였다. 그는 프로그래밍에 관심이 많았고, 한 번 공부해보기로 했다. 회사를 완전히 그만둘 수 없었던 그는 5,000달러의 수업료를 내고 온라인 강좌 전용 부트캠프에 등록했다. 온라인 강좌인 만큼 저녁 또는 주말을 이용해 공부할 수 있었다. 그는 열심히 수업을 들었고, 강사는 "구글, 페이스북에서는 어려워도 작은 스타트업에서는 충분히 통할 만한 실력인데요"라고 말하며 격려했다.

그러나 온라인 부트캠프를 끝마치고 일할 곳을 찾았을 때, 자신의 실력으로 갈 수 있는 직장은 어느 곳에도 없다는 사실을 깨달았다. 고용주들은 이미 수많은 프로그램을 개발해 깃허브를 자신의 프로그램 과제로 꽉 채운 그런 프로그래머를 찾고 있었다. 두세 개의 데모 소프트웨어밖에 없었던 그의 이력은 고용주들의 기대 수준에 턱없이 부족했다. 본질적으로 회사는 직업 교육을 받아 적당한 실력을 갖춘 사람이 아니라 프로그래밍 자체를 좋아해 열정적으로 일할 사람을 좋아한다. 그러나 프론신스케는 그런 사람은 아니었다. 바꿔 말해 재미로 할 수는 있겠지만, 여가시간을 모두 써가며 일할 만큼 프로그래밍을 좋아하지는 않았다.

"직업을 얻을 만한 실력을 갖추지 못한 부분에 대해 제 잘못도 크다고 생각합니다." 프론신스케가 말했다. "솔직히 제게 프로그래밍은 밥 먹듯이 밤을 새며 할 만큼 재미있는 일은 아니었어요." 그러나 한편으로는 부트캠프 역시 오직 좋은 직장에 가기 위한 목적만으로 캠프에 다니려는 사람을 명확히 걸러낼 수 있어야 한다고 생각한다. "돈을 벌겠다는 생각으로 부트캠프에 다니지는 마세요." 그가 말했다.

부트캠프들의 취업 성공률은 들쑥날쑥하다. 수많은 부트캠프들이 부정직한 통계로 취업률을 부풀린다. 캘리포니아주 정부에서는 몇몇 무면허 부트캠프를 적발해 운영정지 명령을 내렸다.[23] 코딩하우스Coding House라는 부트캠프는 졸업생들이 21개 회사에 취업했다고 자랑했으나, 주 정부 조사결과 단 2명의 학생만이 실제로 취업했다는 사실이 드러났다(캘리포니아주 정부는 설립자에게 5만 달러의 벌금을 부과하고 캠프를 닫게 했다[24]). 플랜티런 스쿨조차 취업자 수에 대한 논란으로 뉴욕주로부터 벌금을 부과 받았다(2017년 가을 플랜티런 스쿨은 문제를 제기한 학생들에게 합의금으로 37만 5,000달러를 지불했다[25]). 부트캠프의 근본적인 문제는 미국 영리 추구 대학의 문제와 비슷하다. 미국 영리 추구 대학은 4년 동안 대학에 다닐 수 없는 학생들을 입학시켜 학비 등으로 큰 빚을 지게 만들고는 졸업과 취업에 아무런 도움도 주지 않는다.

영리 학술 기관들에 대해 연구해온 트레시 맥밀런 커톰Tressie McMillan Cottom이 주장하듯, 부트캠프는 스탠퍼드 대학교 같은 명문 대학과 졸업생 비율이 낮은 영리 대학의 중간 정도에 위치하는 것처럼 보인다.[26] 부트캠프는 직접 학생들을 선발하며, 영리 대학에 다니는 노동자 계층 학생들에 비해서는 교육적으로 좀 더 준비돼 있고, 재정적으로 덜 어려운 학생들을 대상으로 한다. "캠프에 등록해 무언가 필요한 것을 확실히 얻어갈 만큼 교육적으로도 잘 준비돼 있고, 재정적으로도 넉넉한 학생들이 그리 많지는 않습니다." 커톰이 〈로직Logic〉과의 인터뷰에서 말했다.[27]

프로그래밍을 사회 계층 상승 수단으로 사용하고자 한다면, 가난한 노동자 계층 학생들이 좀 더 많이 프로그래밍 분야에 진입하도록 허용해야 한다. 그런데 부트캠프는 경제적으로 어려운 학생들의 눈으로 보면 너무 비싸거나 문화적으로도 주요 관심사가 아니다. 지역 초급 대학은 부트캠프에 비하면 훨씬 싸고 정규화되어 있다. 현재 지역 초급 대학이 당면한 문제는 '교육 자원의 위기'다. 직원들의 낮은 임금 때문에 유명 대학과 경쟁할 수가 없다. 유명 대학은 거대 기술 기업과의 경쟁에서는 교수를 뺏기는 등 이미 밀리고 있다. "우리가 좋은 교수님을 채용할 여력이 안 된다면, 지역 대학은 좋은 교수님 채용을 꿈도 꿀 수 없을 겁니다." 스탠퍼드 대학교 로버츠 교수가 말했다.

프로그래밍의 특징 중 한 가지는 독학할 수 있다는 것이다.

이런 특징을 가진 기술 직업들이 그리 많지는 않다. 예를 들어 보잉은 독학으로 비행기 설계를 공부한 엔지니어를 채용하지 않는다. 즉, 집 마당에서 제트기 날개를 만들어보며 혼자 공부한 사람을, 날개를 완전히 알고 있다고 채용하는 일은 없다. 여러분이나 내가 의대에 다녀본 적도 없고 기껏해야 친구끼리 실습해본 의사에게 눈 수술을 받아야 한다고 생각해보자. 생각만 해도 끔찍하지 않은가? 이와 달리 대학은 고사하고 부트캠프조차 다녀본 적 없는 사람이 작성한 소프트웨어를 사용하는 일은 흔하다. 사람들은 재미삼아 간단한 프로그램들을 만들어보면서 프로그래밍을 배운다. 몇몇 프로그래머들이 내게 말했듯이, 프로그래밍 분야는 아마추어 프로그래머도 전문 프로그래머가 사용하는 프로그래밍 도구를 손쉽게 구해 사용할 수 있는 특이한 기술 분야다. 만약 새로운 스마트폰을 설계하려 한다면, 여러분은 자유롭게 사용할 수 있는 상당히 전문적인 도구들이 필요하다. 예를 들어 마이크로칩 제작 기계, 솔더링 장치, 케이스 제작용 3D 프린터 등이 필요하다. 반면에 소프트웨어를 만들려고 한다면, 기본적인 랩톱만 있으면 충분하다. 프로그래밍에 필요한 프로그램 편집기는 공짜다. 스택오버플로 조사에 따르면 프로그래머 가운데 69%는 독학으로 공부한 경험을 가지고 있으며, 56%는 컴퓨터 과학을 전공하지 않았고, 13%는 완전히 독학으로 프로그래머가 되었다. 이런 조사결과는 프로그래머의 높은 연봉을 생각할 때 꽤 놀라운 일로, 프로그래밍 분야의 진입장벽이 높지 않은 탓이기도 하다.[28]

은밀한 설계자들

퀸시 라슨Quincy Larson은 바로 13%에 해당하는 사람이다. 그는 20대에 중국과 미국 산타바바라에서 영어 학원을 운영했다. 한마디로 그는 기술에 관해 완전 문외한이었다. "와이파이 장치도 제 아내가 설정해주었어요." 라슨이 말했다. 산타바바라에서 학원을 운영하면서 그는 자료를 자르고 붙여 보고서를 만들거나 문서양식을 만드는 등, 직원들과 해야 하는 반복적인 업무에 점점 짜증이 났다. 지금까지 이 책에서 새로운 프로그래머가 나타날 때마다 그랬듯이, 그는 반복적인 일을 자동화하기를 원했다. 라슨은 반복 작업을 자동으로 할 수 있게 도와주는 오토핫키AutoHotkey 소프트웨어 사용법을 온라인에서 찾아봤다. 얼마 지나지 않아 그는 직원들이 하루 몇 시간씩 하던 일을 자동으로 해주는 간단한 프로그램을 만들었다.

"덕분에 저는 학원을 훨씬 효율적으로 운영할 수 있게 되었어요. 한결 여유로워진 선생님들이 학생들과 좀 더 많은 시간을 보낼 수 있게 되면서 학원의 인기도 덩달아 올라갔습니다." 그가 내게 말했다.

요즈음 프로그래밍의 매력에 푹 빠진 라슨은 각종 프로그래밍 자료를 모으기 시작했다. 2000년대 중반 시작된 유명 대학 온라인 공개수업도 들었다. 이게 다가 아니다. 그는 지역 해커그룹에 가입해 프로그래밍 모임에도 참석했다. 프로그래밍을 공부한 지 7개월가량 지났을 무렵, 아직 초보 프로그래머인 라슨을 상당히 뛰어난 프로그래머로 오해한 어떤 회사에서 그에게 입사 면접 제안을 했다. 놀랍게도 그는 회사에서 원하는 일을 충분히 할 수 있다고 평가

받아 회사에 들어갔다. 2014년에 라슨은 각종 온라인 프로그래밍 자료를 모아 교육 과정을 개발했으며, 3일간의 작업을 거쳐 무료 비영리 과정인 '프리코드캠프freeCode Camp' 웹사이트를 개설했다. 얼마 지나지 않아 프리코드캠프 웹사이트는 독학으로 프로그래밍을 공부하는 초보 프로그래머들에게 가장 인기 있는 프로그래밍 강좌로 자리 잡았다. 사람들은 강좌가 간단한 웹페이지 제작부터 시작해 기본적인 서버 및 데이터베이스 운영까지 꼼꼼히 알려준다며 높게 평가했다. 프리코드캠프에 등록된 전체 강좌는 약 1,800시간 분량이다. 라슨은 수강생들이 실시간으로 질문과 대답을 주고받지 못하면 효과적으로 공부할 수 없다고 생각했다. 그래서 그는 강좌 수강생들을 대상으로 온라인 포럼을 만들었으며, 수강생들끼리 직접 만나 정보를 주고받을 수 있는 오프라인 미팅도 적극 권장했다. 2018년, 수백만 명의 사람들이 프리코드캠프를 사용하고 있으며, 2,000개의 오프라인 지역 미팅이 생겼다.

온라인 강좌 등을 통해 혼자서 프로그래밍을 공부하는 사람들은 누구일까? 라슨은 프리코드캠프 사용자 중 약 2만 명을 대상으로 설문조사를 했는데, 대부분 직업을 바꾸기 위해 준비하는 20대 후반에서 30대 초반의 사람들이라는 사실을 알게 되었다. 이들 중 20%는 35세 이상이었다. 대개 남성이었으며, 여성은 20%에 불과했다. 또한 50%가량은 학부 졸업 이상의 학력을 갖고 있었으며, 기술과 상관없는 전공을 가진 사람들도 상당수 있었다. 약 60%가 넘는 수강생이 미국 이외 나라에 사는 사람들이었으며, 영어가 모국어가 아닌 수강생도 절반가량 되었다. 매우 큰 비율은 아니지만 놀기 바쁜 아이들도 제법 많이 프리코드캠프를 통해 프로그래밍을 공부하고 있다. 마지막으로 매우 놀랍게도 25%의 사람들이 독학을 통해 프로그래밍을 공부한 후, 결국 프로그래밍 직업을 얻었다.[29]

이제 라슨은 누구라도 프로그래밍을 배울 수 있다는 생각을 강력히 지지하고 주장하는 사람이 되었다. "동기와 동기를 이루려는 굳은 의지만 있다면, 누구라도 회사에 들어갈 수 있을 만큼 충분한 프로그래밍 실력을 갖출 수 있다고 생각합니다." 그는 하루 2달러 미만의 적은 돈으로 살아가는 수많은 사람들에게 무료 강좌가 큰 도움이 될 수 있다고 생각해 많은 관심을 보이고 있다. 미국을 제외하면 프리코드캠프의 가장 큰 시장은 인도다. 브라질, 베트남, 나이지리아 등도 모두 손가락으로 꼽을 만한 대표적인 시장이다. 그는 수많은 사람들이 명확히 자발적으로 프로그래밍을 공부하려 한다고 말한다. 그러나 그들 가운데 상당수는 대학은 고사하고 부트캠프조차 다니기 힘들다.

생각보다 많은 사람들이 독학으로 프로그래밍을 공부해 직업을 얻었다는 사실을 믿기 어려울 수 있다. 그러나 나는 실제로 프리코드캠프에서 공부를 시작해 취업까지 성공한 몇몇 사람들을 만나볼 수 있었다. 캐나다 몬트리올에 사는 29세 청년 앤드류 샤를르보아Andrew Charlebois도 그중 한 명이다. 20대 시절 목수로 일했던 그는 직장에서 해고된 후 일거리가 없던 겨울 동안 온라인 프로그래밍 강좌를 들었다. 그는 대화형 웹사이트를 만들며, 신기하게도 목수일과 비슷하다고 느꼈다. 화면에서 여러 구성 요소를 조합해 웹사이트를 제작하는 일은 나무의 아귀를 맞추고 결합해 무언가를 만드는 일과 별반 다르지 않았다. 약 4개월가량 온라인 강의를 들은 후 샤를르보아는 개발자로 일하기 위해 회사에 지원하기 시작했다. 78개 회사에 지원한 후, 놀랍게도 한 곳에 합격했다. "당시 저는 '직업을 바꾸기에 27세는 너무 늦은 걸까요?'라는 글을 구글에서 찾아보며 제법 걱정하고 있었어요." 그가 말했다. 내가 샤를르보아를 만났을 때 그는 거의 2년 동안 회사에서 일하고 있었으며, 현재는 초보 프로그래머들을 가르치고 있다.

프로그래밍 분야에서 여성과 소수민족의 취업률이 여전히 낮은 현실을 고려할 때, 온라인 학습과 부트캠프 등이 프로그램 산업 분야로의 새로운 진입 수단이 될 수 있을까? 분명 가능성을 보여주기는 했다. 그러나 트레시 맥밀런 커톰 같은 비평가들은 그런 방법으로 성공한 사람은 강철 같은 의지가 있거나 경제적 능력을 가진 '극소수'일 뿐이라며 여전히 성공 가능성에 대해 반신반의한다.[30] 컴퓨터 전문 용어를 빌어 이유를 댄다면 독학으로 프로그램을 공부하는 일은 공부 범위의 확장성이 높지 않을 것 같기 때문이다.

아마도 좀 더 효과 좋은 방법은 비트소스가 시도했던 유급 교육과 고용이다. 프로그래머에 대한 수요가 충분하다는 가정하에, 프로그래머가 될 수 있는 또 하나의 방식으로 인정받고 있다.

볼티모어Baltimore에 위치한 소프트웨어 회사 캐털라이트Catalyte는 온라인 적성검사를 통해 좋은 프로그래머가 될 수 있는 자질을 갖춘 사람을 뽑아, 5개월 동안 집중적으로 프로그래밍을 가르친다. 온라인 적성검사는 이력서를 보고 인터뷰를 진행하는 기존 프로그

은밀한 설계자들

래머 채용 방법이 뛰어난 재능의 인재를 놓칠 확률이 너무 높다고 주장한 하버드 대학교 강사가 제안한 방법이었다. "저는 기존 채용 방식이 근본적으로 사회 계층 구조에 따른 편향성을 점점 강화한 다고 생각합니다." 캐털라이트 CEO 제이크 수Jake Hsu가 말했다. 부 유한 백인 가정에서 자란 아이들은 학벌과 다른 이력 등에서 좀 더 괜찮을 가능성이 높다. 그리고 결과적으로 그들의 재능과는 상관 없이 기술직 직업을 얻는 데 상당히 유리하다. 이에 캐털라이트는 전통적으로 프로그래머가 많이 나오지 않는 분야에서 자신들의 프 로그래머 적성검사를 널리 광고했다. 또한 적성검사 성적만 높으 면 이력서나 채용면접을 추가적으로 요청하지 않고 자동으로 교육 기회와 교육 후 채용을 보장했다. 첫 번째 시도는 볼티모어에서 이 루어졌다.

적성검사는 1950년대와 1960년대 소프트웨어 개발 초기를 떠 올리게 한다. 도대체 누구를 뽑아야 유능한 프로그래머로 성장할 수 있는지 알 수 없었던 당시의 회사들은 지원자의 논리적 사고력 을 파악하기 위해 퍼즐과 패턴 인식 문제가 주로 나오는 시험을 보 았다. 이런 종류의 퍼즐 문제를 잘 풀 수 있는 사람들이 꽤 많았기 때문에 다양한 사람들이 프로그램 분야에 진출했다. 이런 분위기 속에서 7장을 보았듯이, 회사가 '완전한 적성검사' 대신 '조직문화 와의 궁합'을 우선시하며 여성보다 남성을 선호하기까지 오랜 시 간이 걸렸다.

캐털라이트의 적성검사는 지원자들이 수학 문제와 퍼즐 문제를 풀고 글을 쓰도록 했으며, 회사는 지원자들이 주어진 문제에 어떻게 대처하는지 면밀히 관찰했다. 캐털라이트 CEO에 따르면 이런 적성검사를 통해 복잡한 문제를 종합적으로 바라볼 수 있는 능력을 검증하고, 그 문제를 작은 문제들로 분리할 수 있는지를 평가할 수 있었다고 한다.

다른 대도시에 비해 경제적으로 덜 발전한 도시인 볼티모어에서 진행된 블라인드 적성검사 결과에 대해 캐털라이트는 만족스러웠다고 평가한다. 캐털라이트에는 현재 약 600명의 직원이 일하고 있는데, 그들의 구성은 기존 소프트웨어 회사들에 비해 훨씬 다양하다. 볼티모어 사무실의 경우 개발자 가운데 29%가 흑인으로, 이는 타 동종 회사의 흑인 개발자 평균 비율의 3배를 넘는다.[31] 또한 44%가 4년제 대학을 졸업하지 않았으며, 평균 연령은 33세로 대부분 더 나은 직장에서 일하기 위해 첫 번째 직장을 그만두고 캐털라이트로 이직한 사람들이었다. "개발자 대부분이 노동자 가정 출신들이에요." 제이크 수가 덧붙였다.

"프로그램을 잘 할 수 있는 사람은 부유한 백인 가정에만 있는 것이 아니에요. 골고루 퍼져 있죠. 적성은 더욱 그렇습니다." 그가 말했다. 내가 만났던 여성 프로그래머 캐롤라이나 에릭슨Carolina Erickson은 35세로 대학에서 음악을 전공했다. 그녀는 수년간 플롯 연주자로 자리 잡기 위해 노력했으나 결국 실패했다. 기술 회사 콜센터에서 아르바이트를 하던 그녀는 웹 개발에 흥미 있었던 예전 기억을 떠올리고는 대학에서 관련 과목을 수강했다. 이후 우연히 캐털라이트에 관해 알게 되었고, 적성검사에 통과해 입사했다. 그녀는 스텁허브StubHub(이베이가 소유한 티켓 판매 및 구매 운영 회사—

은밀한 설계자들

옮긴이)용 아이폰 앱과 티켓 판매 시스템 일부를 개선하는 작업에 투입돼 동료들과 일했다. 그녀는 다른 일을 하다가 프로그래머가 된 사람들이 컴퓨터 과학과를 갓 졸업한 사람들에 비해 팀으로 일한 경험 등을 포함해 몇몇 이점이 있다고 생각한다.

"오케스트라에서 일할 때와 비슷한 점이 있었어요." 그녀가 말했다. 플루트 연주자는 주어진 악보를 보고 빠르게 배우고 판단해 연주할 수 있어야 하며, 다른 동료들의 연주에 맞춰 연주할 수 있어야 한다.

비 프로그램 분야에서 프로그래머를 채용하면 그들의 폭넓은 경험과 시각을 얻을 수 있다. 대학에서 컴퓨터 과학을 전공하고 갓 졸업한 사람은 의욕이 충만하고 자신감으로 가득 차 있을지는 모르지만, 삶의 경험은 거의 없다. 거기다 어떤 문제라도 해결할 수 있다는 순진한 자만심으로 가득 차 있는 경우가 많다. 이들은 지혜로운 소프트웨어 엔지니어라면 고려했을 만한 세상의 실제 문제에 대해 경험 부족으로 놓치는 경우가 자주 있다. 또한 컴퓨터 과학만 공부하느라 역사, 사회학, 문학 등과 같은 인문학 공부를 거의 하지 않았다면, 사용자가 원하는 소프트웨어를 상상할 수 있는 능력이 없어 문학 비평가 노드롭 프라이Northrop Frye가 '무식한 상상'이라고 불렀을지도 모를 만한 소프트웨어를 만드는 잘못을 저지를 수 있다.[32] 이들은 이진수를 사용하는 기계를 이해하는 일은 잘하지만, 매우 복잡한 사람의 정신세계를 이해하는 데는 그렇지 못하다.

"인문학 같은 기초 교양 분야 학위를 가진 사람들은 비판적 사고에 익숙합니다." 온라인 악기 직거래 사이트 리버브Reverb의 CEO

데이비드 칼트David Kalt가 말했다. 음악가이자 음악 프로듀서로 일했던 칼트는 1990년대 소프트웨어 엔지니어 교육을 받았으며, 기술 스타트업을 만들어 팔기도 했다. 그는 2013년 이베이 혹은 중고 판매 사이트인 크레이그리스트Craigslist에서 악기를 거래하는 일이 끔찍할 만큼 불편하다는 불만을 접하고는 리버브를 만들었다. 리버브에는 드럼 세트 혹은 기타 페달 같은 판매자 악기의 가치를 보여주는 기능을 포함해, 악기 판매에 필요한 많은 기능이 들어 있다. 사실 칼트는 좀 더 많은 아이들이 컴퓨터 과학을 공부해야 한다고 주장하곤 했다. 그러나 2개의 소프트웨어 회사를 세운 후, 회사의 가장 뛰어난 엔지니어들은 모두 철학이나 정치학 같은 인문학을 공부했음을 알게 되었다. 참고로 칼트 또한 정치학을 전공했다. 덕분에 그의 생각은 완전히 바뀌어 소프트웨어 회사는 폭넓게 공부하고, 프로그램은 독학으로 공부했거나 혹은 두 번째 전공으로 배운 사람을 채용해야 한다고 주장했다.[33]

"우리는 많은 직원들을 부트캠프에서 뽑았습니다." 칼트가 내게 말했다. "2년 안에 수석 개발자가 될 사람을 알 수 있죠. 결국에는 기초 교양 분야 학위가 중요하거든요. 비판적 사고에 익숙한 사람은 단순하거나 순응적으로 생각하는 사람들에 비해 훨씬 동적인 방식으로 새로운 언어를 받아들입니다." 이런 관점에서 리버브 또한 엔지니어 이전에 음악가인 사람들을 직원으로 채용했다. 이들은 음악가들이 온라인에서 악기를 살 때 악기의 커다란 원본 사진, 사용 중인 악기 동영상, 비싼 악기에 대한 국제 배송 시 보험 정책 등 무엇을 찾아보는지 직관적으로 잘 알고 있기 때문이었다.

은밀한 설계자들

그리고 칼트가 지적했듯이, 이들은 기술적으로도 악기를 아주 잘 알았다.

또한 그들은 악기 연주를 통해 무엇이든 즉석에서 손쉽게 해낼 수 있는 실력을 갖출 만큼 학습하고 연습하는 방법을 잘 알고 있었으며, 그들에게 프로그래밍 또한 별반 다르지 않았다.

물론 점점 더 많은 사람들이 프로그래밍에 뛰어들면서 생기는 미묘한 문제들이 많다. 그중 한 가지는 성별에 따라 프로그래머 직업이 나뉘는 현상이다. 이러면 안 되지만 여성 혹은 소수인종이 프로그래밍에 진출하면서, 그들이 일하는 프로그래밍 분야는 점차 위상이 떨어지고 있다.

현재 프론트엔드 프로그램 분야에서 이런 현상이 일어나는 듯하다. 초보 프로그래머가 프로그래밍을 배우는 가장 일반적인 방법은 기존 웹사이트의 HTML, CSS 코드를 해킹해 간단한 웹사이트를 만들고, 자바스크립트 코드를 덧붙여 대화형 웹사이트로 수정하는 것이다. 1990년대에서 2000년대 중반 사이, 네오펫 Neopet(가상 반려동물 웹사이트—옮긴이) 같은 여러 가지 온라인 대중문화를 접한 청소년들이 바로 그런 일을 했다. 즉, 이들은 소스코드를 바꿔 자신의 디지털 반려동물과 집을 바꾸거나, 마이스페이스의 소스코드를 바꿔 자신의 홈 화면 사진을 폭력적인 사진으로 바꾸었다(수많은 프론트엔드 프로그래머들이 네오펫을 수정하느라 수백 시간을 보냈다는 이야기를 들었다). 자신들만 잘 알고 좋아하는 TV 프로그램이나 음악밴드에 대한 헌정 사이트도 마찬가지였다.

1980년대 비디오 게임은 10대 소년들이 프로그래밍을 시작하는 계기였다. 그러나 이후 20년 동안 좀 더 다양한 세대가 프로그래밍을 시작하게 만든 것은 바로 웹사이트 열풍이었다. 그러한 열풍 속에 웹사이트 제작 기술을 갈고닦은 사람들이 폭발적으로 수요가 증가한 웹페이지 디자이너가 되었다.

이런 사회현상은 여성 프로그래머들이 프론트엔드 프로그래밍 분야에 몰려 있는 이유기도 하다. UCLA 대학교에서 정보 과학을 가르치는 미리암 포스너Miriam Posner는 스택오버플로에서 조사한 프로그래머 직업 구성 데이터를 확인했는데, 최상위에 있는 여성 프로그래머 직업이 '디자이너'와 '프론트엔드 개발자'라는 사실에서 이런 사회현상을 확인할 수 있었다. 서버와 데이터베이스를 운영하는 백엔드 프로그래밍 분야나 블록체인 혹은 인공지능 같은 새로운 분야의 경우, 여성의 숫자는 훨씬 적었다. 한마디로 그런 분야는 남성들의 독무대이며, 연봉도 훨씬 높다. 포스너 교수의 분석에 따르면, 프론트엔드 프로그래밍 인력의 연봉은 백엔드 프로그래밍 인력의 연봉보다 평균 약 3만 달러 정도 적었다.[34]

포스너가 이야기했듯이 여성들이 진출한 프로그래밍 분야는 그 가치가 떨어졌다. 남성들은 인위적인 희귀함, 암묵적인 여성 거부와 같은 문화나 환경을 만들 수 있는 새로운 첨단 분야를 찾아 떠났으며, 해당 분야에서 여성들은 마치 외국에서 온 침입자로 여겨졌다. 요즘은 비트코인이나 블록체인 혹은 인공지능이 그런 분야인 듯하다. 그런 분야의 행사에 참석해보면, 참석자 대부분이 남성들로 다른 프로그래밍 분야에 비해 남성 비율이 훨씬 높다.

프로그래밍 분야에서 실제로 일어나고 있는 이런 일의 결과는 포스너 교수가 주장하듯, 프로그래밍 세계에 새롭게 출현한 '핑크색 빈민가Pink collar ghetto(여성들이 특정 직종이나 저임금 직종에 갇혀 소외된 영역에서 벗어나지 못함을 비유적으로 표현한 것―옮긴이)'다. 프로그래머들도 주로 여성과 소수인종들이 자바스크립트와 웹사이트 혹은 모바일 앱을 잘 작동하도록 만드는 일에 전문가라는 사실을 기꺼이 인정한다. 그러나 그 분야는 기술과 미술 사이의 애매한 프로그래밍 분야로 다소 무시될 뿐만 아니라, 심할 경우 프로그래밍이 아니라고 여겨지기도 한다. 사실 말도 안 되는 이야기다. 프론트엔드 프로그래밍은 매우 복잡할 뿐만 아니라 관련 기술도 매우 빠르게 변한다. 프론트엔드 프로그래머들은 거의 빛의 속도로 새로운 기술들을 끊임없이 배워야 한다. 그러나 프론트엔드 웹사이트 프로그래밍은 매우 하찮게 여겨지며, 포스너도 그것을 직접 체험했다. 그녀는 독학으로 HTML과 CSS를 공부해 웹사이트를 만들었다. 그러나 사람들은 "잘했네. 그런데 이건 프로그래밍은 아냐"라고 말했다. 이에 그녀는 PHP와 드루팔Drupal을 배워 웹사이트가 서버와 연동하도록 만들었다. 사람들은 또, "오! 대단한데. 그런데 이것은 너무 간단하군"이라고 말했다. 그녀는 자바스크립트를 배워 웹사이트를 대화형으로 개선했다. 그러나 여전히 사람들의 반응은 시큰둥했다.

"여성화된 분야는 가치가 떨어집니다." 그녀가 내게 말했다. 경제학자들에 따르면 거의 모든 산업 분야에서 비슷한 현상이 나타났다. 예를 들어 간호나 초등학교 교사는 전문적인 일처럼 여겨졌으나, 여성들의 비율이 높아지자 무시되기 시작했으며 사회적 지위와 처우도 낮아졌다.

　이처럼 프론트엔드 프로그래밍에 대한 오만한 태도는 '진짜' 프로그래밍이 무엇인지에 관한 역사적인 싸움을 보여주는 최신 징후기도 하다. 지난 수십 년 동안 자칭 엘리트 프로그래머들은 좀 더 어렵고, 좀 더 추상화되었으며, 좀 더 배우기 어려운 프로그래밍 언어가 본질적으로 가치 있다고 주장해왔다. (이런 언어는 자칭 엘리트 프로그래머들이 즐겨 사용했다.) 그렇다면 프로그래밍은 어떻게 좀 더 쉽고 좀 더 많은 사람들이 할 수 있는 일이 되었을까? 제한된 사람만 사용할 수 있을 법한 매우 어려운 언어의 몰락 덕분이다. 1975년 컴퓨터 과학 분야의 선구자였던 에츠허르 데이크스트라Edsger W. Dijkstra는 영어와 비슷하게 읽을 수 있고, 덕분에 초보자도 좀 더 쉽게 배울 수 있는 베이직과 코볼 같은 컴퓨터 언어의 성공을 목격했다. 그는 오싹한 기분이 들었다. 그가 보기에 베이직과 코볼은 몹시 허술하고 빈틈이 많아, 두 언어를 사용하는 프로그래머들이 끔찍할 만큼 잘못된 결정을 내려 바람직하지 못한 프로그램을 작성할 가능성이 높아 보였다. 그래서 그는 "코볼을 사용해 프로그래밍을 하면 프로그래머는 바보가 될 겁니다. 그러므로 코볼을 가르치는 일은 범죄 행위로 여겨져야 합니다"라고 주장하며 비아냥댔다. 또한 "베이직에 노출된 학생들에게 올바른 프로그래밍을 가르치는 일은 사실상 불가능합니다. 그들이 프로그래머가 되기에는 회복 불가능한 정신적인 손상을 입었기 때문입니다"라고 말하기도 했다.[35]

　　　　　　　　　　　　　　　　은밀한 설계자들

데이크스트라의 독설은 완전히 틀린 이야기는 아니었다. 실제로 코볼은 문제가 될 수 있었다. 프로그램을 알지 못하는 상사도 읽을 수 있는 프로그래밍 언어를 만들었을 때, 그 프로그래밍 언어로 비효율적인 프로그램을 작성했다 하더라도 전혀 이상하지 않다. 베이직은 정말로 프로그래머 관점에서 보면 섬뜩한 면이 있었다. (베이직에서는 행 번호에 따라 순차적으로 실행되던 프로그램에서 갑자기 프로그램 내 다른 어떤 행이라도 실행할 수 있게 해주는 끔찍한 명령어인 'GOTO'가 등장한 것이다. 이 명령어를 사용하면 프로그램의 실행 순서가 스파게티처럼 마구 헝클어질 수 있다.) 그러나 초보자도 좀 더 쉽게 프로그래밍할 수 있게 해주는 어떤 시도조차 하지 않았다는 측면에서, 데이크스트라의 비아냥거림은 완전히 속물 같은 행동이기도 했다. 데이크스트라의 생각에 프로그래밍의 가장 큰 매력은 수도승 같은 과학자만 남아 아스키코드로 쓰인 출력물을 조용히 살펴보며 미소 짓는 반면, 보통 사람은 감히 해볼 생각도 못하고 멀리할 수밖에 없는 어려움에 있었다. 옛날에는 코볼과 베이직이 속물 같은 사람들의 공격 목표가 되기도 하였으나, 많은 초보 프로그래머들이 첫 번째 언어로 자바스크립트, HTML, CSS 등과 같은 웹 언어들을 사용하면서 그런 속물 근성은 사라졌다.[36]

프론트엔드 프로그래밍 분야에 핑크색 빈민가 계층이 등장하자, 자칭 특급 프로그래머들은 그 분야를 떠났다. 오늘날 이들은 웹이나 앱 개발에 관해서는 별 관심을 보이지 않는 반면에 블록체인, 비트코인, 암호화폐 혹은 기계학습과 같이 새로이 떠오르는 분야에 적극 진출하고 있다. 이런 새로운 분야는 기술 관점에서 도전적인 분야다. 예를 들어 기계학습의 경우 수학적 사고가 필요하며, 높은 수준의 기계학습을 구현하려면 정식으로 컴퓨터 과학을 전공해야 한다. 벤처투자가가 많은 돈을 투자하는 로봇공학과 자율주행차 같은 분야에 이런 기술들이 필요한 만큼, 특급 프로그래머들은 이런 기술들이 돈이 되는 기술이라고 생각한다.

이런 사회 현실은 프로그래밍 분야에서 여성들의 역사를 밀접하게 연구해온 마리 힉스 같은 사상가들이 '부트캠프를 통해 좀 더 많은 여성들이 프로그래밍 분야에 깊이 참여할 수 있을 것'이라는 주장에 무덤덤한 이유다. 분명 예전에 비해 더 많은 프로그래밍 분야에 참여할 수는 있겠지만, 어려운 프로그래밍 분야에는 여성들이 선천적으로 적합하지 않다는 세상의 생각 때문에 그들이 올라갈 수 있는 지위나 역할에는 제약이 있을 것이다. 어쩌면 "이봐, 여성들에게도 적합한 일이었다면, 이미 최고 수준의 일들에도 진출하지 않았겠어?"라고 말할지도 모른다. "저는 부트캠프가 꽤 의미 있다고 생각합니다." 힉스가 포스너에게 말했다. "그러나 부트캠프 관계자들은 문제를 완전히 잘못 이해하고 있습니다. 그들이 생각하듯 제한된 경로는 문제가 아닙니다. 진짜 문제는 능력주의 사회를 향한 믿음입니다. 즉, 사람들을 교육시키며 프로그래머가 되는 경로에 밀어 넣겠다는 생각은, 실제로 존재하지 않는 능력주의 사회를 가정한 행동입니다."[37]

프로그래밍 분야에서 '누가 무슨 일을 하는가?', '어떤 직업이 권위를 인정받으며 가장 높은 연봉을 받는가?' 같은 계층 시스템이 출현하고 있는 것을 알 수 있다. 부트캠프, 독학, 직업훈련 등은 수

은밀한 설계자들

많은 여성, 소수인종, 사회 각계각층 및 소외 지역 출신의 노동자 계층 등 좀 더 많은 사람들에게 소프트웨어 개발자가 될 기회를 제공할 것이다. 그리고 사람들은 아마도 이런 기회를 통해 새로 얻은 직업에서 이전보다 높은 연봉을 받을 것이다. 그러나 고액 연봉도 받을 수 있을까? 고액 연봉은 새롭게 떠오르는 분야에서 가능한 만큼, 현재 그 분야의 프로그래머들이 거의 독차지할 것이다. 또한 미래에는 컴퓨터 과학과를 졸업한 프로그래머들이 독차지할 것이다.

머지않아 노동자 프로그래머, 즉 블루칼라 프로그래머가 등장할 것처럼 보인다. 또한 핑크칼라 프로그래머와 화이트칼라 프로그래머도 등장할 것이다.

능력 있는 프로그래머에 대한 수요가 계속해서 증가한다는 가정하에 다음 세대, 즉 우리 아이들은 프로그래밍을 배워야 할까?

이 주제에 대한 의견은 다양하다. 프리코드캠프를 만든 퀸시 라슨을 포함해 몇몇은 아이들이 프로그래밍을 배워야 한다고 강력히 주장한다.

"저는 모든 사람이 실제로 프로그래밍을 하던 하지 않던 상관없이 프로그래밍을 배워야 한다고 생각합니다. 프로그램이 이미 많은 직업들에서 사용되기 때문입니다." 라슨이 주장했다. 예를 들어 파이썬이나 통계계산을 위한 프로그래밍 언어인 R언어를 사용해 판매데이터를 분석하고, 그 결과로부터 회사에 도움이 될 시사점을 뽑아낼 수 있다면, 여러분은 훨씬 많은 취업 기회를 가질 수 있다. 또한 반복적인 일상 업무들을 프로그래밍으로 자동화할 수 있다면, 여러분은 본인 능력 이상으로 일을 할 수 있다. "세상을 한 번 보세요. 많은 일들이 기계로 처리됩니다. 기계는 단지 사람의 지시에 따라 작동할 뿐이죠." 라슨은 계속 말을 이어갔다. "컴퓨터 과학자 존 맥커시John McCarthy는 '모든 사람은 컴퓨터 프로그래밍을 배워야 합니다. 컴퓨터라는 하인에게 일을 시키는 방법이기 때문이죠'라고 말했습니다."

세계적으로 스템STEM 매니아들이 적극적으로 밀어붙이는 가운데, 많은 정책 입안자들은 프로그래밍이 3RThree Rs(Read/읽기, Write/쓰기, Arithmetic: 연산―옮긴이)과 같은 수준으로 다루어지고 초등학교의 교육 과정에도 포함되어야 한다는 생각에 동의한다.[38] 이런 생각은 예전에도 있었다. 1980년대 MIT의 이론 교육학자 시모어 페퍼트는 컴퓨터 프로그램이 아이들의 두뇌 발전에 도움이 된다고 주장했다. 프랑스어를 배운다면 하루 종일 프랑스어를 사용하는, 예를 들어 파리 같은 곳이 가장 좋은 장소일 것이다. 비슷하게 여러분이 논리, 수학, 체계적인 사고방식을 배운다면, '수학마을'이 가장 좋은 장소로 이 마을은 사실상 컴퓨터 프로그래밍이다.[39] 오늘날 페퍼트의 제자들은 아이들이 컴퓨터를 배우기는 하지만, 파워포인트 자료 작성법이나 동영상 제작법처럼 프로그래밍이라고 말하기에는 상당히 부족한 것들만 배운다고 주장한다. 사실 컴퓨터를 사용해 얻을 수 있는 진정한 힘은 컴퓨터로 새로운 일, 여러분이 하고 싶은 일을 어떻게 할 수 있는지 아는 것에서 얻을 수 있다. 아이들의 컴퓨터 교육을 위해 많은 노력들이 있었으며, 그 노력의 결과로 최근 아이들을 대상으로 MIT 인기 프로그램 언어인

은밀한 설계자들

스크래치Scratch coding language 같은 수많은 컴퓨터 프로그래밍 언어
가 개발되었다. 또한 아워 오브 코드Hour of Code, 로봇 경진 대회[40] 같
은 이벤트도 등장했다. 학교에서는 기존 교과시스템 속에 프로그
래밍 교육을 포함시키려는 움직임이 발 빠르게 일어나고 있다. 영
국에서는 5세에서 16세 사이의 학생들을 대상으로 컴퓨터 과학 의
무교육을 실행하고 있으며, 빠르게 증가하는 중국의 중산층 부모
들은 영국처럼 컴퓨터 교육을 의무화하도록 요구하고 있다.[41]

그러나 다른 한편으로 수많은 프로그래머들은 '프로그래밍이 정
말로 누구나 배워야 하는 핵심 기술인가?', '프로그래밍이 쓰기 혹
은 읽기만큼이나 기본적이고 중요한 기술인가?' 같은 질문에 확신
을 가지고 '예'라고 답하지 못한다. 스택오버플로 공동 창업자 제프
앳우드는 "모든 사람이 컴퓨터 프로그래밍을 배워야 한다는 주장
은 모든 사람이 배관 기술을 배워야 한다는 주장만큼이나 말이 되
지 않는다"라고 글을 썼다. 분명 세상에는 실력 좋은 배관공이 많
이 있어야 하며, 많지는 않겠지만 환상적인 실력을 갖춘 배관공도
있어야 한다. 또한 세상 모든 사람들이 본질적으로 배관이 무엇인
지는 알 필요가 있을지도 모른다. 그러나 세상은 각자 열정적으로
하고 싶은 일에 전념하고, 배관은 배관에 열정적인 사람들이 하도
록 할 때, 더 잘 돌아간다.

세상이 미래에 직면할 여러 문제들을 다루는 데 프로그래밍이
중요하다고 가정했을 때, 한 가지 문제는 세상의 모든 문제를 소
프트웨어로 풀어야 한다는 실리콘밸리의 위험한 생각에 동조할
수도 있다는 것이다. "그들은 문제 앞에 답이 아닌 수단을 내놓습

니다." 앳우드가 말한다. "수단인 프로그래밍을 배우겠다고 달려들기 전에, 먼저 문제가 정확히 무엇인지 알아야 하지 않을까요? 풀어야 할 문제가 있기는 한가요? 다른 사람들도 문제를 정확히 이해할 수 있도록 설명할 수 있나요? 문제를 깊이 있게 연구하며 답을 찾아 본 적은 있나요? 프로그래밍을 사용하면 그 문제를 풀 수 있나요? 확실한가요?"[42] 앳우드가 차분한 목소리로 말했다. 인문학이 매우 중요한 이유는 모호하면서도 복잡도가 매우 높은 인간의 행동을 이해하는 데 여전히 도움이 되기 때문이다. 인문학을 통해 사회와 인간의 정신에 대한 미래상을 정의하는 데 큰 도움을 얻을 수 있으며, 미래상을 정의하는 일은 프로그래밍, 배관, 도시 계획 등의 수단을 가지고 여러 문제를 다루기 전에 선행되어야 하는 중요한 일이다.

집에 어린 자녀가 있는 사람이라면 누구나 넘쳐나는 스템 교육을 바라보며, '우리 아이에게 프로그래밍까지도 가르쳐야 하나?' 하고 고민할 수 있다. 고민에 대한 대부분의 답이 그러하듯, 이 문제의 답 역시 일방적으로 한쪽 손을 들어주지 않는 타협안이다. 예를 들어 몇몇 프로그래머나 교육가들을 만나 이야기해보면 다음과 같이 말한다. "모든 초등학교에서는 학생들에게 적어도 어느 정도 수준의 프로그래밍은 가르쳐야 합니다. 그렇게 해야 학생들 스스로 자신이 프로그래밍에 흥미나 재능이 있는지 알 수 있기 때문이죠. 프로그래밍이 기본적인 수학, 역사, 문학 등을 공부하기에도 바쁜 아이들이 시간을 쪼개 꾸준히 해야 할 만큼 의미 있는 일은 아닐지도 모릅니다. 그러나 학교에서 학생들에게 그런 기회조차 제공

은밀한 설계자들

하지 않는다면, 학생들은 자신이 프로그래밍을 좋아하는지 아닌지도 알 수 없을 겁니다. 또한 부유한 집안의 아이들만이 프로그래머가 되겠다고 결심하는 문제가 생길 수도 있습니다."

초등 프로그래밍 교육은 단순히 기회를 제공하는 것뿐만 아니라, 다음 세대의 주역인 아이들에게 프로그래머가 될 수 있는 문화적 계기를 만들어 줄 수 있다는 점에서 훨씬 중요하다. 수업 시간에 프로그래밍을 가르치는 것만으로도 상당히 훌륭하다. 하지만 자칫 지루한 일일 수 있다. '알고리즘을 어떻게 쓸까?'와 같이 다소 추상적인 수업은 아이들의 상상력을 자극하거나 사로잡지 못한다. 오히려 프로그래머가 되는 강력한 진입로는 방과 후 대중문화에 있을 듯하다. 수업을 통해 프로그래밍에 관심을 가지게 된 아이들은 자신의 친구들이 관심 있어 할 만큼 재미나고 멋진 것을 만들고 싶어 하며, 이를 위해 대중문화를 적극 사용한다. 수많은 소프트웨어 개발자들이 어린 시절 비디오 게임을 만들거나 자신이 좋아했던 TV 프로그램 또는 음악밴드에 대한 팬 웹사이트 제작 이야기를 하는 것에서 이런 힌트를 얻을 수 있다. 그들이 만든 웹사이트는 친구들에게 자신의 실력을 과시할 수 있는 중요한 수단이었다. 아이들은 지식을 쌓기 위해서가 아니라 문화적으로 영향력 있는 무언가를 만들기 위해, 예를 들어 직접 게임을 만들거나 어젯밤에 본 TV 드라마 〈제인 더 버진Jane the Virgin〉의 시청 소감을 지인들에게 이야기하는 웹사이트를 제작하기 위해 프로그래밍을 배운다.

대표적인 예가 〈마인크래프트〉로, 이것은 아무도 예상하지 못했지만 지난 10년간 아이들에게 프로그래밍에 대한 강력한 동기를 부여해왔다. 〈마인크래프트〉는 모양만 보면 가상세계의 디지털 레고다. 게이머는 나무를 잘라 목재를 만들거나 땅을 파 흙, 철, 금 등을 얻는다. 이렇게 얻은 재료 블록을 결합해 수백 종류의 새로운 블록을 만들고, 이 블록들을 사용해 집부터 커다란 도시에 이르기까지 다양한 건축물을 만든다. 대부분 아이들은 딱 이 정도에서 이 게임을 가지고 논다.

그런데 몇몇 아이들은 〈마인크래프트〉 속에 단순한 게임 이상의 것, 즉 다소간의 프로그래밍 기능이 있다는 사실을 발견했다. 〈마인크래프트〉에는 일종의 전기 배선인 '레드스톤Redstone'이 있는데, 아이들은 바로 이 레드스톤들을 사용해 프로그래밍 언어와 비슷한 논리회로를 만들 수 있었다. 예를 들어 A라는 스위치와 B라는 스위치를 모두 클릭하면, 불이 켜진다. A라는 문고리를 돌리거나 B라는 문고리를 돌린다면, 문이 열린다. (2가지 예는 바로 앤드AND 게이트와 오어OR 게이트다. 이처럼 아이들은 〈마인크래프트〉를 사용해 프로그래밍과 마이크로칩에서 사용되는 다양한 형태의 논리회로를 만들 수 있다.) 이런 프로그래밍 기능을 발견한 아이들은 복잡한 출입문, 사람이 지나갈 때 작동하는 작은 덫 등 엉뚱하게 느껴질 만큼 복잡한 기계 장치들을 만들기 시작했다. 그리고 자신들이 만든 기계 장치를 친구들에게 으스대며 보여주거나 동영상을 만들어 온라인 게시판에 올렸다. 아이들은 〈마인크래프트〉가 논리를 사용해 멋진 것을 만들어 세상에 강한 인상을 줄 수 있는 게임세계라는 사실을 알게 되었다. 이 아이들에게 〈마인크래프트〉는 단순한 게임이 아니었

은밀한 설계자들

다. 철학자이자 게임 설계자인 이안 보고스트가 이야기했듯이, 〈마인크래프트〉는 이 아이들 세대의 '개인용 컴퓨터'이자 '코모도어 Commodore 64'였다.[43] 마인크래프트 덕분에 아이들은 디지털 기기의 작동 원리를 알게 되었고, 직접 만들기 시작했다. 또한 레드스톤을 사용해 만든 새로운 기계 장치가 처음에는 제대로 작동하지 않는 경우가 많았기 때문에, 아이들은 인내와 디버깅의 즐거움을 함께 배울 수 있었다.

마인크래프트를 즐기던 많은 아이들 가운데 몇 명이나 실제로 프로그래머가 되었는지 통계적으로 보여주는 데이터를 본 적은 없다. 아마도 코모도어 64를 가지고 놀았던 아이들 중 프로그래머가 된 비율이나, 1999년 웹사이트에서 소스코드를 열어봤던 아이들 중 프로그래머가 된 비율과 비슷하게, 높지 않은 비율의 아이들만이 실제로 프로그래머가 되었을 것 같다. 그러나 많지는 않아도 분명 그런 아이들이 있다. 10대 영국 소년이었던 올리버 브라더후드 Oliver Brotherhood도 그중 한 명으로, 레드스톤을 사용한 논리회로 설계의 매력에 빠져 점차 복잡한 기계 장치를 만들기 시작했다. 그는 자신이 만든 기계 장치를 단계별 제작 과정과 함께 동영상으로 만들어 온라인 게시판에 올렸다. 동영상은 수많은 사람이 정기적으로 구독할 만큼 인기가 높았으며, 덕분에 그는 상당한 부수입을 올리고 있다. 브라더후드는 프로그래밍에도 관심이 많았다. 〈마인크래프트〉에서 많은 시간을 들여 기계 장치의 논리회로를 새롭게 만들거나 수정하면서 프로그래밍에도 빠르게 익숙해졌다. 그는 대학에서 컴퓨터 과학 전공을 지원했으며 합격했다.

"레드스톤 동호회에 참석해보면 프로그래머들이 상당히 많습니다." 브라더후드가 말했다.[44] 동호회 게시판에 레드스톤에 관한 글을 올렸을 때, 그는 자신의 열혈 구독자 가운데 몇몇은 불과 열 살 정도의 아이들이었고, 몇몇은 경험 많은 전문 프로그래머라는 사실을 알게 되었다.

이런 것에서 '젊은 사람들이 어떻게 프로그래밍에 관심을 가지도록 만들 수 있을까?'에 대한 답을 엿볼 수 있다. 바로 '문화적 흥미'가 가장 강력한 동기 유발 방법이다. 사람들이 논리를 배우고 기계처럼 생각하려는 이유는 시모어 페퍼트가 깨달았듯이, 단순히 재미있기 때문이 아니라 다른 사람들이 감탄할 만한 것을 만들고 싶어서다. 〈마인크래프트〉가 아이들이 프로그래머의 꿈을 꾸도록 만드는 매우 강력한 계기인 것은 분명하지만, 그 일이 가능한 것은 〈마인크래프트〉 자체가 재미있고 멋지기 때문이다(〈마인크래프트〉 제작자는 게임을 만들면서 교육 목적 따위는 전혀 생각하지 않았으며, 논리를 배우는 수단으로 개발한 것은 더더욱 아니었다. 〈마인크래프트〉 수석 개발자 젠스 베르겐스텐Jens Bergensten은 내게 "다른 사람을 교육한다는 생각으로 게임 개발 작업을 한 적은 한 번도 없었어요. 우리는 언제나 이 게임을 우리 자신을 위해 만듭니다"라고 말했다[45]). 네오펫 역시 마찬가지다. 즉, 네오펫 제작자는 '이봐, 우리는 이 세상 사람들을 프론트엔드 프로그래머로 키우기 위해 이 게임을 만들고 있는 거야' 같은 생각 따위는 꿈에도 하지 않았다. 네오펫 제작자들은 단순히 사람들이 멋지게 가지고 놀 만한 가상세계를 만들었을 뿐이며, 사람들은 그것을 즐기며 사용하다 프론트엔드 프로그래밍을 배운다.

은밀한 설계자들

결론적으로 문화는 사람들이 프로그래밍에 관심을 가지게 만드는 강력한 수단이다.

무엇이 러스티 저스티스가 시골 켄터키까지 와서 프로그래밍 사업을 하도록 만들었을까? 그의 고집스러움도 한몫했다. 그는 그런 결정을 내리기 전, 뉴욕의 한 부자로부터 러스티의 계획이 불가능하다는 이야기를 들었다.

2011년 억만장자이자 당시 뉴욕 시장이었던 마이클 블룸버그 Michael Bloomberg는 미국 자연 환경 보호 단체인 시에라클럽이 추진하는 비욘드콜Beyond Coal 캠페인에 5,000만 달러를 기부했다. 이 캠페인은 재생 에너지 사용을 촉진하고 석탄을 태워 전기를 얻는 화력발전소를 중단시키는 정책을 지지하기 위해 만들어졌다. 값싼 석탄이 매우 유용한 에너지원이며 켄터키 지역 경제에도 매우 중요하다고 굳게 믿었던 저스티스는 이런 사회적 움직임에 크게 분노했다.

2014년 블룸버그 시장은 한발 더 나아가 광부에게 소프트웨어 제작을 교육하자는 아이디어를 묵살해버렸다.

"석탄 광부들에게는 프로그래밍을 가르칠 수 없을 거예요." 블룸버그가 '블룸버그 신에너지 재정 서밋BNEF Summit; Bloomberg New Energy Finance summit'에서 말했다. 그는 "마크 저커버그는 당신이 석탄 광부들에게 프로그래밍을 가르칠 수 있으며, 관련한 모든 것이 훌륭하다고 말했습니다. 그래서 더욱 제 생각을 어떻게 말씀드려야 할지 모르겠군요. 음…, 어쨌든 제 대답은 '아니오'입니다"라고 말했다.

이 일로 저스티스는 완전히 열이 받았다. "광부는 '똑똑하지 않다', '석탄 캐는 일을 빼고는 아무 일도 할 수 없다', '불쌍하고 초라하다' 등 블룸버그는 완전히 고정관념에 사로잡혀 있었어요." 저스티스가 뒷담화 삼아 말했다. "성난 황소 얼굴 앞에서 빨간 깃발을 흔드는 것과 별반 다르지 않았죠."[46] 독자 여러분도 광부가 자바 스크립트 코드 프로그래밍을 절대 이해하지 못할 것이라 생각하는가? 만약 그렇다면 다시 생각해보라!

은밀한 설계자들

이 책은 내 에이전트인 수잔느 굴러크Suzanne Gluck의 열정과 안목, 편집자인 스콧 모이어스Scott Moyers의 격려, 편집 능력, 그리고 넓은 시야 덕분에 가능했다.

바쁜 가운데 인터뷰 요청에 기꺼이 응해준 모든 사람들에게 진심으로 감사드린다. 수백 명이 넘는 사람들이 자신의 시간을 아낌없이 내어주며 이 책에 꼭 필요한 경험과 지식을 친절히 알려주었다. 지면이 한정된 관계로 그들 모두 이 책에 등장하는 것은 아니지만 한명 한명의 생각, 경험 및 이야기들은 이 책의 모든 부분에 영향을 끼쳤다.

이 책을 쓰는 동안 줄곧 정말 운 좋게도 이 분야의 뛰어난 사람들과 수없이 만나 함께 이야기하며 더할 나위 없이 소중한 조언을 들었다. 맥스 휘트니, 프레드 베넨슨, 톰 아이고, 미셸 테퍼, 새론 잇바렉, 카트리나 오언스, 캐시 펄, 팀 오릴리, 캐롤라인 신더스, 헤더 골드, 이안 보고스트, 마리 힉스, 아닐 대시, 로빈 슬로언, 다나 보이드, 브렛 도슨, 에반 셀링거, 게리 마커스, 가브리엘라 콜먼, 그렉 보거스, 홀든 카라우, 제시카 램, 칼라 스타, 마이크 마타스, 폴 포드, 레이 오지, 로스 굿윈, 스콧 굿슨, 제이넵 투펙치, 스티브 실버만, 팀

오메닉, 에밀리 파투스키, 다리우스 카즈미, 시안 바니스터, 크레이그 실버맨, 크리스 코이어, 체트 머씨, 채드 폴워, 브렌던 아이크, 로렌 매카시, 아네트 보우먼, 엘리슨 페리쉬, 댄 설리번, 그랜 폴, 하위도 판 로쉼, 젠스 베르겐스텐, 마크 오토, 미치 아틀만, 피터 스코모리히, 지모 오비아겔과 로스 인텔리전스Ross Intelligence의 모든 컴퓨터 전문가에게 감사드린다. 롭 그레이엄, 스티브 클라브닉, 롭 리고리, 애덤 댄겔로, 벨 쿠퍼, 더그 송, 킴 제터, 데이비드 실바, 샘 랭, 론 제프리, 수잔 탄, 존 라이지히에게도 감사드린다. 많은 이름을 이야기했지만, 여전히 많은 사람들을 기억하지 못하고 빠트렸다. 내 부족한 기억력이 너무 아쉬울 따름이다.

글 쓰는 내내 나를 격려해주었을 뿐만 아니라, 내 글을 기술 분야에 적합하게 고쳐준 뛰어난 잡지 편집자들과 만난 것은 큰 행운이었다. 특히 최근에 만나 큰 도움을 준 편집자 몇 명만 소개하면 〈뉴욕타임스〉의 딘 로빈슨, 빌 와식, 제시카 러스틱, 제이크 실버스테인, 〈와이어드〉의 아담 로저스, 베라 타이튜닉, 닉 톰슨, 스미스소니언Smithsonian 협회의 데브라 로젠베르그, 마이클 카루소, 〈마더존스〉의 클라라 제프리, 마이크 미캐닉, 〈디스〉의 에리카 렌티 등이 있다. 이들에게 감사드린다.

이 책에 잘못된 내용이 있다면 전적으로 내 책임이다. 그러나 내 책을 꼼꼼히 확인해준 사람들 덕분에 오류를 크게 줄였다. 이들은 샤밀라 벤카타슈반, 루카스 부브카, 벤지 존스, 제임스 게인즈, 칼라 머피, 애니 마, 로완 왈라스, 카렌 폰트, 퍼거스 매킨토시다.

이 책이 세상에 나올 수 있도록 자기 일처럼 도와준 펭귄 출판사

미아 카운실에게도 감사드린다.

1980년대 초 어느 여름, 내게 VIC-20을 빌려주었던 아버지 친구 할HAL을 포함해 과거 몇몇 사람들에게 큰 빚을 지고 있다. 할 덕분에 하루도 빠지지 않고 베이직에 빠져 흥미진진한 여름을 보낼 수 있었다. 이름은 모르지만 감사한 분들도 있다. 1970년대 토론토 서밋 하이츠 공립학교 도서관 사서에게도 감사드린다. 선견지명을 가지고 전자기계식 계전기를 이용한 논리회로 설계 서적을 학교 도서관에 구입해놓았다. 나는 열한 살에 그 책을 읽었고, 아마도 덕분에 내 삶도 변했다. 삶이 변하지 않았더라면 이 책도 분명 없었으리라!

이 책을 쓰는 동안 내내 격려하고 응원해준 친구들에게도 감사드린다. 토론 게시판 공동체, 토론토와 브루클린 모임, 더 델로리안 시스터스 밴드의 모든 사람들에게 감사드린다.

무엇보다 가족에게 감사드린다. 내 아내 에밀리(1980년대에 그녀 또한 초보 프로그래머였다)는 늦은 밤 나와의 이야기에 기꺼이 자신의 시간을 내주었다. 또한 이 책을 읽고 중요한 첫 번째 의견을 주었다. 잘 이해하지 못하면서도 지난 3년간 이 책에 대한 이야기에 귀 기울여 들어준 내 아이들 가브리엘과 제브에게도 감사함을 느낀다. 가족이 아니었으면 이 책을 결코 끝맺지 못했을 것이다.

1장 일상을 뒤집는 새로운 종족의 등장

1. Adam Fisher, *Valley of Genius: The Uncensored History of Silicon Valley (As Told by the Hackers, Founders, and Freaks Who Made It Boom)* (New York: Twelve, 2017), 357.

2. Fisher, *Valley of Genius*, 36

3. This section draws from my interview with Sanghvi, as well as several books, articles, and videos about the early days of Facebook, including: Daniela Hernandez, "Facebook's First Female Engineer Speaks Out on Tech's Gender Gap," *Wired*, December 12, 2014, https://www.wired.com/2014/12/ruchi-qa/; Mark Zuckerberg, "Live with the Original News Feed Team," Facebook video, 25:36, September 6, 2016, https://www.facebook.com/zuck/videos/10103087013971051; David Kirkpatrick, *The Facebook Effect: The Inside Story of the Company That Is Connecting the World* (New York: Simon & Schuster, 2011); INKtalksDirector, *Ruchi Sanghvi: From Facebook to Facing the Unknown*, YouTube, 11:50, March 20, 2012, https://www.youtube.com/watch?v=64AaXC00bkQ; TechCrunch, TechFellow Awards: Ruchi Sanghvi, TechCrunch video, 4:40, March 4, 2012, https://techcrunch.com/video/techfellow-awards-ruchi-sanghvi/517287387/; FWDus2, *Ruchi's Story*, YouTube, 1:24, May 10, 2013, https://www.youtube.com/watch?v=i86ibVt1OMM.; all videos accessed August 16, 2018.

4. Clare O'Connor, "Video: Mark Zuckerberg in 2005, Talking Facebook (While Dustin Moskovitz Does a Keg Stand)," *Forbes*, August 15, 2011, accessed October 7, 2018, https://www.forbes.com/sites/clareoconnor/2011/08/15/video-mark-zuckerberg-in-2005-talking-facebook-while-dustin-moskovitz-does-a-

keg-stand/#629cb86571a5.

5. Ruchi Sanghvi, "Facebook Gets a Facelift," Facebook, September 5, 2006, accessed August 18, 2018, https://www.facebook.com/notes/facebook/facebook-gets-a-facelift/2207967130/.

6. Brenton Thornicroft, "Something to Consider before You Complain about Facebook's News Feed Updates," *Forbes*, April 2, 2013, accessed August 18, 2018, https://www.forbes.com/sites/quora/2013/04/02/something-to-consider-before-you-complain-about-facebooks-news-feed-updates/#7154da847938.

7. Mark Zuckerberg, "An Open Letter from Mark Zuckerberg," Facebook, September 8, 2006, accessed September 18, 2018, https://www.facebook.com/notes/facebook/an-open-letter-from-mark-zuckerberg/2208562130/.

8. Evan Asano, "How Much Time Do People Spend on Social Media?," *SocialMediaToday*, January 4, 2017, accessed August 18, 2018, https://www.socialmediatoday.com/marketing/how-much-time-do-people-spend-social-media-infographic.

9. Facebook does not openly discuss the nuances of how it ranks items in its feed, but it discusses the general details occasionally, as in: Miles O'Brien, "How Does the Facebook News Feed Work? An Interview with Dan Zigmond, Head of Facebook News Feed Analytics," *Miles O'Brien Productions*, March 30, 2018, accessed August 18, 2018, https://milesobrien.com/how-does-the-facebook-news-feed-work-an-interview-with-dan-zigmond-head-of-facebook-news-feed-analytics/; Will Oremus, "Who Controls Your Facebook Feed," Slate, January 3, 2016, accessed August 18, 2018, http://www.slate.com/articles/technology/cover_story/2016/01/how_facebook_s_news_feed_algorithm_works.html.

10. Janko Roettgers, "Facebook Says It's Cutting Down on Viral Videos as 2017 Revenue Tops $40 Billion," *Variety*, January 31, 2018, accessed August 18, 2018, https://variety.com/2018/digital/news/facebook-q4-2017-earnings-1202683184/.

11. Clive Thompson, "Social Networks Must Face Up to Their Political Impact," *Wired*, February 5, 2017, accessed August 18, 2018, https://www.wired.com/2017/01/social-networks-must-face-political-impact.

12. Mark Zuckerberg, "Building Global Community," Facebook, February 16,

2017, accessed August 18, 2018, https://www.facebook.com/notes/mark-zuckerberg/building-global-community/10154544292806634/.

13. Marc Andreessen, "Why Software Is Eating the World," *Wall Street Journal*, August 20, 2011, accessed August 18, 2018, https://www.wsj.com/articles/SB10001424 053111903480904576512250915629460.

14. John Morris, "How Facebook Scales AI," *ZDNet*, June 6, 2018, accessed August 18, 2018, https://www.zdnet.com/article/how-facebook-scales-ai/.

15. Erwin C. Surrency, "The Lawyer and the Revolution," *American Journal of Legal History 8*, no. 2 (April 1964): 125 – 35.

16. My description of Moses's work here draws from: Robert A. Caro, *The Power Broker: Robert Moses and the Fall of New York* (New York: Knopf, 1974), 850 – 84; David W. Dunlap, "Why Robert Moses Keeps Rising from an Unquiet Grave," *New York Times*, March 21, 2017, accessed August 18, 2018, https://www. nytimes.com/2017/03/21/nyregion/robert-moses-andrew-cuomo-and-the-saga-of-a-bronx-expressway.html; Sydney Sarachan, "The Legacy of Robert Moses," PBS, January 17, 2013, accessed August 18, 2018, http://www.pbs.org/wnet/need-to-know/environment/the-legacy-of-robert-moses/16018/.

17. There may be far more than 250; it's hard to count, in part because companies and coders invent new special-purpose ones all the time. Two attempts to count them include Robert Diana, "The Big List of 256 Programming Languages," *DZone*, May 16, 2013, accessed August 18, 2018, https://dzone.com/articles/big-list-256-programming; "How Many Programming Languages Are There in the World?," *CodeLani*, November 17, 2017, accessed August 18, 2018, http://codelani.com/posts/how-many-programming-languages-are-there-in-the-world.html.

18. Fred Brooks, *The Mythical Man-Month: Essays on Software Engineering* (New York: Addison-Wesley, 1975), 7 – 8.

19. Jon Carroll, "Guerrillas in the Myst," *Wired*, August 1, 1994, accessed August 18, 2018, https://www.wired.com/1994/08/myst/.

20. Daniel Hillis, The Pattern on the Stone: *The Simple Ideas That Make Computers Work*, 2nd ed. (New York: Basic Books, 2014), location 112 of 2741, Kindle.

21. Maciej Cegłowski, "The Moral Economy of Tech," *Idle Words* (blog), accessed August 18, 2018, http://idlewords.com/talks/sase_panel.htm.

22. Joseph Weizenbaum, *Computer Power and Human Reason: From Judgment to*

Calculation (New York: W. H. Freeman, 1976), 111.

23. Seymour Papert, *Mindstorms: Children, Computers, and Powerful Ideas* (New York: Basic Books, 1980), 23.

24. Daniel Kohanski, *The Philosophical Programmer: Reflections on the Moth in the Machine* (New York: St. Martin's, 1998), 160.

25. INKtalksDirector, *Ruchi Sanghvi: From Facebook to Facing the Unknown.*

26. Barry A. Stevens, "Probing the DP Psyche," *Computerworld*, July 21, 1980, 28.

27. "Degrees in Computer and Information Sciences Conferred by Degree-granting Institutions, by Level of Degree and Sex of Student: 1970 – 71 through 2010 – 11," National Center for Education Statistics, July 2012, accessed August 16, 2018, https://nces.ed.gov/programs/digest/d12/tables/dt12_349.asp.

28. Roger Cheng, "Women in Tech: The Numbers Don't Add Up," *CNET*, May 6, 2015, accessed August 16, 2018, https://www.cnet.com/news/women-in-tech-the-numbers-dont-add-up/.

29. "Employed Persons by Detailed Occupation, Sex, Race, and Hispanic or Latino Ethnicity," Bureau of Labor Statistics, accessed August 16, 2018, https://www.bls.gov/cps/cpsaat11.pdf.

30. Rani Molla, "It's Not Just Google—Many Major Tech Companies Are Struggling with Diversity," *Recode*, August 7, 2017, accessed August 16, 2018, https://www.recode.net/2017/8/7/16108122/major-tech-companies-silicon-valley-diversity-women-tech-engineer.

31. Alyssa Mazzina, "Do Developers Need College Degrees?," *Stack Overflow* (blog), October 7, 2016, accessed August 16, 2018, https://stackoverflow.blog/2016/10/07/do-developers-need-college-degrees.

32. Erin Carson, "When Tech Firms Judge on Skills Alone, Women Land More Job Interviews," CNET, August 27, 2016, accessed August 16, 2018, https://www.cnet.com/news/when-tech-firms-judge-on-skills-alone-women-land-more-job-interviews.

33. Douglas Rushkoff, *Program or Be Programmed: Ten Commands for a Digital Age* (New York: OR Books, 2010), 133.

1. Andrew Myers, "Period of Transition: Stanford Computer Science Rethinks Core Curriculum," Stanford Engineering, June 14, 2012, accessed August 16, 2018, https://engineering.stanford.edu/news/period-transition-stanford-computer-science-rethinks-core-curriculum.

2. Chris Dixon, "How Aristotle Created the Computer," *The Atlantic*, March 20, 2017, accessed August 16, 2018, https://www.theatlantic.com/technology/archive/2017/03/aristotle-computer/518697.

3. Bryony Norburn, "The Female Enigmas of Bletchley Park in the 1940s Should Encourage Those of Tomorrow," *The Conversation*, January 26, 2015, accessed August 16, 2018, https://theconversation.com/the-female-enigmas-of-bletchley-park-in-the-1940s-should-encourage-those-of-tomorrow-36640; Sarah Rainey, "The Extraordinary Female Codebreakers of Bletchley Park," *The Telegraph*, January 4, 2015, accessed August 16, 2018, https://www.telegraph.co.uk/history/world-war-two/11308744/The-extraordinary-female-codebreakers-of-Bletchley-Park.html.

4. Jennifer S. Light, "When Computers Were Women," *Technology and Culture* 40, no. 3 (July 1999): 455 – 83.

5. Charles E. Molnar and Wesley A. Clark, "Development of the LINC," in *A History of Medical Informatics*, eds. Bruce I. Blum and Karen A. Duncan (New York: ACM Press, 1990), 119 – 38.

6. John Markoff, "Wesley A. Clark, Who Designed First Personal Computer, Dies at 88," *New York Times*, February 27, 2016, accessed August 16, 2018, https://www.nytimes.com/2016/02/28/business/wesley-a-clark-made-computing-personal-dies-at-88.html.

7. Mary Allen Wilkes, "Conversational Access to a 2048-Word Machine," *Communications of the ACM* 13, no. 7 (July 1970): 407 – 14.

8. This specific comment is from Wilkes's interview in this video: Dr. Bruce Damer *DigiBarn TV: Mary Allen Wilkes Programming the LINC Computer in the mid-1960s*, YouTube, 15:41, April 25, 2011, accessed August 16, 2018, https://www.youtube.com/watch?v=Cmv6p8hN0xQ.

9. Joe November, "LINC: Biology's Revolutionary Little Computer," *Endeavour* 28, no. 3 (September 2004): 125 – 31.

10. This section is drawn from Steven Levy's superb book, particularly chapters 3 ("Spacewar") and 4 ("Greenblatt and Gosper"): Steven Levy, *Hackers: Heroes of the Computer Revolution—25th Anniversary Edition* (Sebastopol, CA: O'Reilly Media, 2010).

11. Levy, *Hackers*, 67.

12. Levy, *Hackers*, 139.

13. Russell Brandom, " 'Spacewar!': The Story of the World's First Digital Video Game," *The Verge*, February 4, 2013, accessed August 16, 2018, https://www.theverge.com/2013/2/4/3949524/the-story-of-the-worlds-first-digital-video-game.

14. Levy, *Hackers*, 26 – 37.

15. Levy, *Hackers*, 107.

16. "GNU General Public License," Free Software Foundation, June 29, 2007, accessed August 16, 2018, https://www.gnu.org/licenses/gpl-3.0.en.html.

17. Levy, *Hackers*, 129.

18. Clive Thompson, "Steve Wozniak's Apple I Booted Up a Tech Revolution," *Smithsonian*, March 2016, accessed August 18, 2018, https://www.smithsonianmag.com/smithsonian-institution/steve-wozniaks-apple-i-booted-up-tech-revolution-180958112/.

19. Philip H. Dougherty, "Commodore Computers Plans Big Campaign," *New York Times*, February 18, 1982, accessed August 18, 2018, https://www.nytimes.com/1982/02/18/business/advertising-commodore-computers-plans-big-campaign.html.

20. Harry McCracken, "Fifty Years of BASIC, the Programming Language That Made Computers Personal," *Time*, April 29, 2014, accessed August 18, 2018, http://time.com/69316/basic/; "BASIC Begins at Dartmouth," Dartmouth, accessed August 18, 2018, https://www.dartmouth.edu/basicfifty/basic.html; Jimmy Maher, "In Defense of BASIC," *The Digital Antiquarian* (blog), May 2, 2011, accessed August 18, 2018, https://www.filfre.net/2011/05/in-defense-of-basic.

21. Nate Anderson, "First Encounter: *COMPUTE!* Magazine and Its Glorious, Tedious Type-in Code," *Ars Technica*, December 28, 2012, accessed August 18, 2018, https:// arstechnica.com/staff/2012/12/first-encounter-compute-magazine-and-its-glorious-tedious-type-in-code; Shelby Goldstein, "Making

Music with Your Vic," Creative Computing 9, no. 7 (July 1983): 43; Marek Karcz, "Conway's Game of Life on a Commodore 64," *Commodore and Retro Computing*, September 15, 2013, accessed August 18, 2018, http://c64retr. blogspot.com/2013/09/conways-game-of-life-on-commodore-64.html.

22. Patrick S. Ryan, "War, Peace, or Stalemate: Wargames, Wardialing, Wardriving, and the Emerging Market for Hacker Ethics," *Virginia Journal of Law & Technology* 9, no. 7 (Summer 2004): 1–57, accessed August 18, 2018, https:// papers.ssrn.com/sol3/papers.cfm?abstract_id=585867.

23. I discuss the boy-centric nature of the home-computer coding scene in greater length in chapter 7, "The ENIAC Girls Vanish," but some documents of this phenomenon include Sara Kiesler, Lee Sproull, and Jacquelynne Eccles, "Pool Halls, Chips, and War Games: Women in the Culture of Computing," *Psychology of Women Quarterly* 9, no. 4 (December 1985): 451–62; Jane Margolis and Allan Fisher, U*nlocking the Clubhouse: Women in Computing* (Cambridge, MA: MIT Press, 2003).

24. Janet Abbate, "Oral-History: Judy Clapp," Engineering and Technology History Wiki, February 11, 2001, accessed August 18, 2018, https://ethw.org/Oral-History:Judy_Clapp.

25. Tom Steinert-Threlkeld, "Can You Work in Netscape Time?," *Fast Company*, October 31, 1995, accessed September 27, 2018, https://www.fastcompany. com/26443/can-you-work-netscape-time.

26. "Netscape Navigator," Blooberry, accessed August 18, 2018, http://www. blooberry.com/indexdot/history/netscape.htm.

27. Anil Dash, "The Missing Building Blocks of the Web," *Medium*, March 21, 2018, accessed August 18, 2018, https://medium.com/@anildash/the-missing-building-blocks-of-the-web-3fa490ae5cbc; Amélie Lamont, "From Designing Neopets Pages to Becoming a Professional Web Developer," Superyesmore, June 20, 2016, accessed August 18, 2018, https://superyesmore.com/d6121b7fe 42324e456deb8988d481ec8; Brittney Lopez, "How I Became a Web Designer," *Branded by Britt*, accessed August 18, 2018, https://www.brandedbybritt.co/ how-i-became-a-web-designer.

28. Ian Leslie, "The Scientists Who Make Apps Addictive," *1843*, October/ November 2016, accessed August 18, 2018, https://www.1843magazine.com/ features/the-scientists-who-make-apps-addictive.

29. Stephen Wendel, *Designing for Behavior Change: Applying Psychology and Behavioral Economics* (Sebastapol, CA: O'Reilly Media, 2013), location 189 of 7988, Kindle.

30. Alyson Shontell, "Meet the 13 Lucky Employees and 9 Investors Behind $1 Billion Instagram," *Business Insider*, April 9, 2012, accessed August 18, 2018, https://www.businessinsider.com/instagram-employees-and-investors-2012-4; Marty Swant, "This Instagram Timeline Shows the App's Rapid Growth to 600 Million," *AdWeek*, December 15, 2016, accessed August 18, 2018, https://www.adweek.com/digital/instagram-gained-100-million-users-6-months-now-has-600-million-accounts-175126/; Nancy Messieh, "Instagram Could Hit 1bn Photos by April, Twice as Fast as Flickr Managed," *The Next Web*, January 19, 2012, accessed August 18, 2018, https://thenextweb.com/socialmedia/2012/01/19/instagram-could-hit-1bn-photos-by-april-twice-as-fast-as-flickr-managed/.

31. Olivia Fleming, " 'Why Don't I Look Like Her?': How Instagram Is Ruining Our Self Esteem," *Cosmopolitan*, January 15, 2017, accessed August 18, 2018, https://www.cosmopolitan.com/health-fitness/a8601466/why-dont-i-look-like-her-how-instagram-is-ruining-our-self-esteem/; Amanda MacMillan, "Why Instagram Is the Worst Social Media for Mental Health," *Time*, May 25, 2017, accessed August 18, 2018, http://time.com/4793331/instagram-social-media-mental-health/; Mahita Gajanan, "Young Women on Instagram and Self-esteem: 'I Absolutely Feel Insecure,' " *Guardian*, November 4, 2015, accessed August 18, 2018, https://www.theguardian.com/media/2015/nov/04/instagram-young-women-self-esteem-essena-oneill.

32. Zoe Brown and Marika Tiggemann, "Attractive Celebrity and Peer Images on Instagram: Effect on Women's Mood and Body Image," *Body Image* 19 (December 2016): 37–43.

33. Lily Herman, "Pro-Eating Disorder Content Continues to Spread Online, Researchers Say," *Allure*, October 17, 2017, accessed August 18, 2018, https://www.allure.com/story/bonespiration-thinspiration-instagram-hashtag; Stevie Chancellor et al., "#thyghgapp: Instagram Content Moderation and Lexical Variation in Pro-Eating Disorder Communities," ACM Conference on Computer-Supported Cooperative Work and Social Computing, February 27–March 2, 2016, accessed August 18, 2018, http://www.munmund.net/pubs/

cscw16_thyghgapp.pdf; Emily Reynolds, "Instagram's Pro-anorexia Ban Made the Problem Worse," *Wired UK*, March 14, 2016, accessed August 18, 2018, https://www.wired.co.uk/article/instagram-pro-anorexia-search-terms.

34. Leslie, "The Scientists Who Make Apps Addictive."

35. Recode Staff, "Full Transcript: Time Well Spent Founder Tristan Harris on Recode Decode," *Recode*, February 7, 2017, accessed August 18, 2018, https://www.recode.net/2017/2/7/14542504/recode-decode-transcript-time-well-spent-founder-tristan-harris.

36. Ameet Ranadive, "New Tools to Manage Your Time on Facebook and Instagram," Facebook Newsroom, August 1, 2018, accessed October 2, 2018, https://newsroom.fb.com/news/2018/08/manage-your-time/.

3장 영원한 숙적, 버그

1. Elizabeth Dickason, "Looking Back: Grace Murray Hopper's Younger Years," *Chips Ahoy*, July 1986, posted online June 27, 2011, accessed August 18, 2018, http://www.doncio.navy.mil/chips/ArticleDetails.aspx?ID=2388.

2. Casey Newton, "How a Typo Took Down S3, the Backbone of the Internet," *The Verge*, March 2, 2017, accessed August 18, 2018, https://www.theverge.com/2017/3/2/14792442/amazon-s3-outage-cause-typo-internet-server.

3. Alexander B. Magoun and Paul Israel, "Did You Know? Edison Coined the Term 'Bug,'" *The Institute*, August 23, 2013, accessed August 18, 2018, http://theinstitute.ieee.org/tech-history/technology-history/did-you-know-edison-coined-the-term-bug.

4. "Log Book with Computer Bug," National Museum of American History, accessed August 18, 2018, http://americanhistory.si.edu/collections/search/object/nmah_334663.

5. Michael Lopp, "Please Learn to Write," *Rands in Repose* (blog), May 16, 2012, accessed August 18, 2018, http://randsinrepose.com/archives/please-learn-to-write/.

6. "Angular 2 Passing Data into a For Loop," *Stack Overflow*, June 17, 2017, accessed August 18, 2018, https://stackoverflow.com/questions/44610183/angular-2-passing-data-into-a-for-loop.

7.   Alex Pasternack, "Sometimes a Typo Means You Need to Blow Up Your Own Spacecraft," *Motherboard*, July 26, 2014, accessed August 18, 2018, https://motherboard.vice.com/en_us/article/4x3n9b/sometimes-a-typo-means-you-need-to-blow-up-your-spacecraft.

8.   Robert C. Martin, *Clean Code: A Handbook of Agile Software Craftsmanship* (New York: Pearson Education, 2009), 14.

9.   Natasha Dow Schüll, *Addiction by Design: Machine Gambling in Las Vegas* (Princeton, NJ: Princeton University Press, 2012), 68.

10. In addition to the many programmers who talked to me about their feelings of addiction — or feeling a "coder's high" — there's Joseph Weizenbaum's (rather gloomy) observation about the "compulsive programmer" type he saw at MIT, cited in Levy, *Hackers*, 107.

11. Jacob Thornton, "Isn't Our Code Just the *BEST* K, Medium, January 19, 2017, accessed August 18, 2018, https://medium.com/bumpers/isnt-our-code-just-the-best-f028a78f33a9.

12. Blake Ross, "Mr. Fart's Favorite Colors," *Medium*, March 4, 2016, accessed August 18, 2018, https://medium.com/@blakeross/mr-fart-s-favorite-colors-3177a406c775.

13. Caroline Mimbs Nyce, "The Winter Getaway That Turned the Software World Upside Down," *The Atlantic*, December 8, 2017, accessed August 18, 2018, https://www.theatlantic.com/technology/archive/2017/12/agile-manifesto-a-history/547715.

14. Matthew B. Crawford, *Shop Class as Soulcraft: An Inquiry into the Value of Work* (New York: Penguin, 2009), 14.

15. Chad Fowler, *The Passionate Programmer: Creating a Remarkable Career in Software Development* (Raleigh, NC: Pragmatic Bookshelf, 2009), location 929 of 2976, Kindle.

16. Teresa M. Amabile and Steven J. Kramer, "The Power of Small Wins," *Harvard Business Review* 89, no. 5 (May 2011), accessed online August 18, 2018, https://hbr.org/2011/05/the-power-of-small-wins.

1. Parts of this section on Bram Cohen draw from my previous profile of him in *Wired* magazine: Clive Thompson, "The BitTorrent Effect," Wired, January 2005, accessed online August 18, 2018, https://www.wired.com/2005/01/bittorrent-2.

2. Sarah Kessler, "The Infinite Lives of BitTorrent," *Fast Company*, March 10, 2014, accessed August 18, 2018, https://www.fastcompany.com/3027441/the-infinite-lives-of-bittorrent.

3. William H. Whyte, *The Organization Man*, rev. ed. (Philadelphia: University of Pennsylvania Press, 2013), 3.

4. William M. Cannon and Dallis K. Perry, "A Vocational Interest Scale for Computer Programmers," *Proceedings of the Fourth SIGCPR Conference on Computer Personnel Research* (June 1966): 61 – 82.

5. Nathan Ensmenger discusses IBM's "Programmer Aptitude Test" in *The Computer Boys Take Over: Computers, Programmers, and the Politics of Technical Expertise* (Cambridge, MA: MIT Press, 2012), 64 – 67; the actual tests are quite fascinating to look at, and there's one scanned at this location: "IBM Programmer Aptitude Test (Revised)," accessed August 18, 2018, http://ed-thelen.org/comp-hist/IBM-ProgApti-120-6762-2.html.

6. Ensmenger, *The Computer Boys*, 52.

7. Dallis Perry and William Cannon, "Vocational Interests of Female Computer Programmers," *Journal of Applied Psychology* 52, no. 1 (1968): 34.

8. Nathan Ensmenger, "Making Programming Masculine," in *Gender Codes: Why Women Are Leaving Computing*, ed. Thomas J. Misa (New York: IEEE Computer Society, 2010), 128.

9. Ensmenger, *The Computer Boys*, 159.

10. Herendira Garcia – de Galindo, "An Investigation of Factors Related to Preservice Secondary Mathematics Teachers' Computer Environment Preferences for Teaching High School Geometry" (PhD diss., Ohio State University, 1994), 56 – 57, accessed September 27, 2018, https://etd.ohiolink.edu/!etd.send_file?accession=osu1487856906259719&disposition=inline.

11. Mariko R. Pope, "Creativity and the Computer Professional: The Impact of Personality Perception on Innovation Approach Preferences in Terms of

Creative Thinking and Behavior" (PhD diss., Colorado Technical University, 1997), 31.

12. Levy, *Hackers*, 107.

13. Nathan Ensmenger and William Aspray, "Software as a Labor Process," in *History of Computing: Software Issues*, eds. Ulf Hashagen, Reinhard Keil-Slawik, and Arthur L. Norberg (Berlin: Springer Science & Business Media, 2013), 142.

14. This analysis finds "between 3,357,626 and 4,185,114 people working in a role which required some software development": P. K., "How Many Developers Are There in America, and Where Do They Live?," Don't Quit Your Day Job, August 10, 2017, accessed August 18, 2018, https://dqydj.com/number-of-developers-in-america-and-per-state; the Bureau of Labor Statistics for 2017 reports that for "Computer and mathematical occupations" there were 4.8 million employed: Bureau of Labor Statistics, "Employed Persons."

15. Jean Hollands, *The Silicon Syndrome: How to Survive a High-tech Relationship* (New York: Bantam Books, 1985), 1 – 2.

16. Matt Parker, "The Secretary Problem," *Slate*, December 17, 2014, accessed August 18, 2018, http://www.slate.com/articles/technology/technology/2014/12/the_secretary_problem_use_this_algorithm_to_determine_exactly_how_many_people.html.

17. Scott Hanselman, "More Relationship Hacks with Scott's Wife," *Hanselminutes* (podcast), April 17, 2012, accessed August 18, 2018, https://hanselminutes.com/314/more-relationship-hacks-with-scotts-wife.

18. John Geirland, "Go with the Flow," *Wired*, September 1996, accessed online August 18, 2018, https://www.wired.com/1996/09/czik.

19. Lev Grossman, "Jonathan Franzen: Great American Novelist," Time, August 12, 2010, accessed August 18, 2018, http://content.time.com/time/magazine/article/0,9171,2010185-2,00.html.

20. Lauren Passell, "Stephen King's Top 20 Rules for Writers," *B&N Reads* (blog), March 22, 2013, accessed August 18, 2018, https://www.barnesandnoble.com/blog/stephen-kings-top-20-rules-for-writers.

21. Samuel Taylor Coleridge, *Kubla Khan*, Poetry Foundation, accessed August 18, 2018, https://www.poetryfoundation.org/poems/43991/kubla-khan.

22. Paul Graham, "Maker's Schedule, Manager's Schedule," *Paul Graham* (blog), July 2009, accessed August 18, 2018, http://www.paulgraham.com/

makersschedule.html.

23. Matt Giles, " 'Mr. Robot' Creator Explains What's Really Going on in Elliot's Mind," *Popular Science*, September 3, 2015, accessed August 18, 2018, https://www.popsci.com/mr-robot-creator-explains-whats-really-going-on-in-elliots-mind.

5장 효율적이지 않으면, 아름답지 않아

1. Walter Isaacson, *Benjamin Franklin: An American Life* (New York: Simon & Schuster, 2004), 426.

2. Isaacson, *Benjamin Franklin*, 130 – 32; Benjamin Franklin, *Memoirs of the Life and Writings of* (the Same), *Continued to the Time of His Death by William Temple Franklin*, Vol. 1 (London: H. Colburn, 1818), 94.

3. Jennifer Brostrom, "The Time-management Gospel," in *Commodify Your Dissent: Salvos from the Baffler*, eds. Thomas Frank and Matt Weiland (New York: W. W. Norton, 2011), 116.

4. "Address of President Charles Hermany," *Transactions of the American Society of Civil Engineers* 53 (1904): 464.

5. Frederick Winslow Taylor, *The Principles of Scientific Management* (New York: Harper & Brothers, 1919), 5; David A. Hounshell, "The Same Old Principles in the New Manufacturing," *Harvard Business Review* (November 1988), accessed online August 18, 2018, https://hbr.org/1988/11/the-same-old-principles-in-the-new-manufacturing.

6. Jill Lepore, "Not So Fast," *New Yorker*, October 12, 2009, accessed August 18, 2018, https://www.newyorker.com/magazine/2009/10/12/not-so-fast; Dennis McLellan, "Ernestine Carey, 98; Wrote a Comical Look at Her Big Family in 'Cheaper by the Dozen,' " *Los Angeles Times*, November 7, 2006, accessed August 18, 2018, http://articles.latimes.com/2006/nov/07/local/me-carey7.

7. Alexandra Lange, "The Woman Who Invented the Kitchen," *Slate*, October 25, 2012, http://www.slate.com/articles/life/design/2012/10/lillian_gilbreth_s_kitchen_practical_how_it_reinvented_the_modern_kitchen.html.

8. Clive Thompson, "We Need Technology to Help Us Remember the Future," *Wired*, January 22, 2013, accessed August 18, 2018, https://www.wired.

com/2013/01/a-sense-of-place-ct.

9. Kah Seng Tay, "What Is the Etymology of 'Cron'?," Quora, December 22, 2015, accessed August 18, 2018, https://www.quora.com/What-is-the-etymology-of-cron.

10. Peter Seibel, *Coders at Work: Reflections on the Craft of Programming* (New York: Apress, 2009), 77.

11. Nicholas Carr, *The Glass Cage* (New York: W. W. Norton, 2014).

12. Tom Christiansen, Brian D. Foy, Larry Wall, and Jon Orwant, *Programming Perl: Unmatched Power for Text Processing and Scripting* (Sebastapol, CA: O'Reilly Media, 2012), 387, 1062.

13. "As a programmer, what tasks have you automated to make your everyday life easier? How can one expect to improve life through automated programming?," Quora, June 4, 2017, accessed August 18, 2018, https://www.quora.com/As-a-programmer-what-tasks-have-you-automated-to-make-your-everyday-life-easier-How-can-one-expect-to-improve-life-through-automated-programming.

14. Alexander Yumashev, "Now That's What I Call a Hacker," JitBit, November 20, 2015, accessed August 18, 2018, https://www.jitbit.com/alexblog/249-now-thats-what-i-call-a-hacker/.

15. Martin Campbell-Kelly, "OBITUARY: Konrad Zuse," *Independent*, December 21, 1995, accessed August 18, 2018, https://www.independent.co.uk/news/people/obituary-konrad-zuse-1526795.html; Paul A. Youngman, *We Are the Machine: The Computer, the Internet, and Information in Contemporary German Literature* (Rochester, NY: Camden House, 2009), 94.

16. Jake Brutlag, "Speed Matters," Google AI Blog, June 23, 2009, accessed October 2, 2018, https://ai.googleblog.com/2009/06/speed-matters.html.

17. Blaise Pascal, *The Provincial Letters of Blaise Pascal* (New York: Hurd and Houghton, 1866), 18.

18. William Shakespeare, *Hamlet* (London: Claredon Press, 1998), 35.

19. Cade Metz, "Google Is 2 Billion Lines of Code—and It's All in One Place," *Wired*, September 16, 2015, accessed August 18, 2018, https://www.wired.com/2015/09/google-2-billion-lines-codeand-one-place.

20. Jinghao Yan, "How many lines of code do professional programmers write per hour?," Quora, July 6, 2014, accessed August 18, 2018, https://www.quora.

com/How-many-lines-of-code-do-professional-programmers-write-per-hour.

21. Matt Ward, "The Poetics of Coding," *Smashing*, May 5, 2010, accessed August 18, 2018, https://www.smashingmagazine.com/2010/05/the-poetics-of-coding/.

22. Mark Ford, "Ezra Pound and the Drafts of *The Waste Land*," British Library, December 13, 2016, accessed August 18, 2018, https://www.bl.uk/20th-century-literature/articles/ezra-pound-and-the-drafts-of-the-waste-land; Helen Vendler, "The Most Famous Modern Poem —What Was Left In and What Was Cut Out," *New York Times*, November 7, 1971, accessed online August 18, 2018, https://www.nytimes.com/1971/11/07/archives/review-1-no-title-the-waste-land-a-facsimile-and-transcript-of-the.html; Charles McGrath, "Il Miglior Fabbro," *New York Times*, January 27, 2008, accessed online August 18, 2018, https://www.nytimes.com/2008/01/27/books/review/McGrath-t.html.

23. Kent Beck and Martin Fowler, "Bad Smells in Code," in *Refactoring: Improving the Design of Existing Code*, Martin Fowler, Kent Beck, John Brant, William Opdyke, and Don Roberts (New York: Addison-Wesley, 2012), 75.

24. Michele Tufano, Fabio Palomba, Gabriele Bavota, Rocco Oliveto, Massimiliano Di Penta, Andrea De Lucia, and Denys Poshyvanyk, "When and Why Your Code Starts to Smell Bad," presented at IEEE/ACM 37th IEEE International Conference on Software Engineering, May 2015, accessed online August 18, 2018, https://www.cs.wm.edu/~denys/pubs/ICSE'15-Bad-Smells-CRC.pdf.

25. Bryan Cantrill, "A Spoonful of Sewage," in *Beautiful Code: Leading Programmers Explain How They Think*, eds. Greg Wilson and Andy Oram (Sebastapol, CA: O'Reilly Media, 2007), 367 – 68.

26. Lizzie Widdicombe, "The End of Food," *New Yorker*, May 12, 2014, accessed online August 18, 2018, https://www.newyorker.com/magazine/2014/05/12/the-end-of-food.

27. Rob Rhinehart, "How I Stopped Eating Food," *Mostly Harmless* (blog), February 13, 2013, accessed August 18, 2018, via the Internet Archive, https://web.archive.org/web/20130517220351/http://robrhinehart.com:80/?p=298.

28. "Who Are You and Why Do You Use Soylent?," Reddit, accessed August 18, 2018, https://www.reddit.com/r/soylent/comments/5j57i5/who_are_you_and_why_do_you_use_soylent.

29. Ruhi Sarikaya, "Making Alexa More Friction-free," *Alexa Blogs*, April 25, 2018, accessed August 18, 2018, https://developer.amazon.com/blogs/alexa/author/Ruhi+Sarikaya.

30. Steven Overly, "Washio Picks Up Your Dirty Laundry, Dry Cleaning with the Tap of an App," *Washington Post*, January 30, 2014, https://www.washingtonpost.com/business/capitalbusiness/washio-picks-up-your-dirty-laundry-dry-cleaning-with-the-tap-of-an-app/2014/01/29/08509ae4-8865-11e3-833c-33098f9e5267_story.html; Steven Bertoni, "Handybook Wants to Be the Uber for Your Household Chores," *Forbes*, March 26, 2014, https://www.forbes.com/sites/stevenbertoni/2014/03/26/handybook-wants-to-be-the-uber-for-your-household-chores/#221628987fa9; Brittain Ladd, "The Trojan Horse: Will Instacart Become a Competitor of the Grocery Retailers It Serves?," *Forbes*, July 1, 2018, https://www.forbes.com/sites/brittainladd/2018/07/01/__trashed-2/#7cc74ef1e4d1; Ken Yeung, "TaskRabbit's App Update Focuses on Getting Tasks Done in under 90 Minutes," VentureBeat, March 1, 2016, https://venturebeat.com/2016/03/01/taskrabbits-app-update-focuses-on-getting-tasks-done-in-under-90-minutes; all accessed August 18, 2018.

31. Clara Jeffery (@ClaraJeffery), "So many Silicon Valley startups," Twitter, September 13, 2017, accessed August 18, 2018, https://twitter.com/clarajeffery/status/907997677048045568?lang=en.

32. Corky Siemaszko, "In the Shadow of Uber's Rise, Taxi Driver Suicides Leave Cabbies Shaken," *NBC News*, June 7, 2018, accessed August 18, 2018, https://www.nbcnews.com/news/us-news/shadow-uber-s-rise-taxi-driver-suicides-leave-cabbies-shaken-n879281.

33. TED × Talks, *Do You Like Me? Do I? | Leah Pearlman | TEDxBoulder*, YouTube, 12:21, October 31, 2016, accessed August 18, 2018, https://www.youtube.com/watch?v=5nwSjRA3kQA.

34. Stanford eCorner, *Justin Rosenstein: No Dislike Button on Facebook*, YouTube, 1:33, May 13, 2013, accessed August 18, 2018, https://www.youtube.com/watch?v=11WbGqALF_I.

35. Victor Luckerson, "The Rise of the Like Economy," *The Ringer*, February 15, 2017, accessed August 18, 2018, https://www.theringer.com/2017/2/15/16038024/how-the-like-button-took-over-the-internet-ebe778be2459.

36. Andrew Bosworth, "What's the history of the Awesome Button (that eventually became the Like button) on Facebook?," Quora, October 16, 2014, accessed August 18, 2018, https://www.quora.com/Whats-the-history-of-the-Awesome-Button-that-eventually-became-the-Like-button-on-Facebook.

37. Will Oremus, "Who Controls Your Facebook Feed," *Slate*, January 3, 2016, accessed August 18, 2018, http://www.slate.com/articles/technology/cover_story/2016/01/how_facebook_s_news_feed_algorithm_works.html.

38. Kathy H. Chan, "I Like This," Facebook, February 9, 2009, accessed August 18, 2018, https://www.facebook.com/notes/facebook/i-like-this/53024537130.

39. Aaron Souppouris, "One Billion People Now 'Actively Using' Facebook," *The Verge*, October 4, 2012, accessed August 18, 2018, https://www.theverge.com/2012/10/4/3453350/facebook-one-billion-monthly-users-announcement.

40. Adam Alter, Irresistible: *The Rise of Addictive Technology and the Business of Keeping Us Hooked* (New York: Penguin, 2017), 128.

41. Donald T. Campbell, "Assessing the Impact of Planned Social Change," *Evaluation and Program Planning* 2, no. 1 (1979): 67–90.

42. James Somers, "The Like Button Ruined the Internet," *The Atlantic*, March 21, 2017, accessed August 18, 2018, https://www.theatlantic.com/technology/archive/2017/03/how-the-like-button-ruined-the-internet/519795/; M. J. Crockett, "Modern Outrage Is Making It Harder to Better Society," Globe and Mail, March 2, 2018, accessed August 18, 2018, http://www.theglobeandmail.com/opinion/modern-outrage-is-making-it-harder-to-bettersociety/article38179877.

43. Allen St. John, "How Facebook Tracks You, Even When You're Not on Facebook," *Consumer Reports*, April 11, 2018, accessed August 18, 2018, https://www.consumerreports.org/privacy/how-facebook-tracks-you-even-when-youre-not-on-facebook; Alex Kantrowitz, "Here's How Facebook Tracks You When You're Not on Facebook," *BuzzFeed News*, April 11, 2018, accessed August 18, 2018, https://www.buzzfeednews.com/article/alexkantrowitz/heres-how-facebook-tracks-you-when-youre-not-on-facebook#.elVbWNnav.

44. Casey Newton, "The Person Behind the Like Button Says Software Is Wasting Our Time," *The Verge*, March 28, 2018, https://www.theverge.

은밀한 설계자들

com/2018/3/28/17172404/justin-rosenstein-asana-social-media-facebook-
timeline-gantt.

45. Paul Lewis, " 'Our Minds Can Be Hijacked': The Tech Insiders Who Fear
a Smartphone Dystopia," Guardian, October 6, 2017, accessed August 18,
2018, https://www.theguardian.com/technology/2017/oct/05/smartphone-
addiction-silicon-valley-dystopia.

6장 10X 프로그래머가 세상을 바꾼다?

1. This section on Max Levchin draws from several sources, including Adam
Penenberg, *Viral Loop: From Facebook to Twitter: How Today's Smartest
Businesses Grow Themselves* (New York: Hyperion, 2009), 158 – 275, Kindle; Sarah
Lacy, *Once You're Lucky, Twice You're Good: The Rebirth of Silicon Valley and
the Rise of Web 2.0* (New York: Penguin, 2008), 17 – 41, Kindle; Jessica Livingston,
Founders at Work: Stories of Startups' Early Days (New York: Apress, 2008),
locations 200 – 605 of 12266, Kindle; Krissy Clark, "What Does Meritocracy
Really Mean in Silicon Valley?," *Marketplace*, October 4, 2013, accessed August
18, 2018, https://www.marketplace.org/2013/10/04/wealth-poverty/what-
does-meritocracy-really-mean-silicon-valley; Peter Thiel and Blake Masters,
Zero to One: Notes on Startups, or How to Build the Future (New York: Crown
Publishing Group, 2014).

2. Emily Chang, *Brotopia: Breaking Up the Boys' Club of Silicon Valley* (New York:
Penguin, 2018), 60.

3. Chang, *Brotopia*, 48.

4. Jodi Kantor, "A Brand New World in Which Men Ruled," *New York Times*,
December 23, 2014, accessed August 18, 2018, www.nytimes.com/
interactive/2014/12/23/us/gender-gaps-stanford-94.html.

5. H. Sackman, W. J. Erikson, and E. E. Grant, "Exploratory Experimental Studies
Comparing Online and Offline Programming Performance," *Communications
of the ACM* 11, no. 1 (January 1968): 3 – 11.

6. Laurent Bossavit, *The Leprechauns of Software Engineering: How Folklore Turns
into Fact and What to Do about It* (Leanpub, 2016), 36 – 47.

7. Butler Lampson, "A Critique of 'An Exploratory Investigation of Programmer

Performance Under On-line and Off-line Conditions,'" *IEEE Transactions on Human Factors in Electronics* 8, no. 1 (March 1967): 48–51.

8. This blog post describes several of the papers that historically claimed to track large deltas in programmer performance: Steve McConnell, "Origins of 10X— How Valid Is the Underlying Research?," *Construx*, January 9, 2011, accessed August 18, 2018, http://www.construx.com/blog/the-origins-of-10x-how-valid-is-the-underlying-research.

9. Lampson, "A Critique of 'An Exploratory Investigation of Programmer Performance Under On-Line and Off-Line Conditions.'"

10. Bossavit, *Leprechauns*, 47.

11. Brooks, T*he Mythical Man-Month*, 30.

12. Brooks, *The Mythical Man-Month*, 25.

13. "The Other Side of Paradise," *The Economist*, January 14, 2016, accessed online August 18, 2018, https://www.economist.com/business/2016/01/14/the-other-side-of-paradise.

14. Len Shustek, "Adobe Photoshop Source Code," Computer History Museum, February 13, 2013, accessed August 18, 2018, http://www.computerhistory.org/atchm/adobe-photoshop-source-code.

15. Paul Allen, "Microsoft's Odd Couple," *Vanity Fair*, May 2011, accessed online August 18, 2018, https://www.vanityfair.com/news/2011/05/paul-allen-201105.

16. "Frequently Asked Question #4. How Did LiveJournal Get Started? Who Runs It Now?," LiveJournal, last updated April 3, 2017, accessed August 18, 2018, https://www.livejournal.com/support/faq/4.html.

17. John Battelle, "The Birth of Google," *Wired*, August 1, 2005, accessed August 18, 2018, https://www.wired.com/2005/08/battelle.

18. Laura Fitzpatrick, "Brief History of YouTube," *Time*, May 31, 2010, accessed August 18, 2018, http://content.time.com/time/magazine/article/0,9171,1990787,00.html.

19. Alex Hern, "Snapchat Boss Evan Spiegel on the App That Made Him One of the World's Youngest Billionaires," *Guardian*, December 5, 2017, https://www.theguardian.com/technology/2017/dec/05/snapchat-boss-evan-spiegel-on-the-app-that-made-him-one-of-the-worlds-youngest-billionaires.

20. Joshua Davis, "The Crypto-Currency," *New Yorker*, October 10, 2011, accessed

August 18, 2018, https://www.newyorker.com/magazine/2011/10/10/the-crypto-currency.

21. Chris Kohler, "Q&A: Doom's Creator Looks Back on 20 Years of Demonic Mayhem," *Wired*, December 10, 2013, accessed August 18, 2018, https://www.wired.com/2013/12/john-carmack-doom.

22. Joel Spolsky, "Top Five (Wrong) Reasons You Don't Have Testers," *Joel on Software* (blog), April 30, 2000, accessed August 18, 2018, https://www.joelonsoftware.com/2000/04/30/top-five-wrong-reasons-you-dont-have-testers.

23. Mark Guzdial, "Anyone Can Learn Programming: Teaching 〉 Genetics," *Blog@ CACM*, October 14, 2014, accessed August 18, 2018, https://cacm.acm.org/blogs/blog-cacm/179347-anyone-can-learn-programming-teaching-genetics/fulltext.

24. Meredith L. Patterson, "When Nerds Collide," Medium, March 24, 2014, accessed August 18, 2018, https://medium.com/@maradydd/when-nerds-collide-31895b01e68c.

25. "Zuckerberg's Letter to Investors," *Sydney Morning Herald*, February 2, 2012, accessed August 18, 2018, https://www.smh.com.au/business/zuckerbergs-letter-to-investors-20120202-1qu9p.html.

26. Michael Calore, "Aug. 25, 1991: Kid from Helsinki Foments Linux Revolution," *Wired*, August 25, 2009, accessed August 18, 2018, https://www.wired.com/2009/08/0825-torvalds-starts-linux.

27. Dawn Foster, "Who Contributes to the Linux Kernel?," *The New Stack*, January 18, 2017, accessed August 18, 2018, https://thenewstack.io/contributes-linux-kernel.

28. This opening story is from this blog post: Jonathan Solórzano-Hamilton, "We Fired Our Top Talent. Best Decision We Ever Made," freeCodeCamp, October 13, 2017, accessed August 18, 2018, https://medium.freecodecamp.org/we-fired-our-top-talent-best-decision-we-ever-made-4c0a99728fde.

29. Jake Edge, "The Programming Talent Myth," LWN, April 28, 2015, accessed August 18, 2018, https://lwn.net/Articles/641779; the original speech is here: PyCon 2015, "Keynote—Jacob Kaplan-Moss—Pycon 2015," YouTube, 35:50, April 12, 2015, accessed August 18, 2018, https://www.youtube.com/watch?v=hIJdFxYlEKE.

30. Chang, *Brotopia*, 60-63.

31. Thiel, *Zero to One*, 122, Kindle.

32. Ross Levine and Yona Rubinstein, "Smart and Illicit: Who Becomes an Entrepreneur and Do They Earn More?," National Bureau of Economic Research, issued August 2013, revised September 2015, accessed August 18, 2018, https://www.nber.org/papers/w19276.pdf.

33. Sarah McBride, "Insight: In Silicon Valley Start-up World, Pedigree Counts," Reuters, September 12, 2013, accessed August 18, 2018, https://www.reuters.com/article/us-usa-startup-connections-insight/insight-in-silicon-valley-start-up-world-pedigree-counts-idUSBRE98B15U20130912.

34. Robert H. Frank and Philip J. Cook, *The Winner-Take-All Society: Why the Few at the Top Get So Much More Than the Rest of Us* (New York: Virgin Books, 2010).

35. Antonio García Martínez, *Chaos Monkeys: Obscene Fortune and Random Failure in Silicon Valley* (New York: HarperCollins, 2016), 490.

36. Johnathan Nightingale, "Some Garbage I Used to Believe about Equality," *Co-Pour*, November 27, 2016, accessed August 18, 2018, https://mfbt.ca/some-garbage-i-used-to-believe-about-equality-e7c771784f26.

37. Klint Finley, "Diversity in Open Source Is Even Worse Than in Tech Overall," *Wired*, June 2, 2017, accessed June 23, 2018, https://www.wired.com/2017/06/diversity-open-source-even-worse-tech-overall.

38. Gregorio Robles, Laura Arjona Reina, Jesús M. González-Barahona, and Santiago Dueñas Domínguez, "Women in Free/Libre/Open Source Software," *Proceedings of the 12th IFIP WG 2.13 International Conference OSS 2016*, Gothenburg, Sweden, May 30-June 2, 2016, 163-173, accessed October 7, 2018, https://flosshub.org/sites/flosshub.org/files/paper-pre.pdf; Breanden Beneschott, "Is Open Source Open to Women?," Toptal, accessed October 7, 2018, https://www.toptal.com/open-source/is-open-source-open-to-women.

39. Valeria Aurora, "The Dark Side of Open Source Conferences," LWN, December 1, 2010, accessed October 7, 2018, https://lwn.net/Articles/417952/.

40. Noam Cohen, "After Years of Abusive E-mails, the Creator of Linux Steps Aside," *New Yorker*, September 19, 2018, accessed October 7, 2018, https://www.newyorker.com/science/elements/after-years-of-abusive-e-mails-the-creator-of-linux-steps-aside.

41. Hettie O'Brien, "The Floating City, Long a Libertarian Dream, Faces Rough Seas," *CityLab*, April 27, 2018, accessed August 18, 2018, https://www.citylab.com/design/2018/04/the-unsinkable-dream-of-the-floating-city/559058/.

42. Peter Thiel, "The Education of a Libertarian," *Cato Unbound*, April 13, 2009, accessed August 18, 2018, https://www.cato-unbound.org/2009/04/13/peter-thiel/education-libertarian.

43. Paul Bradley Carr, "Travis Shrugged: The Creepy, Dangerous Ideology Behind Silicon Valley's Cult of Disruption," *Pando*, October 24, 2012, accessed August 18, 2018, https://pando.com/2012/10/24/travis-shrugged.

44. Fred Kaplan, "When America First Met the Microchip," Slate, June 18, 2009, accessed August 18, 2018, http://www.slate.com/articles/arts/books/2009/06/when_america_first_met_the_microchip.html.

45. "Funding a Revolution: Government Support for Computing Research," National Research Council, 1999, accessed August 18, 2018, https://www.nap.edu/read/6323/chapter/1; specifically chapters 8, 9, 10, and 12.

46. Katrina Onstad, "Mr. Robot," *Toronto Life*, January 29, 2018, accessed August 18, 2018, https://torontolife.com/tech/ai-superstars-google-facebook-apple-studied-guy.

47. Mariana Mazzucato, *The Entrepreneurial State: Debunking Public vs. Private Sector Myths* (London: Anthem Press, 2015), 70.

48. Peter Ryan, "Left, Right and Center: Crypto Isn't Just for Libertarians Anymore," *CoinDesk*, July 27, 2018, https://www.coindesk.com/no-crypto-isnt-just-for-libertarians-anymore; Nate Silver, "There Are Few Libertarians. But Many Americans Have Libertarian Views," FiveThirtyEight, April 9, 2015, https://fivethirtyeight.com/features/there-are-few-libertarians-but-many-americans-have-libertarian-views/; both accessed October 7, 2018.

49. David Broockman, Greg F. Ferenstein, and Neil Malhotra, "The Political Behavior of Wealthy Americans: Evidence from Technology Entrepreneurs," Stanford Graduate School of Business, Working Paper No. 3581, December 9, 2017, accessed August 18, 2018, https://www.gsb.stanford.edu/faculty-research/working-papers/political-behavior-wealthy-americans-evidence-technology.

50. Ari Levy, "Silicon Valley Donated 60 Times More to Clinton Than to Trump," *CNBC*, November 7, 2016, accessed August 18, 2018, https://www.nbcnews.

com/storyline/2016-election-day/silicon-valley-donated-60-times-more-clinton-trump-n679156.

51. Alexis C. Madrigal, "What Should We Call Silicon Valley's Unique Politics?," *The Atlantic*, September 7, 2017, accessed August 18, 2018, https://www.theatlantic.com/technology/archive/2017/09/what-to-call-silicon-valleys-anti-regulation-pro-redistribution-politics/539043.

52. Susan Stamberg, "How Andrew Carnegie Turned His Fortune into a Library Legacy," *NPR*, August 1, 2013, accessed August 18, 2018, https://www.npr.org/2013/08/01/207272849/how-andrew-carnegie-turned-his-fortune-into-a-library-legacy.

7장 시작에는 여성이 있었다

1. Christianne Corbett and Catherine Hill, "Solving the Equation: The Variables for Women's Success in Engineering and Computing," AAUW (2015), accessed August 18, 2018, https://www.aauw.org/research/solving-the-equation.

2. My description of Lovelace's life and work draws from James Essinger, *Ada's Algorithm: How Lord Byron's Daughter Ada Lovelace Launched the Digital Age* (New York: Melville House, 2014); Betsy Morais, "Ada Lovelace, the First Tech Visionary," New Yorker, October 15, 2013, accessed August 18, 2018, https://www.newyorker.com/tech/elements/ada-lovelace-the-first-tech-visionary; Amy Jollymore, "Ada Lovelace, An Indirect and Reciprocal Influence," Forbes, October 15, 2013, accessed August 18, 2018, https://www.forbes.com/sites/oreillymedia/2013/10/15/ada-lovelace-an-indirect-and-reciprocal-influence; Valerie Aurora, "Deleting Ada Lovelace from the History of Computing," Ada Initiative, August 24, 2013, accessed August 18, 2018, https://adainitiative.org/2013/08/24/deleting-ada-lovelace-from-the-history-of-computing.

3. Eugene Eric Kim and Betty Alexandra Toole, "Ada and the First Computer," *Scientific American*, May 1999, 76–81.

4. Essinger, *Ada's Algorithm*, 184.

5. James Gleick, The Information: *A History, a Theory, a Flood* (New York: Pantheon, 2011), 118–19, 124.

6. Janet Abbate, *Recoding Gender: Women's Changing Participation in*

Computing (Cambridge, MA: MIT Press, 2012), Kindle.

7. "ENIAC," Computer Hope, updated May 22, 2018, accessed August 18, 2018, https://www.computerhope.com/jargon/e/eniac.htm.

8. Ensmenger, "Making Programming Masculine," 121.

9. Light, "When Computers Were Women," 459.

10. Abbate, *Recoding Gender*, 24, Kindle.

11. Abbate, 32.

12. Abbate, 33.

13. Abbate, 36–37.

14. Kurt W. Beyer, *Grace Hopper and the Invention of the Information Age* (Cambridge, MA: MIT Press, 2012), Kindle, particularly chapter 7, "The Education of a Computer"; "Grace Murray Hopper," Lemelson-MIT, accessed August 18, 2018, https://lemelson.mit.edu/resources/grace-murray-hopper.

15. Steve Lohr, "Jean Sammet, Co-Designer of a Pioneering Computer Language, Dies at 89," *New York Times*, June 4, 2017, accessed August 18, 2018, https://www.nytimes.com/2017/06/04/technology/obituary-jean-sammet-software-designer-cobol.html; Jean E. Sammet, "The Early History of COBOL," in *History of Programming Languages*, ed. Richard L. Wexelblat (New York: ACM, 1981), 199–243.

16. Janet Abbate, "Oral-History: Frances 'Fran' Allen," Engineering and Technology History Wiki, accessed August 18, 2018, https://ethw.org/Oral-History:Frances_"Fran"_Allen.

17. Abbate, *Recoding Gender*, 65.

18. Marie Hicks, "Meritocracy and Feminization in Conflict: Computerization in the British Government," in *Gender Codes*, 105.

19. Abbate, *Recoding Gender*, 65.

20. Abbate, *Recoding Gender*, 62.

21. Reginald Braithwaite, "A Woman's Story," *braythwayt* (blog), March 29, 2012, accessed August 18, 2018, http://braythwayt.com/posterous/2012/03/29/a-womans-story.html.

22. Ensmenger, "Making Programming Masculine"; the illustrations of the *Cosmopolitan* article appear in a version of this article published on Ensmenger's page at the University of Indiana, accessed August 18, 2018, http://homes.sice.indiana.edu/nensmeng/files/ensmenger-gender.pdf.

23. Janet Abbate, "Oral-History: Elsie Shutt," Engineering and Technology History Wiki, accessed August 18, 2018, https://ethw.org/Oral-History:Elsie_Shutt.

24. Abbate, *Recoding Gender*, 113–44.

25. Ensmenger, "Making Programming Masculine," 128–29.

26. Abbate, "Oral-History: Frances 'Fran' Allen."

27. Steven James Devlin, "Sex Differences among Computer Programmers, Computer Application Users and General Computer Users at the Secondary School Level: An Investigation of Sex Role Self-concept and Attitudes toward Computers" (PhD diss., Temple University, 1991), 2, accessed September 27, 2018, https://dl.acm.org/citation.cfm?id=918494.

28. "Degrees in Computer and Information Sciences Conferred by Degree-granting Institutions, by Level of Degree and Sex of Student: 1970–71 through 2010–11," National Center for Educational Statistics, accessed August 18, 2018, https://nces.ed.gov/programs/digest/d12/tables/dt12_349.asp.

29. The results of Margolis and Fisher's research were written up in their book: Jane Margolis and Allan Fisher, *Unlocking the Clubhouse: Women in Computing* (Cambridge, MA: MIT Press, 2003).

30. Lilly Irani, "A Different Voice: Women Exploring Stanford Computer Science" (Honors thesis, Stanford University, 2003), 46, citeseerx.ist.psu.edu/viewdoc/download?doi=10.1.1.107.1406&rep=rep1&type=pdf.

31. Margaret Burnett, Scott D. Fleming, Shamsi Iqbal, Gina Venolia, Vidya Rajaram, Umer Farooq, Valentina Grigoreanu, and Mary Czerwinski, "Gender Differences and Programming Environments: Across Programming Populations," in ESEM '10 Proceedings of the 2010 ACM-IEEE International Symposium on Empirical Software Engineering and Measurement, accessed August 18, 2018, https://www.microsoft.com/en-us/research/wp-content/uploads/2016/02/a28-burnett.pdf.

32. Irani, "A Different Voice," 61–64.

33. Eric Roberts, "Conserving the Seed Corn: Reflections on the Academic Hiring Crisis," *ACM SIGCSE Bulletin* (December 1999), accessed August 18, 2018, https://www.researchgate.net/profile/Eric_Roberts2/publication/220612646_Conserving_the_seed_corn_Reflections_on_the_academic_hiring_crisis/links/00b4951cafd2900e86000000/Conserving-the-seed-corn-Reflections-on-the-academic-hiring-crisis.pdf.

34. Mark Guzdial, "NPR When Women Stopped Coding in 1980's: As We Repeat the Same Mistakes," *Computing Education Research Blog*, October 30, 2014, accessed August 18, 2018, https://computinged.wordpress.com/2014/10/30/npr-when-women-stopped-coding-in-1980s-are-we-about-to-repeat-the-past.

35. "Degrees in Computer and Information Sciences," National Center for Educational Statistics.

36. Ellen Spertus, "Why Are There So Few Female Computer Scientists?," MIT Artificial Intelligence Laboratory Technical Report 1315, 1991, accessed August 18, 2018, http://www.spertus.com/ellen/Gender/pap/pap.html.

37. *Barriers to Equality in Academia: Women in Computer Science at M.I.T.*, Massachusetts Institute of Technology, Laboratory for Computer Science, Massachusetts Institute of Technology, Artificial Intelligence Laboratory, M.I.T. (1983), accessed August 18, 2018, https://simson.net/ref/1983/barriers.pdf.

38. These are my calculations based on figures provided by the US Bureau of Labor Statistics here: "Employed Persons by Detailed Occupation, Sex, Race, and Hispanic or Latino Ethnicity," Bureau of Labor Statistics, accessed August 18, 2018, https://www.bls.gov/cps/cpsaat11.pdf.

39. "Computer Programmers," Data USA, accessed August 18, 2018, https://datausa.io/profile/soc/151131.

40. Molla, "It's Not Just Google."

41. "Diversity at Slack," *Slack Blog*, updated April 17, 2018, accessed August 18, 2018, https://slackhq.com/diversity-at-slack-2.

42. Kieran Snyder, "The Abrasiveness Trap: High-achieving Men and Women Are Described Differently in Reviews," *Fortune*, August 26, 2014, accessed August 18, 2018, http://fortune.com/2014/08/26/performance-review-gender-bias.

43. Erin Carson, "When Tech Firms Judge on Skills Alone, Women Land More Job Interviews," *CNET*, August 27, 2016, accessed August 18, 2018, https://www.cnet.com/news/when-tech-firms-judge-on-skills-alone-women-land-more-job-interviews.

44. Tracey Ross, "The Unsettling Truth about the Tech Sector's Meritocracy Myth," *Washington Post*, April 13, 2016, accessed August 18, 2018, https://www.washingtonpost.com/news/in-theory/wp/2016/04/13/the-unsettling-truth-about-the-tech-sectors-meritocracy-myth.

45. Sarah Mei, "Why Rails Is Still a Ghetto," *Sarah Mei* (blog), April 25, 2009, accessed August 18, 2018, http://www.sarahmei.com/blog/2009/04/25/why-rails-is-still-a-ghetto.

46. Jun Auza, "Why Mark Shuttleworth Owes FOSS-Women an Apology," *TechSource*, September 30, 2009, accessed August 18, 2018, http://www.junauza.com/2009/09/why-mark-shuttleworth-owes-foss-women.html; Chris Ball, "On Keynotes and Apologies," Blog.printf.net, September 25, 2009, accessed August 19, 2018, https://blog.printf.net/articles/2009/09/25/on-keynotes-and-apologies.

47. Andy Lester, "Distracting Examples Ruin Your Presentation," *Andy Lester* (blog), July 26, 2011, accessed August 19, 2018, https://petdance.wordpress.com/2011/07/26/distracting-examples-ruin-your-presentation.

48. Arianna Simpson, "Here's What It's Like to Be a Woman at a Bitcoin Meetup," *Business Insider*, February 3, 2014, accessed August 19, 2018, https://www.businessinsider.com/arianna-simpson-on-women-and-bitcoin-2014-2.

49. Rhett Jones, "Lawsuit: VR Company Had a 'Kink Room,' Pressured Female Employees to 'Microdose,'" *Gizmodo*, May 15, 2017, accessed August 19, 2018, https://gizmodo.com/lawsuit-vr-company-had-a-kink-room-pressured-female-e-1795243868. The lawsuit was later settled out of court: Marisa Kendall, "Silicon Valley Virtual Reality Startup Settles 'Kink Room' Lawsuit," *The Mercury News*, September 7, 2017, accessed October 7, 2018, https://www.mercurynews.com/2017/09/07/san-francisco-virtual-reality-startup-settles-kink-room-lawsuit/.

50. Adam Fisher, "Sex, Beer, and Coding: Inside Facebook's Wild Early Days," *Wired*, July 10, 2018, accessed August 19, 2018, https://www.wired.com/story/sex-beer-and-coding-inside-facebooks-wild-early-days

51. Dan Primack, "Venture Capital's Stunning Lack of Female Decision-makers," *Fortune*, February 6, 2014, accessed August 19, 2018, http://fortune.com/2014/02/06/venture-capitals-stunning-lack-of-female-decision-makers/.

52. Reed Albergotti, "Silicon Valley Women Tell of VC's Unwanted Advances," *The Information*, June 22, 2017, https://www.theinformation.com/articles/silicon-valley-women-tell-of-vcs-unwanted-advances; Sara O'Brien, "Sexual Harassment in Tech: Women Tell Their Stories," *CNN Tech*, https://money.

은밀한 설계자들

cnn.com/technology/sexual-harassment-tech/; Katie Benner, "Women in Tech Speak Frankly on Culture of Harassment," *New York Times*, June 30, 2017, https://www.nytimes.com/2017/06/30/technology/women-entrepreneurs-speak-out-sexual-harassment.html; all accessed August 19, 2018.

53. Ellen Pao, *Reset: My Fight for Inclusion and Lasting Change* (New York: Random House, 2017), 78.

54. Cadran Cowansage, "Ask a Female Engineer: Thoughts on the Google Memo," *Y Combinator* (blog), August 15, 2017, accessed August 19, 2018, https://blog.ycombinator.com/ask-a-female-engineer-thoughts-on-the-google-memo/.

55. Jordan Pearson, "How the Magic Leap Lawsuit Illuminates Tech's Gendered Design Bias," *Motherboard*, February 15, 2017, accessed August 19, 2018, https://motherboard.vice.com/en_us/article/aeygje/how-the-magic-leap-lawsuit-illuminates-techs-gendered-design-bias. The lawsuit was later settled: Adi Robertson, "Magic Leap Settles Sex Discrimination Lawsuit," *The Verge*, May 9, 2017, accessed October 7, 2018, https://www.theverge.com/2017/5/9/15593578/magic-leap-tannen-campbell-sex-discrimination-settlement.

56. Heather Gold, "Video Chat Is Terrible and About to Get Much Worse," October 16, 2018, accessed January 4, 2019, https://medium.com/s/story/video-chat-is-terrible-and-about-to-get-much-worse-174823f3ffb.

57. Laurie Penny, "Laurie Penny: A Woman's Opinion Is the Mini-skirt of the Internet," *Independent*, November 4, 2011, accessed August 19, 2018, https://www.independent.co.uk/voices/commentators/laurie-penny-a-womans-opinion-is-the-mini-skirt-of-the-internet-6256946.html.

58. Hunter Walk, "Early Employees: Heather Champ & Flickr," LinkedIn post, March 19, 2013, accessed August 19, 2018, https://www.linkedin.com/pulse/20130320042336-7298-early-employees-heather-champ-flickr/.

59. Alex Sherman, Christopher Palmeri, and Sarah Frier, "Disney Said to Have Stopped Twitter Chase Partly over Image," *Boston Globe*, October 19, 2016, accessed August 19, 2018, https://www.bostonglobe.com/business/2016/10/18/disney-said-have-stopped-twitter-chase-partly-over-image/Op40d0HcrsBOXIjWEgLanL/story.html.

60. Dan Primack, "Ex-Twitter CEO: I'm Sorry," *Axios*, February 1, 2017, accessed August 19, 2018, https://www.axios.com/ex-twitter-ceo-im-sorry-

1513300246-b0a495a5-f418-415b-9caa-7a32a7fe8d50.html.

61. Kate Conger, "Exclusive: Here's the Full 10-Page Anti-diversity Screed Circulating Internally at Google [Updated]," *Gizmodo*, August 5, 2017, accessed August 19, 2018, https://gizmodo.com/exclusive-heres-the-full-10-page-anti-diversity-screed-1797564320.

62. Simon Baron-Cohen, *The Essential Difference: Male and Female Brains and the Truth about Autism* (New York: Basic Books, 2003).

63. Kara Swisher, "Google Has Fired the Employee Who Penned a Controversial Memo on Women and Tech," Recode, August 7, 2017, accessed August 19, 2018, https://www.recode.net/2017/8/7/16110696/firing-google-ceo-employee-penned-controversial-memo-on-women-has-violated-its-code-of-conduct.

64. Yonatan Zunger, "So, about This Googler's Manifesto," *Medium*, August 5, 2017, accessed August 19, 2018, https://medium.com/@yonatanzunger/so-about-this-googlers-manifesto-1e3773ed1788.

65. Ashley Feinberg, "Internal Messages Show Some Googlers Supported Fired Engineer's Manifesto," *Wired*, August 8, 2017, accessed August 19, 2018, https://www.wired.com/story/internal-messages-james-damore-google-memo/.

66. Holly Brockwell, "Recruiter Sends Jaw-droppingly Sexist Email to Female Engineer—then Claims It Was a Stunt," *shinyshiny* (blog), March 16, 2015, accessed August 19, 2018, https://www.shinyshiny.tv/2015/03/recruiter-sends-sexist-email.html.

67. Cynthia Lee, "James Damore Has Sued Google. His Infamous Memo on Women in Tech Is Still Nonsense," *Vox*, January 8, 2018, accessed August 19, 2018, https://www.vox.com/the-big-idea/2017/8/11/16130452/google-memo-women-tech-biology-sexism.

68. *Angela Saini, Inferior: How Science Got Women Wrong and the New Research That's Rewriting the Story* (Boston: Beacon Press, 2017); Rosalind C. Barnett and Caryl Rivers, "We've Studied Gender and STEM for 25 Years. The Science Doesn't Support the Google Memo," *Recode*, August 11, 2017, accessed August 19, 2018, https://www.recode.net/2017/8/11/16127992/google-engineer-memo-research-science-women-biology-tech-james-damore; Megan Molteni and Adam Rogers, "The Actual Science of James Damore's Google Memo," *Wired*, August 15, 2017, accessed August 19, 2018, https://www.

wired.com/story/the-pernicious-science-of-james-damores-google-memo; Suzanne Sadedin, "A Scientist's Take on the Biological Claims from the Infamous Google Anti-diversity Manifesto," *Forbes*, August 10, 2017, accessed August 19, 2018, www.forbes.com/sites/quora/2017/08/10/a-scientists-take-on-the-biological-claims-from-the-infamous-google-anti-diversity-manifesto; Tia Ghose, "Google Manifesto: Does Biology Explain Gender Disparities in Tech?," *LiveScience*, August 9, 2017, accessed August 19, 2018, https://www.livescience.com/60079-biological-differences-men-and-women.html.

69. Roli Varma and Deepak Kapur, "Decoding Femininity in Computer Science in India," *Communications of the ACM* 58, no. 5 (May 2015): 56 – 62.

70. Vivian Anette Lagesen, "A Cyberfeminist Utopia?: Perceptions of Gender and Computer Science among Malaysian Women Computer Science Students," *Science Technology Human Values* 33, no. 1 (2008): 5 – 27.

71. Abbate, *Recoding Gender*, 67.

72. Michael Young, "Down with Meritocracy," *Guardian*, June 28, 2001, accessed August 19, 2018, https://www.theguardian.com/politics/2001/jun/29/comment.

73. Sarah-Jane Leslie, Andrei Cimpian, Meredith Meyer, and Edward Freeland, "Expectations of Brilliance Underlie Gender Distributions across Academic Disciplines," *Science 347*, no. 6219 (January 16, 2015): 262 – 65.

74. Emilio J. Castilla and Stephen Benard, "The Paradox of Meritocracy in Organizations," *Administrative Science Quarterly 55* (2010): 543 – 76.

75. Margolis and Fisher, *Unlocking the Clubhouse*, location 1620 of 2083, Kindle.

76. Laura Sydell, "Colleges Have Increased Women Computer Science Majors: What Can Google Learn?," *NPR All Tech Considered*, August 10, 2017, accessed August 19, 2018, https://www.npr.org/sections/alltechconsidered/2017/08/10/542638758/colleges-have-increased-women-computer-science-majors-what-can-google-learn.

77. Anya Kamenetz, "A College President on Her School's Worst Year Ever," *nprED*, August 2, 2017, accessed August 19, 2018, https://www.npr.org/sections/ed/2017/08/02/540603927/a-college-president-on-her-schools-worst-year-ever.

78. Linda J. Sax, "Expanding the Pipeline: Characteristics of Male and Female Prospective Computer Science Majors — Examining Four Decades of Changes,"

Computing Research News 29, no. 2 (February 2017): 4 – 7.

79. Rushkoff, *Program or Be Programmed*, 133.

80. Susan Fowler, "Reflecting on One Very, Very Strange Year at Uber," SusanJFowler.com, February 19, 2017, accessed August 19, 2018, https://www. susanjfowler.com/blog/2017/2/19/reflecting-on-one-very-strange-year-at-uber.

81. Will Evans, "Uber Said It Protects You from Spying. Security Sources Say Otherwise," *Reveal News*, December 12, 2016, accessed August 19, 2018, https://www.revealnews.org/article/uber-said-it-protects-you-from-spying-security-sources-say-otherwise.

82. Sarah Lacy, "Uber Executive Said the Company Would Spend 'A Million Dollars' to Shut Me Up," *Time*, November 14, 2017, accessed August 19, 2018, http:// time.com/5023287/uber-threatened-journalist-sarah-lacy.

83. Mickey Rapkin, "Uber Cab Confessions," *GQ*, February 27, 2014, accessed August 19, 2018, www.gq.com/story/uber-cab-confessions.

84. Mike Isaac, "Uber Founder Travis Kalanick Resigns as C.E.O.," *New York Times*, June 21, 2017, accessed August 19, 2018, https://www.nytimes. com/2017/06/21/technology/uber-ceo-travis-kalanick.html.

85. Sage Lazzaro, "6 Women Accuse Prominent Tech VC Justin Caldbeck of Sexual Assault and Harassment," *Observer*, June 23, 2017, accessed August 19, 2018, http://observer.com/2017/06/justin-caldbeck-binary-capital-sexual-assault-harssment; Becky Peterson, " 'Shark Tank' Judge Chris Sacca Apologizes for Helping Make Tech Hostile to Women — after Being Accused of Inappropriately Touching a Female Investor," *Business Insider*, June 30, 2017, accessed August 19, 2018, https://www.businessinsider.com/chris-sacca-apologizes-after-accusation-of-inappropriate-touching-2017-6; "Dave McClure Quits 500 Startups over Sexual Harassment Scandal," Reuters, July 4, 2017, accessed August 19, 2018, http://fortune.com/2017/07/03/dave-mcclure-500-startups-quits; Maya Kosoff, "Silicon Valley's Sexual-harassment Crisis Keeps Getting Worse," *Vanity Fair*, September 12, 2017, accessed August 19, 2018, https:// www.vanityfair.com/news/2017/09/silicon-valleys-sexual-harassment-crisis-keeps-getting-worse. McClure resigned from his position and published a post apologizing for his actions: Kaitlin Menza, "Dave McClure's Apology for Sexual Harassment Isn't Applause-worthy — It's the Bare Minimum," *Self*, July 7, 2017,

https://www.self.com/story/dave-mcclure-apology-sexual-harassment; Chris
Sacca disputed the allegation against him, while writing that he had "sometimes
played a role in the larger phenomenon of women not always feeling welcome
in our industry": Chris Sacca, "I Have More Work to Do," *Medium*, June 29, 2017,
accessed October 7, 2018, https://medium.com/@sacca/i-have-more-work-
to-do-c775c5d56ca1; Justin Caldbeck initially denied the charges but later
drafted letters of apology to the women who accused him of unwanted sexual
advances: Ellen Huet, "After Harassment Allegations, Justin Caldbeck Attempts
a Comeback. Critics Want Him to Stay Gone," *Bloomberg Businessweek*,
November 13, 2017, accessed October 7, 2018, https://www.bloomberg.com/
news/articles/2017-11-13/after-harassment-allegations-justin-caldbeck-
attempts-a-comeback-critics-want-him-to-stay-gone.

8장 회색지대 해커는 어떤 문제를 일으키는가

1. Barton Gellman, "NSA Infiltrates Links to Yahoo, Google Data Centers
   Worldwide, Snowden Documents Say," *Washington Post*, October 30, 2013,
   accessed August 19, 2018, https://www.washingtonpost.com/world/national-
   security/nsa-infiltrates-links-to-yahoo-google-data-centers-worldwide-
   snowden-documents-say/2013/10/30/e51d661e-4166-11e3-8b74-
   d89d714ca4dd_story.html; Barton Gellman, Aaron Blake, and Greg Miller,
   "Edward Snowden Comes Forward as Source of NSA Leaks," *Washington Post*,
   June 9, 2013, accessed August 19, 2018, https://www.washingtonpost.com/
   politics/intelligence-leaders-push-back-on-leakers-media/2013/06/09/
   fff80160-d122-11e2-a73e-826d299ff459_story.html.
2. Andy Greenberg, "'Anonymous' Barrett Brown Is Free—and Ready to Pick
   New Fights," *Wired*, December 21, 2016, accessed August 19, 2018, https://
   www.wired.com/2016/12/anonymous-barrett-brown-free-ready-pick-new-
   fights/.
3. Kim Zetter, "Barrett Brown Sentenced to 5 Years in Prison in Connection to
   Stratfor Hack," *Wired*, January 22, 2015, accessed August 19, 2018, https://www.
   wired.com/2015/01/barrett-brown-sentenced-5-years-prison-connection-
   stratfor-hack.

4. Richard Stallman, "My Lisp Experiences and the Development of GNU Emacs," Gnu.org, transcript of speech from October 28, 2002, page last updated April 12, 2014, accessed August 19, 2018, https://www.gnu.org/gnu/rms-lisp.en.html.

5. Levy, *Hackers*, 95, Kindle.

6. Levy, *Hackers*, 436 – 53, Kindle.

7. "GNU General Public License," Free Software Foundation, Version 3, June 29, 2007, hosted at Gnu.org, accessed August 19, 2018, https://www.gnu.org/licenses/gpl.txt; Heather Meeker, "Open Source Licensing: What Every Technologist Should Know," *Opensource*, September 21, 2017, accessed August 19, 2018, https://opensource.com/article/17/9/open-source-licensing; Gabriella Coleman, "Code Is Speech: Legal Tinkering, Expertise, and Protest among Free and Open Source Software Developers," *Cultural Anthropology* 24, no. 3 (2009): 420 – 54, accessed August 19, 2018, https://steinhardt.nyu.edu/scmsAdmin/uploads/005/984/Coleman-Code-is-Speech.pdf.

8. Elinor Mills, "Q&A: Mark Abene, from 'Phiber Optik' to Security Guru," *CNET*, June 29, 2009, accessed August 19, 2018, https://www.cnet.com/news/q-a-mark-abene-from-phiber-optik-to-security-guru/; Michelle Slatalla and Joshua Quittner, "Gang War in Cyberspace," *Wired*, December 1, 1994, accessed August 19, 2018, https://www.wired.com/1994/12/hacker-4; Abraham Riesman, "Twilight of the Phreaks: The Fates of the 10 Best Early Hackers," *Motherboard*, March 9, 2012, accessed August 19, 2018, https://motherboard.vice.com/en_us/article/wnn7by/twilight-of-the-phreaks-the-fates-of-the-10-best-early-hackers.

9. Julian Dibbell, "The Prisoner: Phiber Optik Goes Directly to Jail," *Village Voice*, January 12, 1994, accessed copy on August 19, 2018, on http://www.juliandibbell.com/texts/phiber.html; Trip Gabriel, "Reprogramming a Convicted Hacker; to His On-line Friends, Phiber Optik Is a Virtual Hero," January 14, 1995, *New York Times*, accessed August 19, 2018, https://www.nytimes.com/1995/01/14/nyregion/reprogramming-convicted-hacker-his-line-friends-phiber-optik-virtual-hero.html; Wired Staff, "Phiber Optik Goes to Prison," Wired, April 1, 1994, accessed August 19, 2018, https://www.wired.com/1994/04/phiber-optik-goes-to-prison.

10. Joe Mullin, "Newegg Trial: Crypto Legend Takes the Stand, Goes for Knockout Patent Punch," *Ars Technica*, November 24, 2013, accessed August 19, 2018,

https://arstechnica.com/tech-policy/2013/11/newegg-trial-crypto-legend-diffie-takes-the-stand-to-knock-out-patent/.

11. Steven Levy, "Prophet of Privacy," *Wired*, November 1, 1994, accessed August 19, 2018, https://www.wired.com/1994/11/diffie; Steve Fyffe and Tom Abate, "Stanford Cryptography Pioneers Whitfield Diffie and Martin Hellman Win ACM 2015 A. M. Turing Award," Stanford News Service, March, 1, 2016, accessed August 19, 2018, https://news.stanford.edu/press-releases/2016/03/01/pr-turing-hellman-diffie-030116.

12. Thomas Rid, "The Cypherpunk Revolution," *Christian Science Monitor*, July 20, 2016, accessed August 19, 2018, projects.csmonitor.cypherpunk.

13. Gregory Ferenstein, "How Hackers Beat the NSA in the '90s and How They Can Do It Again," TechCrunch, June 29, 2013, accessed August 19, 2018, https://techcrunch.com/2013/06/28/how-hackers-beat-the-nsa-in-the-90s-and-how-they-can-do-it-again.

14. Dan Froomkin, "Deciphering Encryption," *Washington Post*, May 8, 1998, accessed August 19, 2018, https://www.washingtonpost.com/wp-srv/politics/special/encryption/encryption.htm.

15. John Markoff, "Judge Rules against U.S. in Encryption Case," *New York Times*, December 19, 1996, https://www.nytimes.com/1996/12/19/business/judge-rules-against-us-in-encryption-case.html; "Bernstein v. US Department of Justice," Electronic Frontier Foundation, accessed August 19, 2018, https://www.eff.org/cases/bernstein-v-us-dept-justice.

16. John Markoff, "Data-Secrecy Export Case Dropped by U.S.," *New York Times*, January 12, 1996, accessed October 3, 2018, https://www.nytimes.com/1996/01/12/business/data-secrecy-export-case-dropped-by-us.html.

17. Steven Levy, "Battle of the Clipper Chip," *New York Times Magazine*, June 12, 1994, accessed August 19, 2018, https://www.nytimes.com/1994/06/12/magazine/battle-of-the-clipper-chip.html.

18. "The Cyphernomicon," Nakomoto Institute, accessed August 19, 2018, https://nakamotoinstitute.org/static/docs/cyphernomicon.txt.

19. Markoff, "Judge Rules"; Rid, "The Cypherpunk Revolution."

20. Levy, "Battle of the Clipper Chip."

21. Sharon Begley, "Foiling the Clipper Chip," *Newsweek*, June 12, 1994, accessed August 19, 2018, https://www.newsweek.com/foiling-clipper-chip-188912.

22. Gabriella Coleman, *Coding Freedom: The Ethics and Aesthetics of Hacking* (Princeton, NJ: Princeton University Press, 2013), 84.

23. "US v. ElcomSoft & Sklyarov FAQ," Electronic Frontier Foundation, updated February 19, 2002, accessed August 19, 2018, https://www.eff.org/pages/us-v-elcomsoft-sklyarov-faq. The charges against Sklyarov were later dropped: John Leyden, "Case against Dmitry Sklyarov Dropped," *The Register*, December 14, 2001, accessed October 7, 2018, https://www.theregister.co.uk/2001/12/14/case_against_dmitry_sklyarov_dropped/.

24. J. S. Kelly, "Meet the Kid behind the DVD Hack," *CNN*, January 31, 2000, accessed August 19, 2018, http://www.cnn.com/2000/TECH/computing/01/31/johansen.interview.idg.

25. Declan McCullagh, "Norway Cracks Down on DVD Hacker," *Wired*, January 10, 2002, accessed August 19, 2018, https://www.wired.com/2002/01/norway-cracks-down-on-dvd-hacker/; "DVD Lawsuit Questions Legality of Linking," *New York Times*, January 7, 2000, accessed August 19, 2018, https://www.nytimes.com/2000/01/07/technology/dvd-lawsuit-questions-legality-of-linking.html; Amy Harmon, "Free Speech Rights for Computer Code?," New York Times, July 31, 2000, accessed August 19, 2018, https://archive.nytimes.com/www.nytimes.com/library/tech/00/07/biztech/articles/31rite.html.

26. John Leyden, "2600 Withdraws Supreme Court Appeal in DeCSS Case," *The Register*, July 4, 2002, accessed August 19, 2018, https://www.theregister.co.uk/2002/07/04/2600_withdraws_supreme_court_appeal; "Teen Cleared in Landmark DVD Case," CNN, January 7, 2003, accessed August 19, 2018, http://www.cnn.com/2003/TECH/01/07/dvd.johansen/index.html; Carl S. Kaplan, "The Year in Internet Law," *New York Times*, December 28, 2001, accessed August 19, 2018, https://www.nytimes.com/2001/12/28/technology/the-year-in-internet-law.html.

27. Gabriella Coleman, "From Internet Farming to Weapons of the Geek," *Current Anthropology* 58, no. S15 (February 2017), accessed August 19, 2018, https://www.journals.uchicago.edu/doi/full/10.1086/688697.

28. Tim Carmody, "Memory to Myth: Tracing Aaron Swartz through the 21st Century," *The Verge*, January 22, 2013, accessed August 19, 2018, https://www.theverge.com/2013/1/22/3898584/aaron-swartz-profile-memory-to-myth.

29. Justin Peters, "The Idealist," *Slate*, February 7, 2013, accessed August 19, 2018,

http://www.slate.com/articles/technology/technology/2013/02/aaron_swartz_he_wanted_to_save_the_world_why_couldn_t_he_save_himself.single.html.

30. Coleman, "From Internet Farming."

31. Nick Bilton, American Kingpin: *The Epic Hunt for the Criminal Mastermind behind the Silk Road* (New York: Penguin, 2017), 34.

32. Robert Graham, "How Terrorists Use Encryption," *CTC Sentinel* 9, no. 6 (June 2016), accessed August 19, 2018, https://ctc.usma.edu/how-terrorists-use-encryption.

33. Andy Greenberg, "No, Department of Justice, 80 Percent of Tor Traffic Is Not Child Porn," *Wired*, January 28, 2015, accessed August 19, 2018, https://www.wired.com/2015/01/department-justice-80-percent-tor-traffic-child-porn

34. Andy Greenberg, "Meet Moxie Marlinspike, the Anarchist Bringing Encryption to All of Us," *Wired*, July 31, 2016, accessed August 19, 2018, https://www.wired.com/2016/07/meet-moxie-marlinspike-anarchist-bringing-encryption-us/.

35. Moxie Marlinspike, "We Should All Have Something to Hide," *Moxie* (blog), June 12, 2013, accessed August 19, 2018, https://moxie.org/blog/we-should-all-have-something-to-hide.

36. Jim Finkle, "Hackers Scour Voting Machines for Election Bugs," *Reuters*, July 28, 2017, accessed August 19, 2018, https://www.reuters.com/article/us-cyber-conference-election-hacking/hackers-scour-voting-machines-for-election-bugs-idUSKBN1AD1BF.

37. Matt Blaze, Jake Braun, Harri Hursti, Joseph Lorenzo Hall, Margaret MacAlpine, and Jeff Moss, "DEFCON 25 Voting Machine Hacking Village," Defcon.org, September 2017, accessed August 19, 2018, https://www.defcon.org/images/defcon-25/DEF%20CON%2025%20voting%20village%20report.pdf.

38. Christian Ternus, "Infosec's Jerk Problem," *Adversarial Thinking* (blog), June 19, 2013, accessed August 19, 2018, http://adversari.es/blog/2013/06/19/cant-we-all-just-get-along.

39. James Stevenson, "The Who, What, Where, When, and Why of WCry," *Hacking Insider*, May 13, 2017, accessed August 19, 2018, http://www.hackinginsider.com/2017/05/the-who-what-where-when-and-why-of-wcry.

40. "Cyber Attack Hits 200,000 in at Least 150 Countries: Europol," *Reuters*, May 14, 2017, accessed August 19, 2018, https://www.reuters.com/article/us-cyber-attack-europol/cyber-attack-hits-200000-in-at-least-150-countries-

europol-idUSKCN18A0FX; Julia Carrie Wong and Olivia Solon, "Massive Ransomware Cyber-attack Hits Nearly 100 Countries around the World," *Guardian*, May 12, 2017, https://www.theguardian.com/technology/2017/may/12/global-cyber-attack-ransomware-nsa-uk-nhs; Thomas P. Bossert, "It's Official: North Korea Is Behind WannaCry," *Wall Street Journal*, December 18, 2017, accessed August 19, 2018, https://www.wsj.com/articles/its-official-north-korea-is-behind-wannacry-1513642537.

41. Reeves Wiedeman, "Gray Hat," *New York*, February 19, 2018, accessed August 19, 2018, http://nymag.com/selectall/2018/03/marcus-hutchins-hacker.html.

42. Doug Olenick, "Simple, but Not Cheap, Phishing Kit Found for Sale on Dark Web," SC Magazine, April 26, 2018, accessed August 19, 2018, https://www.scmagazine.com/simple-but-not-cheap-phishing-kit-found-for-sale-on-dark-web/article/761520; Kishalaya Kundu, "New Phishing Kit on Dark Web Lets Anyone Launch Cyber Attacks," *Beebom*, April 30, 2018, accessed August 19, 2018, https://beebom.com/new-phishing-kit-dark-web; Ionut Arghire, "New Advanced Phishing Kit Targets eCommerce," *SecurityWeek*, April 25, 2018, accessed August 19, 2018, https://www.securityweek.com/new-advanced-phishing-kit-targets-ecommerce.

43. *Internet Threat Security Report: Volume 23* (March 2018), Symantec, accessed August 19, 2018, https://www.symantec.com/security-center/threat-report.

44. Brian Krebs, "Who Is Anna-Senpai, the Mirai Worm Author?," Krebs on Security, January 17, 2017, accessed August 19, 2018, https://krebsonsecurity.com/2017/01/who-is-anna-senpai-the-mirai-worm-author; Brian Krebs, "Mirai IoT Botnet Co-authors Plead Guilty," *Krebs on Security*, December 17, 2017, accessed August 19, 2018, https://krebsonsecurity.com/2017/12/mirai-iot-botnet-co-authors-plead-guilty; Mark Thiessen, "3 Hackers Get Light Sentences after Working with the FBI," Associated Press, September 19, 2018, accessed October 2, 2018, https://apnews.com/b6f03f9a13e04b19afed3375476b4132; Garrett M. Graff, "The Mirai Botnet Architects Are Now Fighting Crime with the FBI," *Wired*, September 18, 2018, accessed October 2, 2018, https://www.wired.com/story/mirai-botnet-creators-fbi-sentencing/.

45. Wiedeman, "Gray Hat."

46. Michael Schwirtz and Joseph Goldstein, "Russian Espionage Piggybacks on a Cybercriminal's Hacking," *New York Times*, March 12, 2017, accessed August 19,

2018, https://www.nytimes.com/2017/03/12/world/europe/russia-hacker-evgeniy-bogachev.html; Garrett M. Graff, "Inside the Hunt for Russia's Most Notorious Hacker," *Wired*, March 21, 2017, accessed August 19, 2018, https://www.wired.com/2017/03/russian-hacker-spy-botnet.

47. Lisa Vaas, "DNC Chief Podesta Led to Phishing Link 'Thanks to a Typo,'" *Naked Security by Sophos*, December 16, 2016, accessed August 19, 2018, https://nakedsecurity.sophos.com/2016/12/16/dnc-chief-podesta-led-to-phishing-link-thanks-to-a-typo; Eric Lipton, David E. Sanger, and Scott Shane, "The Perfect Weapon: How Russian Cyberpower Invaded the U.S. Image," *New York Times*, December 13, 2016, accessed August 19, 2018, https://www.nytimes.com/2016/12/13/us/politics/russia-hack-election-dnc.html.

48. Teri Robinson, "Defense Dept. Blocks 36M Malicious Emails Daily, Fends off 600 Gbps DDoS Attacks," *Cybersecurity Source*, January 19, 2018, accessed August 19, 2018, https://www.scmagazine.com/defense-dept-blocks-36m-malicious-emails-daily-fends-off-600-gbps-ddos-attacks/article/738292.

49. Masashi Crete-Nishihata, Jakub Dalek, Etienne Maynier, and John Scott-Railton, "Spying on a Budget: Inside a Phishing Operation with Targets in the Tibetan Community," The Citizen Lab, January 30, 2018, accessed August 19, 2018, https://citizenlab.ca/2018/01/spying-on-a-budget-inside-a-phishing-operation-with-targets-in-the-tibetan-community.

50. Lily Hay Newman, "The Leaked NSA Spy Tool That Hacked the World," *Wired*, May 7, 2018, accessed August 19, 2018, https://www.wired.com/story/eternalblue-leaked-nsa-spy-tool-hacked-world.

9장 인공지능은 정말 인간을 대신할 수 있을까?

1. John Markoff, "Alphabet Program Beats the European Human Go Champion," *New York Times*, January 27, 2016, accessed August 19, 2018, https://bits.blogs.nytimes.com/2016/01/27/alphabet-program-beats-the-european-human-go-champion; Bloomberg News, "How You Beat One of the Best Go Players in the World? Use Google," *Washington Post*, March 14, 2016, accessed August 19, 2018, https://www.washingtonpost.com/national/health-science/how-you-beat-one-of-the-best-go-players-in-the-world-use-

google/2016/03/14/1efd1176-e6fc-11e5-b0fd-073d5930a7b7_story.html.

2. Alan Levinovitz, "The Mystery of Go, the Ancient Game That Computers Still Can't Win," Wired, May 12, 2014, accessed August 19, 2018, https://www.wired. com/2014/05/the-world-of-computer-go; David Silver and Demis Hassabis, "AlphaGo: Mastering the Ancient Game of Go with Machine Learning," *Google AI Blog*, January 27, 2016, accessed August 19, 2018, https://ai.googleblog. com/2016/01/alphago-mastering-ancient-game-of-go.html.

3. Silver and Hassabis, "AlphaGo."

4. Cade Metz, "The Sadness and Beauty of Watching Google's AI Play Go," *Wired*, March 11, 2016, accessed August 19, 2018, https://www.wired.com/2016/03/ sadness-beauty-watching-googles-ai-play-go.

5. Tom Simonite, "Google Stakes Its Future on a Piece of Software," *MIT Technology Review*, June 27, 2017, accessed August 19, 2018, https://www. technologyreview.com/s/608094/google-stakes-its-future-on-a-piece-of-software.

6. Amos Zeeberg, "D.I.Y. Artificial Intelligence Comes to a Japanese Family Farm," *New Yorker*, August 10, 2017, accessed August 19, 2018, https://www. newyorker.com/tech/elements/diy-artificial-intelligence-comes-to-a-japanese-family-farm.

7. Kaz Sato, "How a Japanese Cucumber Farmer Is Using Deep Learning and TensorFlow," *Google Cloud Platform Blog*, August 31, 2016, accessed August 19, 2018, https://cloud.google.com/blog/products/gcp/how-a-japanese-cucumber-farmer-is-using-deep-learning-and-tensorflow.

8. Stuart Armstrong, Kaj Sotala, and Seán S. Ó hÉigeartaigh, "The Errors, Insights and Lessons of Famous AI Predictions—and What They Mean for the Future," *Journal of Experimental & Theoretical Artificial Intelligence* 26, no. 3 (May 2014): 317–42.

9. Abhishek Anand, "The Problem with Chatbots — How to Make Them More Human?," *Chatbots Magazine*, April 21, 2107, accessed August 19, 2018, https://chatbotsmagazine.com/the-problem-with-chatbots-how-to-make-them-more-human-d7a24c22f51e.

10. Clive Thompson, "What Is I.B.M.'s Watson?," New York Times Magazine, June 16, 2010, accessed August 19, 2018, https://www.nytimes.com/2010/06/20/ magazine/20Computer-t.html.

11. Clive Thompson, "Hit Song Science," *New York Times Magazine*, December 14, 2003, accessed August 19, 2018, https://www.nytimes.com/2003/12/14/ magazine/2003-the-3rd-annual-year-in-ideas-hit-song-science.html.

12. Alex Kantrowitz, "Meet the Man Who Makes Facebook's Machines Think," *BuzzFeed*, April 17, 2017, accessed August 19, 2018, https://www. buzzfeednews.com/article/alexkantrowitz/meet-the-man-who-makes-facebooks-machines-think; "Yann LeCun: An AI Groundbreaker Takes Stock," *Forbes*, July 17, 2018, accessed August 19, 2018, https://www.forbes.com/sites/ insights-intelai/2018/07/17/yann-lecun-an-ai-groundbreaker-takes-stock.

13. Steven Levy, *In the Plex: How Google Thinks, Works, and Shapes Our Lives* (New York: Simon & Schuster, 2011), 42.

14. Will Oremus, "The Optimizer," *Slate*, January 23, 2013, accessed August 19, 2018, http://www.slate.com/articles/technology/doers/2013/01/jeff_dean_ facts_how_a_google_programmer_became_the_chuck_norris_of_the_internet. html.

15. Alex Krizhevsky, Ilya Sutskever, and Geoffrey E. Hinton, "ImageNet Classification with Deep Convolutional Neural Networks," *NIPS '12 Proceedings of the 25th International Conference on Neural Information Processing Systems—Volume* 1 (December 2012), 1097–1105, accessed August 19, 2018 via https://www.nvidia.cn/content/tesla/pdf/machine-learning/imagenet-classification-with-deep-convolutional-nn.pdf; Adit Deshpande, "The 9 Deep Learning Papers You Need to Know About (Understanding CNNs Part 3)," adeshpande3.github.io, August 24, 2016, accessed August 19, 2018, https:// adeshpande3.github.io/The-9-Deep-Learning-Papers-You-Need-To-Know-About.html.

16. Andrew Ng (@AndrewYNg), "Pretty much anything," Twitter, October 18, 2016, accessed October 2, 2018, https://twitter.com/AndrewYNg/ status/788548053745569792.

17. Gideon Lewis-Kraus, "The Great A.I. Awakening," *New York Times Magazine*, December 14, 2016, accessed August 19, 2018, https://www.nytimes. com/2016/12/14/magazine/the-great-ai-awakening.html.

18. Steven Levy, "Inside Facebook's AI Machine," *Wired*, February 23, 2017, accessed August 19, 2018, https://www.wired.com/2017/02/inside-facebooks-ai-machine/; Yaniv Taigman, Ming Yang, Marc'Aurelio Ranzato, and Lior Wolf,

"DeepFace: Closing the Gap to Human-Level Performance in Face Verification," Conference on Computer Vision and Pattern Recognition (CVPR), June 24, 2014, accessed August 19, 2018, https://research.fb.com/publications/deepface-closing-the-gap-to-human-level-performance-in-face-verification.

19. Andrew J. Hawkins, "Inside Waymo's Strategy to Grow the Best Brains for Self-driving Cars," *The Verge*, May 9, 2018, accessed August 19, 2018, https://www.theverge.com/2018/5/9/17307156/google-waymo-driverless-cars-deep-learning-neural-net-interview.

20. Nikolay Laptev, Slawek Smyl, and Santhosh Shanmugam, "Engineering Extreme Event Forecasting at Uber with Recurrent Neural Networks," Uber Engineering, June 9, 2017, accessed August 19, 2018, https://eng.uber.com/neural-networks.

21. Cade Metz, "Using AI to Detect Cancer, Not Just Cats," *Wired*, May 11, 2017, accessed August 19, 2018, https://www.wired.com/2017/05/using-ai-detect-cancer-not-just-cats.

22. Anu Hariharan, "The Hidden Forces Behind Toutiao: China's Content King," *Y Combinator* (blog), October 12, 2017, accessed August 19, 2018, https://blog.ycombinator.com/the-hidden-forces-behind-toutiao-chinas-content-king.

23. Thompson, "What Is I.B.M.'s Watson?"

24. Erik Brynjolfsson and Andrew McAfee, "The Business of Artificial Intelligence," *Harvard Business Review* (July 2017), accessed August 19, 2018, https://hbr.org/cover-story/2017/07/the-business-of-artificial-intelligence.

25. Jason Tanz, "Soon We Won't Program Computers. We'll Train Them Like Dogs," *Wired*, May 17, 2016, accessed August 19, 2018, https://www.wired.com/2016/05/the-end-of-code/.

26. Tanz, "Soon We Won't Program Computers."

27. "Why Google 'Thought' This Black Woman Was a Gorilla," WNYC, September 30, 2015, accessed August 19, 2018, https://www.wnycstudios.org/story/deep-problem-deep-learning/; this latter quote appears in the audio of the interview, not in the text of the story on the website.

28. "Google Apologises for Photos App's Racist Blunder," *BBC News*, July 1, 2015, accessed August 19, 2018, https://www.bbc.com/news/technology-33347866.

29. Danielle Brown, "Google Diversity Annual Report 2018," Google, accessed August 19, 2018, https://diversity.google/annual-report.

30. Joy Buolamwini, "How I'm Fighting Bias in Algorithms," TEDxBeaconStreet,

은밀한 설계자들

8:45, November 2016, accessed August 21, 2018, http://www.ted.com/talks/
joy_buolamwini_how_i_m_fighting_bias_in_algorithms/transcript.

31. Tolga Bolukbasi, Kai-Wei Chang, James Zou, Venkatesh Saligrama, and
Adam Kalai, "Man Is to Computer Programmer as Woman Is to Homemaker?:
Debiasing Word Embeddings," *NIPS '16 Proceedings of the 30th International
Conference on Neural Information Processing Systems* (December 2016): 4356 –
64, accessed August 21, 2018, via https://arxiv.org/pdf/1607.06520.pdf.

32. Byron Spice, "Questioning the Fairness of Targeting Ads Online," *Carnegie
Mellon University News*, July 7, 2015, accessed August 21, 2018, https://www.
cmu.edu/news/stories/archives/2015/july/online-ads-research.html.

33. Carole Cadwalladr, "Google, Democracy and the Truth about Internet Search,"
Guardian, December 4, 2016, accessed August 21, 2018, https://www.
theguardian.com/technology/2016/dec/04/google-democracy-truth-internet-
search-facebook; Samuel Gibbs, "Google Alters Search Autocomplete to
Remove 'Are Jews Evil' Suggestion," *Guardian*, December 5, 2016, accessed
August 21, 2018, https://www.theguardian.com/technology/2016/dec/05/
google-alters-search-autocomplete-remove-are-jews-evil-suggestion.

34. Julia Angwin, Jeff Larson, Surya Mattu, and Lauren Kirchner, "Machine Bias,"
ProPublica, May 23, 2016, accessed August 21, 2018, https://www.propublica.
org/article/machine-bias-risk-assessments-in-criminal-sentencing.

35. Cathy O'Neil, *Weapons of Math Destruction: How Big Data Increases Inequality
and Threatens Democracy* (New York: Broadway Books, 2016), 23 – 26.

36. O'Neil, *Weapons*, 203.

37. Kurt Kleiner, "Lunchtime Leniency: Judges' Rulings Are Harsher When They Are
Hungrier," *Scientific American*, September 1, 2011, accessed August 21, 2018,
https://www.scientificamerican.com/article/lunchtime-leniency.

38. Robyn Speer, "ConceptNet Numberbatch 17.04: Better, Less-stereotyped Word
Vectors," *ConceptNet* (blog), April 24, 2017, accessed August 21, 2018, http://
blog.conceptnet.io/posts/2017/conceptnet-numberbatch-17-04-better-less-
stereotyped-word-vectors.

39. Tom Simonite, "When It Comes to Gorillas, Google Photos Remains Blind,"
Wired, January 11, 2018, accessed August 21, 2018, https://www.wired.com/
story/when-it-comes-to-gorillas-google-photos-remains-blind.

40. Alister, *Ali Rahimi's Talk at NIPS (NIPS 2017 Test-of-Time Award Presentation)*,

YouTube, 23:19, December 5, 2017, accessed August 21, 2018, https://www.
youtube.com/watch?v=Qi1Yry33TQE.

41. Oscar Schwartz, "Why the EU's 'Right to an Explanation' Is Big News for AI and
Ethics," The Ethics Centre, February 19, 2018, accessed August 21, 2018, http://
www.ethics.org.au/on-ethics/blog/february-2018/why-eu-right-to-an-
explanation-is-big-news-for-ai.

42. Irving John Good, "Speculations Concerning the First Ultraintelligent Machine,"
Advances in Computers 6 (1966): 33, accessed August 21, 2018, via https://
exhibits.stanford.edu/feigenbaum/catalog/gz727rg3869.

43. Nick Bostrom, *Superintelligence: Paths, Dangers*, Strategies (Oxford: Oxford
University Press, 2014), location 1603 of 8770, Kindle.

44. Bostrom, *Superintelligence*, 2243–87.

45. Bostrom, *Superintelligence*, 2908.

46. Raffi Khatchadourian, "The Doomsday Invention," *New Yorker*, November
23, 2015, accessed August 21, 2018, https://www.newyorker.com/
magazine/2015/11/23/doomsday-invention-artificial-intelligence-nick-
bostrom.

47. Kevin Hartnett, "To Build Truly Intelligent Machines, Teach Them Cause and
Effect," *Quanta Magazine*, May 15, 2018, accessed August 21, 2018, https://
www.quantamagazine.org/to-build-truly-intelligent-machines-teach-
them-cause-and-effect-20180515; Gary Marcus, "Deep Learning: A Critical
Appraisal," arXiv, January 2, 2018, accessed August 21, 2018, https://arxiv.org/
abs/1801.00631.

48. Bostrom, *Superintelligence*, 1723.

49. "Elon Musk Talks Cars—and Humanity's Fate—with Governors," *CNBC*, July
16, 2017, accessed August 21, 2018, https://www.cnbc.com/2017/07/16/musk-
says-a-i-is-a-fundamental-risk-to-the-existence-of-human-civilization.
html; Maureen Dowd, "Elon Musk's Billion-dollar Crusade to Stop the A.I.
Apocalypse," *Vanity Fair*, April 2017, accessed August 21, 2018, https://www.
vanityfair.com/news/2017/03/elon-musk-billion-dollar-crusade-to-stop-ai-
space-x.

50. Oren Etzioni, "No, the Experts Don't Think Superintelligent AI Is a Threat to
Humanity," *MIT Technology Review*, September 20, 2016, accessed August 21,
2018, https://www.technologyreview.com/s/602410/no-the-experts-dont-

think-superintelligent-ai-is-a-threat-to-humanity.

10장 전 세계의 위협이 된 빅테크

1. Eli Rosenberg, "Twitter to Tell 677,000 Users They Were Had by the Russians. Some Signs Show the Problem Continues," *Washington Post*, January 19, 2018, accessed August 21, 2018, https://www.washingtonpost.com/news/the-switch/wp/2018/01/19/twitter-to-tell-677000-users-they-were-had-by-the-russians-some-signs-show-the-problem-continues

2. Claire Landsbaum, "Donald Trump's Harassment of a Teenage Girl on Twitter Led to Death and Rape Threats," *The Cut*, December 9, 2016, accessed August 21, 2018, https://www.thecut.com/2016/12/trumps-harassment-of-an-18-year-old-girl-on-twitter-led-to-death-threats.html.

3. Franklin Foer, *World without Mind: The Existential Threat of Big Tech* (New York: Penguin, 2017).

4. "Twitter Announces Fourth Quarter and Fiscal Year 2017 Results," *PR Newswire*, February 8, 2018, https://www.prnewswire.com/news-releases/twitter-announces-fourth-quarter-and-fiscal-year-2017-results-300595731.html; "Facebook Reports Fourth Quarter and Full Year 2017 Results," *PR Newswire*, January 31, 2018, https://www.prnewswire.com/news-releases/facebook-reports-fourth-quarter-and-full-year-2017-results-300591468.html; Seth Fiegerman, "Google Posts Its First $100 Billion Year," *CNN Tech*, February 1, 2018, https://money.cnn.com/2018/02/01/technology/google-earnings/index.html; all accessed September 28, 2018.

5. Charlie Warzel, "How People Inside Facebook Are Reacting to the Company's Election Crisis," *BuzzFeed*, October 20, 2017, accessed August 21, 2018, https://www.buzzfeednews.com/article/charliewarzel/how-people-inside-facebook-are-reacting-to-the-companys.

6. Joseph Milord, "What Data Does Facebook Collect? The Company Can Store Info about Your Phone Calls," *elite daily*, March 28, 2018, accessed August 21, 2018, https://www.elitedaily.com/p/what-data-does-facebook-collect-the-company-can-store-info-about-your-phone-calls-8631437.

7. Paresh Dave, "YouTube Sharpens How It Recommends Videos Despite Fears

of Isolating Users," *Reuters*, November 29, 2017, accessed August 21, 2018, https://www.reuters.com/article/us-alphabet-YouTube-content/YouTube-sharpens-how-it-recommends-videos-despite-fears-of-isolating-users-idUSKBN1DT0LL; Andrew Hutchinson, "How Twitter's Feed Algorithm Works—as Explained by Twitter," *SocialMediaToday*, May 11, 2017, accessed August 21, 2018, https://www.socialmediatoday.com/social-networks/how-twitters-feed-algorithm-works-explained-twitter; Roger Montti, "Facebook Discusses How Feed Algorithm Works," *Search Engine Journal*, April 10, 2018, accessed August 21, 2018, https://www.searchenginejournal.com/facebook-news-feed-algorithm/248515; Shannon Tien, "How the Facebook Algorithm Works and How to Make It Work for You," *Hootsuite Blog*, April 25, 2018, accessed August 21, 2018, https://blog.hootsuite.com/facebook-algorithm/; Oremus, "Who Controls Your News Feed."

8. Steve Rayson, "We Analyzed 100 Million Headlines. Here's What We Learned (New Research)," *Buzzsumo*, June 26, 2017, accessed August 21, 2018, https://buzzsumo.com/blog/most-shared-headlines-study.

9. Jackie Mansky, "The Age-old Problem of 'Fake News,' " *Smithsonian*, May 7, 2018, accessed August 21, 2018, https://www.smithsonianmag.com/history/age-old-problem-fake-news-180968945/.

10. Charlie Warzel and Remy Smidt, "YouTubers Made Hundreds of Thousands Off of Bizarre and Disturbing Child Content," *BuzzFeed*, December 11, 2017, accessed August 21, 2018, https://www.buzzfeednews.com/article/charliewarzel/YouTubers-made-hundreds-of-thousands-off-of-bizarre-and.

11. Zeynep Tufekci, "YouTube, the Great Radicalizer," *New York Times*, March 10, 2018, accessed August 21, 2018, https://www.nytimes.com/2018/03/10/opinion/sunday/YouTube-politics-radical.html.

12. Jonathan Albright, "Untrue-Tube: Monetizing Misery and Disinformation," *Medium*, February 25, 2018, accessed August 21, 2018, https://medium.com/@d1gi/untrue-tube-monetizing-misery-and-disinformation-388c4786cc3d.

13. Sheera Frenkel, "She Warned of 'Peer-to-Peer Misinformation.' Congress Listened," *New York Times*, November 12, 2017, accessed August 21, 2018, www.nytimes.com/2017/11/12/technology/social-media-disinformation.html.

14. Amanda Robb, "Anatomy of a Fake News Scandal," *Rolling Stone*, November 16, 2017, accessed August 21, 2018, https://www.rollingstone.com/politics/

politics-news/anatomy-of-a-fake-news-scandal-125877; Colleen Shalby, "How Seth Rich's Death Became an Internet Conspiracy Theory," *Los Angeles Times*, May 24, 2017, http://www.latimes.com/business/hollywood/la-fi-ct-seth-rich-conspiracy-20170523-htmlstory.html.

15. Clive Thompson, "Social Networks Must Face Up to Their Political Impact," *Wired*, January 5, 2017, accessed August 21, 2018, https://www.wired.com/2017/01/social-networks-must-face-political-impact.

16. Clive Thompson, "Online Hate Is Rampant. Here's How to Keep It From Spreading," *Wired*, August 2, 2018, accessed August 21, 2018, https://www.wired.com/story/covering-online-hate.

17. Erich Owens and Udi Weinsberg, "Showing Fewer Hoaxes," Facebook Newsroom, January 20, 2015, accessed September 30, 2018, https://newsroom.fb.com/news/2015/01/news-feed-fyi-showing-fewer-hoaxes/; Caroline O'Donovan, "What Does Facebook's New Tool for Fighting Fake News Mean for Real Publishers?," *NiemanLab*, January 21, 2015, accessed September 30, 2018, http://www.niemanlab.org/2015/01/what-does-facebooks-new-tool-for-fighting-fake-news-mean-for-real-publishers/.

18. Warzel, "How People Inside Facebook Are Reacting."

19. Siva Vaidhyanathan, *Antisocial Media: How Facebook Disconnects Us and Undermines Democracy* (New York: Oxford University Press, 2018), location 187 – 92 of 6698, Kindle.

20. "Russia Spent $1.25M per Month on Ads, Acted Like an Ad Agency: Mueller," *Ad Age*, February 16, 2018, accessed August 21, 2018, http://adage.com/article/digital/russia-spent-1-25m-ads-acted-agency-mueller/312424.

21. Dipayan Ghosh and Ben Scott, "Digital Deceit: The Technologies Behind Precision Propaganda on the Internet," New America (policy paper), January 2018, accessed August 21, 2018, https://www.newamerica.org/public-interest-technology/policy-papers/digitaldeceit/.

22. Vaidhyanathan, *Antisocial Media*, 195, Kindle.

23. "Don't Be Evil: Fred Turner on Utopias, Frontiers, and Brogrammers," *Logic 5* (Winter 2017), accessed August 21, 2018, https://logicmag.io/03-dont-be-evil/.

24. Taylor Wofford, "Is Gamergate about Media Ethics or Harassing Women? Harassment, the Data Shows," *Newsweek*, October 25, 2014, accessed August 21, 2018, https://www.newsweek.com/gamergate-about-media-ethics-

or-harassing-women-harassment-data-show-279736; Brad Glasgow, "A Definition of Twitter Harassment," *Medium*, November 2, 2015, accessed August 21, 2018, https://medium.com/@Brad_Glasgow/a-definition-of-twitter-harassment-f8acfa9ae3a8; Simon Parkin, "Gamergate: A Scandal Erupts in the Video-Game Community," *New Yorker*, October 17, 2014, accessed August 21, 2018, https://www.newyorker.com/tech/elements/gamergate-scandal-erupts-video-game-community.

25. Timothy B. Lee, "One Scholar Thinks Online Harassment of Women Is a Civil Rights Issue," *Vox*, September 22, 2014, accessed August 21, 2018, https://www.vox.com/2014/9/22/6367973/online-harassment-of-women-a-civil-rights-issue; Danielle Keats Citron, *Hate Crimes in Cyberspace* (Cambridge, MA: Harvard University Press, 2014), 22.

26. Whitney Phillips, "The Oxygen of Amplification," Data & Society, May 22, 2018, accessed September 30, 2018, https://datasociety.net/wp-content/uploads/2018/05/FULLREPORT_Oxygen_of_Amplification_DS.pdf.

27. Ian Sherr and Erin Carson, "GamerGate to Trump: How Video Game Culture Blew Everything Up," *CNET*, November 27, 2017, accessed August 21, 2018, https://www.cnet.com/news/gamergate-donald-trump-american-nazis-how-video-game-culture-blew-everything-up; Matt Lees, "What Gamergate Should Have Taught Us about the 'Alt-right,' " *Guardian*, December 1, 2016, accessed August 21, 2018, https://www.theguardian.com/technology/2016/dec/01/gamergate-alt-right-hate-trump; Thompson, "Online Hate"; Thompson, "Social Networks."

28. Danielle Citron and Benjamin Wittes, "Follow Buddies and Block Buddies: A Simple Proposal to Improve Civility, Control, and Privacy on Twitter," *Lawfare* (blog), January 4, 2017, accessed August 21, 2018, https://www.lawfareblog.com/follow-buddies-and-block-buddies-simple-proposal-improve-civility-control-and-privacy-twitter.

29. Anna Silman, "A Timeline of Leslie Jones's Horrific Online Abuse," *The Cut*, August 24, 2016, accessed August 21, 2018, https://www.thecut.com/2016/08/a-timeline-of-leslie-joness-horrific-online-abuse.html.

30. Matthew Rosenberg, Nicholas Confessore, and Carole Cadwalladr, "How Trump Consultants Exploited the Facebook Data of Millions," *New York Times*, March 17, 2018, accessed August 21, 2018, https://www.nytimes.com/2018/03/17/

us/politics/cambridge-analytica-trump-campaign.html; Ian Sherr, "Facebook, Cambridge Analytica and Data Mining: What You Need to Know," *CNET*, April 18, 2018, accessed August 21, 2018, https://www.cnet.com/news/facebook-cambridge-analytica-data-mining-and-trump-what-you-need-to-know/; "Full Text: Mark Zuckerberg's Wednesday Testimony to Congress on Cambridge Analytica," *Politico*, April 9, 2018, accessed August 21, 2018, https://www.politico.com/story/2018/04/09/transcript-mark-zuckerberg-testimony-to-congress-on-cambridge-analytica-509978.

31. Issie Lapowsky, "YouTube Debuts Plan to Promote and Fund 'Authoritative' News," *Wired*, July 9, 2018, accessed August 21, 2018, https://www.wired.com/story/YouTube-debuts-plan-to-promote-fund-authoritative-news/.

32. Michael J. Coren, "Facebook Will Now Show You More Posts from Friends and Family Than News," *Quartz*, January 12, 2018, accessed August 21, 2018, https://qz.com/1178186/facebook-fb-will-now-show-you-more-posts-from-friends-and-family-than-news-in-an-update-to-its-algorithm; Mike Isaac, "Facebook Overhauls News Feed to Focus on What Friends and Family Share," *New York Times*, January 11, 2018, https://www.nytimes.com/2018/01/11/technology/facebook-news-feed.html.

33. Craig Timberg and Elizabeth Dwoskin, "Twitter Is Sweeping Out Fake Accounts Like Never Before, Putting User Growth at Risk," *Washington Post*, July 6, 2018, accessed August 21, 2018, https://www.washingtonpost.com/technology/2018/07/06/twitter-is-sweeping-out-fake-accounts-like-never-before-putting-user-growth-risk.

34. Del Harvey and David Gasca, "Serving Healthy Conversation," *Twitter Blog*, May 15, 2018, accessed August 21, 2018, https://blog.twitter.com/official/en_us/topics/product/2018/Serving_Healthy_Conversation.html.

35. Austin Carr and Harry McCracken, " 'Did We Create This Monster?' How Twitter Turned Toxic," *Fast Company*, April 4, 2018, accessed August 21, 2018, www.fastcompany.com/40547818/did-we-create-this-monster-how-twitter-turned-toxic.

36. April Glaser, "Want a Terrible Job? Facebook and Google May Be Hiring," *Slate*, January 18, 2018, accessed August 21, 2018, https://slate.com/technology/2018/01/facebook-and-google-are-building-an-army-of-content-moderators-for-2018.html.

37. Alexis C. Madrigal, "The Basic Grossness of Humans," *The Atlantic*, December 15, 2017, accessed August 21, 2018, https://www.theatlantic.com/technology/archive/2017/12/the-basic-grossness-of-humans/548330.

38. Joseph Cox, "Leaked Documents Show Facebook's Post-Charlottesville Reckoning with American Nazis," *Motherboard*, May 25, 2018, accessed August 21, 2018, https://motherboard.vice.com/en_us/article/mbkbbq/facebook-charlottesville-leaked-documents-american-nazis.

39. Thompson, "Social Networks."

40. David Greene, "Alex Jones Is Far from the Only Person Tech Companies Are Silencing," *Washington Post*, August 12, 2018, accessed August 21, 2018, https://www.washingtonpost.com/opinions/beware-the-digital-censor/2018/08/12/997e28ea-9cd0-11e8-843b-36e177f3081c_story.html.

41. Taylor Hatmaker, "Senator Warns Facebook Better Shape Up or Get 'Broken Up,'" *TechCrunch*, April 6, 2018, accessed August 21, 2018, https://techcrunch.com/2018/04/06/facebook-zuckerberg-regulation-wyden.

42. Max Read, "Does Even Mark Zuckerberg Know What Facebook Is?," *New York*, October 2, 2017, accessed August 21, 2018, http://nymag.com/selectall/2017/10/does-even-mark-zuckerberg-know-what-facebook-is.html.

43. danah boyd, "Google and Facebook Can't Just Make Fake News Disappear," *Wired*, March 27, 2017, accessed August 21, 2018, https://www.wired.com/2017/03/google-and-facebook-cant-just-make-fake-news-disappear/.

44. Scott Shane, Cade Metz, and Daisuke Wakabayashi, "How a Pentagon Contract Became an Identity Crisis for Google," *New York Times*, May 30, 2018, https://www.nytimes.com/2018/05/30/technology/google-project-maven-pentagon.html.

45. Lee Fang, "Leaked Emails Show Google Expected Lucrative Military Drone AI Work to Grow Exponentially," *The Intercept*, May 31, 2018, accessed August 21, 2018, https://theintercept.com/2018/05/31/google-leaked-emails-drone-ai-pentagon-lucrative.

46. Shane, Metz, and Wakabayashi, "How a Pentagon Contract Became an Identity Crisis for Google."

47. Kate Conger, "Google Plans Not to Renew Its Contract for Project Maven, a Controversial Pentagon Drone AI Imaging Program," *Gizmodo*, June 2, 2018,

accessed August 21, 2018, https://www.gizmodo.com.au/2018/06/google-plans-not-to-renew-its-contract-for-project-maven-a-controversial-pentagon-drone-ai-imaging-program.

48. Colin Lecher, "The Employee Letter Denouncing Microsoft's ICE Contract Now Has Over 300 Signatures," *The Verge*, June 21, 2018, accessed September 30, 2018, https://www.theverge.com/2018/6/21/17488328/microsoft-ice-employees-signatures-protest.

49. Olivia Solon, "Ashamed to Work in Silicon Valley: How Techies Became the New Bankers," *Guardian*, November 8, 2017, accessed August 21, 2018, https://www.theguardian.com/technology/2017/nov/08/ashamed-to-work-in-silicon-valley-how-techies-became-the-new-bankers.

11장 다시 한번 진화하는 프로그래머

1. "Pikeville, KY," Data USA, accessed August 21, 2018, https://datausa.io/profile/geo/pikeville-ky.

2. Clifford Krauss, "Coal Production Plummets to Lowest Level in 35 Years," *New York Times*, June 10, 2016, accessed August 21, 2018, https://www.nytimes.com/2016/06/11/business/energy-environment/coal-production-decline.html.

3. Erica Peterson, "From Coal to Code: A New Path for Laid-off Miners in Kentucky," *All Tech Considered*, May 6, 2016, accessed August 21, 2018, https://www.npr.org/sections/alltechconsidered/2016/05/06/477033781/from-coal-to-code-a-new-path-for-laid-off-miners-in-kentucky.

4. Bill Estep, "Coal Piles Up at Power Plant as Cheap Natural Gas Wrecks Eastern Kentucky's Economy," *Lexington Herald-Leader*, August 3, 2018, accessed August 21, 2018, https://www.kentucky.com/news/state/article215994320.html.

5. Lauren Smiley, "Can You Teach a Coal Miner to Code?," *Backchannel at Wired*, November 18, 2015, accessed August 21, 2018, https://www.wired.com/2015/11/can-you-teach-a-coal-miner-to-code.

6. "the Blue-collar Coder": Anil Dash, "The Blue Collar Coder," *Anil Dash* (blog), October 5, 2012, accessed August 21, 2018, https://anildash.com/2012/10/05/

the_blue_collar_coder.

7. "Computer and Information Technology Occupations," Bureau of Labor Statistics, last modified April 13, 2018, accessed August 21, 2018, https://www. bls.gov/ooh/computer-and-information-technology/home.htm.

8. Vivek Ravisankar, "Unlocking Trapped Engineers," *TechCrunch*, January 12, 2016, accessed September 29, 2018, https://techcrunch.com/2016/01/12/ unlocking-trapped-engineers/.

9. "Beyond Point and Click: The Expanding Demand for Coding Skills," Burning Glass Technologies, June 2016, accessed August 21, 2018, https://www. burning-glass.com/research-project/coding-skills/.

10. "Six-figure Tech Salaries: Creating the Next Developer Workforce," The App Association (formerly ACT), accessed August 21, 2018, via http://www.arcgis. com/apps/MapJournal/index.html?appid=b1c59eaadfd945a68a59724a59dbf 7b1.

11. CRA Enrollment Committee Institution Subgroup, "Generation CS: Computer Science Undergraduate Enrollments Surge Since 2006," Computing Research Association, 2017, accessed August 21, 2018, https://cra.org/data/generation-cs/.

12. Sarah McBride, "Computer Science Now Top Major for Women at Stanford University," *Reuters*, October 9, 2015, accessed August 21, 2018, https://www.reuters.com/article/us-women-technology-stanford-idUSKCN0S32F020151009; Andrew Myers, "Period of Transition: Stanford Computer Science Rethinks Core Curriculum," Stanford Engineering, June 14, 2012, accessed August 21, 2018, https://engineering.stanford.edu/news/ period-transition-stanford-computer-science-rethinks-core-curriculum.

13. Sax, "Expanding the Pipeline."

14. Monte Whaley, "Colorado Colleges Overflowing with Huge Wave of Computer Science Students," *Denver Post*, November 28, 2017, accessed August 21, 2018, https://www.denverpost.com/2017/11/28/colorado-colleges-overflowing-computer-science-students/.

15. John Markoff, "Brainlike Computers, Learning from Experience," *New York Times*, December 28, 2013, accessed August 21, 2018, https://www.nytimes. com/2013/12/29/science/brainlike-computers-learning-from-experience. html.

16. Kif Leswing, "Google Says Coding School Graduates 'Not Quite Prepared' to Work at Google," *Business Insider*, December 6, 2016, accessed August 21, 2018, https://www.businessinsider.com/google-says-coding-bootcamp-graduates-need-additional-training-2016-12.

17. Ceej Silverio (@ceejbot), "A very tiny percentage of our industry," Twitter, August 6, 2017, accessed August 21, 2018, https://twitter.com/ceejbot/status/894258853339987968.

18. Silvia Li Sam, "Are Coding Bootcamps the Next 'Big Thing' in Edtech & Marketing?," Thrive Global, August 21, 2017, accessed August 21, 2018, https://www.thriveglobal.com/stories/11764-are-coding-bootcamps-the-next-big-thing-in-edtech; Liz Eggleston, "2016 Coding Bootcamp Market Size Study," Course Report, June 22, 2016, accessed August 21, 2018, https://www.coursereport.com/reports/2016-coding-bootcamp-market-size-research.

19. Sarah McBride, "Want a Job in Silicon Valley? Keep Away from Coding Schools," *Bloomberg*, December 6, 2016, accessed August 21, 2018, https://www.bloomberg.com/news/features/2016-12-06/want-a-job-in-silicon-valley-keep-away-from-coding-schools.

20. Mitch Pronschinske, "Bootcamps Won't Make You a Coder. Here's What Will," *TechBeacon*, accessed August 21, 2018, https://techbeacon.com/bootcamps-wont-make-you-coder-heres-what-will; Liz Eggleston, "2016 Course Report Alumni Outcomes & Demographics Study," Course Report, September 14, 2016, accessed August 21, 2018, https://www.coursereport.com/reports/2016-coding-bootcamp-job-placement-demographics-report; Liz Eggleston, "2015 Course Report Alumni Outcomes & Demographics Study," Course Report, October 26, 2015, accessed August 21, 2018, https://www.coursereport.com/reports/2015-coding-bootcamp-job-placement-demographics-report.

21. "Tech's Strongest Outcomes. Education's Highest Standards," Flatiron School, accessed August 21, 2018, https://flatironschool.com/outcomes.

22. Steve Lohr, "As Coding Boot Camps Close, the Field Faces a Reality Check," *New York Times*, August 24, 2017, accessed August 21, 2018, https://www.nytimes.com/2017/08/24/technology/coding-boot-camps-close.html.

23. Rip Empson, "Handcuffs for Hacker Schools? Why a 'Code of Conduct' for Coding Bootcamps Could Actually Be Good for the Ecosystem,"

TechCrunch, February 6, 2014, accessed August 21, 2018, https://techcrunch. com/2014/02/05/bootcamp-regulators-why-a-code-of-conduct-for-coding-academies-in-california-could-be-a-good-thing/; Klint Finley, "California Cracks Down on Hacker Boot Camps," *Wired*, January 31, 2014, accessed August 21, 2018, https://www.wired.com/2014/01/california-hacker-bootcamps.

24. McBride, "Want a Job."

25. "A. G. Schneiderman Announces $375,000 Settlement with Flatiron Computer Coding School for Operating without a License and for Its Employment and Salary Claims," NY.gov, October 13, 2017, accessed August 21, 2018, https://ag.ny.gov/press-release/ag-schneiderman-announces-375000-settlement-flatiron-computer-coding-school-operating.

26. Mary Beth Marklein, Jodi Upton, and Sandhya Kambhampati, "College Default Rates Higher Than Grad Rates," *USA Today*, July 2, 2013, accessed September 27, 2018, https://www.usatoday.com/story/news/nation/2013/07/02/college-default-rates-higher-than-grad-rates/2480295/; "2018–2019 Consumer Information Guide," University of Phoenix, November 2018, accessed November 15, 2018, https://www.phoenix.edu/content/dam/altcloud/doc/about_uopx/Consumer-Information-Guide.pdf.

27. "Teaching Technology: Tressie McMillan Cottom on Coding Schools and the Sociology of Social Media," *Logic 3* (Winter 2017), accessed August 21, 2018, https://logicmag.io/03-teaching-technology/.

28. Alyssa Mazzina, "Do Developers Need College Degrees?"; Paul Krill, "Stack Overflow Survey: Nearly Half of Developers Are Self-taught," *InfoWorld*, April 10, 2015, accessed August 21, 2018, https://www.infoworld.com/article/2908474/application-development/stack-overflow-survey-finds-nearly-half-have-no-degree-in-computer-science.html.

29. Quincy Larson, "We Asked 20,000 People Who They Are and How They're Learning to Code," freeCodeCamp, May 4, 2017, accessed August 21, 2018, https://medium.freecodecamp.org/we-asked-20-000-people-who-they-are-and-how-theyre-learning-to-code-fff5d668969.

30. "Teaching Technology," *Logic*.

31. "Employed Persons by Detailed Occupation," Bureau of Labor Statistics.

32. Northrop Frye, *The Educated Imagination* (Toronto: Anansi, 2002).

33. David Kalt, "Why I Was Wrong about Liberal-Arts Majors," *Wall Street Journal*, June 1, 2016, accessed August 21, 2018, https://blogs.wsj.com/experts/2016/06/01/why-i-was-wrong-about-liberal-arts-majors.

34. Miriam Posner, "JavaScript Is for Girls," *Logic 1* (Spring 2017), accessed August 21, 2018, http://logicmag.1./01-javascript-is-for-girls.

35. Edsger W. Dijkstra, "How Do We Tell Truths That Might Hurt?," *ACM SIGPLAN Notices* 17, no. 5 (May 1982): 13 – 15.

36. Cecily Carver, "Things I Wish Someone Had Told Me When I Was Learning How to Code," freeCodeCamp, November 22, 2013, accessed August 21, 2018, https://medium.freecodecamp.org/things-i-wish-someone-had-told-me-when-i-was-learning-how-to-code-565fc9dcb329; Nico Koenig, "CSS Isn't Real Programming — Just Like JavaScript," *Medium*, September 22, 2017, accessed September 27, 2018, https://medium.com/@TheNicoKoenig/css-isnt-real-programming-just-like-javascript-70c8c0fe70b0.

37. Posner, "JavaScript Is for Girls."

38. Valerie Strauss, "All Students Should Learn to Code. Right? Not So Fast," *Washington Post*, January 30, 2016, accessed August 21, 2018, https://www.washingtonpost.com/news/answer-sheet/wp/2014/05/29/all-students-should-learn-to-code-right-not-so-fast; Jean Dimeo, "Re-coding Literacy," *Inside Higher Ed*, September 6, 2017, accessed August 21, 2018, https://www.insidehighered.com/digital-learning/article/2017/09/06/professor-writes-everyone-should-code-movement-re-coding.

39. Papert, *Mindstorms*, 6, 45 – 54.

40. Anderson Silva, "Is Scratch Today Like the Logo of the '80s for Teaching Kids to Code?," opensource, March 29, 2017, accessed August 21, 2018, https://opensource.com/article/17/3/logo-scratch-teach-programming-kids; Code.org, "The Hour of Code: An International Movement," *Medium*, February 16, 2017, https://medium.com/anybody-can-learn/the-hour-of-code-an-international-movement-66702e388d35; D. Frank Smith, "Rise of the Robots: STEM-fueled Competitions Gaining Traction Nationwide," *EdTech Magazine*, March 4, 2015, accessed August 21, 2018, https://edtechmagazine.com/k12/article/2015/03/rise-robots-stem-fueled-competitions-gaining-traction-nationwide.

41. Stefani Cox, "China Is Teaching Kids to Code Much, Much Earlier Than the U.S.,"

Big Think, November 19, 2015, accessed August 21, 2018, https://bigthink. com/ideafeed/china-is-already-teaching-coding-to-the-next-generation; Kathy Pretz, "Computer Science Classes for Kids Becoming Mandatory," *The Institute*, November 21, 2014, accessed August 21, 2018, http://theinstitute.ieee. org/career-and-education/education/computer-science-classes-for-kids-becoming-mandatory.

42. Jeff Atwood, "Please Don't Learn to Code," *Coding Horror* (blog), May 15, 2012, accessed August 21, 2018, https://blog.codinghorror.com/please-dont-learn-to-code/.

43. Clive Thompson, "The Minecraft Generation," *New York Times Magazine*, April 14, 2016, accessed August 21, 2018, https://www.nytimes.com/2016/04/17/magazine/the-minecraft-generation.html.

44. Thompson, "The Minecraft Generation."

45. Thompson, "The Minecraft Generation."

46. Smiley, "Can You Teach."

은밀한 설계자들

은밀한 설계자들

은밀한 설계자들

은밀한 설계자들

은밀한 설계자들